Handbuch Literatur & Transnationalität

Handbücher zur
kulturwissenschaftlichen
Philologie

Herausgegeben von Claudia Benthien,
Ethel Matala de Mazza und Uwe Wirth

Band 7

Handbuch Literatur & Transnationalität

Herausgegeben von
Doerte Bischoff und Susanne Komfort-Hein

DE GRUYTER

ISBN 978-3-11-113049-1
e-ISBN (PDF) 978-3-11-034053-2
e-ISBN (EPUB) 978-3-11-038247-1
ISSN 2197-1692

Library of Congress Control Number: 2019944425

Bibliografische Information der Deutschen Nationalbibliothek
Die Deutsche Nationalbibliothek verzeichnet diese Publikation in der Deutschen Nationalbibliografie; detaillierte bibliografische Daten sind im Internet über http://dnb.dnb.de abrufbar.

© 2022 Walter de Gruyter GmbH, Berlin/Boston
Dieser Band ist text- und seitenidentisch mit der 2019 erschienenen gebundenen Ausgabe.
Satz: Dörlemann Satz, Lemförde
Druck und Bindung: CPI books GmbH, Leck

www.degruyter.com

Inhaltsverzeichnis

I.	**Programmatische Einleitung** – *Doerte Bischoff und Susanne Komfort-Hein* —— 1	
II.	**Theorien – Methoden – Konzepte** —— 47	
II.1	Konstruktionen des Nationalen als *imagined community* – *Katharina Grabbe* —— 49	
II.2	Übersetzung und Transnationalität – *Doris Bachmann-Medick* —— 62	
II.3	Mehrsprachige Literatur und Transnationalität – *Esther Kilchmann* —— 79	
II.4	Transareale Literaturwissenschaft – *Tobias Kraft* —— 90	
II.5	Globalisierung und der *transnational turn* in der Literaturwissenschaft – *Ulfried Reichardt* —— 106	
III.	**Problematisierungen und Forschungsfragen** —— 125	
III.1	Konzepte der Weltliteratur – *Peter Goßens* —— 127	
III.2	Jüdische Literatur und Transnationalität – *Andreas B. Kilcher* —— 141	
III.3	Erinnerung und Transnationalität – *Anja Tippner* —— 156	
III.4	Transnationale Erinnerung an die Shoah – *Sven Kramer* —— 171	
III.5	Transnationale Schreibweisen in der Migrationsliteratur – *Eva Hausbacher* —— 187	
III.6	Kleine Literaturen als globale Literatur – *Ruth Mayer* —— 203	
III.7	Transnationalität und Kanon – *Mads Rosendahl Thomsen* —— 215	
III.8	Literatur und Zensur: Transnationale Implikationen – *Victoria Pöhls* —— 228	

IV. (Trans-)Historische und (trans-)lokale Konstellationen —— 243

IV.1 Germania: Nationale Identität und transnationale Konstruktionen in lateinischen Texten deutscher Humanisten – *Robert Seidel* —— 245

IV.2 Europäische Romantik als transnationales Netzwerk – *Monika Schmitz-Emans* —— 259

IV.3 Schreiben zwischen den Nationalkulturen: Heinrich Heine – *Renate Stauf* —— 279

IV.4 ,Zigeuner'-Figuren. Transnationalität zwischen Stigma und (künstlerischer) Autonomie – *Iulia-Karin Patrut* —— 289

IV.5 Europa-Diskurs und Transnationalität in der Literatur – *Paul Michael Lützeler* —— 306

IV.6 Geld-Zirkulationen: Literarische Reflexionen von transnationalen Effekten moderner Warenökonomie – *Franziska Schößler* —— 318

IV.7 Nationaldiskurse und Transnationalität in deutsch-jüdischer Ghettoliteratur – *Gabriele von Glasenapp* —— 330

IV.8 Transnationalität in den Böhmischen Ländern – *Manfred Weinberg* —— 341

IV.9 Kolonialismus und Moderne: Konzepte des Transnationalen aus postkolonialer Perspektive – *Susan Arndt und Shirin Assa* —— 351

IV.10 Erkundungen einer dezentrierten Moderne: Transnationalität und Transkulturalität in anglofonen Literaturen – *Frank Schulze-Engler* —— 366

IV.11 Transnationale frankofone Literaturen – *Elisabeth Arend* —— 384

IV.12 Transinsular, transkulturell, transnational, transatlantisch: Karibische Literatur(en) – *Anja Bandau und Christoph Singler* —— 401

IV.13 Rückkehr aus dem Exil: ein Paradigma transnationaler Literatur – *Doerte Bischoff und Jasmin Centner* —— 418

IV.14 Gemeinschaftskonzepte in der deutsch-jüdischen Literatur nach 1945 – *Vivian Liska* —— 431

IV.15 Exil, Migration und Transnationalität in den Literaturen Ost- und Mitteleuropas – *Alfrun Kliems* —— 443

IV.16 Die Ästhetik narrativer Performanz: Transnationale Erzählformen in
       der Gegenwartsliteratur – *Claudia Breger* —— **459**

V.   **Glossar** —— **471**

VI.   **Auswahlbibliografie** —— **497**

VII.   **Register** —— **519**
VII.1   Personenregister —— **519**
VII.2   Sachregister —— **530**

VIII. **Autorinnen und Autoren** —— **543**

I. Programmatische Einleitung: Literatur und Transnationalität

Doerte Bischoff und Susanne Komfort-Hein

1. Geschichte und Konturen eines Paradigmas

In seiner Leipziger Antrittsvorlesung im Jahr 1862 umreißt der Philologe Georg Curtius programmatisch, worum es der von ihm vertretenen, noch jungen Wissenschaft gehen müsse. Dabei kommen auch deren Grenzen in den Blick, wenn er feststellt, dass jede Sprache „ihrer Grundlage nach etwas transnationales und eben deshalb von dem Standpunkte des Philologen allein nicht völlig zu begreifendes" sei (Curtius, 1862, 9; vgl. Saunier 2009, 1048). Diese Bemerkung ist angesichts der Tatsache, dass sich die Germanistik in dieser Zeit als Vorkämpferin und akademische Säule eines auf einer Nationalkultur und -sprache aufruhenden Nationalstaates versteht, aufschlussreich. Denn während sie einerseits die Aufgabe des Philologen und seiner Wissenschaft, der Philologie, selbstverständlich als national orientierte setzt, konzediert sie andererseits, dass sich diese Perspektivierung einer spezifischen Zurichtung verdankt. Diese Zurichtung wird durch den Begriff des Transnationalen, der eine Überschreitung des nationalen Bezugsraumes impliziert, reflektierbar. Auch wenn sich bei Curtius keine eingehendere Begriffsklärung findet, ist diese historisch frühe Verwendung des Transnationalitätsbegriffs im Zusammenhang mit dem Gegenstandsbereich und Selbstverständnis der Philologien ein Beleg dafür, dass es bereits in der Hochphase einer nationalstaatlichen Einhegung von Literatur Ansätze zu deren kritischer Kommentierung gibt. Das Beispiel exponiert eine Verschränkung von Sprach- und Literaturverständnis, akademischer Kultur und politischer Organisation, insofern der Diskurs des Nationalen in dieser Zeit kaum abgelöst von Staatsgründungsprojekten gedacht werden kann.

Wenn aktuell von einem *transnational turn* in den Literatur- und Kulturwissenschaften gesprochen werden kann, so ist dies einerseits als Reaktion auf Entwicklungen fortschreitender gesellschaftlicher und kultureller Globalisierungs- und Vernetzungsprozesse zu verstehen (vgl. II.5 REICHARDT). Ökonomische und kommunikationstechnische Verflechtungen, ökologischer Wandel, weltweite Migrationen und Fluchtbewegungen, die derzeit zur Problematisierung nationalkultureller Grenzen beitragen, beeinflussen auch die Produktions- und Rezeptionsbedingungen von Literatur, die vielfach zum Aushandlungs- und Reflexionsmedium der damit verbundenen Transformationen geworden ist. Andererseits lassen sich Perspektiven und Konzepte der Transnationalitätsforschung nicht auf eine Gegenwartsanalyse einschränken, vielmehr führt der mit ihr verbundene Wechsel der Perspektive auch dazu, in der Vergangenheit Texte und Konstellationen aufzuspüren, die das dominante nationale Paradigma auf seine Grenzen und Konstitutionsbedingungen hin befragen.

Zu diesen Texten gehört auch ein pazifistischer Essay des amerikanischen Publizisten Randolph Bourne aus dem Jahr 1916 mit dem Titel „Trans-National America". Bourne setzt sich angesichts einer in Europa im Ersten Weltkrieg katastrophisch eskalierenden Konfrontation von Nationalstaaten kritisch mit dem zeitgenössischen Amerikanisierungskonzept des *melting pot* auseinander und entwirft die emphatisch aufgeladene kosmopolitische Vision einer Gesellschaft, die den Einwanderern nicht die Aufkündigung kultureller Beziehungen zu ihren Herkunftsländern auferlegt: „Do we not see how the national colonies in America, deriving power from the deep cultural heart of Europe and yet living here in mutual toleration, freed from the age-long tangles of races, creeds, and dynasties, may work out a federated ideal?" Gegen die Ideologie einer Einwanderungspolitik nationaler Amalgamierung und im Schatten der Schlachtfelder des Ersten Weltkriegs setzt Bourne ein Ethos des Transnationalen, das auf Zeiten und Räume verschränkenden Interaktionen und Transferprozessen aufruht: „America is to be, not a nationality but a trans-nationality, a weaving back and forth, with the other lands, of many threads of all sizes and colors" (Bourne, 1916). Gerade die Kontrastierung mit der Schmelztiegel-Idee demonstriert hier, dass das programmatisch entworfene Transnationale keineswegs in der Aufhebung nationaler Herkünfte und kultureller Einflüsse besteht. Vielmehr entfaltet es Bourne zufolge seine Wirkung gerade in der Wahrung einer produktiven Spannung zwischen dem Ganzen und den Teilen, zwischen der Ankunftsnation und denjenigen Ländern und Kulturen, aus denen die Einwanderer gekommen sind und zu denen weiterhin vielfältige Transfer- und Austauschbeziehungen existieren. Bournes vor gut hundert Jahren formulierte Vision ist seit einigen Jahren für die kulturwissenschaftlichen Debatten in Europa wiederentdeckt und vielfach rezipiert worden – kaum zufällig in einer Zeit, in der die europäischen Nationen selbst zunehmend mit der Frage konfrontiert sind, wie sie sich als Einwanderungsgesellschaften neu entwerfen können und welche alternativen Konzepte von Kultur dem Befund einer immer stärker von Migration und Mobilität sowie von globalen Medien und Kommunikationsformen geprägten Wirklichkeit gerecht werden. Dabei sind die europäischen Debatten um Migration vielfach durch Widersprüche geprägt, wenn etwa, wie in Bezug auf die Situation in Deutschland festgestellt wurde, die durch Migration erzeugte transnationale Alltagsrealität auf die Dominanz des Konzepts der Nation in der Selbstwahrnehmung der deutschen Gesellschaft und in den politischen Erwartungen an eine effektiv kontrollierte Migration trifft (Römhild 2006, 1).

Auch wenn das Nationale als selbstverständliche Leitkategorie vielfach fragwürdig geworden ist, zeichnet sich doch inzwischen ab, dass von einem Ende der nationalen Ära, das Ende der 1990er Jahre häufig diagnostiziert wurde, keine Rede sein kann. Stephen Greenblatt schreibt in diesem Sinne: „[A]s the new century unfolds, it has become increasingly clear that the bodies of the deceased have refused to stay buried: those who thought to have bid farewell once and for all to the heavily guarded borders of the nation-state and to the atavistic passions of religious and ethnic identity find themselves confronting a global political landscape in which neither nationalism nor identity politics shows any intention of disappearing" (Greenblatt 2010, 1). Doch gerade weil eine „Re-Nationalisierung des Politischen und des Sozialen" (Pries 2008, 19) in Zeiten von Globalisierung und Migration zu beachten ist, kommen die Bedingungen und Funktionsweisen nationaler Rhetoriken in besonderer Weise in den Blick. So kann eine auf das Transnationale gerichtete Forschungsperspektive komplexe Konstellationen zwischen der Überwindung des Nationalen und des Rückbezugs auf diese Kategorie erhellen und die „unterschiedlichen Grade[] der Interaktion, Verbindung, Zirkulation, Überschneidung und Verflechtung, die über den Nationalstaat hinausreichen", zugleich aber auf ihn bezogen bleiben, einer Analyse zugänglich machen (Patel 2004, 5). Gerade angesichts des Verlusts seiner „zentripetale[n] Dynamik" wird der Nationalstaat, wie Saskia Sassen bemerkt hat, als strategisch entscheidender „Schauplatz fundamentaler Transformationen" beschreibbar (Sassen 2008, 680; vgl. auch Cheah 1998, 324).

Der Begriff des Transnationalen wird in unterschiedlichen Disziplinen und Kontexten zwar zum Teil unterschiedlich verwendet, zumeist bezeichnet er aber gerade nicht lediglich das Andere der Nation oder nationaler Identifizierungen. „The transnational does what the border does with the nation: it confronts the latter with its own internal differences", formuliert entsprechend der Literaturwissenschaftler Donald E. Pease (2011, 5). Gleichzeitig ermöglicht es die Kategorie des Transnationalen, die Verstrickung des Nationalen in globalisierende Prozesse zu reflektieren, ohne die spezifischen und konkreten Austausch- und Transferprozesse, die diese Verschränkung bedingen, ausblenden zu müssen. Transnationale Perspektiven der Kultur- und Literaturforschung zeichnen sich durch eine signifikante Verschiebung des Erkenntnisinteresses aus. Das Nationalkulturelle wird als Referenzgröße fokussiert und die mit seinem Impuls zur Homogenisierung einhergehenden Ausgrenzungen und Brüche problematisiert. Dabei wird nicht auf universalisierende Konzepte zurückgegriffen, die dazu tendieren, Grenzen zu tilgen und Unterschiede im großen Ganzen aufzuheben (vgl. Bischoff und Komfort-Hein 2012, 250; Patel 2004, 10). Genau hierin entfaltet der Begriff des Transnationalen in den gegenwärtigen Debatten ein innovatives Potenzial. So vermag er die (z. B. eurozentrische) Situiertheit solcher Entwürfe zu analysieren sowie die universalisierenden Konzepte der großen (westlichen) Narrative der Moderne zu überwinden, um der Komplexität, Ungleichzeitigkeit und Vielfalt der gegenwärtigen „Multiple Modernities" (Eisenstadt 2003) in einem Spannungsfeld zwischen Lokalem, Nationalem und Globalem gerecht werden zu können (vgl. u. a. Sassen 2008; Taberner 2017, 232). Indem der Begriff des Transnationalen anders als der des Globalen den Rückbezug auf spezifische nationale Konstellationen und Geschichten immer wieder aktualisiert und transformiert, ist er in besonderer Weise geeignet, Partikularitäten und Differenzen innerhalb der von Globalisierungsprozessen betroffenen Kulturen Raum zu geben. Das Transnationalitätsparadigma setzt den Begriff der Nation als einen kontingenten, zu historisierenden voraus. Es reflektiert dementsprechend ‚Nation' als ein diskursiv erzeugtes Konstrukt, das unter bestimmten historischen Bedingungen in Erscheinung tritt und Wirkung in politischer und kultureller Hinsicht entfaltet (vgl. II.1 GRABBE). Entscheidende Impulse gaben hierzu drei relativ zeitgleich erschienene Studien: die des Politikwissenschaftlers Benedict Anderson (*Imagined Communities. Reflections on the Origin and Spread of Nationalism*, 1983), die der Historiker Eric Hobsbawm und Terence Ranger (*The Invention of Tradition*, 1983) und schließlich die des Philosophen und Anthropologen Ernest Gellner (*Nation and Nationalism*, 1983). Auf ähnliche Weise diagnostizieren sie ‚Nation' als moderne *imagined community*, als politisches Resultat eines Nationalismus, der kulturelle Homogenisierung und Synchronisierung nach innen betreibt und Differenzierung nach außen. Diese Vorstellungen bedürfen Praktiken der Inszenierung und der stabilisierenden Institutionalisierung nationalkultureller Identität. Eine nicht unerhebliche Rolle kam und kommt dabei der Literatur zu, nämlich „zugleich Medium der Konstruktion wie der Kritik nationaler Mythen" (Assmann 2004, 77) zu sein. Fragt man – wie Jürgen Fohrmann – nach einem wechselseitigen Bezug, dem „Ort des Nationalen in der Literatur" und dem „Ort der Literatur im Nationalen" (Fohrmann 2004), dann wird Nationalliteratur als ein solches Projekt identitätsstiftender Übertragung sichtbar, eben als „Ergebnis einer vielfältigen Konstruktion" (Fohrmann 2004, 24, 23).

Der Kulturanthropologe Arjun Appadurai, dessen Schriften einen wichtigen Beitrag zur Profilierung des Transnationalitäts-Paradigmas geleistet haben, hat in einer ironischen Kommentierung darauf hingewiesen, dass die Einsicht in die rhetorische Struktur und narrative Formierung historisch und politisch wirkmächtiger Größen wie der der Nation Methoden und Kompetenzen der Literaturwissenschaften auch für andere Disziplinen haben unverzichtbar werden lassen. „For an anthropologist in the United States today, what is most striking [...] is the hijack of culture by literary studies [...]. The subject matter of cultural studies could roughly be taken as the relationship between the word and the world" (Appadurai 1996, 51). Zielt „word" in diesem Sinne auf jede Form textuellen Ausdrucks, so Letzteres auf „anything from the means of production and the organization of life-worlds to the globalized relations of cultural reproduction" (ebd.). Gerade die ausdrückliche Adaption von Methoden und Perspektiven der Textwissenschaften für die *cultural studies* im allgemeineren Sinne hat umgekehrt dazu geführt, dass u. a. Appadurai selbst wiederum „a popular reference point in literary studies" (Gupta 2009, 89) wurde. Die Annahme eines linearen kulturtheoretischen Einflusses soziologischer bzw. kulturanthropologischer Diskurse auf literaturwissenschaftliche Perspektiven der Transnationalität, ja auch der Befund, dass das transnationale Paradigma erst später in den literaturwissenschaftlichen Debatten erschien, verkennt solche interdisziplinären Wechselbeziehungen im kulturwissenschaftlichen Feld.

Tatsächlich haben sich die Transnationalisierungsforschung und das Paradigma der Transnationalität seit den 1990er Jahren in den Sozial- und Kulturwissenschaften, zunächst im US-amerikanischen Kontext, in engem Bezug der verschiedenen Disziplinen und ihrer Methoden aufeinander etabliert und entwickelt (vgl. u. a. Ludger Pries 2008; Schulze-Engler 2002). In ihrer einflussreichen Studie *Nations Unbound* haben die Soziologinnen und Anthropologinnen Linda Basch, Nina Glick Schiller und Cristina Szanton Blanc argumentiert, dass Individuen und Gemeinschaften sich bislang selten selbst als transnationale identifizieren. Für die Autorinnen wird stattdessen die Literatur der Gegenwart, etwa bei Amitav Gosh oder Salman Rushdie, regelrecht zum protoanalytischen Feld, in dem hier soziale und kulturelle Dynamiken, die die Autorinnen als transnationale beschreiben, beobachtbar würden: „only in contemporary fiction [...] this state of ‚in-betweenness' has been fully voiced" (Basch et al. 1994, 5). Als ein Phänomen mit vielen Facetten, das nur von verschiedenen Disziplinen (gemeinsam) angemessen beschrieben werden kann, fasst auch der Anthropologe und Religionswissenschaftler Steven Vertovec Transnationalität: „as a social morphology, as a type of consciousness, as a mode of cultural reproduction, as an avenue of capital, as a site of political engagement, and as a reconstruction of ‚place' or locality" (Vertovec 1999, 447). Sein relativ weites Verständnis von Transnationalität korrespondiert in Vertovecs Ausführungen mit deren Bedeutung für die gegenwärtige Weltgesellschaft: „Although invoked with a variety of meanings, ‚transnationalism' provides an umbrella concept for some of the most globally transformative processes and developments of our time" (1999, 459). Damit ist wiederum auch der – nicht nur bei Vertovec – für das Transnationalitätskonzept signifikante Befund markiert, dass das Politische und Kulturelle nicht getrennt werden können.

Transnationalitätsdiskurse formieren sich in den Kultur- und Sozialwissenschaften im Kontext des sogenannten *spatial turn* (vgl. Döring und Thielmann 2008), durch den eine Konzeptualisierung relationaler Raumkonzepte angeregt wurde (vgl. u. a. Pries 2008, 132; Faist 2000, 46–48). Hier wurde beispielsweise die These vertreten, dass moderne und postmoderne Existenzweisen von einem Verlust physisch-materieller Raumbindungen gezeichnet seien und generell Prozesse kultureller „Deterritorialisierung" prägend würden (Appadurai 1996). Mit seiner Unterscheidung zwischen einer „neuen räumlichen Logik" in der Netzwerkgesellschaft, die er „Raum der Ströme" (*space of flows*) nennt, und der physischen Materialität im „Raum der Orte" (*space of place*), der den anderen, ortsgebundenen Bereich „menschlicher Erfahrung in der Netzwerkgesellschaft" (ebd., 479) darstelle, hat Manuel Castells eine noch komplexere Perspektive vorgeschlagen (2001, 433). So sei von einer Verflechtung bzw. Überlagerung von De- und Reterritorialisierung zu sprechen (vgl. Hühn et al. 2010, 33; ähnlich u. a. Pries 2008). Paul Jay weist in diesem Kontext auf die konstruktivistische kulturtheoretische Grundannahme im Konzept des Transnationalen: „The locations we study do not exist apart from the human act of measuring, delimiting, identifying, categorizing, and making boundaries and distinctions" (Jay 2010, 74).

Die aktuelle Konjunktur des Transnationalitätsparadigmas in sozial- und kulturwissenschaftlichen Disziplinen macht deutlich, dass hier offenbar bemerkenswerte Verschiebungen stattgefunden haben, die etwa Paul Jay als umfassenden Paradigmenwechsel beschrieben hat: „Since the rise of critical theory in the 1970s, nothing has reshaped literary and cultural studies more than its embrace of transnationalism" (Jay 2010, 1). Zu fragen ist, ob dadurch im einzelnen bekannte Phänomene anders interpretiert werden müssen oder sich Gegenstandsbereiche und Erkenntnisobjekte wie auch das Selbstverständnis und die Grenzen einzelner wissenschaftlicher Disziplinen verändern. Während vor allem in der Amerikanistik schon früh Bezüge zu sozialwissenschaftlichen und kulturanthropologischen Studien zur Transnationalität hergestellt wurden und das beschriebene Wechselverhältnis der Disziplinen in der Profilierung des Konzepts zum Teil ausdrücklich festgestellt und produktiv gemacht wurde, zeichnet sich in den übrigen Philologien erst allmählich eine Hinwendung zum Transnationalen als zentraler Forschungsperspektive ab. Angesichts der Verschiebungen in Bezug auf die Gegenstandsbereiche und die sich ergebenden neuen Vernetzungen der philologischen Einzeldisziplinen stellt sich auch die Frage nach der Rolle der Komparatistik neu (Spivak 2003; Lindberg-Wada 2006; Bemong et al. 2008).

Nach fast drei Jahrzehnten sozial- und kulturwissenschaftlicher Transnationalitätsforschung, die die einzelnen Disziplinen unterschiedlich geprägt hat, erscheint es möglich und geboten, im Rahmen eines kulturwissenschaftlichen Handbuchs zur Beziehung zwischen Literatur und Transnationalität eine vorläufige Bilanz der Forschung zu ziehen und Diskussionen jener Ansätze und Perspektiven vorzustellen, die das nationale Paradigma für die Produktion, Distribution und Rezeption von Literatur problematisieren. Das schließt auch eine präzisierende Begriffsreflexion ein. Gerade weil der Begriff in kulturwissenschaftlichen

Kontexten mit wechselnden Konnotationen und zuweilen unscharf verwendet wird, was ihm gelegentlich die Kritik eingebracht hat, ein „‚catch-all and say nothing' term" (Pries 2007, 3) zu werden, sind eine Differenzierung des Feldes und Überlegungen zur Begriffsbestimmung angebracht. Das betrifft u. a. etwa jene Begriffe, die mit dem Präfix ‚trans' versehen sind, u. a. Transkulturalität, Transstaatlichkeit und Translokalität (vgl. dazu Hühn et al. 2010), aber auch das Verhältnis des Begriffs der Transnationalität zu dem der Interkulturalität. Insbesondere Interkulturalität und Transkulturalität stellen in der literaturwissenschaftlichen Forschung etablierte Konzepte dar, deren jeweilige Reichweite und Implikationen es im Vergleich und im Hinblick auf das Konzept der Transnationalität zu prüfen gilt.

Nach einer entsprechenden Sichtung verwandter bzw. konkurrierender Taxonomien, die das Konzept der Transnationalität im kulturtheoretischen Feld begleiten (2.), schließt sich ein kurzer Überblick über die sozial- und kulturwissenschaftliche Genese des Transnationalitätsparadigmas in einzelnen Disziplinen an, insofern diese ähnliche Problemlagen wie in der literaturwissenschaftlichen Transnationalitätsforschung reflektieren (3.). Es folgt eine Skizzierung einiger der auch für literaturwissenschaftliche Perspektiven einflussreichen diskursiven Kontexte: Postkolonialismus, Diaspora, Exil und Erinnerung (4.), schließlich werden die zentralen Aspekte und Fragen für die Erforschung der Beziehung von Literatur und Transnationalität (5.) sowie das daraus resultierende Konzept des vorliegenden Handbuchs vorgestellt (6.). Die Beschreibung verbindet eine Übersicht über den aktuellen Forschungsstand und zentrale Aspekte der Diskussion mit einer Profilierung von Perspektiven und Fragestellungen, die sich aus der pointierten Zusammenschau unterschiedlicher Theorie- und Diskurskontexte für die literaturwissenschaftliche Auseinandersetzung mit Transnationalität ergeben. Eingefügte Referenzen auf Kapitel des Handbuchs geben Hinweise auf die vertiefende und kontextualisierende Darstellung einzelner Aspekte und Fragestellungen.

2. ‚Trans', ‚inter' und ‚multi': Begriffsgeschichtliches und konkurrierende Taxonomien

Der in den 1960er Jahren zuerst in den Wirtschafts- und den Politikwissenschaften etablierte Begriff der Transnationalität, der ursprünglich vor allem in ökonomischen Kontexten Verwendung findet, verzeichnet in den sozial- und kulturwissenschaftlichen Disziplinen seit Ende der 1980er Jahre eine sichtbare Konjunktur, zunächst in den anglo-amerikanischen Migrationswissenschaften (vgl. Hühn et al. 2010). Da das Konzept sowohl einen Paradigmenwechsel anzeigt als auch ein Phänomen ausdifferenzierter Forschungskontexte darstellt, scheint ein vergleichender Blick auf die Implikationen und die Reichweite konkurrierender Begriffe unerlässlich. Zu nennen sind dabei vor allem die der Internationalität und Transkulturalität, darüber hinaus ist aber das Spektrum jener Begriffe, die mit den Präfixen ‚inter' und ‚multi' gebildet sind und sich auf Konzepte von Nation, Kultur, Staat und Ort beziehen, genauer auf jeweilige Konnotationen und Differenzierungen hin zu betrachten.

Das Präfix ‚trans' (lat. Präposition: über, über ... hinaus, jenseits; vgl. Georges 1998 [1913–1918]) impliziert in Bezug auf den zugeordneten Wortstamm, sei es z. B. ‚Nation' oder ‚Kultur', eine Überschreitung von Grenzen (durchaus auch in beide Richtungen als wechselseitige Durchdringung) und Rückbindung zugleich. Ebenso ist damit eine Veränderung und Genese neuer Strukturen verbunden. Die entscheidende Qualität ist also die der Neuformierung, nicht der Vermischung. Etymologisch gesehen ist die systematische Unterscheidung der Präfixe ‚inter' und ‚multi' recht eindeutig: So akzentuiert ‚inter' (lat. Präposition: zwischen) die Differenz und die dialogische Beziehung zweier Einheiten, die sich wesentlich über die Konstruktion von ‚fremd' und ‚eigen' formieren. Das Präfix ‚multi' (lat. Adjektiv multus: viel bzw. im Plural: viele) steht für ein Nebeneinander des Divergenten, Vielfältigen und integriert nicht die Perspektive einer Bezugnahme oder des Austausches.

Die in etymologischer Hinsicht zu fassenden Differenzierungen der Begriffe sind jedoch in der wissenschaftlichen Praxis der einzelnen Disziplinen nicht immer ganz eindeutig. Wird ‚transnational' in wirtschaftswissenschaftlichen Beiträgen bisweilen synonym mit ‚multinational' verwendet, so in politikwissenschaftlichen Kontexten auch synonym mit ‚international', aber auch in direkter Abgrenzung von einem exklusiv an die staatliche Akteursebene gebundenen Verständnis des ‚Internationalen' (vgl. Pries 2008, 170–182; Patel 2004, 6–7). Begriffsgeschichtlich ist hinsichtlich einer Unterscheidung von ‚transnational' und ‚international' zu bedenken, dass der Terminus ‚international' im 19. und 20. Jahrhundert durchaus auch die nichtstaatliche Ebene nationenübergreifender Beziehungen und Verflechtungen einschließt (vgl. Friedemann und Hölscher 1982). Aus soziologischer Perspektive schlägt Pries eine Abgrenzung bezüglich unterschiedlicher Gesellschaftskonzepte vor. Demnach impliziert der Begriff des Internationalen die Vorstellung einer nationalstaatlichen Container-Gesellschaft, an deren Grenzen sich Begegnungen ereignen, wohingegen das relativistische Raumkonzept der transnationalen Netzwerkgesellschaft durch „[s]tarke und dauerhafte gesellschaftliche Verflechtungen" ohne ein „klares Zentrum-Peripherie-Verhältnis" (Pries 2008, 132–133) bestimmt ist.

Auch wenn, wie Donald E. Pease etwa resümiert, Transnationalität „a privileged frame of reference for thinking about western societies uncertain about their national and ethnic futures" (Pease 2011, 4) geworden ist, wird der Begriff nicht immer einheitlich und mit trennscharfen Konturen verwendet. Seinen Einsatz als Pauschalbegriff für unterschiedliche Phänomene, denen mitunter gleichzeitig andere Begriffe, die mit dem Präfix ‚trans' operieren, zugeschrieben werden, wie z. B. Transkulturalität, Transstaatlichkeit oder Translokalität, sehen Melanie Hühn et al. auch als Problem einer mangelnden Unterscheidung der Referenzgrößen Nation, Staat, Ort und Kultur (Hühn et al. 2010, 19–20). Der Soziologe Thomas Faist hat etwa als Akzentverschiebung in Bezug auf Transnationalität das Konzept von Transstaatlichkeit für die Migrationsforschung in die Diskussion getragen, mit dem Hinweis auf eine notwendige Präzisierung des Begriffs ‚national', der nicht nur auf die institutionelle Größe der Nationalstaatlichkeit zu beziehen sei, denn auch innerhalb von Staatengebilden existierten transnationale Beziehungen (Faist 2000, 13–14). Das Konzept von Transstaatlichkeit fokussiert demnach die „Probleme, die Migration für staatliches Handeln, Staatsbürgerschaft und Zivilgesellschaft" erzeuge (ebd., 14). Die Pluralität räumlicher Ordnungen und Raumwahrnehmungen betont das Konzept der Translokalität, das ursprünglich aus der angelsächsischen Ethnologie stammt. Es ist mit einer Problematisierung der Vorstellung von einer lokal situierbaren, in sich geschlossenen Gemeinschaft als ethnologische Untersuchungskategorie verbunden, deren Konstruktivität reflektiert wird. Stattdessen kommen nicht nur vielfältige Vernetzungen mit einem Außen, sondern auch unauflösbare, multidimensionale Verflechtungen zwischen Lokalem und Globalem in den Blick (Appadurai 1996, 178–199; Freitag und von Oppen 2005).

In einem Kulturverständnis, das Kulturen nicht (mehr) essentialistisch als homogene, durch einen nationalstaatlichen Rahmen ab- und eingeschlossene, sondern vielmehr in ihrer Prozessualität, Offenheit und vielfältigen wechselseitigen Durchdringung betrachtet, treffen sich Dimensionen von Transnationalität mit Transkulturalität (vgl. Hühn et al. 2010, 28). Trotz der Berührung der Konzepte ist zu beachten, dass Transnationalität im engeren Sinne historisch an die Existenz von Nationalstaatlichkeiten gebunden ist und eine deutliche politische Kontur bzw. auch eine machtreflexive Dimension besitzt.

Dass sich in der kulturwissenschaftlichen Diskussion das Konzept der Transkulturalität gegenüber dem der Interkulturalität zunehmend durchgesetzt hat, verdankt sich vor allem den vergleichenden Begriffsbestimmungen des Philosophen Wolfgang Welsch. Er bezieht Transkulturalität auf die Beobachtung einer „Hybridisierung" zeitgenössischer Kulturen auf der gesellschaftlichen Makroebene, die sich in der „inneren Differenzierung und Komplexität" sowie der externen Vernetzung zeige. Auf der Mikroebene spiele die kulturelle „Formation durch mehrere kulturelle Herkünfte und Verbindungen" eine Rolle (Welsch 1997, 71–72; vgl. ebenfalls Blumentrath et al. 2007; Kimmich und Schahadat 2012). Nicht überall werden die Konkurrenzbegriffe der Inter- und Multikulturalität jedoch deutlich von dem der Transkulturalität abgegrenzt. Bleibt ein Verständnis des Interkulturellen zumeist zwar der Vorstellung von Kulturkontakten und Einflüssen zwischen klar zu unterscheidenden, jeweils homogenen Kulturen verpflichtet (vgl. Chiellino 2000), so gibt es durchaus Verwendungen des Begriffs, die sich auf die Kontingenz der Grenzziehungen und auf dynamische kulturelle Aushandlungsprozesse beziehen (vgl. etwa Gutjahr 2002; Antor 2006) oder – literaturwissenschaftlich – auf poststrukturalistische Ansätze rekurrieren und „das ‚inter' v. a. als Verschiebung im Sinne der *différance*" deuten (Uerlings 2017, 102; vgl. dazu z. B. Rieger et al. 1999), womit die Differenzen zwischen Inter- und Transkulturalität eingeebnet werden. Ähnlich verhält es sich mit Konzepten des Multikulturalismus. Je nach Perspektive wird Multikulturalität entweder als „*Nebeneinander* strikt separat gedachter Kulturen" verstanden oder als „*Ineinander* der Kulturen", das die Dynamiken vielfältiger Vernetzungen betont (Schulze-Engler 2002, 73; vgl. auch Welsch 1997; Bronfen und Marius 1997, Albrecht 2017). Byung-Chul Han hat wiederum darauf hingewiesen, dass die Konzepte der Interkulturalität und Multikulturalität ein eminent „westliches Phänomen" seien, „geschichtlich stehen sie im Kontext von Nationalismus und Kolonialismus" (Han 2005, 56). Die Semantik der Begriffe trete nämlich, so Han, nicht konsequent aus dem Schatten eines normativen sowie ethnisch fundierten Kulturverständnisses, dessen Leitdifferenzen von ‚eigen' und ‚fremd' den kulturellen Austausch (noch) als Sonderfall erscheinen lassen. Hans Begriff der Hyperkulturalität fasst die kulturelle Konstitution im Zeitalter der Globalisierung als „eine Art kulturelle[n] Hypertext" vielfacher Entgrenzung und Entortung (59). Durch „Vernetzung und Defaktifizierung" stelle Hyperkultur einen „Fundus von unterschiedlichen Lebensformen und -praktiken zur Verfügung", die ihren territorialen und zeitlichen Verortungen entzogen seien, was Han zu der, die Komplexität der Globalisierungsdynamiken letztlich ausblendenden, These führt, „Geschichte im emphatischen Sinne" (22) sei in der Hyperkultur beendet.

3. Transnationalitätsforschung in einzelnen wissenschaftlichen Disziplinen

In den Wirtschaftswissenschaften zirkulieren Konzept und Begriff des Transnationalen bereits seit den 1960er und 1970er Jahren, vornehmlich in der ökonomischen Unternehmensforschung (u. a. Dunning 1993), aber auch in der Erforschung transnationaler personaler Netzwerke (u. a. Carroll und Fennema 2002) und in der Politischen Ökonomie (u. a. Apeldoorn 2002; Lorberg 2018; vgl. auch Pries 2008, 182–188).

Im Zuge fortschreitender Globalisierung und wachsender Komplexität von ökonomischen Verhältnissen und Vergesellschaftungsprozessen ist auch die mit der Herausbildung des modernen Nationalstaats einhergehende rechtswissenschaftliche Unterscheidung von staatlichem und internationalem Recht in Bewegung geraten, nicht zuletzt durch supranationale Organisationen wie etwa die EU, durch transnationale Akteursnetzwerke, NGOs, transnationale Unternehmen oder aber auch hinsichtlich transnationaler Dynamiken der Kriminalität und des Terrorismus (vgl. dazu u. a. Pries 2008, 205–211). Die „Transnationalisierung des Rechts" führt, so Shalini Randeria, zu einem Kohärenzverlust staatlichen Rechts, insofern „lokale, internationale und supranationale Rechtsordnungen miteinander interagieren und in Konflikt geraten" (Randeria 2003, 21).

Vor allem auf dem Gebiet der Internationalen Beziehungen hat die Politikwissenschaft seit den 1960er Jahren schon die Aufmerksamkeit für transnationale, im Sinne nicht-staatlicher, Beziehungen generiert. Ein ausdifferenziertes Konzept transnationaler Politikregime haben Edgar Grande et al. vorgelegt und die Problemlagen „politischer Institutionenbildung jenseits des Nationalstaats" (Grande et al. 2006, 122) diskutiert. Eine Verknüpfung der Erforschung Internationaler Beziehungen mit Perspektiven transnationaler Migration hat u. a. Rainer Bauböck (2003) erarbeitet und mit politikwissenschaftlichem Fokus auf *citizenship* transnationale Migration als Hervorbringung von „überlappende[n] Mitgliedschaften, Rechte[n] und Praktiken" bezeichnet, „die eine gleichzeitige Zugehörigkeit der Migranten zu zwei verschiedenen politischen Gemeinschaften widerspiegelt" (Bauböck 2003, 705).

Seit Mitte der 1990er Jahre haben vor allem die soziologische Migrationsforschung, aber auch die Ethnologie und Kulturanthropologie innovative Ansätze und Perspektiven der Transnationalitäts- bzw. Transnationalisierungsforschung entwickelt (vgl. dazu u. a. Vertovec 1999) und den dominanten ‚methodologischen Nationalismus' traditioneller Migrationsforschung überwunden, in deren Rahmen Migrationsphänomene theoretisch und methodisch weitgehend als nationalstaatlich formierte soziale Gegebenheiten befragt werden (dazu u. a. Beck und Sznaider 2006; Wimmer und Glick Schiller 2003). Gegen die Vorstellung der Eindimensionalität und Einmaligkeit von Migrationsbewegungen sowie die wesentliche Konzentration auf Assimilations- und Akkulturationsfragen des jeweiligen Immigrationslandes geraten stattdessen Migrationsprozesse in ihrer „temporären, zirkulären, nicht-abschließbaren Qualität" (Amelina 2013, 35) in den Blick. Assimilation und dauerhafte transnationale Beziehungen werden nicht als unvereinbar gewertet, womit auch ein soziales Feld komplexer Wechselwirkungen und pluri-lokaler Beziehungen zu untersuchen ist, das sich quer zu nationalstaatlichen Grenzen aufspannt (vgl. Levitt und Glick Schiller, 2004). Dem für die transnationalen Migrationsstudien insofern bedeutenden Konzept der *transnational community* (Kearney und Nagengast 1989) eignet die Vorstellung „relativ dichte[r] und dauerhafte[r] Interaktionsverflechtungen" (Pries 2008, 191) zwischen Herkunftsgemeinden und Ankunftsregion.

In der Kulturanthropologie ist ‚transnational' zu einer Art Sammelbegriff für kulturelle Prozesse und Phänomene geworden, die Staatsgrenzen überschreiten und als Effekt der Zerstreuung von Biografien, Ideen und Artefakten, zumeist ohne Rückbindung an eine einzige, identifizierbare Herkunft, zu analysieren sind (vgl. Welz 2008, 38). Der Begriff erfasst entsprechend Befunde, die quer zu Globalisierungsthesen der zunehmenden Vereinheitlichung stehen. Ulf Hannerz prägte das Konzept der ‚globalen Ökumene' für ein Kulturverständnis der vielfältigen sozialen Vernetzungen und Interaktionen jenseits territorialer Verortung, „an open landscape, in terms of social relationships and in terms of the flow of culture" (Hannerz 1996, 49).

Aihwa Ong hat am Beispiel des asiatischen Raums gezeigt, inwiefern sich derartige dynamische Strukturen auf die Form und Bedeutung von (Staats-)Bürgerschaften auswirken. Sie verweist auf die „*trans*versalen, *trans*aktionalen und *trans*gressiven Aspekte gegenwärtiger Verhaltensweisen und Vorstellungen" (Ong 2005 [1999], 11), die durch veränderte Formen des Staates und des Kapitalismus generiert und kontrolliert werden. Mit der Fokussierung auf Kulturen in Bewegung (vgl. u. a. Kimmich und Schahadat 2012) und vielfältige kulturelle Verschränkungen ergeben sich nicht zuletzt auch einschneidende methodologische Fragen der Skalierung des Untersuchungsgegenstandes für die klassische ethnologische Feldforschung, die sich nicht (mehr) auf ein Konzept der lokal fixierten und in sich geschlossenen Gemeinschaft beziehen kann. Appadurai hat zur Beschreibung eines deterritorialisierten sozialen Feldes den Begriff „ethnoscape" eingeführt (Appadurai 1991; vgl. auch Welz 2008): „The landscapes of group identity – the ethnoscapes – around the world are no longer familiar anthropological objects, insofar as groups are no longer tightly territorialized, spatially bounded, historically unselfconscious, or culturally homogeneous" (Appadurai 1996, 48).

Ludger Pries hat auf die soziologische Herausforderung hingewiesen, die Vorstellung „nationale[r] ‚Container-Gesellschaften' zu überwinden, ohne allerdings die Bindungskraft von Flächenräumen als Nationalstaaten, Territorien als *contested terrains*, *locales* und *regions* völlig zu leugnen" (Pries 2008, 111). Ulrich Beck hat diesbezüglich die Konzeption eines „methodologischen Kosmopolitismus" (Beck 2004, 30) ins Spiel gebracht, der auf „die Zunahme der Interdependenz sozialer Akteure über nationale Grenzen hinweg" (ebd.) reagiert (vgl. auch Beck und Sznaider 2006).

Wesentliche Impulse hat die Transnationalitätsforschung nicht nur der literaturwissenschaftlichen, sondern auch der historischen Forschung verliehen, indem die geschichtswissenschaftliche Referenzgröße der Nation zur Disposition gestellt wird. Inspiriert durch poststrukturalistische Ansätze (*linguistic turn*) und sogenannte *cultural turns* in den Literatur- und Kulturwissenschaften (vor allem die *postcolonial studies*), setzen sich transnationale Perspektiven in der Geschichtswissenschaft empirisch und methodisch seit den 1990er Jahren durch. Im Vergleich zu anderen Gesellschaften, insbesondere den USA (vgl. u. a. Thelen 1999), hat sich die Debatte um eine transnationale Geschichte in Deutschland (vgl. Osterhammel 2001) recht spät etabliert, was Kiran Klaus Patel auf die deutsche Wiedervereinigung als gleichsam „retardierendes Moment" (Patel 2004, 4) einer kurzfristigen Restabilisierung des nationalen Paradigmas zurückführt.

Die Perspektive der Transnationalität transformiert eine bis dahin seit dem 19. Jahrhundert vornehmlich auf das Nationale und die Nation ausgerichtete historische Forschung, die ihrerseits wiederum maßgeblich im Dienst der Nationenbildung gestanden hat (vgl. u. a. Pernau 2011; Patel 2004). Transnationalität markiert so einerseits eine konzeptionelle Erweiterung des Forschungsgegenstands (vgl. Pernau 2011, 18), andererseits wird darüber hinaus die Selbstverständlichkeit seiner nationalen Rahmung, das „Modell einer homogenen, territorial verankerten Gesamtgesellschaft" (Kaelble et al. 2002, 10), selbst fragwürdig. Von der sich nicht in der „Neukonfiguration von Nationalem" erschöpfenden „eigene[n] Logik" des Transnationalen als einer sich permanent verändernden „dynamischen Variablen" sprechen Michael Werner und Bénédicte Zimmermann (2002, 630). Ähnlich hat David Thelen als wesentlichen Fokus transnationaler Geschichtsforschung skizziert, „how people and ideas and institutions and cultures moved above, below, through, and around, as well as within, the nation-state, to investigate how well national borders contained or explained how people experienced history" (Thelen 1999, 967).

Impliziert transnationale Geschichte im engeren Sinne eine epochale Beschränkung auf die Zeit seit dem 18. Jahrhundert, auf die Phase der Herausbildung und Bedeutung des modernen Nationalstaats, so leistet sie zugleich auch einen Beitrag zu deren Historisierung (vgl. Pernau 2011, 18; Patel 2004, 3). Dezidiert transnationale Perspektiven, die auf die moderne Kategorie der Nation westlicher Prägung referieren, beziehen sich dementsprechend nur auf einen Teil einer Geschichtsforschung jenseits nationaler Narrative (vgl. Pernau 2011, 37; Gassert 2012, 2). Dabei werden Komplexitäten konkurrierender Phänomene in den Blick genommen, etwa die historische Gleichzeitigkeit und enge Verbindung der Herausbildung moderner Nationalstaaten und des Anstiegs grenzüberschreitender globaler Mobilität oder politischer Bewegungen, darüber hinaus diasporische Gemeinschaften, die zur Geschichte fast aller modernen Nationalstaaten gehören (vgl. Pernau 2011, 86, 93).

Geschichtsforschung jenseits des nationalen Paradigmas zeichnet in unterschiedlichem Maße ebenso die Konzepte einer internationalen Geschichte und einer (älteren) Welt- und einer Globalgeschichte (*global history*) aus. Sind auch die Differenzierungen in der Forschung nicht einheitlich diskutiert, so treten dennoch Unterschiede hervor: Richtet sich die internationale Geschichte, deren Genese in der Diplomatiegeschichte zu suchen ist, entscheidend auf die „Außenbeziehungen von Nationen und Gesellschaften und [...] das Internationale System als Ganzes oder außenpolitische Entscheidungsprozesse innerhalb von (National-) Staaten" (Patel 2004, 11–12), so ist die Fixierung auf die Nation im Unterschied zur transnationalen Geschichtsforschung damit nicht unbedingt überwunden. Die häufig eurozentrisch und modernisierungstheoretisch geprägte ‚Weltgeschichte' konzentriert sich demgegenüber zumeist auf Prozesse und Konstellationen ohne Rekurs auf die Kategorie Nation. Dasselbe gilt für neuere Konzepte einer *global history*, die „nicht mehr von einer Diffusion westlicher Errungenschaften" ausgeht (Budde et al. 2010 [2006], 12; vgl. auch Conrad und Eckert 2007; Osterhammel und Petersson 2003).

Der vor allem von Werner und Zimmermann (vgl. 2002) entscheidend mitgeprägte Ansatz der *histoire croisée* reagiert in diesem Feld auf methodologische Probleme der auf den internationalen Vergleich setzenden Komparatistik wie auch einer transnationalen Transfergeschichte. Mit einem Konzept gesteigerter systematischer Komplexität und (Selbst-)Reflexivität sowie einer „Pluralisierung der Sichtweisen" (Werner und Zimmermann 2002, 636) sucht die *histoire croisée* die „klassischen Oppositionen von Synchronie und Diachronie, von Kulturalismus und Universalismus oder auch von Kultur und Gesellschaft zu umgehen" (617). Vielfältige und multidirektionale Konstellationen des Verflechtens, Kreuzens, Verschränkens (so die Implikationen des französischen Verbs *croiser*) sollen Vergleich und Transfer verbinden. Sie betreffen nicht nur die untersuchten historischen Gegenstände, sondern auch den Ort, Sichtweisen, Perspektiven (zwischen Mikro- und Makroebenen) und deren Interaktion sowie den Prozess der sie konstruierenden Beobachtung selbst (618 und 623). Selbstreflexivität der *histoire croisée* umfasst solchermaßen ebenso die Aufmerksamkeit darauf, dass sich die Interpretationen nicht voraussetzungslos, sondern in den Spuren vorhergehender Deutungen bewegen. Margrit Pernau verweist diesbezüglich auf den latenten Einfluss von Clifford Geertz' interpretativem kulturanthropologischen Konzept der ‚dichten Beschreibung' (vgl. Pernau 2011, 51). Wird die *histoire croisée* hauptsächlich in der französischen und deutschen Geschichtswissenschaft diskutiert, so haben sich ganz ähnliche Perspektiven der Verschränkungen jenseits spezifischer geografischer Räume und Epochen im Konzept einer *entangled history* (Verflechtungsgeschichte) im angelsächsischen Kontext, vornehmlich in Bezug auf die Geschichte des britischen Empire, etabliert.

4. Diskursive Kontexte: Postkolonialismus, Diaspora, Exil, Erinnerung

Ein zentraler Kontext, in dem Figuren und Konzepte des Transnationalen eine Rolle spielen, ist der des Postkolonialismus (vgl. IV.9 ARNDT/ASSA). Spätestens im 19. Jahrhundert, in der parallel zur Herausbildung der europäischen Nationalstaaten ein Wettlauf um überseeischen Besitzungen und Einflusssphären beginnt, sind koloniale Unternehmungen immer auch als nationale konnotiert. Der imperialistische Zugriff auf außereuropäische Gebiete lässt dabei einen Widerspruch besonders deutlich zutage treten, der sich nicht nur in Bezug auf politische Herrschafts- und Organisationsstrukturen manifestiert, sondern vor allem auch das Leitbild der Kulturnation erschüttert. Denn mit der territorialen Ausweitung nationaler Ansprüche und Geltung stellt sich die Frage nach Zugehörigkeit und Teilhabe der innerhalb des nationalen Hoheitsgebietes lebenden Menschen in zugespitzter Weise. Einerseits basiert der seine Reichweite ausdehnende Nationalstaat auf der Vorstellung eines mehr oder weniger homogenen Volkskörpers, andererseits beruht die koloniale Macht auf der Klassifikation der Kolonisierten als wesenhaft (,rassisch') Fremde und Unterlegene, die eine Beherrschung geradezu herausfordern und rechtfertigen. Ähnlich ambivalent erweist sich im kolonialen Raum die Verschränkung des modernen Nationalstaats mit aufklärerischen Ideen von Emanzipation, Bildung und Partizipation, die für seine diskursive Legitimation und Durchsetzung zentral ist. Denn während einerseits die Möglichkeit und Notwendigkeit einer Kulturmission – eng verknüpft mit dem christlichen Missionsgedanken – propagiert wird, indem die Europäer als Akteure eines Zivilisierungsprojekts auftreten, das die Perfektibilität der Anderen impliziert, wird andererseits europäische Hegemonie durch die Klassifikation der Anderen als geschichts- und kulturlose ,Wilde' affirmiert. Diese Widersprüche, die das Potenzial bergen, die Idee der Kulturnation und die sie legitimierenden Diskurse zu erschüttern, lassen sich gerade an den Schnittstellen der politischen und kulturellen Dimensionen des Kolonialismus ausmachen. Es ist daher nicht überraschend, dass postkoloniale Perspektiven in den Literatur- und Kulturwissenschaften immer wieder auf die Nation als einer Leitkategorie der westlichen Welt zurückkommen, deren rhetorische und imaginative Dimension ihrer historischen Wirkmacht nicht entgegensteht, im Gegenteil.

Durch ihre koloniale Entgrenzung wird die Nation auf mehrfache Weise einer Deplatzierung ausgesetzt, die offenbart, dass sie nicht natürlich gegeben oder gewachsen ist, sondern durch kulturelle Praktiken und Diskurse immer wieder neu hervorgebracht wird. Diese Performativität des Nationalen wird nicht zuletzt darin deutlich, dass sich postkoloniale Kritik, Rebellion und Selbstbehauptung häufig mit Bezug auf eigene nationale Visionen und Ansprüche artikuliert hat. So behaupten sich die USA als Nation von Einwanderern durch Abgrenzung gegenüber dem britischen Mutterland unter Beibehaltung von dessen Sprache. Auch in den ehemaligen europäischen Kolonien in Asien oder Afrika überleben die kolonialen Sprachen zumeist die Staatenbildung, die auch in territorialer und struktureller Hinsicht vielfach von den kolonialen Verhältnissen ausgehen, was jedoch ihrer Rekodierung unter Bezugnahme auf afrikanische Traditionen und Ursprungsmythen nicht unbedingt entgegensteht. In der Imitation des Nationen-Konzepts, die dieses signifikanten Verschiebungen und Vermischungen aussetzt, deutet sich dabei bereits vielfach dessen Subversion an. Ausdrücklich transnationale Dimensionen gewinnen postkoloniale Perspektiven jedoch dort, wo die bloße Reproduktion und Adaption kolonialer Kategorien problematisiert wird, bzw. wo das Performative des Nationalen selbst als zentraler Gegenstand der Analyse und Einsatzmoment von Transformationen in den Blick gerät.

Transnational heißt dann, dass über das Nationale als basale Kategorie emanzipatorischer Selbst- und Gesellschaftsentwürfe hinausgedacht wird, indem dessen Verstrickung in eine Geschichte gewaltsamer Ausgrenzungen und Hegemonialerzählungen mit reflektiert wird. Es heißt nicht unbedingt, wie etwa Paul Gilroy gezeigt hat, dass von der Vorstellung, etwa nationale Ansprüche mit Afrika bzw. einzelnen afrikanischen Staaten zu verknüpfen, kategorisch Abstand genommen werden muss. Eher bedeutet dieser Perspektivwechsel hier, dass Brüche, die Gemeinschaften, welche sich auf afrikanische Herkunft und Zugehörigkeit beziehen, unweigerlich eingeschrieben sind, nicht geleugnet, sondern in die Selbstentwürfe einbezogen werden. Gilroys „Black Atlantic" kann als Entwurf eines solchen alternativen Gemeinschaftskonzepts verstanden werden, das sich nicht primär auf gemeinsame Wurzeln und Territorien bezieht, die als ursprüngliche Heimat mythisiert werden, sondern auf eine geteilte Geschichte, die eine Geschichte gewaltsamer Entortungen, aber auch emanzipatorischer Aufbrüche, Reisen, Begegnungen und Grenzüberschreitungen ist. Der Atlantik – als solcher ein nicht-bewohnbarer Transit-Raum – erinnert an die *middle passage*, also die Wege der Sklavenschiffe und eine bis heute die Welt prägende Geschichte der Unterdrückung und Entrechtung. Er ist aber auch Sinnbild für die Wege afroamerikanischer Intellektueller und Künstler nach Europa oder Afrika oder die vielfachen Wege, durch die sich Ideen, Musik und Literatur verbreiten, die am anderen Ort, vermischt mit neuen Impulsen, Wirkungen entfalten. Während Gilroy einerseits das Ziel verfolgt, einer „transnational Black Atlantic creativity" (Gilroy 1993, 16) nachzuspüren und diese als charakteristisch für die künstlerischen und intellektuellen Ausdrucksformen einer bestimmten Gruppe zu erweisen, versteht er das Konzept des „Black Atlantic" doch zugleich als Gegenentwurf zu den etablierten Konzepten der westlichen Moderne, insofern es insgesamt dazu beitragen könne, „to produce an explicitely transnational and intercultural perspective"

(Gilroy 1993, 15). Dabei geht es nicht in erster Linie darum, Einzelne oder Gruppen als Akteure der Moderne einzuschreiben, indem ihre vergessenen Geschichten rekapituliert werden; vielmehr wird durch die Aufmerksamkeit auf ihre Wege und Schicksale die Moderne von ihren Rändern her neu konzeptualisiert.

Ähnlich setzen auch Homi Bhabhas dekonstruktive Überlegungen zum Nationalen mit der Fokussierung derjenigen ein, die sich aus verschiedenen Gründen nicht eindeutig über diese Kategorie identifizieren lassen. Sein einflussreicher Beitrag mit dem sprechenden Titel „DissemiNation", 1994 als Kapitel seines Buches *The Location of Culture* erstmals erschienen, setzt mit der Geste des Sammelns der und des Verstreuten ein, „des Sammelns von Exilierten und *émigrés* und Flüchtlingen; des Sammelns am Rand von ‚fremden' Kulturen; des Sammelns an den Grenzen, des Sammelns in den Ghettos oder Cafés der Innenstädte [...]" (Bhabha 1997, 149). Was den Blick auf diejenigen lenkt, die „nicht mit einbezogen werden in das *Heim* der nationalen Kultur und ihren einstimmigen Diskurs" (Bhabha 1997, 186), und damit die Grenzsetzungen dieser Kultur problematisiert, erscheint gleichzeitig als Bewegung, welche die Bildung einer ‚Nation' genannten Gemeinschaft nacherzeugt. Denn die Sammlung ist nicht nur rettende Geste, die die Vertriebenen und Marginalisierten zusammenbringt, sie steht auch in Zusammenhang mit Zählung, bürokratischer Erfassung, Kategorisierung, sogar Internierung, Verfahren mithin, die den einzelnen in die Ordnung des modernen Nationalstaates einfügen. Damit erscheint Sammlung als ambivalente Bewegung, die das Nationale begründet, zugleich aber auf den Zustand der Zerstreuung verweist, der ihm vorausgeht und der durch mythisierende Ursprungs- und Einheitserzählungen im Akt der Gründung verleugnet wird. Für die sich hier abzeichnende Logik verwendet Bhabha wiederholt den Begriff des Transnationalen, der über das Nationale hinaus auf die Bedingungen und Prozesse seiner Konstitution verweist und dabei diejenigen, die im (wiederholten) Akt seiner Gründung ausgeschlossen und verleugnet werden, einbezieht. Einbeziehen meint hier nicht integrieren, vielmehr impliziert es, dass Vorgänge der Abspaltung und Entortung als Teil der eigenen Geschichte reflektiert werden. So verstanden kann sich transnational auf das wechselseitige Aufeinanderbezogensein geografisch voneinander entfernter Regionen beziehen, die durch Migrationen unterschiedlichen Typs auf eine Weise miteinander in Beziehung treten, welche ihre Identifikation als Ort und Heimat einer ethnisch gedachten Gemeinschaft problematisch erscheinen lässt. Transnationalität manifestiert sich damit aber nicht nur zwischen mehr oder weniger genau zu unterscheidenden politischen bzw. kulturellen Einheiten, sondern gerade auch in Konstellationen innerhalb eines (nationalstaatlichen) Gebildes, in dem ehemalige Migranten als einzelne oder in diasporischen Gemeinschaften Grenzen interner Homogenisierung verkörpern. Insofern gerade angesichts aktueller Formen der Migration von Menschen, Gütern und Ideen transnationale

Konstellationen hervortreten, die sich im Horizont kolonialer Geschichten herausgebildet haben, wird dieser Begriff gelegentlich auch explizit als übergreifender favorisiert: „the lexicon of the transnational would be so much more appropriate to capture the range of texts and debates subsumed under the postcolonial label these days" (Mayer 2014, 142).

Der Begriff der Diaspora ist mit postkolonialen Perspektiven und Theorientwürfen eng verknüpft und hat in den vergangenen beiden Dekaden eine bemerkenswerte Konjunktur erlebt. Im akademischen Feld haben sich interdisziplinäre *Diaspora Studies* etabliert mit einer eigenen entsprechend betitelten Zeitschrift, die 1991 erstmalig erschien. In der Eröffnungsnummer benennt Khachig Tölölyan Diasporen als „emblems of transnationalism" (Tölölyan 1991, 6), andere heben eher die Beweglichkeit des Begriffs als „traveling term" (Clifford 1997, 244) hervor, der aus einem ursprünglich jüdischen Kontext in andere kulturelle Zusammenhänge übersetzt und zur Beschreibung je unterschiedlicher Phänomene adaptiert worden sei. Rainer Bauböck hat zur Bestimmung der Gemeinsamkeiten unterschiedlicher Diaspora-Definitionen folgende Typologie vorgeschlagen: Diaspora beschreibt erstens entsprechend der Etymologie des Begriffs Diaspora (,Zerstreuung') eine „in der Regel gewaltsame oder jedenfalls traumatische Form der Vertreibung aus einem angestammten Siedlungsgebiet und die Verteilung der betroffenen Personen über viele verschiedene Zielgebiete", zweitens „eine kollektive Identität, die über viele Generationen auch außerhalb des ursprünglichen Herkunftslandes reproduziert werden kann" und damit deren Kontinuität. Drittens könne Diaspora als transversale Gemeinschaft verstanden werden: „Es gibt Verbindungen und Solidarität zwischen den verstreuten Gruppen [...]. In gewisser Weise versuchen Diasporas, räumliche Trennung durch Wiedervereinigung im kollektiven Gedächtnis zu überwinden." Damit ist Diaspora viertens „auch eine Projektion von Zukunft. Die Botschaft lautet: Die Zukunft ist nicht dort, wo wir heute leben, sondern dort, wo wir hergekommen sind" (Bauböck 2012, S. 19).

Verwendung findet der Begriff häufig in Bezug auf nicht in Afrika lebende Schwarze, für deren Selbstverständnis der Bezug auf Afrika auf verschiedene Weise bedeutsam ist, und schließlich in Bezug auf eine Vielzahl von Gruppen, die nach Flucht und Migration mehr oder weniger dauerhaft in einer Umgebung leben, die sie nicht mit ihrem kulturellen Ursprungsland identifizieren. Auch wenn immer wieder darauf hingewiesen wurde, dass diasporische Gemeinschaften nicht per se anti-nationalistisch agieren, sie gelegentlich sogar zu einer Entgrenzung eines in mehrfachem Sinne rückwärtsgewandten Nationalismus beigetragen haben (Mayer 2005, 14), wird ihnen doch vielfach ein transnationales Potenzial zugestanden, das mit ihrer (mindestens) doppelten Zugehörigkeit und Bezogenheit, aber auch mit der sie prägenden Erfahrung von Entortung und Exil verbunden ist. In der Auseinandersetzung mit einer Definition von William

Safran, der zufolge Diasporen als verstreut lebende „expatriate minority communities" verstanden werden können, die u. a. durch ihre anhaltende Orientierung auf ein gemeinsames Ursprungsland vereint würden, in das ihre Mitglieder schließlich zurückzukehren hofften (Safran 1991, 83–84), hat eine neue Profilierung des Diaspora-Begriffs stattgefunden. Problematisiert wurde vor allem die Frage, ob es tatsächlich die Idee eines verlorenen idealisierten Heimatlandes und der Wunsch zur Rückkehr in dieses sei, der das Imaginäre einer Diaspora wesentlich präge. James Clifford stellt demgegenüber fest, „that the transnational connections linking diasporas need not be articulated primarily through a real or symbolic homeland [...]. Decentered, lateral connections may be as important as those formed around a teleology of origin/return. And a shared, ongoing history of displacement, suffering, adaption, or resistance may be as important as the projection of a specific origin" (Clifford 1997, 249–250).

Auch wenn sich der Diaspora-Begriff inzwischen selbst vielfältig in unterschiedliche Kontexte zerstreut hat und bereits eine damit verbundene „Begriffsinflation" konstatiert wurde (Bauböck 2012, 20), ist die wiederholte Referenz auf das jüdische Paradigma für den Diskurs nach wie vor prägend. Sie hat nicht zuletzt zu einer Debatte innerhalb der jüdischen Studien geführt, wie der Diaspora-Begriff im Horizont seiner neueren Implikationen in einer von Migrationen und Globalisierungsprozessen geprägten Welt auch im Hinblick auf Reflexionen über jüdische Identität und Gemeinschaft neu bestimmt werden kann. Besonders anschlussfähig für Diaspora-Konzepte der Kulturwissenschaften, die transnationale Dynamiken betonen, ist hier der Beitrag von Daniel und Jonathan Boyarin, in dem diese die jahrhundertelange jüdische Diaspora-Erfahrung mit der Ausbildung eines Gemeinschaftskonzepts in Verbindung bringen, das nationalistische Mythen von Autochthonie und Territorialität auf Distanz hält. Die Erinnerung an die hier ausgebildeten Formen und Strategien der Koexistenz mit anderen, der Mehrfachloyalität und der produktiven Aufnahme und Verbindung unterschiedlicher kultureller Einflüsse, wird ausdrücklich gegen das zionistische Modell in Anschlag gebracht, das, sofern es sich mit nationalstaatlicher Hegemonie verknüpfe, eher als „subversion of Jewish culture and not its culmination" (Boyarin und Boyarin 1993, 712) erscheine. Dass eine solche Perspektive nicht mit einer Infragestellung des Staates Israels einhergehen muss, wird hier wie in ähnlich argumentierenden Beiträgen ausdrücklich akzentuiert, indem Israel als Einwanderungsland beschrieben wird, das sich in seinem Selbstverständnis viel stärker auf Erzählungen und Traditionen des ‚von anderswo Kommens' ebenso wie auf aktuelle Heterogenitäten beziehen könnte (Boyarin und Boyarin 1993, 713; Loewy 2012). Gerade mit Blick auf die andauernde Spannung, die auch nach der Staatsgründung zwischen dem ‚Land' und der Diaspora besteht, erscheint jüdische Identität „not as a proud resting place (hence not as a form of integrism or nativism) but as a perpetual, creative, diasporic tension" (Boyarin und Boyarin 1993, 714; vgl. Baron 2015). Diese untergräbt hegemoniale Ansprüche nicht nur in Bezug auf Israel als ethnonationalem Staat, sondern auch, einer langen jüdischen Diaspora-Tradition entsprechend, in Bezug auf diejenigen nationalen Umgebungen, die das Leben in der Diaspora prägen. Dass Diaspora und Exil häufig in engem Bezug zueinander, manchmal sogar synonym für ähnliche Konstellationen gebraucht werden, wird ebenfalls häufig mit Bezug auf (Begriffs-) Geschichten erläutert, die auf eine spezifisch jüdische Tradition verweisen, in der das Leben in der Zerstreuung (Diaspora) als Exil infolge der Zerstörung des Zweiten Jerusalemer Tempels und der Vertreibung der Juden von diesem heiligen Ort aufgefasst wird. Der Begriff Exil ist besonders mit der Vorstellung einer gewaltsamen Verbannung oder Vertreibung verbunden und wurde vor allem in politischen Kontexten häufig mit der Orientierung auf eine Rückkehr verknüpft. Auch das jüdische Exil wird traditionell durch ritualisiertes Gedenken an einen Ursprungsort und das Versprechen auf Rückkehr zu diesem („Nächstes Jahr in Jerusalem") als solches immer wieder aktualisiert. Allerdings kennzeichnet diese gemeinschaftsstiftende Ritualisierung im Kontext der Pessah-Feier, die ja den Auszug aus fremder Knechtschaft und nicht die Vertreibung von einem Ursprungsort erinnert, dass das gelobte Land damit immer in Aussicht gestellt, immer versprochen wird, Ankunft und Einlösung des Versprechens also stets verschoben werden und allein in der Imagination präsent sind (DeKoven Ezrahi 2000).

Der Akt der Verschiebung auf Imagination, zeichenhafte Repräsentation und Schrift hat in der jüdischen Geschichte und Mythologie noch eine andere Dimension, nämlich die Umbesetzung des immobilen heiligen Ortes des Tempels auf die mobile Bundeslade und die in ihr enthaltende Schrift. Auf diese bezieht sich das jüdische Volk fortan als auf ein ‚portatives Vaterland' in der vielzitierten Formulierung Heinrich Heines. Dabei wird, wie Andreas Kilcher gezeigt hat, die Heilige Schrift im Zuge der Säkularisierung durch andere Schriften ergänzt und ersetzt, womit sich die jüdische Diaspora als ‚Volk des Buches' in einem weiten Sinn konstituiert, der literarische Produktivität über Länder- und Sprachgrenzen hinweg impliziert (Kilcher 2016). Die jüdische Kultur des Exils ist also in einem emphatischen Sinne transnational, insofern sie einerseits die Trennung von einem zentralen, heiligen Ort erinnert und anderseits in der Zerstreuung Austausch und Bindungen nicht nur zu einer Vielzahl von ‚Gastländern', sondern über deren Grenzen hinweg auch untereinander etabliert hat (vgl. III.2 KILCHER). In Diskussionen über Verbindungen und Korrespondenzen zwischen Jüdischen Studien und Postkolonialismus ist immer wieder die Frage erörtert worden, ob das jüdische Exilnarrativ bzw. die jüdische Diaspora nicht nur als paradigmatisch für ähnlich gelagerte Geschichten, wie die der Armenier, angesehen werden kann, sondern für unterschiedlichste Formen alternativer Gemeinschaftsbildung, die sich jenseits der Nationalstaaten durch Entwurzelung und Migration herausgebildet haben (Feldt 2016). Vor allem zwischen der jüdischen und der schwarzen Diaspora sind viele strukturelle Gemeinsamkeiten gesehen worden, etwa die Kondition des Exilischen, der Abtrennung von einem Ursprungsort, dessen kollektive Imagination gemeinschaftsstiftende Wirkung für zerstreut in verschiedenen Ländern und Sprachen lebende Menschen hat (Gilroy 1993, 208). Allerdings treten bei solchen Vergleichen auch die Unterschiede besonders hervor, so dass deutlich wird, dass es nicht besonders sinnvoll ist, ein (z. B. jüdisches) Muster für transnationale Existenzen anzunehmen, nach dem jeweils auch andere Beispiele funktionieren. Indem transnationale Konstellationen gerade nicht auf universelle Strukturen verweisen, sondern aufgrund je konkreter Trennungs- und Migrationsgeschichten unterschiedliche Formen der Mehrfachorientierung und Vernetzung herausbilden, verweigern sie sich einer abstrakten Kodifizierung. Transnationalität ist insofern nicht analog zum Nationalen zu beschreiben im Sinne einer erweiterten Kohärenzsphäre; sie beschreibt weniger einen Zustand, sondern eher Prozesse (der Transnationalisierung), Bewegungen und Imaginationen, die nicht allgemein gelten, sondern immer nur für je spezifische Fälle nachvollzogen werden können. Gerade aus einer kulturwissenschaftlichen Perspektive ist es jedoch möglich und lohnend, den Referenzen und kulturellen Übertragungen nachzuspüren, durch die Narrative des Diasporischen und Transnationalen aus spezifischen Kontexten herausgelöst und in andere übersetzt werden – nicht ohne dass sich dabei Verschiebungen und Verwandlungen ereignen. So geht es weniger darum, anhand einer genauen Definition Ähnlichkeiten und Unterschiede zwischen jüdischer und schwarzer Diaspora festzustellen, als vielmehr darum, diskursinterne Bezugnahmen, Adaptionen und Transformationen nachzuzeichnen. Auf diese Weise werden kulturelle Dynamiken der Vernetzung erkennbar, die ihrerseits über ethnische, nationale oder anders bestimmte Gruppenzugehörigkeiten hinausweisen und einen Raum des Austauschs und Transfers von Zeichen und Narrativen konstituieren.

Bemerkenswert ist, dass Versuche, kulturelle Erinnerung aus nationalen Containern herauszulösen, ihrerseits von der Frage motiviert wurden, auf welche Weise die Erinnerung an die Geschichte der *middle passage* und die damit verbundene Entortung und Entrechtung zusammengedacht werden kann mit der Erinnerung an die Shoah (Gilroy 1993, 205–223; Clifford 1997, 268–273). Beide Ereignisse betreffen jeweils eine spezifische Gruppe von Menschen in besonderer Weise, sie lassen sich aber auch als historische Zäsuren begreifen, deren einschneidende Folgen viele Länder, Gesellschaften und Kulturen nachhaltig geprägt haben und immer noch prägen. Ausgehend von dem Befund, dass in den USA Forderungen einer stärkeren öffentlichen Repräsentation der Erinnerung an die Geschichte der Afroamerikaner, und damit der Sklaverei, immer wieder in Konkurrenz zu der

Erinnerung an die Shoah als der ‚jüdischen Katastrophe' formuliert worden sind, hat Michael Rothberg das Modell einer „multidirektionalen Erinnerung" entworfen, in dem Erinnerungen von Gruppen und Nationen nicht in Abgrenzung voneinander, in ‚Opferkonkurrenz', sondern in ihrer wechselseitigen Verflechtung in den Blick kommen (Rothberg 2009, 2; vgl. III.3 TIPPNER). Hier steht nicht der Vergleich historischer Erfahrungen im Vordergrund, vielmehr wird der öffentliche Diskurs als Raum von Übersetzungen, Anleihen und Aushandlungsprozessen begriffen. „The archive of multidirectional memory is irreducibly transversal; it cuts across genres, national contexts, periods, and cultural traditions" (Rothberg 2009, 18). Insofern dieser Aushandlungsraum diskursiv und symbolisch ist, da er bestimmt wird von Rhetoriken der Selbst- und Fremddarstellung, die jeweils auf Narrative, Metaphoriken und Ikonografien der Erinnerung zurückgreifen, kommt künstlerischen und insbesondere literarischen Verdichtungen solcher vielstimmigen Prozesse eine besondere Bedeutung zu. So entwickelt Andreas Huyssen, auf den sich Rothberg als Impulsgeber in Hinsicht auf sein Anliegen bezieht, „intersecting, cross-ethnic and transnational memories" (Rothberg 2009, 315) nachzuzeichnen, sein Konzept einer transnationalen Erinnerungskultur ausdrücklich am Beispiel eines literarischen Texts aus dem Umfeld der deutsch-türkischen Literatur (Huyssen 2003). Insgesamt haben gerade Arbeiten, die von literaturwissenschaftlichen Perspektiven und Analysen ausgehen, die kulturwissenschaftliche Annäherung an das Phänomen eines transnationalen Erinnerns nachhaltig geprägt (vgl. Erll 2017; Assmann 2016).

Ähnliches gilt auch für neuere Tendenzen in der europäischen Exilforschung, die sich mit Zwangsmigration und Entortung im Kontext der Totalitarismen des 20. Jahrhunderts beschäftigt. Während der Fokus hier in den 1970er und 1980er Jahren vor allem auf dem politischen Engagement Einzelner bzw. einer Exilgemeinschaft gegen Diktatur und Terror in den Heimatländern lag, hat sich das Interesse allmählich auf Assimilations- und Akkulturationsprozesse, die angesichts der faktischen Dauer des Exils und der geringen Rate von Rückkehrern einsetzten, verschoben (Becker und Krause 2010). In Bezug auf das durch den Nationalsozialismus erzwungene Exil, vor allem in den USA, haben Forschungen zu den *refugee scholars*, die z. B. an der New School of Social Research die US-amerikanische Forschungslandschaft seit den späten 1930er und 1940er Jahren wesentlich mitgeprägt haben, wichtige Impulse gegeben für die Erforschung kultureller Transferprozesse und Zwischenräumlichkeiten (Krohn 1993; Said 1993). Edward Said hat schon 1984 in seinen „Reflections on Exile" auf die enge Verknüpfung von Nationalismus und Exil aufmerksam gemacht, insofern der Exilierte zumeist auf die verlorene (nationale) Heimat fixiert bleibe, deren Grenzen er gleichwohl – oft infolge eines ihn ausgrenzenden Nationalismus – überschritten hat. Die „transnational visions" (Said [1984] 2000, 174), die sich mit dieser eigentümlich entorteten Position verbinden können, die sich weder vom Nationalen gänzlich löst, noch ausschließlich in ihr verwurzelt bleibt, sind in der jüngeren Exilforschung als ein Aspekt transnationaler Dynamiken beschrieben worden, die Erfahrungen und Reflexionen des Exils auslösen können (vgl. IV.13 BISCHOFF/CENTNER). Studien zu osteuropäischen Autoren und Autorinnen, die vor Repressionen in den kommunistischen Diktaturen flohen, beschreiben allgemeiner „exile as a transnational phenomenon" (Neubauer und Török 2009, 586; vgl. IV.15 KLIEMS). Die Perspektive nimmt die Exilierten als Mittler zwischen Ost und West in Blick, von denen vielfältige Impulse für die politischen und kulturellen Entwicklungen nicht nur in ihren Herkunftsländern ausgegangen sind. Auch Studien, die etwa die Entwicklung einer deutsch-türkischen Literatur im Horizont von Exil und Migration nachzeichnen, akzentuieren die transnationalen Dimensionen der analysierten Texte, die sich nicht in nationalliterarische Container einordnen lassen, sondern deren Logik und wirkmächtige Geschichte kritisch befragen (vgl. Seyhan 2001; Gezen und Gueneli 2012). Gerade auch im Hinblick auf die Perspektivierung des Exils nach 1933, das in seiner Reichweite und Vielfalt keineswegs auf die USA beschränkt war, sondern globale Dimensionen hatte, zeichnen neuere Exilstudien in zeitgenössischen Texten wie in der Gegenwartsliteratur vielfältige Formen einer reflektierten Transformation nationaler Narrative nach (Braese 2009; Bischoff und Komfort-Hein 2012; Camurri 2014).

5. Literatur und Transnationalität

5.1 Verschiebungen in den Nationalphilologien

Das Konzept der Transnationalität mit Phänomenen des Literarischen in Verbindung zu bringen, impliziert eine emphatische Akzentuierung der ‚Welthaltigkeit' von Literatur. Anders als etwa der verwandte Begriff der Transkulturalität, der von der Existenz einer – durch Grenzgänge, Vernetzungen und Hybridisierungen geprägten – Sphäre des Kulturellen ausgeht, die von anderen Bereichen wie denen der Politik, der Ökonomie oder des Rechts abgegrenzt werden kann, bringt der Begriff der Transnationalität mit der Nation eine Kategorie ins Spiel, die in politischen, ökonomischen oder rechtlichen Kontexten eine konkrete Bedeutung besitzt und deren Wirkmacht die (Selbst-)Verortung von Menschen und Literaturen spätestens seit dem 18. Jahrhundert maßgeblich geprägt hat. Die Prägung ist dabei nicht einseitig als von einer der Literatur vorausgehenden Realität machtvoller Institutionen ausgehende zu denken, vielmehr trägt die literarische Imagination des Nationalen auch zu dessen Konstituierung bei. Zugleich ist das Verhältnis zwischen den Instanzen der Literaturkritik und Literaturwissenschaft, zu denen die sich herausbildenden Nationalphilologien historisch gehören, und der von ihnen entsprechend ihren Geltungsbezirken eingehegten Literatur selbst ein konstruiertes. So wird die lange Zeit selbstverständlich scheinende Implikation, dass sich die Anglistik mit englischer und die Germanistik mit deutscher Literatur beschäftigt, inzwischen längst als problematische Setzung diskutiert, die eine Deckungsgleichheit literarischer Produktivität mit als homogen gedachten ethnischen, kulturellen, territorialen oder staatlichen Einheiten suggeriert. In germanistischen Kontexten hat man versucht, den entsprechend aufgeladenen Begriff ‚deutsch' durch den der Deutschsprachigkeit zu ersetzen, um der Vielfalt der in unterschiedlichen Ländern (wie Österreich, der Schweiz oder Luxemburg) und Regionen (wie Siebenbürgen, der Bukowina oder Ostpreußen) entstandenen Literatur Rechnung zu tragen. Neuere Studiengänge „Deutschsprachige Literaturen" (z. B. in Hamburg und Paderborn) betonen diese Vielfalt, die sich gerade auch im Blick auf historische Transformationen aufdrängt, u. a. durch die Verwendung des Plurals in ihrer Benennung. Hier wird eine Tendenz aufgenommen, die sich seit einiger Zeit auch in der Anglistik beobachten lässt. Mit der Hinwendung zum Studium englischsprachiger Literaturen verspricht sie eine kritische Revision jener kolonialen Bedingungen, die Auslöser für die historische Deterritorialisierung des Englischen und dessen weltweite Verbreitung gewesen sind (vgl. IV.10 SCHULZE-ENGLER). Dass damit ein Nationengrenzen überschreitendes Korpus literarischer Texte in den Blick kommt, ist auch explizit als Indiz dafür verstanden worden, dass es sich hier jeweils um Literatur handelt, die lange bevor ein entsprechendes Paradigma sich in den Literaturwissenschaften etabliert hat, transnational ausgerichtet war (Herrmann 2015, 21). Jenseits der klassischen Komparatistik-Institute wurden auch Studiengänge wie der Bremer Masterstudiengang „Transnationale Literaturwissenschaft" implementiert, der auf einer engen Kooperation verschiedener philologischer Fächer im Hinblick auf die Behandlung grenzüberschreitender literarischer, filmischer und theaterbezogener Phänomene basiert.

5.2 Referenzgröße Autor/in

Der Befund einer immer stärker globale Migrationsprozesse und intensivierte, dynamische Austauschprozesse von Gütern und Ideen reflektierenden Gegenwartsliteratur schärft das Verständnis dafür, dass es zu kurz greift, Vielfalt lediglich als Summe von an verschiedenen Orten lokalisierbaren Teilliteraturen zu begreifen. In der deutschsprachigen Literatur manifestiert sich Transnationalität aktuell vor allem in Bezug auf die Tatsache, dass eine große Zahl prominenter Autorinnen und Autoren Deutsch als zweite oder dritte Sprache erlernt hat, die traditionell angenommene automatische Verschränkung von Sprache, nationaler Zugehörigkeit und kulturellem Erbe (Bonfiglio 2010) also destabilisiert bzw. vervielfältigt wird. Eigens für Literatur von Autoren und Autorinnen nichtdeutscher Sprachherkunft wurde 1985 der Adelbert-von-Chamisso-Preis eingerichtet, eine Auszeichnung, die wesentlich dazu beitrug, hier ein wachsendes neues Segment im deutschsprachigen Literaturbetrieb sichtbar zu machen. Zugleich wurde der Preis aber auch dafür kritisiert, eine Ghettoisierung zu betreiben und die Bewertung literarischer Texte an die biografischen Bedingtheiten ihrer Entstehung zu koppeln. 2017 wurde er zum letzten Mal verliehen. Weiterhin werden im deutschsprachigen Raum der Exilliteratur-Preis vom Wiener Zentrum Exil oder der Hilde-Domin-Preis für Literatur im Exil vergeben. Tatsächlich sind Autorinnen und Autoren, die eigene Migrationserfahrungen literarisch bearbeiten, inzwischen unter den Preisträgern sämtlicher bedeutender Auszeichnungen für Literatur und im literarischen Feld sogar überdurchschnittlich präsent, so dass sie kaum noch als Vertreter einer Minderheiten- oder Nischenliteratur wahrgenommen werden (Herrmann 2015, 25; vgl. III.6 MAYER).

Doch auch wo eigene Migrationserfahrungen von Autorinnen und Autoren oder die ihrer Eltern nicht zu einer intensiven Vertrautheit mit anderen Sprachen und kulturellen Traditionen und Erinnerungen beitragen, hat sich die Gegenwartsliteratur gegenüber transnationalen Konstellationen und Dynamiken auf vielfältige Weise geöffnet. Auch wenn Transnationalität deshalb vor allem mit neueren Tendenzen in diesem literarischen Feld in Verbindung gebracht wird, ist die damit verbundene Neuorientierung in Bezug auf die Bestimmung des philologischen Gegenstandsbereichs und die Erscheinungsformen des Literarischen jenseits des Nationalen vielfach auch Auslöser für eine Relektüre klassischer Texte, die als herausragende Beispiele und sogar Gründungsdokumente eines nationalliterarischen Kanons rubriziert worden sind (Bischoff 2015). In diesem Sinne wird der *transnational turn* in den Literaturwissenschaften nicht nur als Reflex von „transnationalism as contemporary reality" verstanden, sondern auch „as a concept and an analytical tool" (Herrmann et al. 2015, 13). Prozesse der Transnationalierung und der Globalisierung werden dabei nicht nur als Signatur der Gegenwart gedeutet; vielmehr veranlassen nicht zuletzt literarische Texte, die nationale Zuordnungen unterlaufen, dazu, relevante Vorgeschichten in den Blick zu nehmen, in denen sich in der Vergangenheit bereits transnationale Konstellationen ausgeprägt haben (Lübcke 2009). So sind Migrationen in europäische Länder kaum abgelöst von deren Kolonialgeschichte zu begreifen, zu der in der transnationalen Literatur der Gegenwart vielfältige Bezüge hergestellt werden (vgl. IV.11 AREND; IV.12 BANDAU/SINGLER). Die in der Literatur beobachteten und gestalteten Prozesse der Transnationalisierung werden dabei zumeist nicht einfach als emanzipatorische Überwindung nationaler Begrenzungen und

Reglementierungen gefeiert; vielmehr werden diverse Erscheinungsformen einer ökonomischen und technologischen Globalisierung sowie Fortschrittsmodelle, in deren Horizont neuere Entwicklungen einseitig in Bezug auf ihr emanzipatorisches Potenzial perspektiviert erscheinen, als solche einer Revision unterzogen.

5.3 Zum *transnational turn* in den Philologien: Differenzen und Ungleichzeitigkeiten

Während in der Germanistik der Begriff der Deutschsprachigkeit eine transnationale Diversität der von ihr behandelten Literatur(en) bezeichnen helfen soll, konnotiert der analoge Begriff der Französischsprachigkeit (*francophonie*) gerade nicht übergreifend alle in französischer Sprache geschriebene Literatur. Vielmehr hat er sich zur Beschreibung und Abgrenzung jener Literatur etabliert, die nicht im Kernland Frankreich (im sogenannten ‚Hexagon') als Teil einer französischen Nationalkultur entstanden ist, sondern außerhalb, was, wie vielfach kritisiert worden ist, ihre Sekundarität und ‚Unreinheit' gegenüber einer im eigentlichen Sinne französischen Literatur suggeriert und koloniale Hierarchien festschreibt. Spätestens seitdem 2007 ein von 44 Autorinnen und Autoren unterzeichnetes Manifest in der Zeitung *Le Monde* eine ‚Weltliteratur auf Französisch' propagiert hat, ist diese etablierte Dichotomie grundlegend in Frage gestellt worden. Wie auch im Konzept der deutschsprachigen Literatur(en) bleibt das Modell einer französischen Weltliteratur allerdings auf die Vorstellung einer homogenen Literatursprache bezogen (vgl. III.1 GOSSENS). Die Möglichkeit, dass auch anderssprachige literarische Texte zur facettenreichen Perspektivierung deutscher oder französischer Geschichte und Kultur beitragen können, wird damit ausgeschlossen, wie auch Phänomene der Übersetzung und Sprachmischung, die in der transnationalen Gegenwartsliteratur eine große Bedeutung haben, keine Berücksichtigung finden.

Die Anstöße des französischen Manifests, sind, so beschreibt es ein 2012 erschienener Band, der dessen Implikationen und Wirkungen auslotet (Hargraves et al.), zunächst vor allem in der akademischen Welt außerhalb Frankreichs aufgenommen worden. Davon zeugt auch der auf Englisch verfasste Band selbst, dessen Herausgeber an englischen und US-amerikanischen Universitäten lehren. Auch für den germanistischen Kontext fällt auf, dass Impulse, das Konzept transnationaler Literatur hier produktiv zu machen, vielfach aus den USA und Großbritannien stammen (vgl. Seyhan 2001; Berman 2006; Breger 2012; Taberner 2017). Ein 2015 erschienener Sammelband zu Transnationalität in der deutschsprachigen Gegenwartsliteratur entstand im Anschluss an einen Workshop auf einer Jahrestagung der German Studies Association, die vor allem US-amerikanische Forschungskontexte reflektiert (Herrmann et al. 2015). Auch dieser Band ist in englischer Sprache verfasst und greift vielfach Diskussionen auf, die in Bezug auf die amerikanische Literatur seit Längerem geführt werden, wobei jedoch zugleich die Spezifik des deutschsprachigen Kontexts besonders herausgestellt wird. Diese doppelte Perspektive ermöglicht es beispielsweise, transnationale Verhandlungen der Shoah nachzuvollziehen, die diese sowohl als zentrales, mit der deutschen Geschichte eng verbundenes Geschehen reflektieren wie auch seine erinnernde Einschreibung in unterschiedliche Diskurse und Kontexte, die weit über nationale Grenzen hinausreichen (vgl. III.4 KRAMER). Sie ermöglicht es aber auch, ausgehend von lokal situierten Geschichten, Entwicklungen Deutschlands zu einem Akteur globaler Märkte und Finanzen ebenso wie demografische Verschiebungen, die mit seiner Transformation in ein Einwanderungsland zusammenhängen, in ihren Auswirkungen für individuelle Lebenskontexte und Gemeinschaftsentwürfe nachvollziehbar zu machen. Stuart Taberner, Mitherausgeber des Bandes und Autor einer 2017 erschienen Monografie *Transnationalism and German-Language Literature in the Twenty-First Century,* rahmt seine exemplarischen Analysen von Gegenwartsromanen durch eine facettenreiche Darstellung Deutschlands als „exemplary transnational nation" (2017, 19).

Dass die zentralen Anstöße für eine transnationale Literaturforschung, die derartige politische und ökonomische Dynamiken ausdrücklich einbezieht und insgesamt ihre Aufmerksamkeit auf Grenzgängerfiguren, Kontaktzonen und wechselseitige Transformationsprozesse richtet, zunächst aus den USA kamen, ist kaum überraschend, da hier schon früh Perspektivierungen der Nation als transnationalem Gebilde, wie etwa in Randolph Bournes Essay „Trans-national America" (1916), artikuliert wurden. Als Einwanderungsland, das durch Beziehungen zu zahlreichen Herkunftsländern und -kulturen geprägt ist und dessen schwarze Bevölkerung immer wieder zur Auseinandersetzung mit Modellen und Grenzen der Zugehörigkeit herausgefordert hat, sind die USA in mancher Hinsicht ein Modell für Phänomene, mit denen viele europäische Nationen sich erst in jüngerer Zeit konfrontiert sehen. Zugleich hat auch in den USA ein nationales Narrativ, das die Existenz einer eigenen, von der englischen unterschiedenen, Literatur und Kultur in den Vordergrund gestellt hat, lange Zeit die Wahrnehmung transnationaler Bewegungen und interner Differenzen verhindert. Die emphatische (Wieder-)Entdeckung der amerikanischen Kultur als „crossroad of cultures", wie Shelley Fisher Fishkin es in ihrer Rede als Präsidentin der American Studies Association 2004 programmatisch formuliert (Fishkin 2005, 43), ist daher von vielfältigen Akzentverschiebungen und disziplinenübergreifenden neuen Allianzen gekennzeichnet, die als solche bereits die Zuständigkeit einer national orientierten Literaturwissenschaft in Frage stellen. Die gedruckte Rede, in der zahlreiche transnationale Autoren und Autorinnen vorgestellt und gewürdigt werden, umfasst zudem zwölf eng beschriebene Seiten Anmerkungen, in denen die vielfältige Vernetzung des eigenen akademischen Arbeitens dokumentiert wird. Neben zahlreichen Impulsen aus der eigenen Disziplin werden auch Publikationen von Kollegen und Kolleginnen, etwa aus der Koreanistik, Afrikanistik, Turkologie, Sinologie, aber auch der Anthropologie, Rechtswissenschaft, der Militärgeschichte oder den *Gender Studies* zitiert. Aufgezählt werden auch die 32 Länder, aus denen die an der Tagung, auf der die Rede gehalten wurde, beteiligten Wissenschaftler kamen. Damit rückt auch hier eine transnationale Dimension des Austauschs über das, was als amerikanisch bezeichnet werden kann, in den Fokus. So wird auf sehr verschiedenen Ebenen, die immer auch die Reflexion auf die Kontexte und Funktionsweisen des eigenen akademischen Tuns einschließen, demonstriert, dass und inwiefern das Objekt der eigenen Studien nicht ein klar umgrenzbarer, mehr oder weniger kultureller Raum ist, an den sich etwa Einwandernde assimilieren können. „As the transnational becomes more central to American studies", formuliert Fishkin in einer wiederkehrenden, die gesamte Rede strukturierenden Diagnose, die zugleich als Appell gelesen werden kann, „we are likely to focus not only on the proverbial immigrant who leaves somewhere called ‚home' to make a new home in the United States, but also on the endless process of comings and goings that create familial, cultural, linguistic, and economic ties across national borders. [...] Our continued focus on local spaces will attend to the ways in which these spaces participate in global phenomena – ‚internal' and ‚external' migrations, the diffusion of cultural forms, the spread of capital and commodities – and all the attendant consequences" (Fishkin 2005, 24). Die vielfältigen Impulse in Fishkins Rede sind in den *American Studies* oft aufgegriffen und weiter ausdifferenziert worden. Generell wird der Beginn des *transnational turn* in diesem Feld in den 1990er Jahren bzw. um die Wende zum 21. Jahrhundert angesiedelt (Hebel 2012, 3). In dessen erstem Jahrzehnt erscheinen nicht nur mehrere Sondernummern einschlägiger wissenschaftlicher Zeitschriften, es finden auch Neugründungen, etwa des *Journal of Transnational American Studies* (2009) oder der Buchreihe *Routledge Transnational Perspectives on American Literatures Series* (2004 ff.), statt (Hebel 2013, 4). Die breite kulturwissenschaftliche Perspektive, die die *American Studies* generell kennzeichnet, begünstigt Studien zur Verflechtung ökonomischer, politischer und literarischer Phänomene. Die Verhandlung der Repräsentation von Minderheiten in der Gesellschaft, aber auch in der Literatur und Literaturwissenschaft, spielt, ebenso wie der Nachvollzug imperialistischer Tendenzen in der (Kultur-)Politik, eine wichtige Rolle. Entsprechend der Geschichte des Landes und seiner kulturellen Institutionen ist die Hinwendung zum Konzept des Transnationalen hier weniger als Abgrenzung gegen ästhetische Autonomiekonzepte motiviert, wie dies in europäischen Literaturwissenschaften eher der Fall ist, sondern von einem (Selbst-)Verständnis der USA als exemplarische amerikanische Nation. Dies bedeutet auch, dass das Verhältnis etwa von Transnationalität und Transkulturalität häufig nicht explizit diskutiert und reflektiert wird, da beide Konzepte stillschweigend als untrennbar miteinander verbunden wahrgenommen werden. Die Übertragung dieser Vorstellung, etwa auf den deutschen Kontext, die ja ihrerseits eine transnationale Dimension hat und als solche etablierte Kategorien in Bewegung versetzt, erzeugt dann jedoch den Effekt, die Verschränkung politischer, rechtlicher oder ökonomischer Strukturen mit Erscheinungsweisen des Literarischen und Kulturellen besonders herauszustellen.

5.4 Das Spannungsfeld politischer, ökonomischer und ästhetischer Dimensionen

Von Anfang an finden sich Literaturanalysen auch eingebettet in allgemeinere Abhandlungen zur Transnationalität Amerikas und amerikanischer Kultur, wo sie Effekte grenzüberschreitender Mobilität in narrativer und poetischer Verdichtung vorführen. Darüber hinaus beschäftigen sich Einzelstudien und Sammelwerke zunehmend auch explizit mit der Frage, wie das Verhältnis von Literatur-(Wissenschaft) und Transnationalität beschrieben werden kann. Zu nennen ist hier die 2009 entstandene Monografie von Jahan Ramazani, die sich speziell transnationalen Dimensionen in der Lyrik des 20. und 21. Jahrhunderts widmet und hier besonders der Frage nachgeht, inwiefern eine intensivierte Mobilität von Menschen und Dingen, die den Blick auf die Beweglichkeit von „traveling cultures" (Clifford 1992) gelenkt hat, sich auch in einem Wandel poetischer Formen manifestiert. „Traveling poetry" (Ramazani 2009, 51) ist in dieser Perspektive Dichtung, in der imaginative Grenzgänge, die mehr oder weniger stark an reale Migrationsgeschichten, nicht zuletzt ihrer Autoren und Autorinnen, angelehnt sein können, sich beispielsweise auch in Stil- und Genremischungen zeigen. Gerade Lyrik sei in nationalen Kontexten häufig, etwa im Zusammenhang mit einer nationalen Kultur des Heldengedenkens oder der Erinnerung an Kriegsopfer, zur Artikulation und Stabilisierung einer homogen gedachten Gemeinschaft instrumentalisiert worden. Insbesondere vor diesem Horizont erscheinen Formen der Elegie, die diese Traditionen aufnehmen und transformieren, indem sie sie beispielsweise mit Gegen-Erinnerungen der Besiegten und Ausgegrenzten kontaminieren, für transnationale Perspektiven besonders produktiv (Ramazani 2009, 93). Insgesamt beansprucht die Studie jedoch, in ihrem Fokus auf rhetorische und stilistische Besonderheiten transnationaler Dichtung nicht auf lyrische Texte beschränkt zu bleiben. Gezeigt werden soll allgemein, „how poetic analysis [...] – attentive to figure, rhythm, allusion, stanza, line, image, genre, and other such resources –

can foster an aesthetically attuned transnational literary criticism" (Ramazani 2009, xi). Die kurze Zeit später erschienene Monografie von Paul Jay, der wie Ramazani an einem English Department in den USA lehrt, teilt mit dieser Studie viele Anliegen und Neuperspektivierungen, ist jedoch in der konkreten Analyse auf Erzähltexte der Gegenwart konzentriert. Für den theoretischen und methodologischen Rahmen ist zugleich die Einsicht bedeutsam, dass das nationale Paradigma in der Beschäftigung mit englischer und amerikanischer Literatur selbst historisch ist und unter bestimmten Bedingungen mit spezifischen diskursiven Mitteln hervorgebracht wurde (Jay 2010, 5). Globalisierungsprozesse, die Jay als zentral für die Herausbildung und das Verständnis transnationaler Literatur beschreibt, werden hier nicht nur als neueste Entwicklung verstanden, sondern in ihrer Geschichtlichkeit, „covering a time span that includes the long histories of imperialism, colonization, decolonization, and postcolonialism" (Jay 2010, 3), in den Blick genommen. Kritikern, die in den neuen Perspektiven eine problematische Tendenz zur Politisierung der Literaturwissenschaft sehen und angesichts eines Interesses für Brüche, Grenzräume, Hybridität und Mobilität den Verlust eines klar umgrenzbaren Analysefeldes fürchten, hält Jay entgegen, dass die Verflechtungen und Differenzen nicht nur immer kulturell konstitutive Kräfte gewesen sind, sondern dass diese vor allem von der Literatur verzeichnet wurden und werden (Jay 2010, 26). Insbesondere ökonomische und kulturelle Systeme seien auf eine Weise miteinander verflochten, dass eine kategorial und methodisch getrennte Behandlung ihrer Wirkungen nicht sinnvoll sei (Jay 2010, 7). Jay greift insbesondere den Aspekt der Translokalität, den die Anthropologie in die Transnationalitätsforschung eingebracht hat, auf und bezieht ihn auf literarische Texte und deren Potenzial, ‚andere' Räume zu entwerfen und das Ineinander verschiedener Räume zu figurieren (Jay 2010, 73). Durch die erzählende Ausgestaltung von Übergängen, Kontaktzonen und Schwellenräumen werden die Verfahren und Möglichkeiten der Raumkonstitution als kontingente, gleichwohl aber folgenreiche vorgeführt. Der transformativen Imagination fiktiver anderer Räume stehen dabei immer wieder (erzählte) Erfahrungen von Ausgrenzung und Entortung als Effekte machtvoll installierter Grenzregime gegenüber. Bemerkenswert ist, dass in der vielfältig durch den *spatial turn* geprägten europäischen Literaturwissenschaft gleichzeitig eine Hinwendung zum Studium translokaler, transnationaler bzw. transarealer kultureller Phänomene zu beobachten ist, oft ohne dass es ausdrückliche Bezugnahmen aufeinander gibt. Den Begriff des Transarealen, dem er gegenüber dem des Transnationalen eine historisch und geografisch größere Reichweite zuspricht, hat vor allem Ottmar Ette für Literaturanalysen fruchtbar gemacht (Ette 2005; Ette 2012; vgl. II.4 KRAFT). Die kritische Analyse von Raumentwürfen und -strukturen („Critical Geographies") stellt auch einen zentralen Aspekt des 2017 erschienenen *Cambridge Companion to Transnational American*

Literature (Goyal) dar, der insgesamt über das inzwischen etablierte und stark ausdifferenzierte Feld einen Überblick zu geben beansprucht. Verhandelt wird hier nicht nur das Verhältnis von Transnationalität zu verwandten Konzepten wie Postkolonialismus oder Weltliteratur, explizit wird auch Aspekten der Intersektionalität in gendertheoretischen Abhandlungen nachgegangen, die auch in den Vorgängerstudien jeweils eine wichtige Rolle spielen. Beispielhafte Textanalysen werden hier wiederum von der Leitidee strukturiert, dass Transnationalität nicht nur ein die Gegenwart prägendes Phänomen ist, weshalb auch historische Querschnittsanalysen zur Literatur des 19. Jahrhunderts und der Moderne aufgenommen wurden. In diesen Abschnitten werden auch verschiedene ästhetische Besonderheiten der vorgestellten Texte beschrieben: für die Moderne etwa iterative Verfahren, die migrantische Bewegungen zwischen Räumen nacherzeugen und eindeutige Verortungen unterlaufen (Berman 2017, 112), oder für die Literatur der Postmoderne collageartige Kompositionen unterschiedlicher Stimmen, Perspektiven, Genres und Settings, die sich nicht ohne Weiteres in einem gemeinsamen Raum situieren lassen, Simulationen von Mündlichkeit, irritierende Mischungen von Fiktion und Wirklichkeitsbezug sowie metafiktionale Kommentare zur Textproduktion und -rezeption (James 2017, 124, 129).

In ihrer *Poetik der Migration* überschriebenen Untersuchung zu transnationalen Schreibweisen in der zeitgenössischen Literatur von Autoren und Autorinnen russischer Herkunft, deren Texte von einer Migrationserfahrung geprägt sind, arbeitet Eva Hausbacher typische Textstrategien für das von ihr analysierte Korpus heraus. Hierzu gehören die besondere Inszenierung nationalkultureller Stereotype, Figurationen der Verdoppelung und des Doppelgängers, Verfahren der Mimikry, die Bevorzugung rhizomatischer Erzählweisen gegenüber Chronologie und räumlicher Kohärenz, Gattungsmischungen sowie ausgestellte Porosität und Brüchigkeit von Erzählwelten und Identitäten (Hausbacher 2009, 136–144; vgl. III.5 HAUSBACHER). Dass in dieser Untersuchung Transnationalität und Transkulturalität als austauschbare Begriffe benutzt werden, die nicht ausdrücklich gegeneinander abgegrenzt erscheinen, korrespondiert mit der Entscheidung, Beispiele der Exilliteratur, die für die untersuchten russisch-deutschen Konstellationen historisch von Bedeutung sind, auszuklammern. Nimmt man diese mit in den Blick, so drängt sich die Verschränkung kultureller und politischer Kategorien wie Staatsgewalt, Staatsbürgerschaft, Grenzkontrolle oder Zensur in der literarischen Reflexion von Entortung und Migration auf. Die Exilliteraturforschung hat sowohl in Bezug auf die verschiedenen Phasen der Zwangsmigration aus Osteuropa wie auch auf die zumeist deutschsprachige Literatur des Exils nach 1933 die traditionelle Unterscheidung zwischen politisch motiviertem, vorübergehendem Exil und dauerhafter, kulturelle Assimilationsprozesse involvierender Migration einer Revision unterzogen (Hausbacher 2009, 28; Kliems 2007; Bischoff und Komfort-Hein 2012; Bischoff und Komfort-Hein 2013; Bannasch und Rochus 2013). Doch nicht nur transkulturelle Aspekte wie Sprachwechsel, Formen der Mehrsprachigkeit oder intertextuelle Bezüge zur literarischen Tradition des Exillandes stehen im Vordergrund neuerer literaturwissenschaftlicher Exilstudien, das Feld eignet sich besonders auch dazu, die Wirkmacht und Gewaltförmigkeit politischer Grenzziehungen, die sich mit der Regulierung von Zugehörigkeit verbinden, in ihrer literarischen Reflexion zu untersuchen. So wird vielfach nicht mehr, vor allem der politischen Programmatik einer antifaschistischen Exilrhetorik folgend, davon ausgegangen, dass die Literatur des Exils als die des ‚anderen Deutschlands' (oder ‚Italiens', ‚Spaniens' etc.) insbesondere vor dem Horizont nationaler (Gegen-)Diskurse angemessen verstanden werden kann. Vielmehr werden in der historischen Exilliteratur wie auch in Gegenwartstexten, die eine Flucht nach Deutschland und in andere westliche Asylländer beschreiben, häufig auf exemplarische Weise nationale Einheiten und Grenzen als Konstruktionen reflektiert, die gerade weil sie Ausgrenzungen erzwingen, in hohem Maße realitätsmächtig sind. Transnationale Perspektiven, die unterschiedliche Formen der freiwilligen und erzwungenen Mobilität in den Blick nehmen, können die engen Verbindungen zwischen politischen, ökonomischen und kulturellen Phänomenen beschreiben helfen und ein Bewusstsein dafür wecken, dass und auf welche Weise die Literatur in ihrer Entstehung, Verbreitung und Rezeption wesentlich durch diese Verflechtungen geprägt ist. Schwierige Distributionsbedingungen von Literatur im Exil etwa können sich ebenso auf die Textentstehung auswirken wie die Beschränkung, eigene Texte – zuerst oder ausschließlich – in Übersetzung publizieren zu können. Beide finden auf verschiedene Weise auch in textinternen (Sprach-)Reflexionen einen Widerhall. Ähnlich betreffen Grenzregime und Passregularien nicht nur die fliehenden Autoren. Viele Texte, die Exil und Migration reflektieren, erkunden über biografische Referenzen hinausgehend deren Implikationen für Selbstverortungen wie Gemeinschaftskonstruktionen und entwerfen Szenarien ihrer Transformation und Entgrenzung. Reflexionen über Modelle flexibler und transnationaler Staatsbürgerschaften finden sich entsprechend nicht nur in sozial- und rechtswissenschaftlichen Abhandlungen (Kleger 1997; Ong 2005; Shachar 2017), sie werden auch in der Gegenwartsliteratur intensiv verhandelt sowie bereits in historischen Exiltexten präfiguriert (Bischoff 2019). Damit ergeben sich Verbindungen zwischen der Exilforschung und anderen Feldern wie den *African-American studies*, die ihrerseits auf die prominente Rolle aufmerksam gemacht haben, die literarische Entwürfe von Staatsbürgerschaft in den von ihnen untersuchten Texten spielen (Knadler 2010). Wenn insgesamt eine Tendenz erkennbar ist, dass das Paradigma des Transnationalen Impulse aus den postkolonialen Studien, der Migrations- und Exilforschung, den *mobility studies* oder der Translationsforschung aufgreift und vermittelt, so stellt sich das literarische Feld als eines dar, in dem die sich ergebenden Verschränkungen und Korrespondenzen in exemplarischen Konstellationen vorgeführt und produktiv verhandelt werden.

5.5 Transnationalität und Transmedialität: Entgrenzungen des Literarischen

Dass intensivierte Kontakt- und Austauschmöglichkeiten als Folge von Globalisierungsprozessen nicht zuletzt durch die digitale Revolution bedingt sind und dieses auch Auswirkungen für die Produktion, Rezeption und unterschiedliche Erscheinungsformen von Literatur hat, wird in vielen einschlägigen Abhandlungen bemerkt. Arbeiten zur elektronischen Literatur beschäftigen sich spezifischer mit den dadurch angestoßenen Verschiebungen im literarischen Feld und der Besonderheit der neu entstehenden Literatur. Dabei wird gelegentlich auch die Debatte um eine Neukonzeptualisierung von Weltliteratur aufgenommen und elektronische Literatur als deren prominente Ausprägung beschrieben. In mancher Hinsicht, so wird argumentiert, setzen durch das Internet beschleunigte oder überhaupt erst eröffnete Kommunikationswege fort, was auch in vorausgehenden Epochen bereits als Voraussetzung von Literatur galt: „the literariness of [...] world fictions, like the collaborative writing space of new media, is achieved by selecting and staging dialogue among the diverse national languages – and also *within* nations, through encounters among professions, classes, cultures, and so forth, at various stages of development in speech and writing" (Tabbi 2010, 24). Neue Möglichkeiten kollaborativen Schreibens bilden sich dabei sowohl in der Entstehung und Kommentierung literarischer Texte wie in der literaturwissenschaftlichen Rezeption, die das ‚Leben eines Werkes' mitprägen und regulieren kann, heraus (Tabbi 2018, 405). „That such conversations need to be transnational and multilingual, as the great debates in literary theory always have been" (Tabbi 2018, 405), erscheint in diesem Kontext ein selbstverständliches Desiderat. Mit Blick auf den Einfluss, den soziologische und kulturwissenschaftliche Studien Migrationen bei Herausbildung transnationaler Literatur zuweisen, wird festgestellt, dass unter den Bedingungen des Internet Entortung und Entgrenzung, die nicht unbedingt an migrierende Menschen gebunden sein müssen, noch viel weitergehende Dimensionen annehmen. Diese fordern nicht zuletzt zu „more conceptual boundary crossings among professions and cultures" heraus (Tabbi 2010, 24), haben also Konsequenzen für die Vorstellung, was als Literatur begriffen werden kann, wie auch für die Existenz nationalphilologischer Disziplinen, aber auch der klassischen Komparatistik und ihrer Methoden. Auch wenn einzelne Beiträge sich mit den konkreten Chancen und Transformationen befassen, die sich in Bezug auf einzelne Literaturgenres, wie etwa das der Kurzgeschichte, im Kontext eines „transnational digital age", ergeben (Ryan-Sautor 2015), sind Kontaktstellen zwischen einer kulturwissenschaftlichen Transnationalitätsforschung und den *digital humanities* bislang eher gering; hier gemeinsame Forschungsgegenstände und -perspektiven auszuloten, stellt sich als ein Desiderat in beiden Feldern dar.

Indem sich mit der Digitalisierung neue Formen des Bezugs zur Welt und ihrer imaginativen Überschreitung herausbilden, wird die Frage nach den Erscheinungsweisen transnationaler Literatur neuerdings auch auf verwandte Phänomene wie Videospiele bezogen. Vor allem der Aspekt des Kollaborativen und Dialogischen, der in digitalen Kontexten vielfach die Beteiligung von Akteuren über Nationengrenzen hinweg impliziert, kennzeichnet deren Entstehungsbedingungen wie deren von den Nutzern und Nutzerinnen entfaltete Potenziale in besonderer Weise. Nicht nur ist an dem Entwurf und der Ausarbeitung von Videospielen meist eine Gruppe von Game-Designern beteiligt, die häufig sehr unterschiedliche kulturelle Prägungen und Kenntnisse einbringen. Entsprechend sind Angebote, die für die Wahl von Identifikationsfiguren oder die Schaffung komplexer Welten zur Verfügung stehen, in hohem Maße von Synkretismen und intertextuellen Bezügen bestimmt (Melnic und Melnic 2017, 78). Dieser Befund und die Beobachtung, dass Videospiele durch ihren Zugang zu fremden Welten Erfahrungen von Migranten nacherzeugen können, hat Anlass dazu gegeben, sie als „one of the most accomplished expressions of transnationalism" zu beschreiben und in eine enge Beziehung zu transnationaler Literatur zu setzen (Melnic und Melnic 2017, 91).

Ein weiteres Feld, für das die Literaturwissenschaft zunehmend Zuständigkeit beansprucht, ist das der Comics bzw. der grafischen Literatur. Gerade im Horizont einer Hinwendung zu transnationalen Perspektiven, die insgesamt zu einer Restrukturierung der Gegenstandsbereiche und der Methoden der Philologien veranlassen, wird grafische Literatur als bedeutsames Segment neu entdeckt. Traditionell gelten Comics durch ihre Kombination von überschaubaren Text- und oft stark typisierten Bildanteilen als besonders leicht rezipierbare Formen, die soziale Grenzen, aber auch solche von Kulturen und Sprachen relativ leicht überschreiten können, wofür der Erfolg der vielfach rezipierten und adaptierten amerikanischen Superhelden-Comics weit über die USA hinaus ein Indiz ist (Royal 2010; Denson et al 2013). Neuere, komplex gestaltete *graphic novels*, die etwa Migrationsschicksale erzählen und unter Bezugnahme auf topische Bilder und Narrative aktuellen Fluchtgeschichten eine transhistorische und transnationale Dimension geben, arbeiten zum Teil gezielt mit reduziertem oder ganz ohne Text und erleichtern so eine Rezeption über Länder- und Sprachgrenzen hinweg (Groß 2013, Bischoff 2017). Gleichzeitig reflektieren viele neuere *graphic novels* zugleich jene nationalen Geschichten und Traditionen, in die sie selbst häufig in ihrer Entstehung und Ausprägung eingebunden sind. Spannungsverhältnisse zwischen Lokalem und Globalem werden dabei nicht nur in Bezug auf ihre oft dezidiert politischen Themen exponiert, sondern auch hinsichtlich der Möglichkeiten und Grenzen des Mediums selbst. Dieses ist in seiner Erzählweise auf Rahmungen einzelner Bilder (Panels) angewiesen, deren Wiederholung, aber auch Variation und Transzendierung als solche das Darstellungsverfahren prägt.

Insgesamt zeichnet sich die Entstehung neuer Genres ab, die in besonderer Weise mediale Grenzgänge mit transnationalen Dimensionen verbinden. Ihre Behandlung fordert zu einer Entgrenzung des Literaturbegriffs heraus, die im Rahmen des vorliegenden Handbuchs, das auf literarische Formen und Textmedien im engeren Sinne fokussiert ist, zumindest angedeutet werden soll.

6. Zum Konzept des Bandes

Das vorliegende Handbuch versteht sich als aktuelle Forschungsbilanz und Diskussion der Fragen und Perspektiven des *transnational turn* in der kulturwissenschaftlich arbeitenden Literaturwissenschaft. Dabei zielt es auf die Darstellung eines die Einzelphilologien übergreifenden Konzepts, dessen Genese und Implikationen in allgemeinen Überblicksartikeln erörtert werden. Zugleich bleiben die besonderen Konstellationen, die sich aus den jeweiligen Perspektiven etwa der Anglistik, der Amerikanistik, der Germanistik, der Romanistik oder der Slawistik ergeben, ein wichtiger Kristallisationspunkt der einzelnen Artikel und damit auch des gesamten Handbuchprojekts. Hierzu zählen die besonderen Bedingungen (post-)kolonialer Prägungen, aber auch etwa die Frage nach der Bedeutung der Shoah für nationale und transnationale Erinnerungsnarrative. Exemplarisch werden innereuropäische Räume, wie etwa Böhmen (vgl. IV.8 WEINBERG), oder Europa (vgl. IV.5 LÜTZELER) insgesamt im Hinblick auf ihre transnationalen Dimensionen und deren literarische Reflexion in den Blick genommen. Ihnen werden Beispiele außereuropäischer Räume, wie etwa der Karibik (vgl. IV.12 BANDAU/SINGLER), an die Seite gestellt, in denen die Vermischung von Einflüssen unterschiedlicher europäischer Nationalkulturen mit afrikanischen und indigenen Prägungen zu Entwürfen von Gemeinschaft und Nation veranlasst hat, die von den Homogenitäts-Vorstellungen weit entfernt sind, welche das Selbstverständnis der klassischen Nationalstaaten seit dem 19. Jahrhundert grundiert haben. Ein struktureller Einsatzpunkt für die exemplarischen Annäherungen an Transnationalität als Leitkategorie der Literaturwissenschaften sind außerdem Figuren, die historisch und in der Gegenwart paradigmatisch Grenzen des Nationalen überschreiten, was in der literarischen Reflexion mit einer kritischen

Rekapitulation dieser Grenzen und der von ihnen konstituierten Zugehörigkeiten verbunden wird. Zu nennen sind hier etwa jüdische Figuren, ‚Zigeuner'-Figuren (vgl. IV.4 PATRUT), Intellektuelle und Künstler sowie Exilanten und Migranten, an denen Entgrenzungen und Entortungen vorgeführt werden, deren unterschiedliche Beurteilung innerhalb der Textwelt Mechanismen der Ausgrenzung, aber auch der Aufwertung transnationaler Lebensformen und Gemeinschaftskonzepte erkennbar werden lässt. Gerade am Beispiel jüdischer Figuren, die in mehreren der hier versammelten Beiträge betrachtet werden, zeigt sich die für europäische Kontexte besonders charakteristische Ambivalenz zwischen einer als emanzipatorisch gefeierten Entgrenzung des nationalen Containermodells einerseits und antisemitischen und ausgrenzenden Verurteilungen transnationaler Beweglichkeit andererseits. Deutlich wird in dieser Perspektive, inwiefern jüdische Akteure gerade auch im literarischen Feld zur kritischen Verhandlung nationaler Einhegungen beigetragen haben. Literatur reflektiert aber auch die konkreten, politisch, rechtlich und ökonomisch wirksamen Begrenzungen, die nationale Narrative für bestimmte marginalisierte Gruppen bedeuten (vgl. IV.6 SCHÖSSLER).

Als deutschsprachiges Handbuch, dessen Beiträger und Beiträgerinnen ganz überwiegend an europäischen Hochschulen forschen und lehren, setzt das vorliegende Kompendium zum Teil etwas andere Schwerpunkte als die bereits verfügbaren zu ähnlichen Forschungsfeldern aus dem anglo-amerikanischen Raum, deren Impulse zugleich vielfältig aufgegriffen und für neue Kontexte fruchtbar gemacht werden. Historische Perspektiven auf die Genese der europäischen Nationaldiskurse in ihrem Bezug zur Literatur spielen ebenso eine wichtige Rolle wie Fragen der aktuellen Transformation der Philologien angesichts von Migration, Mehrsprachigkeit und multimedialen Produktions- und Rezeptionsweisen.

Der auf die Einleitung folgende Teil (II) führt in Theorien, Methoden und Konzepte des Transnationalen ein, die für die literaturwissenschaftliche Analyse eine zentrale Rolle spielen. Die Sektion spannt sich zwischen einer Sichtung von Konstruktionen des Nationalen bis hin zu Dimensionen der Globalisierung und im Zuge dessen zu Perspektiven eines literaturwissenschaftlichen *transnational turn* auf. Erörterungen zu Formen der (kulturellen) Übersetzung und Debatten zum *translational turn* (II.2 BACHMANN-MEDICK), zu Phänomenen und Funktionen der Mehrsprachigkeit (II.3 KILCHMANN) sowie zu (alternativen) Räumen der Literatur und literarisch inszenierten Raumkonzepten, die Vorstellung eines territorialen, nationalkulturell geschlossenen Raums in Frage stellen, haben hier ihren Platz.

Im nächsten Teil (III) geht es um die Diskussion spezifischer Problemfelder und Forschungsfragen, die sich aus der Zusammenschau von Literatur und Transnationalität ergeben. So wird nicht nur der seit einigen Jahren unter neuen Vorzeichen wiederentdeckte und aktuell kontrovers diskutierte Begriff der Weltliteratur und die vielfältigen Konzepte, die sich historisch und gegenwärtig unter seinem

Dach versammeln, mit Blick auf seine Implikationen für eine transnationale Literaturkonzeption rekapituliert. Am Beispiel der Grenzen von Nationen und Sprachen überschreitenden jüdischen Literatur wird ein Modell beleuchtet, das in historischer Hinsicht als transnational *avant la lettre* beschrieben werden kann und das insofern neuere theoretische Positionen, wie sie sich seit 1990er Jahren ausgeprägt haben, präfiguriert. Forschungsfragen einer erinnerungshistorischen Literaturwissenschaft jenseits des nationalen Paradigmas schließen sich an und werden am Beispiel der Zeugnisliteratur zur Shoah in ihrer grenzüberschreitenden Dimension erörtert. Mit Bezug auf (russisch-deutsche) Migrationsliteratur der Gegenwart werden spezifische Schreibweisen und poetologische Perspektiven in den Blick genommen, die als charakteristisch für eine transnationale Poetik beschreibbar werden.

Die Frage nach dem Transnationalen steht darüber hinaus in Verbindung mit literaturpolitischen Dimensionen und Machtverhältnissen, mit der Rolle des Kleinen, Marginalisierten im nationalen Kontext und angesichts von Globalisierungstendenzen. Hier spielen Kanondiskussionen eine wichtige Rolle (III.7 ROSENDAHL THOMSEN), aber auch die Frage der Zensur, deren kritische Reflexion und Gestaltung nicht zuletzt ein prominentes Thema transnationaler Literatur selbst sein kann (vgl. III.8 PÖHLS).

Der sich anschließende Teil (IV) lotet in exemplarischen Analysen literarischer Texte transnationale Perspektiven und einzelne Forschungsgegenstände zwischen lateinischen Entwürfen deutscher Humanisten (IV.1 SEIDEL) und Erzählformen in der Gegenwartsliteratur aus. Die Beiträge sind dabei allerdings nicht streng in einer historischen Abfolge angeordnet, vielmehr verbinden sich immer wieder historische und systematische Zugriffe, die in ihrem Fokus – etwa auf literarische Reflexionen von Warenzirkulationen, auf Rückkehrerzählungen aus dem Exil oder Performanzen von Mehrsprachigkeit und Transmedialität (IV.16 BREGER) – transnationale Dynamiken konturieren, welche in klassischen Literaturgeschichten als solche in der Regel nicht in den Blick kommen. Insgesamt werden hier unterschiedliche (trans-)historische und (trans-)lokale Konstellationen beispielhaft beschrieben, die nicht nur frankofone, anglofone oder deutsch-türkische Literatur als zentrale Erscheinungsformen transnationaler Literatur vorstellen, sondern auch die europäische Romantik (IV.2 SCHMITZ-EMANS), historische Europa-Entwürfe oder Modernekonzepte kritisch befragen und in neuem Licht erscheinen lassen. Aspekte eines Schreibens zwischen Nationalkulturen in einer Zeit, in der man diese mit großer Energie rhetorisch-diskursiv formiert, werden am Beispiel von Heinrich Heine erörtert (IV.3 STAUF). Deutsch-jüdische Ghettoliteratur des 19. Jahrhunderts wird im Spannungsfeld von Nationaldiskursen und deren transnationaler Überschreitung diskutiert (IV.7 GLASENAPP). Potenziale der Exilliteratur, nationale Referenzen produktiv zu überwinden, werden sowohl in Bezug auf Literaturen Ost- und Mitteleuropa wie auch auf deutschsprachige Literatur des Exils nach 1933 analysiert. Ein weiterer Beitrag geht Gemeinschaftskonzepten in der europäisch-jüdischen Literatur nach 1945 nach (IV.14 LISKA).

Die exemplarischen Lektüren beschreiben eine bestimmte Anzahl typischer Konstellationen, beanspruchen aber natürlich in keiner Weise Vollständigkeit in Bezug auf die Kartierung des immer noch im Entstehen befindlichen Forschungsfeldes Literatur und Transnationalität. Vielmehr werden sie hier als Impulse für weiterführende Lektüren verstanden, die wiederum neue Untersuchungsfelder sichtbar werden lassen. Insgesamt unternimmt es der Band, markante aktuelle wie historische Phänomene von transnationaler Literatur im Horizont unterschiedlicher theoretischer und methodischer Dimensionen des Konzepts und damit auch in Abhängigkeit vom jeweiligen Gegenstand und Erkenntnisinteresse zu konturieren. Vorgestellt wird ein mehrstimmiges Spektrum einer aktuellen Forschungsdebatte *in progress*. Dessen Beweglichkeit dokumentieren die in unterschiedlichen Phasen des mehrjährigen Handbuchprojekts entstandenen Beiträge auf verschiedene Weise. Die kurzen Vignetten des Glossars geben am Ende noch einmal einen knappen Überblick über einige zentrale Begriffe aus dem für die Literaturanalyse besonders relevanten kulturwissenschaftlichen Forschungsfeld zu Transnationalität.

Wir danken allen, die uns mit ihrer wissenschaftlichen Expertise, mit Inspirationen und Geduld sowie ihrem vielfältigen Einsatz bei unserer Arbeit an diesem Handbuch unterstützt und es so erst ermöglicht haben. Unser herzlicher Dank gilt zunächst unseren Beiträgerinnen und Beiträgern, sodann denjenigen, die am Glossar mitgewirkt haben. Karin Bauer-Stephan, Marlene Dort, Max Koch, Andreas Löhrer, Lenard Manthey Rojas und Finja Zemke danken wir für die kompetente Unterstützung bei der Korrektur und formalen Einrichtung. Weiterhin gebührt Manuela Gerlof, Anja-Simone Michalski und Lydia White vom De Gruyter Verlag Dank für die vertrauensvolle Betreuung unseres Handbuchprojekts und last but not least natürlich den Herausgeber/innen dieser Handbuchreihe.

Literaturverzeichnis

Albrecht, Monika. „Multikulturalismus". *Handbuch Postkolonialismus und Literatur*. Hrsg. von Dirk Göttsche, Axel Dunker und Gabriele Dürbeck. Stuttgart und Weimar: Metzler, 2017. 188–191.

Aldama, Frederick Luis (Hrsg.). *Multicultural Comics. From* Zap *to* Blue Beetle. Austin: University of Texas Press, 2010.

Amelina, Anna. „Jenseits des Homogenitätsmodells der Kultur. Zur Analyse von Transnationalität und kulturellen Interferenzen auf der Grundlage der hermeneutischen Wissenssoziologie".

Going the Distance. Impulse für die interkulturelle Qualitative Sozialforschung. Hrsg. von Richard Bettmann und Michael Roslon. Wiesbaden: Springer, 2013. 35–59.

Anderson, Benedict. *Imagined Communities. Reflections on the Origin and Spread of Nationalism*. London: Verso, 1983.

Antor, Heinz (Hrsg.). *Inter- und transkulturelle Studien. Theoretische Grundlagen und interdisziplinäre Praxis*. Heidelberg: Winter, 2006.

Apeldoorn, Bastiaan van. *Transnational Capitalism and the Struggle over European Integration*. London und New York: Routledge, 2002.

Appadurai, Arjun. „Global Ethnoscapes. Notes and Queries for a Transnational Anthropology". *Recapturing Anthropology*. Hrsg. von Richard Fox. Santa Fe, NM: School of American Research Press, 1991. 191–210.

Appadurai, Arjun. *Modernity at Large. Cultural Dimensions of Globalization*. Minneapolis i.a.: University of Minnesota Press, 1996.

Assmann, Aleida. „Die (De-)Konstruktion nationaler Mythen und die Rolle der Literatur". *Nationale Literaturen heute – ein Fantom? Die Imagination und Tradition des Schweizerischen als Problem*. Hrsg. von Corinna Caduff und Reto Sorg. München: Fink, 2004. 75–83.

Assmann, Aleida. *Das neue Unbehagen an der Erinnerungskultur. Eine Intervention*. München: Beck, 2016.

Bachmann-Medick, Doris. *Cultural Turns. Neuorientierungen in den Kulturwissenschaften*. Reinbek bei Hamburg: Rowohlt, 2006.

Bannasch, Bettina, und Gerhild Rochus (Hrsg.). *Handbuch der deutschsprachigen Exilliteratur. Von Heinrich Heine bis Herta Müller*. Berlin und Boston: de Gruyter, 2013.

Baron, Ilan Zvi. *Obligation in Exile: The Jewish Diaspora, Israel and Critique*. Edinburgh: Edinburgh University Press, 2015.

Bauböck, Rainer. „Towards a Political Theory of Migrant Transnationalism". *International Migration Review* 37.3 (2003): 700–723.

Bauböck, Rainer. „Diaspora und transnationale Demokratie". *Lebensmodell Diaspora. Über moderne Nomaden*. Hrsg. von Isolde Charim und Gertraud Auer Borea. Bielefeld: Transcript, 2012. 19–33.

Beck, Ulrich. *Der kosmopolitische Blick oder: Krieg ist Frieden*. Frankfurt am Main: Suhrkamp, 2004.

Beck, Ulrich, Wolfgang Bonß und Christoph Lau. „Entgrenzung erzwingt Entscheidung: Was ist neu an der Theorie reflexiver Modernisierung?" *Entgrenzung und Entscheidung: Was ist neu an der Theorie reflexiver Modernisierung?* Hrsg. von Ulrich Beck und Christoph Lau. Frankfurt am Main: Suhrkamp, 2004. 13–62.

Beck, Ulrich, und Natan Sznaider. „Unpacking Cosmopolitanism for the Social Sciences. A research agenda". *The British Journal of Sociology* 57.1 (2006): 1–23.

Becker, Sabina, und Robert Krause (Hrsg.). *Exil ohne Rückkehr. Literatur als Medium der Akkulturaltion nach 1933*. München: edition text + kritik, 2010.

Bemong, Nele, Mirjam Truwant und Pieter Vermeulen (Hrsg.). *Re-Thinking Europe. Literature and (Trans)National Identity*. Amsterdam und New York: Rodopi, 2008.

Berman, Nina. „Transnationalism and German Studies". Forum Transnationalismus. http://h-net.msu.edu/cgi-bin/logbrowse.pl?trx=vx&list=h-german&month=0601&week=c&msg=qWCDgNn2H8m4O/nTw7FVTA&user=&pw= (10. 07. 2018)

Berman, Nina. „Transnational Modernisms". *The Cambridge Companion to Transnational American Literature*. Hrsg. von Yogita Goyal. Cambridge: Cambridge University Press, 2017. 107–121.

Bhabha, Homi. *Die Verortung der Kultur*. Tübingen: Stauffenburg, 2000 [1994].
Bischoff, Doerte, und Susanne Komfort-Hein. „Vom anderen Deutschland zur Transnationalität. Diskurse des Nationalen in Exilliteratur und Exilforschung". *Exilforschung. Ein internationales Jahrbuch* 30 (2012): 242–273.
Bischoff, Doerte, und Susanne Komfort-Hein (Hrsg.). *Literatur und Exil. Neue Perspektiven*. Berlin und Boston: de Gruyter, 2013.
Bischoff, Doerte. „Transnationalität als Paradigma der germanistischen Literaturwissenschaft". *Traditionen, Herausforderungen und Perspektiven in der germanistischen Lehre und Forschung. 90 Jahre Germanistik an der St.-Kliment-Ochridski-Universität Sofia*. Hrsg. von Emilia Dentscheva, Maja Razbojnikova-Frateva und Emilia Baschewa. Sofia: Universitätsverlag „St. Kliment Ohridski", 2015. 39–57.
Bischoff, Doerte (Hrsg.). *Exilograph* 26 (2017): *Bilderfolgen von Flucht und Exil. Grafische Literatur als Reflexionsmedium von Entortungsgeschichten*.
Bischoff, Doerte. „Paper Existences: Passports and Literary Imagination". *Spiritual Homelands – Wahlheimat – Elective Exiles*. Hrsg. von Asher Biemann, Richard Cohen and Sarah Wobick-Segev. Berlin und Boston: de Gruyter, 2019 (im Erscheinen).
Blumentrath, Hendrik, Julia Bodenburg, Roger Hillman und Martina Wagner-Egelhaaf (Hrsg.). *Transkulturalität. Türkisch-deutsche Konstellationen in Literatur und Film*. Münster: Aschendorff, 2007.
Bonfiglio, Thomas Paul. *Mother Tongues and Nations. The Invention of the Native Speaker*. New York: de Gruyter, 2010.
Bourne, Randolph. „Trans-National America". *Atlantic Monthly* 118 (July 1916): 86–97. https://www.theatlantic.com/magazine/archive/1916/07/trans-national-america/304838/ (10. 07. 2018).
Boyarin, Daniel, und Jonathan Boyarin. „Diaspora: generation and the ground of Jewish identity". *Critical Inquiry* 19.4 (1993): 693–725.
Braese, Stephan. „Exil und Postkolonialismus". *Exilforschung. Ein internationales Jahrbuch* 27 (2009): 1–19.
Breger, Claudia. *An Aesthetics of Narrative Performance: Transnational Theater, Literature, and Film in Contemporary Germany*. Columbus: Ohio State University Press, 2012.
Briggs, Laura, Gladys McCormick und J. T. Way. „Transnationalism: A Category of Analysis." *American Quarterly* 60.3 (September 2008): 625–648.
Bronfen, Elisabeth, und Benjamin Marius (Hrsg.). *Hybride Kulturen. Beiträge zur angloamerikanischen Multikulturalismusdebatte*. Tübingen: Stauffenburg, 1997.
Budde, Gunilla, Sebastian Conrad und Oliver Janz (Hrsg.). *Transnationale Geschichte. Themen, Tendenzen und Theorien*. Göttingen: Vandenhoeck & Ruprecht, 2. Aufl. 2010 [2006].
Caduff, Corinna, und Reto Sorg (Hrsg.). *Nationale Literaturen heute – ein Fantom? Die Imagination und Tradition des Schweizerischen als Problem*. München: Fink, 2004. 75–83.
Camurri, Renato. „The Exile Experience Reconsidered: a Comparative Perspective in European Cultural Migration during the Interwar Period". *Transatlantica* 1 (2014): 2–14.
Carroll, William K., und Meinderit Fennema. „Is there a transnational business community?" *International Sociology* 17.3 (2002): 393–419.
Castells, Manuel. *Der Aufstieg der Netzwerkgesellschaft* (=Teil 1 der Trilogie *Das Informationszeitalter*). Übers. von Reinhart Kößler. Opladen: Leske + Budrich, 2001 [2000].
Cheah, Pheng. „Given Culture: Rethinking Cosmopolitical Freedom in Transnationalism". *Cosmopolitics. Thinking and Feeling beyond the Nation*. Hrsg. von Pheng Cheah und Bruce Robbins. Minneapolis: University of Minnesota Press, 1998. 290–328.

Chiellino, Carmine (Hrsg.). *Interkulturelle Literatur in Deutschland. Ein Handbuch.* Stuttgart und Weimar: Metzler, 2000.
Clifford, James. „Traveling Cultures". *Cultural Studies.* Hrsg. von Lawrence Grossberg, Cary Nelson und Paula A. Treichler. New York und London: Routledge, 1992. 96–116.
Clifford, James. *Routes. Travel and Translation in the Late Twentieth Century.* Cambridge, MA und London: Harvard University Press, 1997.
Conrad, Sebastian, Andreas Eckert und Ulrike Freitag (Hrsg.). *Globalgeschichte. Theorien, Ansätze, Themen.* Frankfurt am Main und New York: Campus, 2007.
Curtius, Georg. *Philologie und Sprachwissenschaft: Antrittsvorlesung gehalten zu Leipzig am 30. April 1862.* Leipzig: B.G. Teubner, 1862.
DeKoven Ezrahi, Sidra. *Booking Passage: On Exile and Homecoming in the Modern Jewish Imagination.* Berkeley: University of California Press, 2000.
Denson, Shane, Christina Meyer and Daniel Stein (Hrsg.). *Transnational Perspectives on Graphic Narratives. Comics at the Crossroads.* London i.a.: Bloomsbury, 2013.
Döring, Jörg, und Tristan Thielmann (Hrsg.). *Spatial Turn. Das Raumparadigma in den Kultur- und Sozialwissenschaften.* Bielefeld: Transcript, 2008.
Dunning, John H. „Introduction: The nature of transnational corporations and their activities". *The theory of transnational corporations.* Hrsg. von John H. Dunning. London: Routledge, 1993. 1–22.
Eisenstadt, Shmuel N. *Comparative civilizations and multiple modernities.* Boston: Brill, 2003.
Erll, Astrid, und Ann Rigney (Hrsg.): *Cultural Memory after the transnational turn.* Special Issue of *Memory Studies* 11.3 (2018).
Ette, Ottmar. *ZwischenWeltenSchreiben. Literaturen ohne festen Wohnsitz.* Berlin: Kadmos, 2005.
Ette, Ottmar. *Transarea. Eine literarische Globalisierungsgeschichte.* Berlin und Boston: de Gruyter, 2012.
Faist, Thomas. „Einleitung: Grenzen überschreiten. Das Konzept transstaatlicher Räume und seine Anwendungen". *Transstaatliche Räume. Politik, Wirtschaft und Kultur in und zwischen Deutschland und der Türkei.* Hrsg. von Thomas Faist. Bielefeld: Transcript, 2000. 9–56.
Feldt, Jakob Egholm. *Transnationalism and the Jews. Culture, History and Prophecy.* Washington DC: Rowman & Littlefield, 2016.
Fishkin, Shelley Fisher. „Crossroads of Cultures: The Transnational Turn in American Studies". *American Quarterly* 57.1 (2005): 17–57.
Fohrmann, Jürgen. „Grenzpolitik. Über den Ort des Nationalen in der Literatur, den Ort der Literatur im Nationalen". *Nationale Literaturen heute – ein Fantom? Die Imagination und Tradition des Schweizerischen als Problem.* Hrsg. von Corinna Caduff und Reto Sorg. München: Fink, 2004. 23–33.
Freitag, Ulrike, und Achim von Oppen. *Translokalität als ein Zugang zur Geschichte globaler Verflechtungen.* 2005 https://www.zmo.de/publikationen/ProgramaticTexts/pt_translocality_2005.pdf (02. 07. 2018)
Friedemann, Peter und Lucian Hölscher. „Internationale, International, Internationalismus". *Geschichtliche Grundbegriffe. Historisches Lexikon zur politisch-sozialen Sprache in Deutschland,* Bd. 3. Hrsg. von Otto Brunner, Werner Conze und Reinhart Koselleck. Stuttgart: Klett-Cotta, 1982. 367–397.

Gassert, Philipp. *Transnationale Geschichte*. http://docupedia.de/zg/gassert_transnationale_geschichte_v2_de_2012 (22. 06. 2018)
Gellner, Ernest. *Nations and Nationalism*. Oxford: Blackwell, 1983.
Georges, Karl Ernst. *Ausführliches lateinisch-deutsches Handwörterbuch* (Reprint), 2 Bde. Darmstadt: Wissenschaftliche Buchgesellschaft, 1998 [1913–1918].
Gezen, Ela, und Berna Gueneli. „Introduction: Transnational Hi/Stories – Turkish-German Texts and Contexts." *Colloquia Germanica* 44.4 (2011): 377–381.
Gilroy, Paul. *The Black Atlantic. Modernity and Double Consciousness*. Cambridge: Harvard University Press, 1993.
Goyal, Yogita (Hrsg.). *The Cambridge Companion to Transnational American Literature*. Cambridge: Cambridge University Press, 2017.
Grande, Edgar, Markus König, Patrick Pfister und Paul Sterzel. „Politische Transnationalisierung. Die Zukunft des Nationalstaats – Transnationale Politikregime im Vergleich". *Globalisierung. Forschungsstand und Perspektiven*. Hrsg. von Stefan A. Schirn. Baden-Baden: Nomos, 2006. 119–145.
Greenblatt, Stephen (2009). „Cultural mobility: an introduction." *Cultural mobility: A Manifesto*. Hrsg. von Stephan Greenblatt. Cambridge: Cambridge University Press, 2009.
Groß, Florian. „Lost in Translation: Narratives of Transcultural Displacement in the Wordless Graphic Novel". *Transnational Perspectives on Graphic Novels. Comics at the Crossroads*. Hrsg. von Shane Denson, Christina Meyer und Daniel Stein. London i.a.: Bloomsbury, 2013. 197–210.
Gupta, Suman. *Globalization and Literature*. Cambridge and Malden: Polity Press, 2009.
Gutjahr, Ortrud. „Interkulturalität (Neuere deutsche Literatur)". *Germanistik als Kulturwissenschaft. Eine Einführung in neue Theoriekonzepte*. Hrsg. von Claudia Benthien und Hans Rudolf Velten. Reinbek bei Hamburg: Rowohlt, 2002. 345–369.
Hall, Stuart. „Cultural Identity and Diaspora". *Identity: Community, Culture, Difference*. Hrsg. von Jonathan Rutherford. London: Lawrence & Wishart, 1990. 222–237.
Han, Byung-Chul. *Hyperkulturalität. Kultur und Globalisierung*. Berlin: Merve, 2005.
Hannerz, Ulf. *Transnational Connections. Culture, People, Places*. London: Routledge, 1996.
Hargraves, Alec G., Charles Forsdick und David Murphy (Hrsg.). *Transnational French Studies. Postcolonialism and Littérature-monde*. Liverpool: Liverpool University Press, 2012.
Hausbacher, Eva. *Poetik der Migration. Transnationale Schreibweisen in der zeitgenössischen russischen Literatur*. Tübingen: Stauffenburg, 2009.
Hebel, Udo J. „Preface". *Transnational American Studies*. Hrsg. von Udo J. Hebel. Heidelberg: Winter, 2012. 1–9.
Herren, Madeleine. „Sozialpolitik und die Historisierung des Transnationalen". *Geschichte und Gesellschaft* 32 (2006): 542–559.
Herrmann, Elisabeth, Carrie Smith-Prei und Stuart Taberner. „Introduction: Contemporary German-Language Literature and Transnationalism. *Transnationalism in Contemporary German-Language Literature*. Hrsg. von Elisabeth Herrmann, Carrie Smith-Prei und Stuart Taberner. Rochester, NY: Camden House, 2015. 1–16.
Herrmann, Elisabeth. „How Does Transnationalism Redefine Contemporary Literature? *Transnationalism in Contemporary German-Language Literature*. Hrsg. von Elisabeth Herrmann, Carrie Smith-Prei und Stuart Taberner. Rochester, NY: Camden House, 2015. 19–42.
Hobsbawm, Eric und Terence Ranger (Hrsg.). *The Invention of Tradition*, Cambridge i.a.: Cambridge University Press, 1983.

Hollinger, David A. *Postethnic America: Beyond Multiculturalism*. New York: Basic Books, 1995.
Hühn, Melanie, Dörte Lerp, Knut Petzold und Miriam Stock (Hrsg.). *Transkulturalität, Transnationalität, Transstaatlichkeit, Translokalität. Theoretische und empirische Begriffsbestimmungen*. Berlin i.a.: LIT, 2010.
Huyssen, Andreas. „Diaspora and Nation. Migration Into Other Pasts". *New German Critique* 88 (2003): 147–164.
James, David. „Transnational Postmodern and Contemporary Literature". *The Cambridge Companion to Transnational American Literature*. Hrsg. von Yogita Goyal. Cambridge: Cambridge University Press, 2017. 122–140.
Jay, Paul. *Global Matters. The Transnational Turn in Literary Studies*. Ithaca, NY und London: Cornell University Press, 2010.
Kaelble, Hartmut, Martin Kirsch und Alexander Schmidt-Gernig. „Zur Entwicklung transnationaler Öffentlichkeiten und Identitäten im 20. Jahrhundert. Eine Einleitung". *Transnationale Öffentlichkeiten und Identitäten im 20. Jahrhundert*. Hrsg. von Hartmut Kaelble, Martin Kirsch und Alexander Schmidt-Gernig. Frankfurt am Main und New York: Campus, 2002. 7–33.
Kearney, Michael, und Carole Nagengast. *Anthropological Perspectives on Transnational Communities in Rural California*. Davis, CA: Institute for Rural Studies, Working Group on Farm Labor and Rural Poverty (Working Paper 3), 1989.
Kilcher, Andreas. „Volk des Buches". *Exil – Literatur – Judentum*. Hrsg. von Doerte Bischoff. München: edition text + kritik, 2016. 44–63.
Kimmich, Dorothee, und Schamma Schahadat (Hrsg.). *Kulturen in Bewegung. Beiträge zur Theorie und Praxis der Transkulturalität*. Bielefeld: Transcript, 2012.
Kleger, Heinz (Hrsg.). *Transnationale Staatsbürgerschaft*. Frankfurt am Main und New York: Campus, 1997.
Kliems, Alfrun. „Transkulturalität des Exils und Translation im Exil. Versuch einer Zusammenbindung". *Exilforschung. Ein Internationales Jahrbuch* 25 (2007): Übersetzung als transkultureller Prozess: 30–49.
Knadler, Stephen. *Remapping citizenship and the nation in African American literature*. London: Routledge, 2010.
Krohn, Claus-Dieter. *Wissenschaft im Exil. Deutsche Sozial- und Wirtschaftswissenschaftler in den USA und die New School for Social Research*. Frankfurt am Main und New York: Campus, 1987.
Langbehn, Volker. „Transkulturalität". *Handbuch Postkolonialismus und Literatur*. Hrsg. von Dirk Göttsche, Axel Dunker und Gabriele Dürbeck. Stuttgart und Weimar: Metzler, 2017. 121–125.
Lasch, Christopher. „Preface". *Randolph Bourne. The Radical Will, Selected Writings, 1911–1918*. Hrsg. von Olaf Hansen. Berkeley und Los Angeles: University of California Press, 1992 [1977]. 9–14.
Levitt, Peggy, und Nina Glick Schiller. „Conceptualizing Simultaneity. A Transnational Social Field Perspective on Society". *International Migration Review* 38.3 (2004): 1002–1039.
Lindberg-Wada, Gunilla. „Introduction". *Studying Transcultural Literary History*. Hrsg. von Gunilla Lindberg-Wada. Berlin und New York: de Gruyter, 2006. 3–5.
Loewy, Hanno. „Warum Israel die Diaspora neu begründet. Zwölf paradoxe Thesen". *Über moderne Nomaden*. Hrsg. von Isolde Charim und Gertraud Auer Borea. Bielefeld: Transcript, 2012. 195–205.

Lorberg, Daniel. *Digitale Revolution, Fordismus und Transnationale Ökonomie. Eine politökonomische Betrachtung zur Genese und Gegenwart der globalen Ökonomie*. Wiesbaden: Springer, 2018.

Lübcke, Alexandra. „Enträumlichungen und Erinnerungstopographien: Transnationale deutschsprachige Literaturen als historiographisches Erzählen". *Von der nationalen zur internationalen Literatur. Transkulturelle deutschsprachige Literatur und Kultur im Zeitalter globaler Migration*. Amsterdam und New York: Rodopi, 2009. 77–97.

Mayer, Ruth. *Diaspora. Eine kritische Begriffsbestimmung*. Bielefeld: Transcript, 2005.

Mayer, Ruth. „Postcolonial/Transcultural/Transnational: American Studies, American Literature, and the World". *American Studies Today. New Research Agendas*. Winter: Heidelberg, 2014. 139–155.

Melnic, Diana, und Vlad Melnic. „Playing With(out) Borders: Video Games as the Digital Expression of Transnational Literature". *Metacritic Journal for Comparative Studies and Theory* 3.1 (2017): 75–92.

Neubauer, John, und Borbála Zsuzsanna Török (Hrsg.). *The Exile and Return of Writers from East-Central Europe. A Compendium*. Berlin und New York: De Gruyter, 2009.

Ong, Aihwa. *Flexible Staatsbürgerschaften. Die kulturelle Logik von Transnationalität*. Frankfurt am Main: Suhrkamp, 2005 [1999].

Osterhammel, Jürgen. *Geschichtswissenschaft jenseits des Nationalstaats. Studien zu Beziehungsgeschichte und Zivilisationsvergleich*. Göttingen: Vandenhoeck & Ruprecht, 2001.

Osterhammel, Jürgen, und Niels Petersson. *Geschichte der Globalisierung. Dimensionen, Prozesse, Epochen*. München: Beck, 2003.

Patel, Kiran Klaus. „Transatlantische Perspektiven transnationaler Geschichte". *Geschichte und Gesellschaft* 29.4 (2003): 625–647.

Patel, Kiran Klaus. *Nach der Nationalfixiertheit. Perspektiven einer transnationalen Geschichte*, 2004 https://edoc.hu-berlin.de/bitstream/handle/18452/2330/Patel.pdf?sequence=1 (09. 06. 2018)

Patel, Kiran Klaus. „Transnationale Geschichte". *Europäische Geschichte Online (EGO)*. Hrsg. vom Institut für Europäische Geschichte (IEG). Mainz 2010-12-03. URL: http://www.ieg-ego.eu/patelk-2010-de (09. 06. 2018)

Pease, Donald E. „Introduction: Re-Mapping the Transnational Turn". *Re-Framing the Transnational Turn in American Studies*. Hrsg. von Winfried Fluck, Donald E. Pease und John Carlos Rowe. Hanover, NH: Dartmouth College Press, 2011. 1–49.

Pernau, Margrit. *Transnationale Geschichte*. Göttingen: Vandenhoek & Ruprecht, 2011.

Pries, Ludger. *Die Transnationalisierung der sozialen Welt. Sozialräume jenseits von Nationalgesellschaften*. Frankfurt am Main: Suhrkamp, 2008.

Pries, Ludger. *Transnationalism: Trendy Catch-all or Specific Research Programme? A Proposal for Transnational Organisation Studies as a Micro-macro-link (COMCAD Working Papers, 34)*. Bielefeld: Universität Bielefeld, Fak. für Soziologie, Centre on Migration, Citizenship and Development (COMCAD), 2007. http://nbn-resolving.de/urn:nbn:de:0168-ssoar-51144-0 (09. 06. 2018).

Ramazani, Jahan. *A Transnational Poetics*. Chicago und London: The University of Chicago Press, 2009.

Randeria, Shalini. „Transnationalisierung des Rechts". *WZB-Mitteilungen* 101 (September 2003): 19–22.

Rieger, Stefan, Schamma Schahadat und Manfed Weinberg (Hrsg.). *Interkulturalität. Zwischen Inszenierung und Archiv.* Tübingen: Narr, 1999.
Römhild, Regina. „Global Heimat Germany. Migration and the Transnationalization of the Nation State." TRANSIT 1.1 (2005). http://repositories.cdlib.org/ucbgerman/transit/vol1/iss1/art50903 (26. 08. 2018)
Rothberg, Michael. *Multidirectional Memory. Remembering the Holocaust in the Age of Decolonization.* Stanford, CA: Stanford University Press, 2009.
Royal, Derek Parker: „Foreword; Or Reading within the Gutter". Aldama, Frederick Luis (Hrsg.). Multicultural Comics: *From Zap to Blue Beetle* (=Cognitive Approaches to Literature and Culture). Austin: University of Texas Press, 2010. IX–X.
Ryan-Sautor, Michelle. „Short fiction in a transnational digital age". *Short fiction in Theory & Practice* 5.1–2 (2015): 105–121.
Safran, William. „Diasporas in Modern Societies. Myth of Homeland and Return". *Diaspora* 1 (1991): 83–99.
Said, Edward W. „Intellectual Exile: Expatriates and Marginals". *Grand Street* 47 (1993): 112–124.
Said, Edward W. *Reflections on Exile and Other Essays.* Cambridge: Harvard University Press, 2000 [1984].
Sassen, Saskia. *Das Paradox des Nationalen. Territorium, Autorität und Rechte im globalen Zeitalter.* Frankfurt am Main: Suhrkamp, 2008 [2006].
Saunier, Pierre-Yves. „Transnational". *The Palgrave Dictionary of Transnational History from the mid-19th century to the present day.* Hrsg. von Akira Iriye und Pierre-Yves Saunier. Basingstoke: Palgrave Macmillan, 2009. 1047–1055.
Seyhan, Azade. *Writing Outside the Nation.* Princeton, NJ: Princeton University Press, 2001.
Shachar, Ayelet, Rainer Bauböck, Irene Bloemraad und Maarten Vink (Hrsg.). *The Oxford Handbook of Citizenship.* Oxford: Oxford University Press, 2017.
Sievers, Wiebke (Hrsg.). *Grenzüberschreitungen. Ein literatursoziologischer Blick auf die lange Geschichte von Literatur und Migration.* Köln: Böhlau, 2016.
Spivak, Gayatri Chakravorty. *Death of a Discipline.* New York: Columbia University Press, 2003.
Taberner, Stuart. *Transnationalism and German-Language Literature in the Twenty-First Century.* Cham: Palgrave Macmillan, 2017.
Tabbi, Joseph. „Electronic Literature as World Literature; or, The Universality of Writing under Constraint". *Poetics Today* 31.1 (2010): 17–50.
Tabbi, Joseph. *The Bloomsbury Handbook of Electronic Literature.* London i.a.: Bloomsbury, 2018.
Thelen, David. „The Nation and Beyond. Transnational Perspectives on United States History". *Journal of American History* 86 (1999): 965–975.
Tölölyan, Khachig. „The Nation-State and its Others. In Lieu of a Preface". *Diaspora* 1 (1991): 3–7.
Uerlings, Herbert. „Interkulturalität". *Handbuch Postkolonialismus und Literatur.* Hrsg. von Dirk Göttsche, Axel Dunker und Gabriele Dürbeck. Stuttgart und Weimar: Metzler, 2017. 101–108.
Vertovec, Steven. „Conceiving and researching transnationalism". *Ethnic and Racial Studies* 22,2 (1999): 447–462.
Welsch, Wolfgang. „Transkulturalität. Zur veränderten Verfassung heutiger Kulturen". *Hybridkultur. Medien, Netze, Künste.* Hrsg. von Irmela Schneider und Christian W. Thomsen. Köln: Wienand, 1997. 67–90.

Welz, Gisela. „Multiple Modernities. The Transnationalization of Cultures". *Transcultural English Studies. Theories, Fictions, Realities*. Hrsg. von Frank Schulze-Engler und Sissy Helff. Amsterdam und New York: Rodopi, 2008. 37–57.

Werner, Michael, und Bénédicte Zimmermann. „Vergleich, Transfer, Verflechtung. Der Ansatz der *Histoire croisée* und die Herausforderung des Transnationalen". *Geschichte und Gesellschaft* 28.4 (2002): 607–636.

Wimmer, Andreas, und Nina Glick Schiller. „Methodological Nationalism. The Social Sciences and the Study of Migration. An Essay in Historical Epistemology". *International Migration Review* 37.3 (2003): 576–610.

II. Theorien – Methoden – Konzepte

II.1 Konstruktionen des Nationalen als *imagined community*
Katharina Grabbe

In dem Konzept der Nation als *imagined community* liegt ein Anknüpfungspunkt zwischen der Fokussierung auf das Nationale und einem Weiterdenken hin zu Modellen des Transnationalen. Denn in den Blick kommen mit der Denkfigur der imaginierten Gemeinschaft weniger einzelne und spezifische Formationen der Nation, sondern vielmehr die Mechanismen der Gemeinschaftsbildung. Statt sich auf Fragen nach einer vermeintlichen nationalen Identität und ihrer wie auch immer gearteten Besonderheit zu richten, verschiebt sich der Fokus auf die Prozessualität und die Dynamiken, mittels derer und in denen sich Gemeinschaften konstituieren. Nationen als konstruiert zu begreifen und die Verfahren ihrer ‚Gemachtheit' zu beobachten, bedeutet zugleich auch, sie als dekonstruierbar, zeitgebunden und veränderbar zu denken. Das Modell fordert dementsprechend bereits dazu auf, über das Nationale hinaus zu denken und lässt sich zudem für andere aktuelle Identitätspolitiken perspektivieren.

1. Die Nation als *imagined community*

Als Schlagwort bzw. Formel einer konstruktivistischen Betrachtungsweise der Nation verzeichnet der Titel der Studie *Imagined Communities* des Politikwissenschaftlers und Ostasienexperten Benedict Anderson aus dem Jahr 1983 eine beachtliche Karriere. Mit dem Ansatz, Nationen als Konstruktionen, als „kulturelle [...] Kunstprodukte" (Anderson 2005 [1996], 14) zu betrachten, ist Anderson allerdings nicht allein: Ebenfalls im Jahr 1983 erschienen mit Ernest Gellners *Nation and Nationalism* sowie Eric Hobsbawms und Terence Rangers *The Invention of Tradition* zwei weitere Arbeiten, die die Nationalismusforschung nachhaltig beeinflussten. Zum „annus mirabilis" (Wehler 2007, 8) wird das Jahr 1983 mit den drei genannten Arbeiten insofern, als es einen grundlegenden Wendepunkt innerhalb der Nationalismusforschung markiert. Die Betrachtung der Nation als kulturelles Artefakt lässt für einen Anspruch auf ‚Natürlichkeit' von Nation und Nationalismus keinen Raum, sondern löst diese naturalisierende Sichtweise ab und fasst die Nation stattdessen in ihrer Historizität als ein Phänomen der Moderne. Dies ist 1983 nichts genuin Neues, findet sich doch etwa bereits bei Max Weber die Denkfigur der Nation als Produkt eines „Gemeinsamkeitsglaubens" (1980 [1922], 242). Den drei Arbeiten aus dem Jahr 1983 kam jedoch insbesondere deshalb eine so nachhaltige Wirkung zu, weil damit Forschungsfragen etabliert wurden, die über den Rahmen des Geschichts- und Gesellschaftswissens hinaus interdisziplinäre und gerade auch kulturwissenschaftliche Fragestellungen anregten.

Was also bezeichnet das Modell der Nation als imaginierte Gemeinschaft und inwiefern ähneln bzw. unterscheiden sich Andersons, Gellners und Hobsbawms/Rangers Beiträge zu der Konzeption? Die Texte des Sammelbands *The Invention of Tradition* erkunden mit unterschiedlichen Beispielen für ‚erfundene Traditionen' die Begründungszusammenhänge, mittels derer sozialer Zusammenhalt und kollektive Identitäten konstituiert werden. Eine konzeptionelle Einführung zu den ‚erfundenen Traditionen' gibt der Historiker Hobsbawm in der Einleitung. *Invented traditions* werden darin definiert als ein Satz oder ein Bündel von Praktiken (vgl. Hobsbawm 2004 [1983], 1), regelgeleitet und von ritueller oder symbolischer Natur, die darauf gerichtet seien, bestimmte Werte, Normen und Verhaltensweisen durch Wiederholung zu prägen, womit zugleich eine Kontinuitätsbeziehung zu einer Vergangenheit geknüpft werde. Die Bezugnahme auf die Vergangenheit durch die ‚erfundenen Traditionen' findet weniger im Sinn einer direkten Referenz statt, sondern gestaltet einen Rückgriff auf eine angenommene, weit zurückliegende Vorzeit, die bereits vom Dunkel der Geschichte umfangen ist (vgl. Hobsbawm 2004 [1983], 2). Das impliziert, dass die historischen Kontinuitätsbeziehungen, auf die sich die ‚erfundenen Traditionen' stützen, weitgehend künstlich sind und dem ständigen historischen Wandel der Moderne lediglich als Hilfskonstruktionen eine Struktur entgegensetzen können. Für die ‚erfundenen Traditionen' seit der industriellen Revolution stellt Hobsbawm drei wesentliche, ineinander übergehende Wirkungsmuster fest. So schaffen und symbolisieren ‚erfundene Traditionen' (1.) Zusammengehörigkeit von sozialen Gruppen und Gemeinschaften, etablieren oder legitimieren (2.) Institutionen oder Autoritätsstrukturen und werden (3.) durch Regeln der Sozialisierung, Glaubens- und Wertesysteme sowie Verhaltenskonventionen geprägt. Hobsbawm hebt hervor, dass alle drei Wirkungsmuster zur Identifikation mit einer Gemeinschaft oder zu deren Symbolisierung, etwa als ‚Nation', beitragen (vgl. Hobsbawm 2004 [1983], 9). Hobsbawm, Ranger und die Beiträger des Sammelbandes lenken damit die Aufmerksamkeit darauf, dass die Vergangenheit nicht abgeschlossen hinter uns liegt und als solche in einer einseitigen Bezugnahme rekonstruiert und in ihrer Einflussnahme auf die Gegenwart untersucht werden kann. In ihrem Ansatz steckt die Aufforderung, diese Bewegung ‚andersherum' zu denken und die Vergangenheit als eine retrospektive Projektion aus der Gegenwart zu begreifen.

Diese Projektion als *invention* bzw. ‚Erfindung' fassend, bewegen sich Hobsbawm und Ranger auf einem ähnlichen semantischen Feld, auf dem sich der Philosoph und Sozialanthropologe Gellner bereits 1964 verortet, wenn er in *Thought and Change* schreibt, Nationalismus sei nicht das Erwachen von Nationen zu

Selbstbewusstsein, vielmehr *erfinde* dieser Nationen, wo es sie vorher nicht gab (vgl. Gellner 1965 [1964], 168). In *Nation and Nationalism* (1983) und *Nationalism* (1997) widerspricht Gellner einer vermeintlichen ‚Natürlichkeit' der Nation und weist sie als Konstrukt des Nationalismus aus. Er zeigt, wie erst mit dem Übergang zu modernen Industriegesellschaften der Nationalismus aufkommt. Die Nation, die der Nationalismus als Antwort auf die spezifische Situation der Moderne in seinem Gepäck mit sich trägt, kann aus dieser Perspektive nicht länger als natürliche Größe betrachtet werden. Nach der Ablösung der hierarchisch geordneten Agrargesellschaft und dem Wegfall ihrer Machtstrukturen bietet der Nationalismus mit der Idee kultureller Homogenität die „Konsequenz einer neuen Form der sozialen Organisation" (Gellner 1991 [1983], 76). Gellners funktionalistischer Ansatz lässt ihn den Nationalismus als „politische Infrastruktur" (Gellner 1991 [1983], 80) betrachten, die mittels eines standardisierten „nationale[n] Erziehungs- und Kommunikationssystem[s]" (81) operiert. In den Blick kommt damit, wie der Nationalismus als „politisches Prinzip" (8) funktioniert und in einem technischen Sinn nationale Einheitlichkeit schafft. Wie es aber kommt, dass sich die Angehörigen dieser Einheiten mit ihnen „bereitwillig und häufig glühend identifizieren" (86), wie also die Vorstellung von Gemeinschaftlichkeit konstituiert wird, wird bei Gellner weniger untersucht.

Hier knüpft Anderson an, wenn er vorschlägt, „Gemeinschaften sollten nicht durch ihre Authentizität voneinander unterschieden werden, sondern durch die Art und Weise, in der sie vorgestellt werden" (Anderson 2005 [1983], 16). Statt Nationalismus als „eine Weltanschauung unter vielen" (15) einzuordnen, betrachtet Anderson sie in einem „anthropologischen Sinn" (15). In seiner Perspektive rücken die kommunikativen Vernetzungen in den Fokus und ihre konkreten, materiellen Grundlagen, die das Zusammengehörigkeitsgefühl von Menschen ermöglichen. Anderson definiert die Nation als „vorgestellte politische Gemeinschaft – vorgestellt als begrenzt und souverän" (15). Zur ‚vorgestellten' Größe wird sie, weil sich die ihr angehörenden Menschen, auch wenn sie sich untereinander nicht kennen, als Gemeinschaft imaginieren. Mit der Begrenztheit der Nation ist zugleich der ihr inhärente Mechanismus der Abgrenzung angesprochen: Eine Nation zu imaginieren bedeutet auch deren Anderes als von der eigenen Gemeinschaft Ausgeschlossenes zu denken. Indem sich Nationen als souverän entwerfen, erheben sie Anspruch auf politische Handlungsfähigkeit als unabhängiger Staat. Mit dem Begriff der ‚Gemeinschaft' ruft Andersons Definition die Wirkmächtigkeit des imaginativen Potentials der Nation auf, gelingt es ihr doch offenbar, sich ungeachtet tatsächlicher Machtverhältnisse mit Konzepten der Verbundenheit und Gleichheit auszustatten, so dass Menschen nicht nur in der Überzeugung ihrer Zusammengehörigkeit leben, sondern unter Umständen sogar bereit sind, ihr Leben für die Nation hinzugeben. Die „kulturellen Wurzeln"

(18–42) für die Herausbildung des Gemeinschaftsmodells Nation sieht Anderson in der Ablösung der zuvor vorherrschenden kulturellen Systeme der religiösen Gemeinschaft und des dynastischen Reichs. Sinnstiftung und Zusammenhalt erfordern in der Moderne eine neue Organisationsform. Diese neue Form der vorgestellten Gemeinschaft wird historisch durch das Aufkommen und die Verbindung von Kapitalismus und Buchdruck möglich gemacht. Mehr als das, was eine Nation ‚eigentlich' ist (oder nicht ist), betrachtet Anderson also „die kulturellen Produktionsverhältnisse der Nation" (Sarasin 2001, 28), durch die Einheitlichkeit als Grundlage für ein Gemeinschaftsgefühl hergestellt wird. Dies bindet Anderson an konkrete technische, mediale und kommunikative Entwicklungen. So ermöglichen Romane und Zeitungen eine neue Form und ein neues Erleben von Gleichzeitigkeit. Verkehrsmittel, Landkarten und Volkszählungen erschließen eine homogenisierte Raum- und Totalitätsvorstellung. Die Bezugnahme auf eine gemeinsame Vergangenheit stellt einen narrativen Rahmen für die Gemeinschaft und stattet sie mit einer Ursprungserzählung aus.

In diesem Punkt, der Begründung der Gemeinschaftlichkeit über die Vorstellung einer gemeinsamen Geschichte, schließt Anderson an Ernest Renan an. In seinem Vortrag *Qu'est-ce qu'une nation? (Was ist eine Nation?)* von 1882 bietet der Religionswissenschaftler Renan eine viel zitierte Definition von Nation als „ein Plebiszit Tag für Tag" (1996 [1882], 35). Hier wird deutlich, dass die Konzeption der Nation als ‚gemachte' Gemeinschaft nicht erst mit der Konjunktur des Konstruktivismus aufkam, sondern bestimmte schon zuvor virulente Denkfiguren aufnimmt. Bereits Renan betont, dass Nationen „in der Geschichte etwas ziemlich Neues" (9) und in diesem Sinn moderne Erscheinungen sind, die durch Willensentschluss entstehen. Für die Bildung nationaler Gemeinschaften sei es wesentlich, dass bestimmte historische Ereignisse oder Konstellationen einem kollektiven Vergessen anheimfallen. Dieses Vergessen ist jedoch, so betont Anderson in seiner Lektüre von Renans Rede, ein durch institutionalisierte Erinnerungspolitik gelenktes Vergessen, das in einem paradoxalen Wechselverhältnis mit einem ebenso gelenkten Erinnern steht: „Tragödien, die man ‚vergessen haben muß' und an die es ununterbrochen zu erinnern gilt – dies erweist sich als charakteristischer Kunstgriff in der späteren Konstruktion nationaler Genealogien" (Anderson 2005 [1983], 202).

2. Imagination, Einbildungskraft und das nationale Imaginäre

Die bisher vorgestellten Vertreter der konstruktivistischen Nationalismusforschung fassen die Nation als soziokulturelles Konstrukt. Die Nation wird hier als wirkmächtige Fiktion diskutiert, die es möglich macht, aus einer anonymen Menge einander unbekannter Menschen eine Gemeinschaft zu gründen. Ohne dass es im Einzelnen benannt würde, impliziert das Konzept der Nation als soziales Vorstellungsprodukt eine imaginative Kompetenz derjenigen, die sich als Nation entwerfen. Angelegt scheint hier unausgesprochen eine Bezugnahme auf die Kategorie der Imagination bzw. der Einbildungskraft. Verschiedentlich wurde darauf hingewiesen, dass Andersons Terminus der *imagined community* die Traditionslinie zur Imagination bzw. zum Imaginären zumindest implizit anklingen lässt (vgl. Jureit 2001, 9; Köhler 2012, 31; Doll und Kohns 2014, 13). Folgt man dieser Spur, lässt sich zeigen, dass sich das Modell der Nation als vorgestellter Gemeinschaft mit der Imagination/Einbildungskraft aus einem Diskurs an der Schnittstelle von kunst-, erkenntnis- und subjekttheoretischen Traditionen des 18. Jahrhunderts speist. ‚Einbildungskraft' und ‚Imagination' erfahren im Verlauf des 18. Jahrhunderts einen Bedeutungswandel und werden als Bezeichnungen eines kreativen Vermögens umgewertet. Im Laufe des achtzehnten Jahrhunderts entwickeln sie sich zu Schlüsselbegriffen der sich etablierenden erkenntniskritischen und ästhetischen Diskurse. Mit dieser Aufwertung werden sie als Vermögen konzeptualisiert, auf die Zukunft gerichtete Handlungsoptionen zu entwickeln und damit als Voraussetzung dafür betrachtet, dass sich der Mensch als politisch handlungsfähiges und künstlerisch-kreatives Subjekt entwerfen kann. Als anschauendes, reflexives Vermögen eignet der Einbildungskraft eine „Distanzierungsleistung" (Schulte-Sasse 2001, 104). Diese distanzierende Einbildungskraft findet sich im 18. Jahrhundert über den Blick und die Bezugnahme auf das Bild gefasst: Sie ist das Vermögen, „das Bilder vor sich hin- bzw. schöpferisch aus sich herausstellt" (104). Um ein abstraktes, der unmittelbaren Erfahrung nicht zugängliches soziales Gefüge wie die Nation als ‚vorgestellte Gemeinschaft' zu konkretisieren und zu theoretisieren, erfordert es eine solche imaginative Kompetenz der Einbildungskraft. Das 18. Jahrhundert, in dem es die Nation als politische Größe noch nicht gibt, bereitet die Nation als Vorstellungsgemeinschaft auch insofern vor, als in seinem Verlauf die theoretische Konzeptionalisierung des Nationalen und politische Prozesse nationaler Formierung einsetzen.

Die Bildung des Nationalen hängt dabei mit den Bildern der Einbildungskraft zusammen. Dieser Konnex von Nationalem und Einbildungskraft lässt sich in den Schriften des Theologen und Philosophen Johann Gottfried Herder mit Blick auf dessen Bildmetaphorik zeigen, fasst er seine Überlegungen zum Nationalen, zum National-Charakter oder zur Nationen-Bildung doch immer wieder in Formulierungen wie „Gemälde der Nationen" (Herder 1989 [1784–91], 251), „Hirngemälde" (298), „Bilder [...]" (304). Dabei bietet Herder kein geschlossenes politisches oder theoretisches Konzept der Nation an. Seine Ausführungen zur Nation sind eingebettet in sein Bildungs- und Humanitätskonzept der *Geschichte der Menschheit*.

In diesem Sinn ist die Nation bei Herder „kein abstraktes Ideologem", sondern muss „erfahrbar" sein (Adler 2000, 47). Erfahrbarkeit erhält sie, indem sich das Subjekt innerhalb einer bestimmten Lebenswelt verortet. Dies geschieht mittels der Einbildungskraft. Herder beschreibt eine Wechselwirkung von inneren und äußeren Faktoren: Nationen haben ihre je spezifische „Vorstellungsart" (Herder 1989 [1784–91], 298), die durch ihren jeweiligen Lebenszusammenhang, etwa die natürlichen Bedingungen, Anlagen, Traditionen und Sprache, bestimmt ist. Das Nationale ist damit „ein ganz spezifisches, national geprägtes und nur in der Vorstellung existierendes Bild der Welt" (Köhler 2012, 26). Nationen sind also auch bei Herder nicht einfach gegeben. Sie ergeben sich daraus, wie der mit imaginativen Fähigkeiten ausgestattete Mensch sich die ihn umgebende Welt organisiert. Insofern wird das Nationale zum „Bestandteil seiner anthropologischen Disposition" (Köhler 2012, 27). Zu einer gemeinschaftlichen nationalen Vorstellung kommt es, weil diejenigen Menschen, die eine Lebenswelt mit ihren Eindrücken teilen, gemeinsame nationale Bilder ausbilden. Diese Eindrücke, die die Vorstellungsbilder mitgestalten, sind sowohl konkreter, materieller Art (,klimatische Bildung') wie auch solche der ästhetischen Erfahrung. In dieser Lesart scheint das Nationale bei Herder nicht weit entfernt von Andersons imaginierter Gemeinschaft – ein Befund, der angesichts der einschlägigen Rezeption überraschen mag, die Herder als „Anfang einer folgenreichen Ontologisierung und Biologisierung" (Jansen und Borggräfe 2007, 39) des nationalen Diskurses setzt. Bezogen ist dies auf Herders Einfluss auf die Um- und Neubewertung des Volksbegriffs. Vor der durch Herder ausgelösten „kopernikanische[n] Wende in der semantischen Entwicklung des Volksbegriffs" (Gschnitzer et al. 1992, 283) bezeichnete ,Volk' in erster Linie die soziale Gruppe der Unterschicht. Der Volksbegriff erfuhr um 1800 eine emphatische Neudefinition als ,ursprüngliche' und damit zugleich ,wahrhaftige' Gemeinschaft, in der ,Volk' und ,Nation' zunehmend synonym gesetzt werden. Dieser scheinbare Widerspruch zwischen den hier skizzierten Herder'schen Überlegungen zum Nationalen und ihrer Aufnahme ist sicherlich in der Ambivalenz begründet, die Herders Perspektive auf das Nationale durchzieht. Herder beschreibt für die Nation ein wechselseitiges Zusammenwirken von Umwelt, Körper, Seele und Sprache. Insofern ist die Nation natürliches Gebilde *und* künstliches Konstrukt zugleich. Herders organologische Bildsprache, die das Gewachsensein und die Verwurzelung der Völker mit ihrem Territorium und ihrer Kultur betont, wurde von verschiedenen Seiten fortgeschrieben und vereinnahmt. In Herders Konzept des Nationalen braucht es jedoch eine spezifische Vermittlung zwischen den natürlichen und den kulturellen Faktoren. Erst so wird es den Menschen möglich, abstrahierend auf die Konzepte wie das der Nation zuzugreifen. Diese Vermittlung geschieht durch die Einbildungskraft oder Phantasie, von der Herder schreibt, sie scheine „nicht nur das Band und die Grundlage aller feiner Seelenkräfte sondern auch der Knote [sic] des Zusammenhanges zwischen Geist und Körper zu sein, gleichsam die sprossende Blüte der ganzen sinnlichen Organisation zum weitern Gebrauch der denkenden Kräfte" (Herder 1989 [1784–91], 302).

Die Umdeutung des ‚Volkes' als ursprüngliche Gemeinschaft und damit als Bezugspunkt für die Imagination nationaler Gemeinschaften, die mit Herders Schriften eingeleitet wurde, hat eine besondere Wirkung in der Politischen Romantik entfaltet. Gerade die organologische Metaphorik erweist sich hier als wirkmächtige ‚Bildermaschine' für die Imagination von Einheitlichkeit. Die Modellierung gemeinschaftlicher Verbundenheit erfolgt im 19. Jahrhundert zunehmend unter Rekurs auf die Metapher des Kollektivkörpers. Der Körper als Metapher für die schwer fassbare Ganzheit des Sozialen bietet eine überaus anschlussfähige Bildhaftigkeit, die in der Analogie zum natürlichen Körper zugleich eine Naturalisierung des sozialen Gebildes impliziert. Bei diesen „romantischen Entwürfen einer Begründung des Sozialen aus der Ordnung des Körpers" handelt es sich in erster Linie um „*ästhetische* Entwürfe" (Matala de Mazza 1999, 15). Die Gemeinschaft, die mit ihnen ins Bild gesetzt wird, ist zunächst keine konkrete politische Einheit im Sinne eines Nationalstaats, sondern die ‚Kulturnation'. Die ‚Kulturnation' etabliert sich als imaginierte Gemeinschaft über das Bild des kollektiven Körpers einer vermeintlich natürlichen Sprachgemeinschaft mit gemeinsamen kulturellen Wurzeln (vgl. II.3 KILCHMANN). Entwickelt werden diese Begründungszusammenhänge in eben solchen kulturellen Äußerungen wie jenen, die zur vermeintlichen Grundlage der Gemeinschaft werden: in der Sprache, im Text und insbesondere in der Literatur. Die Projektion der ‚Kulturnation' operiert mit Metaphern der Natürlichkeit und weist also wiederum eine Ambivalenz ihrer Begründungsrhetorik zwischen Naturgebilde und Artefakt auf. Deutlich wird, dass auch diese Projektionsleistung als imaginative zu begreifen ist, die auf die Kategorie der Einbildungskraft rekurriert. Der Kollektivkörper kann damit als Beispiel herangezogen werden für ein insbesondere auch in der deutschen Kultur außerordentlich wirkmächtiges Bild, über das sich die Nation selbst entwirft.

Eine solche identitätsstiftende Imagination, die über die Vorstellung einer Ganzheit erfolgt, lässt sich aus der theoretischen Perspektive der Psychoanalyse mit dem Begriff des Imaginären fassen. In der etymologischen Verwandtschaft der Begriffe ist eine Verbindung zwischen dem Imaginären und der Imagination unmittelbar erkennbar. Die psychoanalytische Subjekttheorie Jacques Lacans konzeptualisiert das Imaginäre neben dem Symbolischen und dem Realen als eine der drei Ordnungen oder auch Register des Psychischen. Das Imaginäre bei Lacan ist geprägt durch die Bildung des Ichs in der Beziehung zu einem Ähnlichen bzw. einem Bild und zugleich durch die Täuschung, die dieser Bezugnahme auf ein Bild der vermeintlichen eigenen Ganzheit mit dem Verkennen des medialen Charakters dieses Bildes inhärent ist (‚Spiegelstadium'). Vor dem Hintergrund der Lacan'schen Betrachtung des Subjekts wendet sich der Philosoph und Kulturkritiker Slavoj Žižek kollektiven Identitätsbildungen zu. In seinem Aufsatz *Genieße Deine Nation wie dich selbst!* (1994) beschreibt Žižek die nationale Identifizierung als eine „Beziehung zur Nation *als Ding*" (Žižek 1994, 135). Seine gemeinschaftsbildende Wirkung erhält das ‚nationale Ding' dadurch, dass die Mitglieder der Gemeinschaft von der Existenz des Dings überzeugt sind und zugleich davon, dass auch die anderen Mitglieder daran glauben. Die Nation wird in dieser Betrachtung zum Effekt eines kollektiven Begehrens, das sich auf das ‚nationale Ding' richtet, erscheint es doch in seiner Unbestimmtheit und Vagheit das zu sein, „was unserem Leben Fülle und Lebendigkeit verleiht" (135). Dieses Versprechen ist jedoch eine Täuschung, wie das Ding als Produkt einer reflexiven Glaubensstruktur unverfügbar bleibt und daher als bedroht erfahren wird. Der vermeintliche „Diebstahl des Genießens" (134–139) wird den ‚Anderen' unterstellt und die nationale Gemeinschaft somit durch Abgrenzung und Ausschluss bestätigt. Žižek spricht von der Zweideutigkeit und Widersprüchlichkeit der modernen Nation und hebt damit auf ihr Oszillieren zwischen natürlichem Gebilde und Kunstprodukt ab. Denn einerseits sei die Nation als modernes Gemeinwesen frei von „traditionellen, ‚organischen' Bindungen" (154). Andererseits jedoch berufe sie sich auf „die kontingente Materialität von ‚gemeinsamen Wurzeln', von ‚Blut und Boden' usw." (154), damit der Nationalstaat als abstraktes Gebilde zu einer Identität komme. Žižeks Überlegungen lassen sich damit wiederum auf die Funktionsweise des Nationalen als imaginierte Gemeinschaft beziehen. Das, was eine Gemeinschaft zusammenbindet und zusammenhält, erschöpft sich – um mit den psychoanalytischen Begriffen zu sprechen – nicht im Symbolischen und lässt sich nicht auf gemeinsame Werte, Zeichen und kulturelle Praktiken beschränken. Vielmehr treten in dieser Betrachtungsweise das Imaginäre als Dynamik einer nationalen Identifizierung (vgl. Grabbe 2014, 41) und mit dem Begehren ein Affektregister in den Vordergrund.

Neben der Dekonstruktion Jacques Derridas ebenfalls auf einen psychoanalytischen Referenzpunkt rekurrierend, entwickelt Homi K. Bhabha, Theoretiker des Postkolonialismus, seine Thesen zu Intersubjektivität, kollektiven und nationalen Gemeinschaften (vgl. IV.9 ARNDT/ASSA). Bhabha betont das Fehlgehen der symbolischen Zuschreibungen und der Versuche einer festschreibenden Benennung von Zugehörigkeiten in einer durch Migration, postkoloniale Kulturen, ethnische Hybridität und geschlechtliche Uneindeutigkeit geprägten Zeit. In *DissemiNation* stellt Bhabha die „kulturelle Konstruktion von nationalem Sein (*nationness*) als eine Form sozialer und textueller Zugehörigkeit" vor (Bhabha 2007 [1990], 209). Er kritisiert damit, wie „‚erfundene Gemeinschaften' essentialistische Identitäten erhalten" (222). Diese hegemoniale, homogenisierende Produktion von Identitäten könne schon deshalb nicht gelingen, da bereits das Subjekt durch eine interne Differenz gekennzeichnet sei. Um diese zu fassen, schließt Bhabha an Sigmund Freuds Konzept des ‚Unheimlichen' an. Das Freud'sche Konzept ins Politische wendend, nutzt Bhabha das Unheimliche, um jenen Bereich des „‚Gespenstermäßigen' oder ‚Verdoppelten'" (214) zu benennen, der sich der Setzung einer Einheit oder Ganzheit entzieht und damit das Erfinden von Gemeinschaften immer wieder nötig macht. Durch die Betonung des Randständigen, der internen Spaltung und des multiplen Charakters jeglicher Identität scheint bei Bhabha ein produktiver Raum auf, der dem Subjekt in der Beteiligung an der Fiktion und Narration einen Handlungsspielraum öffnet. Für das Konzept der Nation als *imagined community* verschiebt sich der Fokus der konstruktivistischen Denkfigur: Statt ihres Status als ‚gemachte' Gemeinschaft rückt ihre Performativität in den Blick (vgl. IV.16 BREGER). Mit der Performativität von Identitätspositionen beschäftigt sich in vielfältigen Zusammenhängen auch die Philosophin Judith Butler. Sie betont, ähnlich wie Bhabha, das Versagen politischer und identitätslogischer Signifikation. Es begründet sich darin, dass die Bezeichnungen, die eine Gruppe benennen und damit festlegen wollen, diese niemals vollständig erfassen können. Dieses Fehlgehen der Bezeichnung macht „phantasmatische Investitionen" (Butler 1997 [1993], 264) notwendig, womit die Produktion von singulärer oder kollektiver Identität wiederum als imaginärer Prozess, als Herstellen einer imaginierten Entität, lesbar wird. Butler betont die produktive Offenheit dieser Dynamik, denn das beständige Fehlgehen der Signifikation und die Notwendigkeit, dieses Versagen imaginär zu verdecken, schaffen die Option einer gestaltenden Neuartikulation in der performativen Verschiebung. Der Signifikationsprozess, in dem Identitäten und imaginierte Gemeinschaften hergestellt werden, ist demnach offen „für neue Bedeutungen und neue Möglichkeiten politischer Resignifikation" (264). Ein konkretes Beispiel für eine solche wiederholende Aneignung und Umwertung, das explizit im Zusammenhang mit dem Nationalen steht, diskutiert Butler im Gespräch mit der Literatur- und Postkolonialismus-Theoretikerin Gayatri Chakravorty Spivak (vgl. Butler und Spivak 2007). Bei Demonstrationen illegaler Einwanderer im US-amerikanischen Kalifornien 2006 wurde die Nationalhymne der USA auf Spanisch gesungen. Durch das Singen auf Spanisch wird, so Butler, „ein Anspruch auf die Hymne" und zugleich „auf Arten der Zugehörigkeit" artikuliert (Butler und Spivak 2007, 41). Im Anschluss an Hannah Arendt verdeutlicht Butler mit diesem Beispiel, dass die Nation als imaginierte Gemeinschaft einen Gestaltungsraum impliziert, über den nicht nur hegemonial, normierend verfügt wird, sondern der genauso der subversiven Aneignung und Neuinterpretation offensteht. Ein erster Schritt dazu besteht darin, „die rhetorischen Bedingungen nach[zu]zeichnen, durch die die Nation stets von neuem bestätigt wird, und sei es durch Arten und Weisen, die nicht – oder noch nicht – autorisiert sind" (42).

3. Literarische ‚Vorstellungen' des Nationalen: Kleists *Hermannsschlacht*

Ein Feld, auf dem sich diese rhetorischen Bedingungen und narrativen Strategien der sich stetig wiederholenden Imagination des Nationalen beobachten lassen, ist die Literatur. Literarische Texte beteiligen sich zum einen an der Bereitstellung und Zirkulation imaginärer Bilder und damit an den Entwürfen nationaler Vorstellungsgemeinschaften. Zum anderen machen sie zugleich jenes Fehlgehen der Signifikation sichtbar, wenn in ihren rhetorischen und narrativen Verfahrensweisen die Nachträglichkeit und Doppeldeutigkeit der Zeichen lesbar wird. Als ein besonders im 18. und 19. Jahrhundert außerordentlich wirkmächtiger deutscher Nationalmythos kann der Mythos der Hermannsschlacht angeführt werden (vgl. Heuer 2017). Der Stoff, der auf den historischen Sieg der germanischen Stämme unter dem Cheruskerfürsten Arminius über die durch Quintilius Varus geleiteten römischen Besatzer im Jahr 9 nach Christus rekurriert, findet sich in einer Fülle von Literarisierungen, darunter insbesondere Dramen, immer wieder neu inszeniert. Als prominenteste sind hier die Hermannsschlachten-Dramen von Johann Elias Schlegel (1740–1741), Friedrich Gottlieb Klopstock (1769), Heinrich von Kleist (1821) und Christian Dietrich Grabbe (1838) zu nennen. Gerade Kleists *Hermannsschlacht* zeigt, wie sich der Hermann-Mythos für aktualisierende Projektionen nationaler Bedürfnisse anbietet. So rief die *Hermannsschlacht* für Kleists Zeitgenossen mit den erfolgreich besiegten Römern das Feindbild der Napoleonischen Besatzer auf, während in der späteren nationalsozialistischen Rezeption Kleists Drama als ein geo- und biopolitischer Gründungsmythos des ‚Dritten Reichs' in Anspruch genommen wurde (vgl. Werber 2006). An Kleists Drama lässt sich darüber hinaus zeigen, dass die Imagination des Nationalen hier mit der Verhandlung einer weiteren Identitätsposition verschaltet ist; derjenigen der Geschlechtsidentität. Gender und Nation kommen hier insofern zusammen, als der Entwurf einer nationalen Einheit in Kleists Text über den als Bild bzw. Zeichen funktionalisierten weiblichen Körper gestaltet wird.

Im vierten Akt des Dramas bringt das Geschehen um die junge Germanin Hally den Wendepunkt in den Auseinandersetzungen zwischen den konkurrierenden germanischen Stämmen und führt zur Einigung Germaniens. Hally kommt in diesem Gründungsgeschehen eine zentrale Funktion zu; eine handelnde Figur im eigentlichen Sinn ist sie jedoch nicht (vgl. Künzel 2003, 166). Bereits bei ihrem Auftritt ist Hally ohnmächtig. Der Nebentext gibt an, dass zwei Cherusker sie „aufführen" (Kleist 1987 [1821], 506. IV/4). Hally spricht nicht; umso wichtiger ist, was über sie gesprochen wird. Denn mit Hally wird zugleich das Gerücht von ihrer Vergewaltigung durch eine Gruppe römischer Soldaten auf die Bühne gebracht. Das Leid, das mit dem Verbrechen an ihrem Körper produziert wurde, erhält unmittelbar eine kollektive Dimension, die mit der Auslöschung der am eigenen Leib Leidtragenden einhergeht. Um die Familienehre wieder herzustellen, tötet Hallys Vater seine Tochter. Hermann, der in der darauf folgenden Szene hinzukommt, macht die Angelegenheit zu einer Sache der nationalen Familie und setzt dabei Hally als „des Vaterlandes grauses Sinnbild" (551. V/23, 2549) ein. Er ordnet an, Hallys Leichnam in fünfzehn Einzelteile zu zerlegen und diese an die fünfzehn Stämme der Germanen zu senden. Der Plan gelingt, „Germanien durch einen zerstückelten Körper zu einem Körper zu einigen" (Vinken 2011, 70): Die germanischen Fürsten verstehen die körpersprachliche Botschaft und schließen sich Hermanns Aufstand gegen die Römer an. Hallys Funktionalisierung umfasst den ‚semiotischen Missbrauch' (vgl. Künzel 2003, 177) ihres Körpers als Zeichen sowie auf der Ebene der Dramenhandlung die „kühl kalkulierte narrative Ausbeutung der Hally-Szene als Moment der Peripetie" (182), denn diese Episode ist das generative Moment, das die Handlung entscheidend vorantreibt. Den vereinigten Germanen gelingt der Sieg im Folgenden rasch.

Die Entscheidungsschlacht, die den Sieg der neugegründeten Nation über die römischen Feinde bringt, wird im dramatischen Text durch eine Stellvertreterszene repräsentiert. Auffällig ist, dass in diesem Repräsentationsverhältnis wiederum eine weibliche Figur für die Verkörperung der Nation herhält. So wird Thusnelda, Hermanns Frau, im Schluss des Dramas „zur Bärin" (Kleist 1987 [1821], 540. V/15, 2321), dem Symboltier Germaniens. Die Analogisierung mit der Bärin erfolgt jedoch nicht nur auf der übertragenen Ebene. Thusnelda lockt den Römer Ventidius, der auf ein Stelldichein mit ihr hofft, in ein Bären-Gehege. Statt einer Liebesnacht mit der Cheruskerin erwartet den Römer der Tod durch die „Bärin von Cheruska" (543. V/18, 2388). Das Drama braucht hier also Thusnelda einerseits, um mit der Bärenszene stellvertretend den Sieg der Germanen über die Römer darzustellen, und andererseits, um der neuen nationalen Einheit eine konkrete Gestalt zu geben. An der Gemeinschaft dieser neuen Nation wiederum hat Thusnelda – entmenschlicht und entindividualisiert – nicht gleichberechtigt Anteil (vgl. Heuer 2008, 101–105). Nicht zuletzt als Ergebnis der „rhetorischen Verdinglichung" (Wagner-Egelhaaf 2012, 75) durch Hermann findet Thusnelda sich am Ende der Bärenszene ohnmächtig und im weiteren Schluss des Dramas fast sprachlos in der Hermann konträr entgegengesetzten Position dargestellt, der als performativer Gründer und Anführer der Nation gefeiert wird.

Deutlich wird daran, dass die Bildung der Gemeinschaft hier über einen zweifachen Ausschluss operiert: Um das Eigene vorstellbar zu machen, braucht es die Anderen, die nicht dazugehören – in Kleists *Hermannsschlacht* sind das die Römer. Der zweite Ausschluss wird erst auf den zweiten Blick sichtbar, denn dieser ist vielmehr ein Ausschluss *innerhalb* des imaginierten Eigenen und betrifft diejenigen, die wie hier die Frauen zwar zur Vorstellungsgemeinschaft gezählt werden, denen darin jedoch keine Handlungsmacht zukommt. Augenfällig werden daran zum einen die Performativität des nationalen Gründungsakts und zugleich die Gewalttätigkeit dieser Bildung der Nation über den bzw. mittels des weiblichen Körpers. Das literarische Beispiel gibt dabei die Ambivalenzen des Produktionsprozesses imaginierter Gemeinschaften zu lesen.

Literaturverzeichnis

Adler, Hans. „Nation. Johann Gottfried Herders Umgang mit Konzept und Begriff". *Unerledigte Geschichten. Der literarische Umgang mit Nationalität und Internationalität.* Hrsg. von Gesa von Hessen und Horst Turk. Göttingen: Wallstein, 2000. 39–56.
Anderson, Benedict. *Die Erfindung der Nation. Zur Karriere eines folgenreichen Konzepts.* 2., um ein Nachwort von Thomas Mergel erw. Aufl. der Neuausgabe 1996. Frankfurt am Main: Campus, 2005 [1983 und 1991].
Bhabha, Homi K. „DissemiNation. Zeit, narrative Geschichte und die Ränder der modernen Nation". *Die Verortung der Kultur.* Übers. von Michael Schiffmann und Jürgen Freudl. Hrsg. von Homi K. Bhabha. Mit einem Vorwort von Elisabeth Bronfen. Tübingen: Stauffenburg, 2007 [1990]. 205–253.
Butler, Judith. *Körper von Gewicht. Die diskursiven Grenzen des Geschlechts.* Übers. von Karin Wördemann. Frankfurt am Main: Suhrkamp, 1997 [1993].
Butler, Judith, und Gayatri Chakravorty Spivak. *Sprache, Politik, Zugehörigkeit.* Übers. von Michael Heitz und Sabine Schulz. Zürich und Berlin: diaphanes, 2007.
Doll, Martin, und Oliver Kohns. „*Außer-sich-Sein*: Die imaginäre Dimension der Politik. Einleitung". *Die imaginäre Dimension der Politik.* Hrsg. von Martin Doll und Oliver Kohns. München: Fink, 2014. 7–18.
Gellner, Ernest. *Thought and Change.* Chicago: The University of Chicago Press, 1965 [1964].
Gellner, Ernest. *Nationalismus und Moderne.* Aus dem Englischen von Meino Büning. Berlin: Rotbuch Verlag, 1991 [1983].
Gellner, Ernest. *Nationalism.* London: Weidenfeld & Nicolson, 1997 [Deutsch: 1999].
Grabbe, Katharina. *Deutschland – Image und Imaginäres. Zur Dynamik der nationalen Identifizierung nach 1990.* Berlin und Boston: de Gruyter, 2014.
Gschnitzer, Fritz, Reinhart Koselleck, Karl Ferdinand Werner und Bernd Schönemann. „Volk, Nation, Nationalismus, Masse". *Geschichtliche Grundbegriffe. Historisches Lexikon zur politisch-sozialen Sprache in Deutschland.* Bd. 7. Hrsg. von Otto Brunner, Werner Conze und Reinhart Koselleck. Stuttgart: Klett-Cotta, 1992. 141–431.
Herder, Johann Gottfried. „Ideen zur Philosophie der Geschichte der Menschheit". Johann Gottfried Herder. *Werke in zehn Bänden Bd. 6.* Hrsg. von Martin Bollacher et al. Frankfurt am Main: Deutscher Klassiker Verlag, 1989 [1784–1791].
Heuer, Caren, *Im Zeichen der Hermannsschlacht. Texte des Nationalen im 18. Jahrhundert.* Würzburg: Königshausen & Neumann, 2017.
Heuer, Caren. „,Du Furie, gräßlicher als Worte sagen!' Thusnelda und die Nation in Hermannsschlachten-Dramen". *Hermanns Schlachten. Zur Literaturgeschichte eines nationalen Mythos.* Hrsg. von Martina Wagner-Egelhaaf. Bielefeld: Aisthesis, 2008. 81–105.

Hobsbawm, Eric. „Introduction: Inventing Traditions". *The Invention of Tradition*. Hrsg. von Eric Hobsbawm und Terence Ranger. Cambridge: Cambridge University Press, 2004. 1–14.
Jansen, Christian, und Henning Borggräfe. *Nation – Nationalität – Nationalismus*. Frankfurt am Main: Campus, 2007.
Jureit, Ulrike. „Imagination und Kollektiv. Die ‚Erfindung' politischer Gemeinschaften'". *Politische Kollektive. Die Konstruktion nationaler, rassischer und ethnischer Gemeinschaften*. Hrsg. von Ulrike Jureit. Münster: Westfälisches Dampfboot, 2001. 7–20.
Kleist, Heinrich von. „Die Hermannsschlacht". Heinrich von Kleist. *Sämtliche Werke und Briefe in vier Bänden Bd. 2*. Hrsg. von Ilse-Marie Barth, Klaus Müller-Salget, Walter Müller-Seidel und Hinrich C. Seeba. Frankfurt am Main: Deutscher Klassiker Verlag, 1987. 447–554.
Köhler, Sigrid G. „Nationale ‚Hirngemälde'. Bildpoetik, Selbstgefühl und die Schatzkammern der Nation bei Johann Gottfried Herder". *Das Imaginäre der Nation. Zur Persistenz einer politischen Kategorie in Literatur und Film*. Hrsg. von Katharina Grabbe, Sigrid G. Köhler und Martina Wagner-Egelhaaf. Bielefeld: transcript, 2012. 25–50.
Künzel, Christine. „Gewaltsame Transformationen. Der versehrte weibliche Körper als Text und Zeichen in Kleists *Hermannsschlacht*". *Kleist-Jahrbuch* (2003): 165–183.
Matala de Mazza, Ethel. *Der verfaßte Körper. Zum Projekt einer organischen Gemeinschaft in der Politischen Romantik*. Freiburg im Breisgau: Rombach, 1999.
Renan, Ernest. *Was ist eine Nation? Rede am 11. März 1882 an der Sorbonne*. Übers. von Henning Ritter. Hamburg: Europäische Verlagsanstalt, 1996.
Sarasin, Philipp. „Die Wirklichkeit der Fiktion. Zum Konzept der *imagined communities*". *Politische Kollektive. Die Konstruktion nationaler, rassischer und ethnischer Gemeinschaften*. Hrsg. von Ulrike Jureit. Münster: Westfälisches Dampfboot, 2001. 22–45.
Schulte-Sasse, Jochen. „Einbildungskraft/Imagination". *Ästhetische Grundbegriffe. Historisches Wörterbuch in sieben Bänden Bd. 2*. Hrsg. von Karlheinz Barck et al., Stuttgart und Weimar: Metzler 2001. 88–120.
Vinken, Barbara. *Bestien. Kleist und die Deutschen*. Berlin: Merve 2011.
Wagner-Egelhaaf, Martina. „Hermanns Ding". *Das Imaginäre der Nation. Zur Persistenz einer politischen Kategorie in Literatur und Film*. Hrsg. von Katharina Grabbe, Sigrid G. Köhler und Martina Wagner-Egelhaaf. Bielefeld: transcript, 2012. 51–79.
Weber, Max. *Wirtschaft und Gesellschaft. Grundriss der verstehenden Soziologie*. 5., rev. Aufl., besorgt von Johannes Winckelmann. Tübingen: J.C.B. Mohr, 1980 [1922].
Wehler, Hans-Ulrich. *Nationalismus. Geschichte, Formen, Folgen*. 3. Aufl. München: Beck, 2007.
Werber, Niels. „Kleists ‚Sendung des Dritten Reichs'. Zur Rezeption von Heinrich von Kleists Hermannsschlacht im Nationalsozialismus". *Kleist-Jahrbuch* (2006): 157–170.
Žižek, Slavoj. „Genieße Deine Nation wie dich selbst! Der Andere und das Böse – Vom Begehren des ethnischen ‚Dings'". *Gemeinschaften. Positionen zu einer Philosophie des Politischen*. Hrsg. von Joseph Vogl. Frankfurt am Main: Suhrkamp, 1994. 133–164.

II.2 Übersetzung und Transnationalität
Doris Bachmann-Medick

1. Übersetzung als Handlungsmodus und Analysekategorie: Ein *translational turn*

Erst in jüngerer Zeit sind transkulturelle Kontakte, Konflikte und Austauschprozesse unter dem Vorzeichen von Übersetzungsbeziehungen in den Blick gerückt. Dies gilt auch für grenzüberschreitende Literaturbewegungen, die quer zu den Nationalliteraturen verlaufen. Die Übersetzungsperspektive lässt hier eine Entwicklung hinter sich, die noch lange den Nachwirkungen des 19. Jahrhunderts verhaftet blieb, indem sie eine enge Verknüpfung von Nationalsprache und nationaler Literaturgeschichte voraussetzte (vgl. Bassnett 2011, 71–72). Übersetzungen aus anderen Literaturen wurden zwar wesentlich für die (europäische) Nationenbildung und Kanonformierung in Anspruch genommen (vgl. Dizdar et al. 2015), als Übersetzungen jedoch marginalisiert und gleichsam auf die Rolle von literarischen „immigrants" (Bassnett 2011, 72) herabgestuft. Dies änderte sich durch die gesteigerte Globalisierungsdynamik, durch Massenmigrationen, zunehmende Mehrsprachigkeit sowie transkulturelle Literaturbeziehungen und Verflechtungsgeschichten. Sie haben eine Art „transnational turn" (Jay 2010) in der kulturwissenschaftlichen Forschung befördert (vgl. II.5 REICHARDT). Dabei wurden neue Formen der kulturenübergreifenden Aushandlung ins Blickfeld gerückt. Aber auch die Literaturproduktion selbst ist durch ein „ZwischenWeltenSchreiben" aus ihren nationalkulturellen Verankerungen gelöst worden (Ette 2005, 16, 103–105). Sowohl eine neupositionierte Literatur zwischen den Kulturen als auch die globalisierten Verhältnisse selbst haben den Status von Übersetzungen massiv aufgewertet – als Texte, aber auch als Handlungen. Denn von den Kultur- und Sozialwissenschaften ist Übersetzung in jüngster Zeit weit über das sprachlich-literarische Feld hinaus in den Blick genommen worden: als eine kulturell und politisch wirksame Basisoperation in globalen Handlungszusammenhängen. Auf der Ebene der Forschungspraxis wiederum wurde Übersetzung zu einem Methodenkonzept bzw. einer Analysekategorie, mit der nicht zuletzt das vorherrschende Prinzip des ‚methodologischen Nationalismus' (vgl. Wimmer und Glick Schiller 2002; Beck 2004, 8–9, 40–44) zu überwinden wäre, der allzu lang abgeschlossene, homogene Nationalstaaten als Untersuchungsgröße vorausgesetzt hat.

Wenn also die Verhältnisse der Weltgesellschaft selbst verstärkt Übersetzungsprozesse verlangen, dann ist Übersetzung im erweiterten Sinn einer kulturellen und sozialen Praxis gefragt. Zwar sind sprachliche Konstellationen in ihrer Bedeutung und Wirksamkeit keinesfalls geringzuschätzen – wichtige Problemfelder sind schließlich immer noch Phänomene wie Mehrsprachigkeit, Sprachhegemonie durch das Englische als *lingua franca*, Marginalisierungen von Sprachen, aber auch deren Überlappungen durch die weltweite Zirkulation von Literaturen und Sprachen (vgl. u. a. Helgesson und Vermeulen 2016). Doch genau daraus entspringen dann derart komplexe Sprachverwendungen und Kontaktformen, dass Übersetzung zu einer unverzichtbaren Kulturtechnik für die Bewältigung und Ausgestaltung transnationaler Beziehungen und Transfervorgänge geworden ist: Übersetzung als ein „modus operandi of our times" (Young 2011, 59), eine soziale und kulturelle Schlüsselpraxis unserer globalisierten Zeit, die aus „translational worlds" besteht. Das Leben in Übersetzungsverhältnissen – in gesteigerter Form häufig in Migrationszusammenhängen, Exil und Diaspora (vgl. IV.15 KLIEMS) – erzeugt eine besondere Komplexität, denn es werden ständig sprachliche, soziale und kulturelle Kontextwechsel verlangt (Bachmann-Medick 2018). Daraus entsteht eine Dynamik grenzüberschreitender, multidirektionaler Translation, die den globalen Prozessen von Transmigration entspricht. Diese finden nicht mehr nur bipolar zwischen einzelnen Nationalstaaten oder Nationalsprachen statt, sondern sind – als „translocation" (Alvarez et al. 2014, 2) – vielschichtiger überkreuz verortet. Trotz solcher Verflechtungen ist aber auch diese Überkreuz-Dynamik von deutlichen Steuerungen durch *Governance* und anderen Einflussnahmen und damit von einer Politik der Übersetzung geprägt: „today's transmigrants, our own crossings – theoretical, political, personal, and intimate – are heavily patrolled and often constrained or obstructed by various kinds of (patriarchal, disciplinary, institutional, capitalist/neoliberal, geopolitical, sexual, and so on) gatekeepers" (Alvarez et al. 2014, 2–3).

Dass transnationale Beziehungen und Interaktionen, aber auch die Produktion und Verbreitung von Literatur gezielt auf Übersetzungsprozesse und übersetzungspolitische Ein- und Ausschluss-Strategien hin untersucht werden können, ist das Ergebnis einer methodisch geschärften Neukonzeptualisierung der Übersetzungskategorie durch alle Disziplinen der Kultur- und Sozialwissenschaften hindurch. So wurde Übersetzung in jüngerer Zeit mehr und mehr zu einer transdisziplinären Analysekategorie, mit der sich – über die *translation studies* hinaus – in einer Vielzahl von disziplinären Untersuchungsfeldern differenzierender und empirisch fundiert arbeiten lässt, z. B. in Zusammenhängen von Rechtstransfer (Foljanty 2015), Konversion, Mission (Lässig 2012), *Governance* und Internationalen Beziehungen (Berger und Esguerra 2018) oder der Verbreitung politischer Praktiken und Strategien (Clarke et al. 2015). Immer geht es bei solchen und anderen Übersetzungen um den Versuch, Übergänge, ja oft massive Brüche zwischen unterschiedlichen Handlungsebenen und Kontexten zu bewerkstelligen. Und solche sozialen und kulturellen Kontextwechsel können mit den vertrauten Kategorien der textbezogenen Übersetzung allein längst nicht mehr erfasst werden. Statt auf Original-Treue, Äquivalenz, Repräsentation und „translation proper" richtet sich die Aufmerksamkeit verstärkt auf Kontextwechsel, kulturelle Differenzen, Brüche, Transformation, Alterität, *displacement*, Diskontinuität, Missverstehen, soziale Adressierung, Konflikte und Macht.

In der Forschungspraxis eignen sich diese translatorischen Kategorien zunächst für ein Aufbrechen von Clusterbegriffen und synthetisierenden Allgemeinbegriffen wie Kultur, Nation, Arbeit, Familie, Politik, Industrialisierung, Modernisierung, aber auch Transnationalität in einem pauschalen Sinn. Eher wären solche Begriffe – so ein Vorschlag von James Clifford – als „translation terms" neu zu denken, als in sich vielschichtig, übersetzungsbereit und für Transformationen offen (Clifford 1997, 39). Solche offenen Übersetzungs-Begriffe sind kennzeichnend für eine transnationale, komparatistische Kulturwissenschaft, wie sie von Clifford und anderen angestrebt wird (vgl. Clifford 1997, 18, 31, 35; Bachmann-Medick 2011, 2014). Zur Untersuchung komplexer Verhältnisse ist der Übersetzungsfokus besonders geeignet, da mit seiner Hilfe Übergangssituationen, Transformationen und Vermittlungsszenarien genauer erfasst werden können: mit analytischem Blick auf einzelne Interaktionsschritte, aber auch auf Brechungen und (emotionale) Implikationen, auf die produktive Rolle von Missverständnissen sowie auf Machtungleichheiten.

Über eine solche methodische Bedeutung hinaus rückt aber noch eine weitergreifende, epistemologische Qualität der Übersetzungskategorie in den Vordergrund. Sie besteht in der Herausforderung, eine dezidiert translationale Grundeinstellung einzunehmen, d. h. dichotomische Vorannahmen hinter sich zu lassen und eher nach vielschichtigen, oft widersprüchlichen Verknüpfungen und mehrpoligen Beziehungen Ausschau zu halten. Die Aufwertung von Grenzen, Zwischenräumen und Überlappungszonen ist dazu ein wichtiger Schritt. Doch eine solche Einstellung reicht bis hin zu einem übersetzungsbasierten Neuverständnis von Kultur: „culture [...] as a repeated ‚translation' of incommensurable levels of living and meaning" (Bhabha 1994, 125), Kultur also als permanente Transformation durch Vermischungen und Verflechtungsgeschichten (vgl. III.3 TIPPNER). In diesem Sinn verweist Homi Bhabha auf die Differenzierungsleistung des Übersetzungsansatzes und seine Unverzichtbarkeit für transnationale Kulturanalysen, aber auch für die Analyse von Transnationalität selbst: „Any transnational cultural study must ‚translate', each time locally and specifically, what decentres and subverts this transnational globality, so that it does not become enthralled by the new global technologies of ideological transmission and cultural consumption" (Bhabha 1994, 241). Translationales Ausbuchstabieren von Globalität und Transnationalität ist hier gegen Tendenzen der Standardisierung und Homogenisierung gerichtet, gegen die Fixierung von Identitätsbehauptungen und gegen Essentialisierungsbestrebungen. Damit verbindet sich eine deutliche Aufforderung zum Dezentrieren als methodischem Prinzip. Für die Analyse globaler Entwicklungen bedeutet dies, sich von der unhinterfragten Voraussetzung linearer, zumeist westlich zentrierter Universalisierungen zu verabschieden und die Transformationen von Gesellschaften unter Globalisierungsbedingungen eher als Ergebnis von Diskontinuitäten und inkommensurablen Erfahrungen zu begreifen. Der Fokus liegt hier auf lokaler Übersetzungsarbeit, die nicht nahtlos an universelle Vorstellungen (wie etwa Arbeit, Ökologie, Menschenrechte) anknüpfen kann, sondern die von historischen, kolonialistischen Brüchen und Ungleichheiten betroffen ist (vgl. Tsing 2005, 8–11, 211–212; vgl. auch IV.9 ARNDT/ASSA).

Nachdem ein derart erweiterter Verwendungsmodus von Übersetzung, über Sprachliches hinaus, lange Zeit zunächst fast wie ein allgemeines Kommunikationsmodell verkündet wurde, wird er nun vermehrt – qua Übersetzung als Analysekategorie – durch empirische, fallorientierte Studien untermauert: so etwa durch Untersuchungen zu Migration und Transmigration als Translationszusammenhängen (Alvarez et al. 2014; Bachmann-Medick 2018), zu Menschenrechten als Übersetzungsproblem, zu translatorischen Mikro-Prozessen historischer Transformationen. Verläufe von Kolonisierung und Dekolonisierung, missionarischen Aktivitäten, religiösen Konversionen oder Konzepttransfers lassen sich damit präziser als bisher untersuchen (vgl. Lässig 2012). Ein weiteres Analysefeld ist die transnational-translationale Re-Interpretation politischer Schlüssel- und Leitkonzepte wie Freiheit, Demokratie, Menschenrechte (Tsing 1997; Schaffer 2000; Bachmann-Medick 2012). Sie werden in ihrer Übertragung gebrochen, in ihrem hegemonialen universalistischen Anspruch infrage gestellt und als Ergebnisse von Aushandlungs- und Übertragungsvorgängen neu beleuchtet. Durch die Übersetzungslinse lassen sich zudem die einzelnen Schritte und konkreten Phasen von Interaktionsvorgängen sichtbar machen, so dass auch die Akteure und kulturellen Vermittler stärker in den Blick rücken. Ausdrücklich sind es handlungswirksame Gelenkstellen in transnationalen Konstellationen, „sites and relations of translation" (Clifford 1997, 23), die durch eine Übersetzungsperspektive freigelegt werden können: Relationen, Bruchzonen, Überlappungen, Szenarien der Pluralisierung und Dekonstruktion regionaler Räume durch translokale Beziehungsnetze. Erst durch solche Ausdifferenzierung – etwa im Feld der *area studies* (Bachmann-Medick 2015; vgl. auch II.4 KRAFT) – lässt sich der behauptete „translational turn" (Bassnett 2011; Bachmann-Medick 2013) in der empirischen Forschungspraxis verankern. Weitere Fallbeispiele, die hier gerade für die Transnationalitätsforschung produktiv wären, sind unter anderen *Race in Translation* (Shohat und Stam 2012), *Cosmopolitanism and Translation* (Bielsa 2016), *Democracy in Translation* (Schaffer 2000), aber auch Studien, die zwischen *translation studies* und *urban studies* angesiedelt sind (Simon 2012). Oft zielen sie auf eine globalisierungskritische Reformulierung eurozentrischer Konzepte in der Hoffnung, damit eine differenzbewusste globale Kultur der Übersetzung zu schaffen und diese noch dazu in „transkulturelle politische Aktion zu übersetzen" (Translate/EIPCP 2008, 10).

2. Übersetzung: Eine kritische Perspektive auf ‚Transnationalität'

Die Kultur- und Sozialwissenschaften nutzen die Übersetzungskategorie nicht zuletzt um deutlich zu machen, dass auch transnationale Forschung ihrerseits im Spannungsfeld von ökonomischen und sozialen Asymmetrien sowie von Übersetzbarkeiten und Unübersetzbarkeiten stattfindet. Zugleich arbeiten sie darauf hin, die transnationalen Zusammenhänge ihrerseits zu untergliedern, statt diese vorschnell als feste Gefüge vorauszusetzen. Dabei kann der Übersetzungsansatz ein kritisches Licht auf die Kategorie der Transnationalität selbst werfen: Er kann sie ausdrücklich historisieren, um sie auch auf vormoderne Verhältnisse beziehen zu können, in denen noch keine Nationalstaaten ausgebildet waren (zur Historisierungsforderung vgl. Charle et al. 2017; Kern 2013). Erst durch eine Erweiterung von Transnationalität zu Transkulturalität können auch vornationale Verhältnisse mit erfasst werden (Ulbrich, Medick und Schaser 2012, 15–19); erst durch eine Erweiterung zu Translokalität kommt die „Vielfalt räumlicher Ordnungen", ja die Differenz von Raumwahrnehmungen auf Akteursebene noch stärker in den Blick (Freitag und von Oppen 2005, 3). Mit solchen Erweiterungen ließe sich auch der ‚methodologische Nationalismus' des 19. und 20. Jahrhunderts überwinden, der selbst noch in der Transnationalitätskategorie durchscheint und der die Wissensproduktion in den Kultur- und Sozialwissenschaften bis heute bestimmt. Stattdessen könnte man sich den globalisierten Kulturen gezielter als ‚Kulturen in Übersetzung' zuwenden.

Wie im Fokus von ‚Übersetzung' auch das Konzept der Transnationalität einer kritischen Revision unterzogen werden kann, diskutiert Naoki Sakai. Transnationalität wird häufig immer noch als bloße Ableitung von Nationalität gesehen, das als Basiskonzept gilt (vgl. Sakai 2013, 15). Dagegen wäre Transnationalität – so Naoki Sakai – als vorgängig anzusehen, als „the foundational modality of sociality" (Sakai 2013, 20). Transnationalität ginge demzufolge logisch, konzeptuell und historisch voraus, noch bevor sich die Annahme von einem Regime separater Nationen und Sprachen festsetzen konnte. Für einen solchen Perspektivwechsel ist die Kategorie der Übersetzung eine entscheidende Bezugsgröße. Denn auch Übersetzung – so Naoki Sakai – geht den Sprachen, die durch sie überbrückt werden sollen, doch eigentlich voraus. Jedenfalls ist seine kritische Fragestellung, „how to reverse the conventional comprehension of translation that depends on the trope of translation as bridging or transferring between two separate languages" (Sakai 2013, 21). Dieses konventionelle „regime of translation" (25) bezeichnet Sakai als ein „schema of co-figuration" (25), das die Einheit und Abgrenzbarkeit jeder dieser Sprachen immer schon unterstellt. Dagegen schlägt er vor, Übersetzung als eine Praxis der Grenzziehung selbst zu verstehen, die viel grundlegender und kritischer bereits die innere Diversität von Sprachen erkennbar macht (22). Problematisiert wird damit die Vorstellung von nationalen Sprachen als abgetrennten Einheiten, die zugleich zu einem einengenden Fundament für das geläufige Verständnis von Transnationalität geworden sei.

Nach einem solchen Verständnis wird Transnationalität weder an Nationalität rückgebunden noch als gegeben unterstellt, sondern überhaupt erst durch Übersetzungspraktiken ins Werk gesetzt (Sakai 2013, 29). Die Übersetzungskategorie ist elementar für die Konzeptualisierung von Transnationalität. Denn sie ist beteiligt an der kritischen Markierung von Differenzbildungen, auch der kolonialen Differenzen, wie sie transnationale Beziehungen prägen. Allein schon ob man diese transnational oder global, transareal (Ette 2012), transkulturell, planetarisch oder „wordly" (Said 1983) nennt, ist abhängig von den unterschiedlichen kulturellen und konzeptuellen Vorannahmen, die gerade im Horizont von Übersetzung deutlich werden. Und noch in anderer Hinsicht wäre die Transnationalitätskategorie überhaupt erst von der Übersetzungsperspektive aus in den Blick zu nehmen. Denn Übersetzung und Transnationalität zusammenzudenken, kommt einem *translational transnationalism* nahe. Mit dieser Formel lassen sich globale Phänomene als Übersetzungsprozesse analysieren. Ihre große Spannbreite reicht dabei von grenzüberschreitenden kriegerischen Auseinandersetzungen als Übersetzungsräumen (Footitt 2016, 215–219) bis hin zu den Übersetzungsimpulsen der neueren Weltliteratur. Sie kann sich aber auch engmaschiger auf „translation among small nations or minority language communities" beziehen (Apter 2006, 5).

Übersetzung wird also auch hier zu einer präzisierenden und kritischen Kategorie. Mit ihr lassen sich die einzelnen Szenarien sowie die (durchaus lokalen) Bedingungen der Möglichkeit von Transnationalität überhaupt aufdecken, nicht zuletzt im Feld der Literatur. Dazu gehört zunächst ein differenzierender Blick auf inhaltliche Auseinandersetzungen der Literaturen mit Weltproblemen oder überhaupt auf literarische Weltbezüge und Formen von „worldliness" (Said 1983, 34–35). Zudem kann selbst ein „transnational turn" (Jay 2010), wie er nicht zuletzt in den Literaturwissenschaften gegenwärtig diagnostiziert wird, die Übersetzungskategorie stark machen. Transnationale Literatur lässt sich durch die Übersetzungsperspektive weiter ausdifferenzieren, wobei Übersetzung mehr umfasst als nur ein Vehikel der weltweiten Verbreitung von Literatur. Übersetzung ist auch das

Medium für eine Re-Lokalisierung von Weltliteratur, indem es den Fokus auf kleinere Untersuchungseinheiten lenkt. In diesem Sinn, auch mit Bezug auf *border studies* und *critical regionalism*, hat parallel dazu auch der *transnational turn* „a wholesale remapping of the *locations* we study" (Jay 2010, 8) bewirkt. Ähnlich argumentiert David Damrosch, der in diesem Kontext ausdrücklich auf die Bedeutung von Übersetzungen verweist: „But to return to the idea of ‚worldly' literature, we could also see this as a kind of *local* world literature, as the other side of the coin […] in dialogue mostly with translated works to which the writers have been exposed" (Damrosch 2015, 100–101). Weltliteratur im Sinn von lokaler Weltliteratur – herausgebildet eben nicht erst über weltweite Zirkulation, sondern im Austausch mit Übersetzungen – ist also die andere Seite der Medaille von transnationaler Literatur (vgl. III.1 Gossens). Sie hat durchaus Auswirkungen auf das Feld der Literaturrezeption. Denn auch hier kann Übersetzung als Lokalisierungsanstoß den transnationalen literarischen Horizont neu konturieren, nicht zuletzt, indem sie neue Lesehaltungen anregt: „Translation interrupts our habits of reading. Access to world literature in translation […] inspires us to inhabit other worlds in translation" (Mani 2017, 249).

Transnationalität erschließt sich somit nicht allein schon aus der allgemeinen grenzüberschreitenden Wirkung von Übersetzungen, sondern mehr noch aus den spezifischen Grenzziehungen und den lokalen Fokussierungen, auf die von konkreten Übersetzungsvorgängen aus die Aufmerksamkeit gelenkt wird.

(1.) Die Schaffung oder Verweigerung von Verbreitungsmöglichkeiten auf dem Übersetzungsmarkt haben hier eine grenzziehende Ein- oder Ausschlussfunktion. Die höchst ungleichen Zugangschancen zum weltweiten Übersetzungsmarkt im Feld der (transnationalen) Literatur sind abhängig von Macht und Ökonomie (Helgesson und Vermeulen 2016, 10–11). Dabei ermöglicht erst ein Zugang zum Weltmarkt der Übersetzung – meist vermittelt durch Englisch als *lingua franca* – die Zirkulation von Literatur jenseits von Sprachhierarchien und Sprachasymmetrien und damit auch die Herausbildung von Weltliteratur. Wenn zum Erreichen dieses Ziels transnationale literarische Bezugspunkte anvisiert werden – wie z. B. das japanische Haiku als Übersetzungsimpuls für europäische Gegenwartsliteratur (Yamamoto 2017, 303) – dann werden damit wichtige kulturelle Anschlussstellen geschaffen. Auch diese werden zum Einstieg in den weltweiten Literaturmarkt genutzt. Wenn aus denselben Gründen auch Selbstübersetzungen praktiziert werden, zumeist in westliche Sprachen hinein – wie etwa im Fall des kenianischen Schriftstellers Ngũgĩ wa Thiong'o (2009) – dann ist dies keineswegs bloße Sprachunterwerfung, sondern Ermächtigung zu kreativen linguistischen Aneignungen (Rizzardi 2014, 184–187). Hierdurch wird Selbstübersetzung zum Modus einer transnationalen Neuverhandlung des „Originals" (Cordingley 2013). Eine solche Neuverhandlung liegt besonders nahe angesichts der zunehmenden Mehrsprachigkeit von transnational agierenden Autoren und Autorinnen, die entsprechend vielschichtige, gleichsam in sich bereits ‚vor-übersetzte' oder auf Übersetzbarkeit hin angelegte literarische Texte produzieren (vgl. II.3 KILCHMANN). Mit Rebecca Walkowitz (2015) könnte man sie „born-translated" nennen. Transnationale Übersetzungsbewegungen stehen also, bedingt durch die Macht des Übersetzungsmarkts und seiner Zugangsbeschränkungen, nicht nur unter ökonomischen Vorzeichen. Sie stehen auch unter dem Vorzeichen des immer schon Übersetztseins in weltweiter Zirkulation: einer Übersetzung ohne Original.

(2.) Transnationale Übersetzungsbewegungen sind zudem von den Verwerfungen durch den Kolonialismus betroffen. Die Geschichte von Kolonialismus und *entangled histories* in einem asymmetrischen geopolitischen Machtgefüge hat selbst noch die gegenwärtigen globalen Verhältnisse unter die Voraussetzung einer „impossibility of coherence" (Pratt 2002, 28) gestellt. Unweigerlich auf Übersetzungsprozesse angewiesen, stehen sie geradezu unter dem „imperative of translation" (Pratt 2002, 28). Dabei erhält Translation freilich eine besondere Akzentuierung: einerseits als „translation-as-displacement" (Chakrabarty 2014, 55), d. h. als Übertragung und Umdeutung abstrakter globaler Kategorien und Diskurse (z. B. des Kapitalismus) durch postkoloniale Gesellschaften, und zwar über eine Ent-Stellung und Destabilisierung kolonialer Denkmuster – andererseits aber auch als eine Form von (kolonialistischer) Machtausübung durch Übersetzung: „Translation was indeed the process wherein the coloniality of power articulated the colonial difference" (Mignolo und Schiwy 2003, 9). Geprägt von den durchgreifenden Verwerfungen der Kolonialgeschichte läuft die Übersetzungsdynamik in beiden Fällen jeglichen Äquivalenzanforderungen zuwider. Von hier aus rückt der Faktor der Macht und Machtungleichheit in den Blick, mit dem auch bei Text- und Sprachübersetzungen gerechnet werden muss.

(3.) Eine entscheidende Bedingung der Möglichkeit für transnationale Übersetzung oder gar Übersetzbarkeit findet sich im epistemologischen Feld. Die Übersetzungsperspektive ist für die Wissensgewinnung bedeutsam, denn sie wirft die elementare Frage auf, inwieweit die Begriffe und Terminologien, mit denen wir transnational arbeiten, auch für andere Kontexte und Wissenskulturen geltend gemacht werden können. Sind Kategorien wie z. B. Weltliteratur, Postkolonialismus, Migrationsliteratur überhaupt für die Verwendung in transnationalen Analysezusammenhängen geeignet? Arbeiten wir nicht ohnehin ständig – und allzu unbefangen – mit europäisch geprägten Kategorien (vgl. Chakrabarty 2000; Pernau 2007)? Im Feld des transnationalen Wissenstransfers sorgt Übersetzungsarbeit zwar dafür, dass Konzepte „reisen" können und als „travelling concepts" (Bal 2002) über wissenschaftliche, disziplinäre und kulturelle Grenzen hinweg Fuß fassen, aber auch transformiert werden. Denn es sind die konkreten Übertragungssituationen und -akteure, die bei solchen Transfers und Aneignungsvorgängen zu entscheidenden Gelenkstellen der Wissensvermittlung werden. Doch zeigt sich an den holprigen Reisewegen der Konzepte, dass von einem transnationalen Wissenstransfer eigentlich gar nicht die Rede sein kann. Denn die Konzepte und Formen des Wissens bilden sich überhaupt erst gleichsam unterwegs heraus (siehe Bachmann-Medick 2014 a, 121) – eben durch Prozesse der Übersetzung und Transformation.

Diese Einsicht stellt eine unreflektierte Grundannahme gegenwärtiger kultur- und sozialwissenschaftlicher Forschungspraxis infrage. Denn Übersetzung wird oft allzu leicht ihrerseits für eine transnationale, kulturenübergreifende, ja universalisierbare Kategorie gehalten. Dabei ist sie (auch in der Forderung nach einem Sich-selbst-Übersetzbar-Machen) keineswegs ein universaler, vielmehr ein von jeweiligen Wissens- und Wissenschaftskulturen geprägter Handlungs- und Erkenntnismodus. Bevor Transnationalität behauptet wird, wäre erst einmal nach der Übersetzbarkeit zwischen unterschiedlichen (Wissenschafts-)kulturen und nationalen Wissenssystemen mit ihren spezifischen Begrifflichkeiten zu fragen (Bachmann-Medick 2014). Ist Übersetzung oft nicht eher eine Art von „Zwischen-Setzung" (Jullien 2002, 59) – gerade wenn man mit ganz anderen Denksystemen konfrontiert ist (wie etwa mit dem sino-asiatischen), an die man meist nicht auf der Grundlage von Äquivalenzen anschließen kann? Oft sind hier nur Annäherungen möglich, um etwa europäische und chinesische Denkweisen ineinander übersetzbar zu machen: durch kulturelle „Rahmenwechsel" (Jullien 2002, 43), ja durch ein Verschieben des eigenen Denkrahmens weg vom Universalismusanspruch der großen europäischen Analysebegriffe. Übersetzung wäre dann eher ein Sich-Einlassen auf transnationale Aushandlungssituationen, oft entlang einer Unschärfezone am Rand des europäischen Theoriediskurses, welche die gewohnten Begriffe und Denkformen in Bewegung versetzt und sie öffnet (Jullien 2002, 58). Doch wo befindet sich bei solchen Übersetzungsbemühungen zwischen westlichen und nicht-europäischen Begriffen jeweils das tertium comparationis? Von dieser skeptischen Frage aus hat Dipesh Chakrabarty die epistemologisch, aber auch methodisch höchst wichtige Forderung gestellt, man solle vor jeglicher „cross-cultural translation" den Versuch einer „cross-categorical translation" machen (Chakrabarty 2000, 83–86).

3. Transnationalität: Ein Anstoß zur Neufigurierung von Übersetzung

Mit einer ausdifferenzierten Übersetzungskategorie lässt sich also ein pauschales und schematisierendes Verständnis von Transnationalität präzisieren. Doch könnte im Fokus von Transnationalität nicht auch die Übersetzungskategorie noch genauer gefasst werden? Einschlägig für diese Frage ist Emily Apters Revision der *translation studies* in ihrem Buch *The Translation Zone* – hin zu einem umfassenderen, sprachpolitischen Verständnis von Übersetzung, das hineinreicht in globale Konfliktfelder, sich neuen Kommunikationstechnologien und Medien aussetzt und „a matter of war and peace" wird (Apter 2006, 3). Übersetzung wird hier im transnationalen Wirkungsfeld zu einer unterbrechenden, aber produktiven Zwischenzone entfaltet – zu „sites that are ‚in-translation', that is to say, belonging to no single, discrete language or single medium of communication" (Apter 2006, 6). Unter dem Vorzeichen transnationaler Verflechtungen wird Übersetzung also jenseits von bipolaren Beziehungen (wie Original und Übersetzung) verortet, als Medium von *in-between*-Szenarien, von Zonen der Diaspora bis hin zu Konfliktzonen – in jedem Fall auch als „a means of repositioning the subject in the world [...], a way of denaturalizing citizens, taking them out of the comfort zone of national space [...]" (Apter 2006, 6; vgl. Footitt 2016).

Geht man von derartigen transnationalen „Zonen" der Übersetzung aus, dann ist es nicht weit zu einer räumlich-geografischen Reformulierung von Übersetzung: „Any study of translation necessarily involves a geographical dimension, and the movement of literatures through translation requires an awareness of changing contexts of textual production" (Bassnett 2011, 67). Transnationale Bezüge legen also nahe, auch Übersetzung eher räumlich und als Bewegungsfaktor aufzufassen. Die postkoloniale Theorie hat diesen räumlichen Aspekt aufgegriffen, indem sie Übersetzung in einem *in-between space* verortet, in dem eben mehr stattfindet als bloße Übertragungen oder gar Überbrückungen. Es sind *displacements*, kolonialismusbedingte räumliche Verwerfungen und Verschiebungen, die hier den transnationalen Übersetzungsprozess neu ausrichten: hin zu komplexen Neuaushandlungen, Interventionen, Transformationen und kritischen Aneignungen von kolonialen Skripten. Dabei sind gerade die Kontaktzonen und Beziehungsgeschichten übersetzungsrelevant, da sie nicht bloß auf *entangled histories* rückverweisen, sondern auf konkrete Vermittlungsprozesse, Übersetzer und andere Akteure hin erschlossen werden können (Tymoczko 2010).

Eine solche translatorische Ausdifferenzierung globaler Räume lässt das bipolare Schema von Zentrum und Peripherie in jedem Fall hinter sich. In diese Richtung argumentiert eine Reihe von Ansätzen: seien es Vorstellungen von „Literaturen ohne festen Wohnsitz" (Ette 2005), Konzepte von Translokalität aufgrund von „carrying across" im wörtlichen Verständnis von Über-Setzung (siehe Prentice et al. 2010, xi) oder Versuche, neue „TransArea"-Räume als Übersetzungsräume zu erschließen (Ette 2012). Zwischenräume werden hier aufgewertet und andere Raumverflechtungen erkannt, die quer stehen zur imperialistisch-kolonialistischen geopolitischen Ordnung des Raums. Dies entspricht der neuen Aufmerksamkeit auf geografische Zwischen- und Kontaktzonen wie Meere, Schiffe, Hafenstädte, Wüsten, Peripherien (Klein und Mackenthun 2003). Doch auch für die Übersetzungskategorie selbst bedeutet eine solche Horizonterweiterung eine Befreiung aus ihren eigenen bipolaren Bezügen. Denn durch ihre geografische und mehrpolige Reformulierung öffnet sich die Übersetzungskategorie besonders weitreichend für die Analyse von Kontakt- und Vernetzungszonen, von *Third Spaces*, von Sprachgemeinschaften und vielsprachigen Migrationslagen, z. B. an sozialen Nahtstellen von urbanen Räumen, besonders in geteilten Städten (Simon 2012).

In solchen Kontexten von transnationalen, multi-ethnischen Koexistenzen und Prozessen der Diversifizierung werden Übersetzung und Mediation ausdrücklich als „social practices of diversity" (Lehmkuhl, Lüsebrink und McFalls 2015, 12) behandelt. Entscheidend ist aber nicht nur die Verortung dieser Praktiken in multipolaren weltregionalen Konstellationen. Das Diversifizierungsprinzip könnte darüber hinaus auch zu einer Differenzierung oder gar Umkehrung der geopolitischen Achsen selbst führen, z. B. durch neue Aufmerksamkeit auf den Pazifik statt auf den Atlantik als Referenzpunkt für *American studies* („Transpacific Turn"), um damit die Chance zu eröffnen, stärker noch indigene Epistemologien einzubeziehen (Shu und Pease 2015). Letztlich zielen solche weiterführenden Ansätze jenseits der Zentrum-Peripherie-Dichotomie auf eine neue Geopolitik des Wissens – wobei die Übersetzungsanstrengungen aus dem globalen Süden (Süd-Süd-Übersetzungen) ausdrücklich gegen die bisherige Hegemonie der Nord-Süd-Übersetzungen ins Feld geführt werden (vgl. Santos 2016, Kap. 8; Larkosh 2011). Ziel ist das Herstellen alternativer Epistemologien. Ein solcher Horizont – „moving beyond Western conceptualizations of translation" (Tymoczko 2010, 4) – wird gegenwärtig explizit vonseiten der Feminismus-, Gender- und Queertheorie eröffnet: „The future of feminism is in the transnational and the transnational is made through translation" (Castro und Ergun 2017, 1). Aus der Perspektive eines transnationalen Feminismus wird Übersetzung auch hier epistemologisch herausgefordert, aus ihrem bipolaren Korsett befreit und für die Überwindung eurozentrischer Positionen in Anspruch genommen. Es sind die „transnational politics of translation" (Tissot 2017, 29–30), die sich dabei von universalistischen Kategorien abkehren, diese nun vielmehr selbst translatorisch aufbrechen. Übersetzung wird also gerade im transnationalen Horizont zu einer Analysekategorie transformiert, die eher bottom-up arbeitet, an „situated differences" ansetzt und eine „multiplicity of stakes and voices" ermöglicht (Tissot 2017, 30) – gezielt auch jenseits der Hegemonie des Englischen.

Das Problemfeld Übersetzung und Transnationalität spannt sich also zunächst auf durch die Infragestellung der Nationalphilologie bzw. durch Vorschläge, nationale Literaturgeschichte als Übersetzungsgeschichte zu schreiben (siehe Bachmann-Medick 2001; Sapiro 2010, 298–303; Beebee 2014; Lindberg-

Wada 2006; Bassnett 2011, 69; als Beispiel transkontinentaler Zusammenarbeit siehe Ghosh und Hillis Miller 2016). Ein weiterer Schritt führt noch gezielter zu globalen Transferbeziehungen und vermittelt Einsichten in die Marktabhängigkeit von Übersetzungen sowie in hegemoniale Sprachasymmetrien. Von hier aus öffnen sich dann konkretere transnationale Problemfelder, die eine Neuverortung von Literatur, aber auch von Übersetzungen nahelegen. Komplizierter wird die Lage noch dadurch, dass Übersetzung bereits innerhalb literarischer Texte stattfindet – etwa in multilingualen Texten, deren transnationale Bezüge in Migrationsverhältnissen häufig existentielle Dimensionen annehmen.

Die Übersetzungslandschaft selbst wird durch solche transnationalen Brechungen massiv erweitert und stark verändert, vor allem auch durch die neuen informationstechnischen Möglichkeiten. Nicht nur bilden die Übersetzungsleistungen von *global news* (Bielsa und Bassnett 2009) eine wesentliche Verknüpfungsachse von Übersetzung und Transnationalität im medialen Feld. Vor allem sind es die neuen Technologien und Modi der maschinellen Übersetzung: elektronische, digitale und automatische Übersetzungsprogramme wie *Google Translate* oder die Sprachsoftware *DeepL.* im *World Wide Web* sowie netzwerkbasierte soziale Informationssysteme (Cronin 2013, 8, 98). Angesichts digitaler Interaktivität müsste der gesamte Bedingungsrahmen für den *modus operandi* der Übersetzung gänzlich neu konfiguriert werden. Denn längst ist auch in den digitalen Feldern nicht mehr nur von der Zweipoligkeit von Original und Übersetzung auszugehen, sondern viel eher von Netzwerkstrukturen. Die digitale Verheißung, alles werde künftig über kulturelle und sprachliche Grenzen hinweg übersetzbar sein, ist freilich trügerisch. Sie betrifft in erster Linie die behauptete Reibungslosigkeit der technischen Übermittlung von Informationen, nicht aber Übersetzung als eine wichtige soziale und kulturelle Kommunikations-, Vermittlungs- und Handlungskompetenz. Daher wird sie auch das Problem nicht lösen, dass Übersetzung mehr und mehr Gefahr läuft, zu einem vagen, frei flottierenden Medium der Zirkulation zu werden, das alle Konturen verliert. Die digitale Verheißung mag sich im Feld der Computerübersetzung noch bestätigen, nicht aber im Feld der kulturellen Übersetzung als Handlungspraxis und Analysekategorie. Denn dort bedeutet weltweite Kommunikation eben nicht bloße Informationsvermittlung, sondern die Herausforderung zu wechselseitigem Austausch und soziokultureller Auseinandersetzung: „How to achieve reciprocity is the cosmopolitan challenge in cultural translation" (Delanty 2009, 197).

Auch die kosmopolitische Herausforderung der Übersetzung ist unweigerlich den globalen „times of disruption" (Hook und Iglesias-Rogers 2017) ausgesetzt. Zu Brennpunkten werden hier Kontextwechsel, Konflikte, Konfliktbewältigung, Selbstübersetzung als Praxis der Selbstermächtigung, aber auch das Erkennen und Anerkennen von Unübersetzbarkeit, die durchaus auch für Unverfügbarkeit steht. Entsprechend hält Emily Apter „untranslatables" für unverzichtbar für das transnational angelegte Projekt von „translational Humanities whose fault-lines traverse the cultural subdivisions of nation or ‚foreign' language" (Apter 2008, 584).

Mündet also die Frage nach dem Verhältnis von Transnationalität und Übersetzung schließlich in ein neues Konzept von *translational Humanities*? Auf jeden Fall könnte auf dem Weg dorthin der ‚methodologische Nationalismus' überwunden und ein „methodologischer Kosmopolitismus" (Beck 2004, 29–39) in Gang gesetzt werden, der geradezu selbst als eine Übersetzungspraxis zu verstehen ist: „Die kosmopolitische Kompetenz [...] zwingt zur Kunst des Übersetzens und Überbrückens. Das schließt zweierlei ein: zum einen die eigene Lebensform im Horizont anderer Möglichkeiten zu verorten und zu relativieren; zum anderen die Fähigkeit, sich selbst aus der Perspektive der kulturell Anderen zu sehen, und dies in dem eigenen Erfahrungsraum durch grenzenübergreifende Imagination zu praktizieren" (Beck 2004, 136–137). In diesem Sinn wäre die Übersetzungskategorie auch für Vorstellungen von „discrepant cosmopolitanisms" (Clifford 1997, 36) stark zu machen, die neuerdings ausdrücklich Übersetzung in Anspruch nehmen und „cosmopolitanism as translation" (Bielsa 2016, 4–6) behaupten. Aber erst eine kritische transnationale Praxis der Übersetzung könnte solche Vorstellungen von Kosmopolitismus auch umsetzen – gerade weil sie konstruktiv an den Übertragungsspannungen zwischen lokalen und globalen, universalen und partikularen Kontexten ansetzt, die der Ausgestaltung transnationaler Beziehungen in einem kosmopolitischen Horizont allzu oft entgegenwirken.

Literaturverzeichnis

Alvarez, Sonia E. et al. (Hrsg.). *Translocalities/Translocalidades: Feminist Politics of Translation in the Latin/a Américas*. Durham, NC: Duke University Press, 2014.

Apter, Emily. *The Translation Zone: A New Comparative Literature*. Princeton und Oxford: Princeton University Press, 2006.

Apter, Emily. „Untranslatables: A World System." *New Literary History* 39.3 (2008): 581–598.

Bachmann-Medick, Doris. „Is There a Literary History of World Literature?" *Literary History/ Cultural History: Force-Fields and Tensions* (= REAL: Yearbook of Research in English and American Literature, vol. 17). Hrsg. von Herbert Grabes. Tübingen: Narr, 2001. 359–372.

Bachmann-Medick, Doris. „Transnationale Kulturwissenschaften. Ein Übersetzungskonzept." *Lost in Translation. Interkulturelle/Internationale Perspektiven der Geistes- und Kulturwissenschaften*. Hrsg. von René Dietrich, Daniel Smilovski und Ansgar Nünning. Trier: WVT, 2011. 53–72.

Bachmann-Medick, Doris. „Menschenrechte als Übersetzungsproblem." *Geschichte und Gesellschaft* 38.2 (2012): 331–359.

Bachmann-Medick, Doris. „The ‚Translational Turn'." *Handbook of Translation Studies vol. 4*. Hrsg. von Yves Gambier und Luc van Doorslaer. Amsterdam: John Benjamins, 2013. 186–193.

Bachmann-Medick, Doris (Hrsg.). *The Trans/National Study of Culture: A Translational Perspective*. Berlin und Boston: de Gruyter, 2014.

Bachmann-Medick, Doris. „From Hybridity to Translation: Reflections on Travelling Concepts." *The Trans/National Study of Culture: A Translational Perspective*. Berlin und Boston: De Gruyter, 2014a. 119–136.

Bachmann-Medick, Doris. *Transnational und translational. Zur Übersetzungsfunktion der Area Studies*. Berlin: CAS Center for Area Studies Working Paper 1 (2015).

Bachmann-Medick, Doris. *Cultural Turns. Neuorientierungen in den Kulturwissenschaften*. 6. Aufl. Reinbek bei Hamburg: Rowohlt, 2018 [2006] (neu bearbeitete engl. Ausgabe *Cultural Turns: New Orientations in the Study of Culture*. Berlin und Boston: de Gruyter, 2016).

Bachmann-Medick, Doris. „Migration as Translation." *Migration: Changing Concepts, Critical Approaches*. Hrsg. von Doris Bachmann-Medick und Jens Kugele. Berlin und Boston: de Gruyter, 2018. 273–294.

Bal, Mieke. *Travelling Concepts in the Humanities: A Rough Guide*. Toronto: University of Toronto Press, 2002.

Bassnett, Susan. „From Cultural Turn to Translational Turn: A Transnational Journey." *Literature, Geography, Translation: Studies in World Writing*. Hrsg. von Cecilia Alvstad, Stefan Helgesson und David Watson. Newcastle: Cambridge Scholars Publishing, 2011. 67–80.

Beck, Ulrich. *Der kosmopolitische Blick oder: Krieg ist Frieden*. Frankfurt am Main: Suhrkamp, 2004.

Beebee, Thomas O. (Hrsg.). *German Literature as World Literature*. New York: Bloomsbury, 2014.

Berger, Tobias, und Alejandro Esguerra (Hrsg.). *World Politics in Translation: Power, Relationality and Difference in Global Cooperation*. Abingdon und New York: Routledge, 2018.

Bhabha, Homi K. *The Location of Culture*. London und New York: Routledge, 1994 (dt. Übers. *Die Verortung der Kultur*. Tübingen: Stauffenburg, 2000).

Bielsa, Esperança. *Cosmopolitanism and Translation: Investigations into the Experience of the Foreign*. London und New York: Routledge, 2016.

Bielsa, Esperança, und Susan Bassnett. *Translation in Global News*. London und New York: Routledge, 2009.

Castro, Olga, und Emek Ergun (Hrsg.). *Feminist Translation Studies: Local and Transnational Perspectives*. New York und Abingdon: Routledge, 2017.

Chakrabarty, Dipesh. *Provincializing Europe: Postcolonial Thought and Historical Difference*. Princeton und Oxford: Princeton University Press, 2000.

Chakrabarty, Dipesh. „Place and Displaced Categories, or How We Translate Ourselves into Global Histories of the Modern." *The Trans/National Study of Culture: A Translational Perspective*. Hrsg. von Doris Bachmann-Medick. Berlin und Boston: de Gruyter, 2014. 53–68.

Charle, Christophe, Hans-Jürgen Lüsebrink und York-Gothart Mix (Hrsg.). *Transkulturalität nationaler Räume in Europa (18. bis 19. Jahrhundert). Übersetzungen, Kulturtransfer und Vermittlungsinstanzen*. Göttingen: V&R Unipress, 2017.

Clarke, John, Dave Bainton, Noémi Lendvai und Paul Stubbs. *Making Policy Move: Towards a Politics of Translation and Assemblage*. Bristol und Chicago: Policy Press, 2015.
Clifford, James. „Traveling Cultures". *Routes: Travel and Translation in the Late Twentieth Century*. Cambridge, MA und London: Harvard University Press, 1997. 17–46.
Cordingley, Anthony (Hrsg.). *Self-Translation: Brokering Originality in Hybrid Culture*. London und New York: Bloomsbury, 2013.
Cronin, Michael. *Translation and Globalization*. London und New York: Routledge, 2003.
Cronin, Michael. *Translation in the Digital Age*. London und New York: Routledge, 2013.
Damrosch, David. „In Conversation. Jessica Trevitt speaks to David Damrosch: World Literature and Translation." *The Translator* 21.1 (2015): 95–106.
Delanty, Gerard. *The Cosmopolitan Imagination: The Renewal of Critical Social Theory*. Cambridge: Cambridge University Press, 2009.
Dizdar, Dilek, Andreas Gipper und Michael Schreiber (Hrsg.). *Nationenbildung und Übersetzung*. Berlin: Frank & Timme, 2015.
Ette, Ottmar. *ZwischenWeltenSchreiben. Literaturen ohne festen Wohnsitz (ÜberLebenswissen II)*. Berlin: Kadmos, 2005.
Ette, Ottmar. *TransArea. Eine literarische Globalisierungsgeschichte*. Berlin und Boston: de Gruyter, 2012.
Foljanty, Lena: „Rechtstransfer als kulturelle Übersetzung. Zur Tragweite einer Metapher." *Kritische Vierteljahresschrift für Gesetzgebung und Rechtswissenschaft* 98.2 (2015): 89–107.
Footitt, Hilary. „War and Culture Studies in 2016: Putting ‚Translation' into the Transnational?" *Journal of War & Culture Studies* 9.3 (2016): 209–221 https://doi.org/10.1080/17526272.2 016.1192421
Freitag, Ulrike, und Achim von Oppen. „Translokalität als ein Zugang zur Geschichte globaler Verflechtungen." *Zentrum Moderner Orient. Programmatic Texts 2* (2005).
Ghosh, Ranjan, und J. Hillis Miller. *Thinking Literature across Continents*. Durham, NC und London: Duke University Press, 2016.
Helgesson, Stefan, und Pieter Vermeulen (Hrsg.). *Institutions of World Literature: Writing, Translation, Markets*. New York und London: Routledge, 2016.
Hook, David, und Graciela Iglesias-Rogers (Hrsg.). *Translations in Times of Disruption: An Interdisciplinary Study in Transnational Contexts*. Basingstoke: Palgrave Macmillan, 2017.
Jay, Paul. *Global Matters: The Transnational Turn in Literary Studies*. Ithaca und London: Cornell University Press, 2010.
Jullien, François. *Der Umweg über China. Ein Ortswechsel des Denkens*. Berlin: Merve, 2002.
Kern, Margit. *Transkulturelle Imaginationen des Opfers in der Frühen Neuzeit. Übersetzungsprozesse zwischen Mexiko und Europa*. Berlin und München: Deutscher Kunstverlag, 2013.
Klein, Bernhard, und Gesa Mackenthun (Hrsg.). *Das Meer als kulturelle Kontaktzone. Räume, Reisende, Repräsentationen*. Konstanz: Universitätsverlag Konstanz, 2003.
Lässig, Simone. "Übersetzungen in der Geschichte – Geschichte als Übersetzung? Überlegungen zu einem analytischen Konzept und Forschungsgegenstand für die Geschichtswissenschaft." *Geschichte und Gesellschaft* 38.2 (2012) (Themenheft: Übersetzungen): 189–216.
Larkosh, Christopher. „Translating South-South (And Other Lessons from the Future)." *Literature, Geography, Translation: Studies in World Writing*. Hrsg. von Cecilia Alvstad,

Stefan Helgesson und David Watson. Newcastle: Cambridge Scholars Publishing, 2011. 28–39.
Lehmkuhl, Ursula, Hans-Jürgen Lüsebrink und Laurence McFalls (Hrsg.). *Of ‚Contact Zones' and ‚Liminal Spaces': Mapping the Everyday Life of Cultural Translation*. Münster: Waxmann, 2015 (dies. „Spaces and Practices of Diversity: An Introduction". 7–27).
Lindberg-Wada, Gunilla (Hrsg.). *Studying Transnational Literary History*. Berlin und New York: de Gruyter, 2006.
Mani, B. Venkat. *Recoding World Literature: Libraries, Print Culture, and Germany's Pact with Books*. New York: Fordham University Press, 2017.
Mignolo, Walter D., und Freya Schiwy. „Transculturation and the Colonial Difference: Double Translation." *Translation and Ethnography: The Anthropological Challenge of Intercultural Understanding*. Hrsg. von Tullio Maranhão und Bernhard Streck. Tucson: The University of Arizona Press, 2003. 3–29.
Ngũgĩ wa Thiong'o. „Translated by the Author: My Life Between Languages." *Translation Studies* 2.1 (2009): 17–20.
Pasewalck, Silke, Dieter Neidlinger und Terje Loogus (Hrsg.). *Interkulturalität und (literarisches) Übersetzen*. Tübingen: Stauffenburg, 2014.
Pernau, Margrit. „Transkulturelle Geschichte und das Problem der universalen Begriffe. Muslimische Bürger im Delhi des 19. Jahrhunderts." *Area Studies und die Welt. Weltregionen und neue Globalgeschichte*. Hrsg. von Birgit Schäbler. Wien: Mandelbaum Verlag, 2007. 117–149.
Pratt, Mary Louise. „The Traffic in Meaning: Translation, Contagion, Infiltration." *Profession* (2002): 25–36.
Prentice, Chris, Vijay Devadas und Henry Johnson (Hrsg.). *Cultural Transformations: Perspectives on Translocation in a Global Age*. Amsterdam: Rodopi, 2010.
Rizzardi, Biancamaria. „Opening Up to Complexity in the Global Era: Translating Postcolonial Literatures." *Language and Translation in Postcolonial Literatures: Multilingual Contexts, Translational Texts*. Hrsg. von Simona Bertacco. New York und London: Routledge, 2014. 180–193.
Said, Edward W. „The World, the Text, and the Critic." *The World, the Text, and the Critic*. Cambridge/MA: Harvard University Press, 1983. 31–53.
Sakai, Naoki. „Transnationality in Translation." *Translation: A Transdisciplinary Journal* (Spring 2013): 15–31.
Santos, Boaventura de Sousa. *Epistemologies of the South: Justice against Epistemicide*. Abingdon und New York: Routledge, 2016.
Sapiro, Gisèle. „French Literature in the World System of Translation." *French Global: A New Approach to Literary History*. Hrsg. von Christie McDonald und Susan Rubin Suleiman. New York: Columbia University Press, 2010. 298–319.
Schaffer, Frederic C. *Democracy in Translation: Understanding Politics in an Unfamiliar Culture*. Ithaca/NY: Cornell University Press, 2000.
Shohat, Ella, und Robert Stam. *Race in Translation: Culture Wars around the Postcolonial Atlantic*. New York und London: New York University Press, 2012.
Shu, Yuan, und Donald E. Pease. *American Studies as Transnational Practice: Turning Toward the Transpacific*. Lebanon, NH: Dartmouth College Press, 2015.
Simon, Sherry. *Cities in Translation: Intersections of Language and Memory*. London und New York: Routledge, 2012.

Tissot, Damien. „Transnational Feminist Solidarities and the Ethics of Translation." *Feminist Translation Studies: Local and Transnational Perspectives.* Hrsg. von Olga Castro und Emek Ergun. New York und Abingdon: Routledge, 2017. 29–41.

Translate/EIPCP (Boris Buden et al., Hrsg.). *Borders, Nations, Translations. Übersetzung in einer globalisierten Welt.* Wien: Turia + Kant, 2008.

Tsing, Anna Lowenhaupt. *Friction: An Ethnography of Global Connection.* Princeton: Princeton University Press, 2005.

Tymoczko, Maria. *Enlarging Translation, Empowering Translators* (2007). 2nd ed. Abingdon und New York: Routledge, 2010.

Ulbrich, Claudia, Hans Medick und Angelika Schaser. „Selbstzeugnis und Person. Transkulturelle Perspektiven." *Selbstzeugnis und Person. Transkulturelle Perspektiven.* Hrsg. von Claudia Ulbrich, Hans Medick und Angelika Schaser. Köln u.a.: Böhlau, 2012. 1–19.

Walkowitz, Rebecca L. *Born Translated: The Contemporary Novel in an Age of World Literature.* New York und Chichester: Columbia University Press, 2015.

Wimmer, Andreas, und Nina Glick Schiller. „Methodological Nationalism and Beyond: Nation-state Building, Migration and the Social Sciences." *Global Networks* 2.4 (2002): 301–334.

Yamamoto, Hiroshi. „Haiku und Waka als Polaroid. Nachleben der japanischen dichterischen Kurzformen bei Delius, Grünbein und Kling." *Turns und kein Ende? Aktuelle Tendenzen in Germanistik und Komparatistik.* Hrsg. von Elke Sturm-Trigonakis, Olga Laskaridou, Evi Petropoulou und Katerina Karakassi. Frankfurt am Main: Peter Lang, 2017. 301–314.

Young, Robert J. C. „Some Questions about Translation and the Production of Knowledge." *Translation: A Transdisciplinary Journal* (2011): 59–61.

II.3 Mehrsprachige Literatur und Transnationalität

Esther Kilchmann

Die Vorstellung, dass die Angehörigen einer Nation durch *eine* Sprache geeint sind, die sie gleichzeitig von den Angehörigen anderer Nationen unterscheiden, ist dem westlichen Nationalgedanken zutiefst eingelassen (vgl. II.1 GRABBE). Die Idee einer einheitlichen Muttersprache, die zugleich die eine Sprache der nationalen Institutionen und des nationalen Schriftgutes sein sollte, darf als eine der wirkmächtigsten Erfindungen der europäischen Moderne gelten (Bonfiglio 2010). Mehrsprachigkeit und Übersetzung erfuhren demgegenüber eine Auslagerung an die Peripherien der nationalen Ordnung. Von dieser liminalen und marginalisierten Stellung sind sie gegenwärtig gerade in der Literatur zum zentralen Modus transnationaler Überschreitungsbewegungen und Hinterfragungen der Zuschreibung eindeutiger nationaler und sprachlicher Zugehörigkeiten avanciert (Trigonakis 2007; vgl. auch II.2 BACHMANN-MEDICK). Mehrsprachigkeit, so fasst es der deutsch-bulgarische Autor Ilja Trojanow, meint Weltläufigkeit im Literarischen und ist der Pfad, der aus der Beengung der nationalen Literatur hinauszuführen verspricht (Hübner 2010, 18).

Ein zwingender Zusammenhang zwischen Ein- und Mehrsprachigkeit auf der einen Seite und nationalen Einheiten bzw. deren transnationaler Überschreitung auf der anderen besteht und bestand allerdings nie. Staatspolitisch-kulturelle Einheiten können institutionell mehrsprachig sein, multilinguale Individuen Angehörige einer einzelnen, monolinguale verschiedener Nationen. Tatsächlich stellt historisch und geografisch gesehen der Monolingualismus eher einen Ausnahmefall dar von der Regel mehrsprachiger Individuen und sozio-kultureller Systeme (Zsiga 2014; Balogh 2012; Baldzuhn 2011; Liu 1995). Mehr als eine historische oder regionale Gegebenheit ist Einsprachigkeit mithin ein kulturelles Konstrukt, Ergebnis starker historischer Normierungen von Sprache wie kultureller Vorstellungen einer einmaligen, emotional aufgeladenen Bindung an eine bestimmte Sprache. Eben hier setzt das kulturwissenschaftliche Interesse an Ein- und Mehrsprachigkeit an. Wie werden sie historisch-kulturell erzeugt und gewertet? Inwiefern beeinflusst Einsprachigkeit als Norm sowohl Produktion als auch Rezeption von Literatur und wie wirken Ordnungskategorien wie Nationalsprache und -literatur bis heute fort? Im nationalphilologischen Blick musste es lange ein blinder Fleck sein, dass trotz der einsprachigen Norm zu allen Zeiten selbst in Westeuropa mehrsprachige Texte entstanden und Schriftsteller in mehreren Sprachen schrieben (Schmeling und Schmitz-Emans 2002; Kremnitz 2004; Forster

1970). Demgegenüber verspricht das Forschungsgebiet literarische Mehrsprachigkeit einen Perspektivwechsel (Kilchmann 2012; Dembeck 2014; Gramling 2016). Es deckt die kreativen Potentiale auf, die Autorinnen und Autoren gerade „beyond the mother tongue" (Yildiz 2012) finden, in der Loslösung von der biografisch wie künstlerisch als einschränkend empfundenen Norm der Einsprachigkeit. Aber auch kanonische Werke lassen sich unter dem Blickwinkel der Mehrsprachigkeit neu lesen als Schriften, in die vielfältige Übersetzungsbewegungen und Sprachkontakte eingegangen sind. Texte als mehrsprachige (wieder) zu lesen heißt, in ihnen Bewegungen aufzuspüren, die Ottmar Ette (2005) „ZwischenWeltenSchreiben" genannt hat. Zu Tage treten dabei Dynamiken eines Schreibens, das in der ständigen Übersetzung zwischen Räumen und Sprachen neue Blicke und neue Zusammenhänge jenseits festgefügter Ordnungen wie jener der Nation eröffnet (vgl. II.4 KRAFT). Der folgende Überblick über die deutsche Literaturgeschichte wird zeigen, dass auch einzelne nationale europäische Literaturen schon immer bi- und multilingual geprägt waren und dass sich der europäische Literaturraum als ein von transnationalen Bewegungen erst gebildeter verstehen lässt.

1. Zum historischen Zusammenhang von Einsprachigkeit, Mehrsprachigkeit, Nation, Transnationalität

An der Schwelle zur Moderne beginnen sich aus der polylingualen Diskursrealität Europas (Latein und Griechisch als Schrift- und überregionale Verkehrssprachen neben einer Vielzahl an nicht normierten gesprochenen Varietäten) die Vorstellungen einer programmatischen Bindung einer bestimmten Sprachform an ein Territorium und dessen Bewohner herauszuschälen. Dass selbst die Fürsprache für die Vernakulärsprachen noch lange zu einem guten Teil auf Latein verfasst werden wird, verdeutlicht die Dimension dieser sprachpolitischen Invention (Hirschi 2005). Die Konstruktion einer einheitlichen nationalen Sprache ist von Beginn an mit dem Gedanken der Sprachreinigung verknüpft, in Deutschland sind es Sprachgesellschaften, die sich im Barock die Elimination der sogenannten „Fremdwörter" auf die Fahne geschrieben haben. Es zeichnet sich hier mit anderen Worten das Konzept von Sprache als eines aus dem Territorium organisch gewachsenen Gebildes ab, das durch auf die Existenz transnationaler Austauschprozesse verweisende Wörter offensichtlich gestört wird (Jervis Jones 1995; Kirkness 1984). Exemplarisch ist die Spannung zwischen einer polylingualen Diskursrealität und einer sich abzeichnenden monolingual-nationalsprachlichen Norm an der ersten deutschen Poetik von Martin Opitz zu studieren, dem *Buch von der deutschen Poeterey* von 1624. Ziel ist die Beförderung einer eigenständigen neuen deutschen Literatur, wozu ein einheitliches Regelwerk zur Verfügung gestellt wird. Dieses wiederum wird nicht unwesentlich aus der Tätigkeit des Zitierens und Übersetzens aus dem Lateinischen und Griechischen, dem Vergleich mit dem Französischen gewonnen, ist also selbst Ergebnis intertextueller und translingualer Prozesse. Gleichzeitig soll aber die in den heißen Zonen der Übersetzung herausgebildete nationale Literatur „rein" sein. Opitz (1954, 24) bezeichnet es als „zum hefftigsten unsauber, wenn allerley Lateinische, Frantzösische, Spanische und Welsche Wörter in den text [...] geflickt werden". Der Dichter wird hier, wie auch in nachfolgenden Poetiken, sozusagen in eine nationale Pflicht gegenüber der Sprache genommen. Als Abweichung vom als ‚unsauber' empfundenen Alltag der Mehrsprachigkeit wird die poetische Innovation somit ganz direkt mit dem Projekt einer einheitlichen Sprache, einer monolingualen Norm verknüpft (Maas 2014, 206).

Dieser Prozess dauert bis weit in das 18. Jahrhundert hinein an. So verpflichtet auch Johann Christoph Gottsched (1973, 292) in seiner Poetik *Versuch einer Critischen Dichtkunst* von 1730 den Dichter auf die Aufgabe des Sprachausbaus und richtet sich gegen literarische Mehrsprachigkeit. Vor dem Horizont faktisch existierender Mehrsprachigkeit gerade der Gebildeten wird im 17. und 18. Jahrhundert so die Idee eines ausschließlichen Schreibens in der Volks- und Muttersprache etabliert, die nicht zuletzt dem aufklärerischen Projekt einer Literarisierung und Bildung breiterer Bevölkerungsgruppen dient. In diesem Prozess wird auch ein Bedeutungswandel im Lexem *Muttersprache* ablesbar: Bezeichnet dies noch im 16. Jahrhundert eine nicht standardisierte lokale Varietät, so wird es in der Folge sukzessive aufgewertet und im 18. Jahrhundert auf schriftliche und hochsprachliche Formen bezogen. Der Begriff erlebt somit eine bemerkenswerte Karriere, die ebenso mit der Entwicklung des modernen Nationsgedankens wie mit der bürgerlichen Familie als Erziehungsgemeinschaft verbunden ist (Stukenbrock 2005; Gardt 2000; Ahlzweig 1994). Sprache, Individuum und (nationale) Gemeinschaft werden als natürlich verbundene Größen gedacht. Johann Gottfried Herder (1967, 287) formuliert die Vorstellung, dass die Erziehung in einer bestimmten Sprache die entsprechenden Individuen automatisch zu einer Gemeinschaft forme und so durch die Sprache auch eine ganze Nation erzogen werde. Ähnlich findet sich bei Wilhelm von Humboldt und den Brüdern Schlegel die Annahme einer wohnortbedingten, sowohl historisch-kulturellen als auch klimatischen, Prägung des Menschen und seiner Sprache. Gleichzeitig wird die Auffassung vertreten, dass das Denken nicht nur von der Sprache überhaupt abhängig, sondern darüber hinaus stark von den Einzelsprachen geformt sei (Bär 2003).

Sprachliche Homogenität avanciert in der ersten Hälfte des 19. Jahrhunderts zu einem wichtigen Bestandteil in der Idee einer nationalen bürgerlichen Gemeinschaft, wobei gerade in den nationalstaatlich nicht geeinten Ländern des Deutschen Bundes die Konstruktion einer gemeinsamen Kulturzugehörigkeit, für die Literatur und Sprache eine eminente Rolle spielen, die politische Forderung nach einem Nationalstaat mit Bürgerrechten unterstützen. Jacob Grimm (1966, 557) hält 1846 in seiner Eröffnungsrede am ersten Germanistentag in Frankfurt am Main fest: „ein volk ist der inbegriff aller menschen, welche dieselbe sprache reden. Das ist für uns deutsche die unschuldigste und zugleich stolzeste erklärung". Ganz so unschuldig ist diese Definition freilich nicht nur deswegen nicht, weil in ihr eine „großdeutsche Lösung" favorisiert wird. Sie ist auch nicht unschuldig in dem Sinne, dass die Übereinstimmung einer in der Kindheit mündlich erworbenen lokalen Varietät („Muttersprache") mit der einer überregionalen Schrift- und einigenden Nationalsprache erst diskursiv hergestellt werden muss. Unter anderem mit Jacob und Wilhelm Grimm gelangt dieser Prozess nach Abschluss der Konsolidierung der neuhochdeutschen Standardsprache in eine neue Phase. Mit der Germanistik tritt eine neue Disziplin an, die sich der Sicherung der programmatischen Verbindung von Nation und Sprache annimmt (Fürbeth 1999; Fohrmann 1989). Als Begleiterscheinung des disziplinären Diskurses findet sich im Laufe des 19. Jahrhunderts eine Flut an Emotionalisierungen der Muttersprache in Gebrauchspoesie und Erziehungsratgebern (Ahlzweig 1994, 127–182). Das Kriterium einer eindeutigen nationalen und sprachlichen Zuordnung wird auch zu einem wirkmächtigen Faktor für die Ordnung und Kanonisierung von Literatur (vgl. III.7 ROSENDAHL THOMSEN). Zugespitzt formuliert: Mehrsprachige Autorinnen und Autoren oder nicht Deutsch verfasste Werkteile haben in einer „deutschen" oder „deutschsprachigen" Literatur *per definitionem* keinen Platz (Kilchmann 2012a). In der für die nationale Gedächtnisbildung in Deutschland so wichtigen Literaturgeschichte führt das dazu, dass erstens anderssprachige Texte von als deutsch klassifizierten Autorinnen und Autoren nicht beachtet werden. Zweitens besteht bei zwei- oder mehrsprachigen Autoren die erhöhte Gefahr einer Nichtkanonisierung, da sich keine Nationalphilologie für ihr Schaffen zuständig fühlt (Blödorn 2004).

Gleichzeitig ändern sich damit aber auch Status und Funktion von Mehrsprachigkeit: Sie wird vom soziokulturellen Faktum und Medium einer europäisch-international ausgerichteten wissenschaftlichen, wirtschaftlichen und politischen Kommunikation zum weltanschaulichen Bekenntnis für eine übernationale, kosmopolitische Haltung. So schlagen sich umfassende Sprachkenntnisse bereits bei den Autoren der Klassik insbesondere in einer vielfältigen Übersetzertätigkeit als integraler Bestandteil des literarischen Schaffens nieder (May 2013; Polledri 2010). Textübergreifende Mehrsprachigkeit wird zum Zweck der Kulturvermittlung genutzt, wie etwa in Heinrich Heines im Pariser Exil sowohl auf Deutsch als auch auf Französisch verfassten Bildkritiken und literatur- und philosophiegeschichtlichen Schriften. (Weissmann 2013). Die Einarbeitung von

Ausdrücken und Figurenreden in verschiedenen Sprachen, insbesondere auf Französisch, ist ein beliebtes Stilmittel der Erzählliteratur. Einerseits bildet es eine sozio-kulturell weiterhin existierende Mehrsprachigkeit ab, andererseits wird durch den Einsatz von Mehrsprachigkeit in den Romanen Theodor Fontanes oder Thomas Manns auch gezielt einem kosmopolitischen Selbstverständnis Ausdruck verliehen.

Insgesamt stellt die Zeit um 1900 sowohl hinsichtlich der Sprachkultur als auch literarischer Mehrsprachigkeit eine bewegte Phase dar. Einerseits wird im deutschen Kaiserreich der muttersprachliche Unterricht gefördert und die Standardisierung der deutschen Sprache vorangetrieben (1880 erscheint das *Vollständige Orthographische Wörterbuch der deutschen Sprache*, der sog. „Urduden", der 1901 als einheitliches Regelwerk für den gesamten deutschsprachigen Raum angenommen wird). Andererseits entdeckt die Avantgarde sowohl die Abweichung von sprachlichen Normen als auch die Überschreitung von Sprachgrenzen neu. Die radikale Sprach- und Schriftmischung ist hier Teil des internationalen Selbstverständnisses der Autoren, die Überwindung der monolingualen Norm korrespondiert mit dem Angriff auf andere Ordnungsmuster wie die Linearität von Texten, die Abgrenzung zwischen artikulierten und unartikulierten, natürlichen und künstlichen Sprachen. (Bruera und Meazzi 2011; Schmitz-Emans 1997).

Die erste Hälfte des 20. Jahrhunderts lässt bezüglich Mehrsprachigkeit eine mehrdeutige Physiognomie erkennen: Zu konstatieren ist einerseits eine zunehmend aggressive Politik nationaler Homogenisierung, zu der unter anderem auch die Durchsetzung der Einsprachigkeit als Normalfall gilt. Begleitet wird dieses andauernde Monolingualisierungs-Projekt auch wissenschaftlich von Seiten der Linguistik durch die Entwicklung spezifischer Muttersprachtheorien namentlich durch Leo Weisgerber (Roth 2004). Soziokulturell betrachtet existieren aber zu Beginn des 20. Jahrhunderts auch in Europa noch große Regionen, in denen sich nationale Homogenisierung und Monolingualismus nicht durchsetzen konnten und die in ihrem Alltag, teilweise auch in ihrer Literatur von Mehrsprachigkeit geprägt bleiben. Im Bereich der deutschen Literaturgeschichte sind dies insbesondere die Gebiete der Habsburgermonarchie (Joachimsthaler 2011; Konstantinović und Rinner 2003; Wolf 2012), die Schweiz (Baumberger 2004 und 2006); sowie nationale Grenzregionen wie das Elsass (Bogner und Leber 2012). Diese Regionen, wie einzelne Städte, insbesondere Prag, sind für die Erforschung von Transkulturalität und -nationalität in den letzten Jahren insofern wichtig geworden, als hier nationale Ordnungskategorien und vereindeutigende Zuschreibungen nicht zu greifen vermögen. Entsprechend muss nach anderen Analysekategorien gesucht werden, die den transnationalen und mehrsprachigen historischen Realitäten Rechnung tragen können. Aus „Peripherien", „Inseln" oder „Sonderfällen" auf der Karte einer nach nationalen Kriterien gezeichneten Literatur- und Kulturlandschaft können dabei neue Knotenpunkte und Zentren für die Vermessung des europäischen Kulturraumes als eines immer schon mehrsprachigen und transnational vernetzten Gebildes werden. Literaturwissenschaftlich sind nicht nur Autoren und Werke wieder zu entdecken, die aufgrund ihrer Mehrsprachigkeit aus der nationalliterarisch ausgerichteten Kanonisierung herausfielen (Blödorn 2004), sondern es erscheinen auch gut erforschte Autoren in neuem Blickwinkel, wie namentlich die Aufarbeitung der Sprach- und insbesondere Tschechischkenntnisse Franz Kafkas gezeigt hat (Nekula 2003). Aus heutiger Sicht präsentieren sich gerade die historischen multilingualen und -kulturellen Gemengelagen Mitteleuropas um 1900 als eine „literarische und kulturelle Chance" (Balogh und Leitgeb 2012), die durch die nationale Segregation im Umfeld des Ersten Weltkrieges, nachhaltig aber mit der deutschen Expansions- und Vernichtungspolitik im Zweiten Weltkrieg zerstört wurde. Dies gilt nicht zuletzt auch für die Literatur und Kultur der europäischen Juden, die immer auch transnational funktionierte und zudem, zumal in Mittel- und Osteuropa, stark mehrsprachig geprägt war (Jaworski und Liska 2012; Braese 2010; Battegay und Breysach 2008; Berger 2003; Brenner 2002).

Insgesamt lässt sich im 20. Jahrhundert eine Vielzahl von Texten finden, in denen Mehrsprachigkeit mit unterschiedlichen Motiven verwendet wird (Schmeling und Schmitz-Emans 2002). Sie bleibt zum einen ein fester Bestandteil experimenteller und avantgardistischer Literatur, verbindet sich zum anderen aber mit der Beschreibung von Fremdheits- und Migrationserfahrungen. Während diese Verbindung von Mehrsprachigkeit und transnationaler Überschreitung in der deutschen Literaturgeschichte gegenwärtig durch Texte zu Migrations- und Globalisierungserfahrungen sehr präsent ist (Yildiz 2012; Amodeo 1996), setzt die Verbindung von Mehrsprachigkeit und Fremdheitserfahrung doch bereits früher, im Kontext der deutschen Exilliteratur nach 1933, ein. Die aus NS-Deutschland vertriebenen Schriftstellerinnen und Schriftsteller sehen sich angesichts des Wechsels in ein anderssprachiges Land mit vielfältigen Schwierigkeiten konfrontiert. Zu den existenziellen Problemen des Wegfalls von Publikum und Publikationsmöglichkeiten tritt das krisenhafte Gefühl, „abgespalten zu sein vom lebendigen Strom der Muttersprache" (Feuchtwanger 1984, 535). Die ältere Forschung hat – meist noch im Schatten des Muttersprach- und Nationalliteraturparadigmas – an der Situation des Exils vor allem den Sprachverlust, bzw. die Versuche, die deutsche Sprache jenseits der Nation als eine kultur- und literaturfähige zu bewahren, herausgearbeitet (Köpke 1985). Demgegenüber interessiert sich die neuere Exilforschung zunehmend für die transnationale Bewegung, in die die Literatur des Exils notgedrungen auch gerät und damit auch Fragen des Sprachwechsels und der Mehrsprachigkeit (Bischoff, Gabriel und Kilchmann 2014; Bischoff und Komfort-Hein 2013; Utsch 2007; Krohn 2009 und 2007; vgl. auch IV.13 BISCHOFF/

CENTNER; vgl. IV.15 KLIEMS). Das Augenmerk auf den Zusammenhang von mehrsprachiger Literatur und transnationaler Überschreitung aufgrund von erzwungenen Exil- ebenso wie mehr oder weniger freiwilligen Migrationsbewegungen lässt insgesamt erkennen, dass die bislang vollkommen getrennt behandelten Autorgruppen durchaus eine buchstäblich geteilte Erfahrung verbindet. Treffen sich doch die Texte des in vielen Fällen auch nach 1945 andauernden Exils mit ihren Sprachreflexionen bereits zeitlich mit jenen der im Kontext der Arbeitsmigration nach Deutschland entstandenen Literatur, die sich wiederum an den Auswirkungen transnationaler Bewegung auf die Sprache und an der überkommenen Formel Muttersprache = nationale Zugehörigkeit abarbeitet (Hein-Khatib 1998).

2. Heutiger Stand und Ausblick

An der Wende zum 21. Jahrhundert ist die Konstruktion der Identität von nationaler Zugehörigkeit und Sprache ebenso wie die monolinguale Norm brüchig geworden. Dies zeigt sich weltweit in einer steigenden Anzahl von Autorinnen und Autoren, die sprachliche Grenzüberschreitung und die damit verbundene Subversion nationaler und monolingualer Ordnungen selbstbewusst zum Motor ihrer poetischen Kreation machen (Sturm-Trigonakis 2007). Im deutschen Literaturbetrieb haben Autorinnen wie Emine Sevgi Özdamar, Yoko Tawada, Herta Müller oder Ilja Trojanow nicht nur gezeigt, wie aus der Überschreitung von Sprachgrenzen literarische Kreativität und Innovation gewonnen werden kann, sondern auch in poetologischen Schriften dieses Vorgehen als eine neue multilinguale und transnationale Ästhetik reflektiert (Kilchmann 2012b). Damit stellen sie nicht zuletzt die traditionell stark national(-sprachlich) konzipierten Philologien vor die Herausforderung, neue Beschreibungskategorien und Ordnungen für ihre Literatur zu entwickeln. Die Literaturwissenschaft hat darauf seit der Jahrtausendwende mit der Entwicklung eines Forschungsfeldes zur literarischen Mehrsprachigkeit reagiert. Sie hat vergessene Konstellationen von Mehrsprachigkeit aufgespürt (Schmeling und Schmitz-Emans 2002; Dembeck und Mein 2014), narratologische Modelle zu ihrer Beschreibung entwickelt (Stockhammer 2015). Begriffsprägungen wie „Exophonie" (Arndt/Naguschewski/Stockhammer 2007), „Literaturen ohne festen Wohnsitz" (Ette 2005) oder „postmonolingual condition" (Yildiz 2012) versuchen, die translingualen Dynamiken zu erfassen. Eine verbindliche Methodik konnte sich bislang allerdings nicht durchsetzen. Aus Sicht von Autorinnen und Autoren scheint der Reiz mehrsprachiger Schreibweisen allerdings auch gerade darin zu bestehen, dass dadurch ein ständiger Wechsel inszeniert werden kann, der sich festen Zuschreibungen entzieht. „In jeder Sprache sitzen andere Augen" formulierte Herta Müller (2009) programmatisch. In der Ausstellung von Momenten des Überganges und des Perspektivwechsels, durch eine ständige Hin- und Herbewegung bietet mehrsprachige Literatur so einen Ansatzpunkt zur fortgesetzten kritischen Revision moderner Einheitskonzepte wie jenes der Nation und der Einsprachigkeit.

Anmerkung: Seit Abschluss dieses Artikels sind mehrere wichtige Forschungsarbeiten zur literarischen Mehrsprachigkeit erschienen, die leider nicht mehr berücksichtigt werden konnten. Namentlich: Till Dembeck/Rolf Parr (Hrsg.). Literatur und Mehrsprachigkeit. Ein Handbuch. Tübingen: Narr Francke Attempto, 2017.

Literaturverzeichnis

Ahlzweig, Claus. *Muttersprache – Vaterland. Die deutsche Nation und ihre Sprache*. Opladen: VS Verlag für Sozialwissenschaften, 1994.
Amodeo, Immacolata. *„Die Heimat heißt Babylon". Zur Literatur ausländischer Autoren in der Bundesrepublik Deutschland*. Opladen: VS Verlag für Sozialwissenschaften, 1996.
Arndt, Susan, Dirk Naguschewski und Robert Stockhammer (Hrsg.). *Exophonie. Anders-Sprachigkeit (in) der Literatur*. Berlin: Kadmos, 2007.
Baldzuhn, Michael, und Christine Putzo (Hrsg.). *Mehrsprachigkeit im Mittelalter. Kulturelle, literarische, sprachliche und didaktische Konstellationen in europäischer Perspektive*. Berlin und New York: de Gruyter, 2011.
Balogh, András F., und Christoph Leitgeb (Hrsg.). *Mehrsprachigkeit in Zentraleuropa. Zur Geschichte einer literarischen und kulturellen Chance*. Wien: Praesens, 2012.
Battegay, Caspar, und Barbara Breysach (Hrsg.). *Jüdische Literatur als europäische Literatur. Europäizität und jüdische Identität 1860–1930*. München: edition text + kritik, 2008.
Baumberger, Christa, Sonja Kolberg und Arno Renken (Hrsg.). *Literarische Polyphonien in der Schweiz / Polyphonie littéraires en Suisse*. Bern: Peter Lang, 2004.
Baumberger, Christa. *Resonanzraum Literatur. Polyphonie bei Friedrich Glauser*. München: Fink, 2006.
Bär, Jochen A. „*Nation* und *Sprache* in der Sicht romantischer Schriftsteller und Sprachtheoretiker". *Nation und Sprache. Die Diskussion ihres Verhältnisses in Geschichte und Gegenwart*. Hrsg. von Andreas Gardt. Berlin und New York: de Gruyter, 2002. 199–228.
Berger, Shlomo. *Speaking Jewish – Jewish speak. Multilingualism in western Ashkenazic culture*. Leuwen und Paris: Peeters Publishers, 2003.
Bischoff, Doerte, und Susanne Komfort-Hein (Hrsg.). *Literatur und Exil. Neue Perspektiven*. Berlin und Boston: de Gruyter, 2013.
Bischoff, Doerte, Christoph Gabriel und Esther Kilchmann (Hrsg.). *Sprache(n) im Exil* (= Exilforschung 32). München: edition text + kritik, 2014.
Blödorn, Andreas. *Zwischen den Sprachen. Modelle transkultureller Literatur bei Christian Levin Sander und Adam Oehlenschläger*. Göttingen: Vandenhoeck & Ruprecht, 2004.
Bogner, Ralf, und Manfred Leber (Hrsg.). *Die Literaturen der Großregion Saar-Lor-Lux-Elsass in Geschichte und Gegenwart*. Saarbrücken: Universaar, 2012.

Bonfiglio, Thomas Paul. *Mother tongues and nations. The invention of the native speaker.* New York: de Gruyter, 2010.
Braese, Stephan. *Eine europäische Sprache. Deutsche Sprachkultur von Juden 1760–1930.* Göttingen: Wallstein, 2010.
Brenner, Michael (Hrsg.). *Jüdische Sprachen in deutscher Umwelt. Hebräisch und Jiddisch von der Aufklärung bis ins 20. Jahrhundert.* Göttingen: Vandenhoeck & Ruprecht, 2002.
Bruera, Franca, und Barbara Meazzi (Hrsg.). Plurilinguisme *et* Avant-gardes. Bruxelles: Peter Lang, 2011.
Dembeck, Till. „Für eine Philologie der Mehrsprachigkeit". *Philologie und Mehrsprachigkeit.* Hrsg. von Till Dembeck und Georg Mein. Heidelberg: Winter, 2014. 9–38.
Ette, Ottmar. *ZwischenWeltenSchreiben. Literaturen ohne festen Wohnsitz.* Berlin: Kadmos, 2005.
Feuchtwanger, Lion: „Der Schriftsteller im Exil" [1943]. *Ein Buch nur für meine Freunde.* Frankfurt am Main: Fischer, 1984. 533–538.
Fohrmann, Jürgen. *Das Projekt der deutschen Literaturgeschichte: Entstehung und Scheitern einer nationalen Poesiegeschichtsschreibung zwischen Humanismus und Deutschem Kaiserreich.* Stuttgart: Metzler, 1989.
Forster, Leonard. *The Poet's Tongues. Multilingualism in Literature.* Cambridge: Cambridge University Press, 1970.
Fürbeth, Frank (Hrsg.). *Zur Geschichte und Problematik der Nationalphilologien in Europa. 150 Jahre Erste Germanistenversammlung in Frankfurt am Main (1846–1996).* Tübingen: Niemeyer, 1999.
Gardt, Andreas. „Sprachnationalismus zwischen 1850 und 1945". *Nation und Sprache. Die Diskussion ihres Verhältnisses in Geschichte und Gegenwart.* Hrsg. von Andreas Gardt. Berlin und New York: de Gruyter, 2002. 247–271.
Gottsched, Johann Christoph. „Versuch einer critischen Dichtkunst". *Johann Chr. Gottsched. Ausgewählte Werke Bd. VI/1,* Hrsg. von Phillip M. Mitchell. Berlin: de Gruyter, 1973.
Gramling, David. *The Invention of Monolingualism.* New York: Bloomsbury, 2016.
Grimm, Jacob. *Kleinere Schriften Bd. 7.* Hildesheim: Olms, 1966.
Hein-Khatib, Simone. *Sprachmigration und literarische Kreativität. Erfahrungen mehrsprachiger Schriftstellerinnen und Schriftsteller bei ihren sprachlichen Grenzüberschreitungen.* Frankfurt am Main: Peter Lang, 1998.
Herder, Johann Gottfried. „Briefe zur Beförderung der Humanität. Beilage" [1795]. *Sämtliche Werke Bd. 17.* 33 Bde, Hrsg. von Bernhard Suphan. Berlin: Olms, 1967 [1877].
Hirschi, Caspar. *Wettkampf der Nationen. Konstruktionen einer deutschen Ehrgemeinschaft an der Wende vom Mittelalter zur Neuzeit.* Göttingen: Wallstein, 2005.
Hübner, Klaus. „Chamisso – wohin? Rückblick auf ein Symposium in Marbach". *Chamisso. Viele Kulturen – eine Sprache.* Robert Bosch Stiftung 3/2010. 18–22.
Hüning, Matthias (Hrsg.). *Standard Languages and Multilingualism in European History.* Amsterdam: Benjamins, 2012.
Jaworski, Sylvia, und Vivian Liska (Hrsg.). *Am Rand. Grenzen und Peripherien in der europäisch-jüdischen Literatur.* München: edition text + kritik, 2012.
Joachimsthaler, Jürgen. *Die kulturelle Vielfalt in Mitteleuropa als Darstellungsproblem deutscher Literatur.* 3 Bde. Heidelberg: Winter, 2011.
Jones, William Jervis. *Sprachhelden und Sprachverderber. Dokumente zur Erforschung des Fremdwortpurismus im Deutschen (1478–1750).* Berlin und New York: de Gruyter, 1995.

Kilchmann, Esther. „Mehrsprachigkeit und deutsche Literatur. Zur Einführung". *Zeitschrift für Interkulturelle Germanistik* 3 (2012a): 11–19.
Kilchmann, Esther. „Poetik des fremden Wortes. Techniken und Topoi heterolingualer Gegenwartsliteratur". *Zeitschrift für Interkulturelle Germanistik* 3 (2012b): 109–129.
Kirkness, Alan. „Das Phänomen des Purismus in der Geschichte des Deutschen". *Sprachgeschichte. Ein Handbuch zur Geschichte der deutschen Sprache und ihrer Erforschung*. Hrsg. von Werner Besch, Oskar Reichmann und Stefan Sonderegger. Berlin und New York: de Gruyter, 1984. 290–299.
Konstantinović, Zoran, und Fridrun Rinner. *Eine Literaturgeschichte Mitteleuropas*. Innsbruck: Studien Verlag, 2003.
Köpke, Wulf. „Die Wirkung des Exils auf Sprache und Stil. Ein Vorschlag zur Forschung". *Exilforschung* 3 (1985): 225–237.
Kremnitz, Georg. *Mehrsprachigkeit in der Literatur. Wie Autoren ihre Sprachen wählen*. Wien: Praesens, 2004.
Krohn, Claus Dieter (Hrsg.). *Übersetzen als transkultureller Prozess* (= Exilforschung 25). München: edition text + kritik, 2007.
Krohn, Claus Dieter (Hrsg.). *Exil, Entwurzelung, Hybridität* (= Exilforschung 27). München: edition text + kritik, 2009.
Liu, Lydia H. *Translingual Practice. Literature, National Culture, and Translated Modernity. China 1900–1937*. Stanford, CA: Stanford University Press, 1995.
Maas, Utz. *Was ist Deutsch? Die Entwicklung der sprachlichen Verhältnisse in Deutschland*. 2. überarb. Aufl. München: Fink, 2014.
May, Markus (Hrsg.). *Annäherung – Anverwandlung – Aneignung. Goethes Übersetzungen in poetologischer und interkultureller Perspektive*. Würzburg: Königshausen & Neumann, 2013.
Müller, Herta. „In jeder Sprache sitzen andere Augen". *Der König verneigt sich und tötet*. Frankfurt am Main: Fischer, 2009. 7–39.
Nekula, Marek. *Franz Kafkas Sprachen*. Tübingen: Niemeyer, 2003.
Opitz, Martin. *Das Buch von der deutschen Poeterey*. Tübingen: Niemeyer, 1954.
Polledri, Elena. *Die Aufgabe des Übersetzers in der Goethezeit*. Tübingen: Narr, 2010.
Roth, Jürgen. *Methodologie und Ideologie des Konzepts der Sprachgemeinschaft. Fachgeschichtliche und systematische Aspekte einer soziologischen Theorie der Sprache bei Leo Weisgerber*. Frankfurt am Main: Dissertation. 2004. http://publikationen.ub.uni-frankfurt.de/frontdoor/index/index/docId/5172 (17. 5. 2017).
Schmeling, Manfred, und Monika Schmitz-Emans (Hrsg.). *Multilinguale Literatur im 20. Jahrhundert*. Würzburg: Königshausen & Neumann, 2002.
Schmitz-Emans, Monika. *Die Sprache der modernen Dichtung*. München: UTB, 1997.
Stockhammer, Robert. „,Wie deutsch ist es?' Glottamimentische, -diegetische, -pithanone, und –aporetische Verfahren in der Literatur". In : *Arcadia* 50.1 (2015): 146–172.
Stukenbrock, Anja. *Sprachnationalismus. Sprachreflexion als Medium kollektiver Identitätsstiftung in Deutschland (1617–1945)*. Berlin und New York: de Gruyter, 2005.
Sturm-Trigonakis, Elke. *Global playing in der Literatur. Ein Versuch über die Neue Weltliteratur*. Würzburg: Königshausen & Neumann, 2007.
Utsch, Susanne. *Sprachwechsel im Exil. Die ,linguistische Metamorphose' von Klaus Mann*. Köln: Böhlau, 2007.
Weissmann, Dirk. „From staged to disguised self-translation. Heine and Celan in France". *Arcadia* 48.2 (2013): 436–445.

Wolf, Michaela. *Die vielsprachige Seele Kakaniens. Übersetzen und Dolmetschen in der Habsburgermonarchie 1848 bis 1918*. Wien: Böhlau, 2012.
Yildiz, Yasemin. *Beyond the Mother Tongue. The Postmonolingual Condition*. New York: Fordham University Press, 2012.
Zsiga, Elisabeth C.: *Languages in Africa. Multilingualism, Language Policy, and Education*. Washington, D.C.: Georgetown University Press, 2014.

II.4 Transareale Literaturwissenschaft
Tobias Kraft

1. Einführung

Transareale Literaturwissenschaft konzipiert eine kulturwissenschaftliche Philologie, die sich im Spannungsfeld der aktuellen Diskussionen um dynamisierte Raumkonzepte, Kulturen der Mobilität sowie historischer Globalisierungsforschung konstituiert und Literaturen als Ausdruck einer historisch jeweils spezifischen Poetik der Bewegung untersucht. Der globale Ansatz transarealer Forschung fokussiert Literaturen der Welt, deren literarischer Eigensinn und Bezug zur außerliterarischen Welt sich nicht adäquat auf der Basis einer spezifischen und latent statischen Raumkonstellation beschreiben oder verstehen lassen.

2. Literaturwissenschaft nach den *Area Studies*

Es ist sicher kein Zufall, dass die raumtheoretischen Modelle und institutionellen *Area Studies*-Konzepte der Literatur- und Kulturwissenschaften im Zuge der welthistorischen Ereignisse rund um den Fall der Berliner Mauer und das Ende des Kalten Krieges in Kritik geraten sind. Der partielle Zusammenbruch ideologischer Systeme, der Umbruch gesellschaftlicher Ordnungen sowie eine vormals unbekannte Herrschaft marktliberaler Deregulierung in globalem Ausmaß haben soziale, politische, ökonomische und kulturelle Veränderungen ausgelöst und radikal beschleunigt, etwa in Lateinamerika, Osteuropa, Russland und China sowie in der islamischen Welt in Afrika, Südasien und dem Nahen und Mittleren Osten. Wurde damit das Denken in den globalen Oppositionen der ideologischen Systeme innerhalb kürzester Zeit in die Geschichte verabschiedet, so dominiert in Zeiten einer multipolaren Welt und angesichts von Bedrohungen durch den globalen Terrorismus, Bürgerkriege und humanitäre Katastrophen zugleich der Eindruck einer neuen Unübersichtlichkeit. Neben die Diagnose dieser Gegenwartskrisen tritt die Beobachtung einer sich global beschleunigenden Zirkulation und Verflechtung von Wissen im Zeichen kultureller Transferprozesse, die sich besonders auf regionaler Ebene als Beschreibungsgröße jenseits nationaler Denktraditionen und nationalstaatlicher Interessen aufzeigen und untersuchen lässt (Wissenschaftsrat 2006, 5).

2.1 Transareale und transregionale Forschungslinien

Eine dermaßen in Bewegung und anders in den Fokus geratene Welt hat die literatur-, kultur- und sozialwissenschaftliche Perspektive in der begrifflichen und methodischen Tradition ‚westlicher' *Area Studies* zu grundlegenden Veränderungen veranlasst. Hierzu beigetragen hat eine ideologiekritische Aufarbeitung der eigenen Fächertradition: Im 19. Jahrhundert war die regional- bzw. kolonialwissenschaftliche Forschung unmittelbar auf die politischen Ziele der europäischen Zentralmächte, in denen die entsprechenden Institute gegründet worden waren, ausgerichtet und diente als wissenschaftliches Beratungsinstrument der Expansion. Im 20. Jahrhundert kam es unter dem Eindruck des Kalten Krieges zu einer lang anhaltenden staatlichen Förderung großer Zentralinstitute, in denen multi- und interdisziplinäre Regionalforschung betrieben wurde, häufig – wie etwa in der westdeutschen Osteuropaforschung – verbunden mit einem klar politisch motivierten methodischen Zugriff (Wissenschaftsrat 2006, 9–11).

Schaut man auf die jüngsten Entwicklungen im deutschsprachigen Wissenschaftsraum, so lässt sich der eingangs betonte Wandel exemplarisch an dem von 2004–2009 geförderten Kooperationsprojekt *Wege des Wissens* aufzeigen. Hier wurde ein Modell transregionaler und transarealer Studien für die Forschungslandschaft im Berlin-Brandenburgischen Verbund entwickelt, „um so eine weithin sichtbare Wirkung auf die regionalbezogenen Fächer in der Bundesrepublik auszuüben" und einen von der postkolonialen Theoriebildung inspirierten „Beitrag zu einer nicht-eurozentrischen Kulturgeschichte der Globalisierung" (Wissenschaftskolleg zu Berlin o. J.) zu leisten. Mit Blick auf bestehende Tätigkeitsfelder und Forschungstraditionen der deutschen *Area Studies* geht es dabei um „eine Regionalisierung der systematischen Disziplinen, eine Dekolonialisierung der Regionalforschung und eine Stärkung der Komplementarität zwischen Regionalforschung und den Sozialwissenschaften" (Hentschke 2009), in deren Zuge es zu einer forschungspolitischen Stärkung regionalwissenschaftlicher Studien in Deutschland kam.

Erst vor diesem Hintergrund ist die terminologische und konzeptionelle Ausrichtung einer transarealen Literaturwissenschaft zu verstehen. Beziehen sich transregionale Studien dieses neueren Zuschnitts vornehmlich auf sozial- und kulturwissenschaftliche Fragestellungen unter weitgehender Aussparung literarischer Phänomene, stellen die *TransArea Studies* explizit die Literatur ins Zentrum ihrer Programmatik und reagieren neben der Bezugnahme auf regionalwissenschaftliche Reformagenden vor allem auf die schon seit vielen Jahren konstatierte(n) Krise(n) der Philologie(n). Das Programm einer transarealen Literaturwissenschaft versteht sich als Alternative zu der nach wie vor dominanten Stellung nationalstaatlicher Denktraditionen in den philologischen Fächern und propagiert eine Komparatistik in der Nachfolge romanistischer Vordenker wie Erich Auerbach, dessen Vision einer „Philologie der Weltliteratur" (Auerbach 1992 [1952]; vgl. III.1 Gossens) weithin uneingelöst scheint. In Replik auf Auerbachs Forderung nach einer „wissenschaftlich-synthetische[n] Philologie" (ebd., 89) schrieb Ottmar Ette daher unlängst: „[Es] sollte das vorrangige Ziel sein, [...] die Kommunikationsstrukturen von Literatur, die längst nicht mehr vorrangig nationalliterarisch verlaufen, wissenschaftlich nachzubilden" (Ette 2005, 90–92).

Neben einer Revision der philologisch-komparatistischen Perspektive auf den sich verändernden, eigenen Untersuchungsgegenstand geht es auch um die Aktualisierung einer epistemologischen Tradition und Selbstreflexion, also darum, „Gegentraditionen europäischer Philologien stark zu machen, die seit ihren Anfängen die Problematik intellektueller Hegemonie erkannt haben [und] früh über die Partikularität der europäischen Perspektive und die daraus folgenden Erkenntnisprobleme nachdenken" (Lepper 2012, 60). Der Bezug auf Auerbach steht zugleich für eine Distanzierung zu diesem noch ganz auf europäische Maßstäbe bezogenen Modell. Der Weltliteraturbegriff wird konzeptionell verabschiedet zugunsten eines Begriffs der „Literaturen der Welt" (Ette 2004a), der die sprachlich, räumlich, kulturell und wissenstheoretisch komplexen Werke der Literatur begreift als „viellogische ästhetische Strukturierungen [...], die ihre Leser oder Zuhörer seit dem *Gilgamesch*-Epos oder dem *Shijing* dazu auffordern, das Zusammenspiel, ja die Konvivenz unterschiedlicher Logiken im selben Text zu erleben beziehungsweise nachzuerleben" (Ette 2017, 60). Der so aufgefasste Literaturbegriff ist zwar eng gebunden an eine Vorstellung von Vielfalt und an die Möglichkeit alternativer, globaler Literaturgeschichten, beides Horizonte, die man programmatisch und im Sinne einer liberalen Geisteshaltung affirmativ beschwören kann. Er folgt aber nicht dem Kanon-Wunsch nach einer irgendwie abgrenzbaren Einheit ‚großer' Werke der Weltliteratur, die erfassbar, begreifbar, auf ihr Wesen, ihre Essenz zu bringen sei. Das kritische Potenzial des Begriffs antizipiert vielmehr ein potenziell unabschließbares Forschungsprogramm, das all jene, historisch vielschichtigen Erfahrungen von Verlust und Zerstörung miteinbezieht, die bislang nicht durch bisherige Literaturbegriffe und komparatistische Analysen erfasst werden. Weiterhin wird „eine Vielzahl anderer Logiken noch immer nicht einbezogen" und es sei zunächst festzuhalten, „dass die Präsenz dieser noch unerforschten, unbekannten Logiken dem eigenen Diskurs und der je eigenen Konzeption von den Literaturen der Welt in grundlegender Weise fehlt" (Ette 2017, 66). Der hier vorgeschlagene Denkansatz einer „viellogischen Philologie" (Ette 2013) verwendet den Plural von Logik als Befund im Sinne gegenseitig konkurrierender und als Modell im Sinne irreduzibel differenter aber sich potenziell bereichernder Rationalismen, die es kulturell und – spezifischer – literaturwissenschaftlich zu untersuchen gilt. Diese Überlegungen zeigen, dass der begriffliche Einsatz transarealer Literaturwissenschaft nicht grundsätzlich zwischen Theorie und Programmatik seiner Analyseverfahren unterscheidet, sondern eine spezifische Form kultureller Sensibilisierung als politische Größe voraussetzt: „‚Literaturen der Welt‘, so gelesen, ist also nicht bloß eine neue und noch ‚offenere‘ und weniger ‚eurozentrische‘ Fassung des Weltliteraturdiskurses, sondern die Konzeption einer Literatur, die daran erinnert, was fehlt und woran es mangelt in der Welt" (Weidner 2017).

Auf der Suche nach einer adäquaten Theorie der Bewegung in wahrlich bewegten Zeiten folgt transareale Literaturwissenschaft den sprachkünstlerischen und poetologischen Angeboten der Literatur. Damit ist gemeint, dass die Literatur selbst als Produktionsmedium einer spezifischen, da im Sprachkunstwerk gebundenen Form der Wissensproduktion begriffen wird, deren begriffliches Potenzial in die wissenschaftliche Theoriebildung eingespeist werden kann. Literatur allgemein und in besonderem Maße Literaturen der Welt (Müller 2014) sind potenzielle Speicher- und Ausdrucksmedien eines Wissens, „das uns den experimentellen Umgang mit kulturell wie sozial verschiedenartigsten Lebensformen und Lebensnormen erlaubt" (Asholt und Ette 2010, 9).

2.2 *TransArea* und transnationale Geschichtsforschung

Transareale Literaturwissenschaft steht in einer engen Beziehung zu transnationalen Forschungsrichtungen, insofern sie ebenfalls auf die Überwindung nationaler Denktraditionen im Zuge von Globalisierungsprozessen und einer veränderten politischen Weltlage setzt, lässt sich aber aufgrund einiger Unterschiede nicht unter diese subsumieren.

So folgt die zwischen national- und globalgeschichtlichen Ansätzen konzipierte transnationale Geschichtsforschung nach dem von Michael Werner und Bénédicte Zimmermann entwickelten Ansatz der *histoire croisée*, einem Programm komparatistischer historischer Kulturforschung, das die kulturelle Produktion verschiedener Regionen als aufeinander bezogene Verflechtungsphänomene untersucht (Werner und Zimmermann 2002; vgl. III.3 TIPPNER). Im Zuge postkolonialer Eurozentrismuskritiken werden besonders Süd-Süd-Beziehungen betont, um so „eine Differenzierung und Relativierung von westlich determinierten Begriffen und Theorien der Fachdisziplinen voranzutreiben" (Wissenschaftskolleg zu Berlin o. J.). Dabei geht es Werner und Zimmermann um mehr als einen weiteren Beitrag zur postkolonialen bzw. postnationalen Wende in den Geschichtswissenschaften, die Verflechtung bloß als neuen Forschungsgegenstand konstituieren würde, „sondern um die Produktion neuer Erkenntnis aus einer Konstellation heraus, die selbst schon in sich verflochten ist" (Werner und Zimmermann 2002, 609). Verflechtung wird nicht in einem veränderten Forschungsinteresse ‚objektiviert', sondern als spezifische Voraussetzung des Denkens und damit als tatsächlicher Paradigmenwechsel reflektiert. Kommt Verflechtung also nicht mehr als beschreibender, sondern als operativer Begriff zum Einsatz, so verändert sich damit der Wirklichkeitsbezug einer ganzen disziplinären Tätigkeit (vgl. hierzu allgemein Bachmann-Medick 2009, 26).

Liegen die Gemeinsamkeiten zwischen transnationaler *histoire croisée* und *TransArea* Studies im Bewegungsmoment des Transfers, so ergeben sich die Unterschiede vor allem darin, dass erstere sich für die aus der Verflechtung resultierenden historischen Austauschprozesse im Rahmen nationaler Bezüge interessiert, letztere aber die Bewegung als theoretisches und analytisches Untersuchungsfeld bestimmt. Die Kritik, um die es hier im Kern geht, lautet: Analysemethode und Theorie transnationaler Forschung untersuchen nicht die spezifische Bewegung ihres Untersuchungsobjekts, sondern fokussieren letztlich Effekte dieser Bewegung im Raum. Dies liegt in den methodischen Ansätzen transnationaler Geschichtsforschung selbst begründet, „insofern das ausgewählte Objekt weitaus weniger in seiner Dynamik als vielmehr in seinem fundamentalen Verflochtensein durch jeweils angekündigte [...] Blickwechsel in seinem historischen So-Sein in Szene gesetzt wird" (Ette 2013, 32). Historische Verflechtungsprozesse werden also als Transfers zwischen spezifischen Einheiten – etwa Regionen, Nationen, Kulturräumen – betrachtet und laufen folglich immer Gefahr, eben diese räumlich konkreten Einheiten diskursiv weiter zu fixieren. Demgegenüber lautet der Anspruch und die selbst gestellte Aufgabe des bewegungstheoretischen Ansatzes, sein begriffliches Repertoire an den Bewegungsformen und -figuren seiner Untersuchungsobjekte und ästhetischen Repräsentationen selbst zu entwickeln und zu erproben.

Ob sich beide Ansätze nun eher voneinander abgrenzen als aufeinander beziehen lassen, ist durchaus umstritten. So plädiert Gesine Müller für einen integrativen Ansatz im Umgang mit beiden Modellen, wenn sie den bewegungsspezifischen, dynamischen Charakter von Transfergeschichte im Sinne der *histoire croisée* betont (Müller 2012, 11).

2.3 Bewegungstheorie und Raumkategorien

Der Begriff *TransArea* verbindet das Moment der Bewegung (Trans-) mit einem abstrakten Raumbegriff (-Area), der zwar die Raumgröße der *Area Studies* sprachlich übernimmt, sich aber zugleich aufgrund seiner hohen semantischen Skalierbarkeit als übergeordneter Feldbegriff konstituiert. Das Element Area in *TransArea* ist zugleich raumspezifischer Teil wie abstrakter Metabegriff transarealer

Studien. Insgesamt lassen sich fünf verschiedene Ebenen von Bewegungen im Raum unterscheiden: translokal – zwischen urbanen/ruralen Orten oder Räumen begrenzter Ausdehnung; transregional – zwischen Räumen unterhalb der Größe einer Nation; transnational – zwischen nationalstaatlichen Räumen; transareal – zwischen *Areas* (Karibik, Ostasien, Maghreb) und transkontinental – zwischen Kontinenten (vgl. Ette 2005, 23).

Bewegung wird als Voraussetzung für die Sinnkonstitution und Semantisierung von Räumen in den hier vorgestellten Größenordnungen gesetzt und nicht etwa als ein Phänomen innerhalb längst fixierter Räume betrachtet. Damit ist nicht gesagt, dass es keine Raumbegriffe (oder etwa Räume) jenseits einer bewegungstheoretischen Perspektive geben könne, sondern dass diese sich gerade in ihrer kulturellen und kulturhistorischen Dimension kaum ohne die ihnen zugrundeliegenden Bewegungen verstehen und untersuchen lassen (vgl. Buschmann und Müller 2009, zusammenfassend Romoth 2017, 212–214).

Für die Analyse von Bewegungsprozessen und Bewegungsmustern schlägt Ette den Begriff der Vektorisierung bzw. Vektorizität oder vektoriellen Bahnung vor (Ette 2017). Analytisch zielt der Begriff auf unterschiedliche Formen der Speicherung von historischen oder zukünftigen Bewegungsmustern in den Literaturen der Welt. Erfasst werden etwa narrative, lyrische, essayistische, historiografische oder philosophische Texte, deren Schlüsselbegriffe stets Bewegungen akzentuieren bzw. Phänomene, Emotionen oder Attribute aus der ihnen zugrundeliegenden Bewegung als Bewegungsfiguren versprachlichen: Migration, Verschleppung, Flucht; Ruhelosigkeit, Nervosität, Aggression; entwurzelt, provisorisch, oszillierend. Für diese reale wie empfundene Bewegungen einfassende Perspektivierung grundlegend ist das Konzept der „fortlaufenden Grenzüberschreitung" (Romoth 2017, 210). Ein paradigmatisches Untersuchungsbeispiel bietet die Karibik (vgl. auch Abschnitt 3.2), die sich „in ihrer Spezifik nur verstehen [lässt], wenn man nicht allein ihre interne Relationalität vielfältiger Kommunikationen zwischen den Inseln, sondern auch die Dynamiken der externen Relationalität mit verschiedenen europäischen (Kolonial-)Mächten, deren amerikanischen Besitzungen, Afrika, den USA, China oder Indien historisch miteinbezieht" (Ette 2005, 23).

Das analytische Leitprinzip der Bewegung bezieht sich auch auf die Produzenten von Literatur und Akteure kultureller Verflechtungsphänomene. Durch die gerade im Zeichen einer zunehmend globalisierten Welt „neue räumliche und gesellschaftliche Beweglichkeit der Akteure [...] ergeben sich verschiedene Phänomene der Integration durch Adaptation und zugleich der Bewahrung des mitgeführten Eigenen sowie letztlich Prozesse der Transkulturation" (Felbeck et al. 2013, 9), die sich im Ansatz transarealer Vernetzungen bündeln.

2.4 Theorien und Modelle einer (literarischen) Geschichte der Globalisierung

Die bewegungstheoretische Prämisse transarealer Literaturwissenschaft beansprucht keine strenge Systematik im Sinne einer allgemeinen Literaturtheorie: Vektorizität wird nicht als notwendiger Bestandteil von Literarizität verstanden. Vielmehr steht die bewegungstheoretische Raummodellierung der transarealen Literaturwissenschaft in einem engen Bezug zu Theorien über die Periodisierung der Globalisierung (vgl. II.5 REICHARDT). Diese finden ihren Anfang in der marxistisch-soziologischen Kulturtheorie des US-amerikanischen Sozialhistorikers Immanuel Wallerstein, dessen Modell eines *Modern World-System* eine kritische Geschichte der Globalisierung in vier Phasen skizziert. Der französische Kolonialhistoriker Serge Gruzinski wiederum entwickelt eine kulturelle Globalisierungsgeschichte auf Basis der kolonialen Eroberung Amerikas durch Spanien im 15. und 16. Jahrhundert als Beginn der westlichen Moderne. Bei Gruzinski sind es bereits literarische Texte, die das historisch wachsende Bewusstsein von einer gemeinsamen Welt bezeugen, auch wenn Literatur hier nicht in ihrem sprachkünstlerischen Eigensinn, sondern vornehmlich als historisches Dokument verstanden wird.

Eine wie Gruzinski ebenfalls kulturelle, aber dazu im engeren Sinne literarische Geschichte der Globalisierung hat Ottmar Ette entwickelt (Ette 2012). Die Literatur tritt in diesem Modell stets in doppelter Funktion auf: als ästhetische Verarbeitung veränderter Lebensbedingungen auf der einen sowie als epistemologische Reflexion veränderter Wissensbestände infolge zunehmend globaler Wissenszirkulationen auf der anderen Seite.

Hierin vergleichbar mit den Ansätzen von Wallerstein und Gruzinski, unternimmt auch Ette eine Periodisierung der Globalisierung und geht von der These aus, dass sich diese über mehrere Jahrhunderte entwickelte, „in vier Phasen beschleunigter Globalisierung unterteilen läßt und die Frühe Neuzeit der europäischen Geschichtsschreibung über die weltweit unterschiedlich divergierenden Modernen mit unserer Gegenwart in den ersten Jahrzehnten des 21. Jahrhunderts verbindet" (Ette 2012, 7). Die Betonung auf „beschleunigte" Phasen der Globalisierung markiert die für transareale Literaturwissenschaft entscheidende Hinwendung zum Prinzip der Bewegung. Auch die jüngere Globalgeschichtsforschung hat auf die Notwendigkeit einer Dynamisierung der Beschreibungsmodelle von Globalisierung hingewiesen: „Faßt man Globalisierung als den Aufbau, die Verdichtung und die zunehmende Bedeutung weltweiter Vernetzung auf, so verliert der Begriff seinen statischen und totalisierenden Charakter. Die Frage ist nun nicht mehr, ob sich mit dem Begriff der ‚Globalisierung' eine adäquate Zustandsbeschreibung der Welt der Gegenwart geben lässt. Vielmehr wird die Aufmerksamkeit auf die Geschichte weltweiter Verflechtungen, ihres Aufbaus und ihrer

Erosion, ihrer Intensität und Auswirkungen gelenkt" (Osterhammel und Petersson 2007, 24).

Unter „Beschleunigung" ist durchaus die von Osterhammel und Petersson betonte „Intensität" und historische Verdichtung zu verstehen, die sich speziell in der Literatur gerade nicht im Sinne einer dokumentarischen Belegbarkeit, sondern vielmehr als Ereignis einer Produktion, Rezeption und Reflektion kultureller Globalisierung verstehen und untersuchen lassen. Zugleich werden die unterschiedlichen Phasen bestimmt durch Faktoren, die aufgrund ihrer Beschaffenheit oder Wirkung nicht statisch an Territorien oder Orte gebunden sind, sondern das Bewusstsein von einer gemeinsamen Welt durch Bewegungs- und Transferprozesse geschaffen, gewaltsam verändert oder überhaupt erst erfahrbar gemacht haben. Hierzu zählen Faktoren, die wesentlich von Europa sowie ab dem 19. Jahrhundert von dem weltweiten Einfluss der westlichen Moderne geprägt werden. Diesen Einfluss zu bestimmen, kann nicht heißen, in ein eurozentrisches Analysemodell zurückzufallen. Vielmehr ist die Geschichte gewaltsamer Einflussnahme auf die Gesellschaften und Kulturen der Welt aus dem Geist westlicher, das heißt europäischer und US-amerikanischer, Expansion und Herrschaft ein mehrere Jahrhunderte umspannender Prozess, dessen Auswirkungen bis heute (in den Literaturen der Welt) sichtbar sind und in den Blick genommen werden müssen (vgl. IV.9 ARNDT/ASSA). Dies gilt nicht allein aus historischer Perspektive, „[d]enn die *Conquista*, in unterschiedlichste kulturelle Konfigurationen und wirtschaftliche Formate übersetzt, geht weiter" (Ette 2012, 8).

Die zentralen Faktoren dieses Modells sind:

(1.) dominante Großmächte mit globalem Expansionsdrang,

(2.) die Ausbreitung europäischer Sprachen als *linguae francae*,

(3.) Transport- und Kommunikationsmittel,

(4.) Seuchen und Epidemien als „Imaginarium des Globalen" (Ette 2012, 12) und Quelle von Globalisierungsängsten sowie erstmals in globalem Zusammenhang erkannten Katastrophenszenarien,

(5.) die raumdynamische Konfiguration von Inseln und Archipelen als kulturelle Kommunikationssysteme und geopolitische Knotenpunkte von Militär und Handelsrouten sowie

(6.) Literaturen der Welt, Literaturen ohne festen Wohnsitz.

Fokussiert man dieses 4-Phasen-Modell auf die dafür entscheidenden Momente einer transareal verstandenen Literaturgeschichte, so stehen das Bordbuch von Cristóbal Colón und die Briefe und Chroniken der spanischen Eroberer und Geschichtsschreiber prototypisch für die erste Phase beschleunigter Globalisierung (15.–16. Jahrhundert) im Zeichen der euroatlantischen Expansion. Im Zuge der Imperialpolitik der Großmächte Frankreich und Großbritannien wird die zweite Phase beschleunigter Globalisierung (Mitte 18. bis Anfang 19. Jahrhundert) geprägt durch die Berichte europäischer Entdeckungs- und Forschungsreisender (Louis Antoine de Bougainville, Georg Forster, Alexander von Humboldt) und die Kompendien einer universalistisch denkenden Weltgeschichtsschreibung wie der *Histoire des deux Indes* des französischen Philosophen und Aufklärers Guillaume-Thomas Raynal. Die dritte Phase beschleunigter Globalisierung (letztes Drittel 19. Jahrhundert bis 1910er Jahre) steht zum einen „im Zeichen global geführter neokolonialer Verteilungskämpfe" (Ette 2012, 18) und wird bestimmt durch die Großmächte Großbritannien und die Vereinigten Staaten von Amerika. Sie markiert zugleich den ideengeschichtlichen Auftakt zu „einer Fülle an Realisierungen unterschiedlicher Moderne-Projekte, die sich nicht allein im politischen und ökonomischen, sondern auch im kulturellen Bereich – wie etwa in Lateinamerika mit dem hispanoamerikanischen und später dem brasilianischen *modernismo* der Avantgardisten – Gehör zu verschaffen suchten" (Ette 2012, 19). Hier sind es etwa Autoren wie Lafcadio Hearn, José Rizal, José Enrique Rodó, Rubén Darío und José Martí, die das Erleben beschleunigter Globalisierungsprozesse an der Wende zum 20. Jahrhundert in ihren Texten literarisch verarbeiten und kritisch reflektieren. Die vierte Phase (1980er Jahre bis heute) steht ganz im Zeichen von Medientechnologien der Beschleunigung und globalen Vernetzung im digitalen Zeitalter und der Durchsetzung eines global agierenden Finanzmarktes sowie für „ein Erleben globaler Zusammenhänge […], dessen Intensität hinter der Wahrnehmung angenehmer, ‚positiver' Aspekte von Globalisierung keineswegs zurücksteht" (Ette 2012, 24). Vor diesem Hintergrund komplexer Prozesse einer ‚Weltentregelung', die der französisch-libanesische Schriftsteller Amin Maalouf in seinem Buch *Le dérèglement du monde* 2009 konstatierte, sind es vornehmlich die „Literaturen ohne festen Wohnsitz" (Ette 2005), die aus literaturwissenschaftlicher Perspektive die vierte Phase beschleunigter Globalisierung prägen und zum Kernbestand transarealer Literaturwissenschaft gezählt werden müssen (vgl. Abschnitt 3.2).

3. Transareale Autor/innen und Literaturen

3.1 Literaturen ohne festen Wohnsitz

Als 1945 erstmals der Literaturnobelpreis an die chilenische Autorin Gabriela Mistral vergeben wurde, zeigte sich am Beispiel einer Schriftstellerin, „deren Lebensweg durch die verschiedensten Länder Amerikas und Europas führte" (Ette 2005, 88), ein Wandlungsprozess an, infolge dessen spätestens seit Ende des 20. Jahrhunderts sich zunehmend Literaturen ohne festen Wohnsitz in weltweiten kulturellen Zirkulationsprozessen etablieren. Literatur in Zeiten zunehmender, sowohl freiwilliger als auch forcierter, Migrationen sowie allgemein zunehmend transversaler Lebenswege steht damit im Fokus transarealer Literaturwissenschaft (vgl. III.5 HAUSBACHER). Literaturen ohne festen Wohnsitz verknüpfen lokales Wissen vom Leben mit translokalisierten Lebenspraktiken und Welterfahrungen und erzeugen ein spezifisches Wissen im Sprachkunstwerk Literatur, das die transareale Literaturwissenschaft als ihr genuines Untersuchungsfeld erfasst und diese damit hin zu einer „transkulturellen Kulturanthropologie" (Ueckmann 2014, 39) erweitert.

Das Prinzip dieser ständigen Bewegung und das darin liegende Potenzial einer spezifischen Wissensproduktion bestimmen die Auswahl transarealer Textkorpora. Aus dieser Perspektive entstanden in den letzten Jahren zahlreiche Arbeiten zum Werk unterschiedlichster Autorinnen und Autoren, die im Folgenden nur exemplarisch genannt werden können: Emine Sevgi Özdamar, José F.A. Oliver (Ette 2004b, 234–252); Reinaldo Arenas, Blaise Cendrars, Elias Khoury, Yoko Tawada (Ette 2005); Albert Cohen, Assia Djebar, Amin Maalouf, Jorge Semprún, Cécile Wajsbrot (Ette 2010); Max Aub (Buschmann 2012); Gertrudis Gómez de Avellaneda, Condesa de Merlín (Müller 2012); Sandra Cisneros, Gabriel García Márquez, Roberto Bolaño (Valdívia Orozco 2013); El Inca Garcilaso de la Vega (Ette 2013, 76–90); Andrés Ajens, Jaime Luis Huenún (Bernaschina 2013); Anton Wilhelm Amo (Ette 2014); Édouard Glissant, Raphaël Confiant (Schulz 2014).

3.2 Transareale Schauplätze und Zeiträume

Das seit rund zehn Jahren wachsende Forschungsfeld transarealer Literaturwissenschaft umfasst Schauplätze und Zeiträume unterschiedlichster Größe, wobei insulären und/oder archipelischen ‚Orten' – sowohl in einem konkret geografischen als auch einem metaphorischen Sinne – eine herausragende Bedeutung zukommt. Solcherart konzipierte „Trans(it)Areas" (Ette et al. 2011) richten sich in der bisherigen Forschung stark an den transarealen Beziehungen zwischen der amerikanischen und den ‚außeramerikanischen' Hemisphären aus und sind besonders in komparatistischen, romanistischen und lateinamerikanistischen Forschungskontexten entwickelt worden. Sie fokussieren zumeist „jene Austausch- und Transformationsprozesse [...], die im globalen Maßstab direkt zwischen unterschiedlichen kulturellen *Areas* und ohne unmittelbare Zentrierung durch Europa verlaufen" (Müller 2012, 7). Zu den wichtigsten Transareas gehören:

(1.) *America Romana*: Das an der Universität Trier entwickelte Forschungsfeld konzipiert die amerikanische Hemisphäre als Untersuchungsgegenstand einer sprachenübergreifenden Romanistik: „Die von der Tradition gefestigte

Abgrenzung zwischen Sprach-, Literatur- und Kulturwissenschaft ist hier schon deswegen durchlässiger, da Literatur etwa an Orten manifest wird, in denen sie in Europa kaum vorkommt, da neue Trägerschichten der Literatur auftauchen, da sprachliche Schichten neu erschlossen werden und barrios bajos, favelas, bidonvilles ungewohnte Bedingungen für innovative sprachliche, literarische und kulturelle Schöpfungen bieten" (Felbeck, Klump und Kramer 2013, 8–9).

(2.) „Transamerican Renaissance" (Brickhouse 2004): Die von Anne Brickhouse konzipierte transareale Epoche einer amerikanisch-hemisphärischen Literaturgeschichte bezieht sich auf die Zeitspanne von 1826–1856 und erstreckt sich auf ein Untersuchungsfeld vom „del Monte-Kreis in Matanzas auf Kuba zu den subversiven spanischsprachigen Verlagszentren in Philadelphia und New York, vom sich kreuzenden kulturellen Austausch der berühmten *Sociedad Mexicana de Geografía y Estadística* bis zum umstrittenen *Texas Territory*, wo US-Soldaten als Vorbereitung für den Krieg Prescott lasen, von den exilierten Intellektuellen Haitis und Martiniques, die die *Société des Hommes de Couleur* aufbauten, zur frankofonen Kreolkultur Louisianas" (Müller 2012, 14).

(3.) Karibik: Die jüngere Karibik-Forschung hat mit Blick auf die politischen, kulturellen und literarischen Entwicklungen seit dem 18. Jahrhundert auf den spezifisch transkolonialen Charakter der Karibik in ihren zahlreichen Verflechtungen zwischen der frankofonen, hispanofonen und anglofonen Karibik hingewiesen und dabei den Untersuchungsgegenstand auf den zirkumkaribischen Raum erweitert (Müller 2012; Meyer-Krentler 2013; vgl. auch IV.12 BANDAU/SINGLER). In diesem Zusammenhang hat die transareale Forschung den Verflechtungsraum Karibik zum Paradigma für die Konzeption kulturtheoretischer Fragen zum Zusammenleben in Differenz erklärt (Ette et al. 2012) und sich dabei in besonderer Weise auf die Kulturtheorien der Karibik selbst bezogen, die mit den Arbeiten von Fernando Ortíz, José Lezama Lima, Aimé Césaire und Édouard Glissant sowie in der Folge von Antonio Benítez-Rojo, Raphaël Confiant und Patrick Chamoiseau mit Schlüsselbegriffen wie Transkulturation, Kreolisierung, Rhizomatik, Fraktalisierung und Neobarock weltweiten Einfluss erlangen konnte (Ueckmann 2014; Schulz 2014; Ette 2017).

(4.) Zentralamerika: Im Kontext einer zirkumkaribischen Forschungslinie, aber auch mit Blick auf asia-amerikanische Verbindungslinien kommt transarealen Konfigurationen Zentralamerikas eine zentrale, wenn auch aufgrund der geringen Sichtbarkeit dieser Region oft unterschätzte Bedeutung zu. Nicht nur konvergieren in den Nationalstaaten und Grenzregionen, in den pazifisch wie atlantisch-karibischen Küstenstreifen und den Wirtschaftsenklaven der US-amerikanischen Großplantagen kulturelle Einflüsse und historische Überlagerungsprozesse aus Amerika, Europa, Afrika und Asien. Darüber hinaus spielt der zentralamerikanische Isthmus seit dem 16. und verstärkt seit dem 19. Jahrhundert eine Schlüsselrolle als zunächst imaginierter und projektierter und seit dem Bau des Panamakanals 1914 auch realisierter globaler Transitraum, der sich wie kaum ein anderer erst durch die spezifischen Bewegungen, die ihn durchkreuzen, konstituiert (Ette et al. 2011; Ette et al. 2012; Ette et al. 2013).

(5.) Andenregion: Die seit 2012 entwickelte Forschungsrichtung transandiner Studien untersucht kulturelle Konfigurationen in der Andenregion auf Basis einer ursprünglich transnational-indigenen Raumorganisation und fragt nach den Auswirkungen dieser historisch-kulturellen Tiefenschicht – beispielhaft im Werk von El Inca Garcilaso de la Vega – für die Modellierung zeitgenössischer literarischer Produktion (Bosshard 2013; Bernaschina 2013; Ette 2013).

(6.) Süd-Süd-Beziehungen: Auch hier kommt der amerikanischen Hemisphäre in den transarealen Studien eine herausgehobene Bedeutung zu, etwa mit Blick auf asia-amerikanische (Ette et al. 2013) oder arabamerikanische *Transareas* (Ette und Pannewick 2006).

(7.) Louisiana/New Orleans: Die vor allem auf das ausgehende 18. und 19. Jahrhundert fokussierte transareale Forschung zu Louisiana betont die besondere Rolle von New Orleans als paradigmatischen Bewegungsort des Globalen Südens. Ihn kennzeichnen komplexe politische und kulturelle Transferprozesse (karibisch-europäische Flüchtlingsströme, wechselnde koloniale Zugehörigkeiten, Mehrsprachigkeit), reiche und zugleich konfliktgeladene literarische Traditionen (Verhältnis kreolischer Literatur zur französischen Romantik) und identitäre Zuschreibungen (Kreolisierung, Pan-Afrikanismus und europäische Metropolenkultur) (Müller 2012, 223–238; Ette und Müller 2017).

Über die Konzeption transarealer Schauplätze und Zeiträume hinaus hat der transareale Ansatz auch produktiv in die allgemeine Literaturtheorie hinein gewirkt. Pablo Valdívia verknüpft die Prämissen einer Transarealität im Zeichen von Globalisierung und translingualer Übersetzung mit einem gattungstheoretischen Ansatz, der eine literarische Ästhetik unter transarealen Vorzeichen entwickelt. Wenn Raum und Bewegung nur als ineinander verflochtenes Prinzip kultureller Sinnkonstitution verstanden werden können, findet sich in genau dieser dynamisierten Lokalität das Spezifikum einer Romantheorie, die zugleich Bestandteil einer allgemeinen Literaturtheorie ist. „[L]iterature, as a globally created and locally distinguishing sign system, paradigmatically presupposes a locality that is already transareal. Our conception of literary aesthetics, and especially of the poetics of the novel, already contains terms and models of spatial formations which are impossible to conceive of in a strictly local way" (Valdívia Orozco 2010, 241).

3.3 Transareale und transregionale Forschungsnetzwerke

Analog zur Ausdifferenzierung des Forschungsfelds haben sich in den letzten Jahren erste Netzwerke gebildet, in denen sich die Akteure und Institutionen transarealer und transregionaler Studien organisieren. Im Rahmen dieser Entwicklung hat sich gezeigt, dass die bereits früh einsetzende Ausdifferenzierung zwischen sozial- und kulturwissenschaftlicher auf der einen und literaturwissenschaftlicher Forschung auf der anderen Seite (vgl. 2.1) in jüngster Zeit zugunsten einer wachsenden Verbundforschung relativiert worden ist und sich im Zuge gemeinsamer kulturtheoretisch motivierter Fragestellungen zunehmend aufeinander bezieht.

(1.) POINTS: Das an der Universität Potsdam angesiedelte und von Ottmar Ette koordinierte „Potsdam International Network for TransArea Studies" organisiert seit 2004 wissenschaftliche Aktivitäten und Publikationen im Feld der transarealen Studien. Im Potsdamer Forschungsnetzwerk sind Wissenschaftlerinnen und Wissenschaftler sowie Autorinnen und Autoren unterschiedlichster Herkünfte und Disziplinen organisiert. Ihr gemeinsames Forschungsinteresse äußert sich in der für transareale Ansätze typischen Privilegierung bewegungs- gegenüber raumtheoretischen Modellen und wurde in jüngster Zeit auch auf sozialwissenschaftliche Kulturtransferforschung übertragen, etwa in Auseinandersetzung mit den kulturellen Implikationen global agierender Wirtschaftsräume wie jenem der BRIC-Staaten (Sánchez 2016).

(2.) Forum Transregionale Studien: Der seit 2010 in Berlin angesiedelte Verein zur Organisation transregionaler Verbundforschung fördert Forschungsprogramme aus den Bereichen der Philologie, der Rechtswissenschaft, der Stadtsoziologie und Kunstgeschichte. Darüber hinaus fördert das Forum seit 2011 EUME (Europa im Nahen Osten – Der Nahe Osten in Europa), das in fünf Forschungsfeldern zu Geschichte, Islamwissenschaften, Philologie, Literaturwissenschaft und Politologie an den Bruchlinien nationaler, religiöser oder kultureller Vorverständnisse arbeitet.

(3.) America Romana Centrum (ARC): Das 2010 an der Universität Trier gegründete ARC folgt einem transkulturellen Forschungsansatz und untersucht die Gemeinsamkeiten und Wechselbeziehungen zwischen den Sprachen, Literaturen und Kulturen der romanischen – das meint vor allem der französischen, spanischen, portugiesischen und kreolofonen – Areale der westlichen Hemisphäre.

Literaturverzeichnis

Asholt, Wolfgang, und Ottmar Ette. „Einleitung". *Literaturwissenschaft als Lebenswissenschaft: Programm – Projekte – Perspektiven*. Hrsg. von Wolfgang Asholt und Ottmar Ette. Tübingen: Narr, 2010. 9–10.

Auerbach, Erich. „Philologie der Weltliteratur" [1952]. *Philologie der Weltliteratur: Sechs Versuche über Stil und Wirklichkeitswahrnehmung*. Frankfurt am Main: Fischer, 1992. 83–96.

Bernaschina, Vicente. „Estudios transandinos: Propuestas para viejos y nuevos diálogos poético-críticos". *Diálogos culturales en la literatura iberoamericana: Actas del XXXIX Congreso del IILI (2012)*. Hrsg. von Concepción Reverte Bernal. Madrid: Editorial Verbum, 2013. 1630–1641.

Bosshard, Marco T. „Estudios transandinos: Algunos planteamientos preliminares". *Diálogos culturales en la literatura iberoamericana: Actas del XXXIX Congreso del IILI (2012)*. Hrsg. von Concepción Reverte Bernal. Madrid: Editorial Verbum, 2013. 1642–1652.

Brickhouse, Anna. *Transamerican literary relations and the nineteenth-century public sphere*. Cambridge: Cambridge University Press, 2004.

Buschmann, Albrecht. *Max Aub und die spanische Literatur zwischen Avantgarde und Exil*. Berlin und Boston: de Gruyter, 2012.

Buschmann, Albrecht, und Gesine Müller (Hrsg.). *Dynamisierte Räume: Zur Theorie der Bewegung in den romanischen Kulturen*. http://www.uni-potsdam.de/romanistik/ette/ buschmann/dynraum/tagung.html. Potsdam, 2009 (23. 12. 2014).

Ette, Ottmar. „Wege des Wissens. Fünf Thesen zum Weltbewußtsein und den Literaturen der Welt." *Lateinamerika. Orte und Ordnungen des Wissens. Festschrift für Birgit Scharlau*. Hrsg. von Sabine Hofmann und Monika Wehrheim. Tübingen: Narr, 2004. 169–184.

Ette, Ottmar. *ÜberLebenswissen: Die Aufgabe der Philologie*. Berlin: Kadmos, 2004.

Ette, Ottmar. *ZwischenWeltenSchreiben: Literaturen ohne festen Wohnsitz*. Berlin: Kadmos, 2005.

Ette, Ottmar. *ZusammenLebensWissen: List, Last und Lust literarischer Konvivenz im globalen Maßstab*. Berlin: Kadmos, 2010.

Ette, Ottmar. *TransArea: Eine literarische Globalisierungsgeschichte*. Berlin und Boston: de Gruyter, 2012.

Ette, Ottmar. *Viellogische Philologie: Die Literaturen der Welt und das Beispiel einer transarealen peruanischen Literatur*. Berlin: edition tranvía – Verlag Walter Frey, 2013.

Ette, Ottmar. *Anton Wilhelm Amo: Philosophieren ohne festen Wohnsitz*. Berlin: Kadmos, 2014.

Ette, Ottmar. *WeltFraktale. Wege durch die Literaturen der Welt*. Stuttgart: Metzler, 2017.

Ette, Ottmar, und Friederike Pannewick (Hrsg.). *ArabAmericas: Literary Entanglements of the American Hemisphere and the Arab World*. Frankfurt am Main und Madrid: Vervuert – Iberoamericana, 2006.

Ette, Ottmar, Werner Mackenbach, Gesine Müller und Alexandra Ortiz Wallner (Hrsg.). *Trans(it) Areas: Convivencias en Centroamérica y el Caribe*. Berlin: edition tranvía – Verlag Walter Frey, 2011.

Ette, Ottmar, Anne Kraume, Werner Mackenbach und Gesine Müller (Hrsg.). *El Caribe como paradigma: Convivencias y coincidencias históricas, culturales y estéticas. Un simposio transareal*. Berlin: edition tranvía – Verlag Walter Frey, 2012.

Ette, Ottmar, Werner Mackenbach und Horst Nitschack (Hrsg.). *TransPacífico: Conexiones y convivencias en AsiAméricas. Un simposio transareal*. Berlin: edition tranvía – Verlag Walter Frey, 2013.
Ette, Ottmar, und Gesine Müller (Hrsg.). *New Orleans and the Global South. Caribbean, Creolization, Carnival*. Hildesheim i.a.: Olms, 2017.
Felbeck, Christine, und Philipp Burdy (Hrsg.). *America Romana: Perspektiven transarealer Vernetzungen*. Frankfurt am Main: Peter Lang, 2013.
Felbeck, Christine, Andre Klump und Johannes Kramer. „America Romana: Perspektiven transarealer Vernetzungen." *America Romana: Perspektiven transarealer Vernetzungen*. Hrsg. von Christine Felbeck und Philipp Burdy. Frankfurt am Main: Peter Lang, 2013. 7–15.
Gruzinski, Serge. *Les Quatre Parties du monde. Histoire d'une mondialisation*. Paris: Editions de La Martinière, 2006.
Hentschke, Felicitas. *Tagungsbericht „Area Studies Revisited. Transregional Studies in Germany: 13. 02. 2009–14. 02. 2009 Berlin"*. http://www.hsozkult.de/hfn/conferencereport/id/tagungsberichte-2625. 2009 (23. 12. 2014).
Lepper, Marcel. *Philologie: Zur Einführung*. Hamburg: Junius, 2012.
Meyer-Krentler, Leonie. *Die Idee des Menschen in der Karibik: Mensch und Tier in französisch- und spanischsprachigen Erzähltexten des 19. Jahrhunderts*. Berlin: edition tranvía – Verlag Walter Frey, 2013.
Müller, Gesine. *Die koloniale Karibik: Transferprozesse in hispanophonen und frankophonen Literaturen*. Berlin und Boston: de Gruyter, 2012.
Müller, Gesine. „Die Debatte ‚Weltliteratur – Literaturen der Welt'". *Verlag Macht Weltliteratur: Lateinamerikanisch-deutsche Kulturtransfers zwischen internationalem Literaturbetrieb und Übersetzungspolitik*. Hrsg. von Gesine Müller. Berlin: edition tranvía – Verlag Walter Frey, 2014. 7–17.
Osterhammel, Jürgen, und Niels P. Petersson. *Geschichte der Globalisierung: Dimensionen, Prozesse, Epochen*. 4., durchgesehene Auflage. München: Beck, 2003.
Romoth, Fanny. „Bewegungsforschung in der Literaturwissenschaft. Entstehung, Entwicklung und Perspektiven eines aktuellen Forschungsparadigmas und die Rolle der Romanistik." *Romanistik in Bewegung. Aufgaben und Ziele einer Philologie im Wandel*. Hrsg. von Julian Drews, Anne Kern, Tobias Kraft, Benjamin Loy und Marie-Therese Mäder. Berlin: Kadmos, 2017. 209–220.
Sánchez, Yvette. „Chapter 2. Cultural Negotiations in the BRIC TransAreas. New Dynamic Visualizing Models of Culture Contact Situations." *Transculturalism and Business in the BRIC States. A Handbook*. Hrsg. von Yvette Sánchez und Claudia Franziska Brühwiler. London und New York: Routledge, 2016.
Schulz, Bastienne. *Die Karibik zwischen ‚enracinement' und ‚errance': Neobarocke Identitätsentwürfe bei Édouard Glissant und Patrick Chamoiseau*. Berlin: edition tranvía – Verlag Walter Frey, 2014.
Ueckmann, Natascha. *Ästhetik des Chaos in der Karibik: „Créolisation" und „Neobarroco" in franko- und hispanophonen Literaturen*. Bielefeld: Transcript, 2014.
Valdívia Orozco, Pablo. „The Chronotopos in the (Postmodern) Novel of the Américas: Towards a Transareal Topology of the Local." *Landscapes of postmodernity: Concepts and paradigms of critical theory*. Hrsg. von Petra Eckhard. Wien: LIT, 2010. 235–250.
Valdívia Orozco, Pablo. *Weltenvielfalt: Eine romantheoretische Studie im Ausgang von Gabriel García Márquez, Sandra Cisneros und Roberto Bolaño*. Berlin und Boston: de Gruyter, 2013.

Weidner, Daniel. „DIE WELT IST NICHT GENUG. Ottmar Ette über die »Literaturen der Welt«." Hrsg. v. Zentrum für Literatur- und Kulturforschung. http://www.zflprojekte.de/zfl-blog/2017/10/23/daniel-weidner-die-welt-ist-nicht-genug-ottmar-ette-ueber-die-literaturen-der-welt/. Berlin, 23. Oktober 2017 (09. 11. 2017).

Werner, Michael, und Bénédicte Zimmermann. „Vergleich, Transfer, Verflechtung: Der Ansatz der histoire croisée und die Herausforderung des Transnationalen". *Geschichte und Gesellschaft* 28 (2002): 607–636.

Wissenschaftskolleg zu Berlin. *Wege des Wissens: Transregionale Studien.* http://www.wiko-berlin.de/institution/projekte-kooperationen/archiv/wege-des-wissens-transregionale-studien/. o. J. (22. 12. 2014).

Wissenschaftsrat. *Empfehlungen zu den Regionalstudien (area studies) in den Hochschulen und außeruniversitären Forschungseinrichtungen.* http://www.wissenschaftsrat.de/download/archiv/7381-06.pdf. 2006 (23. 12. 2014).

II.5 Globalisierung und der *transnational turn* in der Literaturwissenschaft

Ulfried Reichardt

1. Globalisierung, das Globale, Weltverhältnisse und Welten

Der Begriff der Globalisierung benennt eine Entwicklung, die eine explizit ökonomische Komponente enthält und die Bewegung der Grenzüberschreitung des Transnationalen auf die Ganzheit des Globus bezieht. Er impliziert, dass Kultur und Wirtschaft nicht zu trennen sind, aber auch, dass in einer globalisierten Welt, in der der gesamte Globus vernetzt ist, nicht nur Grenzen an Bedeutung verlieren, sondern auch das ‚Ganze' der Erde den Bezugsrahmen bilden muss. Zwei Zitate sollen zu Beginn hervorheben, dass wir es mit einer neuen Konstellation zu tun haben. Der Ökonom und Nobelpreisgewinner Joseph Stiglitz schreibt: Globalisierung „[...] ist die engere Integration der Länder und Völker der Welt, die durch die enorme Reduktion der Kosten von Transport und Kommunikation und den Zusammenbruch künstlicher Barrieren gegenüber den Flüssen von Waren, Kapital, Wissen und (in geringerem Ausmaß) Menschen über Grenzen hinweg hervorgerufen wurde" (2002, 9, Übers. d. Verf.). Dass auch denkgeschichtlich eine Zäsur zu konstatieren ist, betont Peter Sloterdijk: „Deshalb ist die terrestrische Globalisierung, einem Axiom vergleichbar, die erste und einzige Voraussetzung, von der eine Theorie des gegenwärtigen Zeitalters auszugehen hat" (2005, 219). Konkrete Veränderungen bezüglich Migration, Kommunikation, Warenverkehr und Nationalgrenzen sollten beschrieben und analysiert werden; gleichzeitig müssen wir uns der Herausforderung stellen, in einer solchermaßen qualitativ veränderten Welt zurechtzukommen und darauf bezogen zu denken. In einer interdependent vernetzten Welt zu leben bedeutet, nicht auf allen Menschen gemeinsame verbindliche Traditionen zurückgreifen zu können. Differenzen sind zu akzeptieren, gleichzeitig ist jedoch immer ein gemeinsamer Welthorizont mitzudenken.

Zunächst werden die wichtigsten Elemente der Globalisierung skizziert und erläutert, welche Komponenten für die Literaturwissenschaft relevant sind. Mit Armin Nassehi wird die Globalisierung als ein „kognitives Schema" (2003, 196–197) eingeführt und diskutiert, was es bedeutet, „global zu denken". Damit ist Globalisierung als Beobachtungsperspektive eröffnet. So werden zwei im öffentlichen Diskurs konträre Entwicklungen in den Blick genommen, eine kulturelle

Öffnung und Pluralisierung, die meist positiv gesehen wird, sowie eine weiter zunehmende Ökonomisierung und Vergrößerung der Macht transnational agierender Konzerne, die üblicherweise beklagt wird (vgl. Jameson 1998). Diese Ambivalenz kennzeichnet ebenfalls die Frage der Amerikanisierung innerhalb des Prozesses der Globalisierung, die sowohl positiv (Ausbreitung von individueller Freiheit, Demokratie und Menschenrechten) wie auch negativ (Standardisierung, Verlust der kulturellen Vielfalt, Neoliberalismus) bewertet wird. Vor dem Hintergrund dieser Überlegungen lässt sich zeigen, wie sich die Literatur in Zeiten der Globalisierung und die transnationale Literaturwissenschaft gewandelt haben und wie sie die Veränderungen einer sich globalisierenden Welt reflektieren.

2. Was ist Globalisierung? Interkonnektivität und Zeit-Raum-Verdichtung

Die wichtigsten Veränderungen der Globalisierung lassen sich unter den Stichworten Interkonnektivität, Zeit-Raum-Verdichtung (Harvey 1989), Synchronisierung und Mobilisierung, Netzwerk- und Informationsgesellschaft sowie Digitalisierung, Abnahme der Bedeutung von Grenzen und der Macht von Nationalstaaten sowie Entstehung einer medialen Weltöffentlichkeit zusammenfassen. Die Weltwirtschaft konstituiert sich aus eng verflochtenen Nationalökonomien und für eine in Mikrosekunden agierende Finanzindustrie sind Räume und Entfernungen beinahe irrelevant. Die zunehmenden Wanderungsbewegungen von Migranten und Migrantinnen verändern die bevölkerungspolitische Ansicht unseres Planeten und sind weit heterogener als früher. Viele Migranten bleiben in engem Kontakt mit ihren Herkunftsländern, so dass Assimilation und Pluralisierung parallel laufen. Auch wenn die Globalisierung stark von wirtschaftlichen Interessen und Prozessen vorangetrieben wird, so können doch Kultur, also auch Literatur, und Ökonomie nicht klar voneinander getrennt werden. Kultur, Literatur und Marktmechanismen sind vielmehr eng verwoben (vgl. IV.6 SCHÖSSLER). Wenn wir aus Sicht der Globalisierungsforschung von Pluralisierung sprechen, so muss gleichzeitig das Einheitsmedium und Wertkriterium des Geldes mitgedacht werden. Geld ist ein beinahe universal gültiges Kommunikationsmedium, das überall verstanden wird und das zweifellos den Katalysator der Globalisierung darstellt.

Politisch betrachtet ändern sich Machtverhältnisse und abstrakter gesprochen Relationen der Souveränität. Mit der zunehmenden, aber keineswegs überall und für alle Akteure gleich gültigen Durchlässigkeit von Grenzen nimmt die Souveränität des Nationalstaates ab, so dass nicht nur internationale Organisationen, wie etwa die Vereinten Nationen oder die Welthandelsorganisation, sondern auch transnationale Organisationen, die nicht von Nationen getragen werden, wie etwa NGOs, entstehen und an Bedeutung zunehmen. Damit werden jedoch nicht nur transnationale Beziehungen wichtiger – ohne dass Nation und Grenzen verschwinden –, vielmehr entstehen im Zuge der Globalisierung neue Bezugsräume. Wenn man sich dessen bewusst ist, dass der Gesamtheit des Globus eine entscheidende Bedeutung zukommt, so ist dies der wichtigste Faktor, der Transnationalität und Globalisierung unterscheidet. Transnationalität betont die Bewegung über Grenzen hinweg, das grenzüberschreitende bzw. ‚grenzenlose' Wirken von Medien, ökonomischer Handlungsmacht sowie kultureller Formationen und hat eine explizit politische Implikation, während das Globale dies zwar voraussetzt, darüber hinaus jedoch einen Einheitshorizont festhält – die gemeinsame Erde, den Globus. Richtet also Transnationalität den Fokus auf die Grenzüberschreitung, der häufig auf einige Nationen oder Regionen begrenzt ist, so hebt Globalität die Interkonnektivität und Interdependenz des gesamten Planeten hervor. Zusätzlich zur stärker soziologisch konzipierten Begrifflichkeit verweist Globalisierung auf das Gemeinsame eines übergreifenden Ganzen. Daher müssen die Gleichzeitigkeit von Differenz und Einheit, von Partikularität und Universalität emphatisch zusammen gedacht werden. Theoretisch lässt sich eine solche Kondition am besten im Modell des Netzwerks fassen, das die einzelnen Knoten von deren Verbindungen untereinander versteht, sowie durch Nassehis Diktum von den vielen „Welten in der einen Welt" (2003, 200). Festzuhalten ist, dass Transnationalität hier als Teilphänomen globaler Prozesse aufgefasst wird.

3. Zweite Moderne, Kosmopolitismus und verwandte Begriffe

Die Konzeption einer ‚zweiten Moderne', vor allem in Ulrich Becks Fassung (1996), bildet den soziohistorischen Hintergrund der rezenten Epoche der Globalisierung. Im Gegensatz zum Begriff der Postmoderne verweist sie stärker auf die Kontinuität mit der Moderne und deren politisch-sozialen Errungenschaften. Es hat sich etwas verändert, die Moderne ist jedoch keinesfalls zu einem Ende gekommen. Vielmehr haben wir uns ihren Werten, Vorstellungen und auch institutionellen Kräften in einem veränderten Kontext zu stellen. Dies betrifft die Globalisierung, die die schwindende Souveränität des Nationalstaats und die Zunahme transnationaler Lebensformen und Institutionen bedeutet: die digitale Revolution, die Alltagshandeln, Weltorientierung wie auch Formate und Horizonte des Wissens radikal verändert, sowie Entwicklungen, die unter dem Schirmbegriff des Posthumanismus gefasst werden können (genetische, prothetische und weitere Veränderungen des Menschlichen). Dazu kommt, dass der Modernebegriff schon durch Studien wie Adornos und Horkheimers *Dialektik der Aufklärung* kritisch beleuchtet, wenn auch nicht aufgegeben wurde. Mit Blick auf ein postuliertes Ende der Moderne in der Epoche der Postmoderne betont Wolfgang Welsch sowohl die Kontinuität als auch die Infragestellung und partielle Überwindung spezifisch moderner Denkfiguren. Daher spricht er von „unserer postmodernen Moderne" (1988).

Ein weiterer Vorschlag zur Aktualisierung des Modernebegriffs passt ihn der globalen Konstellation an. Shmuel Eisenstadt spricht von „multiplen Modernen", die unterschiedliche Entwicklungen genommen haben (2002). Weder Demokratie noch die Trennung von Kirche und Staat oder Individualismus und Kapitalismus, die Romanform und das lyrische Gedicht sind Entwicklungsschritte, die mit historischer Notwendigkeit überall auftreten müssen. Vielmehr muss Europa in der globalisierten Moderne der Gegenwart auch bezüglich seiner Werte und Maßstäbe „provinzialisiert" werden (Chakrabarty 2000; vgl. IV.9 ARNDT/ASSA). Wir können nur von unserem Wissen ausgehen, aber dieses nicht mehr als den einzigen Bezug voraussetzen.

Begrifflich muss Globalisierung von Planetarität, Mondialisierung, Kosmopolitismus und Transkulturalität unterschieden werden. Diese teilweise ähnlich gelagerten Begriffe setzen andere Akzente, verweisen jedoch auf nah beieinander liegende Phänomene. Planetarität in Gayatri Spivaks Fassung (2003) wie auch Mondialisierung (Badura 2006) akzentuieren die menschlich-kulturelle Dimension des Globalen und setzen diese Begriffe gegen die ursprünglich stark ökonomisch dimensionierte Bedeutung von Globalisierung. Damit wird die von Menschen zu formende Dimension einer weltumspannenden Gesellschaft, das Bewusstsein einer menschlichen Weltgemeinschaft angesprochen; in Jens Baduras Version ist die Erfahrungsebene hervorgehoben. Kosmopolitismus weist in dieselbe Richtung, betont jedoch vor allem eine Haltung der Weltoffenheit, der Toleranz und der Anerkennung von kultureller, ethnischer etc. Alterität; religiöser und politischer Dogmatismus können allerdings nicht akzeptiert werden. Anthony Appiah argumentiert, dass eine kosmopolitische Haltung pragmatisch sein solle. Man müsse auch mit Menschen zusammen leben können, deren Werte man nicht verstehe; man könne sich jedoch aneinander gewöhnen (2007, 113). Für Ulrich Beck ist der Begriff des Kosmopolitismus eher politisch geprägt und meint sowohl einen historischen Prozess als auch eine Haltung, die im Handeln das Weltganze im Blick hat (2004, 17–18).

4. Universalität und Partikularität – global denken

Wenn bisher vor allem von den konkreten Veränderungen der Lebenswelt gesprochen wurde, so soll nun darlegt werden, welche Modelle es ermöglichen, eine global vernetzte Welt zu konzeptualisieren. Der entscheidende Punkt ist, dass Universalität und Partikularität zusammen gedacht werden müssen. Weder können wir auf eine Vorstellung von Ganzheit verzichten, noch bedeutet Globalisierung notwendig die Homogenisierung und Standardisierung der Welt und damit gleichzeitig das Verschwinden von kulturellen und sprachlichen Differenzen. Ein Begriff, der die Doppelung am besten erfasst, ist William James' „pluralistisches Universum", ein Konzept, das Einheit und Vielheit verbindet (1977 [1909]). Denn, wie Ralf Dahrendorf über den Blick vom Mond aus bemerkt, Neil Armstrong sah „die Erde, also unsere Welt, als Ganze, [...] aber aus unvertrauter Perspektive. Der andere Himmelskörper [...] machte die Einheit unseres so vielfältigen, ja in nahezu jeder Hinsicht uneinheitlichen Planeten sichtbar" (2002, 13). Dieses Bild fasst die Grundproblematik jeglichen Nachdenkens über globales Denken präzise zusammen. Wir müssen die Einheit des Planeten als Horizont immer mitführen, auch wenn wir diesen nie ganz, sondern immer nur eine Seite davon sehen können. Gleichzeitig bleiben die Unterschiede und Konflikte erhalten. Mark Taylor spricht von einer Ganzheit, die nicht totalisiert (Taylor 2001, 65).

Die Welt, in der wir leben, ist nicht nur durch vielfältige Unterschiede geprägt, sondern sie wird auch von verschiedenen Positionen aus ganz unterschiedlich gesehen. Wenn Armin Nassehi daher von der Unhintergehbarkeit der „Welten in der einen Welt" (2003, 200) spricht, so betont er, dass selbst unvereinbare Perspektiven und Blickwinkel sich letztlich auf eine, wenn auch komplexe und sich kontinuierlich verändernde, so doch gemeinsame Welt beziehen müssen. „Einerseits sind alle partiellen Positionen und Standorte in das globale differentielle Netzwerk verflochten, also auch mit anderen Standorten unentwirrbar verkoppelt; andererseits bilden die Partialpositionen ihrerseits je Vorstellungen von ‚Welt' aus, die aus ihrer Perspektive betrachtet die ganze Welt bedeuten" (Reichardt 2008, 7). Nassehi geht einen Schritt weiter, wenn er schreibt, dass ein wichtiger Aspekt der Globalisierung darin bestehe, dass die unterschiedlichen Welten oder Positionen aufgrund der (medial-synchronisierten) Verschaltung einander gegenseitig beobachten können und dass gerade dies Globalität ausmache (2003, 197–198). Andere Welten, auch radikal andere Blickwinkel auf unsere gemeinsame Welt, müssen immer mitreflektiert werden.

Philosophisch betrachtet gehört zur Globalisierung also auch der Weltbegriff. Die Welt ist beobachtungsabhängig. „In ihrer Gleichheit für alle ist sie unbestimmbar; soweit sie bestimmbar ist, ist sie nicht für alle Beobachter gleich, weil diese unterschiedliche Unterscheidungen verwenden. Mit anderen Worten, man kann die Welt nur in der Welt von einer bestimmten Perspektive aus betrachten bzw. denken, die hierdurch andere Perspektiven notwendigerweise nicht einnimmt und daher nur eine Version der Welt unter anderen darstellt" (Reichardt 2008, 23). Die Rede von der Welt impliziert daher gleichzeitig immer Wirklichkeit und Möglichkeitshorizont, Wissen und Nichtwissen, wie Niklas Luhmann ausführt. Er betont, dass „in jedem Augenblick die ganze Welt präsent [ist] – aber nicht als plenitudo entis, sondern als Differenz von aktualisiertem Sinn und den von da aus zugänglichen Möglichkeiten" (1998, 142). Luhmann verwendet den Begriff einer existierenden, wenn auch intern funktional differenzierten Weltgesellschaft und unterstreicht damit, dass Gesellschaft heute nur noch in ihren globalen Zusammenhängen beschrieben werden kann.

Der Weltbegriff selbst wird von der Globalisierung modifiziert. Mit der Gesamterforschung der Erdoberfläche wurde der Globus zur einzigen Welt des Menschen, wie Jean-Luc Nancy formuliert. Der „Globalisierung [*mondialisation*] ist eine Verweltlichung [*mondanisation*] vorausgegangen" (Nancy 2003, 35). Er spricht von einer Transimmanenz und meint damit, dass Welt nur noch weltlich, also im Rahmen des Globus gedacht werde, dass sie jedoch auch in ihrer Immanenz nicht ganz zu erkennen sei; sie erscheint daher endlich und kontingent. Die Welt hat sich paradoxerweise gerade dadurch, dass sie erforscht und kartiert wurde, „dem Rahmen der möglichen Vorstellung entzogen [...]" (Nancy 2003, 33).

5. Netzwerktheorie und Komplexität

Ein besonders geeignetes Beschreibungsmodell für globale Verhältnisse ist die Theorie des Netzwerks, die sich sowohl auf menschliche und technische, natürliche und informationelle Bereiche anwenden lässt und, wie Hartmut Böhme anmerkt, eine Leitmetapher unserer Zeit darstellt (2004, 30). Entscheidend ist die Verknüpfung von Einheit – ein Netz – und vielen Knoten. Dabei sind die Verbindungen (mindestens) genauso wichtig wie die einzelnen Teile. Sie können nicht außerhalb des rekursiv gekoppelten Beziehungsgeflechts gedacht oder sinnvoll analytisch isoliert werden. Netzwerke haben kein Zentrum, sondern sind polyzentral, und es gibt Asymmetrien. Vernetzt zu denken bedeutet, Personen, Situationen, Gegenstände, Institutionen und Ereignisse von ihren Beziehungen untereinander her zu verstehen. Konkret betrifft dies beispielsweise Medien, Verkehr, Handel und Geldverkehr. Theoretisch erlaubt das Modell, Partikularität und Universalität zu verbinden und die Operationen, die global ablaufen, jedoch lokal und individuell erlebt werden, zusammenzuführen (Glokalisierung). Mit dem Begriff der Komplexität werden Systeme und Verhältnisse beschrieben, über die sich aufgrund der hohen Zahl der daran beteiligten Aktanten und deren dynamischen Beziehungen nur noch statistische Aussagen machen lassen. Mark Taylor erläutert, dass in komplexen Systemen Quantität in Qualität übergeht. Komplexe Systeme entwickeln sich in Abhängigkeit voneinander, und Aktion und Reaktion sind über vielfache Prozesse der Vorwärts- und Rückwärtskoppelung sowie über Erwartungsmechanismen miteinander verbunden (Taylor 2001, 170–171 et passim). Das Modell des Netzwerks und Komplexität als Theorie eignen sich am besten für die Beschreibung der globalen Konstellation, in der über sieben Milliarden Menschen, eine Vielzahl von Funktionssystemen sowie kulturell erheblich differente Welten intrikat miteinander verknüpft sind.

6. Amerikanisierung

Die Kritik an der Globalisierung wird häufig nicht nur mit der Gefahr einer Ökonomisierung, sondern auch mit einer kulturellen Amerikanisierung begründet. Die Bedeutung der USA für die Globalisierung der letzten Dekaden ist vielfach festgestellt worden: „Seit 1945 steht fest", schreibt Peter Sloterdijk, „dass die geschichtsmachende Potenz der europäischen Expansionsträger erloschen ist. Die Alte Welt hat ihre Erstschlagkapazität bei der Erschließung des Planeten verausgabt und ihre überschüssigen Energien in zwei Großkriegen abgefackelt. [...] [D]er Blick in die Vergangenheit Europas hat für die Projektion der Weltzukunft aufs Ganze gesehen keine Bedeutung" (2005, 258). Für die globale Populärkultur ist die Bedeutung der USA zweifellos immens. Dass englischsprachige und insbesondere amerikanische Literatur heute besonders gute Chancen auf Erfolg hat, lässt sich auf den großen Markt englischsprachiger Leser, jedoch auch darauf zurückführen, dass die amerikanische Kultur einen starken Einfluss auf Geschmack und ästhetische Werte weltweit hat. Globalisierung und Amerikanisierung werden oft unter dem Stichwort der Standardisierung subsumiert. Schlagworte wie ‚McDonaldisierung' kritisieren, dass transnationale Wirtschaftsbeziehungen und Kulturaustausch asymmetrisch verlaufen: Aufgrund der ökonomischen wie auch politischen Vorherrschaft würden vor allem amerikanische Produkte, kulturelle Formen und Institutionen exportiert und überformten die ‚ursprünglichen' Kulturen weltweit. Richtig ist, dass in den Vereinigten Staaten verortete, global agierende Konzerne wie Apple, Microsoft, Google und Facebook, wie Coca-Cola und McDonald's sowie Hollywoodfilme und US-amerikanische Fernsehsendungen weltweit einen überproportional starken Einfluss haben. Mit diesen Produkten werden Vorstellungen und Werte global verbreitet, beispielsweise Individualismus, Demokratie, Wettbewerb, die Betonung ökonomischen

Erfolgs und Skepsis gegenüber staatlichen Strukturen. Auch die amerikanische ‚Kultur' folge, so die geläufige Kritik, als Kulturbetrieb ökonomischen Kriterien. Dagegen hält sich die europäische Kultur für von wirtschaftlichen Einflüssen weitgehend unabhängig. Diese Selbsteinschätzung wird auch dadurch unterstützt, dass öffentliche Instanzen in Europa die Kultur der Länder weit stärker fördern als dies in den USA der Fall ist. Die Sorge bezüglich der Überformung durch amerikanische Kultur ist jedoch verwunderlich; denn niemand scheint sich darum zu kümmern, dass die deutsche klassische Musik, die italienische Oper und die europäische Romanform sich weltweit verbreitet haben.

Allerdings kann die überragende Wirkung amerikanischer Populärkultur nicht allein der Macht global agierender Unternehmen zugerechnet werden. Es müssen auch immanente Gründe dafür vorliegen, dass sie weltweit einflussreich ist. Eine wesentliche Erklärung besteht darin, dass sie zu einem Zeitpunkt entstand, als in den großen Einwanderungsmetropolen der amerikanischen Ostküste, wie etwa in New York City, eine Situation herrschte, die der heutigen globalen Konstellation ähnlich war. So lebten in New York um 1900 mehrere Millionen von Menschen zusammen, die gerade erst eingewandert waren, kein Englisch sprachen und über keine gemeinsame Kultur verfügten. Es entwickelten sich kulturelle Formen, die auch für Menschen ohne gemeinsame Sprache und Kultur verständlich waren, wie etwa das Vaudeville-Theater und der frühe Stummfilm. Diese Formen haben niedrige Zugangsbedingungen und können daher auch von einer sehr heterogenen Bevölkerung verwendet werden, um über eigene Erfahrungen zu kommunizieren. Sie stellen ein Gemeinsames dar, ohne eine gemeinsame Sprache und Kultur vorauszusetzen (Fluck 1999).

Eine überzeugende Erklärung für die besondere Eignung der amerikanischen Kultur für den Export bietet Mel van Elteren an. Er argumentiert, dass die amerikanische Kultur modular sei, weil sie von Beginn an Elemente aus verschiedenen Kulturen kombinierte. Sie ging locker mit anderen Traditionen um, übernahm Elemente und kombinierte sie beinahe nach Belieben (van Elteren 1996, 61). Modularität ist daher ein wesentliches Kriterium für die Transportabilität amerikanischer Populärkultur. Darüber hinaus verweist van Elteren darauf, dass Kultur immer an die jeweils lokalen Kontexte und Umgebungen angepasst wird. Er spricht von Prozessen der Adaption bzw. der Aneignung sowie der Reinterpretation (1996, 52–53). Wichtig ist auch, dass die amerikanische Kultur, wie Winfried Fluck ausführt, über ein Gratifikationspotential verfügt, das sie für Menschen weltweit attraktiv erscheinen lässt (1999, 58). Hierzu gehören Werte, die es dem Einzelnen ermöglichen, sich eine bessere Zukunft vorzustellen. Es sind Geschichten, die Selbstbestimmung und individuelle Verwirklichung versprechen, die einen entscheidenden Anteil daran haben, dass US-amerikanische Unternehmen, Populärkultur wie auch Institutionen und Werte global erfolgreich sind.

7. Literatur in einer globalisierten Welt

Wenn man von einem *transnational turn* in der Literaturwissenschaft sprechen darf, so stellt dieser eine weitere Drehung der paradigmatischen Schraube dar, die in den 1970er Jahren mit dem *linguistic turn* ihren Anfang nahm. Kurz gefasst weist der *transnational turn* darauf hin, dass es nicht länger sinnvoll erscheint, literarische Werke allein im nationalen Rahmen zu verstehen. Die allegorische Leseweise, der zufolge ein Roman, ein Theaterstück oder ein Gedicht immer auch als implizite Aussage über die Nation gelesen werden kann, verliert an explanativer Kraft. Wie Erich Auerbach 1952 angesichts der politischen Erfahrungen der ersten Hälfte des 20. Jahrhunderts feststellte, kann unsere Heimat nicht mehr länger die Nation, sondern sie muss die gesamte Erde sein (1952, 310). Da die Nation wie die Idee einer Nationalliteratur erst zum Ende des 18. Jahrhunderts entstanden sind, war ein großer Teil der europäischen Literaturgeschichte immer schon trans- bzw. vornational. Die Disziplinen der Literaturwissenschaft sind jedoch auch heute noch national ausgerichtet. Der Ausgangspunkt der folgenden Überlegungen besteht darin, dass ein solcher Blickwinkel in einer durch digitale Medien und erschwingliches Reisen, durch Migration und wirtschaftliche Verflechtung vernetzten Welt nicht mehr adäquat ist.

8. Literatur und Ökonomie

Globalisierung darf zwar nicht einseitig auf Ökonomie reduziert werden, der starke Einfluss des Ökonomischen muss jedoch auf allen Ebenen reflektiert werden. Es ist entscheidend, die Verknüpfung von transnationalen wirtschaftlichen Strukturen und Literatur/-wissenschaft im Blick zu behalten. So schreibt Paul Jay in seiner Studie *Global Matters: The Transnational Turn in Literary Studies*: „Wir können wirtschaftliche Waren nicht sauber von kulturellen trennen; wenn Waren reisen, dann reist auch die Kultur, und wenn die Kultur reist, dann reisen auch Waren" (2010, 3, Übers. d. Verf.). Literatur wie auch die Literaturwissenschaft agieren heute transnational. Pascale Casanovas Diagnose einer „Weltrepublik der Literatur" zufolge wird Literatur erst dann gelesen, wenn sie in eine der Weltsprachen übersetzt sowie in einem literarischen Zentrum (Paris, London und New York) anerkannt ist (Casanova 2004). Hier gelten global wirksame, jedoch lokal basierte und auf wirtschaftlicher sowie symbolischer Macht gründende Bewertungskriterien. Mit der Abnahme nationaler Bindung gewinnen transnational wirkende Urteile an Bedeutung. Außerdem wird Literatur zunehmend für globale Märkte geschrieben, die zwar polyzentral erscheinen, jedoch vom Westen, vor allem der englischsprachigen Sphäre, dominiert werden; Beispiele wären *Harry Potter* und die *Twilight*-Serie in der Literatur, *Titanic* sowie *Avatar* im Film.

9. Globalisierung und Literatur – vier Facetten

Die Frage nach dem Verhältnis von Globalisierung und Literatur sowie Literaturwissenschaft kann in vier Aspekte unterteilt werden, die eng miteinander zusammen hängen. Zunächst stellt sich die Frage, wie Globalisierung – und allgemeiner Globalität überhaupt – dargestellt werden kann. Dann muss gefragt werden, wie man Globales erkennt und wie, also aus welcher Perspektive, und mit welchen Methoden, Literatur in einer globalisierten Welt interpretiert werden sollte. Auch die Literaturwissenschaft bzw. deren Ordnungen verändern sich. Schließlich soll dargelegt werden, welche Formen der Literatur sich mit Globalem im weitesten Sinne auseinandergesetzt haben.

9.1 Repräsentationen des Globalen

In der Literatur kann Globalität durch veränderte Raumordnungen und aufeinander bezogene bzw. miteinander vernetzte Räume und Orte dargestellt werden (vgl. II.4 KRAFT). Denn „[a]uch in der Netzwerkgesellschaft bleibt Territorialität als eines der organisierenden Prinzipien sozialer Beziehungen elementar von Bedeutung" (Döring und Thielmann 2008, 15). Eine weitere Möglichkeit ist die Intertextualität in dem Sinne, dass Texte aus unterschiedlichen Kulturkreisen miteinander verflochten werden, so dass der Text in seiner Form und seiner Aussage selbst schon zum Verhandlungsort von Transkulturalität wird. Die Differenz bleibt dem Roman eingeschrieben; so haben wir es mit hybriden Formen zu tun. Autobiografische Erzählungen thematisieren die Passage durch Länder, Städte und Kulturen sowie die hierbei gemachten Erfahrungen; aber auch multiperspektivisches Erzählen kann dazu dienen, die Pluralität globaler Interkonnektivität zu simulieren. Weltkarten und deren implizite Hierarchien können auf den asymmetrisch vernetzten Zusammenhang des Globus verweisen.

9.2 Interpretationen des Globalen und globales Lesen

Interpretationen des Globalen bzw. aus einem globalisierten Blickwinkel bedürfen einer, gegenüber dem bisher meist national verorteten Standort, veränderten Perspektive. Im Gegensatz zu den Grundannahmen der Hermeneutik im Sinne Hans-Georg Gadamers kann kein gemeinsamer Traditionszusammenhang vorausgesetzt werden; vielmehr ist die Pluralität der Weltsichten und Weltbilder konstitutiv für Globalität. Deshalb sollte auch die Interpretation die Perspektive mehrfach wechseln. Eine Szene oder ein Ereignis, eine Begebenheit oder ein Ort können für verschiedene Betrachter ganz Unterschiedliches bedeuten. Ein prominentes Beispiel ist die amerikanische Unabhängigkeitserklärung, die universal argumentiert, jedoch für schwarze Sklaven wie Hohn und ein noch einzulösendes Versprechen ausgesehen hat. Dasselbe gilt für Kolonialerzählungen wie Joseph Conrads *Heart of Darkness* (1899) oder für Western-Filme aus indianischer Sicht. Hier interessiert uns die Tatsache, dass die Interpretation zunächst eindeutig erscheinender Texte in kulturell diversen Konstellationen, in der globalen Welt also immer, die Differenz kultureller Codes wie auch historischer Erfahrungen in Betracht ziehen muss. Die eigene Position ist immer begrenzt und situiert. Wie Elisabeth Bronfen und Benjamin Marius in Bezug auf die Literatur im Kontext des Postkolonialismus herausstellen: „[...] der kulturelle Wert des literarischen Textes [...] ergibt sich aus seiner Mehrfachcodierung innerhalb einer plural verstandenen Welt. So bietet der intertextuell geprägte Umgang mit literarischen Texten ein Modell und Trainingsfeld für den Umgang mit mehrfach codierten, komplexen Identitäten [...], die sich innerhalb des pluralen Bezugsrahmens ‚Welt' ansiedeln" (Bronfen und Marius 1997, 7). Unterschiedliche, auch konfligierende Bedeutungswelten kommen in Texten selbst sowie bei Lektüren in einer globalisierten Welt zusammen; man kann von Polykontexturalität sprechen. Dabei können sich mehrere Semantiken überlagern. Eine weitere Komponente globalen Lesens besteht darin, dass die Interpretation immer die ganze Welt zumindest als Horizont mitführen sollte, auch wenn davon viele Versionen existieren.

Eine der globalisierten Situation adäquate Lesehaltung charakterisiert David Damrosch folgendermaßen: „Weltliteratur ist nicht [etwa] ein festgesetzter Kanon von Texten, sondern eine Form des Lesens; eine Form des distanzierten Engagements mit Welten jenseits unseres eigenen Ortes und unserer eigenen Zeit" (Damrosch 2003, 281; Übers. d. Verf. vgl. III.1 Gossens). Und Vilashini Cooppan erläutert: „Wenn man einen Text nimmt, der als weltbildend aufgefasst wird, und ihn neben einen anderen aus einer anderen Tradition und Zeit setzt, so verändert globalisiertes Lesen die Weise, wie wir sehen. Es verdrängt die hegemoniale Vorstellung von ‚Welt' als einer fiktiven Universalität zugunsten einer Vision von vielen Welten, die individuell verschieden und in vielfältiger Weise verbunden sind" (Cooppan 2001, 32, Übers. d. Verf.). Einen weiteren Hinweis verdanken wir Edward Said, der von einer kontrapunktischen Lektüre spricht (1994, 112). Damit verweist er darauf, dass in Romanen oft verschiedene Stimmen parallel laufen, auch verdeckte Stimmen der bisher Ausgeschlossenen, ohne zu einem ‚homofonen' Ganzen zusammenzukommen. So können die Stimmen der Kolonisierten auch in Texten der Kolonisatoren entborgen werden.

In der Literatur basiert die Übertragung meist auf Übersetzungsprozessen. Die Übersetzung ist im weltliterarischen Raum zweifellos die entscheidende Tätigkeit (vgl. II.2 BACHMANN-MEDICK); François Jullien hält sie gar für „die einzig mögliche Ethik der Welt" (2008, 248, Übers. d. Verf.). Niemand wird auch nur einen Bruchteil der Sprachen sprechen oder lesen können, die im weltliterarischen Raum beteiligt sind. Die Übersetzung stellt eine Form des Transfers von Sprachen, Inhalten und Denkweisen und damit zugleich eine Form der kulturellen Interpretation dar. Implizit findet dabei immer ein Vergleich statt. Eine weitere Methode, um sich in einer multikulturellen Welt zurechtzufinden und literarische Texte in einem globalen Kontext interpretieren zu können, ist die Semiotik und deren Konzeption kultureller Codes. Jede Kultur ist Umberto Eco zufolge „ein System von Zeichensystemen" (1977, 185); eine Analyse kultureller Codes erlaubt Einsicht in verschiedene Bedeutungsebenen, die Wörter und Texte mit sich führen.

Für eine Literaturwissenschaft, die im globalisierten Raume agiert, ist es wesentlich, dass die Instrumentarien der Untersuchung den Veränderungen angepasst werden. Ein entscheidendes Stichwort liefert Walter Mignolo mit der Konzeption einer Geopolitik des Wissens, die darauf hinweist, dass es nicht nur politische und ökonomische Machtgefälle gibt, sondern dass auch die Vorannahmen und der epistemologische Rahmen, von denen aus globale Phänomene beobachtet und verstanden werden, ortsspezifisch, pfadabhängig und machtbedingt sind (Mignolo 2002). So weist Lydia Liu darauf hin, „dass ernsthafte methodologische Probleme entstehen, wenn eine kulturübergreifende vergleichende Theorie auf der Grundlage einer wesentlichen Kategorie aufgebaut ist, wie etwa dem ‚Selbst' oder dem ‚Individuum', deren sprachliche Identität die Geschichte der Übersetzung überschreitet und einer anderen Kultur ihre eigene diskursive Vorherrschaft auferlegt" (Liu 1995, 8, Übers. d. Verf.). Der Roman etwa ist eine europäische Form, die anderswo als Import eingesetzt wird und der viele Momente der europäischen Kulturgeschichte eingeschrieben sind. Er setzt die Konzeption eines weitgehend autonomen Individuums voraus, das sich im Laufe des Lebens weiterentwickelt. Mit einer Poetik des Lyrischen (Culler 1975, 161–188) lassen sich beispielsweise japanische Haikus, die keine subjektive Betrachter- oder Erlebensperspektive thematisieren, nicht erfassen. Daraus kann man schließen, dass auch in formaler Hinsicht mehrfache Perspektivwechsel notwendig werden, die es erlauben, die Leitunterscheidungen, mit denen eine Kultur bzw. Gesellschaft die Welt kartiert, ordnet und versteht, zu erkennen und mit anderen kulturellen Mustern in eine kreative Auseinandersetzung zu bringen.

Allerdings kann es nicht das Ziel einer transnationalen oder globalen Literaturwissenschaft sein, ein undifferenziertes Kontinuum weltweit miteinander verbundener und ineinander fließender Texte zu konstatieren. Vielmehr gibt es weiterhin verschiedene Narrative, Traditionen, Sprachen und Kulturen. Entscheidend ist, dass diese selten isoliert existieren, sondern relational, im Austausch oder auch in Abgrenzung. So sind wesentliche Dimensionen literarischer Texte immer schon transnational gewesen – etwa Gattungen und Tropen, aber auch Grundformen des Erzählens. Über das Epos beispielsweise kann man nicht ausschließlich im Rahmen einer Nationalliteratur sprechen.

9.3 Globalisierung der Literaturwissenschaft

Was die Literaturwissenschaft als Disziplin betrifft, so sind es Nationalphilologie und Nationalliteratur, die in einer globalisierten Welt durch eine transnationale Literaturwissenschaft ersetzt oder zumindest erweitert werden. Bisher wurden die nationalphilologischen Disziplinen als ‚Container' verstanden, welche die Literatur einer Nation im Kontext von deren spezieller und klar abgrenzbarer Kultur und Geschichte enthielt (vgl. II.1 GRABBE). Zwar wurde auch früher gelehrt, dass Shakespeare viele seiner Geschichten aus Italien übernommen hatte. Aber das änderte nichts daran, dass er als der prototypische englische Barde betrachtet wurde. Der *transnational turn*, situiert im Kontext der oben beschriebenen Globalisierungsprozesse, betrifft also auch die Disziplinen. Die Literaturwissenschaft hatte als Nationalphilologie zur Zeit ihrer Entstehung im 19. Jahrhundert eine explizit politische Funktion im Rahmen der Nationenbildung. „Aus dem Zusammenspiel des neuen Geschichts-, Nation- und Literaturkonzepts entsteht das Projekt der Nationalliteraturgeschichtsschreibung, welches das 19. Jahrhundert dominierte" (Dainat und Kruckis 1995, 126). Janice Radway erläutert daher, dass das Verhältnis von Literatur und Nation neu gedacht werden müsse: „[...] weit davon entfernt, nach dem Modell des Behältnisses [...] konzipiert zu werden, müssen Territorien und Geografien als räumlich situierte und eng miteinander verwobene Netzwerke sozialer Beziehungen neu konzipiert werden, die spezifische Orte mit bestimmten Geschichten verbinden" (Radway 1999, 15, Übers. d. Verf.). Die postkolonialen Studien und die Komparatistik sowie die Regionalstudien (Nordamerika-, Osteuropa-Institute etc.) gehören zu den Ansätzen, die Literatur transnational bzw. im Rahmen von nicht-nationalen Grenzen untersuchen, wobei die Komparatistik inzwischen globalisiert wird; ebenso die Anglo-, Franko-, Luso- oder die Hispanofonie, die Literaturen derselben Sprache in verschiedenen Regionen der Erde analysieren.

9.4 Literarische Formen des Globalen

Man kann von vier verschiedenen Facetten der Literatur in globaler Perspektive sprechen:

(1.) Die Weltliteratur umfasst im Prinzip jede Form der Literatur zu allen Zeiten, ob schriftlich oder mündlich, ist also die Kategorie mit der höchsten Inklusionskraft, jedoch ebenfalls nur statistisch und mit großen Rechnerkapazitäten zu verarbeiten. Man könnte von den *Big Data* der Literatur sprechen.

(2.) Globale Literatur bezeichnet Texte, in denen mehrere kulturelle Strömungen zusammenkommen und die ausschnitthaft bzw. metonymisch auf globale Phänomene verweisen.

(3.) Die Literatur der Globalisierung wird enger gefasst und schildert explizit Ereignisse und Strukturen des Globalisierungsprozesses – wie die europäische Kolonisierung der Neuen Welt, Wall Street Broker in Aktion, die Eröffnung des Suezkanals, informationelle Vernetzung oder auch Jules Vernes *Reise um die Welt in 80 Tagen* und vieles mehr.

(4.) Schließlich gehört noch die weltenschaffende Literatur in diesen Zusammenhang, also Texte, die eine Welt in der Beschreibung auch in ihrer Totalität zu definieren bzw. die Welt als Ganze darzustellen versuchen (wie die Bibel, das *Gilgamesch-Epos* und die *Upanischaden*, Dantes *Göttliche Komödie* und Alexander von Humboldts *Kosmos*) oder Formen der Welterzeugung inszenieren. Hier ist an Jorge Luis Borges' protopostmoderne Erzählungen zu denken, die fiktional mögliche Welten erkunden.

Einige wenige Beispiele sollen genügen, um wesentliche Strömungen einer Poetik des Globalen zu erläutern. Ein wichtiges Moment ist die Mobilität; so spricht Ottmar Ette von „Literatur in Bewegung" (2001), der Soziologe John Urry von „Mobilities" (2007) und Said von „Travelling Theory" (1983). Sprachliche und literarische Verfahren sowie konkrete Erfahrungswelt kombinierend spricht Salman Rushdie von Migrantinnen und Migranten als „übersetzten Menschen" (1991, 17). Viele Texte, die globale Prozesse thematisieren, präsentieren Reisen und Migration. Herman Melvilles *Moby-Dick* ist ein Roman, der eine Weltumsegelung mit einer transnational zusammengesetzten Schiffsmannschaft und globale Ökonomie (Walfang im 19. Jahrhundert) mit der metaphysischen Frage nach der Lesbarkeit der Welt verbindet. Die Sprache selbst kann im Sinne der Sprachmischung (*code-switching*, *Kanak Sprak*, *Weird English*, *Patois* etc.) zum Ort der Begegnung werden, oder als ‚Exofonie', wenn Autoren in einer Fremdsprache schreiben (Arndt et al. 2007). Eines der interessantesten Beispiele in der deutschen Literatur sind Texte der u. a. in deutscher Sprache schreibenden Japanerin Yoko Tawada, die, wie das folgende Beispiel belegt, eine Sprache von innen und von außen gleichzeitig betrachtet: „Eine Sprache, die man nicht versteht, liest man äußerlich. Man nimmt ihr Aussehen ernst. Das Gesicht eines französischen Textes sieht runder aus als das eines deutschen. Es fehlen die eckigen Schultern der großen Buchstaben, die im Deutschen jeder Zeile einen architektonischen Charakter geben" (Tawada 2006, 34).

Wenn es um ökonomisch-technische Momente der Globalisierung geht, so werden zunehmend auch digital basierte Welten dargestellt. Beispiele wären hier etwa Don DeLillos *Cosmopolis* (2003) oder Gary Shteyngarts *Super Sad True Love Story* (2011). DeLillos Roman verbindet Glokalisierung, Hochtechnologiefinanzspekulation und die Effekte der digitalen Globalisierung auf Individuen, Shteyngart verarbeitet die Effekte der neuen Medien und die Gefahren der totalen Überwachung im Rahmen einer übertrieben romantischen Liebesgeschichte.

10. Zusammenfassung

Wenn der *transnational turn* in der Literaturwissenschaft mit Blick auf Globalisierungsprozesse weiter differenziert wird, ergeben sich folgende zusätzliche Faktoren, die zu beachten sind, auch wenn die beiden Begriffsfelder ohne Zweifel große Schnittmengen aufweisen: Transnationalität betont, dass die Grenzen der Nationalstaaten und zwischen den Nationalkulturen zunehmend an Bedeutung verlieren, wenn sie auch keineswegs verschwinden. Globalisierung verweist auf ökonomisch induzierte grenzübergreifende Austauschprozesse, die mit Migrationsströmen und weltumspannenden digitalen Informations- und Kommunikationssystemen verknüpft sind. Die gegenwärtige Phase der Globalisierung impliziert gleichzeitig die von den angelsächsischen Ländern ausgehende neoliberale Struktur der Weltwirtschaft. Die Differenzqualität des Globalen in der Literaturwissenschaft besteht mithin darin, dass die Relation global/lokal im Vordergrund steht und das gesamte Literatursystem und das Spektrum literarischer Möglichkeiten mitgedacht werden sollte. Darüber hinaus wird es notwendig, konkrete Globalisierungskomponenten, die digitale mediale Revolution und die Explosion des potenziell zugänglichen Wissens unter dem Titel der Interkonnektivität zu reflektieren und die politischen Dimensionen von Macht und Souveränität im geopolitischen Raum einzubeziehen.

Literaturverzeichnis

Appiah, Kwame Anthony. *Der Kosmopolit: Philosophie des Weltbürgertums*. Übers. von Michael Bischoff. München: Beck, 2007 [2007].

Arndt, Susan, Dirk Naguschewski und Robert Stockhammer (Hrsg.). *Exophonie: Anderssprachigkeit (in) der Literatur*. Berlin: Kadmos, 2007.

Auerbach, Erich. „Philologie der Weltliteratur". *Gesammelte Aufsätze zur romanischen Philologie*. Bern und München: Francke, 1967. 301–310.

Badura, Jens (Hrsg.). *Mondialisierungen: ‚Globalisierung' im Lichte transdisziplinärer Reflexion*. Bielefeld: Transcript, 2006.

Beck, Ulrich. „Das Zeitalter der Nebenfolgen und die Politisierung der Moderne". *Reflexive Modernisierung. Eine Kontroverse*. Hrsg. von Ulrich Beck, Anthony Giddens und Scott Lash. Frankfurt am Main: Suhrkamp, 1996. 19–112.

Beck, Ulrich. *Der kosmopolitische Blick oder: Krieg ist Frieden*. Frankfurt am Main: Suhrkamp, 2004.

Böhme, Hartmut. „Einführung. Netzwerke. Zur Theorie und Geschichte einer Konstruktion". *Netzwerke. Eine Kulturtechnik der Moderne*. Hrsg. von Jürgen Barkhoff, Hartmut Böhme und Jeanne Riou. Köln: Böhlau, 2004. 17–36.

Borges, Jorge Luis. *Die Bibliothek von Babel*. Übers. von Karl August Horst und Curt Meyer-Clason. Stuttgart: Reclam, 1974 [1941].

Bronfen, Elisabeth, und Benjamin Marius. „Hybride Kulturen: Einleitung zur anglo-amerikanischen Multikulturalismusdebatte". *Hybride Kulturen: Beiträge zur anglo-amerikanischen Multikulturalismusdebatte*. Hrsg. von Elisabeth Bronfen, Benjamin Marius und Therese Steffen. Tübingen: Stauffenburg, 1997. 1–29.

Casanova, Pascale. *The World Republic of Letters*. Cambridge/MA: Harvard University Press, 2004.

Chakrabarty, Dipesh. *Provincializing Europe: Postcolonial Thought and Historical Difference*. Princeton: Princeton University Press, 2000.

Cooppan, Vilashini. „World Literature and Global Theory: Comparative Literature for the New Millenium". *Symploké* 9.1–2 (2001): 15–43.

Culler, Jonathan. *Structuralist Poetics: Structuralism, Linguistics, and the Study of Literature*. Ithaca, NY: Cornell University Press, 1975.

Dahrendorf, Ralf. „Anmerkungen zur Globalisierung". *Globalisierung im Alltag*. Hrsg. von Peter Kemper und Ulrich Sonnenschein. Frankfurt am Main: Suhrkamp, 2002. 13–25.

Dainat, Holger, und Hans-Martin Kruckis. „Die Ordnungen der Literatur(wissenschaft)". *Literaturwissenschaft*. Hrsg. von Jürgen Fohrmann und Harro Müller. München: Fink, 1995. 117–156.

Damrosch, David. *What is World Literature?* Princeton, NJ: Princeton University Press, 2003.

DeLillo, Don. *Cosmopolis*. New York: Scribner, 2003.

Döring, Jörg, und Tristan Thielmann (Hrsg.). *Spatial Turn: Das Raumparadigma in den Kultur- und Sozialwissenschaften*. Bielefeld: Transcript, 2008.

Eco, Umberto. *Zeichen: Einführung in einen Begriff und seine Geschichte*. Frankfurt am Main: Suhrkamp, 1977.

Eisenstadt, Shmuel N. (Hrsg.). *Multiple Modernities*. New Brunswick und London: Transaction Publishers, 2002.

Ette, Ottmar. *Literatur in Bewegung: Raum und Dynamik grenzüberschreitenden Schreibens in Europa und Amerika*. Weilerswist: Velbrück, 2001.

Fluck, Winfried. „Amerikanisierung und Modernisierung". *Transit* 17 (Sommer 1999): 321–335.
Harvey, David. *The Condition of Postmodernity: An Enquiry into the Origins of Cultural Change.* Oxford: Blackwell, 1989.
James, William. *A Pluralistic Universe. Hibbert Lectures at Manchester College on the Present Situation in Philosophy.* Cambridge, MA: Harvard University Press, 1977 [1909].
Jameson, Fredric. „Notes on Globalization as a Philosophical Issue". *The Cultures of Globalization.* Hrsg. von Fredric Jameson und Masao Miyoshi. Durham: Duke University Press, 1998. 54–77.
Jay, Paul. *Global Matters: The Transnational Turn in Literary Studies.* Ithaca, NY: Cornell University Press, 2010.
Jullien, François. *De l'universel, de l'uniforme, du commun et du dialogue entre les cultures.* Paris: Fayard, 2008.
Liu, Lydia H. *Translingual Practice: Literature, National Culture, and Translated Modernism. China, 1900–1937.* Stanford: Stanford University Press, 1995.
Luhmann, Niklas. *Die Gesellschaft der Gesellschaft.* Bd. 1 und 2. Frankfurt am Main: Suhrkamp, 1998.
Melville, Herman. *Moby-Dick.* Harmondsworth, Middlesex, England: Penguin, 1972 [1851].
Mignolo, Walter. „The Geopolitics of Knowledge and the Colonial Difference". *The South Atlantic Quarterly* 101.1 (Winter 2002): 57–96.
Nancy, Jean-Luc. *Die Erschaffung der Welt oder die Globalisierung.* Zürich und Berlin: diaphanes, 2003.
Nassehi, Armin. *Geschlossenheit und Offenheit: Studien zur Theorie der modernen Gesellschaft.* Frankfurt am Main: Suhrkamp, 2003.
Radway, Janice. „What's in a Name? Presidential Address to the American Studies Association, November 20, 1998". *American Quarterly* 51 (March 1999): 1–32.
Reichardt, Ulfried (Hrsg.). *Die Vermessung der Globalisierung: Kulturwissenschaftliche Perspektiven.* Heidelberg: Winter, 2008.
Reichardt, Ulfried. „Globalisierung, Mondialisierungen und die Poetik des Globalen". *Die Vermessung der Globalisierung: Kulturwissenschaftliche Perspektiven.* Hrsg. von Ulfried Reichardt. Heidelberg: Winter, 2008. 1–47.
Reichardt, Ulfried. *Globalisierung: Literaturen und Kulturen des Globalen.* Berlin: Akademie Verlag, 2010.
Reichardt, Ulfried. „American Studies and Globalization". *American Studies Today: New Research Agendas.* Hrsg. von Winfried Fluck, Erik Redling, Sabine Sielke und Hubert Zapf. Heidelberg: Winter, 2014. 441–458.
Rushdie, Salman. *Imaginary Homelands: Essays and Criticism, 1981–1991.* New York: Granta, 1991.
Said, Edward. „Traveling Theory". *The World, the Text, and the Critic.* Cambridge, MA: Harvard University Press, 1983. 226–247.
Said, Edward. *Kultur und Imperialismus: Einbildungskraft und Politik im Zeitalter der Macht.* Frankfurt am Main: Fischer, 1994.
Shteyngart, Gary. *Super Sad True Love Story.* New York: Random House, 2011.
Sloterdijk, Peter. *Im Weltinnenraum des Kapitals.* Frankfurt am Main: Suhrkamp, 2005.
Spivak, Gayatri Chakravorty. „Planetarity". *Death of a Discipline.* New York: Columbia University Press, 2003. 71–102.
Stiglitz, Joseph. *Globalization and Its Discontents.* New York: Norton, 2002.
Tawada, Yoko. *Überseezungen.* Tübingen: Konkursbuch Verlag, 2006.

Taylor, Mark C. *The Moment of Complexity: Emerging Network Culture*. Chicago: University of
   Chicago Press, 2001.
Urry, John. *Mobilities*. Oxford: John Wiley and Sons, 2007.
Van Elteren, Mel. „Conceptualizing the Impact of US Popular Culture Globally". *Journal of
   Popular Culture* 30.1 (1996): 47–89.
Welsch, Wolfgang. *Unsere postmoderne Moderne*. 2. Aufl. Weinheim: VCH, 1988 [1987].

III. Problematisierungen und Forschungsfragen

III.1 Konzepte der Weltliteratur
Peter Goßens

1. Von der Weltliteratur zu den Literaturen der Globalisierung

Von Goethe ausgehend haben sich Begriff und Konzept der Weltliteratur bis heute in unterschiedlicher Weise entwickelt, ohne dabei an Aktualität zu verlieren. Durchgesetzt hat sich dabei vor allem die quantitative Vorstellung eines möglichst umfassenden Kanons aller Literaturen der Welt, mit dem auch eine qualitative Perspektive korrespondiert, die nur bestimmten Werken der Literatur die Dignität des Weltliterarischen zugesteht. Doch als verbindlicher Kanon kulturellen Wissens scheint Weltliteratur gegen Ende des 20. Jahrhunderts seine Bedeutung verloren zu haben, der Begriff ist zum ökonomischen Selektionsmerkmal vor allem im Bereich des Buchhandels geworden. So heißt es in der Zeitschrift *Literaturen* 2010: „Die höchste Auszeichnung, mit der Poesie und Prosa heutzutage gepriesen werden, ist das Prädikat ‚Weltliteratur' – im frühen 19. Jahrhundert von Christoph Martin Wieland als Begriff geprägt, von Goethe als Anspruch formuliert, fungiert die Zuschreibung inzwischen als Werbe-Etikett" (Literaturen, 26). Erst in den jüngeren Diskussionen, geprägt von den verschiedenen *cultural turns*, gewinnen Konzepte der Weltliteratur auch im wissenschaftlichen Rahmen wieder zunehmend an Bedeutung. In den USA führte diese Entwicklung mit den *world literature studies* sogar zu einem eigenständigen universitären Lehrmodell. Die aktuelle Konjunktur des Begriff veranlasst Theo D'haen dennoch zu der Frage: „How did all this come about so suddenly, and where did it all start?" (2012, 2). Diskursgeschichtlich ist die Verwendung des Terminus Weltliteratur im Laufe der vergangenen knapp 250 Jahre tatsächlich immer wieder erheblichen Veränderungen unterworfen gewesen.

2. Voraussetzungen des Weltliteraturbegriffs im 18. Jahrhundert

Als gemeinsame Basis der insgesamt heterogenen Verwendungsmöglichkeiten des Begriffs Weltliteratur ist eine grenzüberschreitende, transnationale Perspektive auf das kulturelle Wissen einer jeweiligen Gegenwart zu sehen, die trotz divergenter ideologischer Prämissen an die Vorstellung von Weltliteratur herangetragen wird. Besonders seit der Mitte des 19. Jahrhunderts tritt an die Stelle einer auch sozial verankerten transnationalen Kulturwahrnehmung auch das Konzept eines qualitativ geprägten Kanons, der sich historisch wie topografisch gliedert (vgl. umfassend zur diskursiven Entwicklung im 18. und 19. Jahrhundert: Goßens 2011). Zunächst werden jedoch universalgeschichtliche Projekte wie die *Historia literaria* durch die Vorstellung einer ‚littérature universelle' im Sinne eines universellen Wissensspeichers (vgl. Simonis 2010) abgelöst. Im deutschsprachigen Kulturraum entwickelt sich daraus der Gedanke einer „allgemeinen Litteratur" als Vorläufer des heute geläufigen Weltliteraturbegriffs. Zentral sind auch hier nicht nur der kanonische Bestand der Weltliteratur, sondern auch die kommunikativen Dimensionen literarischen Austauschs.

Schon um 1800 finden sich einige explizite Erwähnungen des Begriffes, so etwa eine handschriftliche Randnotiz von Christoph Martin Wieland (1808); sie alle haben aber durchweg eine andere Konnotation als der von Goethe geprägte Terminus. Die früheste derzeit bekannte Verwendung des Begriffs findet sich 1773 in August Ludwig Schlözers Buch *Isländische Litteratur und Geschichte* (1773, 2). Als komplementäres Modell zu dem zeitgleich aufkommenden Begriff der ‚Nationalliteratur' (bislang bekannte Erstverwendung durch Leonhard Meister: 1777/1780) zeugen beide Begriffe von der nationalen Ausdifferenzierung der verschiedenen Kulturen im transnationalen Kontext.

Das Interesse an oftmals marginalisierten und vernachlässigten Kulturen wie dem Isländischen schlägt sich auch im Volksliederprojekt Johann Gottfried Herders nieder, der nicht die Differenz, sondern das völkerbindende Miteinander der verschiedenen Kulturen im Blick hat. Durch Herders kulturkritische Arbeiten wandelt sich auch die Wahrnehmung kultureller Artefakte als Träger des kulturellen Austauschs im historischen wie transnationalen Verlauf. Die einzelnen Kulturträger werden dann in den Literaturgeschichten von August Wilhelm und Friedrich Schlegel, aber auch durch Friedrich Bouterwek (1801–1819) zu Elementen eines transnationalen Kommunikationsprozesses, den Goethe später mit dem Terminus Weltliteratur belegt.

3. Goethe und die Weltliteratur

Goethes Überlegungen zur Weltliteratur basieren auf den tradierten Modellen transnationaler Austauschprozesse von Literatur (im Sinne von *litterae* als Gesamtheit des gedruckt erfahrbaren Wissens), die auch noch in den ersten Jahrzehnten des 19. Jahrhunderts fortwirkten. In Goethes Denken verbinden sich diese nationenübergreifende Auseinandersetzung mit dem Weltwissen der Zeit und die gesellschaftlichen und sozialen Herausforderungen der ‚Sattelzeit' und der beginnenden Industrialisierung miteinander. Seine Überlegungen zur Weltliteratur hat Goethe in Gesprächen, Briefen und Zeitschriftenbeiträgen geäußert und niemals zu einem umfassenden Konzept ausgearbeitet (vgl. Birus 1995; Goßens 2011, 14–123, Koch 2002, Lamping 2010). Initial ist dabei die Äußerung gegenüber Eckermann am 31. Januar 1827, bei der Goethe seine Vorstellung der „Epoche der Welt-Literatur" skizzierte: „National-Literatur will jetzt nicht viel sagen, die Epoche der Welt-Literatur ist an der Zeit und jeder muß jetzt dazu wirken, diese Epoche zu beschleunigen" (FA II, 12 [39], 225). Diese ‚Epoche' war von den wachsenden kommunikativen Möglichkeiten einer sich beschleunigenden Welt geprägt, die auch auf Goethes eigene Lebenssituation in Weimar nicht ohne Einfluss blieb. Weimar war durch ihn ein wichtiges kulturelles Zentrum geworden: Schriftsteller und Intellektuelle reisten zu Goethe, Übersetzungen von Literaturwerken wurden ihm ebenso ins Haus geschickt wie eine ganze Reihe von europäischen Kulturzeitschriften, die Goethe intensiv zur Kenntnis nahm und in denen umgekehrt jede Äußerung Goethes aufmerksam verfolgt wurde. Besonders in den Zeitschriften und ihren Beiträgern sah Goethe die führenden Mitstreiter innerhalb des von ihm entworfenen Kommunikationssystems Weltliteratur, in dem auch scheinbar marginale Äußerungen aufmerksam wahrgenommen wurden. So äußerte sich Goethe in seiner eigenen Zeitschrift *Ueber Kunst und Alterthum* 1827 erstmals öffentlich zur „allgemeine[n] Weltliteratur" als einem wichtigen Kennzeichen des menschlichen Fortschritts – alle vorherigen Äußerungen waren Gesprächen und Briefen anvertraut worden: Er sei überzeugt, so Goethe, „[...] es bilde sich eine allgemeine *Weltliteratur*, worin uns Deutschen eine ehrenvolle Rolle vorbehalten ist. Alle Nationen schauen sich nach uns um, sie loben, sie tadln, nehmen auf und verwerfen, ahmen nach und entstellen, verstehen oder mißverstehen uns, eröffnen oder verschließen ihre Herzen [...]" (FA I, 22, 356). Die internationale Verbreitung seiner Zeitschrift führte dazu, dass seine Äußerung zur Weltliteratur sehr rasch in ganz Europa „beyfällig aufgenommen" (FA I, 22, 427) wurde (vgl. IV.2 SCHMITZ-EMANS).

Im gleichen Heft entwickelt Goethe eine Reihe von Begriffen für die verschiedenen Dimensionen transnationaler Literaturbeziehungen: „Weltliteratur", „Weltcultur", „Weltpoesie" (FA I, 22, 356, 383, 386). Unter ‚Weltliteratur' versteht er einen Kommunikationsprozess, in dem die Besonderheiten und die Leistungen der allgemeinen ‚Weltpoesie' als ein „universales anthropologisches Vermögen" (Koch 2002, S. 261) deutlicher hervortreten. ‚Weltpoesie' bezeichnet den kulturellen Kanon des menschlichen Wissens in seinen historischen Dimensionen. Dieser Kanon bildet die Grundlage eines Bildungswissens, das als ‚Weltcultur' den überlieferten literarischen Bildungskanon mit einem Modell zukunftsorientierten gesellschaftlichen Handelns verbindet. Die Teilnehmer dieses Austauschprozesses sind die führenden Intellektuellen Europas, eine ‚universelle Bildungsgesellschaft' (Goethe), die sich über die wichtigen gesellschaftlichen und technischen Veränderungen der Zeit austauscht und so das historische Wissen mit der Zukunft verbindet. In den *Versammlungen deutscher Naturforscher und Ärzte* (1828) sieht Goethe diesen ‚geselligen Austausch' auf höchstem Bildungsniveau und darin seine Vorstellung einer ‚allgemeinen Weltliteratur' als Kommunikationsprozess verwirklicht (FA I, 22, 555).

4. Weltliteratur und Sozialismus

Für die nachfolgende Generation wurde Goethes Weltliteraturbegriff zunächst vor allem durch diese gesellschaftliche Perspektive interessant; kanonische Modelle wurden noch längere Zeit unter dem Begriff der ‚allgemeinen Literatur' gefasst. Als Gegenmodell zu nationalen Denkmustern betonten Intellektuelle aus dem Kreis um Karl August Varnhagen von Ense den kommunikativen und völkerverbindenden Charakter des weltliterarischen Denkens. Dagegen steht der wachsende Einfluss von nationalen Abgrenzungsmodellen, die dann seit Mitte des 19. Jahrhunderts die Wahrnehmung von Weltliteratur nachhaltig prägten: Kritiker wie Wolfgang Menzel und Ernst Moritz Arndt lehnten die gesellschaftspolitischen Dimensionen des Begriffs nicht nur grundlegend ab, sondern führten ihre Auseinandersetzung mit der Vorstellung eines transnationalen Kosmopolitismus unter deutlich nationalistischen und antisemitischen Vorzeichen.

Aber auch innerhalb des sozialistischen Lagers werden die kosmopolitischen Dimensionen schon recht bald durch ideologisierte Diskursformen ersetzt. So wurde der Kreis der sog. ‚wahren Sozialisten', die sich als einzige in dieser Zeit mit sozialen Dimensionen von Weltliteratur im goetheschen Sinne auseinandersetzten, Opfer der Kritik aus den eigenen Reihen. Höhe-, aber zugleich auch Endpunkt des sozialutopischen Weltliteraturgedankens ist in dieser Hinsicht seine Verwendung im *Manifest der Kommunistischen Partei* von Karl Marx und Friedrich Engels. Hier findet sich die einzige Stelle im Gesamtwerk von Marx und Engels, die sich explizit auf den Gedanken der Weltliteratur bezieht: „Die nationale Einseitigkeit und Beschränktheit wird mehr und mehr unmöglich, und aus den vielen nationalen und lokalen Literaturen bildet sich eine Weltliteratur." (1848, 466) Marx und Engels sehen dabei Weltliteratur als eine Folge der bourgeoisen „Exploitation des Weltmarktes" (ebd.) und damit als Teil der bourgeoisen Unterdrückung der arbeitenden Klasse. Auch strukturell ist das Weltliteraturverständnis von Marx und Engels weit von den sozialen und kommunikativen Vorstellungen Goethes entfernt und entspricht eher den zeitgleichen nationalisierten bürgerlichen Modellen, die unter Weltliteratur eine Addition von Nationalliteraturen verstehen.

In der Konsequenz dieser nationalistischen Entwicklungen war das völkerverbindende Konzept von Weltliteratur im sozialistischen bzw. sozialdemokratischen Lager, wenn überhaupt, dann vor allem negativ besetzt. Ein eigenständiger Zugang zur Literatur wie zur Weltliteratur entwickelte sich hier erst gegen Ende des 19. Jahrhunderts. Der Gedanke der Weltliteratur selbst wird dann erst in den ersten Jahren nach der Oktoberevolution eine identitätsstiftende Rolle für den Sozialismus übernehmen. Zu dieser Zeit gründeten Lenin und Gorkij einen eigenen Verlag für Weltliteratur und entwickelten ein Konzept sprach- und völkerübergreifenden Literaturinteresses, das jedoch vor allem den Kanon der Weltliteratur unter dem sozialistischen Gedanken des literarischen Erbes betrachtet. Marx und Engels werden hier lange Zeit nicht genannt, erst im Kontext der theoretischen Ausdifferenzierung des Marxismus-Leninismus entwickeln sich ab den 1930er Jahren eigenständige Konzepte wie die ‚Multinationale Sowjetliteratur' oder das verbindende Programm der ‚Literaturen europäischer sozialistischer Länder' aus marxistischer Perspektive (vgl. Goßens 2015).

5. Weltliteratur und Literaturgeschichte

Außerhalb des sozialistischen Lagers wird die politische Inanspruchnahme des *Begriffs* Weltliteratur nach 1848 von einer literarhistorischen Auseinandersetzung mit dem *Objekt* Weltliteratur abgelöst. Die Modelle der transnationalen Literaturgeschichtsschreibung bekamen seit der Mitte des 19. Jahrhunderts eine neue Qualität: Literarhistoriker wie Hermann Hettner, Johannes Scherr und Adolf Stern näherten sich in unterschiedlicher Art und Weise dem ‚Projekt einer Weltliteratur in deutscher Sprache' (vgl. Goßens 2009). Der Kanon der ‚schönen Literaturen', den die Leser seit dem Ende des 18. Jahrhunderts vor allem auch in Übersetzungen zur Kenntnis nahmen, wurde nun auch zum Gegenstand nationen- wie epochenübergreifender Literatursynthesen. Allerdings war die jeweilige Darstellungsperspektive selektiv und zeugte meist auch von ideologischen Prämissen in der historiografischen Aneignung des goetheschen Diktums.

In Hermann Hettners *Literaturgeschichte des achtzehnten Jahrhunderts* (1856–1870) stand die kulturelle Emanzipation der europäischen Zentralnationen England, Frankreich und Deutschland im Zeitalter der Aufklärung im Mittelpunkt. Johannes Scherr entwarf etwa zur gleichen Zeit in der *Allgemeinen Geschichte der Literatur* „die nationalliterarische Entwicklung sämmtlicher Völker des Erdkreises, bei welchen von einer Literatur die Rede sein kann" (1851, IV) und gab damit einen einerseits selektiven, andererseits aber in dieser Selektivität möglichst repräsentativen Überblick über die Abfolge und das Miteinander nationalliterarischer Entwicklungen im transnationalen Kontext. Scherrs Kanonmodell wurde zum konstitutiven Prototypen weltliteraturgeschichtlichen Schreibens für das 19. und 20. Jahrhundert. Unter Weltliteratur wird fortan die Summe aller wichtigen nationalliterarischen Erscheinungen aller Völker und Kulturen verstanden. Adolf Stern differenzierte die Periodisierungsmöglichkeiten weiter aus und bemühte sich um eine historische wie räumliche Offenheit, die in der Lage war, auch marginale und nicht-europäische Literaturen aufzunehmen. In seiner *Geschichte der Weltlitteratur in übersichtlicher Darstellung* (1888) überführte er das ursprüngliche Paragrafenmodell in eine große Erzählung, einen *grand récit*, der die Leser in die Lage versetzen sollte, „den ungeheuren Umfang dieses Gebietes [zu] überschauen" (1888, [V]).

Das Konzept übernehmen in der Folge ein Großteil der zahlreichen Weltliteraturgeschichten des 19. und 20. Jahrhunderts: Sie stammen meist aus der Hand eines Verfassers und versuchen auf jeweils ca. 1000 Seiten 5000 Jahre Literaturgeschichte aus aller Welt synthetisch darzustellen. Auch wenn sie sich in ihrer historiografischen Struktur vordergründig ähneln, bedienen sie die Bildungsinteressen ihrer jeweiligen kulturellen Zielgruppe und damit entweder ein national oder kosmopolitisch orientiertes bzw. protestantisches, katholisches oder jüdisches Publikum. Das kanonische Verständnis von Weltliteratur als Addition von Nationalliteraturen stammt aus dem 19. Jahrhundert und hat sich bis in das letzte Drittel des 20. Jahrhundert nachhaltig erhalten. Noch heute wird ‚Weltliteratur' als die „Gesamtheit der Literaturen aller Länder" sowie „die bedeutendsten u. in vielen Sprachen verbreiteten Werke aller Länder u. Zeiten" definiert (Wahrig, Sp. 4121). Der zunächst eurozentrisch bzw. abendländisch beschränkte Kanon der Weltliteratur konnte sich einer Ausweitung auf u. a. transatlantische und asiatische Literaturen auf Dauer nicht verschließen, so dass spätestens gegen Ende des 20. Jahrhundert die Hegemonie des eurozentrischen Kulturmodells deutlich in Frage gestellt wurde.

Neben dem kanonischen Modell wurde die Vorstellung von Weltliteratur vor allem seit dem Ende des 19. Jahrhunderts zu „eine[r] der großen Ideen des 19. Jahrhunderts – und eine der wenigen, die die Epoche ihrer Entstehung überlebt haben" (Lamping 2010, S. 9). Bei der Beschäftigung mit grenzüberschreitenden Kulturmodellen haben sich schon früh Vorstellungen entwickelt, welche die normativen Kanonmodelle überschreiten, aber dennoch einer eurozentrischen Perspektive verhaftet bleiben. In diesem Sinne sieht Fritz Strich den Begriff ‚Weltliteratur' 1932 als ein „Zauberwort, bei dessen Klang sich Horizonte öffnen, Schranken fallen und der Geist reinere Lüfte zu atmen meint" (1932, 151). Strichs Definition des Begriffs ist zu dieser Zeit von der Hoffnung auf einen kosmopolitischen Dialog der europäischen Völker und Kulturen geprägt, die der jüdische Germanist, der seit 1929 in der Schweiz lehrte, auch nach 1933 nicht aufgab (vgl. Kilcher 2008/2009).

In seiner erstmals 1946 erschienenen Studie *Goethe und die Weltliteratur* schreibt er: „Weltliteratur: Sie ist der geistige Raum, in welchem die Völker mit der Stimme ihrer Dichter und Schriftsteller nicht mehr nur zu sich selbst und von sich selbst, sondern zueinander sprechen. Sie ist ein Gespräch zwischen den Nationen, eine geistige Teilnahme aneinander, ein wechselseitiges Geben und Empfangen geistiger Güter, eine gegenseitige Förderung und Ergänzung in den Dingen des Geistes" (1946, 18). Für Strich ist Weltliteratur der „Weg der geistigen Vermittlung zwischen den Völkern" (ebd., 21), die sich auf dem Gebiet der Übersetzung spiegelt, sich aber grundsätzlich auf alle kommunikativen Austauschprozesse zwischen den verschiedenen Kulturen der Welt bezieht.

Damit steht Strich am Beginn einer diskursiven Entwicklung der Nachkriegszeit, die Manfred Koch in drei Phasen gliedert: eine „hochmoralische, in der Austausch und Verständigung zwischen den Nationen im Vordergrund stand", eine soziologische, die „das Schicksal der Literatur" in der modernen Welt „bedachte", und schließlich eine dritte, ,postmoderne' Phase, in der Begriffe wie Vielfalt, Differenz und Kontingenz die goethesche Vorstellung einer einenden Weltliteratur zunehmend außer Kraft setzt (vgl. Koch 2002, 6). Erst seit den 1980er Jahren versucht man, „den Kanon-Zwängen [zu] entrinnen" (Steinmetz 1985, 18) und neue Kategorien zur Beschreibung literarischer wie literarhistorischer Phänomene zu entwickeln, um die normativen und eurozentrischen Dimensionen des etablierten Weltliteraturdiskurses zu überwinden. Als kulturgeschichtliches Konzept ist Weltliteratur bis heute der Dynamik und dem stetigen Wandel begrifflicher Vorstellungen ausgesetzt und hat sich dennoch in all diesen Prozessen als belastbare und zukunftsorientierte Vorstellung erwiesen. Weltliteratur ist vor diesem Hintergrund keineswegs, wie Sandra Richter behauptet, ein „Koloss, der an der eigenen Gewichtigkeit krankt" (Richter 2017, 17), sondern ein Möglichkeitsraum je individueller Kultivierung, die bewusst die Grenzen des eigenen kulturellen Umfeldes überschreitet und die Perspektive auf ein transnationales Miteinander richtet.

6. Weltliteratur und Exil: Erich Auerbach und Edward Said

Bemerkenswerterweise hat Erich Auerbach bereits 1952 in seinem Aufsatz *Philologie der Weltliteratur* das Ende der eurozentrischen Perspektive diagnostiziert. Nach der Erfahrung von Vertreibung, Exil und Genozid war der humanistischabendländische Kulturraum als Kulturideal für ihn nicht länger haltbar. Auerbach sah das herkömmliche Verständnis von Weltliteratur von einem „Überlagerungsprozeß" bedroht, denn „aus tausend Gründen, die jeder kennt, vereinheitlicht sich das Leben der Menschen auf dem ganzen Planeten" (1952, 39). Mit dieser Position stellte er das Beharren auf einem idealistischen Weltliteraturmodell, wie es die Nachkriegszeit prägte, erheblich in Frage: „Unsere Erde, die die Welt der Weltliteratur ist, wird kleiner und verliert an Mannigfaltigkeit. Weltliteratur aber bezieht sich nicht einfach auf das Gemeinsame und Menschliche überhaupt, sondern auf dieses als wechselseitige Befruchtung des Mannigfaltigen. Die *felix culpa* des Auseinanderfallens der Menschheit in eine Fülle von Kulturen ist ihre Voraussetzung" (ebd.). Nach dem Zweiten Weltkrieg bleibe „auf einer einheitlich organisierten Erde nur eine einzige literarische Kultur [...] als lebend übrig" (ebd.). Für Auerbach war das kanonisch-qualitative Weltliteraturverständnis durch den Zivilisationsbruch diskreditiert. Notwendig war für ihn eine Auseinandersetzung mit der Vielfalt der literarischen Erscheinungen, um der drohenden Re-Nationalisierung und Normierung ebenso vorzubeugen wie einem Wiedererstarken eines ausgrenzenden abendländischen Bildungsprogramms: „Jedenfalls ist unsere philologische Heimat die Erde; die Nation kann es nicht mehr sein" (ebd., 49). Die Etablierung eines einheitlichen Kulturmodells würde die Möglichkeiten einer transnationalen Durchmischung literarischer Kulturen eindimensional kanalisieren und der Wahrnehmung kultureller Vielfalt widersprechen. Damit, so Auerbach, „wäre der Gedanke der Weltliteratur zugleich verwirklicht und zerstört" (ebd., 39).

Auerbachs Zeitgenossen, besonders seine europäischen Kollegen, verkannten das progressive Potential seiner Überlegungen; sie sahen darin nicht mehr als marginale „Befürchtungen [...] um literarische Fehlentwicklungen" (Steinmetz 1985, 16). Um die Jahrtausendwende konstatierte Steinmetz dann, dass die „Periode dieser Weltliteratur [...] vorüber" und an ihre Stelle eine Literatur der Globalisierung getreten sei, die „nicht mehr die allgemeine Weltkultur ist, sondern regional gebundene Kultur" in den Mittelpunkt des Interesses rücke (2000, 194). In den USA gewann Auerbachs Essay jedoch bereits seit den späten 1960er Jahren zunehmend an Bedeutung und ist heute ein Kerntext der sog. *world literature Studies*.

Mitverantwortlich für diese Entwicklung war Edward W. Said, ein Vordenker des Postkolonialismus, der den Text 1969 gemeinsam mit seiner Frau Marie übersetzte. In ihrer Vorbemerkung schreiben sie: „*Weltliteratur* is therefore a visionary concept, for it transcends national literatures without, at the same time, destroying their individualities. Moreover, *Weltliteratur* is not to be understood as a selective collection of world classics or great books [...] but rather as a concert among all the literature produced by man about man" (Auerbach 1969, 1). Immer wieder wird Said in seinen Arbeiten auf die besondere Situation des Exils zu sprechen kommen, in der auch Auerbach sein spätes Werk geschaffen hat, und das insgesamt für sein Schreiben konstitutiv war. Für Said war Auerbachs Hauptwerk

Mimesis nicht länger „a massive reaffirmation of the Western cultural tradition", sondern „also a work whose conditions and circumstances of existence are not immediately derived from the culture it describes with such extraordinary insight and brilliance but built rather on an agonizing distance from it" (1983, 8). Das Exil, so Said, war für Auerbach die einzige Möglichkeit zu überleben. Zugleich sah er seine Lebenssituation als „an executive value", „which Auerbach was able to turn into effective use" (ebd.): Auf diese Weise konnte Auerbach der Autorität des europäischen Bildungswissens und ihrer Institutionen entkommen, und eine distanzierte Beobachterposition einnehmen, aus der er die Selbstbehauptungsmechanismen nationaler Zuschreibungen in Frage stellte. Neun Jahre bevor Said mit *Orientalism* (1978) die europäische Kultur einer grundlegenden Kritik aus postkolonialer Perspektive unterzog, ist die Übersetzung des Auerbach-Artikels auch der Versuch, seiner eigenen Position als exilierter Palästinenser eine Grundlage zu geben, um die Bedingungen des intellektuellen Individuums in der Diaspora als produktives Element zu begreifen. Auerbachs Exilerfahrung wird für Said später zu einem existentiell grundlegenden Muster für die Begrenztheit nationaler oder ethnischer Perspektiven und deren Überwindung: „Only by embracing this attitude can a historian begin to grasp human experience and its written records in their diversity and particularity; otherwise he or she will remain committed more to the exclusions and reactions of prejudice than to the freedom that accompanies knowledge" (2002, 185).

Folgt man diesen Überlegungen, dann ist die Fremde nicht mehr nur die Projektionsfläche des eigenen Selbstverständnisses. Vielmehr ist das *displacement* ein heterotoper Modus moderner Welterfahrung, von dem die kulturellen Wahrnehmungsmuster einer globalisierten Welt maßgeblich bestimmt sind. Für die *postcolonial studies* ist Kultur immer an die Konstruktion und Erfahrung von Fremdheit geknüpft: „The study of world literature might be the study of the way in which cultures recognize themselves through their projections of ‚otherness'" (Bhabha 1994, 12; vgl. IV.9 ARNDT/ASSA). Weltliteratur bzw. weltliterarisches Schreiben wird hier zum Versuch, die Hybridität kultureller Artefakte und Akteure im Horizont einer postnationalen und posthistorischen Weltgesellschaft vorzuführen und ihr produktives Potential zu entdecken.

7. Weltliteratur im 21. Jahrhundert

Besonders für die US-amerikanische Komparatistik wurden Auerbach und Said zu Prototypen eines intellektuellen Kosmopolitismus in der globalisierten Moderne (vgl. u. a. Damrosch 1995; Mufti 1998). Die Lebenssituation des Exils, aber auch

Neupositionierungen des intellektuellen Subjekts in einer polyzentrischen Welt, führten zu einer erheblichen Revision des weltliterarischen Denkens. Weltliteratur ist nicht länger eine normative Wissensinstanz, sondern, so Doris Bachmann-Medick, ein „Spielraum kultureller Synkretisierung, d. h. ein Medium des Aushandelns kultureller Widersprüche und Antagonismen" (1996, 279). Polyzentrismus, Hybridität und Dynamik sind die bestimmenden Parameter der Literaturen im Zeitalter der Globalisierung, deren Miteinander nicht mehr durch die statischen Modelle literarhistorischer Kanonisierung bestimmt wird, sondern durch Aushandlungsprozesse wie z. B. der Übersetzung als grundlegendem Kulturphänomen (vgl. u. a. Apter 2006, 2013; vgl. auch II. 2 BACHMANN-MEDICK).

In der Nachfolge dieser Diskussionen haben sich mehrere Modelle weltliterarischen Denkens entwickelt. So sieht z. B. Elke Sturm-Trigonakis die *Neue Weltliteratur* von einem komplexen Zusammenspiel mehrerer transnationaler Handlungsmuster bestimmt: Neben der Zwei- und Mehrsprachigkeit sind dies „die typischen Phänomene des Transnationalen [...] von *border crossing* und Transgressionen aller Art über Mehrfachidentitäten bis hin zu Reisen, Exil, Migration und räumlichen Bewegungen" (2007, 109). Die „Hinwendung zum Regionalen und Lokalen" bildet in ihren Augen die komplementäre Gegenbewegung zu einer Dynamik, die „die Ebene oberhalb des Nationalen" verlässt und dabei zugleich „die Ebene unterhalb des Nationalen" (ebd.) einnimmt. Die Frage nach Heimat und Identität gehört damit ebenso zum Diskurs über *Neue Weltliteratur* wie die Erfahrung von Heimatverlust und Exil (vgl. IV.13 BISCHOFF/CENTNER; vgl. IV.15 KLIEMS).

Auch in Frankreich entwickelten sich eigenständige Diskurse über multidimensionale Kulturräume: Pascale Casanova entwirft in ihrem Buch über die *République mondiale des Lettres* (1999) die Vorstellung einer kulturellen Weltgemeinschaft, die in Paris ihr Zentrum hat und sich von da aus global entwickelt. Dagegen proklamieren Michel Le Bris und Jean Rouaud das Modell einer *Littérature-monde*, die aus der Perspektive der französischen Sprache einen eigenen Kulturraum erschließt, der sich deutlich gegen andere, z. B. US-amerikanische Formen ‚kulturimperialistischer' Dominanz wendet (vgl. IV.11 AREND). Ausgehend von einer nationalen Sprachkultur werden in beiden Modellen die kosmopolitischen, weltumspannenden Dimensionen des Projektes einer Weltliteratur in französischer Sprache betont. „Littérature-monde parce que, à l'évidence multiples, diverses", schreiben Le Bris und Rouaud in ihrem Manifest, „sont aujourd'hui les littératures de langue françaises de par le monde, formant un vaste ensemble dont les ramifications enlacent plusieurs continents" (*Le Monde des livres* 16. 03. 2007). [„Weltliteratur, denn offenkundig vielfältig, verschiedenartig", schreiben Le Bris und Rouaud in ihrem Manifest, „sind die französischsprachigen Literaturen in aller Welt und bilden eine umfassende Einheit, deren Verzweigungen mehrere Kontinente verbinden"]. All diese Modelle transnationaler Welterfahrung basieren auf individuellen Prozessen der Welterschließung, in denen der Einzelne seine Verortung in einer globalisierten Welt und sein Verhältnis zum jeweilig Anderen bestimmen muss. Sie gehen von der Vorstellung hybrider und dynamischer Individuen aus, die zwar die Traditionen europäischer Kultur zur Grundlage haben, aber letztlich die Entwicklung einer transnationalen Ethik kultureller Ausdifferenzierung verfolgen.

In den USA wurden diese europäischen Modelle – sofern sie dort überhaupt wahrgenommen wurden – meist heftig kritisiert, wie besonders das Beispiel von Pascale Casanova zeigt (vgl. u. a. Prendergast 2004, D'haen 2012, 101–108). Problematisch ist für die US-amerikanische Auseinandersetzung mit europäischen Weltliteraturkonzepten vor allem deren Beharren auf dezidiert europäischen Positionen, die eigenen Vorstellungen von Globalität entgegensteht. Die US-amerikanische Komparatistik gewinnt scheinbare Neutralität durch einen Pragmatismus, mit dem seit der Jahrtausendwende unter dem Schlagwort *world literature studies* ein neues Konzept transnationaler Literaturwissenschaft entwickelt wurde, das nicht nur die Auseinandersetzung mit Ideen und Konzepten literarischer Transnationalität zum Gegenstand hat.

World literature ist keine einfache Übersetzung des deutschsprachigen Weltliteratur, sondern vielmehr die institutionelle Neuausrichtung akademischer Literaturstudien und der Versuch einer angewangten Weltliteraturwissenschaft. *World literature* steht in diesem Sine für einen eigenständigen *turn*, der andere, etablierte Diskursmodelle wie den *Postcolonial Turn*, den *Translational Turn*, den *spatial turn* u. a. in ein gemeinsames hochschuldidaktisches Konzept transnationaler Literaturwissenschaft einbindet. Diese durchgreifende Institutionalisierung von *World Literature* in der US-amerikanischen universitären Forschung und Lehre unterscheidet sich erheblich von europäischen Konzepten: „In Europe the focus on research has led to systemic, rather than, as in the USA, pedagogical approaches to world literature." (D'haen 2012, 3) Allerdings drängen die derzeitigen US-amerikanischen Diskussionen andere Modelle kosmopolitischer Orientierung zurück, die zuvor auch in den USA diskutiert wurden (vgl. z. B. Lawall 1994).

Als führender Vertreter der *world literature studies* definiert David Damrosch das Konzept World literature folgendermaßen: „1. World literature is an elliptical refraction of national literatures. 2. World literature is writing that gains in translation. 3. World literature is not a set canon of texts but a mode of reading: a form of detached engagement with worlds beyond our own place and time" (2003, 281). Damit sind die drei Grundpositionen des US-amerikanischen Modells abgesteckt: Die literarischen Texte der Weltliteratur werden als Prismen betrachtet, die einen exemplarischen Blick auf die Nationalliteraturen ermöglichen. Die konkreten kulturellen Bedingungen der Entstehungs- und Wirkungsgeschichte jener Texte treten jedoch oft in den Hintergrund. Darüber hinaus werden fremdliterarische Texte fast ausschließlich in englischsprachiger Übersetzung gelesen, ohne die Problematik der Übersetzung hinsichtlich ästhetischer Besonderheiten zu reflektieren. Bei der Beschäftigung mit *World literature* stehen das individuelle Verhältnis zum Text und die persönliche Aneignung im Vordergrund.

In Anthologien und Lehrbüchern etablieren die *world literature studies* einen neuen Kanon relevanter Texte aus Literatur und Wissenschaft, der eurozentrische Kanonmodelle dezidiert zu überwinden versucht und in seiner didaktisierten Reduktion eine kollektive Anschlussfähigkeit innerhalb der akademischen Diskussionen ermöglichen soll. Problematisch ist jedoch, dass die *World Literature Studies* andere Modelle wie z. B. die Utopie einer planetarischen Ausrichtung von Literaturwissenschaft (vgl. Spivak 2003, 71–102) oder gar anderssprachige Forschungsergebnisse weitgehend ignorieren und statt dessen eine didaktische Verbindlichkeit und akademische Institutionalisierung ihrer Konzepte anstreben.

Eine einfache Übernahme dieser US-amerikanischen Modelle ist für die europäische Literaturwissenschaft nicht möglich. Aus europäischer Perspektive erscheint es vielmehr notwendig, die differenten kulturellen Traditionen des Kontinents, die schon Goethe mit dem Begriff Weltliteratur zu fassen versuchte, als produktive Basis zu nutzen, um Perspektiven für eine (selbst-)kritische europäische Kulturwissenschaft zu entwerfen, die die vielfältigen weltweiten Vorstellungen von Transnationalität auch jenseits der USA in ihre Überlegungen mit einbezieht.

Literaturverzeichnis

[Anonym]. „Ist das Weltliteratur?", *Literaturen* 5 (2010): 26–27.
Apter, Emily. *The Translation Zone. A new Comparative Literature*. Princeton und Oxford: Princeton University Press, 2006.
Apter, Emily. *Against World Literature. On the Politics of Untranslability*. London und New York/NY: Verso, 2013.
Auerbach, Erich. *Mimesis. Dargestellte Wirklichkeit in der abendländischen Literatur*. 8. Aufl. Bern: Francke. 1988 [1946].
Auerbach, Erich. „Philologie der Weltliteratur." *Weltliteratur. Festgabe für Fritz Strich zum 70. Geburtstag*. Hrsg. von Walter Muschg und Emil Staiger. Bern: Francke, 1952. 39–50.
Auerbach, Erich. „Philology and Weltliteratur." Übers. von Marie und Edward Said. *Centennial Review* 13.1 (1969): 1–17.
Bachmann-Medick, Doris. „Multikultur oder kulturelle Differenzen? Neue Konzepte von Weltliteratur und Übersetzung in postkolonialer Perspektive." *Kultur als Text. Die anthropologische Wende in der Literaturwissenschaft*. Hrsg. von Doris Bachmann-Medick. Frankfurt am Main: Fischer. 262–298.
Bhabha, Homi K. *The Location of Culture*. London: Routledge, 1994, 12.

Birus, Hendrik. "Goethes Idee der Weltliteratur. Eine historische Vergegenwärtigung." *Weltliteratur heute. Konzepte und Perspektiven*. Hrsg. von Manfred Schmeling. Würzburg: Königshausen & Neumann, 1995. 5–28.
Bouterwek, Friedrich. *Geschichte der schönen Wissenschaften. Geschichte der Poesie und Beredsamkeit*. 12 Bde. Göttingen: Johann Friedrich Röwer, 1801–1819.
Casanova, Pascale. *La République mondiale des Lettres*. Paris: Éditions du Seuil, 1999.
Damrosch, David. "Auerbach in Exile" *Comparative Literature* 47.2 (1995): 97–117.
Damrosch, David. *What is World Literature?* Princeton und Oxford: Princeton University Press, 2003.
D'haen, Theo. *The Routledge Concise History of World Literature*. New York/NY: Routledge, 2012.
Goethe, Johann Wolfgang. *Sämtliche Werke, Briefe, Tagebücher und Gespräche. Frankfurter Ausgabe (FA)*. Frankfurt am Main: Deutscher Klassiker Verlag, 1985 ff.
Goßens, Peter. "'Bildung der Nation'. Zum Projekt einer ‚Weltliteratur in deutscher Sprache'". *Wirkendes Wort* 59.3 (2009): 423–442.
Goßens, Peter. *Weltliteratur. Modelle transnationaler Literaturwahrnehmung im 19. Jahrhundert*. Stuttgart: Metzler, 2011.
Goßens, Peter. "Erbkriege um Traumbesitz." Voraussetzungen des Begriffes ‚Weltliteratur' in der DDR. *Weltliteratur in der DDR. Debatten – Rezeption – Kulturpolitik*. Hrsg. von Peter Goßens und Monika Schmitz-Emans: Berlin: Chr. A. Bachmann, 2015. 17–97.
Hettner, Hermann. *Literaturgeschichte des achtzehnten Jahrhunderts. In drei Theilen*. Braunschweig: Friedrich Vieweg, 1856–1870.
Kilcher, Andreas B. "‚Jüdische Literatur' und ‚Weltliteratur'. Zum Literaturbegriff der Wissenschaft des Judentums." *Aschkenas. Zeitschrift für Geschichte und Kultur der Juden* 18/19.2 (2008/2009): 465–483.
Koch, Manfred. *Weimaraner Weltbewohner. Zur Genese von Goethes Begriff ‚Weltliteratur'*. Tübingen: Niemeyer, 2002.
Lamping, Dieter. *Die Idee der Weltliteratur*. Stuttgart: Kröner, 2010.
Lawall, Sarah (Hrsg.). *Reading World Literature. Theory, History, Practice*. Austin/TX : University of Texas Press, 1994.
Le Bris, Michel, Jean Rouaud et al. : "Pour une ‚littérature-monde' en français." *Le Monde*, 16. März 2007.
Marx, Karl, und Friedrich Engels. "Manifest der Kommunistischen Partei." Karl Marx und Friedrich Engels. *Werke*. Band 4. Berlin: Dietz, 1959. 459–493.
Mufti, Aamir R. "Auerbach in Istanbul. Edward Said, Secular Criticism, and the Question of Minority Culture." *Critical Inquiry* 25 (1998): 95–125.
Prendergast, Christopher. *Debating World Literature*. London und New York/NY: Verso, 2004.
Richter, Sandra: *Eine Weltgeschichte der deutschsprachigen Literatur*. München: C. Bertelsmann, 2017.
Said, Edward W. *Orientalism. [with a new preface]*. London 2003 [1978].
Said, Edward W. *The World, the Text, and the Critic*. London: Vintage, 1991 [1983].
Said, Edward W. *Reflections on exile and other essays*. Cambridge: Harvard University Press, 2002. 173–186.
Scherr, Johannes. *Allgemeine Geschichte der Literatur von den ältesten Zeiten bis auf die Gegenwart. Ein Handbuch für alle Gebildeten*. Stuttgart: Franck'sche Buchhandlung, 1851.
Schlözer, August Ludwig. *Isländische Litteratur und Geschichte. Erster Teil*. Göttingen und Gotha: Johann Christian Dieterich, 1773.

Simonis, Linda. „Littérature universelle: Genèse d'une idée entre Lumières et Romantisme, Montesquieu et Friedrich Schlegel." *Ferments D'Ailleurs. Transfert culturels entre Lumiéres et romantismes.* Hrsg. von Dennis Bonnecase und François Gentin. Grenoble: Ellug, 2010. 18–34.

Spivak, Gayatri Chakravorty. *Death of a discipline.* New York: Columbia University Press, 2003.

Steinmetz, Horst. „Weltliteratur. Umriß eines literaturgeschichtlichen Konzepts." *Arcadia* 20.1–3 (1985): 2–19.

Steinmetz, Horst. „Globalisierung und Literatur(geschichte)". *Literatur im Zeitalter der Globalisierung.* Hrsg. von Manfred Schmeling, Monika Schmitz-Emans, Kerst Walstra. Würzburg: Königshausen & Neumann, 2000. 189–201.

Stern, Adolf. *Geschichte der Weltlitteratur in übersichtlicher Darstellung.* Stuttgart: Rieger'sche Verlagsbuchhandlung, 1888.

Sturm-Trigonakis, Elke. *Global Playing in der Literatur. Ein Versuch über Neue Weltliteratur.* Würzburg: Königshausen & Neumann, 2007.

Strich, Fritz. „Goethe und die Weltliteratur." Jahrbuch der Goethe-Gesellschaft 18 (1932): 151–179.

Strich, Fritz. *Goethe und die Weltliteratur.* 2. Aufl. Bern: Francke, 1957 [1946].

Wahrig, Gerhard. „Weltliteratur". *Deutsches Wörterbuch.* Hrsg. von Gerhard Wahrig. Berlin, München und Wien: Bertelsmann Lexikon-Verlag, 1975. Sp. 4121.

Internet-Seiten

http://www.lemonde.fr/livres/article/2007/03/15/des-ecrivains-plaident-pour-un-roman-en-francais-ouvert-sur-le-monde_883572_3260.html (14. 12. 2017, 16:00; zit. als *Le Monde des livres* 16. 3. 2007)

III.2 Jüdische Literatur und Transnationalität
Andreas B. Kilcher

Wenn es eine Literatur gibt, die als ‚transnational' oder ‚transkulturell' bezeichnet werden kann, so gilt das in besonderem Masse für die jüdische Literatur. In Bezug auf diese sind jene Begrifflichkeiten *prima facie* ahistorisch, insofern sie dem Kontext postmoderner, poststrukturalistischer und vor allem postkolonialer Theorie der 1990er Jahre entstammen (zum Begriff ‚Transnationalität' vgl. Basch et al. 1994, zum Begriff ‚Transkulturalität' vgl. Welsch 1995a, 1995b; Kimmich und Schahadat 2012). Obwohl vereinzelt postkoloniale Theorieansätze für das Verständnis jüdischer Literatur plausibel in Anschlag gebracht worden sind (Lezzi und Salzer 2009; Lezzi 2009), braucht das historische Beispiel der jüdischen Literatur diesen jüngeren theoretischen Hintergrund allerdings keineswegs, um der Sache nach als ‚transnational' verstanden werden zu können. Denn die jüdische Literatur zeichnet sich just darin besonders aus, dass in ihrem Korpus Konzepte von ‚Transnationalität' und ‚Transkulturalität' lange vor der jüngeren theoretischen und begrifflichen Prägung historische und gleichermaßen systematische Plausibilität erlangt haben. Tatsächlich sind die langanhaltenden Begründungsdiskurse der jüdischen Literatur seit dem 19. Jahrhundert von Anfang an wesentlich von Elementen und Aspekten von ‚Transnationalität' geleitet, die ihre jüngere Theoretisierung paradigmatisch vorwegnimmt – und nicht etwa umgekehrt diese erfüllt. Dazu zählen etwa Unabhängigkeit von nationaler Identität bzw. territorialer Zugehörigkeit, historische Bestimmung durch Migration und Assimilation, Mehrsprachigkeit, Plurikulturalität etc. Jüdische Literatur ist, mit einem Wort, zuerst und wesentlich als *diasporische* Literatur zu denken.

Dabei hat diese Bestimmung jüdischer Literatur ihrerseits einen historischen Index und war innerhalb der jüdischen Moderne keineswegs die einzige. Es wäre daher unhistorisch anzunehmen, dass jüdische Literatur per se immer schon ‚transnational' sei. Vielmehr handelt es sich um ein allerdings markantes historisches Deutungsmuster, das dem bürgerlichen 19. Jahrhundert entstammt und um 1900 insbesondere im Kontext des Zionismus durch eine nationale Neubestimmung der jüdischen Literatur konterkariert wurde. Es war genauer ein historisch initiales Deutungsmuster, wie es im Umfeld der Wissenschaft des Judentums des 19. Jahrhunderts entstanden war und erstmals überhaupt zu einem Begriff ‚jüdischer Literatur' geführt hatte. Im Zuge einer Ausdifferenzierung der Debatte um die jüdische bzw. insbesondere die deutschsprachige jüdische Literatur in einem zunehmend konfliktreichen gesellschaftlichen und kulturellen Umfeld geriet

https://doi.org/10.1515/9783110340532-008

das Begründungsmuster der ‚transnationalen' jüdischen Literatur jedoch in die Defensive. Andererseits aber konnte es auch gegen den offenkundig zerstörerischen Nationalismus im Vor- und Umfeld zweier Weltkriege umso emphatischer neu begründet und behauptet werden.

1. Begründung der jüdischen als einer ‚transnationalen' Literatur im 19. Jahrhundert

Ihre initiale Begründung erhielt das Modell der jüdischen als einer transnationalen Literatur ausgerechnet im historischen Kontext der wachsenden Bedeutung des Nationalstaatsgedankens im 19. Jahrhundert. Das mag umso mehr verwundern, als der Begriff der Nation im 19. Jahrhundert wesentlich auch kulturell begründet war, d. h. vermittelt über die Vorstellung einer gemeinsamen Sprache, Literatur, Kultur und Geschichte. Insbesondere im Fall Deutschlands stand die ‚Kulturnation' vor der politischen Nation, begründete die erstere die letztere. Aber auch die anderen europäischen Literaturen wurden bei ihrer Begründung im Zuge der Durchsetzung des modernen Nationalstaatsgedankens grundsätzlich als lineare und homogene nationalkulturelle Identitäten etabliert, deren Einheit wesentlich sprachlich gestiftet wurde.

Vor diesem Hintergrund ist es umso bemerkenswerter, dass die ‚jüdische Literatur' zeitgleich gerade gegenteilig begründet wurde: als eine nicht-nationale, mehrsprachige und plurikulturelle Literatur. Eine Ausgangslage dieser Bestimmung war eine für die jüdische Literatur konstitutive Dialektik von Partikularem und Universalem, d. h. von spezifisch jüdischen und von geteilten, allgemeinen, universalen Charakteristika. Diese Dialektik leitete die entstehende Philologie des Judentums im Kontext der Wissenschaft des Judentums bei der Begründung ihres Gegenstandes der ‚jüdischen Literatur'. Im traditionellen Judentum existierte dieser Begriff tatsächlich noch nicht. Die vormodernen literarischen Termini entsprachen den Formen und Gattungen der religiösen Literatur des rabbinischen Judentums, darunter Targum, Midrasch, Mischna, Gemara, Tossefta, Pijutim, Halacha, Aggada, etc. Der Begriff ‚jüdische Literatur' hingegen wurde erst im 19. Jahrhundert zur Beschreibung einer allgemeinen, d. h. auch säkularen, wissenschaftlichen wie belletristischen Literatur verwendet, während unter den gesellschaftlichen und kulturellen Bedingungen der Aufklärung und der Emanzipation jüdisches Schreiben auch in europäischen Sprachen möglich wurde.

Die Genese des Begriffs der ‚jüdischen Literatur' ist genauer – analog zu den Begriffen ‚jüdische Geschichte' und ‚jüdische Philosophie' – das Produkt einer umfassenden Verwissenschaftlichung des Judentums durch die Wissenschaft des Judentums. Sie zog damit die methodische Konsequenz aus der Aufklärung, indem sie die traditionelle religiöse jüdische Schriftgelehrtheit mit modernen wissenschaftlichen Methoden weiterführte. Die wissenschaftliche Selbstbewusstwerdung des Judentums sollte nach Immanuel Wolf, einem ihrer ersten und wichtigsten Vertreter, als „Ganzes" wie auch – systematisch entwickelt – in seinen Teilen erfolgen. Dabei unterscheidet er drei „Darstellungsweisen": eine historische, eine philosophische und eine philologische, um daraus drei neue Gegenstände abzuleiten: „Wir erhalten also: 1) eine Philologie d.J. [=des Judentums, A.K.], 2. Eine Geschichte d.J., 3) eine Philosophie d.J." (Wolf 1823, 19). Die „philologische Erkenntnis der Litteratur des Judentums" ist gemäß Wolf der primäre Zugang zum Judentum. Den entstehenden Gegenstand präzisierte er folgerecht durch die Verbindung eines universalen Aspekts, der „gesamten Literatur", mit partikularen Aspekten kultureller, historischer und sprachlicher Differenzierung: Das Judentum ist, so Wolf, auf der einen Seite seit drei Jahrtausenden „ein eigenthümliches, selbstständiges Ganzes", zugleich aber „haben auch fremdartige Ansichten von aussenher oftmals auf dasselbe Einfluss gehabt" (Wolf 1823, 2). Diese „Wechselwirkung" von innerer „Eigenthümlichkeit" und äußerem „Einfluß" begreift Wolf als das entscheidende produktive Moment der jüdischen Geschichte, das sich mithilfe des wissenschaftlichen Instruments der Philologie an der Literatur beobachten lässt. Damit rückte er Aspekte der Transkulturalität der jüdischen Literatur in den Blick: „Die Philologie des Judentums ist die hermeneutisch-critische Verständigung der gesammten Litteratur der Juden, als in welche die besondere Welt, die eigenthümliche Lebens- und Denkweise der Juden niedergelegt ist. Wiefern diese Litteratur in verschiedenen Sprachen gekleidet ist, verschiedene Stoffe umfasst und verschiedenen Zeiträumen angehört, wird auch die Philologie ihre verschiedenen Weisen haben" (Wolf 1823, 19). Die jüdische Literatur ist folglich nicht auf hebräische Texte oder religiöse Gegenstände beschränkt. Vielmehr umfasst sie „verschiedene Stoffe" in „verschiedenen Sprachen", also auch säkulare Gegenstände in modernen europäischen Sprachen wie z. B. deutschsprachige jüdische Belletristik.

Wolfs initiale Begründung des Gegenstands der jüdischen Literatur sowie ihrer Erforschung wurde in den folgenden Jahrzehnten weiter ausdifferenziert. Die Ausgangslage blieb die Transformation des Judentums von einer geschlossenen religiös-kulturellen Identität zum heterogenen Produkt einer Dialektik von Eigenem und Fremdem. Diese Dialektik zielte auf eine Dezentrierung der hebräisch-aramäischen als einer „nationaljüdischen" Literatur durch ein – *avant la lettre* – ‚transkulturelles' und ‚transnationales' Sprach- und Literaturmodell, das die Vertreter der Wissenschaft des Judentums mit einem vom späten Goethe entwickelten Begriff als „Gesamt" – oder „Weltliteratur" bezeichneten (Kilcher 2007). Dieses universalistische Konzept jüdischer Literatur hat allerdings eine entscheidende historisch-gesellschaftliche Voraussetzung, die über Goethes bürgerlich-europäischen Begriff der ‚Weltliteratur' weit hinausging. Es basiert auf der historischen Erfahrung der Diaspora. Der transkulturelle Charakter des jüdischen Schreibens ist in der exterritorialen Stellung der Juden in der europäischen Gesellschaft begründet. Die jüdische Literatur kann folglich als ein Medium globaler jüdischer Geschichte verstanden werden, das die vielfältigen Spuren diasporischer Migration aufzeichnet und lesbar macht. Diese drei allgemeinen Argumentationsfiguren bei der Begründung der jüdischen Literatur durch die Wissenschaft des Judentums – erstens die Dialektik von Partikularismus und Universalismus, zweitens die sprachlich begründete Transkulturalität und drittens der Diasporacharakter – sind an Beispielen zu konkretisieren.

Die Dialektik von Partikularität und Universalität macht die jüdische Literatur als ein literarisches Korpus verständlich, das auf der einen Seite die eigenen Voraussetzungen, auf der anderen Seite die historischen Verflechtungen mit den umgebenden Kulturen reflektiert. Als Historiker und Philologe des Judentums begründete zunächst Zunz die „jüdische Literatur" nicht nur als ein historisch-partikulares, sondern auch als ein universales Phänomen, in dem sich Eigenes und Fremdes überkreuzen, so Zunz zuerst im Lexikoneintrag „Jüdische Literatur" für den *Brockhaus* (1834): „Demselben Zeitalter, welches den Uebergang aus dem Hebraismus zum Judentum bildet, gehört der Anfang der jüdischen Literatur, die auf der hebräischen wurzelnd, [...] bald persische Religionsbegriffe, griechische Weisheit und römisches Recht, wie späte arabische Poesie und Philosophie und europäische Wissenschaft in sich aufnahm. [...] Nationale und fremde Weisheit gehen in derselben einen Gang ununterbrochener Entwicklung [...]" (Zunz 1875–1876b, 101). Ausführlicher wurde Zunz im programmatischen Aufsatz *Die jüdische Literatur* (1845), indem er diese dialektische Verflechtung als Zusammenhang der jüdischen mit jener Literatur präzisierte, die er hier zunächst wie Wolf als „Gesammt-Literatur" und „allgemeine Literatur" bezeichnete. Die jüdische Literatur ist, so formuliert er, „aufs Innigste mit der Cultur der Alten, dem Ursprung und Fortgang des Christentums, der wissenschaftlichen Tätigkeit des Mittelalters verflochten, und indem sie in die geistigen Richtungen von Vor- und Mitwelt eingreift, Kämpfe und Leiden teilend, wird sie zugleich eine Ergänzung der *allgemeinen Literatur*; aber mit eigenem Organismus, der nach allgemeinen Gesetzen erkannt, das Allgemeine wiederum erkennen hilft" (Zunz 1875–1876a, 41–42). Zunz formulierte damit das Programm der jüdischen als einer Literatur, die nicht mehr durch einen „Zaun um die Tora" – so der berühmte Satz aus den *Pirke Avot* (Babylonischer Talmud) – definiert ist, sondern vielmehr durch Offenheit und Austausch mit den jeweiligen kulturellen Umwelten – von der griechischen über die arabische und lateinisch-mittelalterliche bis hin zu den modernen europäisch-sprachigen.

Diese Vermittlung von Partikularismus und Universalismus in der jüdischen Literatur wurde auch poetologisch begründet, wie angesprochen bemerkenswerterweise mit Goethes Begriff der „Weltliteratur". Diese steht auch bei Goethe in einem dialektischen Verhältnis zur Nationalliteratur, wenn er festhält, dass die „Nationen" nicht etwa „überein denken" sollen; Weltliteratur ist kein Projekt der Egalisierung, vielmehr meint es: „einander gewahr werden, sich begreifen" (Strich 1946, 370; vgl. III.1 GOSSENS). Vergleichbar argumentierte die junge Philologie des Judentums, wenn sie Universalität und Partikularität in einer einzigen Ausdrucksform verbindet: im transkulturellen Aufschreibesystem der ‚jüdischen Literatur'.

Dieses Argument griff Moritz Steinschneider in seinem Artikel *Jüdische Literatur* auf, den er 1850 für Ersch und Grubers *Allgemeine Enzcyklopädie der Wissenschaften und Künste* verfasste. Zwar qualifizierte er die Heterogenität der jüdischen Literatur als „Schwierigkeit", doch stellt sie sich als solche nur für die Erwartung eines homogenen nationalliterarischen Korpus dar. Ebendiese Erwartung relativierte der historisierende Blick der Wissenschaft des Judentums, die vor allem den Reichtum einer „nach Inhalt und Form, Richtung und Sprache, Zeit und Raum, unter Einwirkung des gesammten Volkes und dem Einflusse hervorragender Geister, durch dritthalb Jahrtausende eigenthümlich sich gestaltenden Literatur" zutage gefördert habe, „die einerseits allen irgendwie zugänglichen literarischen Entwickelungen der Länder und Völker sich anschließt, andererseits eigenthümliche Literaturkreise schafft, für die keine entsprechende Terminologie von anderswoher zu nehmen ist" (Steinschneider 1850).

Diese Verflechtung von Partikularismus und Universalismus in der jüdischen Literatur lässt sich gemäß der Wissenschaft des Judentums – so das zweite Argument – affirmativ als *Plurikulturalität* beschreiben. Die jüdische Literatur der Wissenschaft des Judentums ist eine in sich kulturell heterogene Entität, während sie die Vorstellung einer (hebräischen) Nationalliteratur, wie sie die Haskala geleitet hatte, als historisch wie philologisch vereinfachendes Konstrukt zurückwies. Die Sprache erscheint dabei nicht als ein Kriterium identitätsformender Abgrenzung, sondern vielmehr der kulturellen Vermittlung und Vermischung.

Dies belegt die Aufwertung der Übersetzung in der Wissenschaft des Judentums gegenüber ihrer traditionellen Problematisierung, wie auch Goethe die Übersetzung zu den konstitutiven Charakteristika der Weltliteratur zählt (Strich 1946, 370). Zunz und Steinschneider folgten dem weltliterarischen Optimismus der Übersetzung, indem sie ihre kulturelle Leistung auf die historischen Gegebenheiten der jüdischen Literatur applizierten. Sie gliederten sie folgerecht nicht in innerjüdische, sondern in interkulturelle Entwicklungsphasen: eine griechische, arabische, mittelalterlich-lateinische und europäische neuzeitliche Phase der jüdischen Literatur, wobei die Sprache nicht als identitäres Abschlusskriterium, sondern stets als transkulturelles Übersetzungsmedium fungiert (vgl. II.2 BACHMANN-MEDICK): Die Juden in der globalen Kulturgeschichte sind, so Zunz, „Vermittler", die „Berührungspunkte" und „Culturverhältnisse" herstellen und den interkulturellen „Weltverkehr" in Zirkulation bringen (Zunz 1875–1876a, 47). Zunz verwendet den Ausdruck „Welt-Literatur" präzise für diese Vermittlungsleistung der Sprache, hier bezogen auf die arabisch-jüdische Literatur, die auf die Epoche der griechisch-jüdischen folgte: „Die Sprache ward nun abermals die Vermittlerin zwischen der jüdischen und einer Welt-Literatur, und die höheren Geister der beiden Nationen wirkten durch sie auf einander. Die Juden schrieben für ihre Brüder arabisch, wie einst griechisch" (Zunz 1875–1876a, 45).

Steinschneider folgte dieser Argumentationsfigur, wenn auch er den engen hebräischen Literaturbegriff zurückwies und durch das weitere transkulturelle Programm einer „jüdischen" Literatur ersetzte. Der Funktion der Juden als kulturelle „Vermittler" widmete er eine eigene Arbeit: *Die hebräischen Übersetzungen des Mittelalters und die Juden als Dolmetscher* (1893). Dabei entwickelte er die dritte Argumentationsfigur, die den bürgerlichen Weltliteraturbegriff radikalisiert und überschreitet: die Begründung der jüdischen als einer *Diasporaliteratur*: Dass die jüdische eine Literatur zwischen den Sprachen und Kulturen wurde, hängt, so Steinschneider, mit ihrer grundlegenden diasporischen Disposition zusammen; ihre plurikultuelle Eigentümlichkeit begründe sich im „Durchgange durch so viele Länder, Sprachen und Materien" (Steinschneider 1850). Vergleichbar argumentierte David Cassel, der mit seiner *Geschichte der jüdischen Literatur* (1872) nicht nur eine theoretische, sondern erstmals auch eine historiografische Darstellung dieses Korpus vorlegte. Den transkulturellen Charakter der jüdischen Literatur, bei der sich „Nationalität und Sprache" gerade nicht „decken", leitete auch er aus dem diasporischen Charakter der jüdischen Geschichte ab (Cassel 1872, 2). Jüdische Literatur ist Weltliteratur als Diasporaliteratur: „in immer steigendem Maße bei der zunehmenden Zerstreuung der Juden über fast alle Länder der Erde."

Das Diaspora-Argument akzentuierte auch ein weiterer Historiograf der jüdischen Literatur, Gustav Karpeles, der mit seiner *Geschichte der Jüdischen Literatur* (1886) in mancher Hinsicht eine Summe der jüdischen Literaturwissenschaft der Wissenschaft des Judentums vorlegte. Die Diaspora stufte er als die konstitutive historische Bedingung der jüdischen Literatur überhaupt ein: „Während sonst Nationalität und Sprache sich meist decken und dadurch schon eine Nationalliteratur begründen, hat das jüdische Volk alle Sprachen der Völker, in die es zerstreut wurde, angenommen und in all diesen Sprachen seine geistige Entwicklung fortgesetzt. Griechische Weisheit, persische Religionsanschauung, römisches Recht, arabische Philosophie, spanische Poesie, deutsche Sagenkreise: Alles assimiliert sich dieser Literatur" (Karpeles 1886, 2). Der interkulturelle „Spiralgang" der Diaspora bedingt die „Eigenart" dieser jüdischen Weltliteratur. Sie besteht darin, dass sie alles was ihr „im weiten Erdkreise und auf der Wanderung durch fast zwei Jahrtausende nur irgendwo begegnet, geistig erfaßt, durchdringt und sich zu eigen zu machen sucht" (Karpeles 1886, 8). Darin sieht Karpeles ein Charakteristikum dieser Literatur, „die [...] in der härtesten Exilszeit, rüstig sich fortentwickelt. An ihre primären Gebilde [...] setzt sie alle Formen und Sprachen, alle geistigen Richtungen und Wendungen, Poesie und Philosophie, Recht, Geschichte und Medizin an" (Karpeles 1886, 6).

Dergestalt von den Spuren des Exils geprägt, wird die jüdische Literatur zum exterritorialen Ort. Sie ist Medium und Instanz der Diaspora. Nicht nur kann sie potentiell jede kulturelle Identität annehmen, sie wird zur imaginären „Heimat" schlechthin. Damit schloss Karpeles auch an die orientalische Formel der Juden als dem *Am ha-Sefer* (Volk des Buches) an, wie sie zuvor Heinrich Heine aktualisiert hatte (vgl. IV.3 STAUF). Demnach wurde der „jüdische Stamm" nicht etwa durch politische Institutionen oder nationale Territorialitäten, sondern durch sein mobiles „Schrifttum" zusammengehalten: „Die große Schöpfung der jüdischen Literatur [...] bleibt in ihrem tieferen Kern unverständlich, wenn wir sie nicht von diesem Standpunkte aus erfassen und verstehen lernen." Heines Wendung vom Buch als dem portativen Vaterland wird bei Karpeles zur Urszene der jüdischen Literatur: „Und Juda beginnt seine große Exilswanderung mit einem Buche, man kann sagen: seiner ganzen Literatur!" (Karpeles 1886, 4).

Die jüdische Literatur der Wissenschaft des Judentums ist also nicht nur (wie bei Goethe) ein europäisches Vermittlungsorgan; sie ist das symbolische Organon einer immer neuen Diasporageschichte. Die Diaspora transformiert das Buch vom geschlossenen, hebräischen Text zu einem offenen, vielsprachigen Intertext, vom Gesetzeskodex zur Universalbibliothek, von National- zu Weltliteratur. Das mobile Medium der jüdischen Diasporageschichte ist eine Bibliothek transkultureller Schriftspuren.

2. Kritik und Weiterentwicklung des Paradigmas im 20. Jahrhundert

Das Literaturmodell der Wissenschaft des Judentums entsprach dem liberalen Judentum mit seinen optimistischen Vorstellungen von Emanzipation und Assimilation, das auf eine Zukunft der Integration in einem offenen, modernen Europa der Nationalstaaten baute. In dem Maße aber, wie im Verlauf des 19. Jahrhunderts die Möglichkeiten von Emanzipation und Assimilation von nichtjüdischer Seite in Frage gestellt und zurückgenommen wurden, geriet auch jenes optimistische Modell unter Druck. Ein postemanzipatorischer Antisemitismus mit Exponenten wie Bruno Bauer, Richard Wagner, Wilhelm Marr, Eugen Dühring, Paul de Lagarde, Adolf Bartels und Heinrich von Treitschke stellte sich verbal höchst aggressiv gegen die kulturellen, rechtlichen und ökonomischen Integrationsbemühungen der Juden, indem er einerseits die Forderung nach Assimilation der Juden massiv bis zur Selbstaufgabe verstärkte, zugleich aber mit nationalkulturellen sowie zunehmend rassenbiologischen Argumenten die irreduzible Unintegrierbarkeit und Andersheit der Juden behauptete. Treitschkes Essay *Unsere Aussichten* (1879), der mit dem berüchtigten Ausruf „die Juden sind unser Unglück!" (Boehlich 1988, 13) endet, verband im neuen Kaiserreich die Beschwörung der nationalen deutschen Einheit essentiell mit der antisemitischen Anprangerung der „nationalen Sonderexistenz" der Juden. Von ihnen wurde gefordert, dass sie „sich den Sitten und Gedanken ihrer christlichen Mitbürger" anpassten, die ihnen doch „die Rechte des Menschen und des Bürgers geschenkt" hätten. Doch nicht integrierte Deutsche, sondern „Deutsch redende Orientalen" sah Treitschke in den deutschen Juden, um zu folgern: „[...] wir wollen nicht, daß auf die Jahrtausende germanischer Gesittung ein Zeitalter deutsch-jüdischer Mischcultur folge" (Boehlich 1988, 10).

Die jüdische Antwort auf diesen nationalkulturellen Antisemitismus bestand im Wesentlichen in zwei Alternativen: Die eine plädierte dafür, die Assimilation zu verstärken, um so dem Antisemitismus den Boden zu entziehen und das Projekt der Emanzipation zu retten, wie etwa der 1893 in Berlin gegründete Central-Verein deutscher Staatsbürger jüdischen Glaubens befand. Beispielhaft dafür argumentierte als einer seiner Exponenten der jüdische Goethephilologe Ludwig Geiger in seiner Berliner Vorlesung über „die deutsche Literatur und die Juden", dass namentlich die deutsch-jüdische Literatur ein allgemeines „völkergeschichtliches Problem" thematisiere, insofern an ihr gezeigt werden könne, „wie die Mitglieder dieser Glaubensgemeinschaft sich mit den Angehörigen des Volkes assimilierten, wie sie die Sprache und Geistesrichtung jener Nation annahmen und zu dieser Entwicklung ihr Eigenes beitrugen" (Geiger 1910, 9). Die deutsch-jüdische Literatur ist, so Geiger gegen den Antisemitismus eines Adolf Bartels, das Ergebnis eines historisch bedingten Zusammenwachsens zweier Völker und Kulturen.

Die zweite jüdische Alternative basierte auf der Einsicht, dass die Emanzipation der Juden in Europa ebenso zum Scheitern verurteilt sei wie die Möglichkeit einer jüdischen Literatur in europäischen Sprachen. Anstatt auf Transnationalität sollten die Juden vielmehr auf Nationalität bauen, anstatt auf Emanzipation innerhalb der europäischen Nationalstaaten auf *Selbstemanzipation*, wie es Leon Pinsker in seinem programmatischen Aufruf *Autoemancipation* (1882) angesichts der Pogrome im zaristischen Russland formulierte: „Die bürgerliche und politische Gleichstellung der Juden genügt nicht, sie in der Achtung der Völker zu heben. Das rechte, das einzige Mittel wäre die Schaffung einer jüdischen Nationalität, eines Volkes auf eigenem Grund und Boden, die Autoemancipation der Juden [...]" (Pinsker 1882, 35). Der Kulturzionismus, wie ihn u. a. Achad Haam in Russland und Martin Buber in Deutschland begründeten, zog daraus die Konsequenz für die Künste und forderte die Begründung einer neuen jüdischen Nationalkultur, Nationalsprache und Nationalliteratur als „geistige" Grundlage der nationalen „Wiedergeburt". Die Forderung bestand in der „Verneinung der Diaspora" (*schlilat ha-galut*) und ihrer Kultur der Vermischung, wie es etwa Heinrich Margulies unter dem Titel *Das Galuthproblem im Zionismus* in Bubers Zeitschrift *Der Jude* formulierte: Aus den „Millionen über die Welt Verstreuten", „die hunderterlei Sprachen sprechen, nur nicht ihre eigene, hunderterlei Kulturen treiben, nur nicht ihre eigene", soll „wieder ein Volk mit eigenem Land, mit eigener Sprache, mit eigener Kultur" werden (Margulies 1917, 602).

Das Modell der jüdischen als einer kosmopolitischen, transnationalen Literatur schien um 1900 obsolet. Dennoch ließ es sich sowohl gegen die zionistische Renationalisierung der Kultur als auch die radikalisierte Assimilationsforderung behaupten, und zwar nicht als das gescheiterte Paradigma des 19. Jahrhunderts, sondern als ein zukunftsweisendes Modell des Judentums. Neue Diasporakonzepte bauten auf ein ästhetisch-politisches Programm jüdischer Moderne, die sich weder über europäische Integration noch über den eigenen Nationalstaat, sondern jenseits des Nationalstaatsgedankens kosmopolitisch definierte. Diese neue „Galuthbejahung", so Rafael Seligmann in *Bejahung und Verneinung des Galuth* (1914), ließ sich mit dem Buch-Medium der Literatur für ein neues, postnationalistisches Europa ästhetisch behaupten: die affirmative „Bejahung des Galuth" hält der „staatlichen und territorialen Fixiertheit" eine metaphorische, intellektuelle, geschriebene „exterritoriale nationale Existenz" entgegen.

Im Spannungsfeld der ideologischen Auseinandersetzungen der großen Deutungsangebote der Moderne wie Sozialismus, Liberalismus und Nationalismus wurden nach 1900 eine Reihe von alternativen politisch-ästhetischen Diasporatheorien formuliert. Sie bewegen sich zwischen progressiv-sozialrevolutionären Formen (u. a. im ‚Diasporanationalismus' Simon Dubnows und Alfred Döblins oder in der Diasporaästhetik jüdischer Expressionisten wie Ivan Goll, Albert Ehrenstein, Anton Kuh und Alfred Wolfenstein), bürgerlich-humanistischen Formen (etwa in Lion Feuchtwangers Kosmopolitismus) und – besonders im Exil nach 1933 – retrospektiven alteuropäischen Modellen (z. B. bei Stefan Zweig, Joseph Roth, Karl Wolfskehl). Ihnen gemeinsam ist der affirmative Begriff einer Literatur der Diaspora als Ausdruck eines produktiven, offenen Zusammenspiels kultureller wie nationaler Differenzen, das sie offensiv gegen die zeitgenössischen Nationalisierungsbestrebungen behaupten.

Das sozialrevolutionäre Diasporamodell wurde insbesondere in der politisierten Epoche von Krieg und Revolution im Kontext des Expressionismus entwickelt. Beispielhaft dafür ist etwa der Wiener Expressionist Albert Ehrenstein, der sich im Ersten Weltkrieg als Kriegsgegner der ultralinken revolutionären Position Karl Liebknechts und Rosa Luxemburgs annäherte und dabei 1915 u. a. mit Franz Pfemfert, Karl Otten und Carl Zuckmayer den Aufruf der Antinationalen Sozialisten Partei (ASP) unterschrieb, die dem „völkerschlachtenden" und „völkerexpropriierenden" Kapitalismus den „revolutionären, antinationalen Sozialismus", „das grenzpfahllose Land der arbeitenden Menschheit" entgegen hielt (Ehrenstein 2004a, 108–111). Dabei behauptete er die Diaspora nicht nur in sozialistischen, sondern auch in jüdischen Begriffen, namentlich mit dem affirmativen Neologismus des „Ahasverismus", verstanden als Alternative zu den jüdischen Nationalisierungstendenzen von Assimilation und Zionismus. „Die Lebensform, die Kunstform des echten Juden ist *Ahasverismus*", so *Ehrenstein* in seinem Essay *Zion* (1926) (Ehrenstein 2004b, 303).

Alfred Wolfensteins literarisches Credo *Jüdisches Wesen und neue Dichtung* (1922) gab diesem politischen Modell, das auch bei ihm sozialistisch motiviert war, eine stärker ästhetische Wendung. Auch Wolfenstein kritisierte an den neuen Nationalisierungsbestrebungen des Judentums wie Assimilation und Zionismus den bürgerlichen Wunsch nach „Boden": „Vom schwächlichen Assimilanten bis zum mutigsten Zionisten wünschen sie sich: Boden" (Wolfenstein 1922, 9; vgl. 1921–1922). Ihnen hält er – nun ästhetisch gewendet – den in der Literatur beheimateten Juden, den „Nomaden" der Schrift entgegen. Ehrensteins „Exterritorialer" wird bei Wolfenstein zum „Dichter": „Der Dichter ist der unter die Völker Verstreute; aus tieferem Grunde kommend und in höherem Sinne ortlos; der Verbannte" (1921–1922, 429). Aus dieser für Wolfenstein grundlegenden „Nähe des Dichterischen zum Wesen des Juden" folgt die „Sendung" der jüdischen Schriftsteller für die Moderne. Nicht nationalliterarisch, sondern affirmativ diasporisch zu schreiben ist die Aufgabe der Dichtung: „Vielleicht begann die Diaspora, wie nach der Zerstörung Jerusalems und nach dem Fall des Ghettos, von Neuem jetzt. Sie ist freilich diesmal eine allgemeiner menschliche, eine verbundenere Zerstreuung. Doch ich glaube, der Jude ist zu ihr [...] für immer berufen." (Wolfenstein 1922, 8) Die Gegenwart der Moderne werde deshalb „nur noch entschiedener" die jüdische „spirituelle Sendung zu erkennen geben. [...] Viele wünschen sich neuen Boden. Herrlicher ist die Unabhängigkeit einer neuen jüdischen Gestalt. [...] – Jerusalem kann wieder zerstört werden: die schwebende Sendung nicht. Sie fühlt grenzlos durch Länder hindurch die unverwehrte Welt" (1922, 54).

Als dezidierter Kritiker jedes nationalistischen Denkens wie des Zionismus entwickelte auch Lion Feuchtwanger einen politisch-ästhetischen Begriff der Diaspora, den er Anfang der 1930er Jahre in seinem historischen Roman *Der jüdische Krieg* (1933) sowie in Aufsätzen wie *Der historische Prozeß der Juden* (1930) und *Nationalismus und Judentum* (1933) umso schärfer nunmehr gegen den aggressiven Nationalismus des Nationalsozialismus hielt. Mit dem Expressionismus teilte er die Kritik am Zionismus als einem „sinnlosen Nationalismus" (1956, 482). Typologisch hielt er in *Der jüdische Krieg* – von zionistischer Seite scharf kritisiert (Krojanker 1933, 87) – dem separatistischen Jerusalem bzw. den „Rächern Israels" die Weltstadt Rom entgegen, die „in der Mitte" der Welt liegend „alle Völker" und Kulturen vereinte (Feuchtwanger 1991, 15–17). Analog stellte Feuchtwanger in seinen Essays dem „regional-politischen" einen „wahren jüdischen Nationalismus" entgegen: „Er ist kosmopolitisch, dieser wahre jüdische Nationalismus, er ist messianisch" (Feuchtwanger 1956, 499). „Der Sinn" dieses kosmopolitischen Nationalismus freilich ist: „sich selber zu überwinden" (1956, 498). Während die Zionisten durch Europa über Europa hinaus nach Zion zielten, forderte Feuchtwanger, durch Zion über Zion hinaus nach Europa zu gehen und die Diaspora zum neuen Modell eines europäischen Internationalismus zu erheben: „Was früher den Juden von ihren Gegnern als ihre verächtlichste Eigenschaft vorgeworfen wurde, ihr Kosmopolitentum, ihr Nichtverwurzeltsein mit dem Boden, auf dem sie lebten, das erweist sich plötzlich als ungeheurer Vorzug. Dass sie seit Jahrhunderten umgetrieben wurden, dass sie sich immerzu neuen Menschen, neuen Verhältnissen anpassen mussten, macht sie in einer rasch veränderlichen Zeit schnellsten Verkehrs denen überlegen, die sich nur auf ihrer Scholle bewegen können" (1956, 477). Auf politischer Ebene implizierte dies den Appell, daran zu bauen, was Feuchtwanger nach dem amerikanischen Vorbild mit anderen Zeitgenossen als „die Vereinigten Staaten von Europa" bezeichnete (1956, 480; vgl. IV.5 LÜTZELER).

Diese politische Deutung der Diaspora hat auch bei Feuchtwanger eine wesentliche ästhetische Komponente. Das „Nichtverwurzeltsein mit dem Boden" schuf mit dem Kosmopolitismus die Literatur: Es machte die Juden – Heine zitierend – zum „Volk des Buches". Doch, so Feuchtwanger, sie sind nicht nur das Volk des *einen* Buches, sondern das Volk der Literatur schlechthin geworden: „Daß die Juden das literarische Volk *kat exochen* wurden, war innere Notwendigkeit, war in Entwicklung, Umwelt, Geschichte, Schicksal tief begründet." Zwischen die babylonisch-assyrischen, ägyptischen und hellenischen Kulturen gestellt, machte sich „der Jude" daran, „die widerstrebenden Eindrücke einzureihen, zu ordnen, zu benennen, zu katalogisieren, was blieb ihm übrig als Literatur? Und er faßte den Extrakt dieser Literatur zusammen in ein kanonisches Buch, und dieses Buch schleppte er durch die Jahrhunderte. Andere Völker haben den Boden gemein, die Luft, die Geschichte, die Sprache, die Lebensgewohnheiten. Die Juden hatten durch zwei Jahrtausende nur ein Gemeinsames: ihr Buch. Dies Buch war ihnen Staat, Land, Geschichte, Sinn ihres Leidens, einziger Zusammenhalt, dies Buch, nur dies, machte sie zum Volk. [...] Das Leben, das Schicksal der Juden mußte in ihnen alle die Fähigkeiten großzüchten, die den Literaten machen [...]. Die Wanderschaft durch die Welt machte den Blick weit, schärfte ihn für kosmopolitische Zusammenhänge" (1956, 447–448). Die jüdische Literatur wird dadurch zum Organon einer transnationalen Moderne, dass sie die Substitution von Land durch Schrift immer schon vollzieht. Dies ist auch die Antwort, die Feuchtwanger 1933 – nunmehr selber auf der Schwelle zu einem neuen Exil – in französischer Sprache auf die Frage gab, ob er sich als jüdischer oder als deutscher Schriftsteller verstand: „J'ai l'habitude de répondre que je n'étais ni l'un ni l'autre, que je me sentais un écrivain international" bzw. „un internationaliste juif international" (1956, 371–373). Das diasporische jüdische Literaturmodell gewann im Exil an gesteigerter Bedeutung als Gegenmodell gegen die Zerstörungsenergie eines entfesselten Nationalismus.

In der Exilliteratur wurde das transnationale Literaturmodell vielfach aufgegriffen und durchgespielt; die zahlreichen Beispiele dafür können hier nur gestreift werden. Ausdrücklich wird es Thema etwa in Joseph Roths Romanen und Feuilletons, in Alfred Döblins *Babylonische Wandrung* (1934), in Karl Wolfskehls *Die Stimme spricht* (1934) oder in Robert Neumanns Erzählzyklus *An den Wassern von Babylon* (1939/1945). Programmatisch forderte, um noch ein Beispiel zu nennen, Carl Zuckmayer in seinem Aufsatz *Weltbürgertum* (1938), das „ahasverische Schicksal" als alteuropäisch-humanistische Mission anzunehmen, „Weltbürgertum [nämlich] im Sinne seiner geistigen und musischen Wegbereiter, im Sinne Herders und Lessings, im Sinne Goethes, des größten deutschen und europäischen Menschen" (Zuckmayer 1977, 47). Vergleichbar formulierte dies Stefan Zweig u. a. in seiner Autobiografie *Die Welt von Gestern* (1942) als Anklage gegen „jene Erzpest, den Nationalismus, der die Blüte unserer europäischen Kultur vergiftet hat", dem er entsprechend ein emphatisches Plädoyer für das jüdische Existential einer modernen „Heimatlosigkeit" als letzter Garant der europäischen Kultur entgegenhielt: „Gerade der Heimatlose wird in einem neuen Sinne frei, und nur der mit nichts mehr Verbundene braucht auf nichts mehr Rücksicht zu nehmen" (Zweig 1946, 8–9). Ähnlich wie Roths Exilromane ist Zweigs Buch eine Elegie auf den Verlust des kosmopolitischen Europas, das er, „als Österreicher, als Jude, als Schriftsteller, als Humanist, als Pazifist" gegen die alles bestimmende historisch-politische Realität eines hypertrophen Nationalismus hielt (1946, 9).

Dieses spiritualisierte ästhetische Exil wurde nach 1945 für manche exilierten Schriftsteller zur permanenten Schreib- und Existenzform. Das jüdische Schreiben blieb nicht nur in dem Maße ortlos und transnational, wie es ihm die jüngste

Geschichte abverlangt hatte, sondern auch als trotziges Programm nach 1945. Das Exil konnte auch deshalb durch keine „Rückkehr" beendet werden, weil dies einem Rückfall in das Prinzip Nationalismus bedeuten würde (vgl. IV.13 BISCHOFF/ CENTNER). Das zeigt etwa das Beispiel Karl Wolfskehls, der sich 1946 gegen das Drängen seiner Freunde, aus Neuseeland nach Europa zurückzukehren, mit der Erklärung wandte: „Von mir aus spür ich allerdings, mein Umfang hat sich erweitert. Mehr, und mit größerem Recht wie früher, nenne ich, der Jude, der deutsche Dichter Karl Wolfskehl, mich einen Bürger der Welt, einen Sohn unseres Planeten." (Wolfskehl 1977, 424–425) Auf seinem Grabstein in Auckland ist diese Unhintergehbarkeit des Exils für den Dichter im schlichten Namenszug *Exul Poeta* festgehalten.

Auch jüngere Generationen jüdischer Schriftsteller nach 1945 bis in die Gegenwart aktualisieren unter neuen historisch-politischen Bedingungen das transnationale Literaturmodell (vgl. IV.14 LISKA). Sie verstehen ihr Schreiben auch und gerade angesichts der Vernichtung der europäischen Juden ‚exterritorial', und das bedeutet: auf eine widerständige Weise nicht-zugehörig. Ob als deutschsprachige Schriftsteller in Israel (wie Werner Kraft oder in jüngerer Zeit Chaim Noll) oder (wie Barbara Honigmann) in Frankreich, oder aber (wie Maxim Biller, Robert Menasse oder Doron Rabinovici) als jüdische Schriftsteller in Deutschland oder Österreich, blieb ihr Schreiben dasjenige von „Außenseitern" (Reich-Ranicki 1989), das nicht national verortet werden kann, sondern stets flüchtig und mehrfach zugehörig bleibt. Beispielhaft dafür sieht sich Honigmann zwischen der deutschen, der jüdischen und der französischen Kultur – „und wenn es ein guter Tag ist, fühle ich mich bereichert und denke, dass ich Glück habe, an drei Kulturen teilhaben zu können, und wenn es ein schlechter Tag ist, fühle ich mich zwischen allen Stühlen sitzend und verstehe gar nichts mehr" (Honigmann 1999, 72) –, um im Schriftmedium der Literatur die eigentliche, „geistige" Koordinate zu erkennen: „Ich begriff, dass Schreiben ein Getrenntsein heißt und dem Exil sehr ähnlich ist, und dass es in diesem Sinne vielleicht wahr ist, dass Schriftsteller sein und Jude sein sich ähnlich sind." (1999, 47) Transnationalität ist für die jüdischen Autoren nach 1945 keine unmittelbar aufgezwungene Lebensform mehr, umso mehr aber eine bewusste Entscheidung: gegen gesellschaftlich-kulturelle Homogenität und bürgerliche Normalität, für ein widerständiges intellektuelles Leben in den Spuren der Schrift (vgl. Kilcher 2002).

Literaturverzeichnis

Basch, Linda, Nina Glick Schiller und Cristina Szanton Blanc. *Nations Unbound. Transnational Projects, Postcolonial Predicaments, and Deterritorialized Nation-States*. Basel: Gordon Breach, 1994.

Boehlich, Walter. *Der Berliner Antisemitismusstreit*. Frankfurt am Main: Suhrkamp Insel, 1988.
Cassel, David. *Geschichte der jüdischen Literatur*. Bd. 1. Berlin: Louis Herschel Verlagsbuchhandlung, 1872.
Ehrenstein, Albert. „Aufruf der Antinationalen Sozialisten Partei Gruppe Deutschland". Ders.: *Werke*. Bd. 5. Hrsg. von Hanni Mittelmann. Göttingen: Wallstein, 2004a. 108–111.
Ehrenstein, Albert. „Zion". Ders.: *Werke*. Bd. 5. Hrsg. von Hanni Mittelmann. Göttingen: Wallstein, 2004b. 302–304.
Feuchtwanger, Lion. *Centum Opuscula*, Rudolstadt: Greifenverlag 1956.
Feuchtwanger, Lion. *Der jüdische Krieg*. Berlin: Aufbau 1991.
Geiger, Ludwig. „Die Juden und die deutsche Literatur". Ders.: *Die Deutsche Literatur und die Juden*. Berlin: Georg Reimer, 1910. 1–24.
Honigmann, Barbara. *Damals, dann und danach*. München: Hanser, 1999.
Karpeles, Gustav. *Geschichte der jüdischen Literatur*. Bd. 1. Berlin: Oppenheim, 1886.
Kilcher, Andreas. „Exterritorialitäten. Zur kulturellen Selbstreflexion der aktuellen deutschjüdischen Literatur". *Deutsch-jüdische Literatur der neunziger Jahre*. Hrsg. von Sander L. Gilman und Hartmut Steinecke. Berlin: Erich Schmidt, 2002. 131–146.
Kilcher, Andreas. „‚Jewish Literature' and ‚World Literature': Wissenschaft des Judentums and its Concept of Literature". *Modern Judaism and Historical Consciousness: Identities, Encounters, Perspectives*. Hrsg. von Andreas Gotzmann und Christian Wiese. Leiden: Brill, 2007. 294–320.
Kimmich, Dorothee, und Schamma Schahadat. *Kulturen in Bewegung: Beiträge zur Theorie und Praxis der Transkulturalität*. Bielefeld: Transcript 2012.
Krojanker Gustav. „Vom Weltbürgertum. Zu Feuchtwangers Roman *Der jüdische Krieg*". *Jüdische Rundschau* 38 (1933): 18.
Lezzi, Eva, und Dorothea Salzer. *Dialog der Disziplinen: Jüdische Studien und Literaturwissenschaft*. Berlin: Metropol Verlag, 2009.
Lezzi, Eva. „Kolonialphantasien in der deutsch-jüdischen Literatur um 1900". *Dialog der Disziplinen: Jüdische Studien und Literaturwissenschaft*. Hrsg. von Eva Lezzi und Dorothea Salzer. Berlin: Metropol Verlag, 2009. 437–479.
Margulies, Heinrich. „Das Galuthproblem im Zionismus". *Der Jude* 18 (1917).
Pinsker, Leon. *„Autoemancipation!"*: *Mahnruf an seine Stammesgenossen von einem russischen Juden*. Berlin: Commissions-Verlag von W. Issleib, 1882.
Reich-Ranicki, Marcel. *Über Ruhestörer: Juden in der deutschen Literatur*. Stuttgart: Deutsche Verlags-Anstalt, 1989.
Seligmann, Rafael. „Bejahung und Verneinung des Galuth". *Die Welt: Zentralorgan der Zionistischen Bewegung* 8 (1914): 788–790.
Steinschneider, Moritz. „Juden – Jüdische Literatur". *Allgemeine Encyklopädie der Wissenschaften und Künste*. Sect. 2, Bd. 27. Hrsg. von Johann Samuel Ersch und Johann Gottfried Gruber. Leipzig: Johann Friedrich Gleditsch, 1850. 357–358.
Strich, Fritz. *Goethe und die Weltliteratur*. Bern: Francke, 1946.
Welsch, Wolfgang. „Transkulturalität". *Migration und Kultureller Wandel, Zeitschrift für Kulturaustausch* 45.1 (1995a): 39–44.
Welsch, Wolfgang. „Transkulturalität. Zur veränderten Verfaßtheit heutiger Kulturen". *Zeitschrift für Kulturaustausch* 1 (1995b): 39–44.
Wolf, Immanuel. „Über den Begriff einer Wissenschaft des Judenthums". *Zeitschrift für die Wissenschaft des Judenthums* (1823): 1–24.

Wolfenstein, Alfred. *Jüdisches Wesen und neue Dichtung*. Berlin: Erich Reiss 1922.
Wolfenstein, Alfred. „Jüdisches Wesen und Dichtertum". *Der Jude* 6 (1921–1922): 428–440.
Wolfskehl, Karl. „Absage an die Heimat". *Deutsche Literatur im Exil 1933–1945. Texte und Dokumente*. Hrsg. von Michael Winkler. Stuttgart: Reclam, 1977.
Zweig, Stefan. *Die Welt von Gestern. Erinnerungen eines Europäers*. Frankfurt am Main: Bermann-Fischer Verlag, 1946.
Zuckmayer, Carl. „Weltbürgertum". *Deutsche Literatur im Exil 1933–1945. Texte und Dokumente*. Hrsg. von Michael Winkler. Stuttgart: Reclam, 1977.
Zunz, Leopold. „Die jüdische Literatur (1845)". Ders. *Gesammelte Schriften von Dr. Zunz*. Bd. 1. Hrsg. vom Curatorium der „Zunzstiftung". Berlin: Louis Gerschel Verlagsbuchhandlung, 1875–1876a. 41–59.
Zunz, Leopold. „Juden und jüdische Literatur (1845)". Ders: *Gesammelte Schriften von Dr. Zunz*. Bd. 1. Hrsg. vom Curatorium der „Zunzstiftung". Berlin: Louis Gerschel Verlagsbuchhandlung, 1875–1876b. 86–114.

III.3 Erinnerung und Transnationalität
Anja Tippner

Formen kultureller Erinnerung sind nicht orts- und auch nicht personengebunden: Sie wandern zusammen mit Menschen über Grenzen, sie werden durch mediale Inszenierungen global zugänglich und sie tragen zur Entstehung transnationaler Gemeinschaften bei, die zugleich global und partikular sind. Bei der Bewegung über Grenzen hinweg und dem Transfer von einer nationalen Erinnerungskultur in eine andere entstehen neue, transnationale Erinnerungskulturen, in denen divergente Deutungen aufeinandertreffen, Ereignisse neu bewertet und tradierte Narrative befragt und transformiert werden. Zentrale Ereignisse der europäischen Geschichte wie der Holocaust, der Erste oder der Zweite Weltkrieg, aber auch die Studentenrevolte von 1968 haben ganz unterschiedliche Bedeutungen in verschiedenen nationalen Erinnerungskulturen. Man kann sie mit Recht als historische Ereignisse mit großer Reichweite und großer Bindungskraft für Gemeinschaften und Nationen bezeichnen. Durch den Transfer solcher Ereignisse oder auch ihre Globalisierung verändert sich nicht nur das emotionale Gewicht von Erinnerungen, sondern auch ihre bindende und gemeinschaftsstiftende Kraft. Menschen, die aus Russland nach Deutschland kommen, haben andere Erinnerungsnarrative an den Holocaust oder den Zweiten Weltkrieg im Gepäck als Menschen, die etwa aus Spanien kommen. Für die einen ist der Zweite Weltkrieg der Große Vaterländische Krieg, in dem die Sowjetunion Europa vom Joch des Faschismus befreite, große Opfer gebracht wurden und deshalb eine glorreiche Erinnerung, in der wenig Raum ist für ein Gedenken an den Holocaust. Für die anderen ist er ein Ereignis, das die eigene Geschichte nur am Rande tangiert, in welcher der Holocaust gleichfalls eher eine Marginalie ist, die hinter dem Bürgerkrieg der 1930er Jahre zurücktritt. Beides steht im Gegensatz zu einer deutschen Erinnerungskultur an den Zweiten Weltkrieg, in der deutsche Täterschaft und der Holocaust eine zentrale Rolle spielen. Treffen diese Erinnerungskulturen nun aufeinander, so entstehen neue situative Erinnerungskonstellationen, die nicht mehr als national, sondern transnational bezeichnet werden können. Während nationale Erinnerungskulturen zentrale Ereignisse der europäischen Geschichte vor allem im Hinblick auf ihre für die jeweilige Gesellschaft betrachten, öffnen sich transnationale Erinnerungskulturen auch für andere Geschichtserfahrungen und Erinnerungen.

Der Begriff Erinnerungskultur, so wie er hier verwendet wird, ist ein „Oberbegriff für alle denkbaren Formen der bewussten Erinnerung an historische Ereignisse, Persönlichkeiten und Prozesse zu verstehen, seien sie ästhetischer, politischer oder kognitiver Natur" (Cornelißen 2010). Er umfasst neben offiziellen Diskursen gleichfalls private Erinnerungen und wird zunehmend nicht mehr nur national, sondern in transnationaler Perspektive diskutiert. Neben diesen bewussten Formen kultureller Erinnerung existieren jedoch ferner unbewusst verinnerlichte Formen. Das Verhältnis von Mikro- und Makroebene, von privater und kollektiver Erinnerungskultur ist auch für transnationale Erinnerungskulturen relevant. Sie sind häufig eine Folge von individuellen Migrationen, aber nicht selten auch ein Ergebnis kultureller Integrationsbemühungen auf staatlicher Ebene. Meist sind sie das Ergebnis gesellschaftlicher Aushandlungen und bedürfen der Förderung durch kulturpolitische Maßnahmen. Dabei soll ein Ausgleich kontroverser oder konkurrierender Erinnerungen erreicht werden. Literatur kommt bei diesen Aushandlungs- und Verständigungsprozessen eine wichtige Aufgabe zu, denn sie überformt Erinnerungen ästhetisch und fiktional und macht Erfahrungen zugänglich, die ansonsten nicht zum Erfahrungsschatz einer Bevölkerungsgruppe gehören. An literarischen Darstellungen lässt sich demnach ablesen, wie Erinnerungsgemeinschaften wandern, wie nationale Erinnerungsnarrative konkurrieren und in Konflikt miteinander stehen und auf welche Weise transnationale Erinnerungen geformt werden. Sie führen vor, wie unterschiedliche Erinnerungskulturen in Texten miteinander verbunden werden und Erinnerungsbilder entstehen, die nicht mehr ausschließlich national orientiert und global anschlussfähig sind. Die Beweglichkeit der Erinnerungskulturen korrespondiert mit der Vielzahl von Texten, von Romanen über Theaterstücke und Gedichte, die eingesetzt werden, um Transnationalität symbolisch hervorzubringen. Dabei ist eine gewisse Präferenz für (auto)biografisch fundierte und autofiktionale Schreibweisen zu beobachten, d.h. für Texte, die lebensgeschichtliches Material integrieren, es aber im Hinblick auf eine stärkere symbolische und konzeptuelle Durchdringung fiktionalisieren. Transnationalität wird hier in Anlehnung an Glick Schiller, Basch und Szanton-Blanc als ein durch Migration und diasporische Lebensweisen entstehendes Beziehungsgeflecht verstanden, als „simultaneous multi-stranded social relations that link together [...] societies of origin and settlement" (Glick Schiller, Basch und Szanton Blanc 1995, 48). Dabei ist zu unterscheiden zwischen Transnationalität, die sich auf der Ebene des Subjekts herstellt, indem sie zwei oder mehr Erinnerungskulturen ebenso wie die Erinnerungen an Migration, Flucht oder Vertreibung in lebensgeschichtliche Narrative integriert und einer Transnationalität auf kollektiver Ebene, die aktiv an einer geteilten, nicht mehr vornehmlich national orientierten Erinnerung arbeitet und Modelle für diese zu entwerfen sucht. Beispiele für ersteres sind Texte, die durch die Entortung von Erzählerfiguren vorführen, wie Erinnerungen wandern und sich neue hybride Identitäten bilden, Beispiele für letzteres sind die zahlreichen Versuche, eine vielstimmige und doch gemeinsame europäische Erinnerungsgemeinschaft zu schaffen, in die nationale Erinnerungen eingehen, ohne vollständig in ihr aufzugehen. Während sich die erstgenannten Formen transnationaler Erinnerungen scheinbar von selbst durch Migration herzustellen scheinen, sind die letzteren das Ergebnis politischer, pädagogischer und kultureller Anstrengungen, die immer wieder zu scheitern drohen. Denn wie Aleida Assmann festgestellt hat: „Nationale Erinnerungen lassen sich nicht so einfach in ein transnationales Gedächtnis integrieren" (Assmann 2006b, 15).

1. Transnationale erinnerungshistorische Literaturwissenschaft

Die Auseinandersetzung mit verschiedenen Gedächtnisnarrativen in den Kulturwissenschaften blieb nicht ohne Wirkung auf die Interpretation von Literatur. Als Spielart einer kulturwissenschaftlich orientierten Literaturwissenschaft ist die „erinnerungshistorische Literaturwissenschaft" (Erll 2004) seit den 1980er Jahren ein Thema und seit den 2000er Jahren institutionell präsent. Für diese Institutionalisierung und die Verankerung im Methoden- und Theorienspektrum der Literaturwissenschaft stehen im deutschsprachigen Raum vor allem vier Namen: Aleida und Jan Assmann, Astrid Erll und Renate Lachmann. Im Zentrum der Forschungen zum Verhältnis von Literatur und Gedächtnis standen dabei zunächst vor allem nationale Erinnerungskulturen, die im Hinblick auf drei Komplexe untersucht wurden: zum einen Literatur als Medium des kulturellen Gedächtnisses, Gedächtnis in der Literatur und das Gedächtnis der Literatur, d. h. die Art und Weise, wie Literatur z. B. über intertextuelle Verweise die Erinnerungen an ältere Schreibformen, -stile und Themen bewahrt (Erll und Nünning 2003). Auch wenn intertextuelle Beziehungen, die in der Literaturwissenschaft intensiv erforscht wurden (Lachmann 1990, Pfister 1985) nicht selten die Grenzen von Nationalphilologien überschreiten, konzentrierte sich die historische Erinnerungsforschung vor allem auf nationale Kontexte, etwa in Pierre Noras berühmtem Projekt zu den französischen *lieux de mémoire* (Nora 1984–1992) oder Étienne François und Hagen Schulzes Nachfolgeprojekt zu deutschen Erinnerungsorten (François und Schulze 2001). Die deutsch-polnischen Erinnerungsorte, die in den 2010er Jahren in den Blick kommen, markieren die Öffnung der Erinnerungsforschung für bi- und transnationale sowie beziehungsgeschichtliche Phänomene (Hahn et al. 2013–2015). Erst in den letzten beiden Jahrzehnten traten nationale Kontexte sowohl in der Literaturwissenschaft als auch in den anderen Kulturwissenschaften in den Hintergrund, und es wurden zunehmend transnationale Erinnerungskulturen in den Blick genommen. Aleida Assmann hat in ihren Überlegungen zu einer europäischen Erinnerungskultur im Jahr 2006 die These aufgestellt, dass „die Nation als Bezugsgröße kollektiver Identität an vielen Orten in eine Krise geraten sei", so dass neue Identitätsangebote sowohl „unterhalb wie oberhalb der Ebene der Nation" ansetzen müssten (Assmann 2006a, 250). Aus diesen Überlegungen spricht immer noch der Optimismus der Nachwendezeit, einer Zeit, in der Europa zusammenzuwachsen und ein „postnationalstaatliches Zeitalter" (Ther 2017, 305) möglich schien. Trotz dieses Aufschwungs stellt sich heute wieder die Frage, ob die Grundopposition zwischen nationalen und transnationalen Erinnerungen aufgehoben werden kann oder ob sie nicht weiterhin präsent bleibt.

Für Astrid Erll ist die Idee eines „transkulturelle[n] Gedächtnis[ses]" weniger ein politisches Projekt als vor allem eine Forschungsperspektive. Die Frage lautet, wie Erinnerungsprozesse nationale Grenzen überschreiten und neue Gemeinschaften konstituieren (Erll 2011, 9). In ihrer Sicht stellt sich die Frage, worin der Erkenntnisgewinn dieser aktuellen Ausprägung des kulturellen Gedächtnisses besteht. „And this is in fact how I would like to conceive of transcultural memory: as the incessant wandering of carriers, media, contents, forms, and practices of memory, their continual ‚travels' and ongoing transformations through time and space, across social, linguistic and political borders" (Erll 2009, 11). Erll schließt damit an Mieke Bals Theorie der „wandernden Begriffe", Homi Bhabhas „movement of meaning" und James Cliffords „traveling cultures" an. Theoretische Überlegungen, die jeweils die Notwendigkeit und die Bedeutung der Öffnung von Kultur für neue Ideen und Einflüsse betonen (Bal 2002, 7–28; Bhabha 2010, 236; Clifford 1997, 17–47). Wie andere kulturelle Konzepte müssen auch Erinnerungsnarrative offen für neue und fremde Einflüsse sein, um nicht an Relevanz für die Identitätskonstruktion einer Gesellschaft zu verlieren. Ann Rigney und Chiara DeCesari betonen gleichfalls den prozesshaften Charakter kultureller Erinnerung und weisen darauf hin, dass sich auch nationale Erinnerungsnarrative durch Remediatisierung, d. h. durch die formale Anlehnung oder Übernahme von Material aus anderen Medien (vgl. Bolter und Grusin 1999; Erll und Rigney 2009), und sich verändernde gesellschaftliche Rahmenbedingungen ständig in Bewegung befinden. Sie arbeiten im Anschluss an Ulrich Beck an einer Überwindung des „methodologischen Nationalismus" (De Cesari und Rigney 2014, 1), der ihrer Auffassung nach immer noch leitend ist für die Untersuchung des kulturellen Gedächtnisses. Auf die Bedeutung von Mediatisierungen und Remediatisierungen in der Massenkultur weist auch Alison Landsberg hin (Landsberg 2004, 8). Anders als die „imaginierten [nationalen] Gemeinschaften" des 19. und frühen 20. Jahrhunderts, die Benedict Anderson (Anderson 1991) beschrieben hat, sind moderne transnationale Gemeinschaften nicht mehr geografisch oder national definiert, vielmehr bilden sie sich über nationale Grenzen hinweg (vgl. II.4 KRAFT). Erinnerungen werden nicht mehr von Generation zu Generation „vererbt" z. B. durch primär national orientierte Mahnmale und Gedenkrituale, sondern durch Literatur, Film,

Fernsehshows, Museen, die als „Erinnerungsprothesen" fungieren, über Länder- und Kulturgrenzen hinweg auch anderen Gemeinschaften zugänglich gemacht (Landsberg 2004, 11) und von diesen appropriiert. Die von Astrid Erll postulierte „transkulturelle und transnationale Wende" (Erll 2017, IX, vgl. auch De Cesari und Rigney 2014, 3) in der erinnerungshistorischen Literaturwissenschaft im Besonderen und der Gedächtnisforschung im Allgemeinen, bildet also beides ab: gesellschaftliche Veränderungen wie eine Neuorientierung der Literaturwissenschaft.

2. Geteilte, konkurrierende und multidirektionale Erinnerungen in der Literatur

Der Schwerpunkt, der im Folgenden auf die Nachwendezeit gelegt wird, impliziert nicht die These, es habe vorher keine transnationale Erinnerung gegeben (De Cesari und Rigney 2014, 7). Gleichwohl hat die „Explosion der Zeit" nach 1989 (Topol 2010) auch zu einer Explosion und Vervielfältigung der Erinnerungskulturen geführt: Neben der politischen Wende markiert das Jahr 1989 eine Dynamisierung der vorher in der Systemkonkurrenz relativ statischen Erinnerungskulturen sowie der Austauschbeziehungen und nicht zuletzt der zunehmenden Migration zwischen Ost und West (vgl. IV.15 KLIEMS). In seiner Geschichte Europas seit 1945 schreibt der britisch-amerikanische Historiker Tony Judt, es sei ein Kennzeichen europäischer Identität, sich zu erinnern und zwar insbesondere an traumatische, gewaltsame und konflikthafte historische Ereignisse (Judt 2007, 804). Im Mittelpunkt der europäischen Erinnerungsnarrative steht der Holocaust. Er bildet, mit Aleida Assmann gesprochen, „das Gedächtnis Europas" (Assmann 2006a, 255; vgl. III.4 KRAMER). Ganz ähnlich betont der österreichische Autor Robert Menasse in seinem preisgekrönten Roman *Die Hauptstadt* (Menasse 2017) die Bedeutung des Genozids an den europäischen Juden, wenn er einem seiner Protagonisten, dem EU-Beamten Martin Susman, folgende Worte in den Mund legt: „Nichts in der Geschichte hat die verschiedenen Identitäten, Mentalitäten und Kulturen Europas, die Religionen, die verschiedenen so genannten Rassen und ehemals verfeindete Weltanschauungen so verbunden, nichts hat eine so fundamentale Gemeinsamkeit aller Menschen geschaffen wie die Erfahrung von Auschwitz." (Menasse 2017, 184–185; vgl. Assmann 2006b, 15). Auschwitz und die Überlebenden sollen den Mittelpunkt einer Feier zum 50. Jahrestag der Europäischen Kommission bilden, weil die Verheerungen Europas durch den NS-Staat die Grundlage für die Gründung der Europäischen Union seien. Martin Susman erläutert seiner Chefin und Leiterin der Kulturabteilung, Fenia Xenopoulou, dass der Holocaust die Idee sein könne, um die „klassischen nationalen Konflikte und

Widersprüche in einer nachnationalen Entwicklung [...], also im Gemeinsamen [zu überwinden]" und damit die historische Aufgabe der Kommission zu erfüllen (Menasse 2017, 184). Im Roman wird die Idee von Auschwitz als europäischem Gründungsmythos durch eine fiktive Rede, die Walter Hallstein, der erste Vorsitzende der Kommission der Europäischen Wirtschaftsgemeinschaft, im Konzentrationslager Auschwitz gehalten haben solle, vordatiert. Eine Behauptung, die Menasse auch in Lesungen aus seinem Roman wiederholt hat, und die auf viel Kritik gestoßen ist, weil sie als „Erfindung", „Verdrängung [...] beweisen" soll und dabei „mit dem Äußersten spiel[t] (vgl. Bahners 2019). Der Fall Menasse zeigt deutlich, dass es häufig nicht um eine Rekonstruktion transnationaler Erinnerungsnarrative geht, sondern um deren nachträgliche Konstruktion. Im Grunde genommen handelt es sich hier nicht mehr um ein transnationales Gedächtnis, d. h. um bewegliche, Disparität und Gemeinschaft verknüpfende Gedächtniskulturen, die das Ergebnis von Migration, Flucht oder Vertreibung sind, sondern um eine politisch angestrebte supranationale Erinnerungskultur, die die beteiligten Länder auf ein verbindliches Narrativ einschwört. Menasses Roman und sein Beharren auf den Möglichkeiten der Fiktion (Menasse 2019) und Assmanns gedächtnistheoretische Überlegungen bestätigen sich gegenseitig in der Überzeugung, dass die national je unterschiedliche, vielstimmige Erinnerung an den Holocaust das prominenteste Beispiel für ein „entortete[s]", „transnationale[s]", sich „globalisierende[s]" und damit letztlich „kosmopolitische[s] Gedächtnis" ist oder zumindest sein könnte (Levy und Sznaider 2007, 9–10). Sowohl in der Literatur als auch der Theorie ebenso wie in der Politik (*Stockholmer Erklärung des Internationalen Forums über den Holocaust* 2000) wird die Erinnerung an den Holocaust in einer bestimmten Form verbindlich gemacht. Die Stockholmer Erklärung strebt an, immer mehr Staaten in diese Erinnerungskultur einzubinden (vgl. Punkt 5, Stockholmer Erklärung). Diese Verpflichtung auf eine bestimmte Form der Erinnerung an den Holocaust und die kritische Auseinandersetzung mit der eigenen Verstrickung in den Antisemitismus wird – um mit Tony Judt zu sprechen – zur „europäischen Eintrittskarte" (Judt 2007, 803). Die jüngsten Entwicklungen in Polen haben gezeigt, dass nicht mehr alle Staaten dieser Verpflichtung im gleichen Maße nachkommen wollen beziehungsweise ein Recht auf ein (trans-)nationales Gedenken an andere Gewalterfahrungen einfordern. Dies zeigt sich auch an den Resolutionen, die auf europäischer Ebene seit 2000 verabschiedet worden sind, die neben dem Holocaust auch das Gedenken an totalitäre Gewalt in sozialistischen Staaten Mittelosteuropas gestalten und europäisieren wollen, wie etwa die *Prager Erklärung zum Gewissen Europas und zum Kommunismus* aus dem Jahr 2008, zu deren Erstunterzeichnern u. a. Václav Havel und Joachim Gauck gehörten (Jones 2017). Auch wenn es sich hier vor allem um ein gesellschaftspolitisches Konzept handelt, so gibt es auch eine literarische Auseinandersetzung damit.

In seinem Roman *Die Teufelswerkstatt* (Topol 2010) setzt sich der tschechische Autor Jáchym Topol mit den Anforderungen einer transnationalen und globalisierten Erinnerung auseinander. Eine Gruppe von Kindern und Enkelkindern von Holocaustüberlebenden organisiert hier ein florierendes Erinnerungsgeschäft auf dem Gelände des früheren Ghettos Theresienstadt, das „Heritage" und „Dark Tourism Tours" anbietet. Sarah, eine der vielen Vertreterinnen der dritten Generation, die die Gedenkstätte besucht, verkörpert als in Schweden aufgewachsene Westeuropäerin Vorstellungen von kultureller Erinnerung, die als dominant und selbstgerecht vorgeführt werden. So wirft sie dem Erzähler vor, dass die Osteuropäer immer noch kein richtiges Verhältnis zur Geschichte des Holocaust in der Tschechoslowakei hätten (Topol 2010, 57). Am Beispiel von Weißrussland zeigt der Roman, wie sich die europäische Erinnerungskultur nach Osten bewegt und ihre Ansprüche ausdehnt. Angesichts der fehlenden Gedenkstätten und Mahnmale für die ermordeten weißrussischen Juden konstatiert er: „Eine furchtbare Unordnung! Jedenfalls kommt Weißrussland ohne einen Plan für die Erneuerung der Gräberfelder nicht in die EU. Auch wenn die Diktatur gefallen sein sollte. Keine Chance! Im vereinten Europa können nicht überall unbekannte Leichengruben klaffen [...] Hier muss aufgeräumt werden." (Topol 2010, 194). Der tschechische Autor gestaltet so die Anforderungen einer einheitlichen und globalisierten Gedenkkultur literarisch, er macht sie explizit und ironisiert sie zugleich. Darüber hinaus spricht Topols Text ein weiteres Problem der globalisierten Holocausterinnerung an: Sie steht nicht selten in Konflikt oder Konkurrenz mit anderen traumatischen und gewaltsamen Ereignissen, die die Geschichte des 20. Jahrhunderts nicht nur Osteuropa geprägt haben und die von Dan Diner als „gegenläufige Gedächtnisse" (Diner 2007) bezeichnet worden sind. Die Literatur- und Medienwissenschaftlerinnen Ellen Rutten und Vera Zvereva sprechen in diesem Zusammenhang und in Anlehnung an ein Forschungsprojekt von Aleksandr Etkind von „memory at war" und „web wars", da viele dieser Dispute im Internet ausgetragen werden (Rutten und Zvereva, 1–2). Am Beispiel der Internetkultur in Russland, Polen und der Ukraine zeigen sie, wie intensiv über den richtigen Umgang mit der Vergangenheit gestritten und nach affektiven Zugängen gesucht wird, um an unterschiedliche Gewalterfahrungen wie die Massaker von Katyn, den Holocaust oder den Gulag zu erinnern und Erinnerungsräume zu konstituieren. Michael Rothberg setzt der Vorstellung von Erinnerungskriegen und Erinnerungskonkurrenzen sein Konzept des „multidirectional memory" oder Ko-Erinnerns entgegen. Ausgehend von der Überzeugung, dass kollektive Erinnerung kein „Nullsummenspiel" ist, bei dem die Erinnerung einer Nation oder Gruppe die anderer ausschließt, schlägt er vor, sie eher als ein dynamisches Geflecht von Verhandlungen, Querverweisen und Aneignungen zu betrachten, in dem eine Erinnerung andere kulturell, zeitlich weit entfernte oder sogar gegengelagerte Erinnerungen aufrufen, vergegenwärtigen und damit miterinnern kann (Rothberg 2009, 3). Anhand verschiedener Beispiele zeigt er, dass das Gedenken an den Holocaust nicht etwa die Erinnerung an andere Genozide und Gewaltgeschichten verdrängen muss, sondern diese durch Vergleich und Zitat im Gegenteil erst in ihrer Ungeheuerlichkeit und universellen Bedeutung für die Gegenwart bewusst machen kann. Wichtig ist hier sein Hinweis, dass der Vergleich nicht Gleichsetzung bedeutet, sondern auf eine Erweiterung des kollektiven Gedächtnisses zielt, um wirklich „transversal" zu werden und Räume, Genres, nationale Kontexte und kulturelle Traditionen miteinander zu verbinden (Rothberg 2009, 18). Die Operationen des Vergleichens und Verweisens, der Gegenüberstellung und Parallelisierung sind hierbei zentral und müssen explizit gemacht werden, um ihre Wirkung zu entfalten und Ko-Erinnerung auszulösen. Auf diese Weise können sich dann auch innerhalb einer Literatur und einer Kultur transnationale Erinnerungskulturen herstellen, ohne dass diese notwendig das Ergebnis von Migration oder Grenzüberschreitungen sein müssen. Dies ist der Fall, wenn die tschechische Autorin Radka Denemarková in ihrem Roman *Ein herrlicher Flecken Erde* (2009) die Vertreibung der Sudetendeutschen und den Holocaust miteinander verwebt, um so nicht nur deren historische Verschränkung in den Zeiten des Krieges zu thematisieren, sondern auch auf die Notwendigkeit der Ko-Erinnerung in der Gegenwart aufmerksam zu machen. Auch wenn ihr Text sich vor allem an ein tschechisches Publikum richtet, ist er nicht mehr nur aus der Logik einer nationalen Erinnerung geschrieben, sondern stellt einen Versuch dar, tschechische Literatur und transnationale Erinnerung miteinander kurzzuschließen.

3. Migration und „reisende Konzepte" als Katalysatoren einer transnationalen Erinnerungskultur

In der Literatur sieht vor allem Astrid Erll eine Möglichkeit, Migration und transnationale Erinnerung als miteinander verknüpft vorzuführen. Sie erscheint als Medium, um historische Ereignisse und Erinnerungsformen über Grenzen zu bewegen und in sich wandelnden Kontexten bedeutungsvoll zu halten (Erll 2011, 12). Wie eine solche Bewegung von Erinnerungen über räumliche, kulturelle und zeitliche Grenzen vorgestellt werden kann, führt Maja Haderlaps Roman *Engel des Vergessens* (2013) vor, der versucht, die Geschichte der Verfolgung der Kärntner Slowenen, zu denen ihre Familie gehört, in die deutsche Literatur einzuschreiben. Was im kommunikativen Gedächtnis der Gemeinschaft erzählt und beschwiegen wird, wird von der Enkelin in Literatur und in das kulturelle Gedächtnis übersetzt: „Die Reisen zwischen Wien und meinem Heimatort entwickeln sich zu Zeitexpeditionen, zu Fahrten durch unterschiedliche Zeitläufte und Geschichtsvarianten, die nebeneinander existieren." (Haderlap 2013, 185). Dabei, so könnte man ergänzen, treten Geschichtserzählungen hervor, die sich noch nicht zu einem transnationalen, ein deutsches, österreichisches und slowenisches kulturelles Gedächtnis berücksichtigenden, Erinnern verbunden haben. Erst der Auszug der Enkelin aus der slowenischen Peripherie in das Zentrum nach Wien macht diesen Transfer möglich. Im „Hin und Her" (ebd.) entwirft der Roman die Möglichkeit eines anderen Erinnerns, das nicht mehr nationale Befindlichkeiten oder Deutsch gegen Slowenisch ausspielt, sondern beide Erinnerungskulturen nebeneinander präsentiert und damit ihre gleichzeitige Geltung anerkennt. Mehrsprachigkeit wird bei Haderlap wie auch in anderen transnationalen Romanen, etwa Katja Petrowskajas *Vielleicht Esther. Geschichten* (2014), zum Signum der Vielstimmigkeit transnationaler Erinnerung. Beide Texte bedienen sich zentraler Verfahren zeitgenössischer Erinnerungsliteratur wie Recherche, Auseinandersetzung mit Dokumenten und der Integration verschiedener Stimmen in einen Text, der autobiografisch fundiert und fiktional gestaltet ist.

Betrachtet man die Beispiele transnationaler Literatur durch die Linse der Erinnerungstheorie, so stellt sich auch die Frage nach der Lektüre dieser Texte. Was die Besonderheit dieser Entortung und Neuverortung ausmacht, lässt sich nicht selten besser ermessen, wenn man sie aus der Perspektive der Leserin bzw. des Lesers betrachtet. Im Sinne der Rezeptionsästhetik lässt sich fragen, wer der intendierte Leser dieser Texte ist. Welche Form der Adressierung ist in diese Texte eingeschrieben, welche Appellstruktur enthalten sie? Adrian Wanner postuliert mit Blick auf die Mehrsprachigkeit, die häufig Merkmal transnationaler Literatur ist, dass diese auch einen transkulturellen oder multilingualen Leser impliziere (Wanner 2011, 14; vgl. auch II.3 KILCHMANN). Analog hierzu müsste man einen Leser postulieren, der Einblick in verschiedene Erinnerungskulturen hat und diese aufrufen kann. Denn eine transnationale Erinnerungskultur bedeutet immer zumindest eine Auseinandersetzung mit unterschiedlich geprägten nationalen, kulturellen, religiösen und politischen Erinnerungen. Andreas Huyssen hat den ersten Aspekt unter der Überschrift der „Einwanderung in die Geschichte" diskutiert. Er weist darauf hin, dass es nicht immer die Mehrheitsgesellschaft sein muss, die unwillig ist, Erinnerungskulturen diasporischer Gemeinschaften zu integrieren, sondern dass das Festhalten an bestimmten Erinnerungen identitätsstiftend für diese Bevölkerungsgruppen sein kann (Huyssen 2003, 154). Wie Glick Schiller, Basch und Szanton Blanc feststellen: „[I]ndividuals, communities, or states rarely identify themselves as transnational. It is only in contemporary fiction [...] that this state of ‚in-betweenness', has been fully voiced" (Glick Schiller, Basch und Szanton Blanc 1995, 8).

Literatur entwirft die Entstehung eines transnationalen Gedächtnisses meist als komplexen Aushandlungs- und Aneignungsprozess. Als Beispiel kann hier

Vladimir Vertlibs Roman *Das besondere Gedächtnis der Rosa Masur* (2003) dienen. Rosa Masur und ihre Familie sind als sogenannte Kontingentflüchtlinge aus der Sowjetunion nach Deutschland in die fiktive Stadt Gigricht emigriert. Im Rahmen eines *Oral History*-Projekts zur 750-Jahrfeier der Stadt soll Rosa für 5000 Mark ihre Lebensgeschichte erzählen und zwar in ihrer Eigenschaft als „ältere, aus Russland stammende Person jüdischen Glaubens" (Vertlib 2003, 37). Im Laufe des lebensgeschichtlichen Interviews wird deutlich, dass die Erinnerung an das eigene Leben, soll sie ihr (deutsches) Publikum erreichen, bestimmten Regeln folgen muss. Erzählbar ist hier ein Teil der sowjetischen Biografie – der Holocaust und die Verfolgung in der Zeit der deutschen Besatzung –, andere Aspekte wie stalinistische Verfolgung oder der alltägliche sowjetische Antisemitismus sind erklärungsbedürftig, und Interesse muss hier erst geweckt werden. So kommentiert die Mitarbeiterin der Stadtverwaltung, die für die Auswahl der Zeitzeugen zuständig ist, Rosas kurzen Bericht über ihr Leben mit den Worten, dass Rosas Lebensgeschichte sicher „ungewöhnlich sei, aber sie [...] sich nicht sicher [sei], ob das allein ausreiche" und verlangt nach „Tragische[m], Dramatische[m]" und einer der Mitbewerber Rosas meint die Formel gefunden zu haben, wenn er darauf hinweist, dass es „[b]ei den Deutschen in erster Linie um das schlechte Gewissen [geht]. Liefere ihnen fünf von den Nazis ermordete Verwandte und sie fallen vor Dir auf die Knie" (Vertlib 2003, 37–39). Vertlibs Roman spielt mit dem Konzept des lebensgeschichtlichen Erzählens, das stets an neue Erinnerungspolitiken und -narrative angepasst werden muss, diese aber auch modifiziert.

Boris Fishmans Roman *A Replacement Life* (2014) reflektiert in ähnlicher Weise wie Vladimir Vertlib die Anforderungen, die die neue Erinnerungskultur an die Migranten stellt. Am Beispiel des russisch-jüdischen Journalisten und Schriftstellers Slava Gelman, der mit seiner Familie aus der Sowjetunion in die USA emigrierte, führt er zum einen vor, dass die historische Erfahrung einem bestimmten Muster folgen muss, um als traumatische Erfahrung anerkannt zu werden und zum anderen, dass dieses Muster, wenn es einmal angeeignet und beherrscht ist, beliebig auf andere Biografien und Erinnerungen übertragbar ist. Die Familie Gelman erfährt zu spät von der Möglichkeit deutscher Schadensersatzzahlungen für jüdische Überlebende, denn die Großmutter Sofia, die das Ghetto in Minsk überlebt hat und damit Ansprüche gehabt hätte, ist gerade verstorben. Der Großvater ist zwar ebenfalls Opfer von Verfolgung und Antisemitismus, wenngleich nicht durch die Deutschen. Slava amalgamiert nun die Biografien von Großvater und Großmutter, um doch noch einen Anspruch stellen zu können. So ist eine Geschäftsidee geboren: Er schreibt von nun an sowjetische Lebensläufe um und passt sie an die Anforderungen der Jewish Claims Conference an, um für weitere ältere Emigranten Entschädigungsansprüche in Deutschland geltend machen zu können. Fishman führt vor, dass das so entstehende Gedächtnis ein transnationales ist – es fließen amerikanische, deutsche, jüdische, sowjetische und russische Aspekte mit ein – und ein konstruiertes, bei dem sich Recherche und Erfindung die Waage halten. Beide Autoren machen durch die Integration ökonomischer Motive – bei Fishman geht es um Reparationszahlungen, bei Vertlib um ein Honorar für das Interview –, dass es nicht nur um Fragen des Stils und persönlicher Einstellungen geht, sondern um eine Anpassung an die Erinnerungskultur, die als solche wahrgenommen und honoriert wird. Im Grunde genommen realisieren die Texte eine Beobachtung der Erinnerungsforschung, wie sie etwa Törnquist-Plewa, Sindbæk und Erll formuliert haben, wenn sie schreiben: „The cultural templates and schemata, many of them embodied, some even unconscious and often not explicitly articulated, create cultural constraints for memory production and reception and shape cultural frames of memory dynamics" (Törnquist-Plewa, Sindbaek Andersen und Erll, 2017, 11).

Hier zeigt sich einmal mehr die Komplexität im Verhältnis von Literatur und Erinnerungstheorie. Nicht nur weiß Literatur häufig mehr als die Theorie, sie ist oft auch schon durch diese hindurch gegangen und fordert neue Arten des Lesens und der Lektüre. Wenn Ulrike Draesner eine der Figuren ihres Romans *Sieben Sprünge vom Rand der Welt* (Draesner 2014) über die Bedeutung von Flucht und Vertreibung für die Nachgeborenen reflektieren lässt, dann tut sie dies im Bewusstsein von Geschichtswerkstätten, Theorien der Epigenetik und der Erinnerungstheorie. Das was ihr Vater ihr über die Flucht aus Breslau, die er als 14-Jähriger erlebte, mit eindrucksvollen Bildern schildert, klassifiziert sie als „Filmbilder. Nachgestellte Aufnahmen, irgendwann, irgendwo ausgestrahlt. Phantasien über die eigene Vergangenheit." Denn, so hat die Erzählerin rekonstruiert: „Nie war er im Flüchtlingstreck gegangen" (Draesner 2014, 46). Der Bericht des Vaters und die Bewertung der Tochter erinnern in der Schilderung Draesners an die Überlegungen Harald Welzers zur Erinnerungsforschung und zur autobiografischen Wahrheit (Welzer 2003) und Alison Landsbergs Konzept des „prosthetic memory" (Landsberg 2004). Gleichfalls schließt Draesner mit ihrem Roman an Marianne Hirschs Konzept der „postmemory" an, d. h. einer Verbindung zur Vergangenheit, die durch eine imaginierte Beteiligung jener hergestellt wird, die, selbst nicht mehr selbst Zeitzeugen sind, aber mit den Erzählungen über traumatische Erfahrungen der Eltern- und Großelterngeneration aufgewachsen sind (Hirsch 1997, 22). Mit der Erinnerung an die deutsche Flucht und Vertreibung wird in Draesners Roman jedoch auch die Erinnerung einer zweiten Vertreibung miterinnert: die Vertreibung der polnischen Bevölkerung aus den sogenannten *kresy*, den polnischen Ostgebieten, die nach dem Ende des Zweiten Weltkriegs der Sowjetunion zugeschlagen wurden. Stärker noch als im Roman selbst kommt dies auf der Internetseite zum Ausdruck, die den Roman flankiert, ihn fortschreibt und Leser und Leserinnen auffordert, sich an der Erinnerungsproduktion zu beteiligen. Hier finden sich deutsche und polnische Begriffe, vor allem aber auch theoretische Konzepte wie *postmemory* und ‚transgenerationell'. Mit der Übernahme und expliziten Ausstellung dieser Konzepte nimmt Draesner eine weitere Verschiebung vor, da diese zunächst im Kontext der Erinnerungskultur an die Shoah entwickelt wurden, und hier nun für die nicht nur im deutschen Kontext lange als revanchistisch tabuisierte Erinnerung an eine andere Gewalterfahrung – die Vertreibung ethnischer Deutscher in der unmittelbaren Nachkriegszeit – eingesetzt wird. Im Sinne Rothbergs wird hier eine Geschichte – die Vertreibung der Deutschen aus Schlesien – mit anderen Geschichten – dem Eroberungskrieg der Wehrmacht und der Besetzung Polens, der Umsiedelung von Polen aus Galizien nach dem Krieg im Zuge der Grenzverschiebungen zwischen Polen und der Sowjetunion sowie der Ermordung der europäischen Juden – zu einer Erzählung verknüpft, die diese verschiedenen Gewaltgeschichten erinnert und als miteinander verbunden darstellt, ohne dass diese dadurch gleichgesetzt würden (Moses und Rothberg 2014). Der Roman wird so zu einem multimedialen Projekt, das vorführt, wie medial informierte Erinnerungskulturen funktionieren, die nicht nur Texte aus anderen Erinnerungskulturen, sondern auch auf filmische und fotografische Erinnerungsbilder zurückgreifen, um die Vergangenheit zu vergegenwärtigen und neu zu interpretieren. Draesners *Sieben Sprünge vom Rand der Welt* erweist sich wie etwa die polnischen Romane *Tod in Danzig* (1995) von Stefan Chwin oder *Weiser Dawidek* (1987) von Paweł Huelle, die deutsche und jüdische Bewohner Danzigs und deren Erfahrungen in ihre Texte integrieren, als ein Versuch, die eigene Literatur um die Perspektive einer anderen verdrängten Erinnerungskultur zu erweitern und transnational werden zu lassen, ohne dass die Autoren und Autorinnen selbst nationale Grenzen überschreiten. Die genannten Romane tragen damit zu einer transnationalen Erinnerungskultur bei, ohne einer Literatur der Migration zugerechnet werden zu können.

Die Leerstellen, die sich im Hinblick auf historische Erfahrungen wie beispielsweise den Gulag, Bürgerkriege in Osteuropa oder die Vertreibung der deutschstämmigen Bevölkerung aus dem östlichen Europa in der literarischen Erinnerung auftun, lassen sich mit dem Konzept einer multidirektionalen Erinnerung nicht vollständig füllen. Es ist deshalb sicher kein Zufall, dass viele der Texte auf Formen dokumentarischen und dialogischen Schreibens zurückgreifen und mit Figuren der Recherche und der Suche arbeiten, bei denen private wie öffentliche Archive eine zentrale Rolle spielen. Betrachtet man das große Feld der transnationalen Literatur in Deutschland, besonders jenes, das die Verschränkungen und Verflechtungen zwischen dem deutschsprachigen Raum und Mittelosteuropa, Südosteuropa und dem post-sowjetischen Raum in den Blick nimmt, dann fällt auf, dass transnationale Erinnerungskulturen, so wie sie hier umrissen wurden, nicht nur neue Themen in die deutsche Erinnerungskultur integriert, sondern autofiktionale Formen des Erzählens privilegiert werden. Den Erzählerfiguren als Verkörperung kommt dabei, so könnte man in Anlehnung an Franco Moretti formulieren, eine besondere Aufgabe zu, die biografisch kaum zu leisten ist, sie müssen kommentieren, erklären, und übersetzen. Transnationale Literatur transzendiert wie an Draesner, Topol, Petrowskaja oder Menasse zu sehen ist, nicht nur konkrete biografische und nationale Erinnerungsnarrative, sie wird transnational auch durch den Anschluss an eine Literatur- und Erinnerungstheorie, die gleichfalls nicht mehr ausschließlich national operiert und durch literarische Verfahren der Fiktionalisierung, die die utopischen Anteile des Projekts transnationaler Erinnerung als Möglichkeit und Chance gestalten.

Literaturverzeichnis

Assmann, Aleida. *Erinnerungsräume. Formen und Wandlungen des kulturellen Gedächtnisses*. München: Beck, 1999.
Assmann, Aleida. *Der lange Schatten der Vergangenheit. Erinnerungskultur und Geschichtspolitik*. München: Beck, 2006a.
Assmann, Aleida. „‚Ein geteiltes Wissen von uns selbst'? Europa als Erinnerungsgemeinschaft". *Schauplatz Kultur – Zentraleuropa. Transdisziplinäre Annäherungen*. Hrsg. von Johannes Feichtinger, Elisabeth Großegger, Gertraud Marinelli-König, Peter Stachel und Heidemarie Uhl. Innsbruck: Studienverlag, 2006b, 15–25.
Assmann, Aleida. *Das neue Unbehagen an der Erinnerungskultur. Eine Intervention*. München: Beck, 2016.
Assmann, Jan. „Halbwachs, Maurice". *Gedächtnis und Erinnerung. Ein interdisziplinäres Lexikon*. Hrsg. von Nicholas Pethes und Jens Ruchatz. Reinbek bei Hamburg: Rowohlt, 2001. 247–249.
Bahners, Patrick. „Psychopathologe" (07. 01. 2019). https://www.faz.net/aktuell/feuilleton/fall-menasse-psychopathologe-15975310.html (29. 04. 2019).
Bahners, Patrick. „Hallstein-Rede in Auschwitz: Der Bluff des Robert Menasse" (02. 01. 2019). https://www.faz.net/aktuell/feuilleton/buecher/themen/robert-menasse-hat-auschwitzer-hallstein-rede-erfunden-15967837.html. (29. 04. 2019).
Basch, Linda, Nina Glick Schiller und Cristina Szanton Blanc. *Nations Unbound: Transnational Projects, Postcolonial Predicaments and Deterritorialized Nation-States*. Amsterdam: Gordon and Breach, 1995.
Blaive, Muriel, Christian Gerbel und Thomas Lindenberger (Hrsg). *Clashes in European Memory: The Case of Communist Repression and the Holocaust*. Innsbruck: StudienVerlag, 2011.
Bolter, J. David, und Robert Grusin. *Remediation: Understanding New Media*. Cambridge, MA: MIT Press, 1999.
Clifford, James. *Routes. Travel and Translation in the Late Twentieth Century*. Cambridge, MA: Harvard University Press, 1997.
Cornelißen, Christoph. „Erinnerungskulturen". Version: 2.0. Docupedia-Zeitgeschichte, http://docupedia.de/zg/cornelissen_erinnerungskulturen_v2_de_2012 (10. 07. 2018).

De Cesari Chiara und Ann Rigney. „Introduction". *Transnational Memory: Circulation, Articulation, Scales*. Hrsg. von Chiara De Cesari und Ann Rigney. Berlin und New York: de Gruyter, 2014. 1–26.
Diner, Dan. *Gegenläufige Gedächtnisse. Über Geltung und Wirkung des Holocaust*. Göttingen: Vandenhoeck & Ruprecht, 2007.
Draesner, Ulrike. *Der siebte Sprung*. https://der-siebte-sprung.de/ (10. 07. 2018).
Draesner, Ulrike. *Sieben Sprünge vom Rand der Welt*. München: Luchterhand, 2014.
Erll, Astrid, und Ansgar Nünning. „Gedächtniskonzepte in der Literaturwissenschaft: Ein Überblick". *Literatur – Erinnerung – Identität. Theoriekonzeptionen und Fallstudien*. Trier: WVT, 2003. 3–27.
Erll, Astrid, und Ann Rigney (Hrsg.). *Mediation, Remediation, and the Dynamics of Cultural Memory*. Berlin und New York: de Gruyter 2009.
Erll, Astrid. „Travelling Memory". *Parallax* 17.4 (2011): 4–18.
Erll, Astrid. *Kollektives Gedächtnis und Erinnerungskulturen. Eine Einführung*. Stuttgart: Metzler, 2017.
Fishman, Boris. *A Replacement Life*. New York: Harper Collins, 2014.
François, Etienne, und Hagen Schulze (Hrsg.). *Deutsche Erinnerungsorte*. 3 Bde. München: Beck, 2001.
Glick Schiller, Nina, Linda Basch und Cristina Szanton Blanc. „From Immigrant to Transmigrant: Theorizing Transnational Migration". *Anthropological Quarterly* 68.1 (1995): 48–63.
Haderlap, Maja. *Engel des Vergessens. Roman*. München: btb, 2013.
Hahn, Hans Henning, Peter Oliver Loew und Robert Traba (Hrsg.). *Deutsch-Polnische Erinnerungsorte*. 5 Bde. Paderborn: Schöningh, 2013–2015.
Hirsch, Marianne. *Family Frames: Photography, Narrative and Postmemory*, Cambridge, MA: Harvard University Press, 1997.
Huyssen, Andreas. „Diaspora and Nation: Migration into Other Pasts". *New German Critique* 88 (2003): 147–164.
Jones, Sarah. „Cross-border Collaboration and the Construction of Memory Narratives in Europe". *The Twentieth Century in European Memory. Transcultural Mediation and Reception*. Hrsg. von Barbara Törnquist-Plewa und Tea Sindbæk Andersen. Leiden: Brill, 2017. 27–56.
Judt, Tony. *Postwar. A History of Europe since 1945*. London: Pimlico, 2007.
Lachmann, Renate. *Gedächtnis und Literatur. Intertextualität in der russischen Moderne*. Frankfurt am Main: Suhrkamp, 1990.
Landsberg, Alison. *Prosthetic Memory. The Transformation of American Remembrance in the Age of Mass Culture*. New York: Columbia University Press, 2004.
Levy, Daniel, und Natan Sznaider. *Erinnerung im globalen Zeitalter: Der Holocaust*. Frankfurt am Main: Suhrkamp, 2007.
Menasse, Robert. *Die Hauptstadt*. Berlin: Suhrkamp, 2017.
Menasse, Robert. „Ein Gedanke, prägnant zusammengefasst" (04. 01. 2019). https://www.welt.de/politik/deutschland/plus186544900/Robert-Menasse-und-die-Hallstein-Zitate-Eine-Antwort-auf-die-Kritiker.html (29. 04. 2019).
Moses, A. Dirk, und Michael Rothberg. „A Dialogue on the Ethics and Politics of Transcultural Memory. Part 1 + 2": https://hgmsblog.weebly.com/blog/a-dialogue-on-the-ethics-and-politics-of-transcultural-memory-part-i (10.07.2018).
Nora, Pierre (Hrsg.). *Les lieux de mémoire*. Paris: Gallimard, 1984–1992.
Petrowskaja, Katja. *Vielleicht Esther. Geschichten*. Berlin: Suhrkamp, 2014.

Pfister, Manfred. „Konzepte der Intertextualität". *Intertextualität. Formen, Funktionen, anglistische Fallstudien*. Hrsg. von Ulrich Broch und Manfred Pfister. Tübingen: Niemeyer, 1985, 1–30.

Rigney, Ann. „Plenitude, scarcity, and the circulation of cultural memory". *Journal of European Studies* 35.1 (2005): 11–28.

Rothberg, Michael. *Multidirectional Memory. Remembering the Holocaust in the Age of Decolonization*. Stanford: Stanford University Press, 2009.

Stockholmerklärung, https://www.blaetter.de/archiv/jahrgaenge/2000/maerz/stockholmer-erklaerung-des-internationalen-forums-ueber-den-holocaust-v (10. 07. 2018).

Ther, Philipp. *Die Außenseiter. Flucht, Flüchtlinge und Integration im modernen Europa*. Berlin: Suhrkamp, 2017.

Topol, Jáchym. *Die Schwester*. Frankfurt am Main: Suhrkamp, 2004.

Topol, Jáchym. *Die Teufelswerkstatt*. Berlin: Suhrkamp, 2010.

Törnquist-Plewa, Barbara, Tea Sindbæk Andersen und Astrid Erll. „Introduction: On Transcultural Memory and Reception". *The Twentieth Century in European Memory. Transcultural Mediation and Reception*. Hrsg. von Barbara Törnquist-Plewa und Tea Sindbæk Andersen. Leiden: Brill, 2017. 1–23.

Troebst, Stefan. „Jalta versus Stalingrad, GULag versus Holocaust: Konfligierende Erinnerungskulturen im größeren Europa". *„Transformationen" der Erinnerungskulturen in Europa nach 1989*. Hrsg. von Bernd Faulenbach und Franz-Josef Jelich. Essen: Klartext-Verlag, 2006. 23–51.

Vertlib, Vladimir. *Das besondere Gedächtnis der Rosa Masur*. München: dtv, 2003.

Wanner, Adrian. *Out of Russia. Fictions of a New Translingual Diaspora*. Evanston, IL: Northwestern University Press, 2011.

Welzer, Harald. „Was ist autobiographische Wahrheit? Anmerkungen aus Sicht der Erinnerungsforschung". *Die biographische Wahrheit ist nicht zu haben*. Hrsg. von Klaus-Jürgen Bruder. Gießen: Psychosozial Verlag, 2003. 183–202.

Werner, Michael, und Bénédicte Zimmermann. „Vergleich, Transfer, Verflechtung. Der Ansatz der Histoire croisée und die Herausforderung des Transnationalen." *Geschichte und Gesellschaft* 28.4 (2002): 607–636.

III.4 Transnationale Erinnerung an die Shoah

Sven Kramer

In den von ihnen kontrollierten Gebieten betrieben die Deutschen während des Zweiten Weltkriegs die Entrechtung, Enteignung, Verfolgung, Vertreibung und Ermordung der europäischen Juden. Die Deportationszüge durchquerten den gesamten Kontinent: Für die Shoah bildeten Staatsgrenzen kein Hindernis. Nach dem Krieg kehrten manche Überlebende in ihr Herkunftsland zurück. Unter denen, die noch rechtzeitig hatten emigrieren können, blieben viele in den Ländern des Exils oder siedelten sich in aufnahmebereiten Gegenden auf der ganzen Welt an, etwa in Nord- und Südamerika; andere fanden in Palästina und seit 1948 in Israel eine neue Heimat.

Schon aufgrund dieser historischen Ausgangsposition überschreitet die Erinnerung an die Shoah bis heute die politischen Grenzen. Dabei steht die literarische Erinnerung in vielfachen Bezügen zu außerliterarischen Diskursen, wobei innerhalb und außerhalb der Literatur einerseits gruppen- und ortsspezifische, andererseits aber auch transnationale, -kulturelle und -lokale Entwicklungen unterschieden werden können. Einige der Hinsichten, in denen die literarische Erinnerung an die Shoah über Landesgrenzen hinausgreift, sollen im Folgenden dargestellt werden. Dabei wird das Präfix ‚inter' immer dann verwendet, wenn ein Kontakt zwischen zwei unterschiedlichen Entitäten in Rede steht, während ‚trans' als ein diese Entitäten überschreitendes Gemeinsames gedacht wird. Mit ‚trans' ist damit zugleich eine „Grenzüberschreitung […] oder ein Hindurchgehen durch Grenzen" (Hühn et al. 2010, 18) wie auch die Entstehung eines „neuartige[n] Phänomen[s]" (Hühn et al. 2010, 18) oder einer neuartigen Perspektive gemeint. Die Darlegungen beziehen sich schwerpunktmäßig auf den deutschsprachigen Bereich und seine Wechselbeziehungen mit anderen – vor allem kulturellen und sprachlichen – Sphären. Eine umfassende, international angelegte und historisch perspektivierte Untersuchung der Shoah-Literatur, an der Fachleute aus verschiedenen Ländern und Philologien beteiligt sein müssten, steht noch aus.

1. Erfahrungs- und Erinnerungsdifferenz in der Zeugnisliteratur

Die Erinnerung an die Shoah wurde zunächst vor allem von den jüdischen Überlebenden wachgehalten. Zahlreiche Texte der Zeugnisliteratur sprechen von einer kategorialen Differenz zwischen der Erfahrung der Opfer und der der Täter. Zwar wurde die Frage nach der Differenz zwischen Juden und Nichtjuden im Laufe der Jahrhunderte in den europäischen Gesellschaften in vielfacher Weise aufgeworfen und beantwortet, der wesentliche historische Grund für die Erfahrungsdifferenz der Überlebenden der Shoah liegt aber in der von den Nationalsozialisten ins Werk gesetzten Ausgrenzungs- und Vernichtungspolitik. Beide miteinander verflochtenen Momente, die Ausgrenzung sowie die Verfolgungs- und Tötungspraxis, begründen die Differenz auf unterschiedliche Weise.

Auf den einschneidenden Charakter der Ausgrenzung hat der Österreicher Jean Améry 1966 reflektiert. In dem Essay *Über Zwang und Unmöglichkeit, Jude zu sein* arbeitet er die unterschiedlichen Facetten seines Judentums heraus. In seiner Kindheit galt: „Ich war Jude, so wie einer meiner Mitschüler Sohn eines bankrotten Wirtes war" (2002, 150). Diese Bedeutung änderte sich aber 1935 gezwungenermaßen, als er „in einem Wiener Café [...] saß und die eben [...] erlassenen Nürnberger Gesetze studierte": „Die Gesellschaft", schreibt Améry, „hatte mich soeben [...] zum Juden gemacht, beziehungsweise sie hatte meinem früher schon vorhandenen, aber damals nicht folgenschweren Wissen, daß ich Jude sei, eine neue Dimension gegeben" (2002, 153). Die staatliche Fremdzuschreibung veränderte bei Améry wie bei vielen anderen Betroffenen auf eingreifende Weise auch das Selbstbild.

Amérys Erfahrung spiegelt die politische Intention der europäischen Faschismen des 20. Jahrhunderts wider, die die Nation im Sinne des ‚Volksgedankens' als homogene Einheit einer Bevölkerung konzipierten. In die faschistische Vorstellung von der Nation war die Spaltung der eigenen Bevölkerung in Zugehörige und Unzugehörige somit per definitionem eingeschrieben. Der rassistische deutsche Nationalsozialismus definierte die Zugehörigkeit zur sogenannten ‚Volksgemeinschaft' biologisch. Pseudowissenschaftliche Kriterien – wie das ‚Blut' – wurden hier zum Grund für die Exklusion und die Verfolgung ganzer Bevölkerungsgruppen erhoben. Die Juden wurden aus ‚rassischen' Gründen nicht zur ‚Volksgemeinschaft' zugelassen. In der gelebten Erfahrung etablierte sich daraufhin das von Améry beschriebene Gegenüber, das mit der eliminatorischen Politik des Nationalsozialismus seine äußerste, mörderische Stufe erreichte.

Zur Erfahrungsdifferenz zwischen Opfern und Tätern trug auch die besondere Art der Verfolgung bei. Die Nationalsozialisten intendierten die systematische und vollständige Umsetzung der Tötungen durch die eigens dafür bereitgestellten oder entwickelten Einrichtungen – vor allem durch die Einsatzgruppen (Massenerschießungen) und die Todeslager (Gaskammern). Die Überlebenden waren diesem institutionellen Tötungswillen am eigenen Leib ausgesetzt und erlebten überdies, wie die meisten anderen Deportierten, darunter Familienangehörige und Freunde, umkamen. H. G. Adler zum Beispiel erwähnt einige Monate nach seiner Befreiung beide Motive in einem Brief an eine Jugendfreundin aus Prag, die den Krieg in England überlebt hatte: „es war [...] so grässlich, dass Ihr da draussen es nie fassen und verstehen werdet, aber mich würde es nicht einmal reuen" – nämlich dort gewesen zu sein – „hätte es nicht dem mir liebsten Menschen – ich habe 1941, als die Verschickungen einsetzten, geheiratet [...] – den grauenvollen Tod in der Gaskammer von Auschwitz-Birkenau gebracht" (1945). Solche Erlebnisse wirkten auf viele traumatisierend, so dass die schockhafte Intensität der Ereignisse noch das Leben nach der Befreiung mit bestimmte. So verwies Adler zum Beispiel seither auf seine Vornamen nur noch durch die Initialen, denn mit dem für die Deportation der Prager Juden verantwortlichen Nationalsozialisten teilte er die Vornamen Hans Günther.

Dan Diner prägte für die neue Konstellation zwischen Deutschen und Juden den Begriff der ‚negativen Symbiose': „Seit Auschwitz [...] kann [...] von einer ‚deutsch-jüdischen Symbiose' gesprochen werden – freilich einer negativen: für beide, für Deutsche wie für Juden, ist das Ergebnis der Massenvernichtung zum Ausgangspunkt ihres Selbstverständnisses geworden, eine Art gegensätzlicher Gemeinsamkeit – ob sie es wollen oder nicht. Denn Deutsche wie Juden sind durch dieses Ereignis neu aufeinander bezogen worden" (1987, 185). Dies gilt neben den zwischenstaatlichen Beziehungen auch für die innerstaatlichen, denn die von den Nationalsozialisten implementierte Spaltung innerhalb der Gesellschaft setzte sich nach der Shoah in veränderter Gestalt auch in den beiden deutschen Staaten und in der deutschsprachigen Literatur fort. In Bezug auf die deutsche Nachkriegsliteratur sprechen Stephan Braese et al. von einem „objektiven *Gegenüber* jüdischer und nichtjüdischer Autoren" (1998, 10). Diese Ausgangsposition ist für alle Erwägungen, die sich auf transnationale, -kulturelle oder -lokale Prozesse beziehen, von Belang. Die Rekonstruktion der literarischen Erinnerung an die Shoah wird – einerseits – solche Fragmentierungen des literarischen Feldes berücksichtigen wollen. Da in dieser Erinnerung aber – andererseits – von Beginn an transnationale Elemente wirksam waren, können diese auch benannt und herausgestellt werden. Dies wird im Folgenden unternommen. Es kann gezeigt werden, dass sich die Tendenzen zur Transnationalisierung in der literarischen Erinnerung an die Shoah im Laufe der Jahrzehnte verstärkt haben.

2. Vielsprachigkeit, Lagerjargon und Sprache der Täter

Durch die Herkunft der Deportierten aus unterschiedlichen Ländern wurden die Lager zu internationalen, polyglotten Orten. In der Literatur vieler Überlebender nimmt das Thema der Sprache schon deshalb großen Raum ein. So berichtet

Primo Levi über Auschwitz: „Die Sprachverwirrung gehört zu den Hauptbestandteilen der Lebensweise [...]; man ist von einem fortwährenden Babel umgeben, wo alle in niemals zuvor gehörten Sprachen Befehle und Drohungen schreien, und wehe dem, der nicht im Flug begreift!" (1991, 36). Im Lager entwickelte sich eine Sondersprache, auch ‚Lagerjargon' genannt, der vor allem die existenziell wichtigen Situationen betraf, etwa die Selektionen – „‚Selekcja': das hybride lateinisch-polnische Wort hört man einmal, zweimal, viele Male inmitten fremdsprachiger Reden" (1991, 119) – oder „das Morgenkommando von Auschwitz, ein fremdes Wort, gefürchtet und erwartet: Aufstehn, ‚Wstawać'" (1991, 352). Über das Aufeinandertreffen der Einzelsprachen hinaus bildeten sich somit Elemente einer transnationalen Sprachwelt aus (vgl. II.3 KILCHMANN), die in der Literatur als Symbolisierungen für die Länder übergreifende Opfererfahrung besondere Relevanz erhielten.

Mit Bezug auf die Shoah nimmt das Deutsche, als die Sprache der Täter, eine besondere Stellung ein, auf die sowohl in der deutschsprachigen als auch in der anderssprachigen Literatur der Shoah reflektiert wird. Viele deutschsprachige Schriftsteller erlebten die von den Nationalsozialisten durchgesetzten semantischen Veränderungen als einen Entzug der eigenen Sprache. Victor Klemperer analysiert diesen Sprachwandel in seinem Tagebuch sowie in der Monografie *LTI*; H. G. Adler stellt ein dreißigseitiges *Wörterverzeichnis* über die Verwendung deutsch- und fremdsprachiger Ausdrücke im Lager Theresienstadt auf (1960, XXIX–LIX). Spätestens nach dem Krieg war die deutschsprachige Literatur der Shoah auch mit der Frage konfrontiert, wie die Erinnerung an die Lager in der Sprache der Mörder bewahrt werden könne, ohne deren Weltbild wiederaufleben zu lassen.

So rang Soma Morgenstern zwischen 1946 und 1953 um die Form für den Roman *Die Blutsäule*, den er seiner Trilogie *Funken im Abgrund* als vierten Band anfügen wollte. Nachdem er den Krieg in New York überlebt und das Ausmaß des Genozids erfasst hatte, ergriff ihn eine generelle „Sprachlosigkeit", die sich in einer „Schreiblähmung" (1997, 7) niederschlug. Auch die deutsche Sprache wurde ihm zum Problem: „Ich habe mich in die Deutschen so verhaßt, daß ich auch die deutsche Sprache nicht lieben kann. Und ein Schriftsteller, der seine Sprache nicht liebt, hat keine Sprache" (1997, 177). Da für den 1890 Geborenen ein Sprachwechsel nicht in Betracht kam, griff er widerstrebend auf das Deutsche zurück, das er nun aber anders gebrauchen wollte als in den drei vorangegangenen Bänden. Als der Text schließlich vorlag, quälte ihn die Frage, ob er ihn überhaupt in deutscher Sprache freigeben solle. Ein Freund habe ihm geantwortet: „Vielleicht war Ihr Weg von einem Dorf in Ostgalizien nach Wien, nach Berlin, nach Frankfurt zur *Frankfurter Zeitung* nur dazu vorausbestimmt, daß dieses Gericht über die Mörder und der Trost für unser Volk in dieser Sprache erscheinen sollte. Es ist ja doch die Sprache Lessings, [...] Hebels, Herders, [...] von Moses Hess und sogar von Theodor Herzl" (1997, 16). Die Auflistung dieser Namen aktualisiert unterschiedliche Konzepte der Zugehörigkeit im Horizont der Nation. Steht Lessing für eine aufgeklärte Kulturnation, die auch die Juden umfasst, so steht Herzl, nachdem die Juden während des 19. Jahrhunderts durch den stärker werdenden Antisemitismus immer weiter aus den Konstruktionen der deutschen Nation herausgedrängt worden waren, für das Konzept einer eigenständigen jüdischen Nation. Morgenstern vollzog in der *Blutsäule* den Bruch mit Assimilations- und Koexistenzkonzepten, indem er die deutsche Sprache stilistisch, motivisch und thematisch ganz auf die hebräische Bibel ausrichtete. Er nahm sich vor, „ein Buch zu schreiben, wie es einer vermöchte, der in seinem ganzen Leben nichts anderes gelesen hätte als die Bibel" (1997, 13). Mit diesem Gebrauch des Deutschen wies er jede Vereinnahmung dieser Sprache für eine deutsche Kulturnation zurück (vgl. II.1 GRABBE). Vielmehr wollte er sämtliche diesbezüglichen Traditionen aus der deutschen Sprache ausscheiden: „ich mußte in einer Sprache, in einer deutschen Sprache schreiben, die bezeugt, daß ich mich von der europäischen Kultur gereinigt habe. [...] Weil ich zu begreifen begann, daß ich dem Judentum angehöre, nicht der europäischen Kultur" (1997, 179).

Dergestalt hinterließ die Shoah unterschiedliche sprachliche Spuren in den Erinnerungsliteraturen. Einerseits wanderte die transnationale Sondersprache der Lager in die einzelsprachlichen Literaturen ein, andererseits veränderten die historischen Entwicklungen manche Sprachen in besonderem Maße. Das Jiddische ging fast verloren, während das Deutsche deutlichen Wandlungen unterlag und sich in verschiedenen Richtungen veränderte. Gerade die deutschsprachige Literatur der Shoah wies den von den Nationalsozialisten postulierten Konnex zwischen Nationalsprache und ‚Volksgemeinschaft' zurück – mitunter, wie bei Morgenstern, bis zu dem Versuch, die deutsche Sprache von der deutschen Nation zu befreien.

3. Übersetzung und Rezeption

Die Literatur der Shoah hat ihr Zentrum in dem historischen Ereignis, das ihr den Namen gibt. Wegen der vielfältigen Verfolgungsbiografien entstand sie an unterschiedlichen Orten und in zahlreichen Sprachen. Insbesondere dadurch war sie schon immer transnational ausgerichtet. Da es sie – etwa mit den im Ringelblum-Archiv „Oneg Schabbat" gesammelten Tagebüchern aus dem Warschauer Ghetto – schon seit den 1940er Jahren gibt, können rückblickend verschiedene Phasen unterschieden werden. Die Literatur der Shoah charakterisiert somit neben der thematisch bedingten Zentrierung von Beginn an auch eine geografisch-kulturelle, eine linguale und eine temporale Streuung. Den damit verbundenen Fragmentierungstendenzen wirkten aber immer wieder verschiedene Faktoren entgegen, so dass die Literatur der Shoah bis heute auf vielfältige Weise transnational ausgerichtet blieb. Einer dieser Faktoren war – und zwar ganz besonders im deutschen Sprachraum – die Übersetzung fremdsprachiger Titel (vgl. Kramer 2006).

Schon bald nach dem Krieg begannen ost- und westdeutsche, österreichische und Schweizer Verlage vereinzelt mit Übersetzungen. Seit den 1960er Jahren stieg die Zahl kontinuierlich an, bis seit den 1990er Jahren vermutlich die meisten wichtigen internationalen Neuerscheinungen aus diesem Bereich ins Deutsche übersetzt wurden. Ob es signifikante Lücken unübersetzt gebliebener Literatur gibt, hat die Forschung noch nicht systematisch untersucht. Der Einfluss der übersetzten Werke auf die Diskurse im deutschsprachigen Raum ist jedenfalls als mindestens ebenso groß einzuschätzen wie der der auf Deutsch verfassten Literatur. Schon die Nennung einiger weniger Autornamen unterstreicht diesen Befund: Elie Wiesel, Primo Levi, Jorge Semprún, Imre Kertész – und Anne Frank.

Anne Frank wurde 1929 in Frankfurt am Main geboren. Sie emigrierte mit ihrer Familie schon 1934 nach Amsterdam, wo sie Niederländisch lernte und in dieser Sprache zwischen 1942 und 1944 ihr *Dagboeken* (Tagebuch) führte, das in der westlichen Welt in den 1950er Jahren zum bekanntesten Werk der Holocaust-Literatur avancierte. Erst seit 1986 liegt allerdings eine vollständige, textkritische Ausgabe vor. Von der verschlungenen Editionsgeschichte sollen hier nur einige Eigentümlichkeiten der Übersetzungen hervorgehoben werden. So griff die Übersetzerin der ersten deutschen Ausgabe, die 1950 erschien, in Abstimmung mit Otto Frank – Annes Vater, der die Lager überlebt hatte – in die deutsche Fassung ein. Sie tilgte zum Beispiel Stellen, in denen Anne von der Feindschaft zwischen Deutschen und Juden spricht oder andere, wo sie bestreitet, dass die deutsche Sprache eine Kultursprache sei. Solche Bearbeitungen dokumentieren die antizipierte Rücksichtnahme auf deutsche Nachkriegsbefindlichkeiten.

Der Terminus der Übersetzung umfasst in diesem Fall mehr als die Übertragung in eine andere Sprache: In der Translation findet zugleich – im Sinne von Doris Bachmann-Medick (2011; vgl. auch II.2 BACHMANN-MEDICK) – eine Modifikation des Ursprungstextes für einen anderen kulturellen Kontext statt; das Inkommensurable, das die getilgten Passagen mutmaßlich für den deutschen Kontext darstellten, wurde ins Kommensurable moduliert. In einer ebenfalls entschärften, auf der Universalisierung von Annes Schicksal beruhenden Lesart wurde das *Tagebuch*, ausgehend von der amerikanischen Übersetzung, dann zu einem Welterfolg. Auch die Dramatisierung von Frances Goodrich und Albert Hackett für die Broadway-Bühne (1955) sowie die folgende Adaption für den Film

(USA 1959, Regie: George Stevens) setzten die Universalisierung der Shoah fort. Das unterstreicht mustergültig der Schluss des Films, wo aus dem Mund Annes, nachdem sie schon verhaftet ist, die folgenden Worte, die sie *vor* dem Wissen um die Shoah notiert hatte, verlauten: „Trotz allem glaube ich noch an das Gute im Menschen."

Die Frage, ob der niederländische Text einer Autorin, die von den deutschen Machthabern vertrieben wurde, zur deutschen Nationalliteratur zu zählen sei, hebelt die verwendete Kategorie der Nationalliteratur wegen der für sie konstitutiven Inklusions- und Exklusionsmechanismen selbst aus: Das *Tagebuch*, seine Editions- und seine Rezeptionsgeschichte können nur in transnationaler Perspektive sinnvoll analysiert werden. Anne Franks Vertreibungs- und Deportationsbiografie von Frankfurt nach Amsterdam, Auschwitz und nach Bergen-Belsen ist ebenso zwischen zwei Ländern eingespannt wie ihr *Tagebuch* zwischen mehreren Kulturen. Dem übersetzten und bearbeiteten Text wächst eine weitere Dimension von Transnationalität zu: Im Welterfolg triumphiert ein global akzeptiertes Narrativ (Levy/Sznaider 2001, 69).

Während den Nachkriegsdeutschen mit Anne Franks *Tagebuch* die sympathisierende Einfühlung in eine verfolgte Jüdin möglich wurde, und zwar gerade deshalb, weil die Bearbeitungen einerseits Annes Judentum hintan- und ihr Menschsein herausstellten und andererseits, weil gegenüber den Deutschen keine Vorwürfe laut wurden, so übernahmen andere Übersetzungen im deutschen Rezeptions- und Debattenraum eine andere Funktion: Gerade viele der nicht auf Deutsch verfassten Texte der Literatur der Shoah konfrontierten die Deutschen mit ihrer Täter- oder Komplizenschaft. Die Werke der oben genannten Autoren – Wiesel, Levi, Semprún und Kertész – leisteten dies zwischen den 1960er und den 2000er Jahren. In der Rezeption der deutschsprachigen Literatur drückte sich das ‚Gegenüber'-Stehen jüdischer und nicht-jüdischer Literatur weitgehend als Marginalisierung der jüdischen Literatur der Shoah aus, wofür Namen wie Edgar Hilsenrath und Grete Weil stehen (vgl. Braese 2010). Manche der übersetzten Werke wurden dagegen breit rezipiert und beeinflussten die deutschen Debatten über die Shoah.

4. Transnationale Ortsbestimmungen

Mit den in unterschiedlichen Weltgegenden verfassten Narrationen wendet sich die Erinnerung an die Shoah zurück zu den Stätten der Verfolgung. Dadurch werden diese Orte fortwährend mit Bedeutungszuweisungen versehen. Der transnationale Aspekt liegt darin, dass die Bedeutungsproduktion nicht national eingehegt werden kann, sondern in tendenziell globalisierten Diskursen entsteht (vgl. III.3 TIPPNER). Da viele der ehemaligen Tötungsstätten im heutigen Polen liegen, gerät – wie Barbara Breysach zeigen konnte – die Landesbezeichnung ‚Polen' in der Literatur der Shoah zu einem literarischen Topos, der in den einzelnen Texten unterschiedlich semantisiert wird, jedoch insgesamt „ein Polenimago aus Realitätspartikeln [...], die einen Schmelztiegel aus Realität und Phantasie bilden" (2005, 15), hervorbringt. Topoi wie der ‚polnische Wald' oder ‚Polen als größter jüdischer Friedhof' kehren in der Literatur der Shoah regelmäßig wieder, werden aber teils gruppen-, teils landesspezifisch modifiziert. In der polnischen Literatur verschob sich gegenüber der deutschsprachigen die Konstellation von deutschen Tatorten und polnischen Erinnerungsorten. Hier wurde der Warschauer Aufstand von 1944 in den Vordergrund gerückt, während in Bezug auf die Lager viele literarische Texte dem verordneten Gedenken im Staatssozialismus folgten: „Die polnische Geschichtsschreibung bis 1989 war durch ‚Polonisierung' der Vernichtung der Juden in Auschwitz-Birkenau bestimmt: einer Überschreibung des jüdischen als Martyriums der polnischen Nation" (Breysach 2005, 201). Bedeutende Werke der jüdisch-polnischen Literatur, unter ihnen die von Tadeusz Borowski, machten sich diese Prämisse allerdings nicht zu eigen.

Die unterschiedlichen Perspektiven im Dreieck der deutsch-polnisch-jüdischen Literatur der Shoah drücken sich mitunter schon in den gewählten Benennungen einzelner Erinnerungsorte aus – etwa Oświęcim oder Auschwitz. Gerade die literarische Arbeit an diesem globalisierten Erinnerungsort darf als eine transnationale und -kulturelle angesehen werden. So formulierte Peter Weiss 1965 in dem Text *Meine Ortschaft*, in welcher Weise Auschwitz für ihn, den in Schweden lebenden Schriftsteller deutscher Herkunft, noch Jahrzehnte nach den Ereignissen einen Hauptbezugspunkt seines Lebens darstellt. Wegen der jüdischen Wurzeln seines zum Christentum konvertierten Vaters wäre auch er im Nationalsozialismus als Jude verfolgt worden, wenn die Familie nicht rechtzeitig emigriert wäre. Auschwitz bleibt für ihn deshalb die „Ortschaft, für die ich bestimmt war und der ich entkam" (1968, 114). Zwei Überschneidungen – eine spatiale und eine temporale – beschäftigen ihn; beide betreffen schon die Ortsbezeichnung. Er erwähnt, dass ein polnischer Ortsname existiere, er nennt ihn aber nicht, sondern gibt an, dass der Name damals zum „besseren Verständnis der dort Werksamen und Ansässigen" (115) eingedeutscht worden sei. Indem er sich auf die deutschen Namen – Auschwitz, Birkenau – bezieht, kennzeichnet er den Ort als einen deutschen Tatort auf dem Staatsgebiet Polens und hebt damit zugleich die spatiale Überblendung hervor. Der temporale Aspekt überwiegt, wenn Weiss berichtet, wie er zwanzig Jahre nach den Ereignissen dorthin reist und auf welche Schwierigkeiten die Annäherung an die lange zurückliegenden Taten trifft. Dem Lebenden mitsamt seinem Wissen und seinem Vorstellungsvermögen verschließe sich, was dort geschehen sei, während der Ort seine Imagination dennoch fortwährend beschäftige. Mit der präzisen Beschreibung der Bauten und der Rekonstruktion des in ihnen Geschehenen erprobt Weiss textuelle Möglichkeiten der Vergegenwärtigung des Vergangenen. Die Überblendung von Vergangenheit und Gegenwart thematisiert er darüber hinaus noch auf andere Weise, wenn er die Schulklassen erwähnt, die über das Gelände geführt werden. Auch als Museum und als Touristenattraktion produziert dieser in Polen liegende Ort deutscher Täterschaft Bedeutungen. Diesem Mechanismus kann sich selbst Weiss nicht entziehen, auch wenn er jede Sinngebung für das Morden abweist und in Auschwitz einen Ort der „totale[n] Sinnlosigkeit" (123) des Todes der Ermordeten sieht.

Neben Weiss, dessen Text bis heute der bekannteste geblieben ist, hatten – so Helmut Peitsch – „bereits seit 1948 [...] Autoren aus der DDR und seit 1956 aus der Bundesrepublik die Gedenkstätte in der Volksrepublik Polen regelmäßig besucht und mit Reisebeschreibungen zum öffentlichen Bild von Auschwitz beigetragen" (2014, 74). Das gilt auch für Lager in anderen Ländern. So fährt Ruth Klüger, die in Theresienstadt interniert war, ins tschechische Terezín und ist zufrieden, dass das Lager nicht – wie Auschwitz – „zum KZ-Museum geworden" (1992, 104; zu Klüger vgl. auch IV.14 LISKA) sei. Nach der Wiedervereinigung Deutschlands und dem Beitritt Polens zur Europäischen Union entstanden weitere Reisebeschreibungen über die Mordstätten in Polen. Der transnationale Blick ist dieser Textsorte insgesamt eingeschrieben, denn die Rückwendung in die Vergangenheit findet hier immer aus einer ganz bestimmten, örtlich konkretisierten Gegenwart heraus statt, die in den Texten in der Regel mitreflektiert wird. Die Erinnerungsorte in Polen werden mit jedem Reisebericht zu Stätten einer transkulturellen, deutsch-polnischen Bedeutungsproduktion.

5. Globalisierung und Kosmopolitisierung

Seit den 1940er Jahren haben sich die öffentlichen Einschätzungen des Judeozids weltweit vielfach geändert. Das spiegelt schon die Benennung für das Ereignis wider. So setzte sich die Bezeichnung ‚Holocaust' – auch in der Wissenschaft – erst im Anschluss an die Ausstrahlung des erfolgreichen US-amerikanischen Fernseh-Mehrteilers *Holocaust* (Regie: Marvin Chomsky) seit 1978 durch. Die konkurrierende Bezeichnung ‚Shoah' wurde seit Claude Lanzmanns gleichnamigem Film von 1985 häufiger gebraucht. Bis heute signalisiert die französierte Transkription des hebräischen Worts den Rückbezug auf diesen Dokumentarfilm. Dass zwei Filme maßgeblich zur Durchsetzung der Benennungen beigetragen haben, verweist auf die Rolle der Medien im Prozess der öffentlichen Meinungsbildung.

Die transnationale Etablierung des Wortes ‚Holocaust' zeigt darüber hinaus an, dass hier globalisierte Entwicklungen wirksam sind. Die wichtigsten betreffen den politischen Diskurs sowie die Veränderung der Öffentlichkeit durch die Entwicklung der Medien.

Daniel Levy und Natan Sznaider sprechen von einer „Kosmopolitisierung der Holocausterinnerung" (2007, 22) im Zeitalter der Globalisierung und beziehen sich damit nicht auf den älteren Begriff des Kosmopolitismus im Sinne des Weltbürgertums, sondern auf die zunehmende Präsenz globalisierter Diskurse in den lokalen Lebenswelten (vgl. auch II.5 REICHARDT). Dabei gehen sie nur zum Teil von einer Vereinheitlichung im Sinne der Universalisierung der Erinnerung an die Shoah aus. Entscheidend für ihr Konzept ist vielmehr, dass die globalisierten Diskurse jeweils national und lokal unterschiedlich angeeignet werden. Levy und Sznaider sprechen von „Glokalisierung" (2007, 28), während Ralph Buchenhorst eine „Dezentralisierung der Shoah" (2011, 229) diagnostiziert. Im Zuge dieser Entwicklung, so Levy und Sznaider, werde der Einfluss der nationalen Sphären nicht einfach aufgehoben: „Das kosmopolitische Gedächtnis geht über das nationale hinaus, ohne es abzulösen" (2007, 28); die transnationale Erinnerung koexistiere also mit der nationalen. Die Autoren zeigen das an einem Vergleich der Shoah-Erinnerung in Deutschland, den USA und Israel.

Die Durchsetzung der Kosmopolitisierung der Holocausterinnerung im politischen Bereich datieren sie auf die 1990er Jahre. Mit „dem Ende des Kalten Krieges" seien die „Holocausterinnerungen aus ihren jeweiligen nationalen Containern" (2007, 24) herausgetreten, bis sie während des Kosovokonflikts 1998 zur Legitimation der militärischen Intervention aus humanitären Gründen benutzt worden seien. Im Bereich der Medien nennen die Autoren einerseits „die neue globale Kommunikation" (2007, 54), wie sie sich zum Beispiel mit dem Internet entwickelt hat, andererseits die zunehmende Zahl der von Daniel Dayan und Elihu Katz so genannten Medienereignisse als bestimmende Faktoren. Die These, dass die „Kosmopolitisierung der Holocausterinnerung [...] mittlerweile zu einem integralen Bestandteil europäischer Politik und Zivilgesellschaft geworden" (2007, 11) sei, hat Jens Kroh anhand der Stockholmer Holocaust-Konferenz von 2000 weiter ausgearbeitet, auf die auch Levy und Sznaider schon eingegangen waren. Kroh, der den Begriff der Kosmopolitisierung vermeidet, sieht die Konferenz als Höhepunkt der Herausbildung eines „inter- und transnationale[n] Politikfeld[s] Erinnerungskultur in Hinblick auf den Holocaust" (2008, 76).

Die zunehmende transnationale Modellierung der Erinnerung an die Shoah durch die politischen Akteure und durch die Medien wird auch in der Literatur reflektiert. So entwirft Iris Hanika in ihrem Roman *Das Eigentliche* (2010) ein staatliches „Institut für Vergangenheitsbewirtschaftung" (14), dem die Bewahrung und die Präsentation der Zeugnisse von Überlebenden der Shoah obliegt.

Nach der Wiedervereinigung hat in dem Roman der deutsche Staat „das Gedenken an das Verbrechen der Vergangenheit zu seiner immerwährenden Aufgabe" (23) erklärt. Das Institut akquiriert in der ganzen Welt Archivalien und assistiert bei der Errichtung von Gedenkstätten. Hanika fokussiert auf deutsche Befindlichkeiten, beschreibt diese aber als eingebunden in transnationale Prozesse. Entsprechend werden die bekanntesten Bilder von den Lagern auch in diesem Text von den populären Filmen aus Hollywood geprägt: Die deutsche Vergangenheit, räsoniert ihr Held skeptisch, „ist fürs Massenpublikum kompatibel geworden" (163), sie sei nun „quasi offiziell eine der ganzen Welt" (163).

Auf andere Weise greift die Transnationalisierung in Doron Rabinovicis Roman *Andernorts* (2010) in die Handlung ein. Hier führt die komplexe Überschneidung von Diaspora, Exil und Migration in jüdischen Lebenswelten zu einer Existenzweise im Dazwischen. Rabinovicis Held Ethan Rosen wird in Israel als Kind von Holocaustüberlebenden geboren und wächst auch in Paris, London, New York und Wien auf; „überall", heißt es über ihn, „warst du der Israeli; nur in Israel wurdest du zum Wiener, zum Jekke" (50). Als Erwachsener pendelt er zwischen seiner Familie in Tel Aviv und seinem Arbeitsplatz am Wiener Institut für Sozialforschung. Er spricht vier Sprachen fließend und versteht drei weitere. Rosen scheint den alten Typus des Kosmopoliten, den Weltbürger, zu verkörpern, doch anders als diesem wird ihm die Welt nicht zur Heimat, auch nicht in einem neuen, transkulturellen Sinne. Denn obwohl ihn eine Freundin einen „Spezialisten für hybride Lebensformen" (57) nennt, begründet seine vielfach zusammengesetzte Identität keine Utopie, wie sie zum Beispiel Wolfgang Welsch in seiner Theorie des Transkulturellen anvisiert.

Welsch geht davon aus, dass die Kulturen in der globalisierten Welt eng miteinander vernetzt und unhintergehbar „durch *Hybridisierung* gekennzeichnet" (2005, 49) seien. Dass wir nicht mehr einer einzigen – zum Beispiel als Nation gedachten – Kultur angehörten, sondern uns als „kulturelle Mischlinge" (52) begreifen müssten, sieht er als Chance: „die Anerkennung der eigenen transkulturellen *Binnenverfassung*" sei eine Bedingung dafür, „mit *äußerer*, gesellschaftlicher Transkulturalität zurechtzukommen" (59). Folgerichtig plädiert er dafür, offensiv neue, transkulturelle Identitäten (vgl. 64) auszubilden. Das betrifft auch Konzepte wie das der Heimat, die nicht mehr als der Ort der Herkunft zu denken wäre – vielmehr wäre Heimat der Ort, für den man sich entscheidet und den man gewählt hat.

Welschs Überlegungen korrespondieren mit Rabinovicis Roman, jedoch materialisiert sich für Ethan Rosen die utopisch-transkulturelle Perspektive nicht: Er bleibt ‚andernorts', findet keine Heimat im Dazwischen. Eher trifft auf ihn die von Levy und Sznaider konzipierte lokale Aneignung globaler Diskurse zu, die in seinem Fall zu erstaunlichen Konsequenzen führt: In Wien verfasst er einen

Artikel, der den Prämissen eines zuvor in Tel Aviv geschriebenen widerspricht. „Was er in Wien sagte", heißt es aus Rosens Perspektive, „mußte in Tel Aviv falsch klingen und umgekehrt" (37) und ein Freund versichert, „auf hebräisch und in Israel klinge jedes Wort eben anders als auf deutsch und in Österreich" (41). Hier konkurrieren gewissermaßen in einer einzigen Figur unterschiedliche Glokalisierungen miteinander, ohne dass sich die Utopie einer hybridisierten Existenz daraus ableiten ließe. Wie auch immer Rosens transnationale Existenz im Einzelnen bewertet wird: Rabinovici entwirft diesen Roman – ebenso wie weitere – im Problemhorizont der Transnationalisierung. Iris Hermann schreibt, *Ohnehin* (2004) und *Andernorts* seien „in einer globalisierten Welt angesiedelt. Diese ermöglicht es ihnen jüdische Identität [...] als flüssige Identitäten zu denken, die die alten kollektiven Identitäten als Skripte verwenden, um neue, kaleidoskopartige Identitätsentwürfe, die sich durch ihre generelle Flexibilität auszeichnen, zu entwerfen" (2014, 146–147). Mit Rabinovicis Romanen erkundet die Literatur die Probleme und die Chancen der neuen transnationalen Verhältnisse.

6. Generationelle Aspekte transnationaler Erinnerung an die Shoah

Das unaufhaltsame Verschwinden der Zeitzeugengeneration hat die Erinnerung an die Shoah verändert. Die Zeit des Zeugnisablegens und der Zeugnisliteratur ist weitgehend vergangen. War dieser Abschnitt von der Emphase auf dem ‚So war es' geprägt, wurde danach die Frage nach dem Konstruktcharakter der Erinnerung an eine selbst nicht durchlebte Vergangenheit im Sinne der *postmemory* (Hirsch 2012) dringlicher. Standen sich zunächst die Täter, Opfer und Zuschauer gegenüber, waren es später die Kinder, Enkel oder Urenkel der Zeitzeugen. Im deutschen Erinnerungsdiskurs – aber nicht nur hier – verschoben sich unter anderem dadurch die Identifikationen mit den historischen Akteuren: Im Land der Täter vollzog sich ein Umschwung hin zur Einfühlung in die Opfer. Ulrike Jureit und Christian Schneider spitzen diesen Gedanken zu, indem sie von einer „*opferidentifizierte[n] Erinnerungskultur*" (10) sprechen: Die „Figur des *gefühlten* Opfers" sei heute „für das deutsche Gedenken [...] strukturbildend, denn der Wunsch der Identifizierung mit den Opfern scheint mittlerweile zur erinnerungspolitischen Norm geworden zu sein" (10). Diese Tendenz sehen die Autoren vor allem im Berliner Denkmal für die ermordeten Juden Europas materialisiert, das 2005 eröffnet wurde. Jureit und Schneider kritisieren die imaginäre Identifikation mit den Opfern, weil sie von der schwierigeren Frage nach den möglicherweise fortdauernden Dispositionen zur Täterschaft ablenke.

Die Durchsetzung des Opfernarrativs ist ein globales Phänomen, das sich zum Beispiel in der 2005 von den Vereinten Nationen verabschiedeten Einrichtung des 27. Januar als dem Internationalen Tag des Gedenkens an die Opfer des Holocausts niedergeschlagen hat. Die in Deutschland hegemoniale Erinnerung wurde seit den 1990er Jahren mit dieser globalisierten Erinnerung synchronisiert. Die Literatur begleitet und vollzieht diese Transformation auf unterschiedliche Weise. Während Hanika die Identifikation mit den Opfern problematisiert und teilweise parodiert, wird sie in Kevin Vennemanns Roman *Nahe Jedenew* (2005) zum Strukturprinzip des Erzählens. Aus der Sicht zweier Mädchen, die sich den Häschern zunächst entziehen und in einem Baumhaus verstecken können, wird in Rückblenden erzählt, wie die übrigen Mitglieder der Familie ermordet werden. Vennemann versetzt die Leser in die ausweglose Situation der verfolgten Jugendlichen, die unmittelbar vor der Entdeckung und damit vor dem eigenen Tod stehen. Darin dem *Tagebuch* Anne Franks ähnlich, arbeitet Vennemann allerdings die Unausweichlichkeit der Shoah stärker heraus.

Neben der globalisierten Identifikation mit den Opfern kann in Vennemanns Roman auch ein transnationaler deutsch-polnischer Vorgang gesehen werden, denn die Handlung spielt in Polen und zu den Tätern gehören neben den deutschen Besatzern auch die polnischen Nachbarn. Ohne direkt Bezug auf den Ortsnamen Jedwabne zu nehmen, überschreibt Vennemann – durch die lautliche Ähnlichkeit von Jedenew und mit dem Thema der Verfolgung durch die Nachbarn – eine für Polen zentrale Debatte über die eigene Haltung zum Judozid, die dort seit 2001 geführt worden war. So vollzieht der deutschsprachige Text dieses 1977 geborenen Autors nicht nur die imaginierte Identifikation mit den Opfern, sondern er unterläuft darüber hinaus die national definierten Täter-Opfer-Zuschreibungen zugunsten einer komplizierteren Gemengelage.

Auf andere Weise durchdringen einander generationelle Fragen, transnationale Faktoren und Migration bzw. Diaspora. So hat Andreas Huyssen mit Bezug auf Zafer Şenocaks Roman *Gefährliche Verwandtschaft* (1998) die Frage aufgeworfen, inwiefern die in die Bonner Republik eingewanderten Türken – und insbesondere ihre in Deutschland geborenen Kinder – nicht nur in ein anderes Land, sondern auch in eine fremde Vergangenheit eingewandert seien. „Is it possible or even desirable for a diasporic community to migrate into the history of the host nation?" (2003, 154); konkret gefragt: Welche Verbindung finden sie zu der besonderen deutschen Verantwortung hinsichtlich der Shoah? In einer Mischung aus Rekonstruktion und Imagination erschreibt sich Şenocaks Held die eigene deutsch-türkisch-jüdische Familiengeschichte und prägt damit zugleich eine neue Vorstellung von der deutsch-türkischen Vergangenheit; hier wird „der Blick geöffnet für transkulturelle, transnationale Prozesse, denen jeder Versuch einer Identitätsbestimmung ausgesetzt ist" (Bischoff und Komfort-Hein

2012, 267). Auf Şenocaks Geschichtsaneignung trifft das Konzept der Assimilation nicht zu. Vielmehr interveniert er in den Diskurs um die Konstruktion der deutschen Geschichte und schreibt diese zugleich von ihren Rändern her um. Indem verschiedene nationale Erinnerungskontexte in ihrer Heterogenität gleichzeitig präsent bleiben, praktiziert der Text eine „multidirectional memory", wie sie von Michael Rothberg beschrieben wird (Rothberg 2009, 11).

7. Trend zur Transnationalisierung

Zeigt sich einerseits, dass in der Literatur der Shoah schon früh Transnationalisierungsprozesse gewirkt haben, so lässt sich andererseits ein deutlicher Trend zur weiteren Verstärkung der Transnationalisierung erkennen. Er ist den anhaltenden Globalisierungsprozessen geschuldet, die vor allem die erzwungene und freiwillige Mobilität von Menschen – in Exil, Diaspora und Migration – betrifft, sodann aber auch die Weiterentwicklung und weltweite Verbreitung der Technik, die im Bereich der Medien die Kommunikationsweisen permanent revolutioniert. Zu beobachten ist jedoch, dass noch in der globalisierten Erinnerung an die Shoah nationale und lokale Aneignungen neben die transnationalen Phänomene treten, in denen, trotz des Trends zur Transnationalisierung, eine gewisse Resistenz des Nationalen fortbesteht. Die Literatur registriert, reflektiert und prägt diese Entwicklungen.

Literaturverzeichnis

Adler, H. G. „Wörterverzeichnis". *Theresienstadt 1941–1945*. 2. Aufl., Tübingen: Mohr, 1960 [1955]. XXIX–LIX.

Adler, H. G. Brief an Bettina Gross vom 29. 10. 1945. Deutsches Literaturarchiv Marbach, Nachlass H. G. Adler. Signatur A I 3–4.

Améry, Jean. „Über Zwang und Unmöglichkeit, Jude zu sein" [1966]. *Werke Bd. 2: Jenseits von Schuld und Sühne. Unmeisterliche Wanderjahre. Örtlichkeiten*. Hrsg. von Irene Heidelberger-Leonard. Stuttgart: Klett-Cotta, 2002. 149–177.

Bachmann-Medick, Doris. „Transnationale Kulturwissenschaften. Ein Übersetzungskonzept". *Lost or Found in Translation? Interkulturelle/Internationale Perspektiven der Geistes- und Kulturwissenschaften*. Hrsg. von René Dietrich, Daniel Smilovski und Ansgar Nünning. Trier: WVT, 2011. 53–72.

Bischoff, Doerte, und Susanne Komfort-Hein. „Vom anderen Deutschland zur Transnationalität. Diskurse des Nationalen in Exilliteratur und Exilforschung". *Exilforschung* 30 (2012): *Exilforschungen im historischen Prozess*. Hrsg. von Claus-Dieter Krohn, Erwin Rotermund und Lutz Winckler. 242–273.

Braese, Stephan, Holger Gehle, Doron Kiesel und Hanno Loewy (Hrsg.): *Deutsche Nachkriegsliteratur und der Holocaust*. Frankfurt am Main und New York: Campus, 1998.
Braese, Stephan. *Die andere Erinnerung. Jüdische Autoren in der westdeutschen Nachkriegsliteratur* [2001]. 2. Aufl., München: edition text + kritik, 2010.
Breysach, Barbara. *Schauplatz und Gedächtnisraum Polen. Die Vernichtung der Juden in der deutschen und polnischen Literatur*. Göttingen: Wallstein, 2005.
Buchenhorst, Ralph. *Das Element des Nachlebens. Zur Frage der Darstellbarkeit der Shoah in Philosophie, Kulturtheorie und Kunst*. München: Fink, 2011.
Diner, Dan. „Negative Symbiose. Deutsche und Juden nach Auschwitz". *Ist der Nationalsozialismus Geschichte? Zu Historisierung und Historikerstreit*. Hrsg. von Dan Diner. Frankfurt am Main: Fischer, 1987. 185–197.
Hanika, Iris. *Das Eigentliche*. Graz und Wien: Droschl, 2010.
Hermann, Iris. „Ohnehin Gebürtig Andernorts. Zur Diversität von Erinnerung und Identität bei Doron Rabinovici und Robert Schindel". *Der Nationalsozialismus und die Shoah in der deutschsprachigen Gegenwartsliteratur*. Hrsg. von Torben Fischer, Philipp Hammermeister und Sven Kramer. Amsterdam und New York: Rodopi, 2014. 133–148.
Hirsch, Marianne. *The Generation of Postmemory. Writing and Visual Culture After the Holocaust*. New York: Columbia University Press, 2012.
Hühn, Melanie, Dörte Lerp, Knut Petzold und Miriam Stock. „In neuen Dimensionen denken? Einführende Überlegungen zu Transkulturalität, Transnationalität, Transstaatlichkeit und Translokalität". *Transkulturalität, Transnationalität, Transstaatlichkeit, Translokalität. Theoretische und empirische Begriffsbestimmungen*. Hrsg. von Melanie Hühn, Dörte Lerp, Knut Petzold und Miriam Stock. Münster: Lit, 2010. 11–46.
Huyssen, Andreas. „Diaspora and Nation. Migration Into Other Pasts". *New German Critique* 88 (2003): 147–164.
Jureit, Ulrike, und Christian Schneider. *Gefühlte Opfer. Illusionen der Vergangenheitsbewältigung*. Stuttgart: Klett-Cotta, 2010.
Klemperer, Victor. *LTI. Notizbuch eines Philologen*. 23. Aufl. Stuttgart: Reclam, 2007 [1947].
Klüger, Ruth. *weiter leben. Eine Jugend*. Göttingen: Wallstein, 1992.
Kramer, Sven. „Zur transnationalen Dimension fremdsprachiger Holocaust-Literatur im bundesrepublikanischen Diskurs". *Shoah in der deutschsprachigen Literatur*. Hrsg. von Norbert Otto Eke und Hartmut Steinecke. Berlin: Erich Schmidt, 2006. 154–168.
Kroh, Jens: *Transnationale Erinnerung. Der Holocaust im Fokus geschichtspolitischer Initiativen*. Frankfurt am Main und New York: Campus, 2008.
Levi, Primo: *Ist das ein Mensch?* [it. 1958, dt. 1961]. *Die Atempause* [it. 1963, dt. 1964]. München und Wien: Hanser, 1991.
Levy, Daniel, und Natan Sznaider. *Erinnerung im globalen Zeitalter: Der Holocaust*. Aktualisierte Neuausgabe. Frankfurt am Main: Suhrkamp, 2007 [2001].
Morgenstern, Soma. *Die Blutsäule. Zeichen und Wunder am Sereth*. Hrsg. und mit einem Nachwort von Ingolf Schulte. Lüneburg: zu Klampen, 1997 [engl. 1955, dt. 1964].
Peitsch, Helmut. „Auschwitz in Reisebeschreibungen von Maxim Biller, Iris Hanika und Stephan Wackwitz". *Der Nationalsozialismus und die Shoah in der deutschsprachigen Gegenwartsliteratur*. Hrsg. von Torben Fischer, Philipp Hammermeister und Sven Kramer. Amsterdam und New York: Rodopi, 2014. 73–93.
Rabinovici, Doron. *Andernorts*. Berlin: Suhrkamp, 2010.
Rothberg, Michael. *Multidirectional Memory: Remembering the Holocaust in the Age of Decolonization*. Stanford: Stanford University Press, 2009.

Şenocak, Zafer. *Gefährliche Verwandtschaft*. München: Babel, 1998.
Vennemann, Kevin. *Nahe Jedenew*. Frankfurt am Main: Suhrkamp, 2005.
Weiss, Peter. „Meine Ortschaft". *Rapporte*. Frankfurt am Main: Suhrkamp, 1968. 113–124.
Welsch, Wolfgang. „Transkulturelle Gesellschaften". *Kultur in Zeiten der Globalisierung. Neue Aspekte einer soziologischen Kategorie*. Hrsg. von Peter-Ulrich Merz-Benz und Gerhard Wagner. Frankfurt am Main: Humanities Online, 2005. 39–67.

III.5 Transnationale Schreibweisen in der Migrationsliteratur
Eva Hausbacher

1. Einleitung

Die Forschung zu Literatur, die im Kontext von Migration entsteht, kann auf eine Entwicklung zurückblicken, die sie aus einer marginalen Position in den Literaturwissenschaften in den 1980er Jahren zu einem kaum mehr zu überblickenden Forschungsfeld werden ließ. Neben vielen Einzelstudien werden umfassende Handbücher bzw. Reihen publiziert, die zumeist interphilologisch ausgerichtet sind, internationale Symposien zum Thema sind ebenso verbreitet wie in den großen Fachtagungen der Einzelphilologien eigene Sektionen zur Migrationsliteratur. Dabei ist eine rasante Entwicklung der wissenschaftlichen Fragestellungen und methodischen Zugänge zu verzeichnen, die – grob gesprochen – weg von einer vormals stark biografischen und thematischen Ausrichtung hin zu einer Fokussierung auf die künstlerischen Verfahren und die Ästhetik der Texte verläuft. Gleichzeitig wird eine Diskussion über die Verortung dieser Forschungen zwischen nationalphilologischem Container und interdisziplinärem Forschungsnetz geführt. Die Tendenz, hier von einer sog. ‚Neuen Weltliteratur' zu sprechen, legt eine Zuordnung der transnationalen Literaturforschung zur Komparatistik nahe, wobei das alte Kanon-Konzept der Weltliteratur herausgefordert und die klassische vergleichende Methode infrage gestellt werden (vgl. III.1 GOSSENS). Diese Verschiebungen in der Forschung korrelieren mit den Veränderungen im literarischen Feld selbst. Dabei ist zu beobachten, dass sich die neuere Migrationsliteratur als eine *Literatur in Bewegung* (Ette 2001; vgl. II.4 KRAFT) nicht nur den traditionellen Kategorien literarischer Kanonisierung und kultureller Zugehörigkeit entzieht, sondern zunehmend als Zentrum ästhetischer Produktivität und Innovation sichtbar wird. Dies zeigt sich u. a. darin, dass bei diversen Literaturwettbewerben immer häufiger Texte „ohne festen Wohnsitz" (vgl. Ette 2004, 242) Preise gewinnen. Auch am Literaturmarkt verzeichnen sie große Erfolge, wiewohl zu vermerken ist, dass diese natürlich auch dem gezielten Einsatz des *immigrant chic* bzw. der Exotik des Anderen als kalkulierter Rezeptionseffekt und Marketingstrategie geschuldet sind (vgl. III.6 MAYER).

Vor dem Hintergrund dieser Entwicklungen wird zunächst das transnationale Potential von Literatur, die im Kontext von Migrationsdiskursen verhandelt wird, dargelegt, wobei terminologische und wissenschaftskritische Fragestellungen besondere Aufmerksamkeit erfahren. Eine Grundannahme ist, dass Erzählformen durch kulturelle Wandlungsprozesse überformt und verändert werden. Insofern sind jene Verschiebungen, die das Schreiben unter den Bedingungen von Migration auf der Ebene der Textstruktur und der narrativen Technik nach sich zieht, als eine Poetik der Migrationsliteratur zu fassen. Worin lässt sich die Spezifik von transnationaler Migrationsliteratur festmachen, die innerhalb nationaler Literaturen keinen Platz findet, sondern an deren Rändern, in Kontakt- und Überlappungszonen agiert, auf welche sie aufgrund ihrer transkulturellen Kodierung – gemeint sind damit die verschiedenen kulturellen Traditionslinien, die in Schreibweisen eingehen – allerdings einen enormen Innovationsdruck ausübt? Was sind die Differenzen zwischen transnationaler künstlerisch-literarischer Artikulation und nationalstaatlichem Container-Diskurs? Werden in der bisherigen Literaturforschung diese transnationalen Schreibweisen häufig in metaphorischen Konzeptionen gefasst – das von Gilles Deleuze und Felix Guattari beschriebene Rhizommodell, Eduard Glissants *diversité* oder Ottmar Ettes Bild des „vektoriellen Schreibens" sind solche Beispiele –, so lassen sie sich aber auch in konkreten literarischen Formen, wie z. B. der Pluralisierung der Erzählinstanzen, einem achronischen und performativen Erzählen, diversen Doppelungsstrategien in Bezug auf die Raumstrukturierung sowie in Sprach- und Genregrenzen überschreitenden Kennzeichen verorten. Das Theoriedesign dazu speist sich aus den einschlägigen Arbeiten der *postcolonial studies* (Homi Bhabha 1994 und Edward Said 1981 [1978]; vgl. IV.9 ARNDT/ASSA) sowie diversen Ansätzen aus dem Feld der Raumtheorien. Zu fragen ist nach der Produktivität des postkolonialen und strukturalistischen Vokabulars zur Beschreibung der Ästhetik transnationaler Migrationsliteratur. Angesichts der Debatten um die Terminologie und die Theoretisierung transnationaler Phänomene kann die künstlerische Produktion wegweisend sein.

Mit diachronem Blick auf die Entwicklung der Migrationsliteratur und am Beispiel neuerer Texte – Olga Martynovas Roman *Sogar Papageien überleben uns* (2010) und Marjana Gaponenkos Briefroman *Annuschka Blume* (2010) – lässt sich fragen, ob die Gegenüberstellung von nationaler und transnationaler Literatur weiterhin sinnvoll erscheint, weil im Kontext der gegenwärtigen gesellschaftlichen und kulturellen Dynamiken, die auf Pluralisierungen und Heterogenität abzielen, im gesamten literarischen Feld transnationale Formen sich zunehmend etablieren.

2. Migrationsliteratur, transnational

Der von der sozialwissenschaftlichen Forschung ausgelöste *transnational turn* in der Migrationsforschung bietet auch der literaturwissenschaftlichen Auseinandersetzung mit Migrationsliteratur eine vielversprechende Perspektive. Obzwar das Paradigma des Transnationalen als ein „schillerndes, aber oftmals noch diffuses Konzept" (Lüthi 2005, 8) gesehen wird, das noch einer genaueren Theoretisierung in Bezug auf gängige Konzepte und Politiken wie Assimilation, Akkulturation, Integration oder Multikulturalismus bedarf (vgl. Lüthi 2005, 5), eröffnet der von Nina Glick Schiller, Linda Basch und Christina Blanc Szanton (1997 [1992]) geprägte Terminus auch einen produktiven analytischen Rahmen für die literaturwissenschaftliche Migrationsforschung. Der Terminus ‚Transnationalismus', der immer häufiger auch im Bereich der kulturwissenschaftlichen Studien in Bezug auf transnationale Phänomene und transnationale Forschung popularisiert wird (z. B. bei Arjun Appadurai und Carol Breckenridge 1988), impliziert die aus der Nationenforschung (Eric Hobsbawm, Benedict Anderson) hervorgegangene Kritik an den traditionellen nationalen Diskursen, betont den konstruierten Charakter von Nationalität, Ethnizität und ‚Rasse' (vgl. Glick Schiller et al. 1997 [1992], 103) und hat eine politische und ökonomische Dimension (vgl. Glick Schiller et al. 1997, 103).

Konkret wird unter dem Begriff der Transnationalität ein Migrationstypus untersucht, bei dem es – im Unterschied zu Formen von Emigration und Exil – nicht zum Abbruch der Beziehungen mit dem Heimatland kommt. Dabei unterstützen moderne Kommunikations- und Verkehrsmittel vielfältige Bezüge und Vernetzungen in Wanderungsbewegungen. Außerdem lassen integrationspolitische Maßnahmen größere politische, kulturelle, religiöse und gesellschaftliche Pluralität zu, sodass Zwei- bzw. Mehrsprachigkeit ebenso wie ‚mitgebrachte' kulturelle Aktivitäten, religiöse Haltungen oder soziale Wertesysteme weiter tradiert werden bzw. sich als neue Mischformen in einer globalisierten Gesellschaft ausbreiten (vgl. Dietz 2003, 169–174).

Wo liegen die Vorteile des transnationalen Zugangs im Vergleich zu anderen Positionen, wie der Inter- und Transkulturalität (u. a. Carmine Chiellino 1995; Wolfgang Welsch 1995; Kimmich und Schahadat 2012)? Die transnationale Perspektive verweist auf die kritische Kraft der Migrationsdiskurse gegenüber nationalen Containerdiskursen, und zwar sowohl im Hinblick auf eine Erweiterung der europäischen Nationalphilologien als auch auf die literarische Entwicklung selbst: Transnationale Texte wirken als eine Art Gegenerzählung zu den Narrationen, die Kultur und kulturelles Gedächtnis als national konstituieren (vgl. II.1 GRABBE). Die transnationale Perspektivierung ist jedoch nicht als Gegenkonzept zur Inter- oder Transkulturalitätsforschung zu verstehen, sondern als eine übergeordnete Blickrichtung, die einerseits die „Überwindung des methodologischen Nationalismus in den Literaturwissenschaften" (vgl. Schweiger 2012, 13) sucht und andererseits die Verflechtungen dieser Literatur mit gesellschaftspolitischen und ökonomischen Entwicklungen zu Tage treten lässt. Transnationalismus in literatur- und kulturwissenschaftlichen Studien hebt nämlich deren Zusammenhang mit Aspekten der Globalisierung hervor, und zwar als ökonomisches *und* als kulturelles Phänomen (vgl. Jay 2010, 3). Im Unterschied zur traditionellen Wissenschaftssystematik, die in der Konfrontation mit migratorischen Phänomenen an ihre Grenzen gelangt, vermag der transnationale Zugriff die immer stärker aus territorialen Fixierungen herausgelösten kulturellen Erscheinungen zu beschreiben. Dazu zählt auch die neuere Migrationsliteratur, die ihre früheren Funktionen als Betroffenheitsliteratur oder als interkultureller Vermittler längst hinter sich gelassen hat und in Korrelation zur globalisierten Umwelt kulturelle Hybridität erzeugt (vgl. Sturm-Trigonakis 2007, 243), transnationale und transitorische Identitäten inszeniert und von der Globalisierung geprägte kulturelle Praktiken bei gleichzeitiger Verankerung in lokalen Gegebenheiten erzählt (vgl. Esselborn 2009, 47).

Während in der Interkulturalitätsforschung der binäre Charakter der kulturellen Verhältnisse fortgeschrieben wird, beispielsweise durch die Proklamierung sogenannter ‚Bindestrich-Identitäten' von türkisch-deutschen, tschechisch-französischen oder spanisch-marokkanischen Autor/innen, setzen transnationale Studien auf die permanente Transgression von nationalen, ethnischen und kulturellen Grenzen. Die Transkulturalitätsforschung überwindet zwar diesen Binarismus, stößt aber angesichts des zunehmenden Auseinanderfalls von territorialen und kulturellen Räumen an ihre Grenzen und vernachlässigt darüber hinaus die gesellschaftspolitische und ökonomische Dimension.

Aber auch die Transnationalitätsforschung bleibt nicht ohne Kritik. Neben den kritischen Stimmen aus den Reihen der klassischen Migrationsforschung betont beispielsweise Michael Bommes (2003, 91), die Transnationalisten seien entgegen ihrer eigenen Deklarationen dem Bezugsrahmen nationalstaatlichen Denkens verhaftet. Dass ein Denken jenseits nationalkultureller Raster eine Herausforderung darstellt, ist angesichts der Wirkmacht von kulturellen und epistemologischen Traditionen evident. Verstanden als Arbeitsbegriff kann der transnationale Ansatz aber umfassender als vorgängige Konzepte jene gegenwärtigen gesellschaftlichen und kulturellen Phänomene erfassen, die auf Pluralisierungen, Umbrüche und Heterogenitäten im Kontext von *displacement* und Migration deuten (vgl. Lübcke 2009, 78).

3. Schreibweisen, transnational

Elisabeth Bronfen spricht von drei Ebenen der Dekodierung von Exilliteratur, der biografisch-referenziellen, der thematisch-inhaltlichen und der textästhetisch-strukturellen (1993, 171). Diese Unterteilung lässt sich auch auf die neuere Migrationsliteratur übertragen, wobei in der Forschung insbesondere die letztgenannte Ebene als Desiderat auszumachen ist: „[V]or dem Hintergrund des Interesses, *wer* erzählt und *was* erzählt wird, tritt die Frage danach, *wie* erzählt wird, in den Hintergrund" (Schöll 2012a, 539). Es ist auffällig, dass in der bisherigen Literaturforschung metaphorische Begrifflichkeiten verwendet werden, um das transnationale Potential von literarischen Texten zu beschreiben, die allerdings eine lediglich vage Vorstellung der transnationalen Funktionsweise von Texten vermitteln und so Gefahr laufen, den Fokus der Textdekodierung auf die thematische Ebene zu beschränken. Die Berücksichtigung eines strukturalistisch-narratologischen Analyseinventars ermöglicht demgegenüber eine textästhetische Erschließung und garantiert ein hohes Maß an Präzision in der Analyse und Interpretation. Wiewohl eine umfassende Texterfassung der Berücksichtigung aller drei, von Bronfen wohl nur zwecks klärender Abgrenzung isolierter Ebenen bedarf, werden nachfolgend narrative Formen transnationalen Schreibens ins Visier genommen. Auf welche Weise und in welcher Form werden Migration, Mobilität und transnationale Bewegung im literarischen Text inszeniert? Welche konkreten literarischen Formen, Verfahren und narrativen Strategien – von der Entscheidung für bestimmte Gattungen, über eine kennzeichnende chronotopische Gestaltung, bis zum Gebrauch besonderer rhetorischer Mittel oder dem Einsatz spezifischer Erzählperspektiven – charakterisieren nun diese zunächst metaphorisch gestalteten Modelle des transnationalen Schreibens? Wie inszenieren die Texte kulturelle Mischungen, wie gestalten sie ihren Umgang mit kulturellen Selbst- und Fremdbildern, Stereotypen und Differenzen, welche Vertextungsverfahren werden eingesetzt, um kulturelle Räume zu öffnen und transnationale Abläufe in ihrer Komplexität und Prozessualität vor Augen zu führen? Für manche dieser Fragen kann ein narratologischer Zugang ausreichen, wie Julia Schöll (2012a, 2012b) sehr überzeugend darlegt, indem sie an konkreten Beispieltexten nachzeichnet, dass sich Mobilität auf narratologischer Ebene beispielsweise in einer polyfonen Erzähltechnik, in der Zeichnung eines ‚bewegungsfreudigen' Figureninventars oder in einem fragmentarischen, nicht-linearen Erzählen manifestiert. Im Hinblick auf das interdisziplinäre Zusammenwirken der Literaturwissenschaften mit der Transnationalitätsforschung anderer Disziplinen ist aber ein Theoriedesign von Vorteil, das an der Schnittstelle von postkolonialen Theoremen und Kategorien der Erzähltheorie angesiedelt ist und dabei eine primär textimmanent orientierte Erzähltheorie strukturalistischen Ursprungs mit den thematisch ausgerichteten postkolonialen Ansätzen zusammenführt. Damit kann das gesellschaftspolitische und repräsentationskritische Potential des transnationalen Diskurses in den Texten erschlossen werden – ein zentraler Aspekt der Differenzierung von transnationalen und transkulturellen Ansätzen. Aus der transnationalen Perspektive sind ja weniger die Darstellungsverfahren an sich von Bedeutung, als vielmehr die diversen Anwendungen verschiedener Erzählstrategien, innerhalb derer sich Stil- und Erzählparameter als im weitesten Sinne „politisch besetzt" erweisen (vgl. Fludernik und Gehrke 1999, 87).

Die Abkehr von einer essentialistischen Konstruktion von Identität und Kultur und die Betonung ihrer performativen Verfasstheit, wie sie die *postcolonial studies* entwerfen, bieten eine Möglichkeit, die Diskussion um die Migrationsliteratur von ethnisierenden Zuschreibungen zu befreien. Denn die Literatur über die Migrationsliteratur hat sich – so Petra Günther (2002) – im deutschsprachigen Raum bis spät in die 1990er Jahre größtenteils auf dem Niveau von soziologischem Impetus, wohlmeinender, in der Regel aber unreflektierter Kulturvermittlung sowie biografistischer Paraphrase bewegt und sich auf das exotisierende Nachzeichnen der jeweiligen Autor-Vita beschränkt. Ein Theorietransfer, der die *postcolonial studies* aus ihrem ursprünglichen Entstehungszusammenhang herauslöst und auf Literaturen anderer, nicht-kolonialer Räume überträgt, ermöglicht es, jene zwischenkulturellen Dominanzverhältnisse im transnationalen Raum als ‚koloniale' Figuration zu analysieren. Strategien der Orientalisierung und des *otherings*, wie sie Said (1981 [1978]) als kulturelle Dimension des Kolonialismus in den Vordergrund rückt, aber auch Mechanismen der Hybridisierung, der *negotiation* und Problematisierung identitärer Bildungen oder des *third space*, wie sie Homi Bhabha (1994) entwickelt, können zur Beschreibung der Wirkungsweise transnationaler Literatur fruchtbar gemacht werden. Diese Adaption postkolonialer Theoreme fokussiert nicht den Einfluss realer Kolonialerfahrung auf die kulturelle Produktion, sondern erlaubt sich, von den geopolitischen Machtverhältnissen, die dabei im Spiel sind, soweit zu abstrahieren, dass sie als Schlüsselbegriffe eine Lektüre- und Analysetechnik leiten können, die der transnationalen, transitorischen, migratorischen Erfahrung gerecht wird.

Hanne Birk und Birgit Neumann haben mit ihrem Beitrag „Go-Between: Postkoloniale Erzähltheorie" (2002) einen richtungsweisenden Grundlagentext verfasst, in dem sehr anschaulich dargelegt wird, wie das zentrale Theorem der Hybridität von Identitäten und Räumen mit literaturwissenschaftlichen Erzähl- und Gattungstheorien korreliert. An diese Arbeit schließt auch ein neun Punkte umfassender Katalog transnationaler Schreibweise an (vgl. Hausbacher 2009), der hier in gebotener Kürze zusammengefasst sei. Anhand zentraler Kategorien der Erzähltextanalyse, über die sich Konzepte des postkolonialen Theoriekomplexes in die Texte einschreiben, werden exemplarisch Zusammenhänge zwischen Darstellungsverfahren und deren textuellem Wirkungspotential aufgezeigt. Damit sind einige sehr wichtige, aber längst nicht alle in Frage kommenden Analysekategorien erfasst, mit deren Hilfe sich Identitäts-, Alteritäts- und Hybriditätskonstruktionen in Migrationsliteratur beschreiben lassen. „Letztlich können alle narrativen Verfahren, wenn sie entsprechend semantisiert sind, aus interkultureller Sicht relevant sein" (Sommer 2001, 71). Bezüglich der Korrelation zwischen Migrationssituation und schreibstrategischen Entscheidungen geht es um das Aufzeigen von Trends und Orientierungen und nicht um die Fixierung oder Etablierung von Schreib- und Werthaltungen, wie das eine Poetik der Migration (vgl. Hausbacher 2009) zunächst suggerieren könnte. Die folgenden Erzähltechniken sind entsprechend als Trendbefund zu verstehen und als Lektüreergebnis transnationaler Migrationstexte durch das Prisma postkolonialer Konzepte:

(1.) Zunächst braucht es eine wechselnde Erzählperspektive, die im Sinne eines *anti-conquest* (vgl. Pratt 1992) einem autoritativen Diskurs entgegenwirkt, wobei zwischen den einzelnen Erzählinstanzen zumeist nur ein loses Verhältnis besteht, was mit einem häufigen Wechsel des *point of view* korreliert. Konzepte von Multiperspektivität bilden ein wesentliches Gestaltungsprinzip transnationalen Schreibens, wie z. B. die Vermittlung von Eigen-, Fremd- und Universalbildern durch eine doppelte Optik.

(2.) Des Weiteren ist die Wichtigkeit der räumlichen Konstruktion der Texte hervorzuheben, wobei dynamische Raummodelle, wie das Ineinanderwirken von Zentrum und Peripherie, von inneren und äußeren Räumen oder von ‚Westen' und ‚Osten' dominieren. Topografische Vorstellungen des ‚Dazwischen' sind für die Raum-Zeit-Gestaltung typisch, wie z. B. die Zeichnung von dynamischen Figuren als Pendler zwischen den Kulturen oder die Verknüpfung von Vergangenheit und Gegenwart durch analeptisches Erzählen.

(3.) Auffällig oft finden sich Doppelungen auf allen Textebenen: in der Zeitstruktur (Analepse, Prolepse), auf der Figurenebene (Doppelgänger), bei der Raumgestaltung (Mischorte).

(4.) Das Phänomen der Mehrsprachigkeit wird durch Polyfonie als dialogisierende Struktur und als Heteroglossie umgesetzt (vgl. II.3 KILCHMANN). Darüber hinaus werden auch orale und dialektale Varianten zur Standardsprache in die Texte eingeschleust.

(5.) Es lassen sich häufig Ambivalenz stiftende Verfahren der Ironie, Parodie und des grotesken Erzählens nachweisen.

(6.) Die Strategie der Mimikry ist wiederum auf allen Ebenen beobachtbar, sie ist ein probates Mittel, gegen Mechanismen der identitären Festschreibung kritisch zu intervenieren.

(7.) Spiel bzw. Re- und Dekonstruktion kultureller Auto- und Heterostereotypen kennzeichnen viele transnationale Texte.

(8.) Zuletzt kann festgestellt werden, dass die Gattungspräferenzen bei (Kurz-)Prosa und Essay liegen, wobei Genregrenzen häufig verwischt werden (vgl. Geertz 1980).

In diesen Textmerkmalen zeichnen sich die theoretischen Positionen der Hybridisierung und des *third space* relativ klar ab: die Auflösung der in der realistischen Erzähltradition herausgebildeten Kategorien von Raum, Zeit, Figur, Perspektive und Stil, welche nunmehr nicht Einheitlichkeit, sondern Ambivalenz und Brüchigkeit aufweisen. Was diese transnationalen Schreibweisen von einer sehr viel allgemeineren modernistischen bzw. avantgardistischen oder postmodernen Ästhetik unterscheidet, sind charakteristische Rückbindungen in die lebensgeschichtliche Realität, die sich in den gewählten Stereotypen und in den Doppelungen manifestieren: das Einst und Jetzt, das Hier und Dort ist prägender als im postmodernen Spiel mit den kulturellen Traditionen; gesucht und konstruiert wird nicht mehr ein Raum des *anything goes*, sondern ein *third space* der Freiheit, in dem individuelle Existenz möglich ist und das kulturelle Übersetzen nicht durch vorgegebene Konzepte und Funktionsweisen kultureller und politischer Machtapparate eingeschränkt ist (vgl. II.2 BACHMANN-MEDICK). In diesen Schreibweisen setzt sich jene Bewegung in politisch-historischen, sprachlichen und soziokulturellen Zwischenräumen um, die die kulturelle Performanz der Texte und ihr politisches Potential erkennbar macht (vgl. IV.16 BREGER). Das hier vorgeschlagene Lektüremodell erlaubt es gleichzeitig, die für die Literaturwissenschaft immanent wichtige Frage danach zu beantworten, wie bzw. vermittels welcher Verfahren dieses Potential in den Texten zur Geltung gebracht wird.

Was macht die transnationale Schreibweise aus, sind doch alle angeführten Verfahren nicht per se und ausschließlich dieser Literatur zuzuschreiben, sondern ganz allgemeine und immer wieder auffindbare Kennzeichen (post)modernen Schreibens? Ist die eine klassifikatorische Bestimmung einer ‚Poetik der Migration' haltbar, auch wenn sie als offenes Modell verstanden werden will und auf die Vielfältigkeit und Diversität der transnationalen Texte insistiert? Sie ist jedenfalls für eine wichtige Etappe in der literaturwissenschaftlichen Auseinandersetzung mit Migrationsliteratur zu halten. Ihr Fokus auf die lange vernachlässigten Aspekte des künstlerisch-ästhetischen Gehalts migratorischen Schreibens impliziert die Frage, inwiefern sich ästhetische Transformationen aus der Lebenssituation in der Migration ergeben, inwiefern die Autor/innen der Migration das Potential der kulturellen Differenz, in der sie leben, in ihr Schreiben übersetzen. Diese Argumentation legt eine Zusammenführung der von Bronfen dargelegten Ebenen der Dekodierung von Exil- bzw. Migrationsliteratur in einer sich ergänzenden Analysearbeit nahe. Die hier herausgearbeiteten Literaturformen sind mit semantischen Komponenten ebenso zu verbinden, wie sie mit biografischen Aspekten zu kontextualisieren sind. So ließe sich als Merkmal transnationalen

Schreibens die Verbindung von diesen schreibstrategischen Entscheidungen (textästhetisch-strukturelle Ebene) mit der inter- bzw. transkulturellen Konstellation (thematisch-inhaltliche Ebene) und der lebensweltlichen Erfahrung der Autorinnen und Autoren (biografisch-referentielle Ebene) benennen.

4. Texte, transnational

Die Diskussion um die Terminologie und die Definitionen von Migrationsliteratur legt auch einen diachronen Blick auf die Entwicklung dieses Feldes frei: Die Germanistin Heidi Rösch fächert in ihrem Aufsatz „Migrationsliteratur als neue Weltliteratur?" (2004) die bestehende Begriffsvielfalt auf. Unter dem Terminus ‚Migrantenliteratur', sind meist solche Texte subsumiert, die Migrationserfahrungen realistisch schildern und in erster Linie im Dienste der Kulturvermittlung stehen (vgl. Rösch 2004, 91). Auch die Frage der Differenzierung von Emigration und Migration ist zu berücksichtigen: Migration, so die in *Poetik der Migration* (Hausbacher 2009) ausführlich entwickelte These, tendiert zu anderen Erzählformen als Emigration. Die jüngere, transnationale Migrationsliteratur entwickelt neue, im Zeichen von Mobilität und Transkulturalität stehende ästhetische Paradigmen und bleibt im Umgang mit kultureller Differenz nicht in einer binären Kodierung verhaftet. Zeitgenössische Autor/innen der Migration befinden sich ganz selbstverständlich und nostalgiefrei in einer Topografie des ‚Dazwischen', die sich in einer innovativen Formensprache ihrer Texte niederschlägt.

Ein Blick auf die künstlerische Artikulation ist oftmals hilfreich, wenn es im wissenschaftlichen Feld widersprüchliche bzw. offene Positionen gibt. Auch Wilfried Schoeller (2009) fordert dazu auf, eine unendliche Kette der Beispiele zu studieren, ehe man sich einer neuen Terminologie versichere. Die aktuelle Migrationsliteratur ist nicht nur ein sensibler Seismograf der gesellschaftspolitischen und kulturellen Entwicklungen, die im Modell der Transmigration gefasst werden. Dieses beschreibt die beständigen, multidirektionalen Wanderungsbewegungen zwischen Kulturen. Leslie A. Adelson (2006) begreift das Aushandeln von neuen Werten und Einstellungen gegenüber einer im Wandel befindlichen Welt als Kulturarbeit der transnationalen Autoren und Autorinnen.

Die Wechselbeziehung zwischen Theoriediskursen und neuer Literatur sei anhand zweier Beispieltexte exemplarisch und ausschnitthaft veranschaulicht: Olga Martynovas 2010 vorgelegter Roman *Sogar Papageien überleben uns* ist nicht nur im Hinblick auf die Biografie der Autorin, die seit Anfang der 1990er Jahre in Frankfurt am Main lebt, und auf Inhalt und Motivik (es wird eine russisch-deutsche Liebesgeschichte erzählt), sondern auch aufgrund seiner narrativen Strategien und sprachlichen Mischungen als transnationaler Text zu sehen. Besonders auffällig an dem in einer ausgesprochen fragmentarisch-offenen Form verfassten Roman ist seine „temporale Kodierung" (vgl. Schöll 2012a, 544), sodass die Zeit als eigentliche Heldin und tragendes Thema des Textes bezeichnet werden kann. Die fehlende Erzählchronologie wird durch eine mehrzeilige Zeitleiste kompensiert, die zu Beginn jedes Kapitels angeführt ist und die jeweils relevanten Jahreszahlen im Fettdruck hervorhebt. Dabei wird die spezifische Erinnerungstechnik Martynovas sichtbar: Aus den Zeitschleifen, die die erzählten Geschichten prägen, resultiert eine Gleichzeitigkeit des Ungleichzeitigen: „Ich war mitten in der Nacht wach. Wie wenn du als Kind in einem Schlafwagen (unterwegs zu einem südlichen Kurort) erwachst, der auf einmal stehen bleibt, und ungeduldig wartest, dass der Zug weiterfährt und du wieder einschläfst, als wäre dieser Halt ein Einschnitt in die Zeit, als wäre dieses stillstehende Licht einer für immer namenlosen Bahnstation, das du schräg über dir wahrnimmst, versehentlich von einer anderen in diese Welt hereingelassen worden" (Martynova 2010, 117). Diese Durchdringung von Vergangenem und Gegenwärtigem führt dazu, sowohl auf individueller als auch auf kultureller Ebene das Werden der Identität durch die Präsenz der Vergangenheit in der erzählten Gegenwart nachzuzeichnen (vgl. Birk und Neumann 2002, 140).

Unterstützt wird diese Verquickung der Zeitebenen durch die polyfone Qualität des Textes, die trotz streng monoperspektivischer Fokalisierung – wir hören ausschließlich die Stimme der Protagonistin Marina – aufgrund der zahlreichen intertextuellen Montagen entsteht. Sie führen zu einem *blurring of genres*. Auch vermittels der Raumdarstellung wird Identität, die sich in der Überlappung und Überlagerung von Kulturräumen generiert, als transitorische erkennbar. Die Protagonisten des Textes durchqueren geografisch weit auseinanderliegende Räume, die in einer transitorischen Perspektivierung dargestellt werden, wie beispielsweise folgendes Zitat zeigt: „In der Fensterscheibe der deutschen S-Bahn sehe ich eine schmale gewundene Treppe in einem alten Haus in Leningrad, die wir hinaufmussten. Sie roch nach Katzenpisse, es fehlten Glühbirnen, der abgeblätterte Putz hinterließ an den Wänden eine Weltkarte, auf der alles durcheinander gebracht war: Afrika links oben, Italien darunter, Skandinavien rechts von Italien; wir kamen außer Atem an, hoffnungslos zu spät" (Martynova 2010, 15).

Der im Hinblick auf seine Gattung und seine narrativen Techniken hybride Charakter des Romans zeigt sich auch in seiner sprachlichen Form. Auch wenn in Martynovas bisherigem Œuvre eine den Gattungen folgende Sprachtrennung zu beobachten ist – ihre Muttersprache Russisch ist die Sprache ihrer Lyrik geblieben, wohingegen sie für ihre Essays und Romane in die deutsche Sprache wechselt –, wird bei aufmerksamer Lektüre ihrer Texte die Mischung von Gattungen und Sprachen sichtbar: In der sehr lyrisch gestalteten Prosa schwingen unter der deutschen Sprachoberfläche Satzbau, Melodie und Idiomatik des Russischen mit; in den klangmalerischen Gedichten ist immer auch ein erzählerischer Duktus hörbar. Auch in *Sogar Papageien überleben uns* wenden sich erzählende und erzählte Sprache vielfach ins Lyrische, was sich insbesondere in den vielen präzisen und poetischen Sprachbildern sowie in der Selbstreferenzialität des Textes äußert.

Marjana Gaponenkos Prosadebüt, der 2010 erschienene Briefroman *Annuschka Blume* entwickelt im Zusammenspiel von Mobilität und Erzählen die transnationale Schreibweise weiter (vgl. Hausbacher 2014). Die der Gattung des Briefromans inhärenten Möglichkeiten dialogisch-polyfonen Sprechens nutzend, etabliert Gaponenko grenzüberschreitende, transitorische Identitäts-, Zeit- und Raummodelle und bricht binäre Erzählstrukturen entlang der Entgegensetzungen von Ost und West, Fremd und Eigen, Vergangenem und Gegenwärtigem auf. Ähnlich wie Olga Martynova ist auch die 1981 in Odessa geborene Marjana Gaponenko, die nach Aufenthalten in Krakau und Dublin in Deutschland lebt, zunächst als Lyrikerin hervorgetreten. Im Unterschied zu Martynova schreibt sie allerdings seit ihrem sechzehnten Lebensjahr nicht mehr in ihrer russischen Muttersprache, sondern ausschließlich auf Deutsch. Ihren Sprachwechsel wertet Gaponenko weniger als Manko denn als Potential, aus dem sie ihre Begeisterung für Sprachspiel und Sprachreflexion schöpft. Die durch den Sprachwechsel ausgelöste sprachspielerische Performanz ihres Textes wird verstärkt durch die Prozesshaftigkeit erzählenden Schreibens, wie es insbesondere im Briefroman, in dem die ästhetische Gestaltbildung im Modus ihrer allmählichen Verfertigung miterlebt und mit geschaffen werden kann, entsteht.

Briefromane mit interkulturellem Plot – so auch *Annuschka Blume* – zielen darauf ab, den Austausch zwischen Kulturen als einen Status des *in-between* zu problematisieren. Indem sie mit Mitteln der Literatur Grenzexperimente im Überschreiten und Übersetzen thematisieren, werden sie selbst zu Vermittlern zwischen Kulturen. Insofern eröffnet die Gattung neue Optionen für die im Kontext postkolonialer Theoriebildung zentral diskutierte Verhandlung kultureller Differenz. Dabei wird die liminale Bewegung, die in der intimen Kommunikation des Liebes(brief)diskurses tragend ist – der Versuch, eine Grenze zu überschreiten, die sich immer wieder entzieht –, nutzbar gemacht für die liminale Ausrichtung des interkulturellen Diskurses.

In *Annuschka Blume* entwerfen beide Protagonisten ihre Selbstbilder in der Spiegelung im anderen und zugleich als jenes vom anderen gezeichnete Bild des eigenen Ich, das so immer als mehrfach geschichtetes erkennbar wird. Auch wenn sowohl Annas als auch Piotrs Briefe über weite Strecken mehr Selbst- denn Zwiegespräch sind, wird das andere, welches in mannigfachen Hypostasierungen (beispielsweise als fremde Landschaft, fremde Kultur, anderes Geschlecht oder in Form der Tier- und Pflanzenwelt) auftritt, nicht nur mitreflektiert, sondern erscheint als Teil einer Gegensätze überwindenden neuen Daseinsweise. Insofern avanciert die den Briefen innewohnende Dialogizität zu einem analytischen Instrument im Umgang mit identitärer und kultureller Hybridität, weil die Briefform sichtbar macht, dass Hybridisierung immer mindestens zwei Stimmen, zwei Akzente innerhalb einer Äußerung braucht. Im Unterschied zu an Liebes- und Heimatsehnsucht leidenden Emigranten/innen verschieben die Protagonistinnen und Protagonisten des Romans ihre Positionsbestimmung zwischen Fremde und Heimat in einen dritten Raum.

Neben diesen Optionen, die das Genre Briefroman in seinem dialogischen Modus für die Aushandlung kultureller Differenz eröffnet, ermöglicht die multiperspektivische Darstellungsweise eine besondere Spielart der epischen Präsentation, die eine differenzierende Reflexion und eine relativierende Sehweise begünstigt. Das Fehlen einer unifizierenden Erzählstimme führt nämlich nicht nur zu einer Stärkung der Authentizität des Dargestellten durch die Aufhebung der Fiktionsdistanz (vgl. Nickisch 1991, 189), sondern forciert auch das bei Gaponenko zu beobachtende Aufbrechen von Dualismen.

Traum und Imagination sind leitende Aspekte des Schreibens und Lebens beider Protagonisten. So imaginiert Anna ihr Zimmer als Seekarte und ihren Schreibtisch als Schiff, auf dem sie in alle Ecken der Welt segeln kann, und bricht damit die dem Text nur auf den ersten Blick eingeschriebene klassische Dichotomie von weiblicher Sesshaftigkeit und männlicher Mobilität auf: „Dann setze ich mich für gewöhnlich in den tiefen Sessel, sodass ich das ganze Zimmer vor mir habe wie eine Seekarte. [...] Fünf Schritte nach Westen der Schallplattenspieler [...] Zwei Schritte nach Süden befindet sich der Esstisch [...] In der Mitte der Insel ist der Schreibtisch, mein Schiff, das von diesem Punkt aus in jeden beliebigen Winkel des Universums gelangen kann, in Sekundenschnelle" (Gaponenko 2010, 48–49).

„Unser Heim sind wir selbst, und unser Weh sind wir selbst", schreibt Anna in einem ihrer Briefe an ihren Geliebten (Gaponenko 2010, 200). Dieses Wortspiel verortet das Heim und das Weh im Selbst und lässt sich in Verbindung setzen zu jenem, ebenso auf ein Wortspiel gründenden Konzept des Unheimlichen von Sigmund Freud, in dem das Andere/Fremde im Eigenen sichtbar wird (vgl. Freud 1947 [1919]). Homi Bhabha hat dies später in der Formel der *unhomeliness of home* auf den interkulturellen Kontext übertragen (vgl. Bhabha 1994). Diese Denkfigur weist auf die Stelle innerhalb eines jeden kulturellen Systems, in dem sich kulturell Anderes verortet. Insofern lässt sich der Satz auch als Quintessenz der transitorischen Ästhetik dieses Romans lesen, der ein Erzählen jenseits nationaler Paradigmen erprobt. So bietet der Text, der Genreeigenheiten des Briefromans nutzt, ein weiteres Beispiel für das innovative Potential der transnationalen Migrationsliteratur.

5. Schlussbemerkung

Paul Jay fordert in seinem Buch *Global Matters. The Transnational Turn in Literary Studies* (2010) dazu auf, auch in der vermeintlich nationalen bzw. im nationalphilologischen Paradigma verorteten Literatur – in seiner Studie ist es die englischsprachige – nach transnationalen Elementen zu suchen, „[...] to look closely at how the production of English literature itself has increasingly become transnational, and how it has become engaged with a set of issues related to globalization" (Jay 2010, 5–6). Auch Wiebke Sievers verweist darauf, dass seit den 1990er Jahren die Grenzziehungen zwischen Migrationsliteratur und nationaler Literatur immer mehr infrage gestellt werden und in zunehmendem Maße das Kriterium der Herkunft der Autorinnen und Autoren an Bedeutung verliert, zugunsten einer Auseinandersetzung mit thematischen und ästhetischen Fragen, die jene, die migriert sind, und jene, die nicht migriert sind, gleichermaßen beschäftigen (vgl. Sievers 2011, 196). Nicht zuletzt sei Azade Seyhan angeführt, die in ihrer Studie *Writing Outside the Nation* (2000) transnationale Literatur zunächst als ein „Genre" definiert, das von Autorinnen und Autoren etabliert wird, die nicht in ihren Heimatländern leben und verschiedene Sprachen und Idiome einsetzen. Sie relativiert diese Position allerdings und erweitert das Spektrum transnationalen Schreibens um jene Autoren, die „von zu Hause" schreiben: „Writers who engage in cross-cultural issues of import, while writing either in their nations of birth or in their nations of domicile, complicate and challenge the traditional notion of the nation state as an object of affiliation" (Seyhan 2010, 13).

Erkennbar ist hier eine Tendenz in der literaturwissenschaftlichen Transnationalismusforschung in Richtung einer zunehmenden Generalisierung transnationaler Formen und Positionen. Bis heute geht es aber immer noch auch darum, Migrationsliteratur aus ihrem Reservatstatus herauszuholen, sie ins Zentrum der Diskussion zu rücken und ihr transnationales Potential aufzuzeigen. Dabei erweist sich, dass die Spezifik migratorischen Schreibens nicht allein an Sujets gebunden ist, sondern das gesamte ästhetische Sensorium betrifft. Anhand einer Poetik der Migration lassen sich Kennzeichen transnationalen Schreibens herausarbeiten, ohne dass dabei bereits eindeutige Formkriterien formuliert wären; diese sind weder ausschließend noch präskriptiv, sondern Resultat von konkreten Textanalysen. Die oben vorgeschlagene Kriteriologie versteht sich als Möglichkeit, Texte von Migrantinnen und Migranten hinsichtlich des transnationalen Wirkungspotentials zu beschreiben, das sie in der spezifischen Verwendung besonderer literarischer Verfahren erzeugen. Ganz dezidiert geht es dabei nicht um die Bestimmung eines anderen Kanons oder Korpus von Texten, sondern um einen anderen Lesemodus. Dieser speist sich aus den *postcolonial studies*, mit denen insbesondere die im Kontext von Globalisierung und Migration ubiquitäre Erfahrung des *displacement* als kreatives, aber auch kritisches Potential beschreibbar wird.

Gleichzeitig spricht die jüngste Entwicklung dafür, die Gegenüberstellung von nationalem und transnationalem Paradigma aufzugeben: Ebenso wie sich auf gesellschaftlicher und ökonomischer Ebene globale Vernetzungen immer stärker ausbreiten und transnationale Erfahrungskontexte von Autor/innen prägen, so sind auch transnationale Formen des Schreibens omnipräsent. Diese Entwicklung ist allerdings kein Selbstläufer, sondern bedarf angesichts immer wiederkehrender nationalistischer ‚Interventionen' beharrlichen Engagements und – mit David Damrosch (2003) gesprochen – der beständigen Bereitschaft, sich unvoreingenommen mit Welten zu verabreden, die über unsere eigene Zeit und unseren eigenen Standort hinausgehen. Die historische Kulturtransferforschung hat in vielen Studien aufgezeigt, dass die Vorstellung von kultureller Einheit und Homogenität immer schon eine konstruierte war und Phänomene des Transnationalen nicht erst im ausgehenden 20. bzw. beginnenden 21. Jahrhundert zu beobachten sind. Nie zuvor aber war die dekonstruktive Durchdringung der Mythen, Phantasmen und Hegemonien des Nationalen konsequenter und vielgestaltiger, als dies im Zuge postkolonialen Denkens gelingt.

Literaturverzeichnis

Adelson, Leslie A. „Against Between – Ein Manifest gegen das Dazwischen". *Text + Kritik*. Sonderband „Literatur und Migration". Hrsg. von Heinz Ludwig Arnold. Munchen: edition text + kritik, 2006. 36–46.

Appadurai, Arjun, und Carol Breckenridge. „Why Public Culture?" *Public Culture* 1.1 (1988): 5–9.

Bhabha, Homi K. *The Location of Culture*. London und New York: Routledge, 1994.

Birk, Hanne, und Birgit Neumann. „Go-between: Postkoloniale Erzähltheorie". *Neue Ansätze der Erzähltheorie*. Hrsg. von Ansgar Nünning und Vera Nünning. Trier: WVT, 2002. 115–152.

Bommes, Michael. „Der Mythos des transnationalen Raumes. Oder: Worin besteht die Herausforderung des Transnationalismus für die Migrationsforschung?" *Migration im Spannungsfeld von Globalisierung und Nationalstaat*. Hrsg. von Dietrich Thränhardt und Uwe Hunger. Wiesbaden: Westdeutscher Verlag, 2003. 90–116.

Bronfen, Elisabeth. „Exil in der Literatur: Zwischen Metapher und Realität". *Arcadia* 28 (1993): 167–183.

Chiellino, Carmine. *Am Ufer der Fremde. Literatur und Arbeitsmigration (1879–1991)*. Stuttgart und Weimar: Metzler, 1995.

Damrosch, David. *What is World Literature?* Princeton: Princeton University Press, 2003.

Dietz, Barbara. „Ost-West-Migration nach Deutschland – gesellschaftliche Pluralisierung und transnationale Beziehungen". *Migration im Spannungsfeld von Globalisierung und Nationalstaat*. Hrsg. von Dietrich Thränhardt und Uwe Hunger. Wiesbaden: Westdeutscher Verlag, 2003. 160–177.

Esselborn, Karl. „Neue Zugänge zur inter/transkulturellen deutschsprachigen Literatur". *Von der nationalen zur internationalen Literatur. Transkulturelle deutschsprachige Literatur und Kultur im Zeitalter globaler Migration*. Hrsg. von Helmut Schmitz. Amsterdam und New York: Rodopi, 2009. 43–58.

Ette, Ottmar. *Literatur in Bewegung. Raum und Dynamik grenzüberschreitenden Schreibens in Europa und Amerika*. Weilerswist: Velbrück Wissenschaft, 2001.

Ette, Ottmar. *ÜberLebenswissen. Die Aufgabe der Philologie*. Berlin: Kadmos, 2004.

Fludernik, Monika, und Hans-Joachim Gehrke (Hrsg.). *Grenzgänger zwischen Kulturen*. Würzburg: Ergon, 1999.

Freud, Sigmund. „Das Unheimliche" [1919]. *Gesammelte Werke*. Bd. XII. Frankfurt am Main: Suhrkamp, 1947. 229–268.

Gaponenko, Marjana. *Annuschka Blume. Roman*. St. Pölten und Salzburg: Residenz, 2010.

Geertz, Clifford. „Blurred genres: The refiguration of social thought". *The American Scholar* 49.2 (1980): 165–179.

Glick Schiller, Nina, Linda Basch und Christina Blanc Szanton. „Transnationalismus: Ein neuer analytischer Rahmen zum Verständnis von Migration". *Transnationale Staatsbürgerschaft*. Hrsg. von Heinz Kleger. Frankfurt am Main und New York: Campus, 1997. 81–105.

Günther, Petra. „Die Kolonisierung der Migrantenliteratur". *Räume der Hybridität. Postkoloniale Konzepte in Theorie und Literatur*. Hrsg. von Christof Hamann und Cornelia Sieber. Hildesheim, Zürich und New York: Olms, 2002. 151–159.

Hausbacher, Eva. *Poetik der Migration. Transnationale Schreibweisen in der zeitgenössischen russischen Literatur*. Tübingen: Stauffenburg, 2009.

Hausbacher, Eva. „Unterwegs-Literatur. Aspekte zwischenkulturellen Schreibens in Marjana Gaponenkos Annuschka Blume". *Erzählte Mobilität im östlichen Europa. (Post-)Imperiale Räume zwischen Erfahrung und Imagination*. Hrsg. von Thomas Grob et al. Tübingen: Francke, 2014. 287–304.

Jay, Paul. *Global Matters. The Transnational Turn in Literary Studies*. Ithaca, NY: Cornell University Press, 2010.

Kimmich, Dorothee, und Schamma Schahadat (Hrsg.). *Kulturen in Bewegung. Beiträge zur Theorie und Praxis der Transkulturalität*. Bielefeld: Transcript, 2012.

Lübcke, Alexandra. „Enträumlichung und Erinnerungstopographien: Transnationale deutschsprachige Literaturen als historiographisches Erzählen". *Von der nationalen zur internationalen Literatur. Transkulturelle deutschsprachige Literatur und Kultur im Zeitalter globaler Migration*. Hrsg. von Helmut Schmitz. Amsterdam und New York: Rodopi, 2009. 77–97.

Lüthi, Barbara. *Transnationale Migration – Eine vielversprechende Perspektive?* http://hsozkult.geschichte.hu-berlin.de/forum/2005-04-003. H-Soz-u-Kult (13. März 2005)

Martynova, Olga. *Sogar Papageien überleben uns. Roman*. Graz und Wien: Droschl, 2010.

Nikisch, Reinhard. *Brief*. Stuttgart: Metzler, 1991.

Pratt, Mary Louise. *Imperial Eyes. Travel Writing and Transculturation*. London und New York: Routledge, 1992.

Rösch, Heidi. „Migrationsliteratur als neue Weltliteratur?" *Sprachkunst* 35.1 (2004): 89–109.

Said, Edward. *Orientalismus*. Übers. von Liliane Weissberg. Frankfurt am Main, Berlin und Wien: Ullstein, 1981.

Schöll, Julia. „Unterwegs im Text. Kritische Rückfragen zum Begriff Migrationsliteratur". *Das Argument* 298 (2012a): 539–547.

Schöll, Julia. „Mobile Poetik: Uwe Timms Romane Johannisnacht und Halbschatten". *Gegenwartsliteratur* 11 (2012b): 170–190.
Schoeller, Wilfried. „Was ist heute Weltliteratur? Einige Mutmaßungen". *Wieviel Transnationalismus verträgt die Kultur?* Hrsg. von Jasper Willi. Berlin: Verlag Dr. Köster, 2009. 291–302.
Schweiger, Hannes. „Transnationale Lebensgeschichten. Der biographische Diskurs über die Literatur eingewanderter AutorInnen". *Aussiger Beiträge* 6 (2012): 13–31.
Seyhan, Azade. *Writing Outside the Nation*. Princeton: Princeton University Press, 2000.
Seyhan, Azade. „Unfinished Modernism: European Destinations of Transnational Writing". *Migration and Literature in Contemporary Europe*. Hrsg. von Mirjam Gebauer und Pia Schwarz Lausten. München: Martin Meidenbauer, 2010, 11–21.
Sievers, Wiebke. „Zwischen Ausgrenzung und kreativem Potential: Migration und Integration in der Literaturwissenschaft." *Migrations- und Integrationsforschung – multidisziplinäre Perspektiven. Ein Reader*. Hrsg. von Heinz Fassmann und Julia Dahlvik. Göttingen: V&R unipress, 2011. 189–210.
Sommer, Roy. *Fictions of migration: Ein Beitrag zur Theorie und Gattungstypologie des zeitgenössischen interkulturellen Romans in Großbritannien*. Trier: WVT, 2001.
Sturm-Trigonakis, Elke. *Global playing in der Literatur: ein Versuch über die neue Weltliteratur*. Würzburg: Königshausen & Neumann, 2007.
Welsch, Wolfgang. „Transkulturalität". *Zeitschrift für Kulturaustausch* 45.1 (1995): 39–44.

III.6 Kleine Literaturen als globale Literatur
Ruth Mayer

Als Gilles Deleuze und Félix Guattari 1975 Deterritorialisierung, Politisierung und Kollektivität als wesentliche Merkmale einer ‚kleinen Literatur' ausmachten und im Blick auf das Schreiben Franz Kafkas verorteten (dt. 1976), nahmen sie auf das, was wenig später als ‚postkoloniale Literaturen' mit ganz ähnlichen Kategorien belegt werden sollte, keinen Bezug. Die Analogien liegen aber auf der Hand. Deleuzes und Guattaris Überlegungen zu einer neuen, ‚kleinen' Literatur gehen davon aus, dass sich diese Literatur gegen ‚große' politische und kulturelle Herrschaftsansprüche sperrt, indem sie Sprache und Sprachen aneignet, bricht, politisierend umfunktioniert und für Zwecke der revolutionären Neuverortung appropriiert (vgl. IV.8 WEINBERG). Diese Begriffsbestimmung des ‚Kleinen' wurde nicht von ungefähr immer wieder auf die postkoloniale literarische Expressivität übertragen und kritisch vor diesem Hintergrund reflektiert (Kaplan 1996, 65–100; Miller 1999, 171–210; Hoff 2008; Bignall und Patton 2010; Burns und Kaiser 2012; Ernst 2014, 118–143). Die Herausstellung der zukunftsweisenden Funktion der kleinen Literatur bei Deleuze und Guattari verweist daneben aber auch auf Jean-François Lyotards fast zeitgleiche Ankündigung einer postmodernen Ära der ‚kleinen Erzählungen', die die Metaerzählungen, die *grand récits*, der Moderne ablöse. In dieser Allianz wird das Kleine zum Charakteristikum einer neuen, zeitgemäßen Poetik *und* Epistemologie. Kleine Literaturen und kleine Erzählungen zeichnen sich durch Vorläufigkeit, Tentativität, Variabilität und Fragmenthaftigkeit aus und beziehen eben aus diesen Verfahren der Unbestimmtheit ihre kulturelle Wirkmacht (Gamper und Mayer 2017). Lyotard selbst wies darauf hin, dass die Figurationen des Kleinen in vieler Hinsicht und paradoxerweise als Metaerzählung der Postmoderne begriffen werden können (1994, passim).

Und tatsächlich lässt sich die Entwicklung einer globalen Kultur um die Wende zum 21. Jahrhundert als Erfolgsgeschichte des Kleinen schreiben. Das gilt zumindest für die Bereiche einer globalen Wirklichkeit, in denen transnationale Märkte und Zielpublika erschlossen oder adressiert werden. Auf der Ebene der Wissensvermittlung, der kulturellen Kommunikation und der Bedeutungsstiftung manifestiert sich der Hang zum Kleinen in einer Modularisierung und Feingliederung von Informationen und gestaltet sich daher oft als Verkürzung: Die sozialen Netzwerke leben von der Kompaktheit der Einträge und Darstellungsformen, und YouTube hat den Clip zur Basiseinheit der Annäherung an das Neue und Unbekannte gemacht. Aber das Kleine muss nicht kurz sein, und oft werden die kurzen Formate auch zu bloßen Ausgangspunkten für weitverzweigte serielle Fortschreibungen, für Revisionen, Ergänzungen, Überarbeitungen und Kommentare – Versatzstücke in einer vernetzten Landschaft der Wissensproduktion und -dissemination, die das enzyklopädische Projekt endgültig auf unendlich stellt.

Auf dem Gebiet dessen, was derzeit wahlweise als ‚transnationale Literatur', als *world literature* (seltener: Weltliteratur) oder als ‚globale Literatur' verschlagwortet wird, wird die aktuelle Konjunktur des Kleinen ebenfalls augenfällig. In Ermangelung eines etablierten verbindlichen Begriffs wird in der Folge von ‚globaler Literatur' gesprochen, um Texte zu erfassen, die ein transnationales Publikum adressieren und die Idee der Weltliteratur nachdrücklich neu formulieren (Damrosch 2003; vgl. III.1 Gossens). Diese globale Literatur ist überwiegend anglofon, auch wenn sie sich aus allen möglichen Nationalliteraturen speist; anderssprachige Literaturen (einschließlich der deutschen) spielen global nur eine Rolle, wenn sie ins Englische übersetzt werden (Mizumura 2015; Walkowitz 2015; vgl. IV.10 Schulze-Engler). Als globale Literatur gelten Texte, die ‚transnational' operieren – also für Leser und Leserinnen aus vielen unterschiedlichen kulturellen Kontexten gleichermaßen zugänglich sind und in der Regel für diesen globalen Markt geschrieben (oder zumindest entdeckt) wurden. Deshalb wird das Feld im Folgenden auch im Blick auf erfolgreiche US-amerikanische Texte beleuchtet, die globale Perspektiven einnehmen.

Der Markt für diese Literatur funktioniert nach Prinzipien, die „wir normalerweise mit multinationalen Korporationen assoziieren", schreibt Tim Parks in einer Bestandsaufnahme des weltliterarischen Status quo von 2010: „Thus a reader picking up [...] a work by Umberto Eco, or Haruki Murakami, or Ian McEwan, does so in the knowledge that this same work is being read now, all over the world. Buying the book, a reader becomes part of an international community. This perception adds to the book's attraction" (2010, n.p.). Der ‚vorgestellten Gemeinschaft' der globalen Leser werden Texte präsentiert, die sich in vieler Hinsicht in die Parameter von Deleuzes und Guattaris ‚kleiner Literatur' fügen: In der ‚großen' Sprache Englisch verfasst oder auf den globalen Markt gebracht, erschließen sie vorzugsweise unvertraute Perspektiven, erzählen von anderen Orten oder Zeiten und laden zur Identifikation mit dem Fremden und Neuen ein, ohne durch zu viele Details und kulturelle Spezifika zu verwirren. Damit wären die Charakteristika der „Deterritorialisierung der Sprache" und der „Kopplung des Individuellen ans unmittelbar Politische" (27), die Deleuze und Guattari als maßgeblich für die ‚kleine Literatur' nennen, auch für die globale Literatur relevant. Nur das Merkmal der Kollektivität, das Deleuze und Guattari als drittes wichtiges Kriterium des ‚kleinen Schreibens' ausweisen, scheint für die globale Literatur keine Rolle zu spielen. Für Deleuze und Guattari bedeutet Kollektivität, aus der randständigen Perspektive „eine möglichst andere Gemeinschaft auszudrücken, die Mittel für ein anderes Bewusstsein und eine andere Sensibilität zu schaffen" (26). Diese Wirkmacht des Kollektiven bringen sie gegen das Ideal des

‚individuellen Ausdrucks' in Anschlag, das die institutionalisierte Literatur prägt. Die globale Literatur jedoch präsentiert sich nicht als entindividualisierende Bewegung, als Aussagengefüge, das einer kollektiven Kondition Ausdruck geben soll, wie Deleuze und Guattari es von einer ‚kleinen Literatur' fordern, sondern zielt im Gegenteil darauf, vereinzelte Befindlichkeiten exemplarisch zu erfassen oder ein repräsentatives Schicksal abzubilden. Die Texte der globalen Literatur sind ausgesprochen individualistisch angelegt – bevorzugte Gattungskonventionen sind der Bildungsroman, die Immigrationserzählung oder die Formate des *life writing*.

Doch abgesehen von dieser – wesentlichen – Differenz, ist die globale Literatur eine Literatur des Kleinen in Deleuzes und Guattaris sowie in Lyotards Sinn. Dabei darf Kleinheit nicht in den Termini von Umfang und Handlungsspielraum begriffen werden, sondern im Bezug auf Gestus, Stil, Duktus und Selbstverständnis des Textes. Die Kleinheit weist sich dadurch aus, dass die Texte einen literarisch erschlossenen Kulturraum neu inszenieren oder unvertraute Räume erschließen. Es werden Einlassungen unter Vorbehalt und oft mit doppelter Botschaft formuliert: Nach- und Wiedererzählungen, Revisionen, Reklamationen dessen, was traditionell als Weltliteratur verbucht wurde. Die Autorinnen und Autoren dieser Literatur stammen seit geraumer Zeit zunehmend aus Minderheiten und Randgruppen, und die Marginalität ihrer Position wird als wesentliches Textmerkmal inszeniert und in den literarischen Paratexten prominent montiert. Schaut man sich jüngere Untersuchungen zu den Vergabekriterien von internationalen Literaturpreisen (Booker, Nobel, Pulitzer, Commonwealth) oder literarischen Auszeichnungen an, tritt nicht nur eine interessante Verschränkung von ästhetischen und kommerziellen Wertkategorien zu Tage (Guillory 1993; Huggan 2001; Strongman 2002; English 2005; Ponzanesi 2006), sondern auch eine neue Zentralität des Marginalen. Autoren und Autorinnen wie Arundhati Roy, Jhumpa Lahiri, Junot Díaz, Chimamanda Ngozi Adichie, Taiye Selasi, André Aciman oder Teju Cole lassen sich nicht mehr in einem Land oder Kulturraum verorten, auch wenn oder gerade weil sie ihren Ruf und Status der Reputation als Repräsentant oder Repräsentantin einer bestimmten Region, nationalen oder diasporischen Gruppe verdanken.

Bestimmte Mechanismen und Prinzipien des transnationalen und postkolonialen literarischen Schreibens unserer Tage stehen ganz offenbar im Einklang mit den Strategien und Techniken, die Kritiker wie Deleuze und Guattari und Lyotard beschrieben haben. Aber mit der Neuordnung des globalen literarischen Marktes gehen neue Gesetze und Logiken der Klassifikation einher, die ausgelotet werden müssen. Die neuen kleinen Literaturen adressieren einen in Klassen- und Bildungstermini recht genau fassbaren globalen Markt, der im Englischen als *middlebrow* beschrieben wird. Ist es sinnvoll, zur Beschreibung dieser

Erfolgsliteratur weiterhin mit den Kategorien des ‚Kleinen' oder ‚Marginalen' zu operieren oder verlangt der transnationale Literaturmarkt des 21. Jahrhunderts ganz neue, eigene Parameter der Einordnung und Wertung? Welche neuen Ausschlusskriterien und -mechanismen lassen sich feststellen? Wie durchlässig und zugänglich ist dieser Markt für Autoren und Autorinnen aus wirklich ‚anderen' Kontexten? Und schließlich: lassen sich Deleuzes und Guattaris Überlegungen vielleicht auch ins Feld führen, um das (Selbst)Verständnis und die Poetologie der globalen Literaturen kritisch zu reflektieren?

1. Postkolonial – Transnational – Global

In den letzten Jahrzehnten verwendete vor allem die englischsprachige Literaturwissenschaft viel Energie darauf, postkoloniale Literaturen im Kontext eines globalen Marktes zu platzieren. Kritiker von Timothy Brennan (1997) bis Graham Huggan (2001), von James English (2005) bis Sarah Brouillette (2007) ebenso wie zahlreiche Autoren des Feuilletons – zunehmend auch im deutschsprachigen Raum – , widmeten sich dem Phänomen, dass postkoloniale Literatur sich ausgezeichnet verkauft. Dabei überwiegen negative Schussfolgerungen– die Erfolgsgeschichte der postkolonialen Literatur wird gemeinhin als Verlustgeschichte und als Geschichte der Verflachung und ‚Amerikanisierung' (was noch nie ein wertneutraler Begriff war) geschrieben (vgl. II.5 REICHARDT). In einer Bestandsaufnahme des amerikanischen Literaturmarkts von 2011 kommt der britische Amerikanist Paul Giles zu der radikalen Einsicht, dass in der Obama-Ära „die gesamte amerikanische Literatur nun postkolonial erscheint" (214, Übersetzung der Verf.).

Wie alle absoluten Behauptungen ist auch diese nicht unstrittig. Aber Giles hat recht, wenn er festhält, dass in vieler Hinsicht das Postkoloniale von der Peripherie ins Zentrum gerückt ist, oder, um genauer zu sein, dass postkoloniale Theorien und Literaturen schneller als andere Begriffsbildungen der Gegenwart darauf reagieren, dass dieser Tage Peripherie und Zentrum in gewissen Hinsichten ununterscheidbar scheinen und in anderen weiter entfernt von einander als je zuvor. Bereits 1992 formuliert Anthony Appiah mit Bezug auf die afrikanische postkoloniale Literatur sein vernichtendes Verdikt von der postkolonialen Szene als einer „*comprador* intelligentia": einer intellektuellen Elite, die in den prestigereichen Institutionen Europas oder der USA studiert hat und nun die Vermarktung ihrer Herkunftsländer und -kulturen für eine internationale Leserschaft vorantreibt: „In the West they are known through the Africa they offer: their compatriots know them both through the West they present to Africa and through an Africa they have invented for the world, for each other, and for Africa" (1992, 22).

In den letzten Dekaden des 20. Jahrhunderts destillierte sich aus diesen Adressierungs- und Vermarktungsmechanismen eine ‚kleine Literatur' heraus, die eine anschlussfähige, liberale, urbane und kosmopolitische Ästhetik mit „einer Art Lokalkolorit verband, das zeitgenössischen Verlegern und Kritikern exotisch anmutet", wie John Marx es in einer Sammelrezension fasst (2009, 812, Übersetzung der Verf.). Dieser postkoloniale Mainstream setzt auf eine gebildete, nicht notwendigerweise akademische Öffentlichkeit. Er adressiert Leser, die willens sind, sich auf einen Text ‚einzulassen', mit ihm zu ‚arbeiten', um den Horizont zu erweitern, andere zu verstehen und Weltsichten zu erschließen, die sonst fremd geblieben wären – das ist zumindest die Zielsetzung, die auf Klappentexten und in Verlagsflyern, in den vorformulierten Fragen für Book Clubs, in Internetzirkeln wie „lovely books.com" und ähnlichen Medien immer wieder formuliert wird (vgl. auch Huggan 2001, 164–173; Cousins 2011). Das Ungewohnte und das Konventionelle, das kulturell oder historisch Andere und das Vertraute halten sich in diesen Texten die Waage, oft vermittelt durch die narrativen Referenzrahmen einer globalisierten Populär-, Medien- und Warenkultur und – seit neuerem – der virtuellen translokalen Begegnungsräume von Skype, Twitter oder Facebook. Auf dieser Grundlage erarbeitete Chris Bongie die Kategorie des *postcolonial middlebrow*, um die stilistischen und formalen Besonderheiten des Felds und seine Ausschluss- und Einschlussmechanismen zu erfassen. Besonders aufschlussreich ist Bongies Einschätzung, dass die Erfolgsprinzipien in einem globalen literarischen Markt nicht nur mit den Bedingungen von kulturellem Zugang, sprachlicher Kompetenz oder mit den Marketingstrategien der transnationalen Verlage zusammenhängen, sondern wesentlich auch auf Aspekte von Ton, Register und Autorinszenierungen rekurrieren. Bongie vergleicht den transnationalen Erfolg der karibischen Autorin Maryse Condé mit dem nur regionalen Erfolg ihres Landsmanns Tony Delsham, der in den Antillen sehr populär ist, in den USA und auf dem englischsprachigen Weltmarkt aber im Gegensatz zu Condé nie wirklich wahrgenommen wurde (vgl. auch IV.12 BANDAU/SINGLER). Ein Grund für diese Diskrepanz liegt für Bongie in der „versöhnlichen Position", die Delsham in seinen Romanen und in der Öffentlichkeit regelmäßig vertritt (2008, 288, Übersetzung der Verf.). Anders als Condé und andere international erfolgreiche Autorinnen operiert Delsham mit einer Rhetorik der Zurückhaltung und Vermittlung eher denn der polarisierenden Kritik oder pointierten Zuspitzung. Bongie nennt noch eine Vielzahl weiterer Einschluss- und Ausschlussfaktoren, aber dieser Punkt erscheint besonders bemerkenswert. Er verdeutlicht eklatant, wie sehr sich der Literaturmarkt im Laufe des 20. Jahrhunderts gewandelt hat. Die etablierte Werteskala der universellen Verständigung, der ausgleichenden Gerechtigkeit und einer affektiven Übereinkunft, die auf die konsensorientierten bürgerlichen Ideale des 19. Jahrhunderts zurückgeht und die bei klassischen *middlebrow*-Autorinnen der Jahrhundertmitte wie Vicki Baum, Pearl

Buck oder Isak Dinesen trotz gesellschaftskritischer Positionen noch den Tenor der Texte ausmachte, weicht im *postcolonial middlebrow* einer Rhetorik des Widerstands und der Verweigerung in Verbindung mit neueren Idealen der kulturellen Selbstfindung und identitätspolitischen Verortung (vgl. auch: Mayer 2014).

Diese Rhetorik speist sich aus akademischen, politischen und populären Quellen und sie wird nachhaltig durch eine neue literarische Produktionskultur gefördert, die Mark McGurl als die Kultur der *program era* bezeichnet – und ganz konkret auf *creative writing*-Programme zurückführt. McGurl führt das Beispiel der Chicana-Autorin Sandra Cisneros an, die ihren Erfolgsroman *The House on Mango Street* im Autorenworkshop der University of Iowa entwickelte: die Idee einer Chicana-Identität entfaltete sich im akademisch geleiteten Dialog über und um das Schreiben, nicht aus der Erfahrung der ethnischen Community, auch wenn diese Erfahrung als persönlicher Hintergrund und Authentisierungsbezug unverzichtbar ist (2009, 337; vgl. auch: Leypoldt 2011, 849). McGurl macht dabei unmissverständlich deutlich, dass es ihm nicht darum geht, die ethnische Literatur der *program era* als inauthentisch oder marktorientiert zu entlarven. Er möchte ein literarisches Feld ausloten, dessen Konturen sich als unscharf präsentieren, weil sie in kontinuierlicher Verhandlung begriffen sind. Die Akteure in diesem Feld situieren sich darin denn auch in der Regel nicht, indem sie ein ästhetisches Programm verinnerlichen oder strategisch-karrieristisch umsetzen, sondern indem sie sich Praxen erschließen, die sich möglichst passgenau zu dem fügen, was als ureigenes poetologisches Projekt oder literarisches Anliegen verstanden wird, wie in der Folge erläutert wird.

Diese Neuordnung des literarischen Feldes geht mit einer Verschiebung der Kraftfelder einher, die den literarischen Weltmarkt bestimmen. Konkret verlagert sich in der Nachkriegsära die Machtzentrale der literarischen Welt von Europa – Paris und London – nach New York, und bis in die 1960er Jahre hinein werden die Konditionen und Regeln dieses neuen Marktes grundlegend neu verhandelt und sehr viel differenzierter entfaltet, als es die gängige literaturhistorische Periodisierung von Moderne und Postmoderne abbilden kann (Casanova 2007). Bis um die Jahrtausendwende ist diese Rekonfiguration abgeschlossen. Sie manifestiert sich in einer radikalen Ausdifferenzierung des literarischen Feldes, die mit einer Segmentierung von Leserschaften einhergeht. Statt von Gattungen oder Genres sollten wir dann auch vielleicht besser von Szenen oder Formaten sprechen – nicht nur populäre literarische Texte speisen sich sehr schnell in ein Wechselspiel aus Rezeption und Produktion ein, wie ihn die digitalen Fan- und Fanfiction-Communities möglich machen; auch Bücher, die als wichtig, ernst oder gehaltvoll wahrgenommen werden, unterliegen den Regeln der Medienkonvergenz – die Autoren erscheinen im Fernsehen oder besser noch auf YouTube, Buchclips oder TED-Talks gehen viral, eine Verfilmung besiegelt die Erfolgsgeschichte.

Umso wichtiger ist es, gerade für Autoren und Texte, die ihre ethnische Alterität und kulturelle Widerständigkeit betonen, sich gegen den Sog der Integration zu sperren. Eben diese rhetorischen Versatzstücke führen zu der Verortung der Literatur in den Kategorien des Kleinen – des Randständigen und Ausgeschlossenen, der Intervention oder der Störung – selbst dort, wo die Texte Bestsellerlisten stürmen und mit Preisen überhäuft werden. Die Gratwanderung zwischen minoritärer Exklusivität und Erfolg ist nicht spezifisch für unsere Zeit und auch kein exklusiv literarisches Phänomen – sie ist in die Performanz kultureller Authentizität wesentlich eingeschrieben. Aber im Kontext der globalen Literatur nimmt sie eine neue Dringlichkeit an. Zwei Beispiele aus der jüngeren Literatur mögen die Bandbreite der Positionen im Feld illustrieren.

2. „The Danger of a Single Story": Inszenierungen des Globalen

2009 wurde die nigerianische Autorin Chimamanda Ngozi Adichie eingeladen, auf der TED-Konferenz – einer jährlich stattfindenden medial weit disseminierten Ideenbörse für die digitale Welt – zu sprechen. Diese Einladung ist an sich schon ein Beleg für die kulturelle Reputation der Autorin. Die klassische TED-Konferenz erhebt eine Gebühr von 8.500 Dollar von ihren Teilnehmern, auch wenn die einzelnen Vorträge dann frei im Netz zugänglich sind. Sie adressiert ein Publikum, das wohlhabend, gebildet, liberal, interessiert und ethnisch recht homogen ist: „[w]hite in that specific way you can feel white people striving for diversity" (Topolsky 2013, web). Adichies Vortrag „The Danger of a Single Story" wurde zu einem der populärsten Vorträge in einer sehr populären Reihe. 2013 folgte ein weiterer Vortrag der Autorin, „We Should All Be Feminists", der inzwischen auch in Buchform erschien und spätestens durch Beyoncés Entscheidung, ihn in ihrem Song „Flawless" zu samplen, popkulturell nobilitiert wurde. 2009 sprach Adichie anschaulich und mitreißend über die Macht der Stereotype in der kulturellen Kommunikation, vor allem in der Kommunikation über nationale und sprachliche Grenzen hinweg, und umriss damit eine Dynamik, die vor allem für die Repräsentation von Afrika maßgeblich ist: „Africa is not a country" (Adichie 2009). Aber dank der viralen Wirkmacht der sozialen Netzwerke wurde die Warnung vor der Verkürzung selbst zum verkürzten Slogan: „the TED talk has become the single story on single stories" (Jones 2014, web).

In einer Zeit, in der Positionen, Äußerungen und Botschaften immer enger getaktet werden und ihre Relevanz aus der Dichte der Referenzen und Reiterationen (Zitate, Links, Shares, Comments, Re-tweets, Samples) ziehen, die sich um sie ranken, scheint die Gefahr der Reduktion von Vielfalt und Komplexität auf die reproduzierbare *single story* besonders groß. Adichie reagierte in der Folge des Vortrags auf diese Gefahr, indem sie der Idee der simplifizierenden einzelnen Geschichte die Idee von Singularität als kultureller Spezifizität entgegenstellt. Ihr Erfolgsroman *Americanah* (2013, dt. 2014) greift unter diesen Vorzeichen die Grundgedanken des TED-Vortrags wieder auf: Es geht nicht um Identifikation, sondern um Distinktion, nicht um Einschluss, sondern um Abgrenzung, nicht um Konsensbildung, sondern um kritische Distanz. Als Nigerianerin in den USA zu leben, so zeigt der Roman, bedeutet unaufhörlich Zuschreibungen, Projektionen und Vereinnahmungen ausgesetzt zu sein, und um sich diesem Prozess zu entziehen, muss vor allem die Kategorie *blackness* in immer feinere Nuancen ausdifferenziert werden (vgl. IV.9 ARNDT/ASSA). Der Unterschied zum klassischen Format der amerikanischen Minoritätenliteratur – der *slave narrative* des 19. Jahrhunderts – könnte markanter nicht sein. Die *slave narrative* möchte das weiße Zielpublikum in die virtuelle Erfahrung der Sklaverei zwingen, es geht um forcierte Identifikation. Adichie und andere Vertreterinnen der globalen Literatur insistieren auf Differenz: Hier wird kein Konsens gesucht und auch keine gemeinsame Handlungsbasis, sondern die spezifische, partikulare, randständige Position soll als solche konturiert und exponiert werden. Kulturelle Differenz wird als kulturelle Kompetenz ausgestellt, als ein Mehrwert an Erfahrung und Einsicht, der der prekären Beobachterposition des Außenseiters eigen ist. Dass sich die Protagonistin des Romans über ein Blog mitteilt und nicht selbst als Romanautorin fungiert und dass zeitweise das fiktionale Blog im Buch als reales digitales Forum für glossenartige Beobachtungen, *bonmots*, Anekdoten und Fragmente realisiert wurde (http://americanahblog.com/) unterstreicht diese Engführung von Marginalität und Singularität in Duktus und Tonalität; sie führt allerdings auch nachdrücklich vor Augen, dass sich *Americanah* in einer Welt verortet, in der Marginalität nicht unbedingt als Makel fungiert, sondern durchaus ein Alleinstellungsmerkmal im Sinne einer Erfolgskategorie darstellen kann.

Der Roman führt geradezu exemplarisch die Wirkungsästhetik der globalen Literatur vor – einer Literatur, die darauf besteht, dass Gruppenzuschreibungen verfälschen und vereinnahmen und dass jede einzelne Stimme und jede spezifische Erfahrung zählt, gerade weil sie singulär ist. Kollektivität im Sinne Deleuzes und Guattaris kann in diesem Kontext keine wesentliche Rolle spielen, weil das Kollektiv hier ja eben über die subjektive, persönliche Einlassung erschlossen und aufgelöst wird (der Titel des Romans, der auf die Bezeichnung für ‚amerikanisierte' Nigerianer zurückgeht, verweist so ironisch auf eine Gruppe oder Generation, der dann aber ein Gesicht – oder vielmehr eine Vielzahl von Gesichtern – verliehen wird). Die globale Literatur isoliert und identifiziert, spezifiziert und schafft eben dadurch Anschlussfähigkeit. Adichies Verfahren erfordern eine große Vertrautheit mit den Codes und Konventionen, den Genres und den Registern der ethnischen Literatur und mit ihrer Leserschaft, gerade weil die Rahmenbedingungen kritisch reflektiert und die Lesererwartungen regelmäßig torpediert werden – eine Weltgewandtheit und *sophistication*, die im Roman reflektiert und zelebriert wird. Wie aber lässt sich dieses komplexe Spiel mit Zuschreibungen und Traditionen von einem Autor bewerkstelligen, dem der Werkzeugkasten der postkolonialen literarischen Selbstverortung nicht zur Verfügung steht?

Das ist die Ausgangssituation für den Roman *What Is the What* (2006, dt. *Weit gegangen*, 2009), der die Geschichte des ehemaligen Kindsoldaten und *lost boy* Valentino Achak Deng erzählt. Der Roman schildert die Odyssee Dengs vom Sudan in die Vereinigten Staaten und er hat eine reale Biografie zum Gegenstand. In einem Vorwort beschreibt Deng selbst die Entstehungsgeschichte des Textes: „Because I was not a writer, I asked Mary [Williams, the founder of the Lost Boys Foundation in Atlanta] to put me in touch with an author to write my biography" (Eggers, xiv). „Because I was not a writer": für Leser und Kritiker, die im Kontext der amerikanischen Minderheitenliteraturen oder der postkolonialen Literatur sozialisiert wurden, klingt diese Feststellung wie eine Provokation: *jeder* ist ein Autor, so lautet das Credo dieser Debatten, solange er eine Geschichte zu erzählen hat. Und eine Geschichte, deren Relevanz sich aus ihrer Monumentalität ergibt, hat Deng: Er wurde wie Tausende anderer Kinder und Jugendlicher in den Wirren des zweiten sudanesischen Bürgerkriegs verschleppt; er schlug sich durch die Wüsten Sudans und Äthiopiens in ein Flüchtlingscamp in Kenia durch, wo er 13 Jahre lebte, bevor er zusammen mit 4000 weiteren jungen Sudanesen – den sogenannten *lost boys* – in die USA auswandern konnte. Für Deng geht es nicht darum, sich vom Gros seiner Schicksalsgenossen abzuheben; er versteht sich tatsächlich als Teil eines Kollektivs: „I wanted to reach out to others to help them understand Sudan's place in our global community. I am relieved that Dave and I have accomplished this task through illumination of my life as an example of the atrocities many successive governments of Sudan committed against its own people" (Eggers 2006, xiv). *What Is the What* wurde als Roman des renommierten Autors Dave Eggers in dessen Verlag McSweeney's veröffentlicht. Das Buch erzählt Dengs Erfahrungen von der Kindheit an aus der Ich-Perspektive, in einer Sprache, die sich deutlich von der verspielt-ironischen postmodernen Erzählstimme unterscheidet, mit der Eggers in *A Heartbreaking Work of Staggering Genius* (2000, dt. *Ein herzzerreißendes Werk von umwerfender Genialität. Eine wahre Geschichte*, 2000) operierte, das ihn bekannt machte. In dieser autobiografisch angelegten Erzählung ging es darum, Authentizität gleichzeitig zu generieren und zu unterlaufen – *What Is the What* meidet metafiktionale Einlassungen fast völlig, auch wenn es durchaus selbstreflexive Passagen in dem Roman gibt. Auf der anderen Seite fügt sich die Erzählstimme des Romans in Ton und Stil auch nicht in das evangelikale Pathos, das Dengs Vorwort bestimmt. „Only maybe 433 people would've read [a nonfiction] book. So we made it a novel", begründete Eggers die Entscheidung, Dengs Geschichte fiktional zu adaptieren (Kirschling 2007, web). Die Strategie ging auf, *What Is the What* erreichte Platz 25 der erweiterten Bestseller-Liste der *New York Times*, obwohl er ohne konzertierte Marketingaktionen oder Public Relations-Aufwand erschien. Der Gewinn ging an die Valentino Achak Deng Foundation zur Unterstützung für sudanesische Flüchtlinge und Migranten.

Die Adaption von Dengs Geschichte – oder vielleicht besser: die gemeinsame Arbeit an der Geschichte – äußert sich durchgehend in Verfahren der Reduktion, der Neutralisierung, der Vereinfachung. Dengs Erfahrungen werden karg erzählt, in einer einfachen Sprache mit klaren Bildern. *What is the What* wurde auch von der Kritik größtenteils gefeiert, doch die Tatsache, dass Eggers als Dengs Sprachrohr fungierte, wurde kontrovers diskutiert. Vor dem Hintergrund der Forderungen nach einer ‚eigenen Stimme', die die Literaturen zunächst der regionalen, dann der ethnischen Minderheiten in den USA ebenso prägten wie die postkoloniale literarische Szene und zum Grundprinzip des *creative writing*-Workshops wurden, muss dieses Verfahren der delegierten Autorschaft ja auch tatsächlich suspekt erscheinen. Aber wenn man *What Is the What* als kleine Literatur im Sinne von Deleuze und Guattari begreift, erweist sich eben die Verlagerung oder Dispersion der Autorschaft, wie sie das Projekt von Deng und Eggers ausmacht, als ihr eigentlich innovatives Prinzip – kein Makel, sondern ein Vorstoß. Deng und Eggers schreiben das Prinzip der Kollektivität auf einer völlig anderen Basis in ihre Geschichte ein, als es in Adichies Idee der *single story* angelegt ist. Hier besteht die kollektive Dimension nicht nur in der Repräsentativität der geschilderten Erfahrungen, sondern auch in der ausgestellten Konstruktion einer Erzählstimme (deren Vermitteltheit und Gebrochenheit den Roman ja zumindest paratextuell rahmt). Dengs Erinnerungen werden im Roman mit einer Erzählgegenwart komplex verschachtelt und dann mit den Erinnerungen anderer *lost boys* zusammengeführt. In beiden Hinsichten figurieren sowohl Deng als auch Eggers als Werkzeug der Realisierung, als Medien für die Erzählung einer Geschichte. Das Projekt unterläuft etablierte Vorstellungen von Autorschaft aber nicht nur mittels des kollaborativen Vorgehens, sondern auch in einem Erzählduktus, der die Grenze zwischen Erzähler und Leser in Frage stellt: „It gives me strength, almost unbelievable strength, to know that you are there", verkündet der Erzähler am Ende des Romans: „I covet your eyes, your ears, the collapsible space between us. How blessed are we that we have each other?" (Eggers 535). Hier wird eine ähnliche imaginäre Gemeinschaft beschworen, wie sie Tim Parks in seiner eingangs zitierten Lagebestimmung zur globalen Literatur evoziert. Für Parks ergibt sich aus der projizierten Gemeinschaft der Leser weltweit die Dynamik der Verflachung, der Komplexitätsreduktion, dessen, was Adichie die Gewalt der *single story* nennt. Doch *What Is the What* nimmt die imaginäre Gemeinschaft der Lesenden zum Ausgangspunkt für eine utopische Wendung: Hier wird ein Kollektiv imaginiert, das die Kraft hat, die Verhältnisse zu verändern. Das Pathos dieser Imagination mag befremden, aber es unterscheidet sich deutlich vom Status quo der globalen Literatur. Es mag wegweisend sein für alternative Modi der Literaturproduktion, für eine Neuverhandlung von Konzepten der Autorschaft, des Zugangs zum literarischen Markt und des literarischen Projektes in den Zeiten von Transnationalisierung und Globalität.

Literaturverzeichnis

Adichie, Chimamanda Ngozi. „The Danger of a Single Story". TED talk 2009. www.ted.com/talks/chimamanda_adichie_the_danger_of_a_single_story (17. 07. 2014)
Appiah, Kwame Anthony. *In My Father's House: Africa in the Philosophy of Culture.* London: Methuen, 1992.
Autsch, Sabiene, und Claudia Öhlschläger. „Das Kleine denken, schreiben, zeigen. Interdisziplinäre Perspektiven". *Kulturen des Kleinen: Mikroformate in Literatur, Kunst und Medien.* Hrsg. von Sabiene Autsch, Claudia Öhlschläger und Leonie Süwolto. München: Fink, 2014. 9–20.
Bignall, Simone, und Paul Patton (Hrsg.). *Deleuze and the Postcolonial.* Edinburgh: Edinburgh University Press, 2010.
Bongie, Chris. *Friends and Enemies: The Scribal Politics of Post/Colonial Literature.* Liverpool: Liverpool University Press, 2008.
Brennan, Timothy. *At Home in the World: Cosmopolitanism Now.* Cambridge, MA: Harvard University Press, 1997.
Brouillette, Sarah. *Postcolonial Writers in the Global Literary Marketplace.* New York: Palgrave Macmillan, 2007.
Burns, Lorna, und Birgit M. Kaiser (Hrsg.). *Postcolonial Literatures and Deleuze: Colonial Pasts, Differential Futures.* New York: Palgrave, 2012.
Casanova, Pascale. *The World Republic of Letters.* Cambridge, MA: Harvard University Press, 2007.
Cousins, Helen. „A Good Authentic Read: Exoticism in the Postcolonial Novels of the Richard & Judy Book Club". *The Richard and Judy Book Club Reader: Popular Texts and the Practices of Reading.* Hrsg. von Helen Cousins und Jenni Ramone. London: Ashgate, 2011. 137–153.
Damrosch, David. *What is World Literature?* Princeton: Princeton University Press, 2003.
Deleuze, Gilles, und Félix Guattari. *Kafka: Für eine kleine Literatur.* Aus dem Franz. von Burkhart Kroeber. Frankfurt am Main: Suhrkamp, 1976.
Eggers, Dave. *What is the What: A Novel.* Mit einem Vorwort von Valentino Achak Denk. New York: Vintage, 2006.
English, James F. *The Economy of Prestige: Prizes, Awards, and the Circulation of Cultural Value.* Cambridge, MA: Harvard University Press, 2005.
Ernst, Thomas. *Literatur und Subversion: Politisches Schreiben in der Gegenwart.* Bielefeld: Transcript, 2014.

Gamper, Michael, und Ruth Mayer. „Erzählen, Wissen und kleine Formen: Eine Einleitung." *Kurz & Knapp: Zur Mediengeschichte kleiner Formen vom 17. Jahrhundert bis heute.* Hrsg. von Michael Gamper und Ruth Mayer. Bielefeld: Transcript, 2017. 7–22.

Giles, Paul. „The Postcolonial Mainstream". *American Literary History* 23.1 (Spring 2011): 205–216.

Guillory, John. *Cultural Capital: The Problem Of Literary Canon Formation.* Chicago: University of Chicago Press, 1994.

Hoff, Karin (Hrsg.). *Literatur der Migration – Migration der Literatur.* Frankfurt am Main: Peter Lang, 2008.

Huggan, Graham. *The Postcolonial Exotic: Marketing the Margins.* London: Routledge, 2001.

Kaplan, Caren. *Questions of Travel: Postmodern Discourses of Displacement.* Durham: Duke University Press, 1996.

Jones, Kima. Interview mit Chimamanda Ngozi Adichie. *The Rumpus.* http://therumpus.net/2014/06/the-rumpus-interview-with-chimamanda-ngozi-adichie/ (17. 06. 2014)

Kirschling, Gregory. Interview mit Dave Eggers. *Entertainment Weekly* (28. Oktober 2007). http://www.ew.com/ew/article/0,,20154178,00.html (17. 07. 2014).

Leypoldt, Günter. „‚The Fall into Institutionality': Literary Culture in the Program Era". *American Literary History* 23.4 (2011): 844–859.

Lutz, Thomas. *Cosmopolitan Vistas: American Regionalism and Literary Value: The Local, the Global, and American Literary Value.* Ithaca, NY: Cornell University Press, 2004.

Lyotard, Jean-François. *Das postmoderne Wissen: Ein Bericht.* Hrsg. von Peter Engelmann. Aus dem Franz. von Otto Pfersmann. Wien: Passagen, 1994.

Marx, John. „The Marketing of Postcolonial Authors". *Contemporary Literature* 50.4 (Winter 2009): 811–816.

Mayer, Ruth. „Postcolonial/Transcultural/Transnational: American Studies, American Literature, and the World". *American Studies Today: New Research Agendas.* Hrsg. von Winfried Fluck, Sabine Sielke, Erik Redling und Hubert Zapf. Heidelberg: Winter, 2014. 139–155.

McGurl, Mark. *The Program Era: Postwar Fiction and the Rise of Creative Writing.* Cambridge, MA: Harvard University Press, 2009.

Miller, Christopher. *Nationalists and Nomads: Essays on Francophone African Literature and Culture.* Chicago: University of Chicago Press, 1999.

Mizumura, Minae. *The Fall of Language in the Age of English.* Aus d. Jap. von Mari Yoshihara and Juliet Winters Carpenter. New York: Columbia University Press, 2015.

Parks, Tim. „The Dull New Global Novel". *The New York Review of Books* (9. Februar 2010). http://www.nybooks.com/blogs/nyrblog/2010/feb/09/the-dull-new-global-novel/ NYRB weblog (17. 07. 2014).

Ponzanesi, Sandra. „Boutique Postcolonialism: Literary Awards, Cultural Value and the Canon". *Fiction and Literary Prizes in Great Britain.* Hrsg. von Holger Klein und Wolfgang Görtschacher. Vienna: Praesens Verlag, 2006. 107–134.

Walkowitz, Rebecca L. *Born Translated: The Contemporary Novel in an Age of World Literature.* New York: Columbia University Press, 2015.

Strongman, Luke. *The Booker Prize and the Legacy of Empire.* Amsterdam: Rodopi, 2002.

Topolski, Joshua. „Inside TED: The Smartest Bubble in the World". *The Verge.* http://www.theverge.com/2013/3/5/4061684/inside-ted-the-smartest-bubble-in-the-world (05. 03. 2015).

III.7 Transnationalität und Kanon
Mads Rosendahl Thomsen

1. Einleitung

Literaturkanons brauchen Institutionen, die sie stützen, und gegenwärtig haben die meisten Institutionen eine Form von nationaler Basis. Mit Institutionen sind nicht nur solch einfach zu identifizierende Einrichtungen wie Schulen, Universitäten und literarische Gesellschaften gemeint, die Literaturlisten erstellen und drucken und so mehr oder weniger direkte Macht über Leser ausüben, sondern auch flüchtigere Strukturen wie etwa die Literaturkritikszene und die Massenmedien. Tatsächlich sind letztere von größerer Bedeutung, weil sie auf einer komplexen, offenen Debatte darüber basieren, was als wertvoll gilt, und somit die Voraussetzung für die Legitimation der formaleren Versuche der Kanonpräsentation darstellen.

Entgegen der allgemeinen Rede von der abnehmenden Macht von Nationalstaaten üben diese, auch wenn sie einen Prozess der Umgestaltung durchlaufen, nach wie vor großen kulturellen Einfluss aus. Auch wenn im Handbuch *Kanon und Wertung* den Kapiteln zu nationalen Traditionen von Kanonbildung eines zu transnationaler Kanonisierung, Welt- und postkolonialer Literatur an die Seite gestellt wird, steht die langanhaltende Dominanz des Nationalstaats nicht infrage. Sich als weltoffen zu definieren, liegt in einer globalisierten Welt gleichwohl häufig im Eigeninteresse der Nationalstaaten, weil sie so sowohl für Migranten als auch für Reisende attraktiv zu sein scheinen und gleichzeitig ihre Einwohner mit einem kulturellen Hintergrund ausstatten, der es ihnen erlaubt, sich auch außerhalb ihrer nationalen Komfortzone zurechtzufinden. In diesem Sinne ist die Förderung eines internationalen literarischen Kanons in vielen Ländern Teil einer nationalen Agenda.

Der Grad der Offenheit verschiedener Staaten für ausländische Literatur variiert in Abhängigkeit von ihrer jeweiligen sprachlichen Situation stark. Bei Ländern wie Finnland oder Japan, deren Sprachen außerhalb des Staatsgebiets kaum gesprochen werden, markiert die Sprache eine deutliche Grenzziehung gegenüber dem Rest der Welt. Manche Länder hingegen teilen ihre Landessprache mit einigen oder vielen anderen Ländern, entweder als dominierende oder als ‚untergeordnete' Nation, wie es sich zum Beispiel im Verhältnis zwischen Frankreich und Belgien oder Deutschland und Österreich beschreiben lässt. Allerdings kann sich die Position der dominanten literarischen Kultur innerhalb einer Sprache verschieben, etwa von Portugal zu Brasilien oder vom Vereinigten Königreich hin zu den Vereinigten Staaten. Andere Länder haben wiederum große Diasporagemeinschaften, deren Beitrag zur Literatur beträchtlich ist, so zum Beispiel China, oder deren Literatur sich von vornherein als transnational konstituiert, wie dies viele Jahre für hebräische Literatur der Fall war (vgl. III.2 KILCHER). Schließlich gibt es einige Länder, in denen zwei oder mehrere Amtssprachen gesprochen und geschrieben werden, die auf unterschiedliche Weise miteinander konkurrieren und einander ergänzen, beispielsweise Indien, Algerien und Kanada, um nur einige zu nennen. All diese Faktoren beeinflussen in hohem Maße die jeweilige nationale Verfasstheit von Kanons und machen die Frage nach transnationalen Kanons äußerst vielschichtig.

Das Verhältnis von Transnationalität und Kanonbildung kann verschiedene Bedeutungen annehmen, die alle zu einem besseren Verständnis des abnehmenden Einflusses von Nationen über den eigenen Kanon beitragen:

(1.) Es gibt Werke und Autoren, die weithin kanonisiert sind und als Teil der literarischen Kultur und Geschichte mehrerer Länder gelten.

(2.) Es existieren Literaturen, deren Grundlage nicht national ist, sondern auf einem komplexen Netzwerk von Zugehörigkeiten basiert.

(3.) Es gibt Autoren, die aufgrund ihrer Migration zwischen Nationen schreiben und gegebenenfalls sogar die Sprache wechseln (vgl. IV.3 STAUF).

(4.) Zu guter Letzt sind nationale Kanons nicht einfach das Produkt eines internen Prozesses, sondern hängen auch von transnationalen Impulsen ab.

Als Beispiel für den ersten Punkt ist die Literatur der griechisch-römischen Antike zu nennen, die Teil eines transnationalen Kanons ist, der von Nationen in ganz Europa und darüber hinaus als gemeinsames Erbe betrachtet wird, nicht zuletzt, weil er nicht mit nationalen Werken aus derselben Zeit konkurriert. Auch William Shakespeare ist fester Bestandteil von Theaterproduktionen und Lehrplänen auf der ganzen Welt, insofern sein Werk als Teil mehrerer nationaler Traditionen begriffen wird. Im Hinblick auf die letzten Jahrhunderte, in denen die Herausbildung von Nationalidentitäten erfolgte, wird die Frage nach einem transnationalen Kanon jedoch aufgrund verstärkter nationaler Konkurrenz innerhalb des Kanons einer Nation zunehmend kompliziert.

Die Vormachtstellung von Nationalstaaten führt häufig dazu, dass ausgeblendet wird, dass für eine Vielzahl von Autoren der nationale Referenzrahmen nicht der offensichtlichste ist. Allerdings verändert sich diese dem literarischen Feld innewohnende Logik langsam in dem Maße, in dem sich zunehmend Literaturen herausbilden, die in ihrer Produktion und Rezeption nicht in erster Linie auf einen Nationalstaat bezogen sind. Ein solcher Fall ist die Literatur, die sich auf den Holocaust, seine transnationalen Dimensionen und Auswirkungen sowie auf die Frage seiner literarischen Repräsentation bezieht. Zu nennen ist auch die postkoloniale Literatur, deren internationale Rezeption ein Feld begründet hat, innerhalb dessen die nationale Identität eines Autors weniger von Bedeutung ist als die starke Verbindung zu einer internationalen Bewegung des Schreibens in der Folge der Unabhängigkeit ehemaliger Kolonien (Thomsen 2008). Diese Literaturen ohne dezidiert nationale Basis treiben Keile in die traditionell nahtlose Aufteilung von Literatur nach Ländern, da ihre transnationale Ausrichtung die Vorstellung, dass Schriftsteller über eine einzige Identität verfügen, unterläuft.

Diese Tendenz lässt sich auch an der veränderten Positionierung von Schriftstellerinnen und Schriftstellern nachvollziehen, für deren Schreiben eine Migrationserfahrung prägend ist (vgl. III.5 HAUSBACHER). Rebecca L. Walkowitz zeigt auf, wie sich das Konzept von ‚englischer Literatur' erweitert hat und zunehmend schwer zu definieren ist (Walkowitz 2006, 529), und Sigrid Löffler feiert das Auftauchen von transnationalen Schriftstellern, die nun den Ton in zahlreichen Literaturen angeben (Löffler 2014). Es ist dabei nicht in erster Linie das Ringen um Zugehörigkeit, das zu deren Kanonisierung im nationalen Kontext geführt hat, sondern gerade ihre transnationalen Erkundungen von Identität, die eine Welle der Anerkennung für Migrationsliteraten und -literatinnen ausgelöst haben.

Zu guter Letzt wird häufig übersehen, dass nationale Kanons nicht einfach das Produkt lokaler Aushandlung darüber sind, was wichtig und wertvoll ist, da sie auch von Werturteilen der internationalen literarischen Kultur beeinflusst werden. Die Stellung der dänischen Schriftsteller Hans Christian Andersen und Søren Kierkegaard innerhalb Dänemarks kann nicht völlig separat von ihrem internationalen Status betrachtet werden, ebenso wie der Norweger Henrik Ibsen auch deshalb eine nationale Ikone ist, weil er international als ein Leuchtturm des modernen Theaters gilt. Ähnlich lässt sich vermuten, dass auch ein in seinem Herkunftsland politisch umstrittener Schriftsteller wie Orhan Pamuk aufgrund der Anerkennung, die er weltweit genießt, letztendlich fester Bestandteil des türkischen Kanons werden wird.

Zusammen deuten diese Dimensionen transnationaler Kanonbildung auf bedeutende Entwicklungen hin, die die nationalen Literatursysteme verändert haben und dies noch immer tun. Eine wichtige Rolle für die Bildung transnationaler Kanons spielen dabei Übersetzungen, die Bedeutung von Anerkennung und Fremdheit nicht zuletzt im Horizont postkolonialer Kritik sowie das wachsende Interesse für Migrationsautoren und -autorinnen, die zwischen Sprachen hin- und herwechseln.

2. Übersetzungen in der literarischen Kultur

Es gibt eine lange Tradition der Literaturgeschichtsschreibung von nationalen Literaturen, die darauf ausgerichtet sind, das literarische Leben eines Landes in Engführung mit der allgemeinen Kulturgeschichte des Landes zu dokumentieren. Allerdings wird der Einfluss von Übersetzungen in solchen Geschichten oft vernachlässigt. Einerseits basiert diese Vernachlässigung auf der Sorge um Korrektheit, da der Eindruck vermieden werden soll, dass übersetzte Werke der eigenen Nationalliteratur zuzurechnen seien, andererseits zollt dies jedoch der Bedeutung von Übersetzungen nicht ausreichend Tribut, die über die Beeinflussung der nationalen Literatur hinaus auch eine eigene Präsenz innerhalb der literarischen Kultur beanspruchen.

Seit einigen Jahrzehnten wird der Bedeutung von Übersetzungen nun vermehrt Beachtung geschenkt – von den einzelnen Details, die eine gute Übersetzung ausmachen, bis hin zu allgemeinen Fragen zur Rolle von Übersetzungen innerhalb der Literaturkritik und -geschichte (Bassnett 2013; Venuti 2013). Insbesondere kommt Übersetzungen eine wichtige Rolle bei der Neubelebung der Vorstellung von ‚Weltliteratur' zu, die sich von traditioneller komparatistischer Literaturwissenschaft dadurch abhebt, dass sie Übersetzungen als Voraussetzung einer globalen literarischen *Community* ernst nimmt und sie als eigenständige literarische Phänomene und nicht als bloße Schatten des Originals betrachtet (Damrosch 2003, 281; vgl. II.1 BACHMANN-MEDICK; vgl. III.1 GOSSENS).

So könnte der legendäre Ruf Johann Wolfgang von Goethes nach einer zukünftigen ‚Weltliteratur' auch als Sehnsucht danach interpretiert werden, Teil eines transnationalen Kanons zu sein, der auf Übersetzungen basiert. Ein solcher Kanon verortete Goethe dann eher auf Augenhöhe mit bedeutenden Vorgängern als der Bezug auf das Erbe der noch immer nicht vollständig ausgebildeten deutschen Literaturtradition, die keine neueren Klassiker aufzuweisen hatte wie die französische und englische Literatur, ganz zu schweigen von den Klassikern der griechisch-römischen Antike. Teil eines umfassenderen transnationalen Kanons zu sein, ist ein wiederkehrender Traum einer Reihe von Schriftstellern, wie z.B. Jorge Luis Borges, der keinen Widerspruch darin sah, als argentinischer Autor seinen Platz eher innerhalb des westlichen Kanons zu sehen, denn als Teil einer Literatur, die seinem Verständnis nach noch nicht ihre Reife erlangt hatte (Borges 2000, 426).

Dennoch führt die Praxis, im Kontext von Epochen ohne nennenswerte nationale Vertreter auf Übersetzungen zu verweisen und so das Gefühl einer langen Tradition, die auch Antike, Mittelalter und Renaissance umfasst, zu vermitteln, noch nicht unbedingt zu einem konsequenten Verständnis einer nationalen Literaturtradition als Mischung von lokalen und internationalen Einflüssen. Trotz aller Vorteile, die eine Einbeziehung von Autor/innen, deren Werke in Übersetzung einen anhaltenden Einfluss ausüben, in die nationale Literaturtradition mit sich bringen könnte, findet dieses Verständnis kaum Eingang in die nationale Literaturgeschichtsschreibung. Es mangelt nicht zuletzt an Modellen für die Historisierung der Bedeutung ausländischer Werke im nationalen Kontext. Während es in der Philosophie einen sehr internationalen Kanon von Autoren gibt, werden Dichter und Schriftsteller nach wie vor mehr mit der Gesellschaft, die sie umgibt, in Verbindung gebracht, als mit den Orten, die sie mit ihren Arbeiten beeinflusst haben. Auch die Kunstgeschichte ist traditionell transnational ausgerichtet, während die Vorstellung, dass Literaturgeschichtsschreibung mit dem Einsetzen des Nationalismus beginnt, unter Literaturhistorikern mittlerweile als unproblematisch und unbestritten gilt, wie Miguel Tamen feststellt (Tamen 1998, 301).

Doch es gibt gute Gründe, ernsthaft darüber nachzudenken, übersetzte Werke im Zuge nationaler Literaturgeschichtsschreibung stärker zu berücksichtigen. Neuübersetzungen sind einer der besten Indikatoren für den kanonischen Status eines Autors oder Werks, und es sagt viel aus über den Stellenwert von Klassikern wie Sophokles und Vergil, von der Renaissanceliteratur von Shakespeare, Cervantes und Montaigne, aber eben auch von modernen Autoren wie James Joyce, Virginia Woolf, Marcel Proust und Robert Musil, dass Neuübersetzungen ihrer hochkomplexen und umfangreichen Arbeiten oft lokale Werke aus derselben Epoche in den Schatten stellen. Das wirft wiederum die Frage auf, wie sich der ‚wahre' Kanon der literarischen Kultur einer Nation zusammensetzt, der sich von der gängigen Vorstellung von ‚Nationalliteratur' unterscheidet.

3. Gattungen und Fremdartigkeit

Transnationale Kanonbildung muss nicht notwendigerweise auf der Basis des Einflusses bestimmter Autoren und Werke erfolgen, sondern kann auch als gattungspoetisches Phänomen betrachtet werden. In den Arbeiten Franco Morettis wird der Roman als transnationale Gattung verstanden, die ein Land nach dem anderen beeinflusst hat; insofern bilden weniger die Romane selbst, als vielmehr das Genre das eigentlich transnationale kanonische Element. Obwohl Moretti keineswegs die Bedeutung von Übersetzungen geringschätzt, die den Weg für neue Schreibweisen bereiten und literarische Vorbilder zur Nachahmung und zur lokal spezifischen Weiterentwicklung bereitstellen, scheint das internationale Literatursystem aus dieser Perspektive eher auf der Verbreitung von Gattungen als auf einem gemeinsamen Werkkanon zu beruhen (Moretti 2000).

Der Roman ist dabei nicht das einzige Beispiel für ein kanonisiertes Genre. So hebt Moretti das Sonett als paradigmatische Form hervor, die sich über nationale Grenzen hinaus verbreitet hat und in einem Maße kanonisiert worden ist, das weit über den kanonischen Status einzelner Sonette hinausgeht (Moretti 2003). Und die Liste könnte beliebig fortgesetzt werden: Die Gattung des *Haiku* stellt eine transnational kanonisierte Form dar, für die lokale Einflüsse von größerer Bedeutung sind als herausragende Exemplare der Gattung. Ähnliches ließe sich etwa über das Theaterstück in fünf Akten, den Kriminalroman oder den Bildungsroman sagen, obwohl sich mit zunehmender Länge und Komplexität der Texte ein komplexeres Bild ergibt. In jedem dieser Fälle ließe sich argumentieren, dass die Teilhabe an einem transnational kanonisierten Genre ein maßgebliches Merkmal vieler Texte ist, selbst wenn sie im einzelnen über keine nennenswerte internationale Präsenz verfügen.

Darüber hinaus spielt die Zugehörigkeit zu transnational dominanten Gattungen höchstwahrscheinlich eine entscheidende Rolle für den internationalen Erfolg eines Werkes, da die Gattung Lesern aus anderen Ländern und Kulturen ein Wiedererkennungsmoment anbietet, das ihnen die Annäherung an das Werk und seine lokalen Bezüge auf eine Art und Weise erleichtert, die ein durch lokale Traditionen geprägtes Werk ohne klar erkennbare Referenz auf international verbreitete Gattungen nicht bieten kann.

Das Wechselspiel zwischen dem ‚Exotischen' und dem ‚Bekannten' bildet ein höchst aufschlussreiches Spannungsverhältnis im Hinblick auf internationale Kanonbildung. Einerseits scheint Wiedererkennbarkeit in Form geläufiger Gattungen und Themen eine Voraussetzung für die Kanonisierung von Literatur in anderen Kulturen zu sein, andererseits erwecken gerade Elemente des Fremdartigen, Unbekannten und Exotischen das nationale und internationale Interesse an einem Werk. So fällt auf, dass unter den meistverkauften Büchern der Welt gerade *Fantasy* und Übernatürliches die Leserschaft in ihren Bann ziehen, auch wenn in manchen dieser Fälle die Literaturkritik nicht in gleichem Maße euphorisch reagiert (z. B. Isabel Allende oder Paulo Coelho). Die Literaturwissenschaft hat immer wieder auf eine charakteristische Balance zwischen dem Universalen und dem Lokalen als Merkmal internationaler Kanons hingewiesen. Der Literaturhistoriker Georg Brandes schrieb 1899, dass Versuche, Weltliteratur zu produzieren, selten von Erfolg gekrönt seien, da solchen Werken die Beziehung zu ihrer Umgebung fehle, die eine notwendige Voraussetzung für herausragende Literatur sei (Brandes 2012 [1899], 27).

Manche Werke lassen sich ganz bewusst auf das Spiel zwischen Wiedererkennbarkeit und Exotik ein. Um einen solchen Fall handelt es sich bei Chinua Achebes *Things Fall Apart* aus dem Jahre 1958. Dieses Buch, das zwar in Nigeria verfasst, aber in London herausgegeben wurde, gilt als Meilenstein der postkolonialen Literatur. Sein Einfluss und seine Leserschaft reichen weit über lokale Märkte und Literatur, in deren Kontext es ursprünglich entstanden ist, hinaus. Die transnationale Dimension des Textes, die auf verschiedenen Ebenen sichtbar wird, hat zweifellos zu dessen internationaler Kanonisierung beigetragen.

Auf der Gattungsebene ahmt *Things Fall Apart* einerseits traditionelle europäische Erzählmodelle wie etwa die für den Bildungsroman typische Struktur des Aufbruchs und der Heimkehr nach, integriert jedoch gleichzeitig Kapitel und Passagen, die sich eher wie anthropologische Berichte über die Dorfkultur der Ibo lesen. Der Roman ist größtenteils auf Englisch verfasst, eine Entscheidung, die Achebe später rechtfertigte, indem er die Möglichkeiten einer gemeinsamen Sprache im Vergleich zur Fülle weniger verbreiteter Stammessprachen betonte. Die über den Roman verteilten Ibo-Ausdrücke sind anscheinend bewusst so vereinzelt, dass der Roman nicht als bilingual bezeichnet werden kann. Sie sind aber dennoch zahlreich genug, um zu bezeugen, dass er sich auf eine Kultur bezieht, die ihre eigene Sprache besitzt. Die Perspektive des Romans, in dessen Zentrum der mit Makeln behaftete Held Okonkwo steht, wechselt auf ebenso subtile Art und Weise zwischen der von Afrikanern und Kolonialherren. Darüber hinaus beschreibt der Roman Traditionen als exotisch und abergläubisch und verweist gleichzeitig darauf, dass ein solcher Blickwinkel nicht für sich allein stehen kann. Er tut dies in zweifacher Hinsicht: erstens durch den Verweis auf die westliche Religion, deren Glaubensvorstellungen ebenfalls auf dem Wirken unerklärlicher Kräfte basiert, und zweitens durch die Darstellung des Ibo-Dorfes als eines komplexen kulturellen Gebildes, das über eigene Institutionen verfügt, die in vielerlei Hinsicht aus ähnlichen Bausteinen errichtet sind wie moderne westliche Gesellschaften, beispielsweise Märkte, Gerichte und organisierter Sport. Und dann ist da noch die vermutlich wichtigste Szene des Romans, die Tötung von Okonkwos Pflegesohn Ikemefuna, dem zunächst vorgegaukelt wird, er würde zu seiner Mutter zurückgebracht, um ihn stattdessen auf Anordnung der Dorfältesten zu töten. Hier kommen schließlich all die oben beschriebenen Elemente in einem Spiel mit Gattungen, Sprache und Perspektive zusammen, in dem Moment nämlich, als die Fokalisierung zu Ikemefuna wechselt. Er rezitiert ein Lied der Ibo, dessen Inhalt nicht klar ist, aber die gleiche Funktion erfüllt wie der Kinderreim „Eeny meeny miny moe" (Achebe 1994, 60). Durch den Wiedererkennungseffekt dieser Gattung für den Leser, im Zusammenhang mit all den Gefühlen, die Ikemefuna in der Passage durchlebt – Sorge, Heimweh, Liebe, Furcht, Vertrauen – verwandeln sich die unverständlichen und lokalspezifischen Worte des Liedes zu einem bewegenden Ausdruck der Universalität menschlicher Emotionen. *Things Fall Apart* ist daher im Grunde ein Werk, das auf einer transnationalen Poetik basiert, die Voraussetzung dafür war und ist, dass ihn viele Leser als idealen Einstieg in die afrikanische Literatur rezipiert haben.

4. Postkoloniale Kritik

Die Herausbildung des postkolonialen Paradigmas Mitte der 1970er Jahre gab der anhaltenden Kritik an nationalen und dem Ruf nach transnationalen Kanons, wie sie zum Beispiel in Leslie Fiedlers und Houston Bakers *English Literature: Opening Up the Canon* (1981) zum Ausdruck kommen, einen neuen Fokus (vgl. IV.10 SCHULZE-ENGLER). Bis zu diesem Zeitpunkt war die Struktur der meisten anglistischen Hochschulstudiengänge noch nicht darauf ausgerichtet, die Vielfalt an Schriftstellern einzubeziehen, die aus einer dezidiert nachkolonialen Position schreiben, ob es sich nun um Einwanderer nach England aus den ehemaligen Kolonien oder um Schriftsteller aus den neu entstandenen englischsprachigen Nationen handelte. Ähnliche Schwierigkeiten in Hinsicht auf literarische Anerkennung spielen auch bei postkolonialen Autoren eine Rolle, die auf Französisch schreiben, jedoch als ‚frankofone' Autoren marginalisiert werden (vgl. IV.11 AREND).

Zwar veränderte die postkoloniale Bewegung erfolgreich gängige Vorstellungen davon, was *English Studies* umfassen sollten, so dass die meisten Studienprogramme innerhalb eines Jahrzehnts eine postkoloniale Perspektive einschlossen, die das Angebot an englischer und amerikanischer Literatur ergänzte, doch dies geschah nicht ohne einen Kampf darum, was als Kanon für englische Literatur zu gelten habe. Rund dreißig Jahre später ist es offensichtlich, dass sich das Feld verändert hat, und dass die postkoloniale Kritik des etablierten Kanons den Weg für ein transnationales Forschungsgebiet postkolonialer Literatur mit ganz eigener Kanonbildung geebnet hat (vgl. III.6 MAYER). Doch diese Entwicklungen beeinflussen auch die britische und amerikanische Literatur, die erstens nicht länger als privilegiert, sondern immer mehr als Teil einer ‚Weltliteratur' auf Englisch verstanden wird, und die zweitens in Hinsicht auf den Status vieler, insbesondere britischer, Autor/innen neu bestimmt werden musste, da deren Migrationshintergrund Dimensionen zur kulturellen Identität hinzufügt, die einen untrennbaren Bestandteil von Literaturgeschichten darstellt.

Die Debatte hielt auch in den 1980er Jahren an, besonders öffentlichkeitswirksam im Falle der sogenannten Kanondebatte an der Universität Stanford, die nach zwei Jahren mit der Neubenennung und Erweiterung des Kurses „Western Culture" endete. Er trug fortan die Bezeichnung „Culture, Ideas, and Values". Harold Bloom lieferte mit seinem Buch *The Western Canon* aus dem Jahre 1994 einen der Hauptanlässe für die spätere Kritik an traditionellen und konservativen Kanons, deren Autorenspektrum vor allem ‚tote, weiße Männer' umfasste. Tatsächlich ist Blooms Vorliebe für englische und amerikanische Literatur augenfällig. Allerdings weisen einige der Argumente zur Verteidigung seiner Auswahl selbst auf eine transnationale Kanonisierung von Werken hin, die sich nicht durch koloniale Einflüsse erklären lässt, sondern die weltweite Resonanz bezeugt, die zum Beispiel Blooms zentraler Autor William Shakespeare erfährt. Doch auch Dante, Cervantes und Vertreter der literarischen Moderne wie Jorge Luis Borges und James Joyce lassen das Bild dieser spezifischen Form von Dominanz nuancierter erscheinen.

Was Blooms Auswahl besonders interessant macht, ist, dass hier auch Werke für eine Fremdheit gepriesen werden, welche nicht nur die mit der Ursprungskultur des Werkes nicht vertrauten Leser als solche wahrnehmen, sondern alle, sodass auch die Position des kategorisierenden und wertenden Literaturwissenschaftlers relativiert wird (Bloom 1994, 3). Darüber hinaus handelt es sich bei den kanonisierten überwiegend um kritische Schriftsteller, die die Grundlagen von Kultur und Zivilisation hinterfragen, anstatt sie lediglich zu affirmieren. Der von Bloom vorgeschlagene Kanon kann deshalb als subversive Basis beschrieben werden, als paradoxe Kombination aus kritischen und bejahenden Elementen, die sich ebenso für einen transnationalen Kanon eignet, da nicht die Vorzüge einer Kultur gepriesen, sondern Möglichkeiten im Umgang mit Mängeln aller Art aufgezeigt werden (Thomsen 2011).

Doch trotz des Erfolgs des postkolonialen Diskurses trägt die gegenwärtige Tendenz zur Auflösung der Grenzen zwischen englischer, amerikanischer und postkolonialer Literatur innerhalb der Institutionen zur Etablierung eines allgemeineren Begriffs von ‚Weltliteratur' auf Englisch bei. Zwar lässt sich dies als Zeichen der weiteren Transnationalisierung von Literaturgeschichte verstehen, allerdings eröffnet diese Bewegung nicht nur die Möglichkeit, kosmopolitischen gegenüber lokal und national ausgerichteten Autor/innen mehr Raum zu geben. Sie beinhaltet auch, wie Elleke Boehmer aufzeigt, ein gewisses Risiko des Rückfalls in Lesegewohnheiten aus der Zeit vor der postkolonialen Kritik (Boehmer 1995, 241). Doch die starke Präsenz von Schriftstellern innerhalb der zeitgenössischen Literatur, die sich keiner einzelnen literarischen Tradition zurechnen lassen, gibt Anlass zum Optimismus, dass Kanonisierungsprozesse in der englischsprachigen Welt andauern und weitere Autor/innen in den Fokus rücken werden. Hingegen bietet die Frage nach Diversität in vielen Sprachen Anlass zur Sorge, nämlich dort, wo kein entsprechender Bruch mit der Vergangenheit im Rahmen einer sehr diversen postkolonialen Situation angestoßen wurde, und es gleichzeitig innerhalb der dominanten Kulturen aufgrund geringerer kultureller Diversität weniger Anreize zur Veränderung gibt. Insgesamt scheint die Bedeutung des transnationalen Schriftstellers bzw. der transnationalen Schriftstellerin jedoch in allen Kulturen zuzunehmen und so nach und nach die Vorstellung davon zu verändern, was kulturelle Zugehörigkeit für einen Schriftsteller und eine Schriftstellerin ausmacht.

Die französische Debatte um frankofone Literatur fand später, inmitten einer veränderten Atmosphäre, die geprägt war von Prozessen der Globalisierung und Debatten um ‚Weltliteratur', statt – Konzepte, die in den späten 1970er und frühen 1980er Jahren noch kaum gebräuchlich waren. 2007 wurde in *Le Monde* ein Manifest mit dem Titel „Pour une *littérature-monde* en français" publiziert. Es war von zahlreichen auf Französisch schreibenden Schriftstellern unterschrieben, die das Ende der dem Begriff ‚frankofon' innewohnenden Diskriminierung forderten, obwohl sie durchaus erkannten, dass diese Veränderung ihren Preis haben würde: „Let's be clear: the emergence of a consciously affirmed, transnational world literature in the French language, open to the world, signs the death certificate of so-called francophone literature. No one speaks or writes ‚Francophone'. Francophone literature is a light from a dying star. How could the world be concerned with the language of a virtual country? Yet it was the world that invited itself to the fall prize banquets, and we now understand that it was time for a revolution" (Barbery 2010, 115).

Möglicherweise ist das Manifest allzu optimistisch im Hinblick auf einen kommenden transnationalen literarischen Raum, in dem Machtverhältnisse keine Rolle spielen: „With the center placed on an equal plane with other centers, we're witnessing the birth of a new constellation, in which language freed from its exclusive pact with the nation, free from every other power hereafter but the powers of poetry and the imaginary, will have no other frontiers but those of the spirit" (Barbery 2010, 116).

Der aus dieser Äußerung sprechende Idealismus mag in der Tat naiv sein, aber das Argument ließe sich durchaus mit dem Verweis auf einige unerwartete ‚Helden' der Weltliteratur stützen, die ihren kanonischen Status nicht dem glücklichen Zufall, in einem der Zentren der Weltliteratur geboren zu sein, verdanken, sondern allein ihrer Leistung. Gleichzeitig haben Prozesse der Kanonbildung einen wirklichkeitskonstituierenden Effekt, indem durch lokale und nationale Präferenzen durchaus Grenzen affirmiert werden, die zum Teil durch die Praktiken der Schriftsteller/innen selbst in Frage gestellt werden.

5. Migrantenschriftsteller und Sprachwandel

Besteht man darauf, dass jeder Schriftsteller und jede Schriftstellerin Teil einer und nur einer Nationalliteratur ist, stellen transnationale Autor/innen ein Kategorisierungsproblem dar. Milan Kundera hat inzwischen fast genau so viel auf Französisch verfasst wie zuvor auf Tschechisch, und es wäre problematisch, ihn einfach als tschechischen Schriftsteller im Exil zu beschreiben, unabhängig davon, ob man französische oder tschechische Literaturgeschichte schreibt. Und obwohl Salman Rushdie keinen Sprachwechsel vollzogen hat, macht es seine

Übersiedlung von Indien in das Vereinigte Königreich und später in die Vereinigten Staaten schwer, ihn einzig mit der Literaturgeschichte eines Landes in Verbindung zu bringen. Die Aufnahme von Schriftsteller/innen in eine neue Kultur ist oft hart erkämpft und wird manchmal nie vollkommen vollzogen. So handelt es sich bei Samuel Beckett sicherlich um einen der größten auf Französisch (und in Frankreich) schreibenden Autoren seit 1945; trotzdem ist seine Aufnahme in die französische Literaturgeschichte längst nicht selbstverständlich, was wiederum die Schwierigkeiten im Kampf um transnationale Kanonisierung verdeutlicht.

Immer mehr Migrantenschriftsteller/innen übernehmen neue Sprachen, die sie in ihren Werken zusammen mit ihrer Muttersprache verwenden, ein Aspekt, der sie von früheren Generationen von Migrantenschriftsteller/innen unterscheidet, die entweder auf eigenen Wunsch oder aufgrund der Standards der literarischen Kultur vollständig in die neue Sprache wechselten. Das Vermischen von mehreren Sprachen innerhalb eines Werks kann so sparsam erfolgen wie in den Romanen von Aleksandar Hemon, der etwa in *Nowhere Man* (2002) einzelne unübersetzte Zeilen auf Bosnisch einfügt; oder sie können ein integrales Stilmittel sein, so wie der ständige Einsatz spanischer Sätze in Junot Díaz' *The Brief Wondrous Life of Oscar Wao* (2007; vgl. II.3 KILCHMANN). Gebrochenes Englisch wird auf äußerst elegante Weise von dem chinesischen Autor Xiaolu Guo in dessen *A Concise Chinese-English Dictionary for Lovers* (2007) eingesetzt, indem sich einerseits die Sprache der Protagonistin mit ihren Fortschritten im Englischen verbessert, während sie gleichzeitig ständig über die Unterschiede zwischen ihrer alten und ihrer neuen Sprache reflektiert.

Die translinguistischen Aspekte des modernen Romans, die sich natürlich bereits im Werk von James Joyce finden, erfüllen unterschiedliche Funktionen. Sie stellen ein Vehikel für die Erweiterung des Vokabulars einer Literatur dar, regen zum kreativen Einsatz gemischter Sprachen an und schaffen einen Raum, in dem niemand wirklich zu Hause ist, was das Werk wiederum für Menschen aus anderen Kulturen öffnet. Des Weiteren ermöglicht es der Gebrauch von mehr als einer Sprache Migrantenschriftsteller/innen, Aufmerksamkeit auf das Gefühl zu lenken, sich in der Welt nicht wohl oder nicht völlig zu Hause zu fühlen, was sie mit dieser Form des Schreibens zum Ausdruck bringen.

Die Frage des In-der-Welt-zu-Hause-Seins berührt einen Punkt, an dem die Meinungen über die Entwicklung von Gesellschaften weit auseinandergehen. Auf der einen Seite gibt es da den nostalgischen Blick auf eine Zeit, in der man von sich behaupten konnte, sich ganz zu Hause zu fühlen, da die nationale Identität so tief im Selbstverständnis der Person verwurzelt war. Einwände dagegen betonen, dass diese Identität von vornherein eine Illusion war und dass die Welt heutzutage in zunehmendem Maße transnational geprägt ist, da Einflüsse aus nah und fern inzwischen alle Kulturen durchdringen (vgl. IV.13 BISCHOFF/

CENTNER). In dieser Situation erscheinen nun Migrantenschriftsteller/innen als Individuen, die auf radikale Weise erfahren haben, was es heißt, mit einer sich wandelnden Identität innerhalb einer globalisierten Welt zu leben. Dass sie diese Erfahrung zu einem geringeren Grad auch mit Menschen teilen, die nicht migriert sind, stellt möglicherweise einen der Hauptgründe für den Erfolg von Migrantenschriftsteller/innen in der zeitgenössischen Literatur dar.

In *Die neue Weltliteratur und ihre großen Erzähler* gibt Sigrid Löffler einen Überblick über die Migrantenliteratur, und allein die überwältigende Zahl an einflussreichen Autor/innen, die sie aufführt, kann als Argument für die gegenwärtige Bedeutung transnationaler Schriftsteller/innen gesehen werden. Jene rührt nicht zuletzt daher, dass sich diese Schriftsteller/innen mit Konflikten beschäftigen, die Ländergrenzen überschreiten und nicht von einem einzelnen Blickwinkel aus verstanden werden können. Löffler betont zudem, dass sich die Auswahl an Autoren nicht allein an deren Popularität orientiert, sondern an deren Verdienst hinsichtlich der Weiterentwicklung der Weltliteratur (Löffler 2014,18).

Ein weiteres Zeichen der Veränderung der Literaturwissenschaft hin zu einem transnationalen Paradigma kam von der „Booker Prize Foundation", die den Preis im Jahre 2013 für Schriftstellerinnen und Schriftsteller aller Nationalitäten öffnete, sofern sie ihre Werke auf Englisch verfassten und im Vereinigten Königreich veröffentlichten: „We are embracing the freedom of English in its versatility, in its vigour, in its vitality and in its glory wherever it may be. We are abandoning the constraints of geography and national boundaries" (Taylor, 2013).

Eine der wichtigsten Fragen ist selbstverständlich, ob die transnationalen Einflüsse der letzten fünfzig Jahre auf die neu entstehenden Kanons auch eine Neuordnung der Welt andeuten, in der die Macht des Nationalismus über die Kultur allmählich nachlässt. Dies wäre zugleich eine Ordnung, die sich kaum auf die vergangenen Jahrhunderte übertragen ließe, da es die Strukturen in Verlags- und Bildungswesen, institutionalisierter Literaturwissenschaft etc. zu dieser Zeit tatsächlich weiterhin nahelegen, Nationalliteraturen als dominante Kategorie gegenüber transnationalen Konzepten von Literatur zu beschreiben. Dennoch ist es durchaus vorstellbar, dass das Interesse an transnationalen Schriftsteller/innen und Literaturen auch einen rückwirkenden Effekt auf die Kanonisierung von Werken hat, in deren Rahmen es zu Neuentdeckungen und zur Verschiebung von Hierarchien kommen kann. Noch ist nicht klar, welche Entwicklungen auf die Dauer prägend sein werden, aber bereits zum jetzigen Zeitpunkt lässt sich sagen, dass der Einfluss transnationaler Schriftsteller und Schriftstellerinnen und die vielfältigen Ausprägungen von transnationalen Kanons neue Ansätze begründet haben, die alle Ebenen des Lesens, des Unterrichtens und der Institutionalisierung von Literatur betreffen.

Übersetzt von Martina Allen

Literaturverzeichnis

Achebe, Chinua. *Things Fall Apart*. New York: Anchor, 1994.
Barbery, Muriel et al. „Pour une ‚littérature-monde' en français". http://www.lemonde.fr/livres/article/2007/03/15/des-ecrivains-plaident-pour-un-roman-en-francais-ouvert-sur-le-monde_883572_3260.html (08. Mai 2018).
Barbery, Muriel et al. „Toward a ‚World Literature' in French". Übers. v. Daniel Simon. *Contemporary French and Francophone Studies* 14.1 (2010): 113–117.
Bassnett, Susan. *Translations Studies*. New York: Routledge, 2013.
Bloom, Harold. *The Western Canon: The Books and School of the Ages*. New York: Harcourt Brace, 1994.
Boehmer, Elleke. *Colonial & Postcolonial Literature*. Oxford: Oxford University Press, 1995.
Borges, Jorge Luis. *Selected Non-Fiction*. New York: Penguin, 2000.
Damrosch, David. *What Is World Literature?* Princeton: Princeton University Press, 2003.
Díaz, Junot. *The Brief Wondrous Life of Oscar Wao*. New York: Riverhead Books, 2007.
Fiedler, Leslie A., und Houston A. Baker. *English Literature: Opening Up the Canon*. Baltimore: Johns Hopkins University Press, 1981.
Guo, Xiaolu. *A Concise Chinese-English Dictionary for Lovers*. New York: Nan A. Talese/Doubleday, 2007.
Hemon, Aleksandar. *Nowhere Man*. New York: Nan A. Talese/Doubleday, 2002.
Heydebrand, Renate. *Kanon, Macht, Kultur: Theoretische, historische und soziale Aspekte ästhetischer Kanonbildung*. Stuttgart: Metzler, 1998.
Löffler, Sigrid. *Die neue Weltliteratur und ihre großen Erzähler*. München: Beck, 2014.
Moretti, Franco. „Conjectures on World Literature". *New Left Review* 1 (2000): 54–68.
Moretti, Franco. „More Conjectures". *New Left Review* 20 (2003): 73–82.
Rippl, Gabriele, and Simone Winko. *Handbuch Kanon und Wertung: Theorien, Instanzen, Geschichte*. Stuttgart: Metzler, 2013.
Tamen, Miguel. „Phenomenology of the Ghost: Revision in Literary History". *New Literary History*. 29.2 (1998): 295–304.
Taylor, Jonathan. „Man Booker Prize Announces Global Expansion". http://themanbookerprize.com/resources/media/pressreleases/2013/09/18/man-booker-prize-announces-global-expansion (08. Mai 2018).
Thomsen, Mads Rosendahl. *Mapping World Literature: International Canonization and Transnational Literatures*. London: Continuum, 2008.
Thomsen, Mads Rosendahl. *Subversive Foundations: Shakespeare, Cervantes, Montaigne and the Imported Canon. Foundational Texts*. New York: Peter Lang, 2011.
Venuti, Lawrence. *Translation Changes Everything: Theory and Practice*. London: Routledge, 2013.

III.8 Literatur und Zensur: Transnationale Implikationen

Victoria Pöhls

1. Einführung

Auf den ersten Blick scheinen kaum Verbindungen zu existieren zwischen dem Konzept ‚Transnationalität' und dem Phänomen ‚Zensur', verstanden als „Prüfung einer Äußerung hinsichtlich ihrer Zulässigkeit *und* die danach getroffene Maßnahme der [...] [R]egulierung oder des Publikationsverbots" (Kanzog 2003, 892). So entstehen Regelungen zur Zensur zumeist gerade nicht auf transnationaler, sondern auf nationaler Ebene: Während der 1559 zum ersten Mal herausgegebene *Index Librorum Prohibitorum* der katholischen Kirche noch überstaatliche Geltung beanspruchte, gehen Zensurbestimmungen in der Folge und v. a. in der Gegenwart vorwiegend von staatlichen Instanzen aus, deren Geltungsbereich grundsätzlich auf ihr nationales Gebiet beschränkt ist (eine Ausnahme bilden Fälle wie etwa die Fatwa gegen Salman Rushdie).

Wenn die Begriffe ‚literarische Zensur' und ‚Transnationalität' überhaupt miteinander in Beziehung gebracht wurden, dann über den Umweg der erhofften transnationalen Überwindung der Zensur, also einer Stärkung der Meinungsäußerungsfreiheit im Zuge einer transnationalen Verwirklichung der Menschenrechte, an welche auch wechselnde Machthaber gebunden wären (vgl. Richter 2008, 29–38.). Variable Auslegungen dieses Rechts auf Meinungsäußerungsfreiheit – und das damit zusammenhängende Verständnis, inwieweit und aus welchen Gründen in diese durch Zensur eingegriffen werden darf – bzw. ein unterschiedlich starkes Bemühen, dieses Grundrecht umzusetzen, bedingen dann aber wieder verschiedene, konkret nationale Ausprägungen von Zensur.

So hält beispielsweise die Bundesrepublik Deutschland im Sinne eines Verbots fest, „[e]ine Zensur findet nicht statt" (GG, Art. 5, Abs. 1), da eine solche „im Gegensatz zu einer pluralistischen und demokratisch organisierten Kulturlandschaft" (Zapf 2013) stehe. Die tatsächliche Situation in Deutschland wird – allen Kritikern, die hier eine unkritische bzw. eurozentristische Vermischung von Verboten und Tatsachen vorliegen sehen (vgl. Jansen 1991), zum Trotz – gerade von vielen Exilanten als eine im Vergleich zu anderen Staaten sehr freie beschrieben: „Wir versuchten, im Iran, Demokratie zu schaffen. Aber plötzlich war ich in einem Land, also in Deutschland, in dem alles in politisch-gesellschaftlicher Hinsicht vorbereitet war; nämlich Meinungsfreiheit, Pressefreiheit usw. Was in

Europa zwei oder drei Jahrhunderte dauerte, habe ich plötzlich vom einen Tag auf den anderen bekommen [...]. Man kann sich frei bewegen, sich ohne Angst vor Zensur-Amt oder Polizeiapparat ausdrücken, was unsere Kollegen im Iran nicht träumen können" (Mahmoud Falaki im Gespräch mit Greve 2014).

In ihren juristischen Grundsätzen zur Frage der Zensur, dem tatsächlichen Zensurumfang sowie den zur Durchsetzung eingesetzten Maßnahmen unterscheiden sich die Staaten der Welt gravierend. Diejenigen, die Zensur gesetzlich nicht vollkommen ausschließen, weisen zwar in ihrer Deutlichkeit überraschende, transepochale und transkulturelle Parallelen hinsichtlich ihrer Bestimmungen auf – gerade in Bezug auf die Legitimationsversuche der Zensur bzw. die materiellen Verbotsgehalte (vgl. Otto 1968) – doch verweisen diese wiederum auf nationale Interessen: Vorgebliches Ziel ist die landesinterne Friedenssicherung, die öffentliche Ruhe und Ordnung im Staat (vgl. Wegener 2006, 94–108). Geschützt werden sollen daher zumeist die jeweilige (Staats-)Religion, das jeweilige politische System, die jeweils regierenden Amtspersonen in ihrer Funktion als Vertreter desselben sowie die jeweiligen von staatlicher Seite bestimmten ‚guten Sitten'. Ohnehin weist die Tatsache, dass Zensur weltweit verbreitet ist und es in ihren Erscheinungsformen viele Parallelen zwischen verschiedenen Nationen gibt, vor allem darauf hin, dass es sich um ein globales Phänomen handelt. Nicht automatisch tritt dieses damit als ein transnationales in Erscheinung, welches Beziehungen und kulturelle Verflechtungen (vor allem privater Akteure) jenseits der verschiedenen Nationalgesellschaften voraussetzte (vgl. Pries 2008, 199; Ong 2005).

Mit welcher Berechtigung kann trotzdem von transnationalen Implikationen in Bezug auf von Zensur beeinflusster Literatur gesprochen werden? Anhand schlaglichtartiger Analysen exemplarischer Werke wird diese Frage im Hinblick auf drei Aspekte beleuchtet, die illustrieren, dass sich Zensur eben doch nicht allein auf nationaler Ebene auswirkt.

(1.) Der erste hängt eng mit dem Entstehungskontext zusammen: Es handelt sich bei den Werken um Texte, die im Exil verfasst und/oder veröffentlicht wurden, aber trotzdem direkte literarische Reaktionen auf die Zensur im Heimatland der Autoren darstellen (vgl. IV.15 KLIEMS). Die Zensur hat hier transnationale Auswirkungen, da bekannte Restriktionen das Schreiben über nationalstaatliche Grenzen hinweg weiter bestimmen und die vertrauten Beschränkungen mit den Schreibbedingungen im Exil in Verbindung gesetzt werden.

(2.) Der zweite Aspekt ist von einer im Exil stattfindenden Auseinandersetzung theoretisch unabhängig. Er erklärt sich vorwiegend aus einem im Angesicht eines restriktiven Eingriffs in das eigene Werk oder in eigene Schaffensprozesse gewandelten postnationalen Konzept von Gemeinschaft. Im intertextuellen Bezug auf andere von Zensur betroffene Texte und Autor/innen ist daher nicht lediglich eine kreative Strategie zur Umgehung der Zensur zu sehen: Die Texte begründen und aktualisieren damit auch eine transhistorische und transkulturelle Erinnerungsmöglichkeit, sie kreieren eine ‚Gemeinschaft der Zensierten' jenseits nationaler Grenzen.

(3.) Eine solche ideale Gemeinschaft wird für die Zensierten aber auch in Bezug auf die angesprochene Leserschaft wichtig: Die Texte antizipieren ihre sprach- und länderübergreifende Rezeption, auch aufgrund wirtschaftlicher Überlegungen. Ein ‚transnationaler Rezipient', der sich mit ‚Weltliteratur' auseinandersetzt, anstatt lediglich in den Traditionen seines Kulturkreises und seiner Nationalliteratur bewandert zu sein, ist nicht nur utopischer Wunsch, sondern angestrebte Realität einer transnationalen Poetik, welche die Vorstellungen von nationalen Kulturräumen bewusst unterläuft – während durch sie gleichzeitig die Schwierigkeiten und Grenzen dieses Konzepts reflektiert werden (vgl. III.1 GOSSENS).

2. (Transnationaler) Einfluss und Verhandlung von Selbstzensur

Als ‚transnationale Literatur' oder ‚transnationale Literaten' wurden in der Forschung am häufigsten jene bezeichnet, die das „Changieren zwischen verschiedenen nationalgesellschaftlichen Bezügen und den erlebten Selbst- und Fremdverortungen zwischen und jenseits nationalkultureller [...G]esellschaften" (Pries 2008, 216) in den Mittelpunkt stellen und so verschiedene Nationalkulturen überspannen und Grenzen überschreiten. Von Zensur betroffene literarische Texte entstehen in einem solchen transnationalen Raum, wenn sich die Autoren aufgrund des politischen Drucks zu einer Exilierung in einen zensurfreie(re)n Raum entscheiden, sich jedoch in ihren dort geschriebenen oder veröffentlichten Werken die im Herkunftsland zuvor erlebte oder zu erwartende Zensur weiterhin als ein ihr Schreiben bestimmendes Moment offenbart oder explizit das Fortwirken des Einflusses der Zensur thematisiert wird.

Vielfach bedeutet der Eintritt in einen demokratischen, die freie Meinungsäußerung ermöglichenden Raum, wie beispielsweise Falaki ihn oben beschreibt, nämlich noch nicht automatisch, dass kulturelle Prägungen und vor allem ein habitualisierter Umgang mit Zensur unmittelbar abgelegt werden können. Die folgenschwere Art dieser Prägung und Habitualisierung wird verständlich, wenn man sich die Produktionsbedingungen und kreativen Strategien vor Augen führt, die in den Herkunftsländern vieler Autor/innen aus dem Vorhandensein institutioneller Fremdzensur resultieren. Um sich überhaupt eine Chance auf Veröffentlichung offenzuhalten, begegnen die Schreibenden der von einer Macht habenden (staatlichen oder religiösen) Instanz ausgeübten Kontrolle, indem sie dieser zuvorzukommen versuchen: An die Stelle der nachträglichen Fremdzensur tritt die der Fertigstellung des Textes vorausgehende Selbstzensur, einer vom „Autor entgegen seiner ursprünglichen Intention im Wissen der Geltung einer ihm fremden Norm (und im Bewußtsein der Sanktion im Falle der Nichtbeachtung) vorgenommene Korrektur einzelner Stellen eines Werkes" (Kanzog 1984, 1001–1002).

Für die literarischen Produzenten bietet die Selbstzensur eine Möglichkeit, die endgültige Gestalt des Textes selbst festzulegen, anstatt nachträglich Veränderungen einer fremden Instanz hinnehmen zu müssen. Schriftsteller aus ganz unterschiedlichen Kontexten wie Antonio Buero Vallejo, Guillermo Cabrera Infante, Jack Mapanje, Ali Akhbar Saidi-Sirjani, Radoje Domanovic, Aleksandr Solženicyn oder Günter und Johanna Braun versuchten und versuchen, die Fremdkontrolle durch diese Art der Eigenkontrolle zu unterlaufen: Ihre Texte zielen darauf, sie derart zu verändern, dass die gewünschte Aussage dechiffrierbar bleibt, diese Botschaft jedoch vom (vorgestellten) Zensor entweder gar nicht erkannt oder zumindest nicht bewiesen werden kann. So ist eine Publikation trotz offiziell bestehender Zensur möglich.

Die Strategien, welche die Autoren zu diesem Zweck des ‚Gedankenschmuggels' – wie dieser Vorgang des Umgehens der Fremd- durch Selbstzensur von Heinrich Heine genannt wurde, der selbst von dieser Technik ausgiebigen Gebrauch machte – einsetzen, sind vielfältig: Sie reichen von der Wahl eines bestimmten Genres oder einer Erzählerposition über intertextuelle Anspielungen – wie sie im folgenden Abschnitt noch genauer betrachtet werden sollen – bis hin zur Benutzung spezifischer Codewörter oder fremdsprachlicher und altertümlicher Begriffe (zur ausführlichen Beschreibung dieser und anderer Strategien siehe Loseff 1988; Heady 2009; Pöhls 2015b).

Es ist an dieser Stelle jedoch nochmals zu betonen, dass es sich bei Selbstzensur nicht um eine bloße Form der ästhetischen Selbstkritik handelt – und damit auch nicht um Stilentscheidungen, die mit anderen von Autoren eingesetzten kreativen Mitteln zur Textgestaltung vergleichbar sind. Denn obwohl ein durch Zensur bedingter *mode d'écriture* vielfach, wie z. B. im Falle Heines, konstitutiv für seinen persönlichen Stil geworden ist (vgl. Weidl 1974), orientieren sich diese Strategien nur sekundär an vom Autor selbst gesetzten Maßstäben. Primär stellen sie eine Internalisierung der Machtbeziehungen dar, die der Schreibende eigentlich zu umgehen versuchte (vgl. Levine 1994, 2–3): Der Schriftsteller imaginiert eine externe Zensurinstanz und unterzieht den eigenen Text einer Selbstzensur anhand der vorgestellten Kriterien – ob er diese zutreffend konzeptualisiert, ist dabei natürlich offen. Die Selbstzensur ist in diesem Sinne nicht allein Vorbeugungsstrategie, sondern auch psychischer Zwang: Wenn die Autoren die Wirksamkeit einer zensierenden Instanz ständig mitdenken, verinnerlichen sie die (angenommenen) Kriterien und fremden Normen. Anders als der Autor, der noch weiß, was er ‚eigentlich' hätte schreiben wollen, bevor er das ‚Spiel der Verschleierung' beginnt und bewusst entscheidet, auf welche Weise er seine ‚eigentlichen' Gedanken präsentieren möchte, kann die internalisierte Antizipation der Zensur bewirken, dass einige der ‚eigentlichen' Gedanken gar nicht erst in das Bewusstsein des Autors vordringen können. Angesichts dieses umfassenden, sowohl Text als auch Textgenese in Gänze betreffenden Einflusses von Selbstzensur, bleibt zu fragen, ob die o. g. Definition durch Kanzog mit ihrem Fokus auf die Umarbeitung einzelner Stellen möglicherweise eine zu enge Konzeptualisierung von Selbstzensur-Effekten darstellt.

Doch selbst wenn während der Textgenese originäre, vielleicht auch kritische Gedanken noch in Betracht gezogen werden (können), tauchen diese im vollendeten Manuskript selten auf. Ein Grund dafür wird in Heines Einleitung zu *Kahldorf über den Adel* gegeben: „Ach! diese Geisteshenker machen uns selbst zu Verbrechern und der Schriftsteller, der wie eine Gebärerin während des Schreibens gar bedenklich aufgeregt ist, begeht in diesem Zustande sehr oft einen Gedankenkindermord, eben aus wahnsinniger Angst vor dem Richtschwerte des Censors" (DHA Band 11, 137). Hieran wird deutlich, weshalb schon frühe theoretische Arbeiten (vgl. Albig 1956, 245 und Otto 1968, 120) die Selbstzensur als die wirksamste, basalste und weitreichendste Form der Zensur auffassen: Sie kann sowohl rigider als Fremdzensur sein, wenn nicht nur vorauseilender, sondern auch übererfüllender Gehorsam geleistet wird, aber auch über einen längeren Zeitraum nachwirken – nämlich selbst dann, wenn keine Fremdzensur mehr stattfindet. Der Einfluss des ‚inneren Zensors' prägt so nicht nur die einzelnen Nationalliteraturen während einer Periode herrschender Zensur – „one must not overlook the fact that the obtrusive and relentless censorship becomes an essential co-factor in Russian literary history" (Jakobson 1975, 50) – sondern auch potentiell Texte, die, häufig sogar in einer anderen Sprache, im Exil geschrieben und herausgegeben werden.

Eine solche vorsichtige Vorgehensweise ist direkt verständlich, wenn eine Publikation oder ein Verkauf im Land der Zensur noch stattfinden soll. Aber auch wenn eine Veröffentlichung im zensierten Raum nicht mehr geplant ist, findet eine Auseinandersetzung mit der eigenen Prägung und möglicherweise habitualisierten Schreibweise durch die Zensur vielfach statt, denn die Möglichkeit zur freien Meinungsäußerung im Exilland bietet auch eine Chance zur Verarbeitung und Bewusstwerdung der vom ‚inneren Zensor' zurückgehaltenen Gedanken. Der Wegfall äußerer Restriktionen und Sanktionen regt dazu an, diese (erstmals) auszudrücken: Die räumliche Distanz zum bisherigen Ort des Schreibens erlaubt vielfach eine Reflektion der Rahmenbedingungen des bisherigen Schaffens, die so in ihrer Unvermeidbarkeit in Frage gestellt werden. Das Exil wird so vielmals erster expliziter Austragungsort der Auseinandersetzung mit der erlebten Zensur sowie mit der selbstauferlegten Einschränkung und dem damit verbundenen dichterischen Selbstverständnis – Zensur kann als einer der wiederkehrenden Topoi der (deutschsprachigen wie auch internationalen) Exilliteratur betrachtet werden.

In globaler Perspektive ist u. a. der Einfluss der Zensur auf Autoren Russlands und Chinas von der Forschung betrachtet worden, dabei ist er sicherlich nicht auf diese Länder beschränkt. In der Gegenwart rückt die literarische Auseinandersetzung mit der Zensur weiter in den Fokus: Autoren des PEN-Zentrums und andere Exilanten schreiben teils in recht drastischen Worten über Selbst- und Fremdzensur, Literaturfestivals organisieren Debatten mit Exilschriftstellern zu diesem Gegenstand (vgl. Molé 2012), Lesungen unter der Überschrift „Zensur bis in die Gegenwart", wie sie die Villa Aurora organisierte, vereinen (deutsch schreibende) Künstler unterschiedlicher Nationalitäten und Organisationen wie *Exiled Writers Ink* sehen sich als Interessenvereinigung und (virtueller und realer) Treffpunkt für Autor/innen, die unter fehlender Meinungsäußerungsfreiheit litten und die sich, unabhängig von nationalen Grenzen, mit den sie weiterhin betreffenden Konsequenzen auseinandersetzen.

3. Nationale Gesellschaften vs. transnationale Gemeinschaft der Zensierten

Damit geben Institutionen und Vereine einer Vernetzung von Schriftstellern Raum, die an die ihnen gemeinsame Erfahrung des Schreibens (bzw. des Schreibenwollens) unter Zensur anknüpft und unabhängig von nationalen Zugehörigkeiten ist. Dies ist auch Folge eines gewandelten, postnationalen Konzepts von Gemeinschaft, wie es sich genereller auch in Bestrebungen von Exilanten zur „Herausbildung transnationaler *communities* und Sozialräume" (Pries 2008, 189) zeigen kann. (Auf das durchaus konkrete Vorkommen des entgegengesetzten Falls, einer Abkapselung von Exilantengruppen gegenüber Exilanten anderer Herkunftsländer, macht jedoch z. B. SAID aufmerksam. Vgl. Pöhls 2015a.)

Doch eine solche Gemeinschaft wird nicht nur durch praktische Interessenvertretungen, gemeinsame Lesungen und Projekte zur gesteigerten Sichtbarkeit und Vernetzung der einzelnen Autoren geschaffen, sondern manifestiert sich bereits in ihren Texten. Besonders gegenwärtige Texte öffnen sich oft explizit vorausgehenden sowie zeitgenössischen literarischen Verhandlungen von Zensur und beziehen sich in intertextuellen Verweisen auf bereits reflektierte Erfahrungen von (Selbst-)Zensur, auf bestimmte kreative Strategien zur Umgehung der Fremdzensur und untersuchen auch die als ‚Nationalerzählungen' von staatlicher Seite vereinnahmten Texte auf unterdrückte und versteckte Subversivität.

Diese Tendenzen lassen sich an einem Roman wie Shariar Mandanipurs *Eine iranische Liebesgeschichte zensieren* (2010) nachvollziehen. Hierbei handelt es sich um einen Metatext, der die Zensur nicht nur im Titel trägt, sondern die Verknüpfungen von Selbst- und Fremdzensur und ihren Einfluss auf den Schreibprozess teilweise am Text selbst vorführt: Bereits auf den ersten Seiten befinden sich immer wieder Passagen, die zwar lesbar, aber durchgestrichen sind. Dem Leser ist zunächst nicht deutlich, ob es sich um das Werk eines professionellen Zensors oder um Korrekturen des fiktiven Autors handelt – und auch wenn letzteres der Fall wäre, bliebe noch die Unsicherheit, ob hier ästhetische Überlegungen oder Selbstzensur der Grund für die unterschiedliche Darbietung des Textes sind. Später wendet sich der Erzähler, ein namensgleiches *alter ego* Mandanipurs, in Leserapostrophen erklärend an den implizierten Rezipienten und gibt an, dass sein Dilemma darin besteht, „dass ich die Liebesgeschichte in meiner Heimat herausbringen will. Anders als in vielen Ländern der Erde ist das Schreiben und Veröffentlichen von Liebesgeschichten in meinem geliebten Iran kein leichtes Unterfangen" (Mandanipur 2010, 12). Es folgt eine kurze Schilderung des Prozesses zur Erlangung einer Druckgenehmigung im heutigen Iran sowie der vorgestellten Seelenqualen eines Mitarbeiters des Ministeriums für Kultur und islamische Führung, sollte dieser das Wort ‚Tanz' oder ähnliche „verderbte Begriffe" (Mandanipur 2010, 14) in einem zu prüfenden Text entdecken – schließlich hätte er „Teil an der Sünde" (Mandanipur 2010, 13), würde ihm ein solcher entgehen. Erneut wendet der Autor der Liebesgeschichte sich an den Leser: „Sie werden jetzt fragen, wie ich erwarten kann, eine solche Geschichte nicht nur zu schreiben, sondern auch zu veröffentlichen. Ich erläutere: Da ich ein erfahrener Autor bin, wird es mir wohl gelingen, meine Erzählung so zu schreiben, dass sie dem Fallbeil der Zensur entgeht. [...] Außerdem stehen mir jede Menge Kunstgriffe zur Verfügung, die ich aber nicht ausplaudern will" (ebd., 16).

Es gehört zu der charakteristischen, unzuverlässigen und gespaltenen Erzählerposition dieses Romans, der eben weniger eine Liebesgeschichte als ein Buch über die (Selbst-)Zensur einer Liebesgeschichte darstellt, dass einige dieser Kunstgriffe eben doch ausgeplaudert werden und werden können, da das Buch im Exil und immer ‚in Übersetzung' erscheint (vgl. II.2 BACHMANN-MEDICK) – zunächst auf Englisch und Deutsch, später in zehn weiteren Sprachen, niemals aber auf Farsi, in dem das Originalmanuskript verfasst wurde (und aus dem die englische Fassung übersetzt ist) –, während der textinterne Autor weiterhin im Gedanken an den Zensor eine Liebesgeschichte zu schreiben versucht. So beschreibt er ganz offen, dass intertextuelle und intermediale Verweise ein beliebtes Stilmittel sind, um die Zensur des Textes, z. B. aufgrund von sexueller Freizügigkeit oder Explizitheit, zu umgehen (vgl. z. B. Mandanipur 2010, 67–68 für literarische, 102–103 für filmische Bezugnahmen).

Implizit nutzt er aber eine weitere Strategie, um auf die Zensur generell aufmerksam zu machen, anstatt diese nur in seinem Werk zu umgehen: Er bezieht sich in seinen intertextuellen Verweisen auf Texte, die zur Zeit ihrer Veröffentlichung von Zensur betroffen waren – und das nicht nur im Iran, sondern auch in westlichen Ländern – ohne den Leser unbedingt auf diesen Umstand aufmerksam zu machen. So referiert er auf die ihm aus James Joyces *Ulysses* bekannte Technik des *stream of consciousness* – Joyce selbst hatte bekanntermaßen große Probleme, seine Texte in den USA zu publizieren und sein komplexer Prosastil gilt vielen als Produkt seines Kampfes mit den Zensoren (vgl. Vanderham 1997). Gerade die Eingriffe der iranischen Zensoren in Joyces Text – sie lassen eine eigentlich zu beanstandende Stelle stehen, aber nur in einer wenig geläufigen Fremdsprache – bringen den textinternen Autor dann des Weiteren darauf, auch in seiner eigenen Geschichte mit aus dem Text herausfallenden Sprachformen, in seinem Fall Archaismen, zu arbeiten. Auch die Funktion, die „Tschechow einmal von einer an der Wand hängenden Flinte verlangte" (Mandanipur 2010, 51), lässt er in seiner Geschichte einem Taschentuch zukommen – ein für den versierten Leser wenig verdeckter Hinweis auf die literarische Technik, die als ‚Tschechows Gewehr' bekannt ist und signalisiert, dass jedem Detail zu einem späteren Zeitpunkt eine wichtige Rolle zukommen wird. Doch er weist damit nicht nur auf diesen stilistischen Kniff hin, sondern erinnert auch an Tschechow selbst, dessen 1882 von der Zensur betroffene Kurzgeschichten erst 2015 zum ersten Mal in der von ihm ursprünglich intendierten Form in einer Übersetzung ins Englische herausgegeben wurden (vgl. Chekhov 2015).

Hinweise auf russische Literatur, die zu Zeiten besonders umfassender Zensur, wie etwa zur Zeit des Russischen Kaiserreiches und der Sowjetunion, geschrieben wurden, sind allgegenwärtig: Der Zensor, den Mandanipur sich für seine eigene Liebesgeschichte vorstellt, trägt den Namen Petrowitsch – wie der Untersuchungsrichter in Dostoevskijs Roman *Prestupleniye i nakazaniye* (*Schuld und Sühne* bzw. in neueren Übersetzungen *Verbrechen und Strafe*); ebenso tragen Personen immer wieder einen Mantel, der als sehr ähnlich dem aus Gogols gleichnamiger Kurzgeschichte beschrieben wird – auch in dieser gibt es einen Petrowitsch, hier handelt es sich um den einäugigen Schneider, der den Protagonisten Akaky immer wieder zum Stil und zur Ausführung seines neuen Mantels berät.

Diese intertextuellen, sowohl transhistorischen als auch transkulturellen Bezüge auf zensierte Texte illustrieren die zweischneidige Natur der Zensur – mithilfe der institutionalisierten Zensur wird juristische Macht über das Werk, die Autoren, Verleger und Distribuenten ausgeübt, und mittels der Selbstzensur, bei der die Autoren in einen imaginierten Dialog mit dem Zensor treten, wirkt diese sich auch auf die stilistische Ausgestaltung während des Schaffensprozesses aus. Indem Mandanipurs Erzähler dies anerkennt und die (imaginierten) Auseinandersetzungen mit ‚seinem' Zensor Petrowitsch eine der Hauptstränge des Romans darstellen, zeigt er nicht nur die Konstanten der Zensur über Zeiten und Ländergrenzen hinweg auf. Er öffnet auch ausdrücklich den empathischen Dialog mit Schriftstellern, die dieses enge, Kennzeichen der Hassliebe tragende Verhältnis von Autor und Zensor bereits reflektierend dargestellt haben. So ähneln sein Vorsatz, aber auch seine erlebten Heimsuchungen, wenn er über seinen Manuskripten einschläft (vgl. Mandanipur 2010, 153), den Beschreibungen eines inneren Zensors in Solschenizyns *W krugje perwom (Im ersten Kreis)*, welches dieser erst 1978 in einer vollständigen, nicht selbstzensierten Version herausgab, in der es heißt: „Whenever he started an ambitious new work, he would get fired up, swear to himself and his friend that this time he would make concessions to no one [...]. But he would very soon notice that he was not writing alone – that the spectre of the person for whom he was writing, and through whose eyes he would involuntarily read over each just completed paragraph, had arisen before him and was looming ever more distinctly. And this Person was not the Reader – who is a brother, friend, and coeval – nor was He just any critic" (Solschenizyn 1978, 99–100, hier nach der ersten englischsprachigen Übersetzung zitiert).

Neben Anspielungen auf Joyce, Dostoevskij, Gogol und Solschenizyn finden sich viele weitere auf Texte, die sowohl in dem Heimatland der Autoren als auch im Iran der Zensur unterlagen und nicht oder nur mit starken Kürzungen und Veränderungen dort herausgegeben werden konnten. So wird z. B. immer wieder der Titel (oder Teile des Titels) von Milan Kunderas Roman *L'insoutenable légèreté de l'être* (*Die unerträgliche Leichtigkeit des Seins*), welcher 1984 (auf Französisch) während seines französischen Exils und in Tschechien zum ersten Mal 2006 veröffentlicht wurde, syntaktisch nahtlos in den Text eingefügt: „Jetzt möchten Sie gewiss mit der *Unerträglichen Leichtigkeit* der Neugier fragen [...]" (Mandanipur 2010, 15). Ähnlich verfährt der Autor mit Orwells *Animal Farm: A Fairy Story* (1945), dessen Manuskript ein Vorwort mit dem Titel ‚Freedom of the Press' enthielt. Es prangerte das Vorgehen der britischen Regierung an, die das Buch aufgrund seiner kritischen Äußerungen gegen den damaligen Alliierten Sowjetunion zu unterdrücken versuchte. Neben diesen in der Gegenwart zu Bestsellern und Klassikern gewordenen Werken aus aller Welt verweist der Text aber ebenso auf iranische Autoren, die dem westlichen Leser vielleicht weniger bekannt sind, die aber in ihrer Heimat – oftmals gerade wegen ihrer Kämpfe mit den für die Veröffentlichungserlaubnis zuständigen staatlichen Stellen – Kultstatus besitzen. Zu nennen ist Sadegh Hedayats *Boof-e koor* (*Die blinde Eule*) – ebenfalls ein zunächst im Exil (in Bombay) herausgegebener Text – sowie viele Werke Huschang Golschiris, der sich sowohl zu Zeiten der Monarchie als auch in der Islamischen Republik für die Meinungsäußerungsfreiheit und für einen unabhängigen iranischen Schriftstellerverband einsetzte. Besonders häufig treten iranische Autoren und europäische in enger Reihung auf. Für den westlichen Leser mögen Namen wie der der Dichterin Forough Farrokhzad neben hier längst als Klassikern geltenden Literaten wie Marquez, Lorca, Fitzgerald und Tolstoi noch wie Fremdkörper wirken – für Mandanipur ist alles gleichermaßen Weltliteratur, die nationale Herkunft der Autoren wird im Roman nicht thematisiert (vgl. beispielsweise Mandanipur 2010, 25 und 88).

Mandanipurs Roman nutzt intertextuelle Verweise also, um Mehrdeutigkeiten zu erzeugen, die es ihm erlauben, islam- und systemkritische Referenzen in den Text „hineinzuschmuggeln". Der Erzähler zeigt sich durch die spezifische Auswahl dieser aber vor allem als ein in vielen Nationalliteraturen Bewanderter, dessen Auswahl der Bezüge nicht von nationaler Zugehörigkeit oder einem nationalen Kanon beeinflusst ist (vgl. III.7 ROSENDAHL THOMSEN). Stattdessen wählt er nahezu ausnahmslos Schriftsteller, die entweder selbst unter der (Selbst-)Zensur leiden, zu leiden hatten, oder denen er aufgrund des Stils eine Selbstzensur vorwirft (u. a. Nizami und dessen Versepos *Chousrou und Schirin*) oder deren Werke (zumindest im Iran) immer noch nur in zensierter Fassung zu erhalten sind.

Auf diese Weise gelingt es ihm, auf Ähnlichkeiten der Funktionsweise verschiedener Zensursysteme sowie auf die weltweite Verbreitung des Phänomens aufmerksam zu machen. Gleichzeitig weitet er den ‚Kreis der Zensierten' aber auch auf Autor/innen aus, die sich selbst gar nicht als dieser Gruppe zugehörig beschreiben würden, da sie von der Zensur ihrer Texte im Iran (oder anderen Ländern) – z. B. durch die Unterdrückung von Übersetzungen oder die Herausgabe gekürzter oder veränderter Fassungen – möglicherweise gar keine Kenntnis hatten: Zensur ist, so die implizierte Folgerung, auch deshalb kein nationales, sondern ein transnationales Problem. Mandanipurs Erzähler zeigt transnationale Solidarität, wenn er genauso Anteil an dem Schicksal der Autoren anderer Nationalstaaten nimmt, wie er sich mit dem Kampf gegen nationalstaatliche Kontrollierbarkeit von Künstlern „in meinem teuren Iran" (Mandanipur, 20) identifiziert. Diese nur teilweise ironische Formel zeigt an, dass er eine transnationale Gemeinschaft der (zensierten) Autoren anstrebt und unter Transnationalismus ein soziales Bewusstsein mit multiplen Identifizierungsmöglichkeiten versteht, welches sich in einem Text widerspiegelt, das aus (nationalen) Ausprägungen von Kultur und Identität bewusst auswählt (vgl. zu einem ähnlichen Verständnis Vertovec 1999).

4. Ein ‚weltbürgerlicher Rezipient' – Idealvorstellung und Realität

Für den in der Heimat Zensierten bzw. vor der Zensur in einen anderen Sprach- und Kulturkreis Geflohenen stellt sich die Frage nach dem Rezipienten – sowohl dem ideal zu erreichenden als auch dem real in dieser Situation (noch) zu erwartenden – besonders dringlich: In der Imagination eines weltbürgerlichen, bestenfalls polyglotten Rezipienten, der keiner bestimmten Nation zugeordnet ist, wird damit einerseits das Selbstverständnis einer transnationalen Gemeinschaft auch auf die Rezipienten ausgeweitet, andererseits aber auch der Realität Rechnung getragen, mit der ja gerade die von Zensur Betroffenen konfrontiert sind: Ihre (unzensierten) Texte werden derjenigen nationalen Leserschaft vorenthalten, von der sie im traditionellen Verständnis nicht durch eine Sprach- und Kulturbarriere getrennt wären, gleichzeitig sind es vor allem genau diese Barrieren und der zumeist geringere Bekanntheitsgrad exilierter Autoren, die ihren Leserkreis außerhalb ihres Herkunftslandes limitieren. Dies gilt häufig auch dann, wenn die Autoren bereits in ein anderes Land immigriert sind und in diesem Exilland veröffentlichen: Der Versuch, sich in diesem Land einen *nationalen* Leserkreis zu erschließen, ist in den meisten Fällen unter wirtschaftlichen Gesichtspunkten ebenso wenig aussichtsreich wie in Bezug auf die zu erwartende Resonanz und den erhofften Einfluss.

Gerade Autor/innen, die sich als Aufklärer begreifen und ein Fehlen der Meinungsäußerungsfreiheit nicht nur anprangern, sondern die Folgen für die kreative Produktion – d. h. häufig auch ihren eigenen von Selbstzensur geprägten Stil – verständlich machen wollen, sehen sich im Exilland einer nationalen Leserschaft gegenüber, die in einem zensurfreien Raum sozialisiert wurde und daher nicht mit einem ‚besonders geschärften Sinn für das Zwischen-den-Zeilen-Lesen' ausgestattet ist – wie Jakobson (1975, 50) es wohl zu Recht für das Lesepublikum von über lange Jahre von Zensur geprägten Regimen behauptet.

Konnte im Heimatland auf ein bestimmtes nationales Repertoire an bekannten Stilmitteln, Metaphern oder Anspielungen zur Umgehung der Zensur zurückgegriffen werden, so muss bei einem Publikum mit unterschiedlichem kulturellen Hintergrund auf andere Weise sichergestellt werden, dass eine Botschaft zwischen den Zeilen überhaupt wahrgenommen und verstanden wird. Mit einem solchen Problem sahen sich frühere Exilanten wie der europäische Visionär Heine konfrontiert, dessen Literatur nicht nur nationale Interessen verfolgte, sondern durch Darstellung der Missstände zu einer generellen „Emanzipation der ganzen Welt, absonderlich Europas" (DHA 7.1., 69–70) beitragen wollte. Auch Literaten der Gegenwart betrifft dies, wie etwa Hamid Skif, Schirin Nowrousian, Sanaz Zaresani, Khalil Rostamkhani, Sanat Balasooriya, Ali Abdolrezaei oder der bereits zitierte Shariar Mandanipur.

Eine Möglichkeit, Rezipienten unterschiedlicher Herkunft zu erreichen, ist die Herausgabe leicht unterschiedlicher Fassungen eines Textes, wie es Heine bei seiner Erzählung *Aus den Memoiren des Herren von Schnabelewopski* (1833) getan hat: Die französische Version enthält, verglichen mit der für den deutschen Buchmarkt vorgesehenen, weniger Zoten, sodass die Intention des Textes – eine Darstellung der Auswirkungen von Selbstzensur und eine Vorführung der gelungenen Umgehung der Fremdzensur – deutlicher zum Vorschein kommt. Des Weiteren finden sich in der französischen Fassung paratextuelle Erläuterungen, mithilfe derer regionalspezifische Anspielungen aufgeklärt werden. Für die Deutschen übernimmt Heine die Rolle eines Berichterstatters aus der freieren, liberaleren Ferne und führt in Vergleichen mit der vorgestellten Handlungsweise der Franzosen angesichts deutscher politischer Zustände vor, welche Reaktionen und Entwicklungen er sich für Deutschland wünschen würde (vgl. DHA 5, 372; vgl. IV.3 STAUF).

Mandanipurs schlägt mit *Eine iranische Liebesgeschichte zensieren* einen anderen Weg ein. Auch er antizipiert eine Sprach- und Ländergrenzen übergreifende Rezeption seines Werks, obwohl er sich vordergründig direkt an einen westlichen Leser richtet, den er an einer Stelle sogar als deutschen Leser identifiziert (Mandanipur 2010, 67 und Mandanipur 2009, 56): „Jetzt werden Sie, beeinflusst durch *deutsches Recht und westliche Kultur* [...]"//„influenced by *German law and culture*", „wie ein *wackerer Preuße*"// „like a *brave Berliner*". Interessant ist, dass in der englischen Fassung – der einzigen, die auf dem originalen Farsi-Manuskript basiert – an dieser Stelle ebenfalls und fast noch deutlicher ein deutscher Leser impliziert wird).

Der Erzähler macht dabei deutlich, dass er sich der kulturellen Unterschiede im Vergleich zu einem iranischen Lesepublikum sehr bewusst ist und weiß, dass er zunächst ein Grundverständnis des Codes herstellen muss, dessen sich ein unter Zensur Schreibender im Iran bedient: „Fragen Sie, und ich antworte [...]"; „Sie werden jetzt fragen [...]"; „Damit sich Ihnen der Sinn der Symbole erklärt [...]" (Mandanipur 2010, auch im weiteren alle deutschsprachigen Zitate aus 2010). Interessant ist, dass er den zunächst als sehr unwissend vorgestellten Rezipienten mit der Zeit ernster zu nehmen scheint und bei ihm einen durch die Lektüre angeregten Lernprozess annimmt: „Natürlich wissen Sie längst [...]" (Mandanipur, 291) heißt es dort fast verschwörerisch über die zu erwartenden Zensureinschränkungen bei der Beschreibung eines Frauenkörpers und „inzwischen haben Sie gewiss auch die Bedeutung des ‚...' in der heutigen iranischen Literatur erkannt" (Mandanipur, 23). Gleichzeitig liefert er dem westlichen Leser viele Literaturanregungen, wenn er iranische Dichter vorstellt, bemerkt dabei aber auch scherzhaft einen gewissen westlichen Ethnozentrismus: „Meine Dame! Mein Herr! Weshalb können Sie sich keine andere Kultur als Ihre eigene vorstellen?"

(Mandanipur, 20). Dies ist ein Vorwurf, den auch andere für die Meinungsäußerungsfreiheit kämpfende Exilschriftsteller wie beispielsweise Hamid Skif erheben (vgl. Skif in *Fremde Heimat*, 165–166) und den Mandanipur vor allem bezogen auf das bisherige Leseinteresse kritisiert: „Erstaunlich! Sie kennen Leute wie Damokles und sein Schwert; König Arthurs Fechtmeister Sir Lancelot; [...] und selbst Mörder wie jenen in ‚Das Schweigen der Lämmer', der Menschen die Haut abzog [...] – aber Sie haben nichts von Moharram Ali Khan gehört?" (Mandanipur, 58).

Auf dieser Ebene haben intertextuelle Anspielungen und Nennungen von (zensierten Schriftstellern) also vor allem die Funktion, eine transnationale Poetik zu entwerfen und den westlichen Leser darauf aufmerksam zu machen, dass sein Konzept der ‚Weltliteratur' Meisterwerke der arabischen, asiatischen und persischen Literatur in der Regel (noch) nicht miteinschließt. Gleichzeitig liefert er aber genauso Anspielungen auf Texte okzidentaler Literatur in dem Teil des Buches, von dem der Erzähler angibt, dass es für ein iranisches Publikum geschrieben sei.

Dadurch, dass die an unterschiedliche Rezipienten gerichteten Ebenen in einem Roman zusammengefasst werden, einige Anspielungen nur nach intensiver Lektüre der vielen verschiedenen Intertexte (und -filme) – z. B. von *Tausendundeiner Nacht*, der *Blinden Eule* oder den Werken Dostojewskis und Gogols – verstanden werden können, richtet sich der Text tatsächlich an ein transnationales Publikum. Die Interaktionen zwischen den Texten verschiedener Literaturen lassen die Vorstellung von Nationalphilologien veraltet erscheinen und zielen auf die Schaffung einer transnationalen Öffentlichkeit: Wenn sich alle Menschen der Beschränktheit ethnisch oder national fixierten Denkens oder Fühlens bewusst würden, so die implizierte Annahme der Autoren, könnte sich ein kultureller Kosmopolitismus ausbreiten, welchem auf ethischer Ebene die Menschenrechte, zu denen auch die Meinungsäußerungsfreiheit gehört, zu Grunde liegen würden.

Die Schaffung und Etablierung transnationaler Gemeinschaften von Autoren und Lesern aus Ländern, in denen in der Gegenwart Zensur herrscht und solchen, in denen das nicht der Fall ist, ist Voraussetzung für eine solche Welt. Zudem wird sie vielfach zur Notwendigkeit für Autoren, die von Zensur betroffen waren oder sind, die durch Flucht, Vertreibung und Exil zu transnationalen Migranten wurden und deren Selbstverständnis als Autor durch diese Umstände geprägt ist: „If I were in Iran, I could talk for hours about why I have become an Iranian writer. But these days, in the U.S., [...] while I was writing this text, I realized that I don't know why I became an Iranian writer, because being a writer has nothing to do with your country. [...] What is important is that you are a writer. Because without writers, painters, poets and musicians, what else does the world have other than bombs, loneliness and destruction" (Mandanipur 2015).

Literaturverzeichnis

Albig, William. *Modern Public Opinion*. New York i.a.: McGraw-Hill Book Company, 1956.
Chekhov, Anton. *The Prank: The Best of Young Chekhov*. Übers. von Maria Bloshteyn. New York: New York Review Books Classics, 2015.
Doblhofer, Ernst. *Exil und Emigration: Zum Erlebnis der Heimatferne in der römischen Literatur*. Darmstadt: Wissenschaftliche Buchgesellschaft, 1987.
Greve, Andreas. Ausländer & gut so. http://www.fixpoetry.com/fix-zone/2014-01-09/auslaender-gut-so (01. 06. 2017).
Heady, Katy. *Literature and Censorship in Restauration Germany. Repression and Rhetoric*. New York: Camden House, 2009.
Heinrich, Heine. *Historisch-kritische Gesamtausgabe der Werke Bd. 1–16*. Hrsg. von Manfred Windfuhr. Hamburg: Hoffmann und Campe, 1973–1997.
Jakobson, Roman. *Puškin and His Sculptural Myth*. Übers. von John Burbank. The Hague: Mouton, 1975.
Jansen, Sue Curry. *Censorship: The Knot that Binds Power and Knowledge*. New York: Oxford University Press, 1991.
Kanzog, Klaus. „Zensur, literarische". *Reallexikon der deutschen Literaturgeschichte Bd. 4*. Hrsg. von Werner Kohlschmidt und Wolfgang Mohr. Berlin: De Gruyter, 1958. 998–1049.
Kanzog, Klaus. „Zensur". *Reallexikon der deutschen Literaturwissenschaft*. Bd. 3. Hrsg. von Jan Dirk Müller u. a. Berlin und New York: de Gruyter, 2003. 891–894.
Levine, Michael G. *Writing through repression. Literature, Censorship, Psychoanalysis*. Baltimore, MD: Johns Hopkins University Press, 1994.
Loseff, Lev. *On the Beneficence of Censorship. Aesopian Language in Modern Russian Literature*. München: Verlag Otto Sagner, 1984.
Mandanipur, Shariar. *Censoring an Iranian Love Story*. London: Little Broen Book Group, 2009.
Mandanipur, Shariar. *Eine iranische Liebesgeschichte zensieren*. Zürich: Unionsverlag, 2010.
Mandanipur, Shariar. „Why I became an Iranian Author". 2015. http://mandanipour.net/en-US/Articles/WhyIBecameAnIranianWriter.htm (01. 06. 2017).
Molé, Megan. *The Issue of Censorship*. http://www.poetryinternationalweb.net/pi/site/collection/article_item/int_article/22165/The-issue-of-censorship. (01. 06. 2017).
Ong, Aihwa. *Flexible Staatsbürgerschaften. Die kulturelle Logik von Transnationalität*. Hrsg. von Ulrich Beck. Frankfurt am Main: Suhrkamp, 2005.
Otto, Ulla. *Die literarische Zensur als Problem der Soziologie der Politik*. Stuttgart: Enke, 1968.
Pöhls, Victoria. „Um Atmen zu können!" SAID im Gespräch mit Victoria Pöhls. *exilograph* 23 (2015a): 17–19.
Pöhls, Victoria. *Schreiben zwischen ‚Schere' und ‚Fallbeil'. Kreative Strategien im Umgang mit (Selbst-)Zensur*. Wissenschaftliche Hausarbeit zur Erlangung des akademischen Grades Master of Arts (M. A.) der Universität Hamburg. 2015b.
Pries, Ludger. *Die Transnationalisierung der sozialen Welt. Soziale Räume jenseits von Nationalgesellschaften*. Frankfurt am Main: Suhrkamp, 2008.
Richter, Ingo (Hrsg.). *Transnationale Menschenrechte*. Opladen & Farmington Hills: Verlag Barbara Budrich, 2008.
Schuenke, Christa, und Brigitte Struzyk. *Fremde Heimat. Texte aus dem Exil*. Berlin: Matthes & Seitz, 2013.
Solschenizyn, Alexsandr. *Sobranie sočinenij / T. 2 / V kruge pervom*. Übers. von Jane Bobko. Vermont und Paris: YMCA Press, 1978.

Vanderham, Paul. *James Joyce and Censorship. The Trials of Ulyssses*. New York: New York University Press, 1997.
Vertovec, Steven. „Conceiving and researching transnationalism". *Ethnic and Racial Studies* 22.2 (1999): 447–462.
Wegener, Bernhard W. Der geheime Staat. Arkantradition und Informationsfreiheitsrecht. Göttingen: Morango.
Weidl, Erhard. *Heinrich Heines Arbeitsweise – Kreativität der Veränderung*. Hamburg: Hoffmann und Campe, 1974.
Zapf, Hubert. *Censorship & Exile*. Tagungsankündigung. 2013. http://www.philhist.uni-augsburg.de/lehrstuehle/anglistik/amerikanistik/Konferenzen/ (01. 06. 2017).

IV. (Trans-)Historische und (trans-)lokale Konstellationen

IV.1 Germania: Nationale Identität und transnationale Konstruktionen in lateinischen Texten deutscher Humanisten
Robert Seidel

1. Einleitung

Phänomene der Transnationalität finden sich in der Frühen Neuzeit, konkret in den schriftlichen Hinterlassenschaften der Humanisten, allenthalben. Da werden im Medium des lateinischen Reisegedichtes (*hodoeporicon*), einer Paradegattung der Epoche, Aspekte der Arbeitsmigration, des Exils oder des – bisweilen recht ausdifferenzierten – Italienerlebnisses verhandelt. Da gibt es die gezielte Selbstverortung des Humanisten als unsteter Pendler zwischen verschiedenen kulturellen Identitäten, prototypisch verkörpert in Erasmus, der sich, ganz Europäer, von keiner ‚Nation' für sich beanspruchen ließ. Und da gibt es natürlich verschiedene Formen der Überlagerung nationaler Grenzziehungen durch politisch-dynastische, konfessionelle oder sprachliche Distinktionen: So verstanden sich die Habsburger als übernationale, katholisch-universale Herrscherdynastie. Diesem Anspruch traten ständisch-korporative Konzepte territorialer Souveränität entgegen, die sich im Zeitalter des Konfessionalismus auch zum Leitbild einer ‚protestantischen Nation' transformieren konnten. In letzter Konsequenz wurde im Vorfeld des Dreißigjährigen Krieges gegen die „Catholische Deutscher Nation", nämlich die mit den Spaniern paktierenden katholischen Reichsstände, der Vorwurf erhoben, durch den Primat des Konfessionellen den Bestand eben dieser Nation zu gefährden (Flugschrift von 1616, zitiert nach Schmidt 1999, 155).

Tatsächlich gab es in der Frühen Neuzeit – anders als vielfach angenommen – durchaus ein Konzept von ‚Nation', das von den Vorstellungen des 19. und 20. Jahrhunderts nur in Details, nicht fundamental zu unterscheiden ist. Caspar Hirschi hat in einem ambitionierten geschichtstheoretischen Entwurf die humanistischen Wurzeln des europäischen Nationendiskurses herausgearbeitet, den er wie folgt definiert: „Er konstruiert eine abstrakte horizontale Gemeinschaft mit exklusiver Ehre, singulären Eigenschaften und eigenem Territorium. Diese Gemeinschaft stellt er einer Mehrzahl von Gemeinschaften gegenüber, die dem gleichen Typus wie die eigene angehört. Die Beziehung zu ihnen formt er als Wettkampf um das knappe Gut der nationalen Ehre" (Hirschi 2005, 62f.). Diese pointierte Auffassung überhebt den Frühneuzeitforscher allerdings nicht der Aufgabe, die einander widerstreitenden Nationstheorien, die grob in „eine politisch-organisatorische und eine ethnisch-kulturelle Variante" (Schmidt 1999, 30) aufzuteilen sind, wie auch den Konstruktcharakter jeder denkbaren Zuschreibung kritisch zu prüfen.

Auch um den Begriff der ‚Transnationalität' gibt es Debatten, seit der Terminus selbst verwendet wird. Die Gefahr, dass er als *passe-partout* für alle möglichen Grenzziehungs- und Grenzüberschreitungsphänomene missbraucht wird, ist nicht zu leugnen. Den Literaturwissenschaftler, der sich mit Texten zum Nationendiskurs beschäftigt, weisen diese Grenzkategorien ex negativo auf einen speziellen Befund, der zwar nicht grundsätzlich an die literarische Fiktion gebunden ist, in diesem Rahmen aber besonders augenfällig in Erscheinung tritt. Gemeint ist der transnationale Konnex auch über zeitliche Grenzen hinweg, wie er für bestimmte Gattungen konstitutiv ist. Sobald wie etwa im Totengespräch (*dialogus mortuorum*), einem fiktiven Dialog zwischen Figuren aus unterschiedlichen historischen und kulturellen Kontexten, die Gesetze der empirischen Zeit aufgehoben sind, vervielfältigt sich die Möglichkeit transnationaler Prozesse: Die Deutschen der Frühen Neuzeit treten nicht nur zu Nachbarnationen wie Franzosen oder Italienern, sondern auch zu ihren antiken Vorfahren, den Germanen, und deren Kontrahenten, den Römern, in eine Relation, die nach den Regeln des oben beschriebenen Nationendiskurses ausgehandelt werden kann.

An fünf Zeugnissen unterschiedlicher Gattungszugehörigkeit und mit jeweils repräsentativem Figurenarsenal lässt sich exemplarisch und unter Vernachlässigung zeitlicher Intervalle zwischen den Texten zeigen, wie Konzepte von ‚Transnationalität' in der deutschen Literatur des Humanismus realisiert werden. Erkennbar ist, dass in den offenkundigen Bemühungen um die literarische Konstruktion einer nationalen Identität weniger die Interferenz mit Entwicklungen im territorialen Umfeld als die – affirmative oder konkurrierende – Bezugnahme auf die antike Welt von Belang war (vgl. II.1 GRABBE).

2. Karl der Große: Die doppelte Staatsbürgerschaft für den Reichsgründer?

In unserem ersten Beispiel geht es vordergründig nicht um eine diachrone Perspektive, sondern um die Frage nach der Zugehörigkeit Kaiser Karls des Großen zur deutschen oder zur französischen Nation – oder zu beiden. Textzeugen sind Jacob Wimpfelings Traktat *Germania* (1501) und Thomas Murners gegen diesen gerichtete Polemik *Germania nova* (1502). Murners Gegenschrift präsentiert sich zu Beginn programmatisch in der literarischen Form der *contradictio*, das heißt, sie nimmt den Wortlaut des Prätextes auf und negiert dessen Aussagen. Heißt es bei Wimpfeling „Galli non fuere Romanorum reges" („Franzosen sind nicht Römische Könige gewesen"; Borries 1926, 96), behauptet Murner das Gegenteil: „Galli fuere Romanorum reges" (Borries 1926, 202) usw. Die gesamte Debatte, die bezeichnender Weise im elsässischen Straßburg entfacht wurde, kann hier nicht in ihren vielfältigen Dimensionen aufgerollt werden. Berühmt und viel zitiert ist eine Einlassung Murners, da sie von fern an die moderne Diskussion um die doppelte Staatsbürgerschaft erinnert. Murner unterstellt seinen Gegnern nämlich, sie hielten es nicht für denkbar, dass jemand zugleich als Franzose und als Deutscher gelten könne („quod ut non possit idem Gallus atque Germanus haberi arbitrantur"; Borries 1926, 208). Dies ist aus der Zeit heraus so zu verstehen, dass Murner Karl den Großen für einen deutschen Fürsten hält, ihn aber wegen seiner Geburt auf linksrheinischem Gebiet zum „Gallus" erklärt, weil Caesar in seinem *Bellum Gallicum* den Rhein als topografische Ostgrenze Galliens erklärt hatte (vgl. Borries 1926, 34–35). Freilich ist Murner weit davon entfernt, aus dieser ethnischen Unbestimmtheit des ersten römisch-deutschen Kaisers mögliche französische Ansprüche auf das Elsass abzuleiten. Die Bedeutung des Nationendiskurses steht vielmehr im Zusammenhang mit der zeitgenössischen Auffassung der *translatio imperii*, also der Übertragung des – nach der Prophetie des alttestamentlichen Buches Daniel – vierten und letzten Weltreiches an die Deutschen (vgl. Goez 1958).

Wimpfeling referiert in seiner *Germania* die geläufige Auffassung, wonach Papst Innozenz III. (im Jahre 1202) festgeschrieben habe, dass die römische Kaiserwürde (das *imperium*) in Person Karls des Großen von den Griechen – gemeint ist das Oströmische Reich – auf die Deutschen übergegangen sei: „Innocentius tertius [...] Romanum imperium a Graecis in Germanos translatum refert, in personam quidem Caroli Magni" (Borries 1926, 102). Wimpfeling nutzt die Passage an der entsprechenden Stelle, um zu beweisen, dass Karl der Große ein Deutscher sei, umgekehrt erklärt er damit aber die Deutschen zu Nachfolgern der Römer in der universalen Herrschaft über die Welt. Diese klare Zuordnung von ‚Imperium' und ‚Nation' ist in der Tat nur dann gegeben, wenn die nationale Zugehörigkeit Karls des Großen als eindeutig und als sachlich relevant verstanden wird, also: Karl war Deutscher (und nur dies) und es gibt feste nationale Eigenschaften, die nur Deutsche als mögliche Inhaber der kaiserlichen Gewalt legitimieren. Das Konzept der *translatio imperii* konnte freilich auch anders verstanden werden, nämlich so, dass die göttliche Vorsehung dieses letzte der Weltreiche verschiedenen Nationen nacheinander zuteile und wieder entziehe – womit dann der Papst als Vollstrecker des göttlichen Willens eine starke Position inne hätte. Diese so genannte ‚kuriale' Auffassung vertrat der Ordensgeistliche Murner, dem somit an der auf Unwiderrufbarkeit der *translatio* gerichteten Gleichsetzung ‚Karl = Franke = Deutscher' nicht gelegen sein konnte. Wimpfeling und mit ihm die meisten deutschen

Humanisten um 1500 waren hingegen daran interessiert, in machtpolitischer wie in kultureller Hinsicht die Deutschen als einzige legitime Erben des römischen Imperium zu etablieren (vgl. Ridé 1977, Bd. 2, 1003–1017). Darum ging es ihnen, und insofern erweist sich auch das scheinbar synchrone Problem – ‚War Karl der Große Franzose oder Deutscher?' – als Argumentationskomplex im Rahmen einer diachronen Verortung der deutschen Nation im Rahmen des europäischen Machttransfers: Die Deutschen waren die Nachfolger der Römer, im denkbar umfassendsten Sinne, und mit diesem Pfund ließ sich wuchern, besonders wenn man aus der germanischen Herkunft noch zusätzliche, die Römer überbietende Vorzüge ableiten konnte.

3. Arminius: Ein Germane als Identifikationsfigur der Deutschen

Reinhold Glei nennt den Cheruskerfürsten Arminius, der im Jahre 9 n. Chr. die römischen Truppen unter Varus auf germanischem Territorium entscheidend schlug, wegen seines vormaligen Dienstes im römischen Heer einen „ehedem voll integriert erscheinenden Römer mit Migrationshintergrund" (Glei 2009, 267), den Ulrich von Hutten in seinem etwa 1517 entstandenen Dialog *Arminius* schwerlich zum deutschen Nationalhelden habe stilisieren wollen. Gleis Formulierung ist zweifellos provokativ und seine Lesart des *Arminius* als ironisches Produkt in der Nachfolge der lukianischen Totengespräche kann nicht in jeder Hinsicht überzeugen, doch auch wenn man die positive Würdigung des Cheruskers fiktionsintern wie auch auf der Ebene der außertextlichen Appellstruktur gelten lässt, bleiben Setting und Dialogführung bei Hutten merkwürdig schillernd. Im Totengespräch sind grundsätzlich die Gesetze der empirischen Zeiterfahrung aufgehoben – ein konstituierendes Merkmal der Gattung, das die beliebte Synkrisis, also das konkurrierende Aufeinandertreffen von Persönlichkeiten aus verschiedenen historischen Epochen, überhaupt erst ermöglicht. Im *Arminius* fällt nun freilich nicht der gemeinsame Auftritt von Alexander dem Großen, Scipio, Hannibal und eben Arminius auf, die sich zwar im Leben so nicht begegnet sein konnten, aber doch alle der antiken Welt angehören. Vielmehr erstaunt es, dass der Wettstreit offensichtlich in die Schreibgegenwart des 16. Jahrhunderts verlegt wird. Der Unterweltrichter Minos führt aus, dass die drei Konkurrenten um den Titel des „größten Feldherrn aller Zeiten" („Imperatoribus qui ubique fuerunt optimis"; Walker 2008, 175) – zunächst ohne Arminius, der von dem Wettstreit erst später erfahren haben will – „vor wenigen Tagen" („paucos ante dies"; Walker 2008, 176) aufeinandergetroffen seien. Er lässt sie erneut einberufen und stellt ihnen

Arminius vor, den „alten Anführer der Germanen" („vetus Germanorum dux"), der „einst" („olim") gegen die Römer um die Freiheit gekämpft habe. Auch erinnert er sich daran, dass er schon „damals" („tunc"; Walker 2008, 183), also zur Zeit der Varusschlacht, erstaunt gewesen war, zu welchen Leistungen sich ein ‚Barbar' aufschwingen konnte. Damit wird eine Perspektive eröffnet, die auch die der historisch interessierten Zeitgenossen des Jahres 1517 hätte sein können: Es wird darüber debattiert, wer der bedeutendste Feldherr der Geschichte gewesen sei, und nach gut humanistischen Wertungskategorien kamen dafür anscheinend nur Figuren aus der Antike in Frage. Als Beleg für die Größe des Arminius wird aus den nicht lange zuvor erstmals edierten *Annalen* des römischen Historikers Tacitus zitiert, der innerhalb der elysischen Gesprächsfiktion auch selbst auftritt und seine eigenen Worte verliest.

Durch diese Verortung wird Arminius zwar nicht, wie Glei scherzhaft meint, zum Römer, aber er bleibt doch Germane und somit der antiken Welt verhaftet. Seine Tugenden sind die, die schon die römischen Schriftsteller ihm attestierten, was am deutlichsten durch Zitat und Auslegung der taciteischen Charakterisierung demonstriert wird. Wenn Minos nach der ausführlichen Selbstvorstellung des Arminius diesen als „Germanissimum" (Walker 2008, 183) bezeichnet, so heißt dies, dass er die den Germanen zugeschriebenen Vorzüge am reinsten verkörpere (zur Bedeutung des Arminius-Mythos im 18. Jh. vgl. II.1 GRABBE). In der Forschung wurde darauf hingewiesen, dass die Humanisten vor dem Problem standen, mangels eigener germanisch-deutscher Überlieferung beziehungsweise aufgrund ihres an der Antike orientierten Tugendkanons kollektive Identifikationsfiguren – wie eben Arminius, den „liberator Germaniae" (nach Tacitus, *Annalen* 2,88) – gar nicht anders als nach den Kategorien der Antike würdigen zu können (vgl. Becker 2013, 147). Bei genauerem Hinsehen fallen jedoch einige Stellen auf, an denen der Germane wie durch ein Zeitfenster in die Gegenwart seines Autors hineinblickt, also für einen Moment zum ‚Deutschen' wird. Auf der Ebene der Zeitstruktur geschieht das an der Stelle, als er zum wiederholten Mal davon spricht, die Römer aus Germanien hinausgeworfen zu haben, und hinzufügt, „sie hätten von da an bis zum heutigen Tag dort keine Befehlsgewalt mehr", so glaube er jedenfalls – ganz genau kann er es anscheinend nicht wissen („a quo deinde tempore usque in hunc puto diem nullum fuit illorum ibi imperium"; Walker 2008, 181). Hutten suggeriert hier, dass die Macht der römischen Kirche in Deutschland gebrochen sei – ein Anliegen, das ihm zeitlebens am Herzen lag –, und hierher gehören auch Wendungen wie die, dass Germanien frei von Abgaben („immunem"; Walker 2008, 182) geworden sei, was sich auf den Widerstand der Deutschen gegen die finanzielle Ausbeutung durch den päpstlichen Stuhl beziehen lässt. Der von der Forschung weniger berücksichtigte zweite Teil des Totengesprächs, in dem Arminius sich gegen Vorwürfe seiner Konkurrenten zur Wehr setzt, lässt Arminius ein weiteres Mal aus seiner ‚germanischen' Rolle fallen. Den Vorwurf Alexanders, er habe sein den Römern gegebenes Wort gebrochen, kontert er mit einer ausführlichen naturrechtlichen Argumentation, die im Kern der frühneuzeitlichen Debatte um das Widerstandsrecht entstammt. Er behauptet, dass er unter dem Einfluss von Gewalt gehandelt habe und die persönliche Freiheit ja gar nicht veräußert werden könne. Am Ende heißt es: „Ich habe nicht gegenüber legitimen Herrschern mein Wort gebrochen, sondern gegen ungerechte Tyrannen das Recht des Vaterlandes und das allgemeine Menschenrecht durchgesetzt" („non erga legitimos dominos fidem fefelli, sed contra iniquissimos tyrannos ius patriae et commune fas obtinui"; Walker 2008, 184). Arminius verwendet zwar gut ciceronische Diktion, doch der Zusammenhang – Ausbeutung Germaniens durch die Römer zur Zeit des Varus – legt einen Bezug zur antipäpstlichen Stimmung im Deutschland des frühen 16. Jahrhunderts und zu den *Gravamina der deutschen Nation* nahe (vgl. Ridé 1977, Bd. 1, 599f.), jenen Beschwerden gegen die römische Kurie, die auf den Reichstagen dieser Zeit immer wieder artikuliert wurden.

Durch die instabile Zeitstruktur des Totengesprächs und die Polysemie der lateinischen Vokabel *Germanus* (‚germanisch', ‚deutsch') erhält Huttens Arminius-Figur eine produktive Dynamik, die durchaus im transnationalen Sinne gefasst werden kann: Der Germane Arminius ist kein Deutscher, aber er kann Konsequenzen aus seiner historischen Befreiungstat bei den Nachgeborenen indirekt einfordern. Die Deutschen des 16. Jahrhunderts werden nicht explizit in eine Kontinuität mit den germanischen Stämmen der Antike gestellt (vgl. Ridé 1977, Bd. 1, S. 598), sie können vielmehr selbst entscheiden, ob und wie sie die im Text angedeuteten, aber nicht ausgesprochenen Analogien zwischen dem germanischen Altertum und der eigenen Gegenwart bewerten und in praktisches Handeln umsetzen wollen (vgl. Becker 2013, 140). Was ist aber damit gewonnen gegenüber anderen Stellen in Huttens Werk, an denen er – wie es etwa in einem Brief an Kurfürst Friedrich von Sachsen geschieht – den Cheruskerfürsten ganz offen als ‚einen der Unseren' bezeichnet? Auffällig ist ja die literarische Konstellation mit einem in elegantem Latein disputierenden Arminius, der sich dem Urteil der Weltgeschichte in Gestalt des Minos unterzieht, rhetorisch wie militärisch souverän seine antiken Konkurrenten ausschaltet und dem von Tacitus, dem soeben neu entdeckten Klassiker, sekundiert wird, und das alles in einer fiktiven Unterweltszenerie, die zeitlich auf der Ebene der Schreibgegenwart angesiedelt ist. Dieses Konstrukt liefert den zeitgenössischen deutschen Lesern ein attraktives Angebot zur Selbstverortung im Wettstreit der ‚humanistischen' Nationen: Huttens Arminius erscheint nicht nur als Garant der ‚teutschen libertet', sondern als Figur von welthistorischer Relevanz, als Staatsmann mit weit reichenden Qualitäten, der sich sogar, was im abschließenden Wortwechsel mit Hannibal deutlich wird, auf eine sophistische Legitimation autokratischer Herrschaftstendenzen versteht, wie sie sich im persönlichen Regiment der Territorialfürsten alsbald realisieren sollten. Als Dialogfigur ist Arminius in erster Linie (romanisierter) Germane und an manchen Stellen ist er auch Deutscher – und in dieser Ambivalenz imposanter, als wenn er einfach ‚einer von uns' wäre.

4. Julius Caesar und die Deutschen: Transnationale Interferenzen

Das „*redivivus*-Schema, d. h. das Heraufholen einer Gestalt aus der Totenwelt in eine veränderte Gegenwart" (Barner 1992, 876–877), gewinnt seine literarische Dynamik, ähnlich wie die Gattung des Totengespräches, aus der Inkommensurabilität der historischen Aktionsräume der vorgeführten Figuren. In Nicodemus Frischlins Komödie *Iulius redivivus* werden die Römer Caesar und Cicero, die vom Unterweltsgott Pluto eine Art Touristenvisum für die Gegenwart des Jahres 1585 erhalten haben, mit vier Repräsentanten Europas zur Zeit des Humanismus konfrontiert. An der Auswahl der kontrastiv angelegten Gestalten wird die Tendenz des Stückes rasch deutlich: Bei den modernen Deutschen handelt es sich um einen hochgebildeten Offizier, dessen Name Hermannus auf den antiken Cheruskerfürsten verweist, sowie um einen Poeten mit dem Namen des bereits verstorbenen Eobanus Hessus, der als Chiffre für die Gesamtheit der humanistischen deutschen Dichter und Gelehrten firmiert. Hingegen werden die konkurrierenden Nationen durch einen italienischen Wanderarbeiter und einen französischen Galanteriewarenhändler vertreten, Figuren also, die schon von ihrem sozialen Status her mit den vorgeführten Deutschen nicht mithalten können. Der Italiener beherrscht nicht einmal Latein und ergeht sich in obszönen Zoten, während der Kaufmann den biederen Deutschen verweichlichende Luxusartikel aufdrängt. Das Stück zieht eine Art Resümee aus allen Argumenten, die im Laufe der vorausgegangenen hundert Jahre „zum Lobe Deutschlands" („in laudem Germaniae"; Frischlin 2003, 326), wie es im Prolog heißt, vorgetragen worden sind: Die Deutschen mit ihren blühenden Städten und ihrer reichen Produktion gelehrter und poetischer Schriften haben demnach mit den antiken Kulturen gleichgezogen, in technischer und medialer Hinsicht – Stichworte sind Schießpulver und Buchdruck – haben sie die Griechen und Römer sogar hinter sich gelassen. Franzosen und Italiener hingegen, die bis vor kurzem noch auf die ‚Barbaren' im Norden herabgeschaut haben, erscheinen in abstoßender Weise degeneriert. Der große Feldherr Julius Caesar, Kenner des alten Germaniens und Galliens, und der römische Universalgelehrte Marcus Tullius Cicero sind huldigende Bewunderer und unverdächtige Beurteilungsinstanzen zugleich, vor ihren Augen haben sich die Deutschen der *translatio artium*, der Übertragung des kulturellen Führungsanspruchs vom Imperium Romanum auf das Heilige Römische Reich, mehr als würdig erwiesen (zu Übersetzung und Transnationalität vgl. II.2 BACHMANN-MEDICK).

Frischlin war bei weitem nicht der erste unter den Humanisten, der das Denkexperiment einer Rückkehr antiker Figuren auf die Erde unternommen hatte (vgl. Ridé 1977, Bd. 3, 343), doch erst mit seinem *Iulius redivivus* wurde das hypothetische Motiv des „si rediret ..." („wenn er zurückkehrte ...") in einem knapp zweitausend Verse langen Theaterstück auf der Bühne durchgespielt. Die Dramatisierung zeitigt freilich neben zahlreichen burlesken Situationen, die aus dem *clash of cultures* resultieren – wie etwa Caesars Schock, als Hermannus einen Schuss aus seinem Gewehr abgibt –, auch einige komplexere Wirkungsphänomene, die man als transnationale Interferenzen bezeichnen könnte. Dabei sind die Befunde von unterschiedlicher Qualität: Wenn die auftretenden Deutschen Lateinisch reden, ist das – abgesehen von der dramaturgischen Notwendigkeit – zunächst nur ein Beleg für die gelehrte Bildung einer humanistisch geprägten Kulturnation. Wenn der Heerführer Hermannus jedoch gleich bei seinem Auftritt (und später immer wieder) in versifizierten, ansonsten original belassenen Phrasen aus Caesars *commentarii* spricht, wird er damit gleichsam selbst zum römischen Feldherrn, wie es sein Namenspatron Arminius ja tatsächlich gewesen war. Ein anderes Beispiel: Ciceros Ausruf, es sei ja wohl Athen nach Deutschland übergesiedelt („Athenae huc in Germaniam / Commigrasse mihi videntur"; Frischlin 2003, 516; ähnlich 538), ist zunächst nicht mehr als eine metaphorische Umschreibung der *translatio artium*, doch wenn er dann katalogartig die namentlich angeführten Vertreter der akademischen Disziplinen mittels der *alter*-Formel als „zweiten Polybios", „zweiten Hippokrates" usw. qualifiziert, verleiht er ihnen gewissermaßen eine antike Zweitidentität. Performativ in Szene gesetzt wird schließlich der Anspruch einer Übertragung der – kulturellen und imperialen – Kaiserwürde von den Römern auf die Deutschen in Gestalt von Eobanus' Dichterkrönung durch Caesar, der also die Funktion des neuzeitlichen Kaisers auf der Bühne selbst ausübt (Frischlin 2003, 538–540).

Auch das Konzept der *translatio imperii* wird im Text ausführlich reflektiert, wie im Einzelnen zu zeigen wäre. Auch hier geht es stets darum, das zeitgenössische Deutschland bis in die Details der Reichsverfassung hinein in eine Kontinuität mit der Antike zu stellen. Die Caesar-Figur tritt in stetigem Wechsel als Repräsentant und Kenner der antiken Welt, als Ahnherr der deutschen Kaiser und als deren Inkarnation in der Gegenwart auf und unterstreicht somit die ‚römische' Identität des zeitgenössischen Deutschland.

Die beiden ‚wiedergeborenen' Römer, so ist zusammenzufassen, beglaubigen den im Stück artikulierten Anspruch der Deutschen, würdige Nachkommen der Germanen und zugleich legitime Erben des römischen Reiches zu sein sowie in militärischer, staatsrechtlicher und kultureller Hinsicht die Vormachtstellung unter den europäischen Nationen errungen zu haben. An der Seite des Hermannus, zweifellos der zentralen Identifikationsfigur des Stückes, erfährt der Leser bzw. Zuschauer allerdings im Verlaufe der Dramenhandlung auch eine Phase der Verstörung, wenn nämlich die transnationale Dynamik der Weltgeschichte sich gegen die Deutschen selbst zu wenden droht. Zu Beginn des Dramas hatte Hermannus noch mit leichter Ironie die berühmte Passage aus Tacitus' *Germania* zitiert, in der es um die Unwirtlichkeit Germaniens geht (7,1: „informem terris, coelo asperam Germaniam"; Frischlin 2003, 366), um den Neuankömmlingen vorzuführen, dass das antike Urteil in der Gegenwart gerade keine Berechtigung mehr habe. Im vierten Akt jedoch muss er in der Auseinandersetzung mit dem savoyardischen Galanteriewarenhändler eingestehen, dass die Verweichlichung durch das französische *À-la-mode*-Wesen den Deutschen ihre Identität zu nehmen droht. Verzweifelt beschwört er die Zeiten herauf, als Männer wie Arminius (!) oder Karl der Große lebten: „Ubi sunt Arminii? Ubi sunt magni Caroli, / Magni Othones, magni Henrici, magni Friderici duces?" (Frischlin 2003, 588). In der dramatischen Verdichtung der Bühnenhandlung erscheint das so, als büßten die Deutschen ihre Vormachtstellung, die sie soeben noch errungen und durch die antiken Gewährsleute bestätigt gesehen hatten, schon wieder ein. Hermannus sieht bereits die Analogie zum Niedergang von Hannibals Truppen, die sich in Capua dem Wohlleben hingaben (Frischlin 2003, 584), und ausgerechnet mit Worten aus Caesars *Gallischem Krieg* beschwört er die alte Konsumfeindlichkeit der Germanen (Frischlin 2003, 586).

Der vierte Akt und damit die eigentliche Dramenhandlung schließt mit einem kurzen Monolog des Hermannus, der die Deutschen dafür bestrafen möchte, dass sie wie die Dohlen aus der Fabel die Farben aller Nationen nachahmten („Quam poenam merentur Germani, qui tanquam Aesopici / Graculi colorem imitantur nationum omnium"; Frischlin 2003, 598). Der unmittelbare Kontext verweist auf das französisch inspirierte *À-la-mode*-Wesen, der antike Prätext (Phaedrus, *Fabulae Aesopiae* 1,3) darüber hinaus auf das tadelnswerte Verleugnen der eigenen Identität, die freilich auch auf dem Höhepunkt des Erfolges bei den Deutschen zum Teil eine übernommene ist. Um die Frage der nationalen Identität der Deutschen kreist letztlich die ganze Komödienhandlung: Es wird ein Akkulturationsprozess reflektiert und szenisch realisiert, dessen Ertrag es in der Gegenwart – wir befinden uns mit Frischlin schon in der Zeit des Späthumanismus – gegen diverse Anfechtungen zu schützen gilt (vgl. Barner 1992, 884).

5. Germania: Eine Allegorie mit vielen Facetten

Mehr als jede historische Figur es könnte, vermag Germania, die allegorische Verkörperung Deutschlands bzw. der Deutschen, sich als Trägerin eines multiperspektivischen Konzeptes von Transnationalität zu positionieren. Ihre Existenz ist per se zeitenthoben, das von ihr repräsentierte Gebilde in doppelter Hinsicht instabil: einerseits im Sinne des historischen Wandels einschließlich möglicher Veränderungen des reklamierten Territoriums, der herrschenden Dynastien usw., andererseits in den unterschiedlichen Perspektiven der Zeitgenossen, die von den jeweiligen politisch-konfessionellen Standpunkten abhängen. Die literarische Gattung, in der die Germania-Allegorie bevorzugt auftritt, ist – neben dem Flugblatt – die Heroide, ein von Ovid geprägter Sondertypus des fiktionalen Briefes im Metrum des elegischen Distichons, in dem ursprünglich eine mythische Heldin (wie Ariadne, Hero oder Penelope) an den abwesenden Geliebten oder Ehemann schreibt. Aus der individualpsychologisch ausdeutbaren Extremsituation des Gattungsmusters wird in den neuzeitlichen Adaptationen eine politische, militärische oder religiöse Notlage, in der sich Germania, als leidende Frauenfigur vorgestellt, an einen oder mehrere enge Bezugspersonen wendet, die in einem familiären Nahverhältnis verortet werden: Germania kann sich als Mutter an ihre Söhne, die Kurfürsten, wenden, als Schwester an Italia oder eine andere der benachbarten Nationen. Der Kaiser als Adressat kann gleichfalls als Sohn oder aber als starker männlicher Beschützer dargestellt werden. Auch Antwortbriefe finden sich zuweilen, wenn auch – wie bei Ovid – deutlich seltener. Abgesehen von Paul Flemings in deutscher und lateinischer Fassung erschienenem *Schreiben vertriebener Frau Germanien an ihre Söhne* (1631), das jedoch bereits einer späteren Epoche angehört, sind diese allegorischen Germania-Heroiden bislang noch nicht eingehend analysiert worden (vgl. aber Dörrie 1968, 455–461, und Eickmeyer 2012, 143–150).

Ein typisches Gattungsbeispiel aus der Zeit des Humanismus bildet die frühe Heroide *Germania ad regem Ferdinandum* (1529) von Georg Sabinus, dem Schüler und späteren Schwiegersohn Philipp Melanchthons, der sie der geplanten Ausgabe seines Kommentars zum Buch Daniel voranstellte (Melanchthon 1834, 1056–1058). Anders als Johannes Stigelius, ein anderer Wittenberger Humanist, der zehn Jahre später seine Germania sozusagen deckungsgleich mit der protestantischen Fraktion im Reich präsentierte, beschwört Sabinus in seiner versifizierten Epistel durch das Medium der Allegorie einer klagenden Germania die Einheit der gesamten deutschen Nation, die durch Bauernkrieg und Glaubenszwist gefährdet, angesichts der Türkengefahr indessen notwendiger denn je war. Dabei erinnert die Schreiberin daran, dass sie stets frei und unbezwungen gewesen ist („Semper adhuc invicta fui") – ein geläufiger Topos der Germanenideologie –, und führt ‚ihren' Arminius („meus Arminius") als Garanten der Freiheit an, während sie Rom und den tragischen Feldherrn Varus als chancenlose Gegner diskreditiert. Nach einem kurzen Verweis auf die ihr ebenfalls nicht gewachsenen Franzosen wechselt sie sodann ins Futur und verkündet, dass auch die Türken sie niemals bezwingen würden, sofern der Adressat Ferdinand, Bruder Kaiser Karls V. und als König von Ungarn und Böhmen wichtigster Reichsfürst, ihr beistehe. Hier wird also mit suggestiver Geste die Kontinuität der germanisch-deutschen Geschichte, die Identität der Rombezwinger von einst und der Türkenkrieger der Gegenwart, beschworen. Ungeachtet der kaum verklungenen Erwähnung jener Gegnerschaft von Römern und Germanen folgt darauf sogleich eine Mahnung an den König, der sich das tapfere Verhalten ausgerechnet eines römischen Freiheitshelden zum Exempel nehmen solle („Ducat in exemplum celebris te fama Camilli ..."): Ferdinand wird mit Camillus verglichen, der Rom vor den Galliern gerettet hatte, und die Türken werden mit den Geten, einem für die Römer stets bedrohlichen Volk im Osten, gleich gesetzt. In ihrem nächsten Argumentationsschritt verweist Germania auf die Prophezeiung im siebten Kapitel des Buches Daniel, in dem nach geläufiger Deutung auf eben jenes Volk der Türken („hac de gente") vorausverwiesen werde, und gibt eine versifizierte Kurzfassung der von Melanchthon vorgenommenen Exegese der berühmten Passage von den vier Weltreichen (Melanchthon 1846, 858–865; vgl. Scheible 2007). Der Kern dieser theologisch äußerst komplexen, in Sabinus' Versen immer mitzudenkenden Auslegung besteht darin, dass das letzte der vier Reiche, bei Daniel als besonders monströs und vielgestaltig beschrieben, seinerseits aus einer Abfolge von Herrschaften besteht, deren furchtbarste unmittelbar dem Ende der Welt vorausgeht. Diese grausame Tyrannei identifiziert Melanchthon mit der Türkenherrschaft, nach deren Niederschlagung durch ein christliches Heer der Jüngste Tag anbrechen wird („praelia, quae piis erunt in hac ultima mundi senecta cum Turcis"; Melanchthon 1846, 865).

Worin liegt nun aber die Pointe der Germania-Konzeption bei Sabinus? In einem Kontext, der die plastische Vergegenwärtigung der Lehre von der *translatio imperii* geradezu fordert, nimmt die allegorische Schreiberin sich selbst aus der eschatologischen Debatte heraus, nennt in einer Apostrophe das antike Rom als Repräsentantin des letzten Weltreiches („Quarta [bestia refert] potestatem, Martia Roma, tuam") und fordert den König zwar zum Kriegszug gegen die Türken auf, nicht jedoch ohne von ihm zunächst die Beilegung der konfessionellen Streitigkeiten im Innern und die Verbesserung des Bildungswesens zu verlangen. Das heißt also, Sabinus macht den humanistischen Germanendiskurs stark (Arminius) und verortet die Pflichten der deutschen Fürsten im Sinne des irenischen Humanismus seines Lehrers Melanchthon zwischen der Bewahrung religiöser Einheit („Sedandique graves de religione tumultus") und dem Aufbau eines höheren Bildungswesens unter der Ägide der neun Musen („Nec minor ingenuas studiis florentibus artes, / Ac fovisse sacras sit tibi cura deas"). Die Germania-Allegorie des Georg Sabinus steht somit für eine deutsche Nation, deren Identität sich aus germanischer Tapferkeit (*virtus*), christlicher Frömmigkeit (*pietas*) und griechisch-römischer Bildung (*doctrina*) speist. Als Streiterin im eschatologischen Endkampf tritt sie hingegen nicht exponiert hervor – ein Indiz dafür, dass sie wie die übrigen Identifikationsfiguren der Humanisten letztlich doch auch vor allem die Herleitung deutscher Werte aus den antiken Kulturen repräsentiert.

6. Apollon: Der transnationale Kulturbringer

Wie die *translatio imperii* ist auch die *translatio artium* ein genuin transnationales Phänomen, freilich mit dem Unterschied, dass die ‚Übertragung' kultureller Kompetenzen von einer Nation auf die andere nicht zwingend mit einem Niedergang der gebenden Seite verbunden sein muss. Die schon 1486 entstandene berühmte „Apollon-Ode" des jungen Conrad Celtis – in späteren Jahren sollte er einen aggressiveren Nationalismus entwickeln – transportiert ein solcherart kulturpatriotisches Konzept einer sich über Europa ausbreitenden humanistischen Bewegung. Das an Horaz orientierte Gedicht in sechs sapphischen Strophen formuliert im Titel einen Appell an den Musengott Apollon: Er möge mit seiner Lyra aus Italien zu den Deutschen kommen („Ode ad Apollinem repertorem poetices: ut ab Italis cum lyra ad Germanos veniat"; Text bei Schäfer 1984, 81). Als Figur des antiken Mythos angesprochen, wird der Gott gebeten, seine Musenberge Helikon und Pindos (in Griechenland) zu verlassen und „in unsere Gefilde" („nostris [...] oris") zu kommen. Die Musen des noch rohen Landes („incultam [...] terram") eilen ihm schon mit Freuden entgegen; der deutsche Barbar, noch unkundig lateinischer Anmut („barbarus [...] Latii leporis nescius"), soll unter seiner Leitung die Poesie erlernen. Schon einmal sei er ja übers Meer gereist, von Griechenland („a Graecis") nach Italien („Latium videre [...] voluisti"), und dieser Vorgang soll sich jetzt wiederholen: „So mögest du nun, darum bitten wir, unsere Gegenden aufsuchen wie einst die italischen Lande, und die barbarische Sprache weiche, auf dass alles Dunkel verschwinde." („Sic velis nostras, rogitamus, oras / Italas ceu quondam aditare terras, / Barbarus sermo fugiatque, ut atrum / Subruat omne.")

Es ist in der Forschung mehrfach darauf hingewiesen worden (vor allem bei Robert 2003, 85–92), dass bei der Analyse des Textes eine historisch-räumliche Referenzebene von einer mythisch-transhistorischen getrennt werden muss. Anders wäre es ja beispielsweise nicht zu erklären, dass Apollon nach der Titelformulierung von Italien aus, nach dem Gedichttext hingegen von Griechenland aus nach Deutschland kommen sollte. Wenn man Apollon und die ihn begleitenden Musen metonymisch bzw. allegorisch auffasst, werden deren ‚Reisen' als Ausbreitung der gelehrten Kultur, speziell der *poesis docta*, deutbar. Auf der Ebene der historischen Entwicklung werden sowohl der antike Kulturtransfer zwischen Griechenland und Rom wie auch Diffusionsbewegungen innerhalb der neueren Zeit angesprochen, letztere allerdings nur bezogen auf die Deutschen, die – so legt es der Titel nahe – unter dem Einfluss des italienischen Humanismus stehen. Anders als Nicodemus Frischlin es ein Jahrhundert später in seinem *Iulius redivivus* an der Gestalt des italienischen Kaminfegers vorführt, suggeriert Celtis im Bild der Reise Apollons von Italien nach Deutschland keinen Niedergang der Kultur bei den südlichen Nachbarn, allenfalls ist im Sinne des humanistischen Konzeptes von *imitatio* und *aemulatio* an einen Wettstreit der Nationen um die beste Form der Adaptation antiker Kultur in der Gegenwart zu denken, doch äußert sich Celtis in seiner Ode dazu nicht.

Auch zu einem anderen Punkt schweigt das Gedicht: Der ‚Weg' Apollons aus der Antike in die Neuzeit bleibt unkommentiert, die Genese der humanistischen Bewegung als ganzer wird nicht berührt, dabei wären hier spannende Prozesse zu beschreiben – man denke nur an die Bedeutung des Exodus griechischer Gelehrter nach Westeuropa in der Folge der Eroberung Konstantinopels durch die Türken im Jahre 1453. Eine weiterführende Forschung hätte die Etablierung der rinascimentalen Kultur in Italien und den Nachbarländern aus transnationaler Perspektive zu beschreiben oder zu fragen, zwischen welchen ‚Nationen' sich die Vermittlung antiker Wissensbestände und literarischer Konzepte an die Neuzeit abspielte. Die sich aufdrängenden diachronen Aspekte der Transnationalität wären hier in einem weiteren Kontext zu erörtern.

Literaturverzeichnis

Barner, Wilfried. „Vorspiele der Querelle. Neuzeitlichkeits-Bewußtsein in Nicodemus Frischlins ‚Julius redivivus'". *Festschrift Walter Haug und Burghart Wachinger*. Hrsg. von Johannes Janota. Bd. 2. Tübingen: Niemeyer, 1992. 873–892.
Becker, Arnold. *Ulrichs von Hutten polemische Dialoge im Spannungsfeld von Humanismus und Politik*. Göttingen: V & R unipress, 2013.
Borries, Emil v. *Wimpfeling und Murner im Kampf um die ältere Geschichte des Elsasses. Ein Beitrag zur Charakteristik des deutschen Frühhumanismus*. Heidelberg: Winter, 1926.
Dörrie, Heinrich. *Der heroische Brief. Bestandsaufnahme, Geschichte, Kritik einer humanistisch-barocken Literaturgattung*. Berlin: de Gruyter, 1968.
Eickmeyer, Jost. *Der jesuitische Heroidenbrief. Zur Christianisierung und Kontextualisierung einer antiken Gattung in der Frühen Neuzeit*. Berlin und Boston: de Gruyter, 2012.
Frischlin, Nicodemus. *Sämtliche Werke. Dritter Band: Dramen III. 1. Teil. Priscianus vapulans. Der geschlagene Priscian. Iulius redivivus. Julius Caesars Rückkehr ins Erdenleben*. Hrsg.

und übersetzt von Christoph Jungck und Lothar Mundt. Stuttgart: frommann-holzboog, 2003.

Glei, Reinhold F. „Der deutscheste aller Deutschen? Ironie in Ulrich von Huttens *Arminius*". *Ironie. Griechische und lateinische Fallstudien.* Hrsg. von Reinhold F. Glei. Trier: Wissenschaftlicher Verlag, 2009. 265–282.

Goez, Werner. *Translatio Imperii. Ein Beitrag zur Geschichte des Geschichtsdenkens und der politischen Theorien im Mittelalter und in der frühen Neuzeit.* Tübingen: Mohr, 1958.

Hirschi, Caspar. *Wettkampf der Nationen. Konstuktionen einer deutschen Ehrgemeinschaft an der Wende vom Mittelalter zur Neuzeit.* Göttingen: Wallstein, 2005.

Melanchthon, Philipp. *Opera quae supersunt omnia.* Hrsg. von Karl Gottlieb Bretschneider. Bd. 1. Halle: Schwetschke, 1834; Bd. 13. Halle: Schwetschke, 1846.

Ridé, Jacques. *L'image du Germain dans la pensée et la littérature allemandes de la redécouverte de Tacite à la fin de XVIème siècle.* 3 Bde. Paris: Champion, 1977.

Robert, Jörg. *Konrad Celtis und das Projekt der deutschen Dichtung. Studien zur humanistischen Konstitution von Poetik, Philosophie, Nation und Ich.* Tübingen: Niemeyer, 2003.

Schäfer, Eckart. „Conrad Celtis' Ode an Apoll. Ein Manifest neulateinischen Dichtens in Deutschland". *Gedichte und Interpretationen. Bd. 1. Renaissance und Barock.* Hrsg. von Volker Meid. Stuttgart: Reclam, 1984. 81–93.

Scheible, Heinz. „Melanchthons Verständnis des Danielbuchs." *Die Geschichte der Daniel-Auslegung in Judentum, Christentum und Islam. Studien zur Kommentierung des Danielbuches in Literatur und Kunst.* Hrsg. von Katharina Bracht und David S. du Toit. Berlin und New York: de Gruyter, 2007. 293–321.

Schmidt, Georg. *Geschichte des Alten Reiches. Staat und Nation in der Frühen Neuzeit 1495–1806.* München: Beck, 1999.

Walker, Richard Ernest. *Ulrich von Hutten's ‚Arminius'. An English Translation with Analysis and Commentary.* Bern: Peter Lang, 2008.

IV.2 Europäische Romantik als transnationales Netzwerk
Monika Schmitz-Emans

Das interpretatorische Konstrukt eines zumindest kohärenten, wenn auch nicht einheitlichen Beobachtungsgegenstandes namens ‚Romantik' einmal vorausgesetzt (vgl. Segeberg 2003, 31–33), lässt sich die Romantik unter verschiedenen Aspekten als transnationales Netzwerk betrachten. Autoren des um 1790 beginnenden Zeitraums, den man als ‚Romantik' zu charakterisieren pflegt, verwenden diesen Ausdruck selbst für Tendenzen auch und gerade anderer Zeiträume, betonen dabei dann aber transnational Verbindendes; dies belegen Friedrich Schlegels *Gespräch über die Poesie* (1800) sowie Jean Pauls *Vorschule der Ästhetik* (1804; vgl. hier insbesondere §§ 22 und 23 zum „Wesen der romantischen Dichtkunst" und der „Quelle der romantischen Poesie" [2000b, 86–94]). Spätere Beobachter sprechen dann von ‚Romantik', um die Literatur ab etwa 1790 zu charakterisieren; schon in Heinrich Heines frühem Artikel „Die Romantik" (1820) liegt dabei der Akzent auf einer transnationalen Bewegung (vgl. IV.3 STAUF). Was die in manchem heterogenen Konzeptualisierungen von Romantik verbindet, ist ihre Affinität zu Bildern, Modellen und Prozessen der Transgression, auch und insbesondere der Überschreitung nationaler, nationalsprachlicher und nationalliterarischer Grenzen. Dem ebenfalls prägenden Interesse an spezifisch nationalen ‚Charakteren', Traditionen, Literaturen und Kulturen gegenüber verhält sich dieses Interesse an transgressiven Konstellationen und Prozessen komplementär. Denn gerade Nationalcharakteristisches konturiert sich kontrastiv, indem man es aus einer grenzüberschreitenden Perspektive beschreibt – wie es in der Romantik in Fortsetzung älterer völkerpsychologischer Theorien bei Montesquieu und Johann Gottfried Herder wiederholt geschieht. Dies illustrieren exemplarisch Ernst Moritz Arndts in Schweden entstandene Schrift *Germanien und Europa* (1803), Jean Pauls „Germanismen und Gallizismen" (in *Dämmerungen für Deutschland*, 1809) und Anne-Louise Germaine de Staëls *De l'Allemagne* (1810/1813). Joseph von Görres umreißt in seiner Schrift „Europa und die Revolution" (1821) gleich ein ganzes Panorama europäischer ‚Volks-Charaktere'. Unter historisch-mentalitätsgeschichtlicher Perspektive ist die Literatur der als ‚romantisch' bezeichneten Zeit eingebettet in komplexe Prozesse politischer Bewusstseinsbildung und konkret-politischer Umbrüche. Diese vollziehen sich in einem gesamteuropäischen Rahmen, auch wenn sie sich in den einzelnen Ländern Europas auf je spezifische Weise gestalten (vgl. dazu Schwering 2003, 17–30). Die Französische Revolution ist ein europäisches Ereignis, wie sich an ihren vielfältigen Folgen in Zeitgeschichte, Politik, Rechtswesen und öffentlichen Diskursen aller Art zeigt.

Dass die Ausprägungsformen der Romantik (die ‚Romantiken') in Europa insgesamt auf einen grenzübergreifend wirksamen Komplex von Voraussetzungen und Anregungen zurückgehen, ist vielfach thematisiert worden (vgl. Hoffmeister 2003b, 107–130). Insbesondere die Auseinandersetzung mit der ihrerseits ‚europäischen' Aufklärung, mit der Französischen Revolution sowie mit dem Rousseauismus, seiner Freiheitsidee und seinen Emanzipationsimpulsen verbindet die Romantiker der verschiedenen Länder. Antiklassizistische Tendenzen gehen damit fast überall einher. Wenn Friedrich Schlegel neben der Französischen Revolution die Fichtesche Wissenschaftslehre und Johann Wolfgang von Goethes *Wilhelm Meister* als prägend für sein Zeitalter bezeichnet (Schlegel 1967, 198), so ist zu bedenken, dass die idealistische Philosophie von Deutschland ausgehend auch in anderen Ländern literarisch rezipiert und Goethes „Meister" u. a. als deutscher „Don Quijote" wahrgenommen wird (etwa durch Franz Grillparzer). Die zentrale Bedeutung des Romans als ‚romantische' Gattung ist an verschiedenen Nationalliteraturen gerade der fraglichen Zeit ablesbar.

1. Europaideen, Mittelalterbilder und die Idee einer gesamteuropäischen Kultur

Die Europa-Idee gewinnt gerade in der Romantik an Profil (vgl. Lützeler 1982; vgl. IV.5 LÜTZELER). Eine besondere Rolle bei der spekulativen Auseinandersetzung mit einer gesamt-‚europäischen' Geschichte oder Zukunft spielt das Interesse an einem Mittelalter, das als ein dezidiert ‚europäisches' Mittelalter gilt. Novalis' Schrift *Die Christenheit oder Europa. Ein Fragment* (1799) versteht sich nicht als faktografisch, sondern als utopisch und entwirft die Vision einer Verbindung aller Länder durch ein „großes gemeinschaftliches Interesse" (Novalis 1968, 507). Romantische Geschichtsspekulationen unterschiedlicher Provenienz konvergieren in ihrem Interesse an einer möglichen Bündelung und Integration disparater Kräfte. Adam Müller propagiert die Religion als Grundlage und Sicherung der Einheit Europas (*Die Elemente der Staatskunst*, 1811). Chateaubriand betont im *Geist des Christentums* (*Génie du Christianisme*, 1802) die kulturfördernden Wirkungen des Papsttums, und in Victor Hugos Europa-Visionen regiert der Papst über die Vereinigten Staaten von Europa. Für G. W. F. Hegel erfüllt der germanische Protestantismus als neuere geschichtliche Bewegung eine entsprechende Funktion. Der junge Friedrich Schlegel stellt in der von ihm herausgegebenen Zeitschrift *Europa* u. a. mentalitätsvergleichende Spekulationen an, die Indien als einen Verbund verschiedenster Völker und Sprachkulturen mit einbeziehen: Von Europa verspricht er sich eine Entwicklung zu einem zweiten Indien. In späteren Jahren wird auch Schlegel zum Parteigänger des Katholizismus als einer anderen Konkretisierung des Konzepts einer transnationalen Kultur.

2. Ein (re-)konstruiertes diachrones Netzwerk: Das Konzept einer transnationalen Kultur- und Literaturgeschichte

Als Gegenstände gelehrten Wissens rücken die Länder und Kulturen der Welt näher aneinander, werden zu Anlässen des Vergleichs und der Rekonstruktion großräumiger historischer Entwicklungen. Im mittleren und späten 18. Jahrhundert werden die Grundlagen der modernen Sprachgeschichte und Sprachwissenschaft, der modernen Philologie und Editionswissenschaft sowie der Literaturgeschichtsschreibung geschaffen. Hier knüpfen die Generationen der Romantiker an, die selbst an der weiteren Profilierung der einschlägigen Disziplinen entscheidenden Anteil haben. Auch wo es um Spezialgegenstände geht, sind die methodischen Ansätze doch vielfach vergleichend und auf die Erforschung transnational relevanter Probleme zugeschnitten. So verorten sich Thesen und Hypothesen zur Geschichte einzelner Sprachen dezidiert im Kontext des Diskurses über Sprachfamilien, deren Entwicklungs- und Ausdifferenzierungsgeschichte. Der Blick öffnet sich gerade um 1800 für globale kulturelle Prozesse und Phänomene. Vor diesem Hintergrund entsteht Friedrich Schlegels Schrift *Über die Sprache und Weisheit der Indier* (1808). Die erste wissenschaftliche Gesellschaft, die sich der Erforschung des Orients widmet, ist die von Engländern gegründete „Asiatic Society of Bengal", zu der William Jones gehört. Dieser veröffentlicht 1774 eine sechsbändige kommentierte Ausgabe ‚asiatischer' Poesie und bereitete damit den Weg für eine ästhetische Rezeption der orientalischen Dichtung. Goethes Orientstudien – die in *West-östlicher Divan* (1819/1827) zur poetischen Ausprägung finden – haben davon erheblich profitiert. Die Orientstudien um 1800 illustrieren exemplarisch, dass die romantischen Forscher selbst transnational agieren. Der Franzose Antoine Isaac Silvestre de Sacy hat als maßgeblicher Orientalist seiner Zeit viele Schüler, darunter den Begründer der Indogermanistik, Franz Bopp, und die später führenden deutschen Orientalisten. Sammlungen literarisch-poetischer Texte aus verschiedenen Zeiten und Ländern tragen zur Konzeptualisierung einer transnationalen Dichtung bei und bereiten einer vergleichenden Literaturbetrachtung den Weg. Herders Anthologie *Stimmen der Völker in Liedern* (1807, zuerst: *Volkslieder*, 1778/1779) datiert in der Vorfassung vor die Romantik zurück, wird in dieser aber neu aufgelegt und breit rezipiert – von Lesern wie von weiteren Sammlern. Die Hinwendung zum vermeintlich oder tatsächlich Volkstümlichen, wie sie sich in solchen Sammlungen lyrischer Texte dokumentiert, verbunden mit rousseauistisch inspirierten Vorstellungen einer im doppelten Wortsinn ‚natürlichen' – nämlich einer aus der Menschen-‚Natur' entspringenden und die Erscheinungen der außermenschlichen Natur besingenden – Dichtung findet ihr poetisches Echo etwa in den *Lyrical Ballads* (1798/1800) von Samuel Taylor Coleridge und William Wordsworth.

‚Literaturen' (im Plural) rücken in ihrer Diversität und national-kulturellen Eigenart zunehmend stärker in den Blick, werden zu Gegenständen der Charakteristik und des Vergleichs – aber doch im Zeichen der Idee eines Netzwerks (vgl. II.5 REICHARDT). Die Begründung einer europäischen Literaturgeschichtsschreibung, die transnationale Einflüsse und Tendenzen zum Kernobjekt ihrer Beobachtungen macht und damit das Konzept einer bei aller nationalen Ausdifferenzierung doch in ihrer Substanz netzwerkartigen europäischen Literatur vertritt, erfolgt zu maßgeblichen Teilen im Kreis deutscher Romantiker. Pionierarbeit leisten hier die Brüder August Wilhelm und Friedrich Schlegel. Um die „Epochen der Dichtkunst" (Schlegel 1967, 290–303) geht es schon im ersten Teil von Friedrich Schlegels *Gespräch über die Poesie* (1800). Seine Pariser Privatvorlesungen (1803) sind konzipiert als Beitrag zur „Geschichte der europäischen Literaturen". In der Einleitung bringt er zum Ausdruck, welchem Gegenstand seine literaturhistorischen Arbeiten ebenso wie die seines Bruders gelten. Hier heißt es: „Die europäische Literatur bildet ein zusammenhängendes Ganzes, wo alle Zweige innigst verwebt sind, eines auf das andere sich gründet, durch dieses erklärt und ergänzt wird. Dies geht durch alle Zeiten und Nationen herab bis auf unsere Zeiten" (Schlegel 1958, 5) und weiter: „Sich nur auf die Literatur einer gewissen Zeit oder einer Nation einschränken wollen, geht gar nicht an, weil eine immer auf die andere zurückführt und alle Literatur nicht allein vor- und nacheinander, sondern auch nebeneinander innig zusammenhängend ein großes Ganzes bildet" (Schlegel 1958, 11).

In diversen Schriften sowie durch seine Übersetzungstätigkeit (teilweise in Kooperation mit Tieck) erarbeitet Friedrich Schlegel das, was man einen romantischen Kanon nennen kann und was als solcher bis heute die Idee einer ‚europäischen Literaturgeschichte' beeinflusst (vgl. III.7 ROSENDAHL THOMSEN). Vor allem William Shakespeare, der schon im Sturm und Drang und von Goethe als Inbegriff des Genies gefeiert wurde, gehört dazu (vgl. *Über das Studium griechischer Poesie*, 1795–1797; „Literarische Notizhefte"; *Gespräch über die Poesie*, 1800). Diese Hochschätzung teilt in England u. a. Samuel Taylor Coleridge („Lectures on Shakespeare and Milton", 1808/1809). Gerade am Beispiel der Shakespeare-Rezeption zeigt sich, wie Anregungen von England nach Deutschland und wieder zurückwandern – von der englischen Shakespearekritik des 18. Jahrhunderts zum Sturm und Drang und von dort über die Romantiker zurück nach England.

Friedrich Schlegels polyglotter und literarisch ebenfalls umfassend bewanderter Bruder August Wilhelm popularisiert die Ideen des ersteren und untermauert sie durch seine philologisch-literaturgeschichtlichen Kompetenzen. Er widmet seine Berliner Vorlesungen (1801/1803) sowie die Wiener Vorlesungen (1808; gedruckt 1809/1811) den Literaturen Europas – mit dem Ziel einer möglichst umfassenden Information über die Geschichte literarischer Werke seit der Antike. Die Berliner Vorlesungen enthalten als letzten Teil eine *Geschichte der romantischen Literatur* (gedruckt 1884). Als den Bezugsrahmen seiner Konstruktion einer Literaturgeschichte betrachtet er das neuere Europa; es geht ihm darum, das romantische Denken in ganz Europa bekannt zu machen. A.W. Schlegel, der Literatur als Selbstdarstellung der Nationen und ihrer Gesellschaften versteht, stellt klassisch-antike und mittelalterlich-romantische Literatur in ein dichotomisches Spannungsverhältnis, optiert im Sinne antiklassizistischer Ästhetiken und würdigt die Literatur des so genannten ‚Mittelalters', wobei er Dante, Petrarca, Calderón und Shakespeare als mittelalterlich geprägte Protagonisten einer älteren europäischen ‚Romantik' versteht. Sein „Abriß von den Europäischen Verhältnissen der Deutschen Litteratur" (so der Titel dieser Schrift in der 1. Werkausgabe von 1828) gilt vor allem der Vermittlung deutschlandbezogenen Wissens an England und umreißt das Konzept eines deutschen Sonderwegs; die Deutschen erscheinen als „Cosmopoliten der Europäischen Cultur" (vgl. Goßens 2011, 78–82). Der Gedanke, dass gerade die Deutschen in einem vernetzten Europa eine zentrale Rolle zu spielen hätten, findet sich in den Überlegungen verschiedener Romantiker, nicht nur deutscher, ausformuliert; Goethe münzt ihn auf die von ihm prognostizierte Weltliteratur: „Ich bin überzeugt daß eine Weltliteratur sich bilde, daß alle Nationen dazu geneigt sind und deshalb freundliche Schritte thun. Der Deutsche kann und soll hier am meisten wirken, er wird eine schöne Rolle bey diesem großen Zusammentreten zu spielen haben" (Brief an Streckfuß vom 27. Januar 1827, Goethe 1907, 28).

August Wilhelm Schlegels Wiener Vorlesungen zur Weltliteratur fanden in Europa ein breites Echo, da sie ganz oder in Auszügen in diverse Sprachen übersetzt wurden: ins Französische, wo sie 1813 als *Cours de littérature dramatique* erschienen (übersetzt durch eine Verwandte Madame de Staëls), ins Spanische (ab 1814 durch den deutschen Konsul in Cádiz, Johann Nikolaus Böhl de Faber), ins Englische (1815 durch John Black), ins Italienische (1817 durch Gherardini), ins Polnische (1819). Der in Kopenhagen wirkende Romantiker Adam Gottlob Oehlenschläger (1779–1850) sowie Samuel Taylor Coleridge in England orientierten sich schon früh an Gedanken aus Schlegels Vorlesungen; Analoges gilt später für Alessandro Manzoni (1785–1873), Edgar Allan Poe (1809–1849), Henri Benjamin Constant (1767–1842), Charles Augustin Sainte-Beuve (1804–1869) sowie für Herausgeber der Zeitschrift *Le Globe* und der spanischen *Il Europeo* (vgl. Hoffmeister 2003a, 132).

Netzwerkartig, mit den Brüdern Schlegel und Madame de Staël als Knotenpunkten, nimmt ein Konzept europäischer Literatur Gestalt an: Ein gesamteuropäischer Kanon profiliert sich seit den grundlegenden Arbeiten der Schlegels, zunächst (und mit nachhaltiger Wirkung) geknüpft an einige große Namen: Dante, für Friedrich Schlegel Vorreiter aller ‚modernen' Poesie; aus Italien ferner Boccaccio und Ariost, aus England Shakespeare und Milton, aus Spanien Calderón und Miguel de Cervantes – und natürlich weiterhin die antiken Vorbilder, insbesondere Homer und Vergil, die auch früher schon als gesamteuropäisches Erbe betrachtet und behandelt wurden. Friedrich Schlegels oft zitierte Vision einer räumlich und zeitlich transgressiven Poesie – einer romantischen „progressive[n] Universalpoesie" – die „alle getrennte[n] Gattungen der Poesie wieder [...] vereinigen", die „Poesie und Prosa, Genialität und Kritik, Kunstpoesie und Naturpoesie" verbinden und schließlich „das Leben und die Gesellschaft poetisch machen [...]" (Schlegel 1967, 182) soll, bildet sich vor dem Hintergrund eines transnationalen und transepochalen Literaturkonzepts heraus. Ein Programm auch und gerade für die Literaturen der Zukunft als miteinander vernetzte Literaturen impliziert die daran geknüpfte Feststellung: „Die romantische Dichtart ist noch im Werden; ja das ist ihr eigentliches Wesen, daß sie ewig nur werden, nie vollendet sein kann" (Schlegel 1967, 183).

Zwischen der Konzeptualisierung von Literaturgeschichte als einem – bezogen auf Sprach- und Landesgrenzen – permanent transgressiven Prozess und dem Selbstverständnis der romantischen Autorengenerationen besteht ein enger Wechselbezug: Wenn die modellbildenden Musterwerke der Literatur (und um diese geht es letztlich vor allem in romantischen Entwürfen zur Literaturgeschichte) aus ganz Europa und sogar aus Indien und Ostasien stammen, dann gibt es für die ‚Neuen' vielfältige Vorbilder und Anregungen. So werden beispielsweise im Bereich des Briefromans in Deutschland maßgebliche Impulse aus Frankreich und England aufgenommen. ‚Don-Quijotiaden' in den Literaturen verschiedener Länder bezeugen die anhaltende Relevanz des Vorbilds Cervantes, das gerade die romantischen Autoren hochschätzen. Als Nachfolger des Cervantes werden zentrale Romane der deutschen Romantiker wahrgenommen, so Novalis' *Heinrich von Ofterdingen* (1800/1802), Joseph von Eichendorffs *Ahnung und Gegenwart* (1815) und die *Nachtwachen von Bonaventura* (1804).

Die in England entstehende *Gothic novel* findet eine intensive Rezeption nicht nur bei Lesern, sondern auch bei Autoren in ganz Europa; schauerliterarische Fabeln, Figuren und Schauplätze erscheinen gerade in der romantischen Literatur so häufig und facettenreich, dass Romantik und ‚gothische' Literatur jeweils ohne einander gar nicht zu denken sind. Die sogenannte ‚schwarze' Romantik' ist ein gesamteuropäisches Phänomen (vgl. Praz 1963). Matthew Gregory Lewis' *The Monk* (1796), ein drastischeres Beispiel der *Gothic Novel* als etwa Ann Radcliffes *The Italian* (1797), findet Anklang in E.T.A. Hoffmanns *Die Elixiere des Teufels* (1815/1816); Lewis selbst nutzt Stoffe, die sich auch in deutschen Gespenstergeschichtensammlung finden. Schauerromantische Einflüsse, die auf englische Anregungen zurückverweisen, prägen große Teile der romantischen Erzählliteratur wie auch der Dramen in der deutschen Romantik. – Aber auch andere Spielformen der Erzählliteratur verdanken sich Anregungen aus England: Lawrence Sternes *The Life and Opinions of Tristram Shandy, Gentleman* (1759–1767) findet sowohl bei Jean Paul und Theodor Gottlieb Hippel als auch in den Spielformen des ‚verwilderten' romantischen Romans (Clemens Brentanos *Godwi*; Hoffmanns *Lebensansichten des Katers Murr*) ein jeweils originelles Echo. Walter Scotts historischer Roman *Waverley* (1814) regte deutsche Romanautoren wie Achim von Arnim (*Die Kronenwächter*, 1817), Ludwig Tieck (*Der Aufruhr in den Cevennen*, 1826) und Wilhelm Hauff (*Lichtenstein*, 1826) an.

3. Medien literarischer Kommunikation und Aspekte grenzübergreifender Rezeption von Literatur

Die romantische Kultur ist ausnehmend schriftbewusst, und dies trägt nachhaltig dazu bei, dass sie kulturelle Prozesse und Tendenzen vorzugsweise unter dem Aspekt grenzüberschreitender Wirkungen reflektiert. Jean Paul würdigt in seiner „Erziehlehre" *Levana* (1807) emphatisch die Breitenwirkung des Buchdrucks: Die Zirkulation gedruckter Texte lasse die Gemeinschaft der Leser zu einem „Völkerverein" (Jean Paul 2000a, 550) werden, unter Überbrückung räumlicher wie auch zeitlicher Distanzen. Hier heißt es: „Kein voriges Alter und Volk ist seit der Erfindung der Buchdruckerei zu vergleichen mit einem jetzigen; denn seit derselben gibts keinen abgeschlossenen Staat mehr [...]. Nun ist keiner mehr allein, ja nicht einmal eine Insel im fernsten Meer" und „Die Bücher stiften eine Universalrepublik [...] oder humane society, wodurch ein zweites oder doppeltes Europa entsteht, das, wie London, in mehreren Grafschaften und Gerichtbarkeiten liegt" (Jean Paul 2000a, 549–550).

Dieses nachdrückliche Lob der Schrift wirft ein spezifisches Licht auf das Interesse vieler romantischer Autoren am Themen- und Motivfeld um Buchstaben, Lesen und Schreiben, um Buch und Text: Wo Alphabetisierung und Literarizität, Schreib- und Leseprozesse reflektiert werden, da geht es zumindest implizit auch stets um eine Kommunikation, die die Epochen und Kulturen, die Länder und

Völker virtuell oder aktuell miteinander verbindet. Die literarischen Arbeiten romantischer Autoren haben gute Chancen, transnationale Wirkungen zu entfalten: Buch- und Zeitschriftenwesen expandieren stark; die Zirkulation von Druckwerken intensiviert und beschleunigt sich, auch und gerade über Ländergrenzen hinaus. Die seit dem späten 18. Jahrhundert zunehmende Expansion des Buchmarkts arbeitet der Verbreitung literarischer Texte nachhaltig zu. Zusammen mit dem Aufblühen der Philologie und dem wachsenden Interesse an der Vielheit der Literaturen erhält auch das Übersetzungswesen neue Impulse.

Leser spielen in der romantischen Poetik eine bedeutende Rolle. Diverse romantische Autoren verstehen ihre Texte als Stimulation zur schöpferischen Auslegung, nicht zur eindimensionalen Decodierung. In partieller Antizipation rezenterer rezeptionsästhetischer Theorien wird der Leser gelegentlich sogar zum Co-Autor deklariert und entsprechend autorisiert. Bezogen auf die Frage nach der Transnationalität von Literatur bedeutet dies nicht nur, dass gerade eine Sprach- und Ländergrenzen übergreifende Rezeption literarischer Texte für deren Situierung in einem transnationalen Komplex ‚romantische Literatur' maßgeblich ist. Es bedeutet zudem in letzter Konsequenz, dass ein vom Leser eines anderen Sprachraums gelesener literarischer Text eben wegen der ‚Autorisierung' dieses Lesers immer schon eine intersprachliche Dimension hat und ein Text ‚zwischen' den Sprachräumen ist. Wenn komplementär zu solcher Autorisierung des bedeutungsstiftenden Lesers Friedrich Schlegel in seinen Bemerkungen „Über die Unverständlichkeit" (Schlegel 1967, 363–373) auch die unauflösliche Widerständigkeit von Texten betont, so trägt dieser Ansatz dazu bei, die Differenz zwischen muttersprachlichen und fremdsprachlichen Texten einzuebnen – und damit zur Auseinandersetzung mit Fremdsprachlichem zu ermutigen, das von der Fremdheit muttersprachlicher Texte ja allenfalls graduell verschieden ist.

4. Synchrone Vernetzungen der Literaturproduzenten: Transnationale Schriftsteller-Kontakte in der Romantik, Weltliteratur und romantische Diskurse

Neben der diachronen (Selbst-)Verortung der romantischen Autoren im Zeichen der Modellierung eines transnationalen Kanons und der Orientierung an Vorbildern unterschiedlicher historischer und nationaler Provenienz stehen konkrete ‚synchrone' Beziehungen der europäischen Romantiker zu literarischen Zeitgenossen jenseits der Grenzen des eigenen Landes und Sprachraums. Zu differenzieren ist hier zwischen Beziehungen auf der Basis von Lektüren auf der einen Seite und direkten persönlichen Kontakten auf der anderen, wobei zu letzteren auch der reine Schriftverkehr, der Austausch von Korrespondenzen gehört. Eine Tendenz zum Zusammenschluss in Gruppen ist für die romantische Kultur insgesamt charakteristisch. Im Kreis der deutschen Romantiker verkehren dabei auch Ausländer, die in besonderem Maße der grenzüberschreitenden Zirkulation von Ideen zuarbeiten. Reisende und zeitweilig im Ausland lebende Schriftsteller tragen maßgeblich zum Ideentransfer zwischen den Ländern Europas bei. Unter ihnen sind – bedingt durch Kriege und Krisen – viele politische Exilanten und Verbannte, die Eigenkulturelles mit an ihre Exilorte nehmen, von dort bei ihrer Rückkehr aber auch neue Impulse zurückbringen und sich manchmal dezidiert als Botschafter zwischen den Ländern und Literaturen verstehen (vgl. auch IV. 13 BISCHOFF/CENTNER). Genannt seien Chateaubriand, Madame de Staël, Percy Bysshe Shelley, Giuseppe Mazzini, Victor Hugo, Adam Mickiewicz und der Duque de Rivas. Aber auch Goethe wird bis zu seinem Lebensende zum Mittler, lesend, schreibend und durch Gespräche: Er ist noch im hohen Alter Gastgeber von Besuchern aus verschiedenen Ländern und insofern eine wichtige literarisch-kulturelle Schaltstelle im Netzwerk der zeitgenössischen Literaten und Literaturzirkel (vgl. Goßens 2011, 97–104).

Diskurse über ‚Weltliteratur' nehmen unter den skizzierten Bedingungen nicht zufällig ihren Ausgang in der Romantik (vgl. III.1 GOSSENS). Sie korrespondieren der zeittypischen Forderung nach einem panoramatischen Blick auf die Literaturen der Zeiten und Völker. Goethe, der sich mit den Literaturen Europas, des Nahen und des Fernen Ostens, der Antike, des Mittelalters und der Neuzeit auseinandergesetzt hat, personifiziert durch seine Schriften besonders eindrucksvoll die Idee einer solchen enzyklopädischen Kompetenz. Indem die Bestände bereits existierender Weltliteratur gesichtet und deren ästhetisch bedeutsame Zeugnisse gesammelt werden, wird die Voraussetzung dafür geschaffen, sich – wie Goethe fordert – „bey fremden Nationen" umzusehen („Ich sehe mich daher gerne bey fremden Nationen um und rathe jedem, es auch seinerseits zu thun"; Eckermann 1909, 181). Literatur und Kultur könne so künftig aus weltbürgerlicher Perspektive wahrgenommen werden, um damit der drohenden ‚Beschränktheit' zu entgehen. Aus der Perspektive nicht-deutscher Literaturgeschichtsschreibung ist Goethe als wichtigster Pionier des Weltliteraturdiskurses übrigens selbst ein ‚Romantiker'.

5. Beispiele transnationaler Literaturproduktion und -rezeption in den wichtigsten nicht-deutschen Ländern

5.1 England

Jean-Jacques Rousseau, der in ganz Europa ein vielstimmiges Echo gefunden hat, kann als ein maßgeblicher Wegbereiter zumal der englischen Romantik gelten. Für die Ideenwelt vieler Autoren, die der englischen Romantik zugerechnet werden, ist die Idee des politischen und dichterischen Individualismus von zentraler Bedeutung: In Abwendung vom klassizistischen Modell fester Ordnungen und verbindlicher Hierarchien wird mit einem Nachdruck auf dem Recht des Einzelnen zur Selbstentfaltung insistiert. Diese autorisiert die subjektiven Imaginationen und Gefühle konsequent, ihre Schattenseite aber sind Orientierungsverluste und Bewusstseinskrisen. Prägend für den romantischen Individualismus, wie er gerade in England zur Entfaltung kommt, sind die philosophischen und literarischen Schriften Rousseaus, in denen sich die für die englischen Romantiker zentralen Ideen und Motive antizipiert finden: die intensive Auseinandersetzung mit dem eigenen Selbst, der Rückzug in die Einsamkeit, die Hinwendung zur Landschaft und zum einfachen Leben, die kultur- und zeitkritische Abkehr von der ‚Großen Welt' und die Deutung ästhetischer Werke als Ausdruck der Seele des Dichters oder Künstlers. Nachhaltige rousseauistische Einflüsse zeigen sich, unter wechselnden Akzentuierungen, bei George Gordon Lord Byron (1788–1824), der die gefühlgeleitete Selbsterkundung des Ichs literarisch reflektiert (*Childe Harold's Pilgrimage*, 1812–1818), bei John Keats (1795–1821), der Regressivität und Todessehnsucht als äußerste Konsequenz eines bis zum Narzissmus gehenden Individualismus bespiegelt, sowie bei William Wordsworth (1770–1850) und Samuel Taylor Coleridge (1772–1834), die dem imaginationsstarken Dichter die Rolle eines Propheten und Visionärs zuschreiben und der Modernisierung und Entzauberung der Welt einen romantischen Naturkult entgegensetzen. Zur Geltung kommt in der für die englische Romantik insgesamt prägenden Faszination durch die Natur in ihrer Macht und Grenzenlosigkeit neben der Rezeption Rousseaus auch die Edmund Burkes.

Facettenreich ist die Goethe- und Schiller-Rezeption der englischen Romantiker: Der *Werther* wird früh übersetzt; Walter Scott übersetzt den „Erlkönig" und den *Götz*; Carlyle den *Wilhelm Meister* sowie andere Goethe'sche Werke. Shelley war mit Goethes Schriften eng vertraut, die er mit Wordsworth und Coleridge kontrovers diskutierte. Byron bewunderte den Verfasser des *Werther* und des *Faust I*. Sein „Manfred" ist als faustische Figur konzipiert. Carlyle widmet Goethes Stück einen „Essay on Faust". Coleridge wirkte als Übersetzer und Vermittler Friedrich Schillers. Ein Hauptwerk der englischen Romantik ist Coleridges

Biographia Literaria (1817). Der polyglotte, vor allem mit der deutschen Literatur und Philosophie gut vertraute Dichter präsentiert hier „Biographische Skizzen meines Lebens und meiner Ansichten als Schriftsteller" (*Biographical Sketches of my Literary Life and Opinions*, so der Untertitel), in denen er sich mit den Ideen Wordsworths auseinandersetzt, dies aber letztlich zum Anlass nimmt, seine philosophischen, ästhetischen und religiösen Überzeugungen umfassend darzulegen. Dies geschieht unter anderem in Kapiteln über Immanuel Kant, Johann Gottlieb Fichte und Schelling. Thomas Carlyles (1795–1881) Schiller-Biographie (*Life of Schiller*, 1825) arbeitet in Anknüpfung an de Staël, aber auch in inhaltlicher Abgrenzung gegen diese, an der Herausbildung eines neuen Deutschlandbildes in Europa. Ein weiteres Porträt Carlyles ist Goethe gewidmet. Er übersetzt mit „Wuz" und dem „Feldprediger Schmelzle" auch Werke Jean Pauls sowie Texte des Novalis und lässt sich von diesen durchaus unterschiedlichen Dokumenten der deutschen Romantik selbst literarisch anregen. Rezipiert wird Carlyle seinerseits dann auch in Deutschland, so durch Goethe, der 1827 als Rezensent Carlyles auf die Schiller-Würdigung sowie Carlyles Schrift „German Romance" zustimmend reagiert. Goethe sieht in Carlyles Arbeiten einen wichtigen Beitrag zur Realisierung der kantischen Weltbürger-Idee. Den wechselseitigen deutsch-englischen Ideentransfer (Schiller-Carlyle-Goethe) betrachtet Goethe sogar offenbar als Modell jener globalen Zirkulation, die für ihn mit dem programmatischen Stichwort „Weltliteratur" verbunden ist (vgl. II.2 BACHMANN-MEDICK; vgl. II.4 KRAFT). Lord Byron, nach seinem Tod im griechischen Freiheitskampf 1824 in ganz Europa kultisch verehrt, erscheint seinen Zeitgenossen als die Verkörperung einer Freiheitsidee, die in mehr als einer Hinsicht keine Grenzen kennt. Diverse Autoren stilisieren ihn vor dem Hintergrund eines kulturellen und politischen Philhellenismus zur Leitfigur. Wichtige Impulse aus England für die gesamteuropäische Literatur geben (nach der *Gothic novel*, die sich im Deutschen als Schauerroman einbürgert und der sogenannten „schwarzen Romantik" ganz Europas wichtige Themen und Motive vorgibt) mit Blick auf das weitere 19. Jahrhundert und die Moderne dann vor allem zwei weitere Autoren: Thomas de Quincey (1785–1859) und Walter Scott (1771–1832). De Quincey verfasst, selbst in den Spuren deutscher Romantiker schreibend, mit seinen *Confessions of an English Opium Eater* (1822) einen vielrezipierten Beitrag zur Traumliteratur; er wird zum wirkungsmächtigen Vorläufer Edgar Allan Poes, Charles Baudelaires und damit mittelbar der gesamteuropäischen Moderne. Und Walter Scotts historische Romane tragen nachhaltig zur Profilierung eines in ganz Europa erfolgreichen Romangenres bei.

5.2 Frankreich

Die Französische Romantik ist ein inhomogenes Konglomerat literarisch-kultureller Phänomene, politisch-ideologisch geteilt in konservative und liberale Kräfte. Die katholisierenden Romantiker versprechen sich von einer Stärkung der Kirche eine Einigung oder doch Befriedung Europas. Die Vertreter des Liberalismus verstehen sich im Wesentlichen als Erben der Französischen Revolution. (Friedrich Schlegel, vom Programmatiker romantischer Entgrenzung zum restaurativen Katholiken geworden, vollzieht lebensgeschichtlich die entsprechenden Polaritäten nach.) Französische Visionäre wie Claude-Henri de Saint-Simon (1760–1825) und Augustin Thierry (1795–1856) konzipieren bereits im frühen 19. Jahrhundert ein vereintes Europa. Sie zweifeln daran, dass der Wiener Kongress Europa dauerhaft befrieden kann; nationale Interessen stünden dem im Wege. In ihrer Schrift *Von dem Wiederaufbau der europäischen Staaten-Gesellschaft* (1814) vertreten sie die Überzeugung, ein dauerhafter Friede sei nur möglich, wenn in allen europäischen Staaten parlamentarische Systeme eingeführt würden, die nationalen Parlamente sich dann zusammenschlössen und ein europäisches Parlament bildeten, um über gemeinsame Interessen der europäischen Gesellschaft zu entscheiden (vgl. Lützeler 1982, 281–310). Was die radikale politische Utopie Saint-Simons und Thierrys mit der Vision des Novalis verbindet, ist der Gedanke des vereinigten Europa als Bedingung eines dauerhaften Friedens. Nur dass sie von der Zukunft erwarten, was Novalis in die Vergangenheit projiziert. Deutschland erscheint ihnen aufgrund seiner geografisch zentralen Lage, aber auch wegen der ihm zugeschriebenen Mentalität als besonders zu einer Führungsrolle in Europa prädestiniert.

Wie die deutsche Romantik mit Rousseau prägende Impulse aus Frankreich erfährt (u. a. auf dem Weg über den Sturm und Drang), so ist die französische Romantik durch einen deutschen Autor stark geprägt: durch Goethe als Verfasser des *Werther*, der wie die Texte Rousseaus und die ‚Ossian' zugeschriebenen Dichtungen Musterbild eines antiklassizistischen Schreibens ist und diverse französische Wertheriaden stimuliert (vgl. dazu Hoffmeister 2003a, 137–138). René de Chateaubriand (*René*, 1801) und Stendhal (*De l'amour*, 1822) setzen sich mit dem *Werther* auseinander, Gérard de Nerval, aber auch der Maler Eugène Delacroix und der Komponist Hector Berlioz mit der Figur des „Faust". Neben Goethe ist Schiller ein intensiv rezipiertes, aus französischer Sicht ‚romantisches' Vorbild. Nerval, wichtiger Vermittler diverser deutscher Autoren nach Frankreich, übersetzt Goethe und Schiller. Charles Nodiers (1780–1844) *Jean Sbogar* (1818) verdankt Schillers „Geisterseher" viele Anregungen.

Als maßgeblicher Beitrag zu einem transnational-gesamteuropäischen Bewusstsein und als wichtiger Katalysator konkreter grenzüberschreitender

Literaturrezeption kann Madame de Staëls Schrift *De l'Allemagne* (1810/1813) gelten. Das nach der Verbannung der Verfasserin durch Napoleon 1803 begonnene Werk war 1810 weitgehend abgeschlossen und erschien zunächst 1813 im Londoner Exil, erst 1815 dann in Paris. Die politisch liberale Madame de Staël kennt Deutschland durch Reisen, die sie als Verehrerin Goethes und Schillers u. a. nach Weimar führen. Sie möchte ihren französischen Landsleuten breite Kenntnisse der deutschen Kultur, Philosophie und Literatur vermitteln und trägt damit unter anderem zur Konzeptualisierung der deutschen Romantik bei. Vergleiche zwischen Frankreich und Deutschland bilden dabei ein Kernstück. Sie stellt explizit Verbindungen zwischen den Nationalkulturen, den ästhetisch-literarischen Idealen der differenten Nationen und deren Nationalliteraturen her. Der Gedanke, dass gerade die deutsche Kultur dem ‚Romantischen' besonders nahestehe, wird (spätestens) mit *De l'Allemagne* zur topischen Vorstellung. August Wilhelm Schlegel, ein Freund von Germaine de Staël, mit dieser durch den Engländer Henry Crabb Robinson (1775–1867) bekannt gemacht, hatte sie in seinen Vorlesungen mit nachhaltigem Erfolg vertreten. Im Umfeld von Madame de Staël wirkend, stiftete er Kontakte zwischen deutschen, französischen und englischen Romantikern. Seine Ideen und seine breiten literaturgeschichtlichen Kenntnisse haben auf den Text der französischen Autorin insgesamt prägenden Einfluss. Sie würdigt u. a. explizit seine vergleichende Methodik und folgt seinem Konzept eines transnationalen Vergleichs in ihren eigenen Ausführungen, um ihren Lesern in Frankreich, aber auch im restlichen Europa die Entwicklung der neueren deutschen Kultur zu verdeutlichen. Das auch ins Englische übersetzte Buch wird in ganz Europa gelesen und bestärkt Rezipienten in Deutschland, Italien und anderen Ländern in ihren Ideen zu einer gesamteuropäischen Kultur. Es stimuliert unter anderem eine, wenn auch perspektivisch verfremdete und vom Autor selbst kritisch kommentierte, Rezeption Jean Pauls in Frankreich, die indirekt noch nachwirken wird, nachdem Jean Paul im Deutschland des späteren 19. Jahrhunderts zeitweilig als altmodisch und umständlich gilt: Der von de Staël betonte visionäre Zug des Autors wird Autoren der Zeit um 1900 wieder faszinieren. Auch für die Rezeptionsgeschichte der Erzählungen E.T.A. Hoffmanns ist Frankreich wichtig, ja lange Zeit prägend: Théophile Gautier, Gérard de Nerval, Honoré de Balzac lassen sich vor allem von den Künstlergeschichten Hoffmanns anregen und ihn indirekt zum Wegbereiter einer transnationalen Moderne werden (vgl. Hübener 2004).

Wichtige Anregungen für die Literaturen Europas gehen – auf der Basis verbindender thematischer und ästhetischer Interessen – von den phantastischen Erzählungen französischer Romantiker wie Charles Nodier aus. Victor Hugo (1802–1885) trägt mit *Notre-Dame de Paris* (1831) zur Profilierung des historischen Romans bei, indem er das Volk selbst ins thematische Zentrum rückt. Er selbst steht, wie seine *Préface de Cromwell* (1827) zeigt, deutlich unter dem Eindruck der Ideen der Brüder Schlegel, zumal ihrer Gegenüberstellung des Klassischen und des Romantischen. Der Begründung und Förderung transnationaler Kulturkontakte verschreibt sich insbesondere die 1825 gegründete Pariser Zeitschrift *Le Globe*, zu deren Lesern u. a. Goethe gehörte (vgl. dazu Goßens 2011, 97–104); auch *Le Globe* trug zu seinen deutschen Lesern vieles zurück, was aus Deutschland an Anregungen gekommen war (vgl. Hoffmeister 2003a, 143–144). Ein Vorgängerprojekt dieses sich auf gesamteuropäische kulturelle und literarische Aktualitäten konzentrierenden Zeitschriftenprojekts war Melchior Grimms *Correspondance littéraire* gewesen, die Jakob Heinrich Meister fortgesetzt hatte und die insgesamt von 1753 bis 1813 erschien. Hatte aber hier noch Paris den zentralen Bezugspunkt des Informationsaustauschs gebildet, so erfolgt mit *Le Globe* eine Dezentrierung; Paris wird vor allem zum Kompilationsort kultureller und literarischer Neuigkeiten aus verschiedenen Ländern; die deutsche Literatur gewinnt an Prestige. Goethe würdigt *Le Globe* als programmatischen Beitrag zur allgemeinen weltbürgerlichen Bildung.

5.3 Italien

Goethes *Werther* und die Dichtungen Schillers fanden in Italien ein nachhaltiges Echo (vgl. Hoffmeister 2003a, 150); Ähnlichkeiten mit dem *Werther* weisen insbesondere Ugo Foscolos (1778–1837) *Ultime lettere di Jacopo Ortis* auf; Schiller wirkte auf Alessandro Manzoni und inspirierte die Schöpfer diverser italienischer Opern. Madame de Staëls Buch über Deutschland wird auch in Italien gelesen, ähnlich wie die Schriften A.W. Schlegels. Alessandro Manzoni folgt in seiner Schrift *Lettre à M.C. sur l'unité de temps et de lieu dans la tragédie* (1823) Anregungen desselben. Giuseppe Mazzinis (1805–1872) Abhandlung *D'una letteratura Europea, Über eine europäische Literatur* (1829) widmet sich der vergleichenden Charakteristik germanischer und romantischer Mentalitäten und Kulturen, die er im Wesentlichen soziologisch geprägt sieht; er versteht sich als Repräsentant eines „Jungen Italien" und zugleich eines „Jungen Europa". („Giovine Italia" war der Name eines von ihm 1831 gegründeten Geheimbundes, der sich zusammen mit ähnlichen Bündnissen in den Dienst der republikanischen Befreiungsbestrebungen Europas stellte.) Von den Schriftstellern der verschiedenen europäischen Nationen erhofft er sich einen maßgeblichen Beitrag zur Einigung Europas: An sie geht sein Appell, im Zeichen der Wahrheit und der Freiheit zu schreiben und damit einer künftigen europäischen Literatur und Kultur den Weg zu weisen. Mazzinis Schrift steht unter einem Motto, das er Goethe zuschreibt, ohne dass es bei diesem zu belegen wäre; es handelt sich wohl um eine modifizierte Äußerung Goethes aus *Le Globe*: „Ich erahne die Morgenröte einer europäischen Literatur:

keines der Völker wird sie ihr eigen nennen können; alle werden dazu beigetragen haben sie zu gründen" (zit. in Lützeler 1982, 387, vgl. auch 465; sowie Goßens 2011, 117). Mazzini selbst erörtert, teils antizipatorisch, die Notwendigkeit und die Eigenschaften einer solchen neuen europäischen Literatur, die für ihn einem Geist der Innovation, nicht der Restauration entspringt und Ausdruck gibt. Seine Vision impliziert ein grenzüberschreitendes Agieren der jungen Schriftsteller, eine Vernetzung fortschrittlicher Kräfte in Europas verschiedenen Ländern: „In ganz Europa gärt ein Geist, ein Verlangen nach literarischen Innovationen, der die Sterilität der antiken Normen [...] vor sein Gericht zieht" (zit. in Lützeler 1982, 389).

5.4 Spanien

Die Rezeption Calderóns und Cervantes' ist für das in Deutschland zuerst ausgeprägte Bewusstsein der europäischen Romantiker von der Vernetzung der europäischen Literaturen besonders wichtig. Die Brüder Schlegel interpretieren Spanien als das ‚romantische' Land schlechthin; in der Auseinandersetzung mit Cervantes und Calderón erfolgt die Ausformulierung eigener ästhetischer Positionen. Schillers edler Räuber Karl Moor ist in Anlehnung an eine Figur des „Don Quijote" konzipiert; Hoffmanns *Nachricht von den neuesten Schicksalen des Hundes Berganza* (1814/1815) rekurriert ebenfalls auf Cervantes. Der *Don Quijote* gilt als der romantische Roman par exellence. Er ist, wie auch die Werke Calderóns, vielfach übersetzt worden. Einflüsse Calderóns zeigen sich bei Hoffmann, Tieck und Eichendorff, Zacharias Werner und Heinrich von Kleist.

Auf spannungsvolle Weise zwischen Traditionsbewusstsein und Innovationsbestrebungen changierend, zeigt die Romantik in Spanien selbst verschiedene Gesichter. Gegenüber anderen europäischen Romantiken verzögert, manifestiert sie sich vor allem im romantischen Drama der 1830er Jahre und erlebt in den Werken Gustavo Adolfo Bécquers (1836–1870) in den 1860er Jahren eine späte Blüte. Auf den frühen Tod dieses Autors ließe sich das Ende der gesamteuropäischen Romantik datieren, die er mit seinen phantastischen Erzählungen (*Leyendas*, 1858–1864) nochmals prominent und in Anknüpfung an deutsche und französische Vorgänger vertritt. Als einer der zentralen Repräsentanten romantischer Literatur in Spanien gilt Ángel de Saavedra, der Duque de Rivas (1791–1865), der 1823 aus politischen Gründen sein Land verlassen muss. Er bereist England, Gibraltar, Malta und Frankreich, und wird so mit der europäischen Romantik vertraut, deren Ideen und Anregungen er bei seiner späteren Rückkehr nach Spanien dorthin importieren kann. Mit seinem Drama *Don Alvaro o la fuerza del sino* (1835), von dem eine erste Prosaversion bereits 1832 in Frankreich entsteht, verfasst er ein Hauptwerk der spanischen Romantik, dessen Stoff später allerdings vor allem durch eine italienische Oper in ganz Europa populär wird: durch *Il forza del destino* (*Die Macht des Schicksals*) von Giuseppe Verdi. Auch ein anderer wichtiger Vertreter der spanischen Romantik, José de Espronceda (1808–1842), bekannt durch epische Gedichte und lyrische Texte, lernt aufgrund politischer Bedingungen, die den als Revolutionär verfolgten, angeblichen Freimaurer ins Exil treiben, die europäische Romantik durch Aufenthalte in Gibraltar, Lissabon, London, Brüssel und Paris kennen. Johann Nikolaus Böhl de Faber (1770–1836) wirkte vor allem als Vermittler der literaturhistorischen Schriften A.W. Schlegels; seine Arbeit über dessen Calderón-Interpretation (*Vindicaciones de Caldéron*, 1814) ist exemplarisch für einen grenzüberschreitenden spanisch-deutschen Dialog über ‚Romantisches' in der Literatur, bei dem Madame de Staëls Deutschlandbuch vermittelnd wirkte.

5.5 Russland

Eine einheitliche russische ‚Romantik' lässt sich kaum konstruieren; es gab hier im Unterschied zu anderen europäischen Ländern keine klassizistische Ästhetik, an der es sich abzuarbeiten galt. Gerade unter diesen Vorbedingungen wird die Orientierung an westeuropäischer Literatur integrativ: Die Autoren und Texte, die sich der Romantik zuordnen lassen, sind zu weiten Teilen durch entsprechende Einflüsse geprägt, auch oder gerade weil sie zugleich die Traditionen und Eigenarten ihrer eigenen Kultur erkunden und aufwerten – gehört doch die Hinwendung zum Tradierten und Volkstümlichen in seinen vielfältigen nationalen und regionalen Spielformen zu einer der transnational nachhaltig wirksamsten romantischen Leitideen. Signifikant für die gegenüber Westeuropa späten Ausprägungsformen einer russischen Romantik ist vor allem der Einfluss Deutschlands; intensiv rezipiert werden Schiller, Goethe, Schelling und Hoffmann, später auch Heine. Von maßgeblichem Einfluss auf die russische Literaturszene des frühen 19. Jahrhunderts ist die Gesellschaft des Adels und der Gebildeten, die der Dichter Vasilij Andreevič Žukovskij (1783–1852) in seinem Essay „Der Schriftsteller und die Gesellschaft" (1808) als „große Welt" beschreibt. Insgesamt haben Zirkel und Gruppen am kulturellen und literarischen Leben entscheidenden Anteil. Man kommunizierte unter anderem auf Französisch; auch andere wichtige Autoren schrieben in dieser Sprache. Führende Rollen in dieser kulturtragenden Schicht spielen unter anderem Frauen, die als Autorinnen und Übersetzerinnen in Erscheinung treten und so zu wichtigen Katalysatorinnen zwischen den Literaturen westeuropäischer Länder (vor allem Frankreichs) und dem literarischen Leben Russlands werden – nicht nur, aber auch mit Blick auf romantische Ideen und Texte. Anna Bunina (1774–1829) übersetzt Batteux und Boileau und dichtet selbst. Die Lyrikerin Karolina Pavlova (1807–1893) übersetzt russische Literatur ins Deutsche. Fürstin Zinaida Volkonskaja (1789–1862), in Anspielung auf eine Romanfigur Germaine de Staëls als „Corinna des Nordens" bezeichnet, verfasst russische und französische Texte. – Romantische Ideen beschäftigen einen 1801 in Moskau gegründeten Freundeszirkel, den „Literarischen Freundeskreis", in dem man Shakespeare, englische Nacht- und Friedhofsdichtungen, Goethes *Werther* und Schillers Gedichte liest und selbst elegisch-melancholische Gedichte verfasst. Diesem Kreis gehört Žukovskij an, der 1802 im *Europäischen Boten* die an Thomas Gray (*Elegy Written in a Country Church-Yard*, 1750) orientierte Elegie „Der Dorffriedhof" publiziert. Seine Affinität zum Nächtlich-Spukhaften dokumentiert sich auch in den Balladen, die ab 1808 entstehen und als erste Zeugnisse der russischen Romantik gelten; am Anfang steht eine freie Übertragung von Gottfried August Bürgers *Lenore* (hier: *Ljudmila*), die später auch Žukovskijs *Svetlana* (1808–1812/1813) zugrundeliegt. Auch den deutschen Schauerliteraten Christian Heinrich Spieß nutzt der germanophile Žukovskij als Stofflieferanten, und seine Übersetzertätigkeit gilt Schiller, Goethe, Rückert, Hebel, La Motte-Fouqué sowie Byron, wobei er selbstbewusst vorschlägt, die Originaltexte als Žukovskij-Übersetzungen zu lesen – eine Idee, die letztlich mit der romantischen Idee einer Austauschbarkeit von Autor- und Rezipientenrolle übereinstimmt. Byron wird auch zum Leitbild für Kondratij Ryleev (1795–1826), der 1823 eine Dichtung *Auf den Tod Byrons* (*На смерть Байрона*) verfasst. – Die romanischen Literaturen, insbesondere italienische und französische Texte seit der Renaissance, sind maßgebliches Bezugsfeld für Konstantin Batjuškov (1787–1855), einen anderen wichtigen Vertreter der Romantik, als dessen Hauptwerk die Elegie *Der sterbende Tasso* (*Умирающий Тасс*, 1817) gilt. Aber auch eine durch Johann J. Winckelmann vermittelte Rezeption der Antike wirkt sich auf Batjuškovs literarisches Schaffen aus. – Für Aleksandr Puškins (1799–1837) dichterisches Œuvre, insbesondere für sein Drama *Boris Godunow* (*Борис Годунов*, 1825), werden neben russischen Historienwerken und Chroniken auch Shakespeares Historienstücke, A.W. Schlegels Vorlesungen über dramatische Literatur und Stendhals Abhandlung *Racine et Shakespeare* wichtig; Stendhals *Rot und Schwarz* schätzt er zudem besonders. Als anregend für seinen *Eugen Onegin* (*Евгений Онегин*, 1823–1830) nennt Puškin selbst Benjamin Constants Roman *Adolphe*. Der englische Titel einer Anekdoten- und Aphorismensammlung Puškins, *Table Talk*, verweist bereits auf ihr Vorbild, eine Textsammlung Coleridges von 1835, und mit seinem Roman *Die Hauptmannstochter* bewegt sich Puškin in den Spuren Walter Scotts. – Fëdor Tjutčev (1803–1873) hält sich längere Zeit in München auf, lernt Schelling kennen und befreundet sich mit Heine, wirkt als Übersetzer Schillers, Goethes, Victor Hugos, Lamartines, Byrons und Heines. Von Puškin herausgegeben erscheint 1836 eine

Gedichtsammlung Tjutčevs unter dem Titel *Gedichte aus Deutschland*. – Fürst Vladimir Odoevskij (1804–1869) sammelt 1823 einen Literatenkreis um sich, der sich mit deutscher Philosophie, vor allem mit Schelling, und mit romantischer Literatur befasst und als „Deutsche Schule" bezeichnet worden ist; zusammen mit dem deutschstämmigen Vil'gel'm Kjuchel'beker (1797–1846) gibt Odoevskij einen Almanach heraus. – Mihail Ûr'evič Lermontovs (1814–1841) Œuvre steht unter starkem Einfluss seiner Byron-Lektüren; seine frühen dramatischen Arbeiten um 1830 greifen auf Anregungen Lessings und Schillers zurück. – Nikolaj Gogol (1809–1852) kann mit seinen teilweise grotesken Geschichten als Fortsetzer von Ansätzen westlicher Romantiker wie E.T.A. Hoffmann gelten. Überhaupt ist Hoffmann neben Goethe (vor allem dem *Werther*) zu einer Leitfigur diverser russischer Romantiker geworden. Odoevskij, Verfasser von „Briefe an den liebenswürdigen Onkel Kater von Murr" (1844) wurde als zweiter Hoffmann charakterisiert.

6. Figuren der Transgression als europäisch-romantische Helden

Die zentralen Figuren literarischer Imagination in der Romantik sind mit Transgression konnotiert: mit räumlichen Grenzüberschreitungen, aber auch mit anderen Formen der Grenzverletzung und der Entgrenzung. Neben Dichter- und Malerfiguren sind dies insbesondere Prometheus-Figuren und ähnliche Rebellen, deren Widerstand gegen eine bestehende Ordnung als Bedingung oder doch als Begleiterscheinung ihres schöpferischen Wirkens erscheint, die aber auch vielfach mit Einsamkeit und Orientierungsverlust konfrontiert werden (vgl. etwa Gottfried August Bürger: „Prometheus"; Goethe: *Prometheus*; Percy Bysshe Shelley: *Prometheus Unbound* (1820); Mary Shelley: *Frankenstein, or the Modern Prometheus* (zuerst 1818), Lord Byron: *Prometheus* (1816), Giacomo Leopardi: „La scommessa di Prometeo" (1824)). Als Grenzverletzer sind Faust- und Don Juan-Figuren ebenfalls transnational populär; sie wandern in mehr als einem Sinn über nationale und territoriale Grenzen. Wanderer, Ort- und Obdachlose, wie etwa Ahasver-Figuren und der fliegende Holländer, aber auch anti-bürgerliche Taugenichtse und Verweigerer reflektieren wichtige Facetten des romantischen Ichs in den Literaturen Europas (vgl. etwa Goethe: „Des ewigen Juden erster Fetzen" (1774), William Wordsworth: „Song. For the Wandering Jew" (1800); Percy Bysshe Shelley: *The Wandering Jew* (1810/1877); Charles Maturin: *Melmoth the Wanderer* (1820); Wilhelm Hauff: *Unterhaltung des Satan und des ewigen Juden in Berlin* (um 1825); Adelbert von Chamisso: „Der neue Ahasverus" (1832); Richard Wagner: *Der fliegende Holländer* (1843); Textsammlung zu Ahasver: Körte und Stockhammer, 1995). Idealisten, Visionäre und Wahnsinnige machen – unter Akzentuierung der Ununterscheidbarkeit zwischen Idealismus und Wahnsinn – einen gewichtigen Teilbestand europäisch-romantischer Protagonisten aus. Ihr Ahnherr ist vielfach Don Quijote; dies gilt etwa auch für Hoffmanns Figur des Einsiedlers Serapion (in: *Die Serapionsbrüder*, 1819–1821) und Jean Pauls Apotheker Marggraf in *Der Komet* (1820–1822). Aber auch eine italienische, nämlich eine romantisch literarisierte Piranesi-Figur zieht – von England aus – ihre Spur durch die Literaturen Europas; vgl. Horace Walpole: „Advertisement" zu den *Anecdotes of Painting in England* (1827); Thomas de Quincey: *Confessions of an English Opium-Eater* (1821); Alfred de Musset: *L'Anglais mangeur d'opium* (1828), *La Mouche* (1853); Charles Nodier: *Piranèse, à propos de la monomanie réflective* (1833), Victor Hugo: „Les Mages" (in: *Contemplations*, 1856), Vladimir Odoevskij: *Russische Nächte* (Русские Ночи, 1844).

Die Romantik hat Begriff und Idee der Nation und des Nationalen geschätzt und propagiert. Eben in dieser Eigenschaft kann sie aber als eine transnationale Bewegung respektive ein transnationales diskursives Netzwerk beschrieben werden. Nicht zuletzt ihre Vorliebe für Transgressionsfiguren weist in diese Richtung.

Literaturverzeichnis

Eckermann, Johann Peter. *Gespräche mit Goethe in den letzten Jahren seines Lebens*. Hrsg. von Heinrich Hubert Houben. Leipzig: Brockhaus, 1909.
Goethe, Johann Wolfgang. *Werke*, Abt. IV, Bd. 42: *Briefe (Januar–Juli 1827)*. Weimar: Böhlaus Nachfolger, 1907.
Goßens, Peter. *Weltliteratur. Modelle transnationaler Literaturwahrnehmung im 19. Jahrhundert*. Stuttgart und Weimar: Metzler, 2011.
Hoffmeister, Gerhart. „Deutsche und europäische Romantik". *Romantik-Handbuch*. Hrsg. von Helmut Schanze. Stuttgart: Kröner, 2003a. 131–165.
Hoffmeister, Gerhart. „Europäische Einflüsse". *Romantik-Handbuch*. Hrsg. von Helmut Schanze. Stuttgart: Kröner, 2003b. 107–130.
Hübener, Andrea. *Kreisler in Frankreich. E.T.A. Hoffmann und die französischen Romantiker*. Heidelberg: Winter, 2004.
Jean Paul. Levana oder Erziehlehre. *Werke*, Abt. I, Bd. 5. Hrsg. von Norbert Miller. Darmstadt: Wissenschaftliche Buchgesellschaft, 2000a. 515–874.
Jean Paul. Vorschule der Ästhetik. *Werke*, Abt. I, Bd. 5. Hrsg. von Norbert Miller. Darmstadt: Wissenschaftliche Buchgesellschaft, 2000b. 7–456.
Körte, Mona, und Robert Stockhammer (Hrsg.). *Ahasvers Spur. Dichtungen und Dokumente vom ‚Ewigen Juden'*. Leipzig: Reclam, 1995.
Lützeler, Paul Michael (Hrsg.). *Europa. Analysen und Visionen der Romantiker*. Frankfurt am Main: Insel, 1982.

Novalis. „Die Christenheit oder Europa. Ein Fragment" [1799]. *Schriften. Die Werke Friedrich von Hardenbergs*, Bd. III: *Das philosophische Werk II*. Hrsg. von Richard Samuel in Zusammenarbeit mit Hans-Joachim Mähl und Gerhard Schulz. Stuttgart: Kohlhammer, 1968. 507–524.

Praz, Mario. *Liebe, Tod und Teufel. Die schwarze Romantik*. München: dtv, 1963.

Helmut Schanze (Hrsg.). *Romantik-Handbuch*. Stuttgart: Kröner, 2003.

Schlegel, Friedrich. *Friedrich Schlegel. Kritische Ausgabe seiner Werke*. 35 Bde. Hrsg. von Ernst Behler unter Mitwirkung von Jean-Jacques Anstett und Hans Eichner. Abt. I, Bd. II: *Charakteristiken und Kritiken I (1796–1801)*. München und Paderborn i.a.: Schöningh, 1967.

Schlegel, Friedrich. *Friedrich Schlegel. Kritische Ausgabe seiner Werke*. 35 Bde. Hrsg. von Ernst Behler unter Mitwirkung von Jean-Jacques Anstett und Hans Eichner. Abt. II, Bd. XI: *Wissenschaft der europäischen Literatur. Vorlesungen, Aufsätze und Fragmente aus der Zeit von 1795–1804*. München und Paderborn i.a.: Schöningh, 1958.

Segeberg, Harro. „Phasen der Romantik". *Romantik-Handbuch*. Hrsg. von Helmut Schanze. Stuttgart: Kröner, 2003. 31–78.

Schwering, Markus. „Zeitgeschichte". *Romantik-Handbuch*. Hrsg. von Helmut Schanze. Stuttgart: Kröner, 2003. 17–30.

IV.3 Schreiben zwischen den Nationalkulturen: Heinrich Heine

Renate Stauf

1. Literarische Transnationalität

Im Frühjahr 1833 schreibt Heine an einen Freund in Hamburg: „[U]nd ich habe vielleicht überhaupt die pacifike Mission, die Völker einander näher zu bringen. [...] Ich bin daher der inkarnirte Kosmopolitismus, ich weiß, daß dieses am Ende die allgemeine Gesinnung wird in Europa, und ich bin daher überzeugt, daß ich mehr Zukunft habe, als unsere deutschen Volksthümler, diese sterblichen Menschen, die nur der Vergangenheit angehören" (*Briefe*, HSA, 21, 52). Heines „pacifike Mission", ein ausgearbeitetes Programm des Kulturtransfers, rückt die Kategorie der Nation in eine Perspektive, die einen transnationalen Referenzraum *avant la lettre* eröffnet. Mit seinem Engagement für die deutsch-französische Freundschaft unterläuft Heine die Dichotomie zwischen Nationalismus und Kosmopolitismus, die sich in der deutschen Diskussion im Gefolge der Napoleonischen Befreiungskriege neu auftut. Er konzipiert politisch subversive Denkmodelle, die sich gegen den auf Abgrenzung drängenden, Feindbilder produzierenden Nationalcharakterdiskurs richten (Arndt, Fichte; vgl. II.1 GRABBE). Diesen Denkmodellen ist die Notwendigkeit grenzüberschreitender Verbindungen und Zirkulationen als zukunftsweisend eingeschrieben (Stauf 1997). Heine führt seinen vornehmlich auf die politisch-kulturellen Streitorte Deutschland und Frankreich bezogenen Ideenkampf in der Überzeugung, dass die im Geist der Aufklärung sich vollziehende Emanzipation der Völker ein transnationales Phänomen ist: „die große Aufgabe der Zeit" (*Reise von München nach Genua*, DHA, 7.1, 69). Die „Emanzipazion der ganzen Welt, absonderlich Europas" wird als utopisches Fest der Völkerverständigung in Aussicht gestellt: „[...] wir werden, versöhnt und allgleich, um denselben Tisch sitzen; wir sind dann vereinigt, und kämpfen vereinigt gegen andere Weltübel, [...] (*Reise von München nach Genua*, DHA, 7.1, 69–70). Das ab 1831 im Pariser Exil entstehende Werk verfolgt das Ziel eines Schreibens zwischen den nationalen Kulturen auf programmatische Weise (vgl. IV.15 KLIEMS). Mit der *Augsburger Allgemeinen Zeitung* und der *Revue des Deux Mondes* dienen Heine zwei herausragende publizistische Organe in Deutschland und Frankreich als Medien seiner Vermittlertätigkeit.

Heine betreibt eine Form des Kulturtransfers, die nicht von einer gefestigten Identität, einem eindeutig bestimmbaren nationalen Zugehörigkeitsgefühl ihren

Ausgang nimmt. Sein schreibendes Ich agiert in einem ‚Dazwischen'. Sein Schreiben vollzieht sich in den Referenzräumen des Deutschen, Französischen und Europäischen ebenso wie im kulturellen Raum der jüdischen Minderheit. Gerade ihr wird in jüdischen Selbstpositionierungen die Bedeutung einer Eliteschmiede für den europäischen Emanzipationsprozess zugeschrieben: „Die Juden sind die Lehrer des Kosmopolitismus und die ganze Welt ist ihre Schule. Und weil sie die Lehrer des Kosmopolitismus sind, sind sie auch die Apostel der Freiheit" (Börne, *Briefe aus Paris*, 758; vgl. III.2 KILCHER). In Heines – als ‚diasporisch' markiertem – Schreibverfahren hat der jüdische Kontext maßgeblichen Anteil daran, die Konstrukthaftigkeit des Eigenen und des Anderen aufzudecken. Seine Schreibbewegungen folgen einer geschichtsbezogenen Selbstauslegung, in der sich Heines Stimme gegen den Mehrheitsdiskurs nicht eindeutig als Stimme des Anderen identifizieren lässt (Fritzlar 2013). In Heines Texten verschafft sich ein ironisch gebrochenes Ich Geltung, das dem nationalen Denken nicht nur bilderstürmerisch gegenüber steht, sondern das Gefangensein in ihm stets mitreflektiert: „Das ist es. Deutschland, das sind wir selber" (*Vorrede zu Salon I*, DHA, 5, 374).

Solche Gebrochenheit gebiert Widersprüche. Auf der einen Seite prognostiziert Heine: „täglich verschwinden mehr und mehr die thörigten Nationalvorurtheile, alle schroffen Besonderheiten gehen unter in der Allgemeinheit der europäischen Civilisation, es giebt jetzt in Europa keine Nazionen mehr" (*Reise von München nach Genua*, DHA,7.1, 69); auf der anderen Seite beteiligt er sich an der Reformulierung von Nationalcharakteren, für die ihm eine Vielzahl lang tradierter Völker-Stereotypen zu Gebote steht (Stanzel 1997; Florack 2001). Heine bedient sich dieser Stereotypen vielfach, sei es, um England aus seiner Europakonzeption auszugrenzen (Stauf 1997, 170 u. 410–411) oder die Franzosen und Deutschen als die „auserwählten Völker der Humanität" erscheinen zu lassen (*Vorwort zu Deutschland. Ein Wintermährchen*, DHA, 4, 301). Ihre unterschiedlichen Nationalcharaktere sollen beide Nationen dazu befähigen, sich der europäischen Emanzipation in gemeinsamer Anstrengung anzunehmen: Französischer Esprit und rasche Tatbereitschaft gepaart mit deutschem Ernst und Zögern im Handeln. Das Defizitäre der einen Nation ist in Heines deutsch-französischem Ergänzungsmodell ein Glücksfall für die andere: „[...] denn wir haben beide, Franzosen und Deutsche, in der jüngsten Zeit viel von einander gelernt; jene haben viel deutsche Philosophie und Poesie angenommen, wir dagegen die politischen Erfahrungen und den praktischen Sinn der Franzosen; beide Völker gleichen jenen homerischen Heroen, die auf dem Schlachtfelde Waffen und Rüstungen wechseln als Zeichen der Freundschaft" (*Französische Zustände*, DHA,12.1, 178).

Bis in die vierziger Jahre hinein schreibt Heine den tatbereiten Franzosen die politisch-revolutionäre Vorreiterrolle in diesem Bündnis zu. Erst seine Enttäuschung über den Verlauf der Französischen Revolution von 1848 bringt diese

Nobilitierung ins Wanken. Nun macht er sich oft ein Vergnügen daraus, das Langsame und Nachdenkliche der philosophischen Nation – ironisch auf den deutschen Erwählungsgedanken (s. u.) anspielend – gegen die Bereitschaft zum schnellen Handeln und die Gefahr des Scheiterns in der politischen Nation auszuspielen: „Am Ende ist auch wenig daran gelegen, daß wir [...] durch Stillstand einige hundert Jährchen verlieren, denn dem deutschen Volk gehört die Zukunft, und zwar eine sehr lange bedeutende Zukunft" (*Lutezia*, DHA, 13.1, 114). So sehr auch in solchen ironischen Kulturdiagnosen der Spott über die deutsche Rückständigkeit die Oberhand behält, so wenig ist zu übersehen, dass die Französische Revolution in den ab Mitte der vierziger Jahre erscheinenden Paris-Reportagen ihren europäischen Kredit zunehmend verspielt. Vor dem Hintergrund der Wahrnehmung des labilen Friedens der Juli-Monarchie und des wachsenden Einflusses von Industrie und Kapital wird der deutsche Beitrag in Heines deutsch-französischem Kulturtransfer nun sichtlich stärker gewichtet (Stauf 2010, 80–123).

Heine entfaltet ein Denken in Vermischungen, Verkettungen und in vernetzten Strukturen, das so neu nicht ist. Das Fremde und Andere als Modell oder Vorbild aufzunehmen, ist seit dem Bestehen von Literatur ein selbstverständliches Vorgehen, wenn es sich auch von Generation zu Generation neu zu rechtfertigen hat. Die Romantik, deren „letzte[s] / Freye[s] Waldlied" (*Atta Troll. Ein Sommernachtstraum*, Caput XXVII) Heine als selbsternannter „romantique défroqué" (Vorwort zu *Geständnisse*, DHA, 15, 13) anstimmt, rückt die Gemeinsamkeit der Literatur, ihrer Gattungen und Stoffe ins Zentrum ihrer poetologischen Reflexionen und Gattungsbestimmungen (vgl. IV.2 SCHMITZ-EMANS). Nicht nur Cervantes und Shakespeare, sondern auch Dante, Petrarca, Boccaccio und Calderón werden in das romantische Programm integriert und für den antiaufklärerischen Diskurs funktionalisiert (Neubauer-Petzoldt 2011, 134). Die entscheidende Rolle bei der Wiederentdeckung Dantes kommt Heines Berliner Lehrer August Wilhelm Schlegel zu, der als erster die *Divina Commedia* in einer brauchbaren Übersetzung vorlegt und den Deutschen in seiner Theorie der Übersetzung eine Disposition für das Transnationale zuschreibt, die Heines Aufgehen der Nationen in der Allgemeinheit der europäischen Zivilisation präfiguriert: „[...] ihre Nationalität besteht darin, sich derselben willig entäußern zu können" (*Kritische Schriften und Briefe*, II, 24). Neben Schlegel wird Schelling zu Dantes idealistischem Fürsprecher, und Dante behält auch bei Heine, trotz drastischer Profanierungen, den Status einer transkulturellen Symbolfigur von Rang (Trabert 2011, 181–182). Übertroffen wird er noch von Cervantes. Quichottistisches Gedankengut verbindet allenthalben die kulturellen Räume in Heines Werk (Joeres 2012, 372–380).

An der Herausbildung eines Schreibens zwischen den nationalen Kulturen ist um 1800 ebenso die Weimarer Klassik beteiligt. Schiller bezeichnet es als „armseliges kleinliches Ideal, für eine Nazion zu schreiben, einem „philosophischen Geist" sei „diese Grenze durchaus unerträglich" (*Brief an Körner*, 118). Goethe nimmt vor allem die Bewegung wahr, die die Literatur infolge ihrer zunehmenden Kommerzialisierung, ihrer sprunghaft gesteigerten Vervielfältigung und ihrer weitflächigen Verbreitung erfasst hat. Als Herausgeber und Hauptautor einer europäischen Kulturzeitschrift beteiligt er sich aktiv an der transnationalen Vermittlung von Literatur. Seine Vorstellung von einer sich herausbildenden „allgemeinen Weltliteratur", von einem „Weltumlauf" (*Ueber Kunst und Alterthum*, Bd. 6, 1827, 131), in den alles verfügbare Wissen und die Techniken aller Kulturen zunehmend geraten, bringt eine globale Dimension in den Blick, die auf der Beobachtung des Austausches zwischen Einzelliteraturen unter den Bedingungen moderner Kommunikationsverhältnisse basiert (Koch 2005, 51; vgl. III. 1 GOSSENS). Versteht man Globalisierung historisch als einen Makroprozess der Neuzeit, lässt sich bereits um 1800 ein Globalisierungsbewusstsein nachweisen, das aus einer anhaltenden Debatte über die zunehmende Verkettung der Nationen hervorgeht (vgl. II.5 REICHARDT). Kein Zufall ist es, dass Historiker 1770 das Projekt einer empirischen Weltgeschichtsschreibung verfolgen (Gatterer, Schlözer), dass 1795 die Möglichkeit einer globalen Rechtsgemeinschaft der Staaten diskutiert wird (Kant: *Vom ewigen Frieden*) und dass im Deutschen um 1800 Komposita wie *Welt*wirtschaft, *Welt*verkehr, *Welt*markt, *Welt*öffentlichkeit, *Welt*politik auftauchen (Koch 2005, 56).

2. Europavisionen in weltbürgerlicher Absicht

Die eurozentrische Perspektive derartiger Komposita ist freilich nicht zu übersehen. Wer im 18. und 19. Jahrhundert von Welt spricht, meint in der Regel Europa (vgl. III.5 LÜTZELER). Auch Heines Auffassungen zur Verkettung der Nationen bewegen sich im Horizont seines europäischen Denkens. Doch Heine beschwört zugleich immer wieder die Macht einer globalen „geistige[n] Parteypolitik", die den Bestand und den Einfluss von Nationen unterminiert.

An diesem, seinem eigenen transnationalen Wunschdenken, reibt sich Heines deutsch-französische Europavision. Sie stößt mit ihrem spezifischen Interesse zugleich in ein nationales Konfliktfeld, das im Zuge des neu aufgeflammten Nationalhasses zum einen auf Abgrenzung gegenüber Frankreich drängt, zum anderen aber noch der Idee einer Kulturnation anhängt, deren politische Grenzen sich nicht klar bestimmen lassen: „Deutschland? Aber wo liegt es? Ich weiß das Land nicht zu finden. Wo das gelehrte beginnt, hört das politische auf" (Goethe und Schiller, *Xenien*, Nr. 95, 1797). Signifikant für die deutsche Selbstdefinition als Kulturnation ist das Leiden an Deutschland, das in den Kulturdiagnosen des 18. Jahrhunderts vor allem dem Fehlen einer Hauptstadt angelastet wird (Wiedemann 1993). Da liegt es nahe, aus der nationalen Not eine kosmopolitische Tugend zu machen und die eigene politische Unbehaustheit zum nach allen Seiten offenen, toleranten, sich überall heimisch fühlenden Weltbürgertum umzuinterpretieren (Theile 2000, 30–31). Während in Frankreich Patriotismus und Kosmopolitismus in der Regel einen Gegensatz bilden, wird dem Patriotismus in der deutschen Diskussion in den meisten Fällen eine humane Mission in weltbürgerlicher Absicht zuerkannt (Albrecht 2005, 393). Große Teile der deutschen literarischen Intelligenz leisten einer kosmopolitischen Europa-Mission Vorschub, die auch in Heines Werk Spuren hinterlassen hat.

Ein Beispiel: In der Vorrede zu *Deutschland. Ein Wintermährchen*, spielt Heine auf ein Weltbürgertum an, das er hier als „Höhe des deutschen Gedankens" bezeichnet und in spektakulärer, spöttisch-ironischer Rede gegen jene „Pharisäer der Nazionalität" ins Feld führt, die sich in fremdenfeindlicher Absicht mit den deutschen Nationalfarben schmücken und „in der Tagespresse den Ton angeben." Die Argumente der nationalistisch gesinnten Meinungsmacher vorwegnehmend („Ich höre schon ihre Bierstimmen: du lästerst sogar unsere Farben Verächter des Vaterlands, Freund der Franzosen [...]), kehrt Heine den Spieß um: „Beruhigt Euch. Ich werde Eure Farben achten und ehren, wenn sie es verdienen [...]. [...] pflanzt die schwarz-rot-goldene Fahne auf die Höhe des deutschen Gedankens, macht sie zur Standarte des freyen Menschenthums, und ich will mein bestes Herzblut für sie hingeben. [...] wenn wir das vollenden, was die Franzosen begonnen, wenn wir diese überflügeln in der That, wie wir es schon getan im Gedanken, [...] wenn wir die Dienstbarkeit bis in ihrem letzten Schlupfwinkel, dem Himmel, zerstören, [...] wenn wir das arme, glückenterbte Volk und den verhöhnten Genius und die geschändete Schönheit wieder in ihre Würde einsetzen, wie unsere großen Meister gesagt und gesungen, und wie wir es wollen, wir, die Jünger – ja, nicht bloß Elsaß und Lothringen, sondern ganz Frankreich wird uns dann zufallen, ganz Europa, die ganze Welt – die ganze Welt wird deutsch werden!" (*Deutschland ein Wintermährchen*, 4, 300–301).

In typischer Manier greift Heine mit der schwarz-rot-goldenen Fahne ein nationales Symbol auf und bringt es als scharf geschliffene Waffe gegen die nationalistischen ‚Fahnenträger' in Stellung. Seine sprachlichen Konstruktionen lassen den Nationalstolz nur als Stolz auf die Errungenschaften der Französischen Revolution und den durch sie eingeleiteten Geschichtsprozess gelten, der zur Befreiung aus religiöser Bevormundung, politischer Unterdrückung und sozialer Erniedrigung führen soll. Seine Berufung auf die herausragenden Köpfe der deutschen Literatur und Philosophie („unsre großen Meister") gibt diesen Freiheitsforderungen zusätzliches Gewicht und überantwortet den patriotischen Furor damit einer revolutionären Bewegung, die Heines Wunschdenken zufolge in einer transnationalen Selbstaufhebung der Nation münden wird (s. o.). Der ironische Bezug auf das ‚Deutschwerden' der ganzen Welt markiert an dieser Stelle mithin zugleich das Ende aller ‚Deutschheit' und lässt den aktuellen Streit um politische Grenzen zwischen Frankreich und Deutschland gegenstandslos erscheinen.

Heines Umgang mit dem Begriff ‚Patriotismus' ist nicht eindeutig. In der *Romantischen Schule* unterstellt er allein dem französischen Patriotismus weltbürgerliche Absichten (s. u.). Im *Wintermährchen* beruft er sich hingegen auf die Tradition eines weltbürgerlich gesinnten deutschen Patriotismus. Nimmt man diesen historisch etwas näher in den Blick, kann die Unterscheidung zwischen Autoren und Texten, die den Nationendiskurs nationalistisch affirmieren oder durch Unterlaufen der nationalen Narrative kosmopolitisch transformieren, schon bei Herder nicht eindeutig getroffen werden. Hervorgehoben werden meist Herders Gedanken zur „inneren Kohärenz und Selbstbezüglichkeit von Nationalkulturen" (Schulze-Engler 2002, 67). Seltener kommen sein Plädoyer für eine interkulturelle Vernetzung der Völker (Köhler, 2012) oder seine für die Zeit überraschende Abkehr vom Eurozentrismus in den Blick, die eine neue Sicht auf das Andere und Fremde ermöglichen. Herder betont nicht nur die Eigenwertigkeit der Kulturen. Er ist zugleich daran interessiert, ein die Nationen übergreifendes „Publikum über die Völker" zu bilden (*Briefe zur Beförderung der Humanität*, 284). Das zielt auf eine interkulturelle Verständigung, die neben den Europäern z. B. auch die Inder, Perser, Hebräer und Araber mit einbegreift. Herders Kulturtheorie stellt dem Prinzip der nationalen Identität stets das Prinzip der Interkulturalität an die Seite (Stauf 2007, 57).

Interkulturelles Denken zeichnet auch die Literaturbewegung der Romantik aus. Sie situiert ihre nationalen Ansprüche und Entwürfe in einem europäischen Feld, das durch programmatische Titel wie etwa *Die Christenheit oder Europa* von Novalis (1799) oder der Zeitschrift Friedrich Schlegels, *Europa* (1803–1805) markiert wird. Das Europa-Projekt der Frühromantiker „symbolisiert den Blick ins Freie als eine geistige Richtung" (Brown 2007, 204) und vollzieht dabei eine dialektische Rückwendung auf Kulturen der Vergangenheit. Novalis projiziert den Europagedanken in Form einer universalistischen Einheitsutopie auf das christliche Mittelalter („Es waren schöne glänzende Zeiten, wo Europa ein christliches Land war, wo *Eine* Christenheit diesen menschlich gestalteten Welttheil bewohnte") und entfaltet die Vision eines zukünftigen europäischen Friedensfestes, auf dem die Nationen zu den „ehemaligen Altären in bunter Vermischung treten" sollen (*Die Christenheit oder Europa*, 3, 507 u. 523). Novalis' zufolge allen voran die Deutschen. Während andere europäische Nationen durch „Krieg, Spekulation und Partey-Geist" zerrissen sind, „bildet sich der Deutsche mit allem Fleiß zum Genossen einer höhern Epoche der Cultur und dieser Vorschritt muß ihm ein großes Übergewicht über die Andere[n] im Verlauf der Zeit geben" (*Die Christenheit oder Europa*, 3, 519).

Bei Friedrich Schlegel wird der mittelalterliche europäische Kulturraum, den er auf seinen Reisen durch das napoleonisch neugeordnete Europa durchquert, zum Symbol für das romantische Streben nach einem neuen Ganzen. Das Gegenbild dazu gibt die Metropole Paris ab, die als aktueller Erfahrungs- und Reflexionsraum eines allgemeinen Getrenntseins ausgewiesen wird (Steiger 2005, 313–319). In Paris beklagt Schlegel die fehlende Einheit Europas: „[D]as eigentliche Europa muß erst noch entstehen. Was wir bisher davon kennen, jenes Phänomen der Trennung, ist nur die erste Äußerung [...]" (*Reise nach Frankreich*, 78). Eine Abwertung des französischen und eine Aufwertung des deutschen Nationalcharakters ist die Folge dieser Bestandsaufnahme. War für den jungen Schlegel „die universelle, politische wie kulturelle Aufhebung der Differenzen Ziel des europäischen wie welthistorischen Prozesses" (Albrecht 2005, 317), tritt an deren Stelle nach 1800 ein nationales Projekt in weltbürgerlicher Absicht. Nun ist die Rede von Deutschland als einem „schlummernden Löwen", von einer künftigen Weltgeschichte, die „noch voll seyn" werde „von den Thaten der Deutschen" (*Reise nach Frankreich*, 61). Schlegel schreibt dem europäischen Denken eine Schwäche zu, die den Aufschwung des deutschen Geistes, zugunsten einer Rettung des europäischen Fortschritts, als zwingend erscheinen lässt. In dem Anfang des Jahres 1800 entstandenen Gedicht „An die Deutschen" heißt es dazu kurz und knapp: „Europas Geist erlosch; in Deutschland fließt / Der Quell der neuen Zeit [...]" (*Kritische Ausgabe*, 5, 300). Eine übernationale Mission des deutschen Geistes propagiert auch Friedrichs Bruder August Wilhelm, der in seinen *Berliner Vorlesungen* die Brücke vom Orient zu Deutschland schlägt: „wenn der Orient die Region ist, von welcher die Regeneration des Menschengeschlechts ausgehen [wird], so ist Deutschland als der Orient Europas zu betrachten" (*Vorlesungen über schöne Literatur und Kunst*, 34–35). Und selbst Schiller bedient sich in einem unbetitelten Gedichtfragment aus dem Jahr 1801 dieser Erwählungsrhetorik: „Ihm [dem Deutschen, d. V.] ist das Höchste bestimmt, / [die Menschheit die allgemeine, / in sich zu vollenden und das / Schönste, was bei allen Völkern / blüht, in einem Kranze zu vereinen] / [...] Er ist erwählt von dem Weltgeist, während / des Zeitkampfs an dem ewgen Bau der Menschenbildung / zu arbeiten, / zu bewahren, was die Zeit bringt. [..] den großen Prozeß der Zeit zu gewinnen. Jedes Volk hat / seinen Tag in der Geschichte, doch der Tag / des Deutschen ist die Ernte der ganzen Zeit –" ([*Deutsche Größe*], *Werke*, II.1, 433).

Heine greift auf die Stereotypen dieser Nationalcharakterdiskussion zurück und dekonstruiert sie zugleich. Seine ironischen und parodistischen Anleihen bei der Erwählungsrhetorik der idealistisch-romantischen Tradition zielen darauf ab, einen revolutionären, transnationalen Kern in den nationalen Mythen aufzudecken. Seine Profanierungen des Religiösen übertragen den Erwählungsgedanken auf den Prozess und das Geschehen der Revolution selbst. Gegen das französische Feindbild in der deutschen Publizistik (Ziethen 2014) etabliert Heine ein Europabild, das Paris als neue „Hauptstadt der Welt" und als Zentrum der europäischen Zivilisation ausweist: „Die Franzosen sind aber das auserlesene Volk der neuen Religion, in ihrer Sprache sind die ersten Evangelien und Dogmen verzeichnet, Paris ist das neue Jerusalem, und der Rhein ist der Jordan, der das geweihte Land der Freiheit trennt von dem Lande der Philister" (*Englische Fragmente*, DHA 7.1, 269). Den Bewohnern des „neuen Jerusalems" schreibt Heine eine großzügige patriotische Gesinnung in weltbürgerlicher Absicht zu, während er das „Land der Philister" im Gegenzug als nationalistisch engherzig und fremdenfeindlich kritisiert (*Die romantische Schule*, DHA 8.1, 141). Dort, wo Heine das Deutsche nobilitert, unterscheidet er sich von der kulturimperialistischen Erwählungsrhetorik seiner Vorgänger dadurch, dass er das Nationale einer dynamischen Bewegung unterwirft, der eine transnationale Utopie zugrunde liegt (Stauf 1997, 23–57).

Am weitesten entfernt sich Heines poetische Zeitgenossenschaft vom Nationen- und Europadiskurs der Klassik und Romantik durch eine offene Schreibewegung, die seismografisch auf die nationalen und europäischen Ereignisse reagiert. Von ihm selbst als „daguerrotypisch" bezeichnet, gibt Heines späte Paris-Berichterstattung dem Transitorischen, Unsicheren und Flüchtigen zunehmend Raum (*Zueignungsbrief* an den Fürsten Pückler-Muskau zu *Lutezia*, DHA 13.1, 19). Paris als „neue[s] Jerusalem" rückt hier in ein zwiespältiges Licht fortschrittlicher und rückschrittlicher Erscheinungen. Der weltgeschichtliche Ausgang des mit der Juli-Revolution von 1830 eingeleiteten transnationalen Prozesses erscheint ungewiss. Heine spricht von „Weltverwirrung" (*Lutezia*, DHA, 8.1, 151). Im Zuge dieser Kontingenzerfahrungen rückt die Figur der Bewegung ins Zentrum seiner Paris-Reportagen. Tanzmetaphern bezeichnen einen Schwebezustand der Verhältnisse („,Wir tanzen hier auf einem Vulkan' – aber wir tanzen", *Lutezia*, DHA 8.1, 154). In dem Bild vom Tanz auf dem Vulkan ist die utopisch-revolutionäre Perspektive der dreißiger Jahre zwar noch als fragile Hoffnung präsent („aber wir tanzen"). Geschichtliche Prognosen wagt Heine in seinem Spätwerk indes nicht mehr. Dieses lässt offen, ob es in der sich herausbildenden Kommunikations- und Wissensgesellschaft zu einer transnationalen Angleichung politischer und sozialer Organisationsformen kommen wird oder ob sich die partikularen Identitäten und mit ihnen das Gefühl einer kulturellen und nationalen Differenz weiter ausbilden.

Literaturverzeichnis

Albrecht, Andrea. *Kosmopolitismus. Weltbürgerdiskurse in Literatur, Philosophie und Publizistik um 1800*. Berlin und New York: de Gruyter, 2005.

Börne, Ludwig. *Briefe aus Paris. Sämtliche Schriften. Bd. 3.* Hrsg. von Inge und Peter Rippmann. Düsseldorf: Metzler, 1964.

Becker, Katrin. *„Die Welt entzwei gerissen". Heinrich Heines Publizistik der 1830er Jahre und der deutsch-französische Kulturtransfer*. Online-Publikation 2008. http://d-nb.info/1000457567/34 (13. 02. 2015).

Briefwechsel zwischen Schiller und Körner. Hrsg., ausgewählt und kommentiert von Klaus L. Berghahn. München: Winkler, 1973.

Brown, Hilda. „Der Blick hinaus. Deutsche Literatur und Weltliteratur im Zeitalter der Romantik". *Akten des XI. Internationalen Germanistenkongresses Paris 2005. ‚Germanistik im Konflikt der Kulturen'*. Hrsg. von Jean-Marie Valentin unter Mitarbeit von Stéphane Pesnel. Bern i.a.: Peter Lang, 2007. 205–210.

Ette, Ottmar. *ZwischenWeltenSchreiben. Literaturen ohne festen Wohnsitz*. Berlin: Kadmos, 2005.

Florack, Ruth. *Tiefsinnige Deutsche, frivole Franzosen. Nationale Stereotype in deutscher und französischer Literatur*. Stuttgart: Metzler, 2001.

Fritzlar, Lydia. *Heinrich Heine und die Diaspora. Der Zeitschriftsteller im kulturellen Raum der jüdischen Minderheit*. Berlin und Boston: de Gruyter, 2013.

Goethe, Johann Wolfgang von. *Ueber Kunst und Alterthum (in den Rhein und Mayn Gegenden)* 6 Bde. Stuttgart 1816–1832. Bd. 6, 1827.

Heine, Heinrich. *Historisch-kritische Gesamtausgabe der Werke*. Hrsg. von Manfred Windfuhr. Bd. 1–16. Hamburg: Hoffmann und Campe, 1973–1997. (= DHA).

Heine, Heinrich. *Säkularausgabe. Werke. Briefwechsel. Lebenszeugnisse*. Hrsg. von den Nationalen Forschungs- und Gedenkstätten der klassischen deutschen Literatur in Weimar und dem Centre National de la Recherche Scientifique in Paris. 27 Bde. Berlin und Paris: Akademie-Verlag, 1970–1984. (= HSA).

Herder, Johann Gottfried. *Briefe zu Beförderung der Humanität*. Neu herausgegeben durch Johann von Müller. Stuttgar und Tübingen: J. G. Cotta'sche Buchhandlung, 1829.

Joeres, Yvonne. *Die „Don-Quijote"-Rezeption Friedrich Schlegels und Heinrich Heines im Kontext des europäischen Kulturtransfers. Ein Narr als Angelpunkt transnationaler Denkansätze*. Heidelberg: Winter, 2012.

Koch, Manfred. „Goethes ‚Weltliteratur' – Ein ambivalenter Erwartungsbegriff". *Zeitschrift für Soziologie*. Sonderheft: *Weltgesellschaft. Theoretische Zugänge und empirische Probleme*. Hrsg. von Bettina Heinz, Richard Münch und Hartmann Tyrell. Stuttgart: Lucius & Lucius, 2005. 51–68.

Köhler, Sigrid G. „Nationale ‚Hirngemälde'. Bildpoetik, Selbstgefühl und die Schatzkammern der Nation bei Johann Gottfried Herder." *Das Imaginäre der Nation. Zur Persistenz einer politischen Kategorie in Literatur und Film*. Hrsg. von Katharina Grabbe, Sigrid G. Köhler und Martina Wagner-Egelhaaf. Bielefeld: transcript, 2012. 25–50.

Neubauer-Petzoldt, Ruth. „‚eine neue Welt den Deutschen aufzuschließen': Ludwig Tiecks Übersetzungen des ‚Don Quixote' und der Werke Shakespeares zwischen Aktualisierung und Universalisierung". *„Das Fremde im Eigensten". Die Funktion von Übersetzungen im Prozess der deutschen Nationenbildung*. Hrsg. von Bernd Kortländer und Sikander Singh. Tübingen: Narr Francke Attempto, 2011. 129–148.

Novalis. Schriften. Die Werke Friedrich von Hardenbergs. Hrsg. von Paul Kluckhohn und Richard Samuel in Zusammenarbeit mit Hans-Joachim Mähl und Gerhard Schulz. Bd. 2: Das philosophische Werk I u. Bd. 3: Das philosophische Werk II. Stuttgart: Kohlhammer, 1965 u. 1968.

Sammons, Jeffrey L. „Wie die Literaturwissenschaft sich einen Weltbürger schafft und abschafft: Heinrich Heines zugeschriebene Rolle als beispielhafter Europäer unserer Zeit". *Akten des XI. Internationalen Germanistenkongresses Paris 2005. ‚Germanistik im Konflikt der Kulturen'*. Hrsg. von Jean-Marie Valentin unter Mitarbeit von Stéphane Pesnel. Bern i.a.: Peter Lang, 2007, 2. Bnd. Teil IIB. 193–197.

Schiller, Friedrich. [*Deutsche Größe*]. Werke. Nationalausgabe. 2. Bd. Teil IIB: Gedichte. Anmerken zu Band. 2.I. Hrsg. von Georg Kurscheidt u. Norbert Oellers. Weimar: Böhlau, 1993.

Schlegel, August Wilhelm. „Vorlesungen über schöne Literatur und Kunst". 3. Teil (1803–1804): *Geschichte der romantischen Literatur* [= Deutsche Literaturdenkmäler des 18. und 19. Jahrhunderts in Neudrucken. Hrsg. von Bernhard Seuffert. Bd. 19]. Stuttgart: Göschen, 1884.

Schlegel, Friedrich. „Reise nach Frankreich". *Kritische Friedrich-Schlegel-Ausgabe*. Bd. 7. Hrsg. und eingeleitet von Ernst Behler. München i. a.: Schöningh, 1966. (= KFSA).

Schulze-Engler, Frank. „Transnationale Kultur als Herausforderung für die Literaturwissenschaft". *Zeitschrift für Anglistik und Amerikanistik*. I.1 (2002): 65–79.

Stanzel, Franz K. *Europäer. Ein imagologischer Essay*. Heidelberg: Winter, 1997.

Stauf, Renate. *Der problematische Europäer. Heinrich Heine im Konflikt zwischen Nationenkritik und gesellschaftlicher Utopie*. Heidelberg: Winter, 1997.

Stauf, Renate. *Heinrich Heine. Gedichte und Prosa*. Berlin: Erich Schmidt, 2010.

Stauf, Renate. „‚Was soll überhaupt eine Messung aller Völker nach uns Europäern?'. Der Europagedanke Johann Gottfried Herders". *Johann Gottfried Herder: Europäische Kulturtheorie zwischen historischer Eigenart und globaler Perspektive*. Hrsg. von Renate Stauf und Cord-Friedrich Berghahn. Heidelberg: Winter, 2007 (= Sonderheft der Germanisch Romanischen Monatsschrift, 57.1 (2007): 45–61).

Steiger, Meike. „Eine ‚Große Karte Europas'. Friedrich Schlegels Reise-, Literatur- und Kunstbeschreibung um 1800." *Topographien der Literatur. Deutsche Literatur im transnationalen Kontext*. Hrsg. von Hartmut Böhme. Stuttgart und Weimar: Metzler, 2005. 313–327.

Theile, Gert. „Verteufelte Humanität. Weltbürger und Weimaraner in gutmeinender Absicht". *Weltbürgertum und Globalisierung*. Hrsg. von Norbert Bolz, Friedrich Kittler und Raimar Zons. München: Fink, 2000. 29–41.

Trabert, Florian. „‚Die Hölle des Dante'. Zu Heinrich Heines produktiver Dante-Rezeption im Spannungsfeld von Patriotismus und Exilerfahrung". *„Das Fremde im Eigensten". Die Funktion von Übersetzungen im Prozess der deutschen Nationenbildung*. Hrsg. von Bernd Kortländer und Sikander Singh. Tübingen: Narr Francke Attempto, 2011. 179–195.

Wiedemann, Conrad. „Deutsche Klassik und nationale Identität. Eine Revision der Sonderwegs-Frage". *Klassik im Vergleich: Normativität und Historizität europäischer Klassiken*. Hrsg. von Wilhelm Voßkamp. Stuttgart und Weimar: Metzler, 1993. 541–569.

Würfel, Stefan Bodo. „Geistige Bastillen und Tempel der Freiheit. Zur Konstruktion politischer Identität bei Heine im Spannungsfeld von Nationalismus und Kosmopolitismus". *Aufklärung und Skepsis. Internationaler Heine-Kongreß 1997*. Stuttgart i.a.: Metzler, 1999. 137–152.

Ziethen, Sanne. „‚... im Gegensatz erst fühlt es sich nothwendig". *Deutsch-französische Feindbilder (1807–1930)*. Heidelberg: Winter, 2014.

IV.4 ‚Zigeuner'-Figuren: Transnationalität zwischen Stigma und (künstlerischer) Autonomie

Iulia-Karin Patrut

Mit der stigmatisierenden Fremdbezeichnung ‚Zigeuner' werden seit dem 15. Jahrhundert im deutschsprachigen Raum unterschiedliche Personengruppen erfasst bzw. als solche konstruiert. Je nachdem, ob die Konstruktion dieser Gruppen beispielsweise in juridischen Texten (Erlasse, Verordnungen, Anweisungen, ‚Zigeunergalgen'), in Nachrichtenmedien (Flugblätter, Beilagen, Tages- und Wochenpresse) oder in literarischen und künstlerischen Darstellungen stattfand, entfaltete sie verschiedene, zum Teil sogar gegensätzliche Valenzen, Funktionen und soziale Wirksamkeit.

1. Transnationalität und Inklusion/Exklusion: ‚Zigeuner' als Grenzfigur und Gegenfolie

Konstant bleibt über Jahrhunderte hinweg, dass der Begriff ‚Zigeuner' einerseits als Gegenfolie des ‚Deutsch-Eigenen' dient und rein exkludierend gebraucht wird, andererseits eine Figur des Dritten meint, die als semantisch-produktive Gründungsfigur des ‚Deutsch-Eigenen' eingesetzt wird. In beiden Fällen impliziert der Begriff ‚Zigeuner' häufig – aber nicht immer – Transnationales.

In übergreifender Hinsicht dient die Darstellung von ‚Zigeunern' seit dem 16. Jahrhundert fast immer der Verhandlung des Eigenen (des ‚Christlichen', des ‚Deutschen', der ‚Nation' etc.). Die Leitkategorien der Selbstdefinition bestimmen seither den Diskurs über die ‚Zigeuner', dessen Wandel mit jenem der ‚deutschen' Selbstentwürfe korreliert (Patrut 2014). Hierbei handelt es sich um ein Spezifikum deutschsprachiger Texte und Diskursräume; in anderssprachigen Wissensformationen und Literaturen in Europa kommen ‚Zigeunern' andere Funktionen zu, und sie werden zur Zielscheibe unterschiedlich gelagerter Stigmatisierungen (Bogdal 2011). So sind sie beispielsweise in der rumänischen Literatur als Statthalter der eigenen (rumänischen) Nation anzutreffen, deren Gründung die ‚Zigeuner' stellvertretend vollziehen (wie in Ion Budai-Deleanus 1800 entstandenem Roman-Epos *Țiganiada*), während in der spanischen und französischen Literatur ‚Zigeuner' mit Erotik und Sexualität assoziiert werden (wie in Prosper Merimées *Carmen* von 1847 bzw. der gleichnamigen Oper George Bizets von 1875). Allgemein werden ‚Zigeuner' in osteuropäischen Literaturen weniger mit Transnationalem und stärker mit der Unterdrückung eines Volks, dem keine eigene Nation zugestanden wird, verbunden. Im Westen Europas (Spanien, Frankreich, Großbritannien) anhand von ‚Zigeuner'-Figuren (vermeintlich) Allgemeinmenschliches (von Liebe und Erotik bis zu Armut und sozialer Exklusion) verhandelt wird. Der deutschsprachige ‚Zigeuner'-Diskurs ist aufgrund seiner Ambivalenz komplexer und gerade im Hinblick auf Figurationen von Transnationalität (noch) problematischer. Dieser Diskurs wird vom 15. bis ins beginnende 20. Jahrhundert und teilweise noch danach von fünf Semantiken langer Dauer (Koselleck 1989) bestimmt, die koexistieren, denen aber jeweils unterschiedliches Gewicht zukommt – in Korrelation mit den zentralen Achsen ‚deutscher' Selbstentwürfe. Diese fünf Semantiken sind: a) Religion; b) Ethnizität; c) Kunst; d) Recht (insb. Zugehörigkeits- und Eigentumsrecht); sowie e) soziales Verhalten/Familie. All diese Felder sind geprägt von der Zuschreibung der Transnationalität, mit der sich ‚Zigeunerinnen' und ‚Zigeuner' konfrontiert sahen: Sie seien ‚überall und nirgends' (Breger 1998) zu Hause, sie würden jede Religion annehmen, hingen aber keiner tatsächlich an, ethnisch betrachtet seien sie zwar sicher Fremde, es sei aber ungewiss, ob sie überhaupt eine eigene Ethnizität besäßen, rechtlich gehörten sie im Zweifelsfall nicht zu den jeweiligen deutschen Herrschaftsgebieten bzw. ab 1871 zum Deutschen Reich, ob sie jedoch überhaupt eine andere Staatsangehörigkeit besäßen, stünde dahin (Bogdal 2011; Patrut 2014; Uerlings 2007). Ob das soziale Verhalten (etwa das Umherziehen in für Außenstehende unklar konturierten, großfamiliären Verbünden) als Sitte dieses Volks oder aber als ökonomische und juridische Taktik zu sehen sei, diskutieren Chroniken (z. B. Johannes Aventinus: *Annales Boiorum. Liber VII zum Jahre 1439*, [1522]), Abhandlungen (z. B. Johannes von Guler Weineck: *Raetia d. i. ausführliche und warhaffte Beschreibung der dreyen, löbl. Grawen Bünden und anderer retischer Völker*, 1616 oder Thomasius, Jacob: *Dissertatio philosophica de cingaris*, 1652) sowie sehr zahlreiche weitere expositorische Texte vom 16. bis ins beginnende 20. Jahrhundert. Dies geschieht durchgängig als Fremdbeschreibung, denn Stellungnahmen von Sinti, Roma und weiteren als ‚Zigeuner' Bezeichneten sind kaum überliefert (allenfalls kolportiert, wie bereits in Sebastian Münsters *Cosmographia* von 1544).

‚Zigeuner' stellen als ‚interne Fremde' mit ungewisser Herkunft, Religion, Sprache und Ethnizität eine große Herausforderung für die Versuche, homogene kollektive Identitäten als Gläubige, Untertanen, Volk und Nation zu entwerfen. Im Versuch, die ‚Zigeuner' in diesen Hinsichten endgültig zu definieren, nahm das Schrifttum über sie immer weiter zu, der Begriff wurde dabei jedoch keineswegs eindeutiger, sondern immer ambiger. Dies führte wiederum zu einer immer weiter anwachsenden Produktivität wissenschaftlicher und künstlerischer Auseinandersetzung mit ‚Zigeunern', deren Kehrseite die Stabilisierung der Stigmatisierung und Exklusion waren. Mit der Protuberanz der Semantiken geht die Sistierung der Zugehörigkeit von Personen, die als ‚Zigeuner' bezeichnet werden, einher. Negativer Kulminationspunkt dieser Entwicklung ist der Genozid an den als ‚Zigeuner' Bezeichneten während des Nationalsozialismus.

Exkludierenden Darstellungen zufolge sind ‚Zigeuner' im Hinblick auf

(1.) Religion: Heiden oder Sarazenen, bzw. deren Kundschafter oder (meist weibliche) Magier, Wahrsager und Teufelsanbeter;

(2.) Ethnizität: ein fremdes, aus dem ‚Orient' stammendes und überall verbreitetes Volk;

(3.) Kunst: betrügerische Schausteller, die niedere Triebe und Affekte ansprächen;

(4.) Recht: ohne Zugehörigkeitsrechte (i.S. des Heimatrechts) und damit Vogelfreie und

(5.) Sozietät: ‚Asoziale' *ante litteram*, deren Lebensform im Umherziehen und ohne feststellbare Ehe und Elternschaft der Kaschierung von Diebstählen und anderen kleinen Verbrechen diene. Laut der zweiten Gruppe ambivalenter Darstellungen sind ‚Zigeuner' dagegen Grenzfiguren im Hinblick auf die fünf genannten Semantiken.

(1.) In Bezug auf eine mögliche Religion werden sie als büßende und durch Europa pilgernde, neu bekehrte oder alte Christen erzählt, die zwischenzeitlich vom Glauben abgefallen waren bzw. als Pilger, die als Zeichen und zum Gedenken an die Flucht Christi nach Ägypten durch Europa zögen, nachdem ihre Vorfahren sich geweigert hatten, Maria und Jesu auf der Flucht vor Herodes in Ägypten zu beherbergen; (2.) Die Ethnizität der ‚Zigeuner' macht sie in der Darstellung zu Angehörigen einer alten Hochkultur (Indien oder Ägypten), die dem ‚Deutschen' ‚Ursprungsnähe' bzw. die Erinnerung und Präfiguration der ‚Goldenen Zeit' vermitteln könnten. Alternativ werden ‚Zigeuner' als ein zwar fremdes Volk beschrieben, das, möglicherweise aber einen gemeinsamen Ursprung mit den Deutschen besitzt – im Nationalsozialismus kulminiert diese Argumentationslinie in der Rede des SS-Amtes „Ahnenerbe" vom möglichen ‚Ariertum' der aus Indien stammenden ‚Zigeuner', was den Genozid an den Sinti und Roma aber nicht aufhielt;

(3.) In *künstlerischen* Darstellungen sind sie häufig Beobachter höheren Grades, die auch Vergangenheit und Zukunft überblicken, sich selbst aber der Beobachtung entziehen, verortet im blinden Fleck der Einheit aller Unterscheidungen im Text, wobei sie oft auch als Figuren der künstlerischen Selbstreflektion des Textes als Artefakt fungieren;

(4.) In *juridischen* und *administrativen* Texten und Kontexten tauchen sie als Vogelfreie, Illegale oder Inhaber uneindeutiger bzw. gefälschter Papiere und Pässe auf, deren Identität und Staatsangehörigkeit Abwägungsgegenstand sind

bzw. nach 1871 i. d. R. nur dann als Reichsbürger, wenn sie bereits im Heimatrecht als ortsansässig anerkannt und mit Pässen ausgestattet wurden, anderenfalls wird ihnen unterstellt, ‚Ausländer' zu sein;

(5.) Auf dem Diskursfeld der gesellschaftlichen Selbstthematisierung und – reflexion werden sie seit dem 16. Jahrhundert als ‚Asoziale' ante litteram stigmatisiert, die die Arbeit verweigern und sich den mühsam erworbenen Ertrag Anderer illegitim aneignen; anders allerdings in künstlerischen Darstellungen, in denen sie als zu Unrecht Ausgeschlossene vorkommen (Achim von Arnim: *Isabella von Ägypten*, 1812), die der Gesellschaft den Spiegel vorhalten und ihre Doppelbödigkeit aufzeigen, auch als ‚Schelmen'-Figuren (bereits in Hans Sachs' Fastnachtspiel *Die rockenstueben* von 1536).

Die Semantiken der fünf oben genannten Diskursfelder waren äußerst langlebig und immer wieder rekonfigurationsfähig, erhielten jedoch im Zeitalter der Nation eine bis dahin nie dagewesene Brisanz, weil gerade der Diskurs um die deutsche Nation auf dem Postulat ethnischer Homogenität beruhte und die interne Heterogenität auf Unterschiede zwischen früheren ‚Germanenstämmen' reduziert wurde.

Friedrich Ludwig Jahn formulierte den Ausschluss von ‚Zigeunern' sehr deutlich in seiner einflussreichen Schrift *Deutsches Volksthum*: „Nichts ist ein Staat ohne Volk, ein seelenloses Kunstwerk; nichts ist ein Volk ohne Staat, ein leibloser, luftiger Schemen, wie die weltflüchtigen Zigeuner und Juden" (Jahn 1810, 160). Analogiebildungen und Vergleiche zwischen ‚Zigeunern' und Juden in dieser Hinsicht kommen im langen 19. Jahrhundert sehr häufig vor – u. a. in Hans Moritz Gottlieb Grellmanns *Historischer Versuch über die Zigeuner* (1787), Theodor Tetzners *Geschichte der Zigeuner; ihre Herkunft, Natur und Art* (1835) und Friedrich Christian Benedikt Avé-Lallemants *Das deutsche Gaunerthum in seiner sozialpolitischen, literarischen und linguistischen Ausbildung zu seinem heutigen Bestande* (1858/62). Unter dem Vorzeichen der Nation nehmen exkludierende Darstellungen von ‚Zigeunern' insbesondere in expositorischen Texten (Polizeizeitschriften, publizistische Texte in Tages- und Wochenschriften und Beilagen wie *Die Gartenlaube*, auch Lehrbücher) zu, und auch die Institutionen und Organisationen, die den Einschluss/Ausschluss vollziehen, wandeln sich und erhöhen ihre Effizienz im Sinne der Wahrung der Homogenität der deutschen Nation; die Transnationalität der ‚Zigeuner' wird zunehmend zum Exklusionsgrund. Gleichzeitig behält der Begriff ‚Zigeuner' bis in die 1920er Jahre ein hohes Maß an Vagheit, die in geschichtswissenschaftlichen Arbeiten zur Polizei- und Verwaltungspraxis im regionalen Raum nachgewiesen wurde (Tatarinov 2015; Zimmermann 2000). Den einzelnen Polizeibeamten oblag es letztlich, zu entscheiden, ob jemand ‚Zigeuner' sei oder nicht; Alfred Dillmann begann 1905 mit der Datensammlung für ein so genanntes ‚Zigeuner'-Buch, das verdachtsunabhängig alle ‚Zigeuner' polizeidienstlich registrieren sollte und Daten wie Fingerabdrücke und Fotografien enthielt. Im Zeitalter der Nation wird ‚Zigeunern' ein größeres Bedrohungspotential zugeschrieben; schon bei Grellmann setzen malthusianistische biopolitische Überlegungen zur ‚Rentabilität' der ‚Zigeuner' als Untertanen ein, die im 19. Jahrhundert unter kriminalpolizeilichen Vorzeichen u. a. von Richard Liebich (1863) und Benedict Avé-Lallemant fortgesetzt werden; der Nutzen von ‚Zigeunern' als Untertanen, Steuerzahler und Staatsbürger wird in Abrede gestellt. Diese Argumentationslinie spitzt sich mit der Eugenik zu. Josef Jörger verfasste eine der Initialschriften dieser Disziplin, *Die Familie Zero* (1905), ausgehend von den Jenischen, die in der Schweiz noch bis in die 1970er Jahre als Umherziehende stigmatisiert und systematisch ihrer Kinder beraubt wurden, und behauptete einen Zusammenhang zwischen dem ‚Erbgut' der Jenischen und ihrer vermeintlichen gesellschaftlichen Nutzlosigkeit. Die von Alfred Dillmann angelegte Datensammlung wurde im Nationalsozialismus in die „Rassehygienische Forschungsstelle" weitergeleitet, wo Robert Ritter und Eva Justin die Argumentationslinie Josef Jörgers in Bezug auf die ‚Zigeuner' fortsetzten. Noch in der Nachkriegszeit wurde dieser Datenbestand von der so genannten „Landfahrerzentrale" der Münchner Polizei und von weiteren Behörden genutzt, unter anderem um Anträge von Überlebenden des Holocaust, als die sich Sinti und Roma verstanden, nach dem Wiedergutmachungsgesetz abzulehnen, da die betroffenen Sinti und Roma im Einzelfall angeblich selbst verschuldet (wegen ‚Asozialität') in Konzentrationslagern inhaftiert worden seien. Ab den 1970er Jahren hatte die Bürgerrechtsbewegung der Sinti und Roma auf diese Kontinuität aufmerksam gemacht, erst 1982 erkannte die Bundesregierung jedoch den Völkermord an Sinti und Roma als solchen an, und die Aufarbeitung des Umgangs mit den Opfern nach Kriegsende kam langsam voran (Rose 1999). ‚Asozialität' wurde seit dem ausgehenden 19. Jahrhundert zum bis heute wirkmächtigsten Stigma gegen Sinti und Roma (Uerlings 2007), das sich an der Schnittstelle dreier Diskursfelder, auf denen seit je her die Inklusion/Exklusion von ‚Zigeunern' verhandelt wurde, formiert hat: Ethnizität, Recht und Sozietät/Familie. Dieses Stigma unterstellt die Unfähigkeit zur sozialen Integration in nationalstaatliche Strukturen und selbstverschuldete Exklusion. Zuschreibungen von Transnationalität spielen dabei nach wie vor eine wichtige Rolle; in jüngster Zeit gab es Versuche, das Argument der Transnationalität inkludierend zu wenden, so etwa in einer vielbeachteten Schrift von Günter Grass, der Roma als die ‚ersten Europäer' beschreibt und dafür plädiert, dass die über 10 Millionen Roma in Europa stärker gefördert werden (Grass 2000).

Das mit den ‚Zigeunern' verbundene Transnationale wurde nicht ausschließlich exkludierend aufgefasst. Insbesondere in künstlerischen Darstellungen wurde das Transnationale inkludierend gewendet (schon in der Frühromantik analog zur unendlichen Semiose). Zuweilen – nicht immer – setzt allerdings eine instrumentalisierende, vereinnahmende Inklusion als vermeintlicher Statthalter ästhetischer Transnationalität ein. Ihre (vermeintliche) Autonomie in Bezug auf Religion, Gesellschaft, Staat, Nation etc. wurde als Projektionsfolie für die Entwicklung ästhetischer Autonomie verwendet. Imaginären ‚Zigeunerinnen' und ‚Zigeunern' kam in vielen Texten die Rolle künstlerisch-produktiver Hybridisierung im Sinne einer (auch emotionalen und moralischen) Veredelung des ‚Deutschen' zu. Georg Philipp Harsdörffers *Frauenzimmer Gesprächspiele* (1644) und weitere Texte aus dem Umfeld der protestantischen „Fruchtbringenden Gesellschaft" reklamieren die ‚Reinheit' deutscher Sprache und Literatur sowie ihre Vielfalt, ja sie sprechen sogar ausdrücklich von notwendiger ‚Pfropfung'. Diversität muss in den deutschen Selbstentwurf eingewoben werden, der erst dadurch seine eigene Stimme entwickeln und stetig an Komplexität und Mehrdeutigkeit gewinnen kann. Genau diese Funktion katalytischer ‚Pfropfung' erfüllen imaginäre ‚Zigeunerinnen'. Topisch wird der Einzug der ‚Zigeunerinnen' in die deutsche Literatur als *Musae Cingarae*. Nicht allein deutsch schreibende Protestanten wie Harsdörffer und Johannes Klaj (*Die Zigeunerische Kunstgöttinnen/oder Der freyen Künste und Wissenschaften Reisefahrt aus einem Königreiche in das ander, 1646*), sondern auch der Neulateiner Jakob Balde (*De musae cingarae, 1643*) rekurrieren dabei auf transnationale, aus Mesopotamien über Ägypten, Griechenland und Italien nach Nordeuropa und endlich auch nach Deutschland gekommene ‚Zigeunerinnen', die die Kunst nach Germanien bringen sollen.

‚Zigeunerische' Musen ermöglichen die Selbstfindung der deutschen Kunst, indem sie den mit dem Mythos der ‚goldenen Zeit' verbundenen ‚Ursprung' wieder gegenwärtig machen; darüber tritt die ‚deutsche Kunst' dann das Erbe antiker Hochkulturen – vor allem der ägyptischen und der griechischen – an. Konstitutiv für dieses Selbstverständnis ist die transnational-dystopisch-atemporale Verortung der ‚Zigeuner': Zugleich anwesend und abwesend, zugleich identisch mit dem ‚Deutschen' (im Ursprung und in einer präfigurierten Zukunft) und augenscheinlich different, werden sie im Kunstdiskurs zur aporetischen Gründungsfigur des ‚Deutsch-Eigenen' (Patrut 2015).

Diese Entwicklung findet ihren Höhepunkt während der Zeit um 1800, insbesondere in Texten des Sturm und Drang und der Romantik. ‚Zigeuner' waren hier häufig Grenzfiguren, in denen die (Un-)Möglichkeit der ‚Einheit' der Nation, der Wunsch nach Homogenität im (Un-)Wissen um vorhandene Diversität, das Phantasma der geradlinigen Genealogie im (Un-)Wissen um Disruptivität und Brüche verdichtet wurden. Die Paradoxien der deutschen Selbstbegründung als ‚Volk', ‚Nation' und ‚Bürgerschaft' werden in den ‚Zigeuner'-Darstellungen anschaulich. Damit vollzieht die Literatur einerseits eine Aufwertung der de facto aus der Gesellschaft weitgehend exkludierten ‚Zigeuner', andererseits vereinnahmt sie aber mitunter in dieser quasi-religiösen Denkfigur auch die ‚Niedrigsten', um das ‚Höchste' in ihnen zu erkennen, oder setzt sie zumindest als Figur des ‚Dritten' ein. Einige Texte thematisieren immerhin auch das faktische Exklusionsregime, dem ‚Zigeuner' ausgesetzt waren, und stellen durch das erzeugte Spannungsverhältnis zwischen ‚Zigeunern' als Ausgeschlossenen und ‚Zigeunern' als Gründungsfiguren des ‚Deutschen' sowohl den gesellschaftlichen Ausschluss als auch den ästhetisch erhobenen Standpunkt von ‚Zigeuner'-Figuren auf den Prüfstand. Dies gilt beispielsweise für Achim von Armims *Isabella von Ägypten* (1812), wo die Exklusion von ‚Zigeunern' auf egoistische Motive zurückgeführt wird: Solange diese auf ihren Pilgerfahrten durch Europa ihre Schätze bei sich getragen hätten, seien sie willkommen gewesen; „wehe aber allen Armen in der Fremde" (Arnim 1963, 453). Die reichen Genter Bürger bezichtigen Michael, den rechtschaffenen Herzog der ‚Zigeuner' (den Arnim vermutlich Münsters *Cosmographia* entnommen hat), zu Unrecht des Diebstahls und verurteilen ihn zum Tod durch den Strang; Er verteidigt sich: „Uns geht es wie den Mäusen, hat eine Maus den Käse angenagt, so sagt man: ‚die Mäuse sind's gewesen', da geht's an ein Vergiften, und Fangen aller, so sind wir Zigeuner jetzt nirgends mehr sicher als am Galgen!"' (Arnim 1962, 454) Etliche Erzählerberichte und -kommentare unterstützen Michaels Verteidigung: „Damals gab es ein strenges Recht gegen die Zigeuner, sie totzuschlagen, wo sie sich finden ließen" (Arnim 1962, 454); in einer ikonografisch an die Kreuzigung Jesu angelehnten Szene wird Michael zwischen zwei Verrätern im weißen Hemd gekreuzigt, um drei Tage später von den Seinen im Mondschein vom Kreuz genommen und geschmückt mit einer Dornenkrone in die Schelde gelegt zu werden, die ihn in seine Heimat, das mythische Ägypten, bringen soll. Die religiöse Ikonografie hinterfragt hier die gesellschaftliche Exklusion und rechtliche Benachteiligung der vorverurteilten ‚Zigeuner'. Der Berliner Autor, Buchhändler und Politiker Moritz Veit hat 1842 die Verteidigungsrede Michaels wörtlich zitiert und auf den Ausschluss der Juden in Preußen bezogen in einem Artikel, der in der *Allgemeinen Zeitung des Judenthums* und *der Rheinischen Zeitung* erschien, und die Muster der Exklusion von ‚Zigeunern' und Juden als transnationale ‚interne Fremde' parallelisiert. Andererseits lässt sich in Arnims Text anhand der Figur eines polnischen Juden, der die Fertigkeit hat, unter Einsatz eines technischen Apparats Golems nach den Wünschen seiner Auftraggeber zu erschaffen, deutlich, dass jüdische Transnationalität mit Gefahr, Verlockung und Bedrohung einhergeht. Während die transnationalen ‚Zigeuner' häufig (wehrlose) Projektionsfolie sind, treten (insbesondere männliche) jüdische Figuren als schwer beherrschbare Herausforderung in Erscheinung.

Ab dem 18. Jahrhundert werden ‚Zigeunern' auch Eigenschaften zugeschrieben, die laut Tacitus die Germanen besessen haben sollen (etwa Stolz, Unabhängigkeit, mantisches Geschick; vgl. IV.1 SEIDEL), woran sich die Imagination eines gemeinsamen ‚Ursprungs' in vorgeschichtlicher Zeit knüpft. Goethes Sturm und Drang-Drama *Götz von Berlichingen* zeichnet die ‚Zigeuner' im Wald, die als Einzige den gejagten Ritter am Schluss noch unterstützen, auffallend ähnlich wie Götz selbst (naturnah, ungekünstelt, fern dem Adel, stolz, empfindsam, mit unverstelltem Blick auf das eigentlich Richtige, etc.). Möglicherweise ist die Konstruktion dieser ‚Verwandtschaft' auch im Zusammenhang der Arbeit an einer nicht-jüdischen Genealogie des Deutsch-Christlichen zu sehen. Die implikationsreiche Fantasie eines im Ursprung verbürgten Identisch-Seins von ‚Deutschen' und ‚Zigeunern' wird jedenfalls Teil des Substrats für die außerordentliche Vielgestaltigkeit der ‚Zigeuner'-Darstellungen. Sie erklärt sowohl den Widerspruch zwischen Exklusion und Faszination als auch die häufige Darstellung der ‚Zigeuner' als Figuren der Selbstbegründung: Sie stehen an dem Punkt, der den blinden Fleck des deutschen Selbstentwurfs ausmacht und sind der Nation – auch in dem Sinne, dass sie sie erst ermöglichen (Uerlings und Patrut 2008) – übergeordnet.

2. Transnationalität der ‚Zigeuner' – Transnationalität der Kunst?

Neben zahlreichen Texten, in denen die Transnationalität der ‚Zigeuner' als Bedrohung für einen rechtschaffenen ‚Volkskörper' dargestellt werden – so insbesondere in Hermann Löns' *Der Werwolf* (1910) oder auch in Karl Mays *Scepter und Hammer* (1879–1880), wo die ‚Zigeuner' als Spione agieren – nehmen ‚Zigeuner' in vielen Texten ambivalente oder aporetische Positionen ein, und ihre Auslegungsbedürftigkeit ist als Selbstreflexion ästhetischer Eigenlogik codiert. Damit geht einher, dass die Kunst sich selbst Transnationalität zuschreibt – oft in Verbindung mit weiteren Grenzüberschreitungen. Im Folgenden seien nicht die augenscheinlich exkludierenden, sondern explizit offenere Texte angesprochen.

In der Frühromantik griff Novalis mit Indien und Ägypten jene Räume auf, die im deutschsprachigen Diskurs seiner Zeit mit ‚Zigeunern' assoziiert wurden und gestaltete sie als Orte aporetischer Selbstfindung – nicht zuletzt in der Gestalt der mit einem Schleier verhüllten Isis, deren Selbstverortung als ‚Ein und Alles' der Position, die die ‚Zigeunerin' Elisabeth in Kleists *Michael Kohlhaas* einnimmt, entspricht, und an die auch Achim von Arnims ‚Zigeunerin' Isabella motivisch erinnert. Im Märchen von Hyacinth und Rosenblüth in *Die Lehrlinge zu Sais* (1799–1802) klingen mit der alten hexenhaften Frau im Walde Armut und gesellschaftliche Exklusion der ‚Zigeuner' an. Die in der Tradition der ‚Zigeuner' im Walde in Goethes *Götz* stehende ‚Zigeunerin' kann als Kontrapunkt zur ägyptischen Isis aufgefasst werden. In Kleists *Michael Kohlhaas* (1810) verkörpert ein und dieselbe ‚Zigeunerin' zugleich das Höchste (Wiederauferstandene) und das Niedrigste (ein hinfälliges Bettelweib). Die ‚Zigeunerin' Lisbeth/Elisabeth ist an einem uneinsehbaren Standpunkt verortet, von dem aus die Unterscheidungen, die das Selbst der Protagonisten ausmachen und konstituieren, beobachtbar sind, umgekehrt bleibt die eigene Selbstbegründung für die Figuren selbst im blinden Fleck. Deshalb kann das Verwandschafts-/Fremdheitsverhältnis zur ‚Zigeunerin' nicht geklärt werden; einerseits scheint sie Inbegriff von Fremdheit zu sein, andererseits, wie ein Mal an ihrem Körper sowie ihr Name es nahe legen, ist sie aufs Engste mit Kohlhaas' Frau verwandt – Kohlhaas glaubt in ihr seine eigene, älter gewordene (infolge seines Rechtsstreites verstorbene) Frau zu erkennen. Das Wissen über das ‚deutsche Selbst' – die Geschicke der Fürstenfamilien – liegt bei der ‚Zigeunerin', die es auf einen Zettel niederschreibt, den sie dem ausgebeuteten und gedemütigten Kohlhaas aushändigt. Diese Schrift bleibt uneinsehbar, eine Leerstelle, zugleich eine Metapher für die unendlichen, aber unverfügbaren Sinnpotentiale von Kunst.

Die Novelle greift dabei eine Konstellation auf, die in literarischen und bildlichen ‚Zigeuner'-Repräsentationen seit dem 17. Jahrhundert verbreitet ist: Die ‚Zigeunerin', die nicht zuletzt hinsichtlich transnationaler Momente Übereinstimmungen mit dem Topos vom ‚ewigen Juden' aufweist, tauscht ‚Wahrheit' gegen Geld (möglicherweise auch Transzendenz gegen Immanenz), wobei diese Transaktionen so beschrieben werden, dass sich die Entsprechungen jeglicher Beurteilung entziehen: Die ‚Zigeunerin' überschreitet und überblickt nicht allein die Grenzen zwischen Sachsen und Brandenburg und zwischen Arm und Reich, sondern auch – so beginnt Kohlhaas schließlich zu glauben – zwischen Leben und Tod. Jedenfalls liegt die ‚Zigeunerin' auf unerklärliche Weise stets richtig – zuerst, indem sie die Kapsel mit dem Machtmittel ‚Wahrheit' Kohlhaas schenkt; es geht in Kleists Text dabei nicht wie im Zusammenhang der *peregrinatio musarum* um die Übermittlung einer symbolischen oder materiellen Gabe, die Standort und Beschaffenheit des Selbst klärt und verbessert, die ‚Offenbarung' der ‚Zigeunerin' besteht vielmehr gerade in der Einsicht in die Unbegründbarkeit des Selbst. So – vermittelt über die Rückwärtsprojektion in Kohlhaas' Zeit der Reformation – exponiert Kleists Text den phantasmatischen Charakter der Nation als ‚Einheit' (vgl. II.1 GRABBE).

Arnims Erzählung *Isabella von Ägypten* setzt die Koinzidenz des ‚Höchsten' und ‚Niedrigsten' in den ‚Zigeuner'-Figuren noch ausgeprägter in Szene. Isabella, eine ‚Zigeunerin', ist Adlige, sogar Herzogin, und zugleich recht- und ehrloses Mädchen, das im Handlungsverlauf an der Grenze zwischen zwei Gemarkungen beinahe von Flurhütern in die Schelde geworfen wird, weil keines der angrenzenden Dörfer die Bestattungskosten für das bewusstlose Mädchen bezahlen will – ein Szenario, das die Exklusion von ‚Zigeunern' durch das deutsche Heimatrecht aufgreift. Der Text verhandelt die Begründung der deutschen Nation und versetzt sie erstens zurück in die Zeit des frühneuzeitlichen Kaisers Karl V., zweitens projiziert er sie auf die ‚Zigeuner', denn deren Staatsgründung in Ägypten durch ihre Herrscherin Isabella steht im Mittelpunkt der Handlung. Die Konzeption der ‚Zigeuner' als erfolgreiche Entsprechung der scheiternden Bemühungen um eine deutsche Nation geht mit einer Infragestellung deutscher Gründungsnarrative einher: Der mythische Bärenhäuter, der für den ‚deutschen Michel' steht, scheitert trotz seiner geradezu teuflischen künstlerischen Begabung ebenso an seiner Korrumpierbarkeit, die sich in Geldgier niederschlägt, wie Karl – ein scheiternder Arminius – der sein Führungstalent verschenkt, weil er sich von verselbständigtem Machtkalkül und Geldgier beherrschen lässt – ähnlich wie die antisemitisch gezeichnete Figur eines polnischen Juden, der Golems erschafft (wodurch er Karl allerdings auch deutlich überlegen ist). Isabellas Staatsgründung in Ägypten gelingt dagegen in der Textlogik, weil die junge Herzogin, selbst wenn sie manches Mal falsch handelt, auf ihre eigene innere Führung vertraut, was sich letztlich als produktiv und richtig erweist. Sie generiert die Mittel für den Fortgang der Geschichte (des Textes als Narration und des historischen Geschehens der Staatsgründung), indem sie einen Alraun zieht, der Schätze bergen kann, und dem Karl V. ebenso verfällt wie der Bärenhäuter, den eine ältere ‚Zigeunerin' herbei beschwört; Isabella bleibt in der Textlogik ‚unschuldig'. Sie überführt ihr über ganz Europa verstreutes Volk in Arnims Erzählung nach Ägypten, wo laut einer als unsicher markierten Überlieferung eine Apotheose der Isabella als ‚Isis'/ Maria in einer ägyptischen Pyramide erfolgt sein soll.

Die Erzählung *Die mehreren Wehmüller oder ungarischen Nationalgesichter* (1817) von Clemens Brentano entwirft anhand der ‚Zigeuner'-Figuren ein transnationales Europa (vgl. IV.2 SCHMITZ-EMANS). Transnationalität wird in der erzählten Welt zum Regelfall und die ‚Zigeuner'-Figuren zu ihren Vorreitern. Der Text setzt sich mit der Aufhebung nationaler Grenzen auf vielen gesellschaftlichen Feldern (Sprache, Ethnizität, Religion, Kunst, Staat, Militär) auseinander, und damit korrespondiert auch die Erzählstruktur, indem die Grenzen zwischen Rahmenhandlung und drei Binnenhandlungen aufgehoben werden (Saul 1996).

Die Rahmenhandlung spitzt die Frage nach der Unterscheidbarkeit von Nationen zu und führt sie mit weiteren Abgrenzungsfragen eng, insbesondere in Bezug auf Individualität sowie das Verhältnis zwischen Kunst und Realität. Sie setzt damit ein, dass ein Wiener Maler namens Wehmüller sich mit einem Doppelgänger konfrontiert sieht, der, stets einen Schritt voraus, in den Städten, in denen sich der Maler angekündigt hat, bereits die Portraits der Kunden erstellt hat, bevor Wehmüller vor Ort ist. Als aufgrund eines Pestverdachts ein militärischer Cordon eine Grenzziehung eigener Art quer durch das Gebiet zwischen Kroatien und dem österreichisch-ungarischen Reich zieht, ist Wehmüller von seinem Doppelgänger, der als letzter den Pestcordon passieren konnte, abgeschnitten; seine Ambitionen als

Künstler und Ehemann sind sistiert. In der dritten und ausführlichsten Binnenerzählung berichtet ein italienischer Feuerwerker namens Baciochi (dem in Venedig ein Feuerwerk zur Verherrlichung Napoleons, der Norditalien eingenommen hatte, misslungen war, weshalb er flüchten musste), von einer ‚Zigeunerin' namens Mitidika und ihrer Großmutter, die ihn in ihrer Hütte – einem Treffpunkt der Schmuggler auf einem Schleichweg von Italien nach Österreich – beherbergt hatte. Am Ende der Rahmenhandlung durchbricht eben diese Mitidika den Pestkordon zu Pferd mit Waffengewalt, in den Gewändern eines Mannes, und bringt Wehmüllers Frau mit, die sich (wie der Doppelgänger) ebenfalls als Maler Wehmüller verkleidet hat. Mitidika löst alle Konflikte und Missverständnisse, die sich durch die Überbetonung ‚falscher' Grenzen ergeben hatten, auf. Authentifiziert wird die Identität Mitidikas durch den französischen Offizier Devillier und ihren eigenen Bruder, den Violinspieler Mihaly, zwei weitere Protagonisten der Rahmenhandlung, die – nach dem Vorbild von Boccaccios *Decamerone* – ins Stocken geraten war, als sich der Pestcordon schloss, wodurch die Gäste einer Schenke im Grenzland (darunter Wehmüller) zum Bleiben gezwungen wurden und beginnen, Geschichten zu erzählen. Zu den Gästen der Schenke zählen: Devillier, der, wie er berichtet, in jüngeren Jahren als Leutnant in Dunkerque gedient hat, jedoch seit geraumer Zeit in Ungarn lebt, der italienische Feuerwerker Baciochi (ein unvollkommenes Anagramm von ‚Boccaccio'), der in die Alpen geflüchtet ist und als Faktotum auf dem Gut eines kroatischen Adligen lebt, und ein aus Savoyen, aus dem Grenzland zwischen Frankreich, der Schweiz und Italien stammender armer Junge, der mit seinem dressierten Murmeltier unterwegs ist (eine Anspielung auf Goethes *Lied vom Murmeltier*). Hinzu kommen ein Tiroler Teppichkrämer, der mit seiner Ware umherzieht, der Wiener Lindpeindler, der sich als verkannter Dichter versteht, ein kroatischer Adliger, dessen Gut an der Grenze zum Osmanischen Reich liegt, und der berühmte Violinspieler Mihaly, ein ‚Zigeuner', der mit seiner Musik seine Zuhörer zu Tränen zu rühren versteht (Bach 2004). Die Lebenswege der Figuren wirken dabei nicht konstruiert, sie sind vielmehr realistisch gezeichnet. Die ethnisch und sprachlich, religiös und kulturell homogene ‚Nation' wird dank dieser Diversität als ambivalentes – ersehntes und bedrohliches – Phantasma enttarnt. Das Kunstideal des Malers Wehmüller ist auf die Wiedererkennbarkeit nationaler Typen – den ungarischen ‚Nationalgesichtern' – ausgerichtet. Daher kann er Portraits im Winter zu Hause auf Vorrat malen und die Kunden darunter das passende Portrait finden lassen, um laut dem ironischen Erzählbericht dann vor Ort Rang und Reichtum der Uniformen, die er im Vorhinein stets auslässt, auf Kundenwunsch gegen Aufpreis entsprechend zu gestalten. Eine andere Spielart gescheiterter Kunst tritt mit dem Wiener Hofmeister Lindpeindler in Erscheinung, der eine unlebendige, auf philisterhaftes Halbgelehrtenwissen degradierte Kunst vertritt. Beide, Lindpeindler und Wehmüller, haben die menschliche Individualität verraten – bei Wehmüller ist sie auf die „Individualität eines Schnurrbartes" (Brentano 1987, 254) geschrumpft, bei Lindpeindler auf hohle Phrasen, und beide verraten zudem die Lebendigkeit einer Kunst, die sich an der Vielgestaltigkeit von Natur und Individualität misst, an Kommerz und Verwertbarkeit bzw. an den Gelehrtendiskurs über die Kunst. Antipode dieser beiden Figuren sind die beiden ‚Zigeuner'-Figuren Mihaly und Mitidika. Letztere dichtet ein Lied, das als Gegenrede gegen die Abwertung der Kunst der ‚Zigeuner' in damaligen Abhandlungen und zugleich als Aufwertung von Individualität und Dialogizität angelegt ist. Im Gelehrtendiskurs der Zeit wurde die Kunst der ‚Zigeuner' in ganz Europa konsequent als Gaukelei zu Bettelzwecken abgetan. Franz Joseph Sulzer, der sich als österreichischer Gesandter in mehreren osteuropäischen Ländern aufhielt, legte seiner Abhandlung *Geschichte des transalpinischen Daciens* (1782) rumänischen ‚Zigeunern' in den Mund, um damit zu zeigen, dass die Kunst in diesem Teil Osteuropas gänzlich verkümmert sei, würde sie doch ‚Zigeunern' anvertraut, die nicht einmal die Grammatik beherrschten. Sulzers weitläufiger Nachweis vermeintlicher grammatikalischer Fehler in diesen Versen ist allerdings nicht einmal korrekt. Brentanos Erzählung greift eine Passage des von Sulzer angeführten rumänischen Gedichts auf. Auch der Eigenname Mitidikas ist diesen von Sulzer in Siebenbürgen aufgezeichneten rumänischen Versen entnommen, er bedeutet übersetzt so viel wie ‚die Kleine'. Die Figur entzieht sich in Brentanos Text aber vereinnahmenden Minorisierungen und bestimmt ihren Lebensweg selbst, wenn sie etwa in dem von Devillier nachgetragenen Schluss der dritten Binnenerzählung mit Kohle ihrem Geliebten an der italienisch-österreichischen Grenze die Botschaft „wie gewonnen so zerronnen" (Brentano 1987, 301) hinterlässt und sich nach Siebenbürgen begibt, um vom Goldwaschen zu leben (damals dort ein behördlich kontrollierter Beruf, den Roma wie Nicht-Roma ausübten). Sie lehnt außerdem um ihrer Freiheit und Autonomie willen die Heirat mit dem gut situierten Devillier mit Hinweis auf die Verpflichtungen, die sie als reiche Ehefrau zu erfüllen hätte, ab; in den Worten Mihalys: „Mitidika wird nicht an dem Stückchen Erde kleben, sie wird nicht in einem gemauerten Hause gefangen seyn wollen und sich um Abgaben und Zinsen zerquälen." (Brentano 1987, 302). Bezeichnend ist der Einwurf des Vizegespanns: „Das ist ächt zigeunerisch gesprochen [...] drum bleibt ihr auch immer vogelfreies Gesindel" (Brentano 1987, 302), denn er veranschaulicht die Kehrseite der Affinität der ‚Zigeuner' zu gesellschaftlicher und künstlerischer Autonomie und ihrem Beharren auf Mobilität und Transnationalität: die Stigmatisierung als ‚Asoziale'. Diese diagnostische Vorwegnahme des später entstandenen, auf die französische Bezeichnung der ‚Zigeuner' als ‚Böhmer' (‚*bohèmiens*') zurückgehenden Begriffs der künstlerischen ‚Bohème' führt am Beispiel von Mitidika beides eng: das befreiende, Eigenständigkeit erst ermöglichende Potential von Transnationalität und die Gefahr von Stigmatisierung und Exklusion. Die Figur behält dabei aber stets ihre Eigenständigkeit und die Deutungshoheit über das eigene Leben. Die Rede des Vizegespanns wird als borniert und philisterhaft markiert – nicht zuletzt durch das Lied, das Mitidika singt. Dieses frühe Beispiel einer poetischen Gegenrede im eigenen Namen enthält Versatzstücke aus Sulzers diffamierender Abhandlung über die wertlose ‚Stehgreifkunst' der ‚Zigeuner' in Siebenbürgen und montiert sie ironisch im Sinne einer ‚Aneignung' in das gelungene Lied. Mitidika bestimmt darin selbst, wem sie die Tür öffnet – ‚Er', und ‚Sie', die ihr „Schimpf" (Brentano 1987, 289) antun, bleiben draußen, das geliebte ‚Du' darf eintreten; kontrapunktisch dazu stehen Sulzers rumänische Verse, in denen Mitidika gerufen wird, aber nicht kommt. Das Lied kann auch, da es zudem von einem „Topf" (Brentano 1987, 289) handelt, in dem Mitidika selbst alle Entitäten aufeinander einwirken und teilweise gegeneinander ankämpfen lässt, als Allegorie romantischer Poesie gedeutet werden. Dies trifft auch auf die Lieder des Bruders Mihaly zu, durch die jeder „in Thränen zerfloß" (Brentano 1987, 276), und die sich der philisterhaft kunstbegeisterte Hofmeister Lindpeindler (Kugler 2004) notieren möchte: „Nimmermehr! sagte der Zigeuner, so was diktirt sich nicht, ich wüßte es auch jetzt nicht mehr und wenn Sie mir den Hals abschnitten" (Brentano 1987, 276). Damit wird die Kunst von Mihaly und Mitidika als das Gegenteil von jener Wehmüllers und seines Doppelgängers Froschauer gestaltet, der später erklärt, er habe alles darauf gesetzt, sich so in Wehmüllers „Manier" zu werfen, „daß man unsre Bilder nicht mehr unterscheiden konnte" (Brentano 1987, 308), weshalb er auch nicht aufhören könne, Wehmüllers Doppelgänger zu bleiben; auf diese Forderung hin erwidert er: „Das ist sehr hart [...], denn ich habe ganz darauf studirt und müßte verhungern" (Brentano 1987, 306). Schließlich erklärt Wehmüller, dass er ihn als Kompagnon akzeptieren und ihm ein Attest aushändigen wolle, „daß er ihn in Allem sich gleich achte" (Brentano 1987, 310), aufgrund der hohen Nachfrage für Nationalgesichter sei beiden ein glänzendes Auskommen sicher. Der Text lässt keinen Zweifel daran, dass diese Malweise einer Bankrotterklärung der Kunst gleichkommt und vollzieht am Ende tatsächlich, was am Anfang der Handlung bekämpft werden sollte: Obwohl Wehmüller zu Beginn erfährt, „der falsche Wehmüller sey wohl nur eine Strafe Gottes für den ächten Wehmüller, weil dieser alle Ungarn über einen Leisten male, so gäbe es jetzt auch mehrere Wehmüller über einen Leisten" (Brentano 1987, 256), und er seinen Doppelgänger anfangs beseitigen möchte, denkt er nicht daran, seine ethnisierende, uniforme Malweise zu ändern, sondern akzeptiert den Doppelgänger samt seiner Bilder, die er nicht einmal selbst von seinen eigenen unterscheiden kann.

Bemerkenswert an der Kunst der ‚Zigeuner' ist nicht allein, dass sie individuell ist, dass sie als einzige Kommunikationsform im Text transnational rezipiert wird und Konflikte zu lösen vermag, sondern auch, dass sie dabei gleichzeitig das von Grellmann, Herder, Sulzer und weiteren propagierte Klischee widerlegt, die ‚Zigeuner' seien unwiderruflich auf eine geschichtslose Transnationalität verwiesen. Der Gesang Mihalys ist eine „Wehklage über den Tod von 1000 Zigeunern. Im Jahr 1537 wurde in den Zapolischen Unruhen das Kastell Nagy-Ida" (Brentano 1987, 276) belagert und von mit Versprechungen getäuschten ‚Zigeunern' verteidigt, die alle in den äußeren Schanzen niedergemetzelt wurden. Diese und weitere Episoden zeugen davon, dass ‚Zigeuner' sehr wohl eine eigene (Verfolgungs- und Ausbeutungs-)Geschichte haben, und dass sie diese zum Gegenstand von Kunst machen – aus Sicht der romantischen Poetologie, die Brentano vertritt, für die deutsche Kunst ein allgemeines Desiderat, welches im Text allein von den ‚Zigeunern' eingelöst wird.

Souveräner Umgang mit Transnationalität und Grenzüberschreitungen aller Art wird zur Bedingung für individuelles, authentisches Handeln und für die eigene Unverwechselbarkeit; die uniformen Masken der Ethnizität verleihen hingegen gerade keine Identität. Mihaly und Mitidika haben keine Angst vor Doppelgängerinnen und Doppelgängern, weil sie der Einzigartigkeit ihrer Kunst und auch ihrer Individualität gewiss sind. „Es giebt auch nur Eine [Mitidika], sagte hier Michaly, und wird alle tausend Jahre nur Eine geboren" (Brentano 1987, 301). Devillier hat sich mehrere Hundert junge Roma angesehen und in keiner Mitidika wiedergefunden. Als Devillier, Wehmüller und Mihaly den Pestcordon durchbrechen wollten, „kam ihnen ein Reiter entgegen und schrie: Steht, oder ich schieße euch nieder! Sie standen und warfen die Waffen hinweg" (Brentano 1987, 303), bis sich Mitidika zu erkennen gab: In dieser karnevalesken und durchweg transgressiven Gestalt bringt Mitidika den ersten Stein ins Rollen, der alle Identitäten an den rechten Ort rückt – und sei es, dass manche sich lieber weiterhin in Uniformität flüchten und es vorziehen, als Doppelgänger zu leben. Es erweist sich auch, dass die Militärgrenze zu Unrecht eingerichtet worden war, da gar keine Pest ausgebrochen war.

In übergeordneter Hinsicht macht die Erzählung deutlich, dass der Versuch, Transnationalität zu blockieren und ethnisch sowie religiös Anderes exkludieren zu wollen, Pest und Tod erst in die Welt brächte – besonders deutlich im Falle des kroatischen Adligen, der auf seine türkischen Grenznachbarn schießt, weil er sie in der Weihnachtsnacht für Gestalten hält, die einem Hexensabbath entsprungen seien und einer von ihm verletzten Magd erst medizinische Hilfe verweigert, um nach ihren Tod „ihr Skelett" „nach Pest ins Naturalienkabinet als ein Muster schönen Wachsthums" bringen zu lassen (Brentano 1987, 272). Diese mortifizierende Geschichte des kroatischen Adligen, markiert den Kontrapunkt zur Erzählung über Mitidika, die durch deren Auftreten in der Rahmenhandlung (zunächst verkleidet als Reiter) Authentizität gewinnt.

Brentanos Erzählung konterkariert nicht nur ethnische und geschlechtliche Machtasymmetrien, sie stellt sich auch gegen das Phantasma der Nation und entwirft ein Gesellschaftsbild, in dem Identität und Individualität keineswegs aus ethnischer oder religiöser Homogenität hervorgehen, sondern vielmehr auf einem souveränen Umgang mit Transnationalität beruhen, was auch Voraussetzung für gelingende, ansprechende Kunst ist. Deshalb entspricht sie *ante litteram* einigen Desideraten, die in den Postkolonialen und Gender Studies formuliert wurden.

3. Ausblick

Eine schriftliche Literatur von Sinti, Roma und Jenischen entstand erst in der Zeit nach dem Zweiten Weltkrieg. Sie schreibt sich vom Holocaust her und formierte sich zuerst als eine Literatur der Erinnerung an erfahrenes Leid und des Gedenkens (vgl. III.3 TIPPNER; vgl. III.4 KRAMER). Ceija Stojka fand seit ihrem ersten Buch *Wir leben im Verborgenen. Erinnerungen einer Rom-Zigeunerin* (1988) große Beachtung, die mit weiteren Romanen, Gemälden und Erinnerungstexten, darunter *Reisende auf dieser Welt* (1992) und *Me Diklem Suno* (Audio-CD in Romanes) und *Träume ich, dass ich lebe? Befreit aus Bergen-Belsen* (2005) weiter anstieg. Eine ganz eigenständige Ästhetik entwerfen die künstlerisch anspruchsvollen Texte der jenischen Schrifstellerin Mariella Mehr, als deren Hintergrund sich die eugenische Praxis der Kindswegnahme durch das Schweizer „Hilfswerk Kinder der Landstraße" abzeichnet. Diese Organisation durfte in der Schweiz noch bis in die 1970er Jahre im Sinne der von Josef Jörger erstellten Leitlinie agieren und verschickte die den Jenischen weggenommenen Kinder teilweise durch ganz Europa. Jenische wurden während der NS-Zeit in ganz Europa ebenfalls als ‚Zigeuner' verfolgt und ermordet. Insbesondere Mehrs Romane *Steinzeit* (1981); *Zeus oder der Zwillingston* (1994); *Daskind* (1995) und *Brandzauber* (1998) sowie *Nachrichten aus dem Exil. Gedichte, zweisprachig (deutsch & romani)* (2001) setzen sich mit Transnationalität als Teil des Stigmas ‚Vaganten' auseinander und entwerfen Genealogien internalisierter und externalisierter Gewalt über Generationen hinweg. Im Fokus der Texte Mehrs stehen oft weibliche Figuren, die in der Eugenik Jörgers als gefährliche ‚Stammesmütter' dargestellt werden, die den ‚Volkskörper' zersetzen würden (Sälzer 2013). Auch die Schweizer Schriftstellerin Aglaja Veteranyi (*Warum das Kind in der Polenta kocht*, 1999; *Das Regal der letzten Atemzüge*, 2002), die sich mit dem transeuropäischen Schausteller-Milieu in ästhetisch anspruchsvoller Weise auseinandersetzt und nicht zuletzt die Normativität von Schriftlichkeit problematisiert, verdient weitere eingehendere Analysen.

Literaturverzeichnis

Arnim, Achim von. „Isabella von Ägypten. Kaiser Karl des Fünften erste Jugendliebe." *Sämtliche Romane und Erzählungen Bd. 2*. Hrsg. von Walther Migge. München: Hanser, 1963. 452–557.

Avé-Lallemant, Friedrich Christian Benedikt. *Das deutsche Gaunerthum in seiner sozialpolitischen, literarischen und linguistischen Ausbildung zu seinem heutigen Bestande*. Bd. 1. Wiesbaden: Suchier 1989.

Lefèvre, Eckard. „Baldes Huldigung an Sarbiewski." *Sarbiewski, der polnische Horaz*. Hrsg. von Eckart Schäfer. Tübingen: Gunter Narr, 2006. 230–243.

Brentano, Clemens. „Die mehreren Wehmüller und ungarischen Nationalgesichter." *Sämtliche Werke und Briefe. Historisch-kritische Ausgabe. Bd. 19: Prosa IV*. Hrsg. von Jürgen Behrens, Konrad Feilchenfeldt und Wolfgang Frühwald. Stuttgart: Kohlhammer 1987. 253–311.

Bach, Stefanie Sabine. „Musical Gypsies and Anti-Classical Aesthetics. The Romantic Reception of Goethe's Mignon Character in Brentano's *Die mehreren Wehmüller und ungarische Nationalgesichter*." *Music and Literature in German Romanticism*. Hrsg. von Siobhán Donovan und Robin v. Elliott. New York: Boydell & Brewer, 2004. 105–122

Bogdal, Klaus-Michael. *Europa erfindet die Zigeuner. Eine Geschichte von Faszination und Verachtung*. Berlin: Suhrkamp, 2011.

Breger, Claudia. *Ortlosigkeit des Fremden. ‚Zigeunerinnen' und ‚Zigeuner' in der deutschsprachigen Literatur um 1800*. Köln: Böhlau, 1998.

Grass, Günter. *Ohne Stimme. Reden zugunsten des Volkes der Roma und Sinti*. Göttingen: Steidl, 2000.

Jörger, Josef. „Die Familie Zero." *Archiv für Rassen- und Gesellschaftsbiologie* 2 (1905): 494–559.

Kugler, Stefani. *Kunst-Zigeuner. Konstruktionen des ‚Zigeuners' in der deutschen Literatur der ersten Hälfte des 19. Jahrhunderts*. Trier: Wissenschaftlicher Verlag Trier, 2004.

Klaj, Johann. „Die Zigeunerische Kunstgöttinnen/oder Der freyen Künste und Wissenschaften Reisefahrt aus einem Königreiche in das ander." In: *Frauenzimmer Gesprächspiele*. Hrsg von Irmgard Böttcher. Tübingen: Niemeyer, 1969. 60–68.

Kleist, Heinrich von. „Michael Kohlhaas." *Sämtliche Werke. Bd. II/1. H. Berliner Ausgabe*. Hrsg. von Roland Reuß. Berlin: Stroemfeld, 1989.

Koselleck, Reinhart. *Vergangene Zukunft. Zur Semantik geschichtlicher Zeiten*. Frankfurt am Main: Suhrkamp, 1989.

Liebich, Richard. *Die Zigeuner in ihrem Wesen und ihrer Sprache. Nach eigenen Beobachtungen dargestellt*. Leipzig: F. A. Brockhaus, 1863.

Patrut, Iulia-Karin. „‚Zigeuner' als Grenzfigur deutscher Selbstentwürfe." *Geschichte und Gesellschaft. Zeitschrift für Historische Sozialwissenschaft* 39.3 (2013): 286–305.

Patrut, Iulia-Karin. *Phantasma Nation. ‚Zigeuner' und Juden als Grenzfiguren des ‚Deutschen' (1770–1920)*. Würzburg: Königshausen & Neumann, 2014.

Rose, Romani. *‚Den Rauch hatten wir täglich vor Augen'. Der Nationalsozialistische Völkermord an den Sinti und Roma*. Heidelberg: Das Wunderhorn, 1999.

Sälzer, Anna-Lena. *Sich selbst zum Spieleinsatz machen. Prosatexte Mariella Mehrs zwischen Wahrheits- und Erfahrungsbuch*. Trier, 2013. http://ubt.opus.hbz-nrw.de/volltexte/2013/812/pdf/Saelzer_Sich_selbst_zum_Spieleinsatz_machen.pdf (01. 12. 2017)

Saul, Nicholas. „Zigeuner und Grenze. Übergang als utopische Kategorie in Brentanos ‚Wehmüllern'." *Alte Welten – neue Welten*. Hrsg. von Michael S. Batts. Tübingen: Niemeyer, 1996. 246.

Sulzer, Franz Joseph. *Geschichte des transalpinischen Daciens, das ist: der Walachey, Moldau und Bessarabiens, im Zusammenhange der Geschichte des übrigen Daciens als ein Versuch einer allgemeinen dacischen Geschichte*. Wien: Rudolph Gräffer, 1781–1782.

Tatarinov, Juliane. *Kriminalisierung des ambulanten Gewerbes. ‚Zigeuner'- und Wandergewerbepolitik im späten Kaiserreich und in der Weimarer Republik*. Frankfurt am Main: Peter Lang, 2015.

Tetzner, Theodor: *Geschichte der Zigeuner; ihre Herkunft, Natur und Art. Für gebildete Leser dargestellt*. Weimar: Bernhard Friedrich Voigt, 1835.

Uerlings, Herbert: „Stigma ‚Zigeuner'. Formen der Stigmatisierung der ‚Zigeuner' im deutschsprachigen Raum." *Europa und seine ‚Zigeuner'. Literatur- und kulturgeschichtliche Studien*. Hrsg. von Herbert Uerlings, Iulia-Karin Patrut und Maria Sass. Sibiu/Hermannstadt: Universitätsverlag, 2007. 84–117.

Uerlings, Herbert, Iulia-Karin Patrut. „‚Zigeuner', Europa und Nation. Einleitung." *‚Zigeuner' und Nation. Repräsentation – Inklusion – Exklusion*. Hrsg. von Herbert Uerlings und Iulia-Karin Patrut. Frankfurt am Main: Peter Lang, 2008. 9–63.

Zimmermann, Michael: „Zigeunerbilder und Zigeunerpolitik in Deutschland – Eine Übersicht über neuere historische Studien." *Werkstatt Geschichte* 25 (2000): 35–58.

IV.5 Europa-Diskurs und Transnationalität in der Literatur
Paul Michael Lützeler

1. Institutioneller und kultureller Europa-Diskurs

In allen Krisen- und Umbruchszeiten Europas waren die Schriftsteller mit Rückblicken in die Vergangenheit, Analysen der Gegenwart und Zukunfts-Visionen zur Stelle. Es wurden kollektive Identitäten stabilisiert oder zu verändern gesucht (Gollwitzer 1964; Foerster 1967; Lützeler 1992), das kulturelle Gedächtnis (Assmann 2000) aktiviert, die Gegenwart analysiert und imaginativ Möglichkeiten einer besseren Zukunft als Alternativen beschworen (Lützeler 1997; Lützeler 2007).

Der jahrhundertealte Europa-Diskurs, in dem es um die Überwindung kontinentaler Konflikte ging, kennt zwei Hauptaspekte, einen institutionellen und einen kulturellen. Dem institutionellen ist es um Entwürfe politischer Funktionseinheiten zu tun, die transnationale Kooperationen ermöglichen. Im Kulturdiskurs geht es um Definitionsversuche kontinentaler Identität. Seit der Frühmoderne dominierten die institutionellen Projekte, d. h. man dachte über konföderale Strukturen nach, die mit ihren Schiedsgerichten oder Abgeordnetenversammlungen militärische Konflikte verhindern würden oder zu Bündnissen führen sollten, falls fremde Großmächte – etwa das Osmanische Reich – europäische Länder erobern wollten (Hartmann 1995; Duchhardt 2003). Hier sind Namen zu nennen wie die des Herzogs von Sully im 30jährigen Krieg, des Abbé de Saint-Pierre am Ende des Spanischen Erbfolgekriegs (Lafrance 2000), Jean Jacques Rousseaus während des *French and Indian War* und Immanuel Kants im Kontext der frühen Koalitionskriege gegen das revolutionäre Frankreich. Stets waren es die katastrophalen Folgen militärischer Aktionen, die Gelehrte und Schriftsteller herausforderten, Kooperationsprojekte zu entwerfen, die weitere Schwächungen des Kontinents verhindern würden. Mit der Zeit der Romantik nahm die Zahl der kulturell argumentierenden Autoren zu, die sich auf einheitsbildende christliche Traditionen besannen (vgl. IV.2 SCHMITZ-EMANS). Man denke an Novalis' Essay „Die Christenheit oder Europa" von 1799 in Deutschland und François René de Chateaubriands *Geist des Christentums* von 1802 in Frankreich (Lützeler 1982). Angesichts der Zerrissenheit Europas und der damit verbundenen Konfrontativität und Gewaltbereitschaft nach Reformation und Revolution warteten sie mit Konstrukten von alter erinnerter wie künftig möglicher Unifikation auf.

Aus dem romantischen Fahrwasser scherte Nietzsche mit seinen Vorstellungen vom ‚guten Europäer' am Ende des 19. Jahrhunderts aus (Conter 2004). Sein Konzept setzt nicht auf christliche Religion und Moral, sondern auf Imperialismus und Macht. Dabei wird aber nicht mehr einer der europäischen Nationalstaaten (etwa des Deutschland Bismarcks) privilegiert, sondern antinational ein gemeinsames europäisches Projekt angestrebt. Nietzsche durchdenkt auch die Religionskrise des Christentums in seiner Zeit wie kaum ein anderer (Lampert 1991; Sommer 2000). Der Lieblingsgegner in seinen Schriften ist Paulus, dem er vorwirft, er habe die Botschaft Jesu korrumpiert. Wo Paulus von der Auferstehung als der Erfüllung des Heilsplans spricht, ist bei Nietzsche vom Tod Gottes und der ewigen Wiederkehr die Rede, wo Paulus *agape* und *caritas* vertritt, bringt Nietzsche Apollinisches und Dionysisches ins Spiel, wo Paulus den Menschensohn Jesus zum Gott erhöht, beschränkt sich Nietzsche aufs Innerweltliche, wo Paulus eine Religion für die Verlassenen und Versklavten etabliert, verkündet Nietzsche die Idee des machtorientierten Übermenschen, wo Paulus Askese und Geißelung des Fleisches preist, wird bei Nietzsche das Diesseits gefeiert, wo Paulus das Opfer verherrlicht, plädiert Nietzsche für den Siegeswillen. ‚Gute Europäer' sind in Nietzsches Augen vor allem Eroberer und Feldherren wie Alexander, Caesar und Napoleon.

Eine klare Trennung von institutionellem und kulturellem Europa-Diskurs hat es nie gegeben. Angedeutet oder unausgesprochen standen Ideen einer europäischen Wertegemeinschaft im Hintergrund der institutionalistischen Projekte, und die Visionen kultureller Erneuerung kamen selten ohne Hinweise auf politisch-föderale Konstrukte aus. Der institutionelle Diskurs als Friedensdiskurs fand im 19. und 20. Jahrhundert seine Fortsetzung vor allem in Frankreich. Erinnert sei an die Kontinental-Publizistik von Claude-Henri de Saint-Simon und Victor Hugo. Saint-Simon wartete 1814 mit einem föderativen Alternativprojekt gegen Napoleons Versuch der Errichtung eines neuen (quasi-karolingischen) europäischen Kaisertums unter französischer Führung auf. 1849 forderte Hugo die „Vereinigten Staaten von Europa", und er wurde danach einer der Wortführer der europäischen und weltweiten Friedensbewegung (Metzidakis 1994). Seine Bemühungen wurden unterstützt durch Bertha von Suttner, die man als eine Schülerin Hugos bezeichnen kann (Hoock-Demarle 2014).

Man sollte vermuten, dass im Ersten Weltkrieg zwischen 1914 und 1918 viele Schriftsteller sich um eine europäische Perspektive bemüht hätten. Aber auch die größten Gegner des Krieges kamen letztlich aus den Schemata nationalstaatlichen Denkens nicht heraus. Romain Rolland und viele seiner Anhänger, zu denen Stefan Zweig, Annette Kolb und René Schickele gehörten, waren vehemente Kriegsgegner und Befürworter einer friedlichen Verständigung zwischen den Nationen, aber institutionelle Projekte, die wie jene des 17., 18. und 19. Jahrhunderts um eine utopische Vision des föderierten Europas bemüht gewesen wären, wurden nicht publiziert.

Im Hinblick auf den Weltkrieg und die sie begleitende intellektuelle Diskussion ist eine doppelte Katastrophe zu konstatieren: Erstens, dass dieser europäsche Krieg und Weltkonflikt nicht durch Diplomatie vermieden wurde; zweitens, dass viele Schriftsteller und Intellektuelle die Barbarei aus nationalen Empfindungen heraus bejahten und beförderten. Dabei handelte es sich beim Ersten Weltkrieg ja nicht um einen bloßen Nationalitätenkonflikt. Es standen zwei europäische Bündnisse gegeneinander, die sogenannte *Entente* und die sogenannten Mittelmächte. Das waren Allianzen, bei der jede der beteiligten Einzelmächte davon ausging, dass die Nationen der anderen Seite Expansionsabsichten hegten. An sich zeigten die gegeneinanderstehenden europäischen Gruppierungen, dass man durchaus bereits übernational dachte, auch wenn es nicht um die künftige Durchsetzung eines positiven gesamteuropäischen Planes ging, sondern um die Sicherstellung des Kräftegleichgewichts der Nationalstaaten.

Brauchbare institutionalistische Vorstellungen über ein konföderiertes Europa wurden erst nach 1918/19 als Antwort auf den Krieg und die sogenannten Friedensverträgen entwickelt. Erst nach dem Weltkrieg wurde das ganze Ausmaß der kontinentalen Katastrophe sichtbar. Vor allem ist hier Richard Coudenhove-Kalergi zu nennen. Sein Buch und seine von Wien ausgehende Bewegung „Pan-Europa" (Saint-Gille 2003; Ziegenhofer-Prettenthaler 2004) aus den frühen 1920er Jahren waren nicht nur Reaktionen auf die verheerenden Folgen des politischen, ökonomischen, moralischen und wissenschaftlichen Niedergangs der europäischen Nationen, sondern implizit auch eine Kritik am Verhalten der Intellektuellen im Krieg. „Pan-Europa" ist die umfassendste Neuformulierung von Sullys „Großem Plan" im 20. Jahrhundert und aktualisiert die Überlegungen von Saint-Pierre, Rousseau, Saint-Simon, Victor Hugo und Bertha von Suttner. Allerdings darf nicht verschwiegen werden, dass Coudenhove-Kalergi nach dem Ersten Weltkrieg sich noch nicht vom kolonialen Denken seiner Zeit gelöst hatte. So werden besonders die französischen Kolonien in Afrika noch ohne große Umstände zum Besitzstand Europas gerechnet. Von Hause aus Philosoph und Publizist, wartete er nicht auf Initiativen der Politiker. Die sogenannten Friedensverträge, die nach Pariser Vororten benannt wurden, provozierten nach 1919 nur neue nationale Aggressionen. Sie zeigten, dass von der großen Politik kaum Innovationen in Sachen Friedenssicherung durch europäische Kooperation zu erwarten war. Coudenhove-Kalergi legte einen Stufenplan vor, in dem zunächst ein pan-europäisches Büro eingerichtet werden sollte: In ihm wäre ein Sicherheitsabkommen auszuarbeiten und eine Zollunion vorzubereiten gewesen. Über die Station eines Staatenbundes werde man schließlich zum Ziel eines kontinentalen Bundesstaates gelangen, in dem die Nationen als Länder erhalten blieben. Im Europa des Coudenhove-Kalergi waren allerdings die Flügelmächte Groß-Britannien und die damalige Sowjetunion nicht als Mitglieder vorgesehen. England war mit seinem Commonwealth eine Weltmacht für sich, und das war bei der eurasischen Sowjetunion nicht anders, die zudem schon deshalb nicht aufgenommen werden sollte, weil die demokratische Konstitution eines Staates die Voraussetzung für die Mitgliedschaft in Pan-Europa war. Nichts, was zwischen 1923 und 1951 in der Europa-Essayistik publiziert wurde, kann es mit dem Konzept Coudenhove-Kalergis aufnehmen. Hier wurde eine Föderation vorgeschlagen, in der die ehemals dominanten Ideen von der Universalmonarchie, vom Gleichgewicht und vom bewaffneten Frieden ersetzt sind durch eine Kombination von zentralistischen Machtmechanismen, Parlamentarismus und Einfluss der Mitgliedsstaaten. Während der Zwischenkriegszeit war der Einfluss des nationalistischen Revanchedenkens in der Politik größer als der der Pan-europäischen Vision. Der 1933 in Deutschland zur Macht gelangte Nationalsozialismus verhinderte vollends die friedliche Einigung des Kontinents. Hitlers Politik zielte nicht ab auf eine Konföderation gleichberechtigter Mitgliedsstaaten, sondern auf die Unterwerfung der europäischen Länder.

Zwischen 1949 und 1951 ergab sich eine historische Konstellation, in der man in Politik, Wirtschaft und Gesellschaft einiger westeuropäischer Staaten erste Schritte hin auf eine ökonomische Integration unternehmen wollte, und an der Inspiration und am Vokabular für diesen ansatzweisen Einigungsprozess mangelte es nicht. Coudenhove-Kalergis Wirkung auf die Generation der Gründerväter der Europäischen Wirtschaftsgemeinschaft von 1957 kann nicht übersehen werden. Er war der erste Europa-Vordenker, der erlebte, wie seine Imaginationen seit 1950 konkrete Formen annahmen.

2. Europa-Essay und Europa-Roman

Die Zahl der Europa-Essays, die zwischen dem Schluss des Ersten und dem Ende des Zweiten Weltkriegs entstand, ist nicht gering. Hier sind Namen wie die von Heinrich Mann, Ortega y Gasset und Thomas Mann (Lützeler 1994) zu nennen. Sie haben dazu beigetragen, das Bewusstsein für die Notwendigkeit einer organisierten Europäischen Gemeinschaft zu stärken. Nicht der Schock des Ersten, sondern erst der des Zweiten Weltkriegs führte in der politischen Praxis zum Aufbau eines europäischen Staatenbundes, wie er heute besteht. Coudenhove-Kalergis Idee von Pan-Europa, die international Beachtung fand, wurde von den erstarkenden chauvinistischen Parteien in den 1920er und 1930er Jahren bekämpft. Nach dem Zweiten Weltkrieg meldeten sich wieder kulturell-religiös argumentierende Schriftsteller wie T.S. Eliot, Reinhold Schneider und (überraschenderweise) Ernst

Jünger zu Wort (Lützeler 2007). Das war der Zeitpunkt, zu dem Hermann Brochs Roman *Der Tod des Vergil* erschien, nämlich Mitte 1945.

Brochs Buch ist im Kontext von Zeit- und Geschichtsroman in der ersten Hälfte des 20. Jahrhunderts zu sehen. Da sind die Zeitromane *Jean-Christophe* von Romain Rolland und *Der Zauberberg* von Thomas Mann zu nennen. Dominiert innerhalb des Europa-Diskurses die Essayistik, so sind solche Erzählwerke doch ebenfalls als Beiträge zum kulturellen Europa-Diskurs zu verstehen und können als Europa-Romane bezeichnet werden. Sicher gibt es gattungsbedingte Unterschiede zwischen dem essayistischen und dem romanhaften Europa-Diskurs, was Intention und Rezeption betrifft. Vor allem in der Weite des Interpretationshorizonts unterscheiden sich die fiktionalen Werke von den Essays. Romain Rolland wie Thomas Mann wurden in der Folge aktive Teilnehmer auch am essayistischen Europa-Diskurs. Das Ziel Rollands in *Jean-Christophe* war es, eine europäische Identität bewusst zu machen. Anteile kollektiver Herkunftsidentitäten (Familie, Heimatort, Region und Nation) werden in ihrem Recht belassen, doch entdecken die Roman-Protagonisten aus Deutschland, Frankreich, Italien und der Schweiz auch Verbindendes, das man als europäisch wahrnimmt. Rolland blieb sich der Unzuverlässigkeit der europäischen Identität als Schutz vor nationalistischen Exzessen bewusst. Am Ende des 1912 erschienenen letzten Bandes von *Jean-Christophe* heißt es, dass der Krieg der europäischen Länder gegeneinander nicht mehr aufzuhalten sei. Das ist ein Zusammenstoß, den seine Romanfiguren haben verhindern wollen, weil sie verstehen, dass er potentiell auf den Selbstmord der europäischen Kultur hinausläuft. 1912 ist auch das Jahr, in dem Thomas Mann mit der Skizzierung seines Zeitromans *Der Zauberberg* beginnt. Wie bei Rolland ist bei Mann die Auseinandersetzung mit der kollektiven europäischen Identität zu konstatieren. Das Bewusstsein, in der Spät- und Endphase einer Kultur zu leben, das Empfinden, Zeuge eines Zeitbruchs zu sein, war überall in Europa in den Jahren vor und nach dem Ersten Weltkrieg verbreitet. Niedergang, Krankheit und Tod sind jene Symptome kontinentaler Befindlichkeit, für die Thomas Mann mit dem Bild des Sanatoriums die zentrale Metapher in seinem Roman gefunden hat. Die Handlung seines Buches, das 1924 erschien, endet mit dem Beginn des Ersten Weltkriegs.

Auch Broch hat sich mit der europäischen Kulturkrise in dem historischen Roman *Der Tod des Vergil* auseinandergesetzt. Schon in der Zwischenkriegszeit hatte er Essays zum „Zerfall der Werte" (Teil der zwischen 1930 und 1932 erschienenen Romantrilogie *Die Schlafwandler*) geschrieben. Hier muss auf ein Parallelprojekt zu Brochs Roman hingewiesen werden. Wie Broch thematisiert Lion Feuchtwanger in einem seiner Exilwerke, der *Josephus*-Trilogie, die kulturellen Konflikte im Übergang von der Antike zum Christentum. Als Europa-Romane können auch diese Exilwerke bezeichnet werden. Wie andere assimilierte jüdische Intellektuelle waren die Autoren davon überzeugt, dass die europäische Kultur mit ihren Komponenten des Griechischen, Römischen, Jüdischen und Christlichen gegen den nationalsozialistischen Angriff verteidigt werden müsse. Feuchtwangers Romanheld ist der jüdische Historiograf Josephus. Die Trilogie zeigt, wie schwierig sich die spätere europäische Kulturkombination im ersten Jahrhundert unserer Zeitrechnung anließ: Griechen, Römer, Juden und Christen sind in heillose Konflikte verwickelt. Josephus steht in der Mitte dieser Auseinandersetzungen und versucht, gegen den verbreiteten Konfrontationskurs Brücken der Verständigung zu bauen. Sein Ziel ist es, eine kosmopolitische Identität zu entwickeln und vorzuleben, wobei er scheitert. Die Verschmelzung der Kulturen, von der Josephus träumt, bleibt in seiner Gegenwart aus, doch hofft er, dass sie die Zukunft Europas bestimmen werde.

Um kulturelle Konflikte des frühen cäsaristischen Roms geht es auch in Brochs Roman *Der Tod des Vergil*. Hier steht der bekannteste römische Dichter im Mittelpunkt des Geschehens. Die Religionskrise des Imperiums (Latte 1960; Dahlheim 2010), die bereits vor der Christianisierung offenbar wird, ist das Thema des Buches. Broch hatte Theodor Haeckers kulturphilosophische Schrift *Vergil – Vater des Abendlandes* von 1930 bald nach Erscheinen gelesen. Er war fasziniert von der dort entfalteten Idee, dass – wie schon Tertullian es gesehen hatte (Freund 2003) – Vergil als „anima naturaliter Christiana" zu verstehen sei. Der römische Autor habe Wertvorstellungen vertreten, mit denen er sich sukzessive von der durch Augustus restaurierten altrömischen Religion und ihren Kulten wie auch von der Selbstvergöttlichung des Kaisers entfernt habe. Das Bild der Mutter mit dem Kind in der vierten Ekloge Vergils wurde im frühen Christentum als Hinweis auf den Erlöser interpretiert (Norden 1924; Riesner 2014). Vergil stehe bereits ein für ethische Positionen, die substantieller Bestandteil des Christentums geworden seien. Man denke an sein wiederholt gestaltetes Thema „amor vincit omnia". Kulturgeschichtlich gesehen ist das eine gewagte These (Lefèvre 2000), aber Haecker konnte sich darauf berufen, dass sich viele Kirchenlehrer wie Augustinus und Dichter wie Dante Vergil zuwendeten.

3. Theoriebeiträge zum Europa-Diskurs

Theorien zur europäischen Identität von Edgar Morin (1988) und Rémi Brague (1993) lesen sich, als hätten diese sie in der Auseinandersetzung mit den Romanen von Feuchtwanger und Broch entwickelt. Morin spricht in *Penser l'Europe* von der dialogischen Beziehung, die zwischen den griechischen, römischen, jüdischen und christlichen Basiselementen der europäischen Kultur bestehen. Dabei orientiert er sich am Verständnis des Dialogischen, wie es von Michail Bachtin (1981) in Abgrenzung von der Dialektik Hegels entwickelt wurde. Morin sieht die europäische Kulturmischung nicht als Synthese, d. h. nicht als Ergebnis eines dialektischen Prozesses, sondern als eine Kombination von Bestandteilen, deren jeweilige ‚Logiken' konkurrierend, antagonistisch oder komplementär aufeinander bezogen bleiben. Das Griechische, das Römische, das Jüdische und das Christliche haben sich nach seiner Auffassung mit ihren Besonderheiten in der komplexen Kulturmischung durchaus erhalten, und gerade das mache ihre fruchtbare Spannung aus, die immer wieder Renaissancen griechischer, römischer, jüdischer und christlicher Weltanschauungen und Lebensstile durch die Jahrhunderte hin ermögliche. Das ist eine plausible Theorie, und sie ergänzend ließe sich hinzufügen, dass jeder dieser kulturellen Grundbestandteile in sich nochmals dialogisch angelegt ist. Das Griechische stand schon in der Antike in der Spannung zwischen den Werten, die einerseits von Sparta, andererseits von Athen vertreten wurden. Das Römische kennt in historischer Abfolge die Kultur der römischen Republik und die anders gepolte Politik seit Cäsar und Augustus. Das Jüdische umfasst einerseits eine Gesetzesreligion, andererseits den Messianismus. Das Christentum basiert auf der Thora zum einen, zum anderen auf der Vorstellung eines in Erfüllung gegangenen Messianismus mit neuen ethischen Postulaten und Gnadenvorstellungen. Was Morin nicht bedenkt, ist die Tatsache, dass nicht nur Antikes und Jüdisch-Christliches in die europäische Kulturmischung einging, sondern auch Keltisches, Germanisches und Slavisches in unterschiedlichen Hybridbildungen.

Rémi Brague stellte in seinem Buch *Europe. La voie romaine* die Theorie von der exzentrischen Struktur der Basiselemente europäischer Zivilisation auf. Für ihn wie für Morin, dessen Theorie er unbeachtet lässt, bilden Griechisches, Römisches, Jüdisches und Christliches die Grundlagen europäischer Kultur. Brague geht es dabei nicht um die dialogische Bezogenheit dieser Bestandteile, sondern um ihre exzentrische Konstellation. Rom ist zum einen das Zentrum einer antikmediterranen, d. h. multikontinentalen Kultur, zum anderen auch Mittelpunkt des späteren lateinisch-christlichen Europas (vgl. IV.1 SEIDEL). Aber weder das antike noch das christliche Rom sind nach Brague ursprünglich und selbstbezogen, sondern haben ihre Inspirationen zum einen von Athen, zum anderen von Jerusalem erhalten. Exzentrisch sei das Rom der Antike und das Rom der Päpste, weil es jeweils angewiesen sei auf eine ursprüngliche Kultur: auf die griechische Athens bzw. die jüdische Jerusalems. Athen und Jerusalem seien Ursprung und Bezugspunkt des antiken wie des christlichen Roms, die jeweils als sekundär und nachgeordnet einzustufen seien. In wiederholten kulturellen Renaissancen und religiösen Reformationen habe sich die Stärke der beiden Vorbilder erwiesen. Der Mangel an Authentischem werde in Rom aber wettgemacht durch eine Dynamik, die gerade aus der Unabgeschlossenheit resultiere.

Es drängen sich Fragen auf, die bereits in Brochs Roman *Der Tod des Vergil* – also ein halbes Jahrhundert vor Brague – gestellt worden sind: Verstand Rom sich wirklich so stark auf Athen bezogen, dass es dort den Ursprung seiner Kultur gesehen hätte? Rom hatte seine eigenen Ursprungsmythen, in denen Athen nicht vorkommt. Brochs Buch erinnert daran, wie Vergil die durch Hellenen zerstörte Dynastie des Trojanischen Herrscherhauses rehabilitiert, indem er die Karriere des Aeneas zum Gründer Roms nachzeichnet. Die Überlegenheit Roms wird deutlich in den Vorstellungen über die Pax Romana (Petit 1976), wie sie von Plinius dem Älteren in der *Naturalis Historia*, von Vergil in der *Aeneis* und von Ovid in den *Fasti* zum Ausdruck kommt: Rom vermittelt nach Plinius der ganzen Menschheit *Humanitas*; Jupiter teilt dem Aeneas mit, dass er ihm „ein Reich ohne Grenzen" geben werde, und Ovid hält fest, dass das Gebiet der Stadt Rom und des Erdkreises identisch sei. Und verstand sich das Paulinische Christentum, das sich im Imperium Romanum ausbreitete, wirklich als so angewiesen auf das Judentum? Religionsgeschichtlich ist die Beziehung zwischen Thora und Neuem Testament wohl nicht auf die Formel von ‚ursprünglich' und ‚sekundär' zu bringen. Der Nachweis der Erfüllung der alten Prophezeiungen findet sich bei Paulus, den Evangelisten und den Patristikern. Erfüllung aber bedeutet Abschluss und Neubeginn (Dahlheim 2013). Die Autoren der *Josephus*-Trilogie und des *Vergil-Romans* veranschaulichen eher die dialogischen als die exzentrischen Beziehungen von Komponenten, die in die europäische Kulturmischung eingegangen sind.

4. Gegenwart und Ausblick

In den 1980er Jahren, als die Länder hinter dem Eisernen Vorhang ihre Befreiung von der Sowjetunion unter der Devise ‚zurück nach Europa!' vorbereiteten, gab es eine Mitteleuropa-Debatte, die mit Namen wie György Konrád, Milan Kundera und Vaclav Havel verbunden ist (Lützeler 1997). Seit Bestehen der Brüsseler Behörde hat der Europa-Diskurs eine neue Qualität gewonnen. Es geht jetzt nicht mehr lediglich um ein Wunschdenken, sondern um die Auseinandersetzung mit einer existierenden Institution. Intellektuelle, die seitdem über Europa schreiben, begleiten die Entwicklung des Gemeinschaftsprojekts mit Kritik (Lützeler 2007), sei es im Hinblick auf die zu stark ökonomische Ausrichtung (Reinhold Schneider: „Europa als Lebensform", 1957), auf den Mangel an Demokratie (Hans Magnus Enzensberger: „Brüssel oder Europa – eins von beiden, 1989), auf den noch zu wenig gelungenen multikulturellen Dialog mit dem Islam (Barbara Frischmuth: „Europa, das ich meine", 1998), auf die zu rasche Expansion (Adolf Muschg: *Was ist europäisch? Reden für einen gastlichen Erdteil,* 2005) oder auf den zu geringen Stellenwert der Regionen (Carl Amery: „Wegweisung Europa. Eine kritische Reflexion" und Robert Menasse: *Der europäische Landbote, 2012*). Menasse betrachtet heute die Einzelnationen als zu starke Machtfaktoren im Entscheidungsprozess der Union (Menasse 2012). Er möchte den Einfluss des Europäischen Rates auf Null gebracht sehen. Bei der Diskussion solch radikaler Vorschläge ist daran zu erinnern, dass der Europäische Rat neben der Kommission und dem Parlament eine der Säulen der EU ist. Die EWG wurde 1957 mit den Römischen Verträgen von den Nationen etabliert. Sie taten das auch, um in einem kontinentalen Rahmen agieren zu können, der ihr Überleben als Nationen garantiert. Dass sie dabei Souveränitätsteile an Kommission und Parlament delegieren können, haben sie gezeigt.

Die Krise in Europa mit der Euro-Währungskrise und dem Brexit ist schon so weit fortgeschritten, dass europäische Gemeinsamkeiten beginnen, in Vergessenheit zu geraten. Europa ist kulturell gesehen nichts Monolithisches, weist aber eine Reihe spezifischer institutioneller Eigentümlichkeiten und gemeinsamer historischer Erfahrungen auf, die es erlauben, von einer kulturellen Einheit im Sinne der *unio multiplex* zu sprechen. Wenn man die Quintessenz der vielen Beiträge zusammenfassend referieren will, sind drei Einsichten zu nennen:

Erstens wird ‚Europa' nicht als eine Idee vorgestellt, der als identitätsstiftende Bezugsgröße des Kontinents ein Alleinvertretungsanspruch zugesprochen würde. Andere kollektive Identitäten wie die der Familie, der Stadt, der Region und der Nation werden in ihren Eigenheiten profiliert. Aber diese Teilidentitäten summieren sich noch nicht zu einer europäischen Identität. Sie wird vielmehr in kulturhistorischen Analysen herausgearbeitet als etwas Gemeinsames, an dem die Nationen partizipieren. In Zeiten eines exzessiven und zerstörerischen Nationalismus konnte so – mit Heinrich Mann zu sprechen – an die europäischen „Gemeinbürgschaften" als Voraussetzung einer Politik des Ausgleichs und des Friedens erinnert werden (Schumann 2000). Und bei Friedenpolitik ist nicht nur an die Vermeidung von militärischen Aktionen, sondern auch von Wirtschaftskriegen zu denken.

Zweitens haben die kontinentalen Gemeinsamkeiten mit kulturellen Institutionen zu tun, die sich im Lauf von Jahrhunderten in Europa durchgesetzt haben, und die man vor allem dem griechisch-antiken Erbe verdankt. Ihr dialogisches Zusammenspiel ist eine europäische Besonderheit. Da sind der Tempel, das Theater, die Agora, die Akademie und das Gymnasion. Für diese Institutionen ist seit der Antike die Koexistenz bezeichnend, d. h. keine von ihnen kann auf Dauer alle anderen dominieren, keine die Fragen der anderen beantworten. Theokratie ist so uneuropäisch wie eine Politik, die nur dem Markt gehorcht oder eine Universität, die zur ideologischen Indoktrinierung dient.

Drittens gibt es auf dem Kontinent durchgehende geschichtliche Prägungen, die es in dieser Konstellation in anderen Kulturen nicht gegeben hat, womit Faktisches in Erinnerung gebracht, nicht aber ein Werturteil gefällt wird. Neben der doppelten Antike mit Athen und Rom wirkt auch eine doppelte Religion nach, die christliche, zu deren Grundtexten das jüdische Alte Testament gehört. Zu den historischen Einschnitten, die ganz Europa betreffen, gehört die Akzeptanz des Christentums im Römischen Reich unter Kaiser Konstantin, gehören die Friktionen zwischen Kirche und Staat im Mittelalter, gehört das Auseinanderdriften von lateinischer und orthodoxer Christenheit, zählen Renaissance und Humanismus als Wiederentdeckungen der Antike, zählt die Jahrhunderte lange Konfrontation mit dem Osmanischen Reich, zählen die europäische Kolonisierung ganzer Weltteile sowie der Prozess der Dekolonisierung, gehört die Reformation wie die Gegenreformation, gehören die Bauernkriege und der Dreißigjährige Krieg, zählen die Aufklärung wie die Französiche Revolution, die Romantik wie die Restauration und in Reaktion auf letztere die europäischen Revolutionen von 1830 und 1848. Zu nennen sind fürs 20. Jahrhundert der Erste und der Zweite Weltkrieg, die beide als europäische Kriege begannen. Zu erinnern ist vor allem an den Holocaust als Kulturbruch (vgl. III.4 KRAMER), an die Teilung des Kontinents durch Jalta und die Wiedervereinigung Europas nach dem Fall der Berliner Mauer, woraus sich neue kulturelle Verwerfungen, ökonomische Krisen und politische Konfrontationen ergeben haben. Einen maßgeblichen Einfluss auf die multikulturelle und transnationale Bewusstseinsbildung in Europa hatte zudem seit der Mitte des 20. Jahrhunderts die Begegnung mit anderen Kulturen durch Arbeitsmigration (z. B. aus der Türkei, aus Afrika, aus Indien und Pakistan in England). Zu nennen ist schließlich die Emanzipation der Frauen vom Patriarchat, die zwar ins 19. Jahrhundert zurückreicht und in den 1920er Jahren entscheidende Erfolge erzielen konnte, aber erst nach 1968 zu einer Selbstverständlichkeit wurde und die Identitätsbildung in Europa entscheidend veränderte. Im Europa-Essay haben Autoren und Autorinnen des Kontinents über die europäischen Besonderheiten und die Gemeinsamkeiten nachgedacht und oft genug einen politischen, wirtschaftlichen und juristischen Rahmen gefordert, der die Gemeinsamkeit zum Ausdruck bringt und schützt. Insofern ist die Europäische Gemeinschaft mit all ihren Schwächen ein Ergebnis europäischer Rationalität und Pragmatik. Als solche bedarf sie permanenter Kritik, und daran lässt es der Europa-Essay nicht fehlen.

Literaturverzeichnis

Amery, Carl. „Wegweisung Europa. Eine kritische Reflexion (1984)". *Hoffnung Europa. Deutsche Essays von Novalis bis Enzensberger*. Hrsg. von Paul Michael Lützeler. Frankfurt am Main: Fischer, 1994. 445–466.

Assmann, Jan. *Das kulturelle Gedächtnis. Schrift, Erinnerung und politische Identität in frühen Hochkulturen*. 3. Aufl. München: Beck, 2000.

Bakhtin, M.M. *The Dialogic Imagination*. Austin: University of Texas Press, 1981.

Brague, Rémi. *Europa. Eine exzentrische Identität*. Frankfurt am Main und New York: Campus, 1993.

Conter, Claude. *Jenseits der Nation – das vergessene Europa des 19. Jahrhunderts: die Geschichte der Inszenierungen und Visionen Europas in Literatur, Geschichte und Politik*. Bielefeld: Aisthesis, 2004.

Dahlheim, Werner. *Augustus, Aufrührer, Herrscher, Heiland. Eine Biographie*. München: Beck, 2010.

Dahlheim, Werner. *Die Welt zur Zeit Jesu*. München: Beck, 2013.

Duchhardt, Heinz. *Handbuch der Geschichte Europas Band 6: Europa am Vorabend der Moderne 1650–1800*. Hrsg. von Peter Blickle. Stuttgart: Ulmer, 2003. 309–340.

Enzensberger, Hans Magnus. „Bruessel oder Europa – eins von beiden (1989)". *Hoffnung Europa. Deutsche Essays von Novalis bis Enzensberger*. Hrsg. von Paul Michael Lützeler. Frankfurt am Main: Fischer, 1994. 500–506.

Foerster, Rolf Hellmut. *Europa. Geschichte einer politischen Idee*. München: Nymphenburger, 1967.

Freund, Stefan. *Vergil im frühen Christentum*. Paderborn: Schöningh, 2003.

Frischmuth, Barbara: „Europa, das ich meine (1998)". *Oesterreich, Europa, die Zeit und die Welt beobachtet von Schriftstellerinnen und Schriftstellern aus Oesterreich*. Hrsg. von Angelika Klammer und Jochen Jung. Salzburg: Residenz, 1998. 197–218.

Gollwitzer, Heinz. *Europabild und Europagedanke. Beiträge zur deutschen Geistesgeschichte des 18. und 19. Jahrhunderts*. 2. Aufl. München: Beck, 1964.

Hartmann, Anja. *Rêveurs de paix? Friedenspläne bei Crucé, Richelieu und Sully*. Hamburg: Krämer, 1995.

Hoock-Demarle, Marie Claire. „Der Europa-Diskurs Bertha von Suttners im Umfeld des internationalen Pazifismus der Jahrhundertwende". *Der literarische Europa-Diskurs. Festschrift für Paul Michael Lützeler zum 70. Geburtstag*. Hrsg. von Peter Hanenberg und Isabel Capeloa Gil. Würzburg: Königshausen & Neumann 2013. 75–84.

Lafrance, Guy. „Rousseau, l'Abbé de Saint-Pierre et la question de la paix." *Jean-Jacques Rousseau. Politique et nation*. Hrsg. von Robert Thiéry. Paris: Honoré Champion, 2001. 129–136.

Lampert, Lawrence. *Nietzsche's Teaching. An Interpretation of ‚Thus Spoke Zarathustra'*. New Haven, CT: Yale University Press, 1986.

Latte, Kurt. *Römische Religionsgeschichte*. München: Beck, 1960.

Lefèvre, Eckard. „Catulls Parzenlied und Vergils vierte Ekloge". *Philologus* 144 (2000): 63–80.

Lützeler, Paul Michael (Hrsg.). *Europa. Analysen und Visionen der Romantiker*. Frankfurt am Main und Leipzig: Insel, 1982.

Lützeler, Paul Michael. *Die Schriftsteller und Europa. Von der Romantik bis zur Gegenwart*. München: Piper, 1992.

Lützeler, Paul Michael (Hrsg.). *Hoffnung Europa. Deutsche Essays von Novalis bis Enzensberger*. Frankfurt am Main: Fischer, 1994.
Lützeler, Paul Michael. *Europäische Identität und Multikultur*. Tübingen: Stauffenburg, 1997.
Lützeler, Paul Michael. *Kontinentalisierung. Das Europa der Schriftsteller*. Bielefeld: Aisthesis, 2007.
Metzidakis, Angelo. „Victor Hugo and the Idea of the United States of Europe". *Nineteenth-Century French Studies* 23.1/2 (1994/1995): 72–84.
Menasse, Robert. *Der Europäische Landbote*. Wien: Zsolnay, 2012.
Morin, Edgar. *Europa denken*. Frankfurt am Main und New York: Campus, 1988.
Norden, Eduard. *Die Geburt des Kindes. Geschichte einer religiösen Idee*. Leipzig und Berlin, 1924.
Muschg, Adolf. *Was ist europaeisch? Reden fuer einen gastlichen Erdteil*. München: Beck, 2005.
Petit, Paul. *Pax Romana*, London: Batsford, 1976.
Riesner, Rainer. „Es begab sich aber zu der Zeit". *Roms erster Kaiser Augustus*. Hamburg: ZEIT-Geschichte 2014, S. 76–77.
Saint-Gille, Anne-Marie. *‚La Paneurope'. Und débat d'idées dans l'entre-deux-guerres*. Paris: Presses de L'Université de Paris-Sorbonne, 2003.
Schneider, Reinhold: „Europa als Lebensform (1957)". *Hoffnung Europa. Deutsche Essays von Novalis bis Enzensberger*. Hrsg. von Paul Michael Lützeler. Frankfurt am Main: Fischer, 1994. 406–427.
Schumann, Andreas. „'Macht mir aber viel Freude'. Hugo von Hofmannsthals Publizistik während des Ersten Weltkriegs". *Krieg der Geister. Erster Weltkrieg und literarische Moderne*. Hrsg. von Uwe Schneider, Andreas Schumann und Walter Müller-Seidl. Würzburg: Königshausen & Neumann, 2000. 137–151.
Sommer, Andreas Urs. *Friedrich Nietzsches ‚Der Antichrist'. Ein philosophisch-historischer Kommentar*. Basel: Schwabe, 2000.
Ziegenhofer-Prettenthaler, Anita. *Botschafter Europas: Richard Coudenhove-Kalergi und die Paneuropa-Bewegung in den zwanziger und dreißiger Jahren*. Wien: Böhlau, 2004.

IV.6 Geld-Zirkulationen: Literarische Reflexionen von transnationalen Effekten moderner Warenökonomie

Franziska Schößler

Über das Sujet Handel bearbeiten literarische Texte auf genuine Weise Transnationalität, expansive Raumbewegungen sowie Phantasien der Zirkulation. Dabei kann der Waren- und Geldtausch einerseits als Schule der Sittlichkeit konzipiert werden, die für die Abhängigkeiten der Menschen und das Netzwerk komplementärer Bedürfnisse sensibilisiert, andererseits als Praxis, die einem schädlichen Egoismus und Eigeninteressen Vorschub leistet. Der Handel als literarisches Motiv ist auf fundamentale Weise mit Wertungen und sich daraus ergebenden Exklusionen/Inklusionen verknüpft – im Rahmen der Nation, der Mehrheitsgesellschaft und der Geschlechternormen. In der Literatur der bürgerlichen Moderne finden sich beiderlei Varianten, allerdings mit unterschiedlicher Gewichtung. Der Handel wird häufig, zumal im 19. und 20. Jahrhundert, mit ethnischen Stigmata und eindringlichen Warnungen vor der Unzähmbarkeit internationaler Geldflüsse verbunden. Weitaus seltener hingegen sind emphatische Loblieder auf die Zirkulation von Waren und Werten über beengende Ländergrenzen hinaus, auf die kosmopolitische Vernetzung des Warenverkehrs und die Bildungseffekte des Reisens.

Entscheidend für die Bewertung von ökonomischen Aktivitäten ist, wie das Verhältnis von Geld und Waren bestimmt wird. Der diffamatorische Diskurs geht davon aus, dass sich der transnationale Geldverkehr selbstreferentiell und spekulativ von der Güterproduktion ablöst und ‚geheimen' Finanzoperationen folgt, die für den Kleinanleger an der Börse undurchschaubar sind. Max Weber spricht in seiner Börsenschrift von 1894, die dem schlechten Leumund der Aktiengeschäfte zu begegnen versucht, von dem verbreiteten Vorurteil, dass das Institut der Börse seiner Natur nach eine Art „Verschwörerklub zu Lug und Betrug auf Kosten des redlich arbeitenden Volkes darstellen müsse und deshalb am besten irgendwie vernichtet würde und – vor allem – auch vernichtet werden könne" (Weber 1999 [1894], 135). Insbesondere nach dem Spekulationsflop 1873 wird die Zirkulation des Geldes zur Bedrohung stilisiert und eine vehemente Kritik an der „Chrematistik" geübt, von der bereits Aristoteles sprach, um eine Praxis zu bezeichnen, die scheinbar „inzestuös" Geld aus Geld schöpft (Gernalzick 2000, 146; Hörisch 1996, 127). Diese antimoderne Kritik steht in einem engen Zusammenhang mit den Globalisierungsschüben im 19. Jahrhundert, die nur scheinbar paradox von einem virulenten Nationaldiskurs flankiert werden (vgl. II.5 REICHARDT). Handelselogen hingegen finden sich verstärkt im 18. Jahrhundert, beispielsweise in den Romanen von Daniel Defoe und ansatzweise auch bei Goethe, wie in einem ersten Abschnitt skizziert wird. In einem zweiten wird am Beispiel von Bernhard Kellermanns Bestseller *Der Tunnel* (1913) der Widerstreit von transnationalen Geldströmen, Großprojekten und nationalen Interessen entwickelt.

1. Handel als Bildung, Aufklärung und Schule der Sittlichkeit

Der englische Projektemacher, Kaufmann, Literat und Journalist Daniel Defoe entwirft in der Anleitung für den erfolgreichen Kaufmann, seiner Schrift über Projektemacherei sowie den literarischen Texten vielfältige Praktiken eines erfolgreichen Waren- und Geldverkehrs, der über Ländergrenzen hinweg stattfindet und sich der Überweisung wie des Wechsels bedient. In seinem Roman über eine englische Mätresse – Defoe ist auch an der Prosperität von Frauen interessiert und bewertet ihre Schönheit als Kapital (Dijkstra 1987, 20) – verwandelt sich die Protagonistin zunehmend in eine europäisch agierende, klug kalkulierende Verwalterin ihrer immensen Einkünfte. Sie beschäftigt sich mit lukrativen Geldanlagen, beispielsweise der Vermehrung von Kapital durch Zinsen, und unternimmt vielfältige Anstrengungen, um ihr Kapital in Bewegung zu setzen und gleichzeitig zu sichern (Defoe 1966 [1724], 148). Für ihre transnationalen Geschäfte zwischen England, Paris und Amsterdam spielt dabei das Vertrauen eine ebenso zentrale Rolle wie der Wechsel, dessen Funktionsweise in allen Einzelheiten beschrieben wird. Der Roman erzählt also von der Zirkulation eines sich akkumulierenden Vermögens in weiblicher Hand, das zwar an den Rändern der Gesellschaft durch *sex work* gewonnen wird, gleichwohl nicht von einem ‚ehrenhaften' Besitz zu unterscheiden ist und dessen Verwaltung als produktive Arbeit gilt. So heißt es beispielsweise: „Diese ganze Arbeit beschäftigte mich fast ein halbes Jahr, und da ich meine Geschäfte selbst führte und mit großen Summen umging, wurde ich darin so erfahren wie nur irgendeine Kaufmannsfrau" (Defoe 1966 [1724], 149). Roxana entspricht damit dem von Defoe propagierten Ideal eines protestantischen Leistungsethos und verzichtet entsprechend auf luxurierenden Konsum bzw. nutzt diesen lediglich im Rahmen ihrer Tätigkeit, also zur Vermehrung des Reichtums. Defoe entwirft hier wie auch in *Moll Flanders* und *Robinson Crusoe* das positive Bild eines transnationalen Geldverkehrs, der (weibliche) *agency* ermöglicht. Die literarischen Texte üben damit in ökonomische Praktiken wie die der Überweisung ein.

In deutschsprachigen Texten des 18. Jahrhunderts wird der Handel zuweilen zum Inbegriff der Weltoffenheit, der Ausbildung, Wissensvermittlung und Prosperität stilisiert. Der 1790 entstandene Reisebericht *Ansichten vom Niederrhein* von Georg Forster beispielsweise stimmt einen regelrechten Hymnus an, um das Gewerbe des Kaufmanns als aufklärerische Praxis zu preisen. Der große Kaufmann, „dessen Spekulationen das ganze Rund der Erde umfassen und Kontinente an einander knüpfen", sei in seiner Tätigkeit des Geistes und in seinem Einfluss auf das „allgemeine Regen der Menschheit" einer der glücklichsten Menschen. Zudem sei er „durch die Masse von praktischen Erfahrungen, welche jener Verkehr bei ihm täglich vergrößert, und durch die Ordnung und Abstraction der Begriffe, die man bei einem umfassenden Geiste voraussetzen darf, zugleich einer der aufgeklärtesten Menschen" (Forster 1958 [1791–1794], 99). Der ausgedehnte Handel fördert die Ausbildung von Geistes- und Gemütskräften, also die theoretische wie praktische Vernunft.

Johann Wolfgang Goethe setzt sich in seinen literarischen Texten intensiv mit den ökonomischen Positionen seiner Zeit auseinander und trägt beispielsweise der aufklärerischen ‚Veredelung' des Kaufmanns, die sein großes Vorbild Justus Möser propagiert, in dem Bildungsroman *Wilhelm Meisters Lehrjahre* Rechnung. Der Kapitalist *avant la lettre*, Werner, stimmt nicht nur ein Loblied auf die doppelte Buchführung an, das über 100 Jahre später Werner Sombart in seiner mehrbändigen Geschichte des Kapitalismus zitieren wird (1969 [1902], Bd. 2.1., 118), sondern entwirft das Bild einer durch menschliche Bedürfnisse vernetzten Welt, in der Waren und Gelder als Medien der Kommunikation zirkulieren; er preist Wilhelm, der sich der Kunst verschreiben will, die Vorteile des Handels mit den Worten an: „[W]elch eine angenehme, geistreiche Sorgfalt ist es, alles, was in dem Augenblicke am meisten gesucht wird und doch bald fehlt, bald schwer zu haben ist, zu kennen, jedem, was er verlangt, leicht und schnell zu verschaffen, sich vorsichtig in Vorrat zu setzen und den Vorteil jeden Augenblickes dieser großen Zirkulation zu genießen!" (Goethe 1988 [1795–1796], 36). Dem ‚planetarischen' Blick scheint alles mit allem verbunden, denn auch die geringste Ware steht mit dem gesamten Handel im Zusammenhang, und „eben darum hältst du nichts für gering, weil alles die Zirkulation vermehrt, von welcher dein Leben seine Nahrung bezieht" (Goethe 1988, 36). Die globale Zirkulation zwischen den „Weltteilen" schöpft Gewinn, ermöglicht dem Händler einen klärenden Überblick über die Bedürfnisse der Menschheit und damit zugleich ästhetischen Genuss. Bernd Mahl führt das Lob Werners auf das Vorbild Johann Georg Büsch zurück, dessen *Abhandlung von dem Geldumlauf: In anhaltender Rücksicht auf die Staatswirtschaft und Handlung* (1780) Goethe kannte. Bei beiden findet sich das Lob auf die Handelstätigkeit und die sie voraussetzende Arbeitsteilung, das Preislied auf die Zirkulation und die Arbeit vermehrende Wirkung des Kaufmanns (Mahl 1982, 386). Die poetische Gerechtigkeit des Goethe'schen Romans weist Werner jedoch als Verlierer aus. Während die Turmgesellschaft, über die physiokratische Position hinausgehend, ihr Einkommen aus Grundbesitz, Ackerbau und unternehmerischer Arbeit erwirtschaftet – ähnlich wie es Adam Smith in seiner (national ausgerichteten) Politischen Ökonomie entwirft –, hat der für Mobilität, Rastlosigkeit und Traditionsferne stehende Werner zwar an der puren Zirkulation von Geld seine Freude, doch er wirkt physisch nahezu missgestaltet. Für Goethe sind die Träger der pazifizierenden Reformen um 1800 die kleinadeligen Gutsbesitzer wie der Oheim aus den *Wanderjahren*, nicht aber die freilich unverzichtbaren Kreditgeber. Auch der Land- bzw. Kleinadel trägt dabei den transnationalen Tendenzen seiner Zeit Rechnung, die durch die revolutionären ‚Ansteckungen' über die Länder und Kontinente hinweg verstärkt werden; die Turmgesellschaft plant als Versicherungsgesellschaft, in Russland und Amerika tätig zu sein (Schößler 2002, 142).

Im 19. Jahrhundert verstärkt sich die Abwertung des transnationalen (Geld-) Handels, der sich bei Goethe bereits andeutet, während sich der globale Verkehr massiv intensiviert. Die expansiven Transaktionen kollidieren zunehmend mit dem sich forcierenden Nationaldiskurs und werden von einer harschen, modernefeindlichen, vielfach antisemitischen Kritik begleitet (vgl. III.2 KILCHER).

2. Diffamierter (Geld-)Handel und Großprojekte

In der zweiten Hälfte des 19. Jahrhunderts bereitet sich die ‚Totalerfassung' der Welt bzw. diejenige technologische, mediale und wirtschaftliche Eroberung der Erde vor, die Markus Krajewski „Restlosigkeit" nennt (2006). Es entstehen innovative Produktions- und Konsumtionsformen wie beispielsweise das große Kaufhaus; zudem lassen das internationale Verkehrswesen, die industrielle Entwicklung und die umfassenden Börsenaktivitäten geradezu fabulöse Reichtümer entstehen. Das Kapital bewegt sich zunehmend in transnationalen Dimensionen und generiert damit neue Abhängigkeitsverhältnisse, die den Mythos des individualistisch-rationalistischen *Homo oeconomicus* in Frage stellen. Insbesondere die Börsenaktivitäten finden in einem transnationalen Wirtschaftsraum statt und die moderne Spekulation führt „zu *weltweit* gültigen Preisen. Der moderne Börsenspekulant und die Börse werden damit zu Leitfiguren einer Semantik der Weltgesellschaft" (Stäheli 2007, 78).

Die zeitgenössische Literatur beobachtet die neuen Konsumtions- und Produktionspraktiken in der Regel mit Argwohn und chiffriert sie als unsolide, als gefährlich, weil sie die gesellschaftliche Ordnung, genauer: die kleineren Vermögen und das national codierte Leistungsethos ‚saurer Arbeit im Schweiße des Angesichts' bedrohen. Diese Kapitalismuskritik (aus rechten wie linken Kreisen) verbindet sich in deutschsprachigen Texten im Sinne eines antimodernen deutschen Sonderwegs (Bollenbeck 1999) vielfach mit antijüdischen Invektiven, die die ‚unheimlichen' Institutionen wie die Börse und das große Kaufhaus an antijüdische Topoi (wie Wucher und die Untauglichkeit zum Ackerbau) anschließen. So gelten die transnationalen Finanzoperationen als fragwürdige jüdische ‚Luftgeschäfte' (Berg 2008), die in einer binären Opposition ‚soliden' Produktionsformen wie Ackerbau, Industrie und Handwerk entgegengesetzt werden (Erb 1987). Diese Grenzziehung lässt sich in Werner Sombarts Schriften, in der Börsenkritik Otto Glagaus aus dem *Kulturkämpfer* und der *Gartenlaube* ebenso auffinden wie in Theodor Fontanes Börsenroman *L'Adultera* und Heinrich Manns frühem Roman *Im Schlaraffenland*.

Beliebt ist ein binäres Metaphernsystem, das ‚das Schweben', das ‚Luftige' kapitalistisch-transnationaler Transaktionen dem ‚Wurzelhaften' der Nation entgegensetzt und ersteres mit dem nervösen, international engagierten ‚Luftjuden' verbindet. Dieser geläufige Terminus bezeichnet sowohl die Diaspora und das dürftige Leben von Ostjuden als auch den Ausschluss aus der Produktion, das heißt die aus der prekären Wirtschaftssituation resultierende Berufsstruktur der „umgekehrten Pyramide". Damit ist die zeitgenössische Kritik an der „Sozialstratifikation jüdischer Arbeit [gemeint], die wenig ‚Urproduktion' (Landwirtschaft, Ackerbau, Viehzucht, Handwerk) aufweise, dagegen stark in Wirtschaftszweigen des Handels und des Verkehrs vertreten sei – dessen also, was zeitgenössisch die ‚Zirkulationssphäre' genannt wurde" (Berg 2005, 208).

Ein Roman, der die antijüdische Stigmatisierung des globalen Finanzwesens sowie die „Restlosigkeit" des Verkehrs auf prototypische Weise behandelt, ist Bernhard Kellermanns Dystopie *Der Tunnel* von 1913. Der stilistisch facettenreiche, gleichwohl expressionistisch anmutende Text (Müller 1989) setzt sich – ähnlich wie das Gros der Ingenieursromane seiner Zeit – mit dem problematischen Verhältnis von Großkapital und Technik auseinander und führt die enge Verflechtung des globalen Verkehrswesens mit Aktiengeschäften vor Augen. Der Roman schildert das nach großen Mühen endlich gelingende Projekt, den Atlantik zu untertunneln und Europa mit Amerika zu verbinden. Die von Kellermann entworfene Infrastruktur bewegt sich dabei völlig auf der Höhe der Zeit und berücksichtigt damals aktuelle verkehrstechnische Entwicklungen wie die Vorherrschaft der Bahn, die den Dampferverkehr zunehmend ablöst, die geringe Kapazität des Flugverkehrs, die Bedeutung von Schnelligkeit und die kurzen Verfallszeiten von Erfindungen. Der Roman denkt die zeitgenössischen Tendenzen jedoch utopisch weiter (Kittstein 2005, 128, 136, 144), wenn die Untertunnelung des *Channel*, die im Verlauf des 19. Jahrhunderts wiederholt an den Ängsten Englands scheiterte, (fiktive) Wirklichkeit wird.

Die expandierenden Verkehrssysteme sind in Kellermanns Roman ein bevorzugtes Objekt spekulativer ökonomischer Praktiken und basieren auf ‚fantastischen' Zukunftsvisionen; zeitgenössische Schriften sprechen gerne von „visionary speculation" (Hennig 1913, 261). Der Text trennt die wirtschaftlichen Transaktionen jedoch von den technischen Innovationen ab und verteilt diesen meist als prekär bewerteten Komplex auf zwei Figuren. Der amerikanische Ingenieur Allan, ein etwas ‚biederes Genie', wird dem Zeitgeschmack gemäß als „Übermensch" geschildert (Miloradovic-Weber 1989, 123), dessen visionäre Obsessionen zahlreiche Opfer fordern – der gigantische Tunnelbau sowie die anonymen Arbeiterheere weisen auf die Materialschlachten des I. Weltkriegs voraus. Die ökonomische Dimension des transnationalen Projekts ordnet Kellermann hingegen einem jüdischen Börsianer zu, der in grotesker Überbietung sämtliche Klischees des aufsteigenden ‚Ostjuden' vereinigt. Der Autor separiert also – wie eine Vielzahl von Populärromanen der Zeit – die technisch-ingeniöse Seite des Großprojekts von seiner Finanzierung, ganz ähnlich wie Werner Sombart in seinen wirtschaftshistorischen Schriften Handel, Erfindung und Organisation voneinander abtrennt, um den Techniker und Erfinder auf Kosten des transnational agierenden, auch in seinen Texten jüdisch markierten Finanziers aufzuwerten.

Kellermanns Protagonist Woolf, der sich vom ungarischen Bestattersohn zum wichtigsten Börsenfachmann der Welt mausert, weist die typischen physischen Stigmata des antisemitischen Diskurses auf, unter anderem melancholische Augen – Melancholie gilt auch Werner Sombart als jüdische Disposition (Sombart 1911, 321) – sowie eine assimilatorische Wandlungsfähigkeit, die der Roman bezeichnenderweise mit dem metamorphotischen Geldstrom und den gesichtslosen Menschenmassen der Arbeiter assoziiert. Der jüdische Protagonist, der zunächst den Namen Samuel Wolfsohn trägt, beherrscht die Strategie der Mimikry perfekt und ändert auf seiner Wanderschaft durch die Kontinente mehrfach Gestalt und Namen, bis er in Amerika eine Heimat findet. Der Finanzier agiert mithin als Chamäleon, als nicht-identitäre Maske ohne Gesicht und gleicht damit dem Geld selbst, das als Heer von Kriegern in immer neuen Gestalten erscheint und seinen Herrn multipliziert. Es heißt in einer eindrücklichen Passage: „S. Woolfs Dollars waren Milliarden rasender kleiner Krieger, die sich mit dem Geld aller Nationen und aller Rassen schlugen. Sie waren alle kleine S. Woolfs, mit S. Woolfschem Instinkt bis zum Hals gefüllt, deren Losung: Money! war. Sie stürzten sich in Heeren durch den Draht auf den Grund des Meeres, sie flogen durch die Luft." (Kellermann 1956 [1913], 127). Diese expressive Fantasie fluktuierenden Geldes führt unterschiedliche Motivfelder der Moderne im Zeichen der Metamorphose und einer Dynamik globaler Zirkulation jenseits fixierbarer Identitäten – des Ich oder der Nation – zusammen. Karl Marx bezeichnet das Geld entsprechend als radikalen ‚Leveller', der alles in alles verwandeln kann. In dem Kapitel „Die Verwandlung von Geld" aus seiner politökonomischen Großschrift *Das Kapital* verfolgt er, wie der Wert bald Geldform, bald Warenform annehme und sich in „diesem Wechsel" erhalte und ausrecke (Marx 1957 [1867–1894], 117). Das sich unablässig verwandelnde Geld, das mit der Juden unterstellten Begabung für die Metamorphose, für das Nicht-Identische koinzidiert, ermögliche eine Expansion des Ich, ganz ähnlich wie es Georg Simmel in seiner *Philosophie des Geldes* beschreibt. Simmel verweist auf die „Ausdehnung des Ich, die der Geldbesitz bedeutet" und bezeichnet diese als Form „eines absolut flüssigen Körpers" (Simmel 1900, 329); Christina von Braun kommentiert in ihrer Kulturgeschichte des Geldes: „so als werde der Körper des Geldbesitzers von dessen ‚Liquidität' angesteckt" (Braun 2012, 385). Dieser Fantasie, die die Grenze zwischen (identitärem) Körper und Geld aufhebt, folgt der Roman Kellermanns, um die beschleunigte Dynamik permanenter Transformationen und ihre bedrohliche Flüchtigkeit zu beschreiben. Hannah Arendt führt in ihrer Studie *Vita activa* aus, dass ein Kosmos der Zirkulation, die durch keine dauerhaften Dinge gestoppt werde, einer der puren Flüchtigkeit sei, in der das Leben, wie schon Adam Smith gewusst hätte, „‚keine feste Form mehr annehmen oder in keinem bleibenden Gegenstand mehr sich verdinglichen kann, der die Mühe der Arbeit überdauert'" (Arendt 2002, 160). Der Finanzier Woolf repräsentiert diesen unproduktiven Kosmos der Flüchtigkeit als Effekt kapitalistischer Interessen – diese konzentrieren sich einzig auf den Umlauf des Geldes. Karl Marx hält fest: „Der Gebrauchswert ist also nie als unmittelbarer Zweck des Kapitalisten zu behandeln. Auch nicht der einzelne Gewinn, sondern nur die rastlose Bewegung des Gewinnens" (Marx 1957 [1867–1894], 116). Der Kapitalist muss sein Geld in Bewegung versetzen, die Werner Sombart in ein suggestives Bild der Hysterie überführt und damit pathologisiert. Er hält in *Die deutsche Volkswirtschaft* über die Aktie fest: „Hat man aber an unserm Effekt gleich bei seiner Geburt etwa eine stark nervöse Veranlagung wahrgenommen, das heißt die Fähigkeit, im Kurs leicht zu schwanken, weil es vielleicht Bezugsrechte auf sehr wechselnde Erträge verbrieft, so kann ein ganz anderes Schicksal seiner harren: es kann rastlos von Hand zu Hand wandern, unausgesetzt verkauft und gekauft und wieder verkauft werden. Alle Tage womöglich. Solche fliegenden Holländer nennt man dann Spekulationspapiere" (Sombart 1954 [1903], 198). In dieser Rastlosigkeit und Beweglichkeit koinzidieren ökonomische und antijüdische Fantasien.

Das transnational zirkulierende Geld assoziiert *Der Tunnel* bezeichnenderweise mit den scheinbar bedrohlichen Menschenmassen, wie sie um 1900 verstärkt zum Gegenstand der Massenpsychologie werden. Auch die Masse tritt als unkontrollierbarer, zudem effeminierter Strom, als chaotischer Haufen in Erscheinung und wird als prinzipiell unproduktiv bewertet, weil sie großer Ideengeber bedarf. An einer Stelle heißt es: „Selbst unfruchtbar, stürzten sie sich von jeher auf fremde Ideen, um sich daran zu erwärmen, zu entflammen und über die eigene Dumpfheit und Langeweile wegzutäuschen" (Kellermann 1956 [1913], 93).

Der Roman analogisiert die Menschenmasse – Ausdruck der globalen Arbeitsmigration – mit dem sich exzessiv vermehrenden Geld.

Die Abwertung der transnationalen Geldströme wie der Menschenmassen lässt deutlich werden, dass der Roman in vielerlei Hinsicht dem Paradigma der (deutschen) Nation verpflichtet ist und die Kollision von transnationalen Projekten und nationalen Interessen in Szene setzt, ohne allerdings seine Faszination für das ‚planetarische' Verkehrssystem aufzugeben (Segeberg 1987, 185) – das sich ausstreuende Geld droht beispielsweise an nationalen Grenzen aufgehalten zu werden (Kellermann 1956 [1913], 127). Tatsächlich scheitern die Großprojekte, die transnationaler Gelder und internationaler Kooperationen bedürfen, wiederholt an nationalen Interessen. So polemisiert der Verkehrsexperte Richard Hennig in seiner Studie *Die Wege des Weltverkehrs* aus deutsch-nationaler Perspektive gegen die Ängste Englands vor der Untertunnelung. Der Tunnel wäre seit langem gebaut worden, wenn nicht seit Jahrzehnten politische Bedenken der Engländer „sich in einer geradezu unverständlichen und grotesk-komisch anmutenden Weise gegen jede Ausschaltung des Seeweges wehrten, weil man davon eine Bedrohung der strategischen Unangreifbarkeit des Inselreiches befürchtet" (Hennig 1913, 192). Mitte der 1860er Jahre hatte das Tunnelprojekt im Rahmen der Pariser Weltausstellung an Attraktivität gewonnen, 1876 begannen die Ausschachtungen, doch noch im gleichen Jahr zog England seine Zustimmung zurück; man hielt eine Brücke für vorteilhafter, weil diese durch das „Herausnehmen einiger Glieder" im Kriegsfalle schneller untauglich zu machen sei (Hennig 1913, 192). Der Konflikt lässt deutlich werden, in welchem Maße die internationalen Verkehrswege mit politischen Machtfragen assoziiert sind. Entsprechend werden die Großprojekte meist zu nationalen Errungenschaften erklärt – Friedrich List beispielsweise lobt die Eisenbahn als probates Instrument, um Deutschland zur Einheit zu schmieden (Laak 1999, 87). Die transnationalen Geldströme und Projekte stehen in einem massiven Spannungsverhältnis zu nationalen Interessen, wie in der Geldkritik Kellermanns gleichfalls zum Ausdruck kommt. Der Roman erzählt allerdings auch von gelingenden internationalen Absprachen und der Faszination für gigantische Großprojekte.

Den Traum von einem globalen Verkehrssystem verknüpft der Roman mit den neuesten Errungenschaften der Reklame, die im ausgehenden 19. Jahrhundert heiß debattiert wird, ebenfalls ethnisch markiert ist und für Aktiengesellschaften vitale Bedeutung hat. Kellermann ordnet die „Propaganda", wie es damals heißt, dem diskreditierten jüdischen Protagonisten zu und bewertet Werbung als grundsätzlich problematische Geschäftspraktik. Gleichzeitig jedoch erklärt der Roman Reklame zu der modernen Kunstform neuer Genies (Lamberty 2000, 311), zum genuinen visuellen Ausdruck globaler Mobilität und zum Pendant des utopischen Romans selbst, der ebenfalls Sehnsüchte schürt und als erfüllte imaginiert. Der Architekt und brillante Zeichner Hobby entwirft eine gigantische Werbung für die zukünftigen Städte – die expandierende Infrastruktur lässt neue Metropolen entstehen – und vergegenwärtigt in polychromen leuchtenden Bildern eine feenhafte urbane Zukunft (Kellermann 1956, 96). Nach Dirk van Laak wohnen Städten „an sich bereits utopische Potentiale inne, und als Idee waren sie immer schon Projektionsflächen unterschiedlichster Hoffnungen" (Laak 1999, 124). Hobbys Reklame imitiert die bewegten Bilder des noch jungen Films, um die Massen in ihren Bann zu ziehen. Der obere Teil eines Bürogebäudes ist mit einer fulminanten Lichtreklame, mit einem Reklametableau aus Tausenden von farbigen Glühlampen geschmückt. „Eine Riesenkarte des Atlantischen Ozeans, umrahmt von den Farben der Stars and Stripes. […] Unter den blauen Wellenlinien ist mit roten Lampen eine sanfte Kurve gezeichnet, die über die Bermudas und Azoren nach Spanien und Frankreich führt: der Tunnel. Durch den Tunnel aber jagen unaufhörlich feurige Züge zwischen den Kontinenten hin und her" (Kellermann 1956 [1913], 96). Die bewegten Lichttafeln suggerieren die Schnelligkeit des submarinen Zugverkehrs und entsprechen der zeitgenössischen Forderung im Reklamewesen, den Betrachter durch Bewegung in Bann zu ziehen (Mataja 1910, 48). In Kellermanns Roman, der sich eines filmischen Erzählens bedient, gelten die Reklame und die Werbefilme in einem emphatischen Sinne als neue Formate der (utopischen) Kunst, die visionär die Zukunft bebildert, Sehnsüchte weckt und in ihrer planetarischen Gigantomanie dem globalen Zeitalter entspricht – Größe ist auch für die Experten der „Propaganda" das Zauberwort: „Massenhafte, große, kostspielige Anzeigen, selbst ohne ein Wort des Lobes, ja auch nur der Schilderung der Sache, erwecken beispielsweise bereits den Gedanken, daß es sich dabei um etwas Großes, um etwas dem belangreichen Ankündigungsaufwand Entsprechendes handle" (Mataja 1910, 22). Die bewegte (Leucht-)Reklame ist mithin der Zwilling des utopischen Romans und des globalen Verkehrsprojekts.

Wertet der Roman *Der Tunnel* die Zirkulation des Geldes durch seine forcierten antijüdischen Imagines ab und folgt er damit einer popularisierten antisemitischen Geldkritik, so finden sich um die Jahrhundertwende gleichwohl vereinzelte Rehabilitierungsversuche der Börse und des Finanzwesens, allerdings eher von Seiten marginalisierter Autoren. Insbesondere deutsch-jüdische Stadtromane versuchen, die Abwertungen des Finanzwesens zu konterkarieren und beschwören das Produktive der transnationalen Geldzirkulation in Worten, die an die Elogen des 18. Jahrhunderts erinnern. Besonders aufschlussreich für den Versuch einer Umschrift bzw. Widerlegung des Mehrheitsdiskurses ist Salomon Kohns Börsenroman *Ein Spiegel der Gegenwart*, der zwei jüdische Freunde, einen Finanzier und einen Arzt, den Börsenkrach von 1873 hautnah erleben lässt. Kohn erzählt regelrechte Heldengeschichten und entwirft ‚Mustermenschen', die – wie der Roman selbst expliziert – zu perfekt sind, um wahr zu sein. Über den Juristen

Malten illustriert der Erzähler, auf welche Weise die Börse ein Ort ehrbarer Tätigkeit zu sein vermag, welcher Fähigkeiten es bedarf, um auf solide, relativ risikolose Weise erfolgreich zu sein und warum die Börse für eine moderne Volkswirtschaft von vitaler Bedeutung ist. Allein die Börse sei dem modernen Weltverkehr mit seinen Arbeits- und Tauschverhältnissen gewachsen, wie Malten formuliert: „Die Börse ist der modernen Neuzeit ein unabweisbares, tiefgefühltes, gar nicht zu entbehrendes Bedürfniß. Die Börse wie sie sein soll – ist der Sammelplatz des Capitals, sie soll und muß durch tausend Kanäle befruchtend und segensreich auf das Staatswohl, auf den Handel, auf die Industrie, auf die Agricultur hinwirken" (Kohn 1875, 3, 187). Darüber hinaus stilisiert er die Börse, ähnlich wie die amerikanischen Romane von Theodore Dreiser und Frank Norris, zur elementaren Kraft, die einer klaren Ordnung bedarf, um nicht zerstörerisch zu wirken: „Die Börse gleicht den Elementen, dem Feuer und dem Wasser, die gut angewendet, unendlichen Segen bringen – entfesselt, Alles vernichten und zerstören" (Kohn 1875, 3, 187). Die Börse schafft zudem Arbeit, ermöglicht die Zirkulation von Waren und den Bau von Verkehrsnetzen: „Die Börse, und nur die Börse allein, machte es möglich, [...] daß hunderttausende fleißige Menschenhände, die sonst feiern müßten, beim Bahnbau, in den Eisengießereien, in den Waggons- und Maschinenfabriken, in den Kohlenbergwerken entsprechende und lohnende Beschäftigung finden" (Kohn 1875, 3, 187–188). Die Börse allein ist dem globalisierten Handelsverkehr gewachsen und wird bezeichnenderweise unmittelbar mit den hoch geschätzten Produktionsformen des Ackerbaus und der Industrie verklammert. Der Finanzier bindet die Geldzirkulation an die Produktion zurück als Remedium gegen das flottierende ‚Luftgeld', das sich halt- und gestaltlos über die Kontinente ausbreitet.

Der Handel (von Geld und Waren) ist also auf fundamentale Weise mit transnationalen Praktiken, globalen Räumen sowie Fantasien der Zirkulation und Metamorphose verbunden. Daniel Defoe beschreibt mit Akribie die Überweisung von Geld zwischen England, Amsterdam und den amerikanischen Kolonien. Werner aus Goethes Roman *Wilhelm Meisters Lehrjahre* singt ebenso ein Loblied auf die Zirkulation von Waren und Werten über die Ländergrenzen hinaus wie Georg Forster in seinen *Ansichten vom Niederrhein*. Die weltumspannende Vernetzung wird als Bildungsquelle und aufklärerische Schule der Sittlichkeit konzipiert, denn der Händler muss über Weitblick verfügen, das Netzwerk der menschlichen Bedürfnisse erkennen und die Zukunft antizipieren. Diese positive Einschätzung des transnationalen Geld- und Warenverkehrs wird im 19. und 20. Jahrhundert vielfach demontiert, weil sich die Finanzoperationen als selbstreferentielle von den Produktionsprozessen abzulösen scheinen und vermeintlich gegen nationale Interessen verstoßen. Literaten wie Kulturkritiker – prototypisch ist in diesem Zusammenhang Karl Marx' umstrittener Text *Zur Judenfrage* –, konstruieren

Analogien zwischen ‚jüdischer Mentalität' und Geld bzw. Börse und entwerfen den ‚Einheitstypus' des jüdischen, transnational agierenden Finanziers, der mit der Metapher der Luft (als Gegenbild zur Verwurzelung) assoziiert ist und das nationale Produktivitätsethos zu untergraben scheint. In Bernhard Kellermanns Bestseller *Der Tunnel*, der eine ambivalente Poetik des globalen Fortschritts und Verkehrs entwirft, zeigt sich die ethnische Markierung von spezifischen Wirtschaftspraktiken ebenso wie der Widerstreit von Nationaldiskurs und suspekter transnationaler Zirkulation, die gleichwohl faszinierende, weltumspannende Großprojekte entstehen lässt.

Literaturverzeichnis

Arendt, Hannah. *Vita activa oder Vom tätigen Leben*. München: Piper, 2002 [1958].
Berg, Nicolas. *Luftmenschen. Zur Geschichte einer Metapher*. Göttingen: Vandenhoeck & Ruprecht, 2008.
Bollenbeck, Georg. *Tradition, Avantgarde, Reaktion. Deutsche Kontroversen und die kulturelle Moderne 1880–1945*. Frankfurt am Main: Fischer, 1999.
Braun, Christina von. *Der Preis des Geldes. Eine Kulturgeschichte*. Berlin: Aufbau, 2012.
Defoe, Daniel. *Die glückliche Mätresse oder Die Geschichte des Lebens und des wechselhaften Glücks der Mademoiselle de Beleau später in Deutschland Gräfin Wintselsheim genannt, die zur Zeit König Karls II. bekannt war unter dem Namen ROXANA*. Übers. von Lore Krüger. Berlin i.a.: Aufbau 1966 [1724].
Dijkstra, Bram. *Defoe and Economics. The Fortunes of Roxana in the History of Interpretation*. Basinstoke: The Macmillan Press, 1987.
Erb, Rainer. „„Warum ist der Jude zum Ackerbürger nicht tauglich?' Zur Geschichte eines antisemitischen Stereotyps". *Antisemitismus und jüdische Geschichte. Studien zu Ehren von Herbert A. Strauss*. Hrsg. von Rainer Erb und Michael Schmidt. Berlin: Wissenschaftlicher Autorenverlag, 1987. 99–120.
Forster, Georg. „Ansichten vom Niederrhein. Von Brabant, Flandern, Holland, England und Frankreich im April, Mai und Junius 1790" [1791–1794] *Werke*, Bd. 9. Bearb. von Gerhard Steiner. Berlin: Akademie-Verlag, 1958.
Gernalzick, Nadja. *Kredit und Kultur. Ökonomie und Geldbegriff bei Jacques Derrida und in der amerikanischen Literaturtheorie der Postmoderne*. Heidelberg: Winter, 2000.
Goethe, Johann Wolfgang von. „Wilhelm Meisters Lehrjahre. Ein Roman" [1795–1796]. *Sämtliche Werke nach Epochen seines Schaffens*. Münchner Ausgabe, Bd. 5. Hrsg. von Hans-Jürgen Schings. München: Hanser, 1988.
Hennig, Richard. *Die Hauptwege des Weltverkehrs*. Jena: Fischer, 1913.
Hörisch, Jochen. *Kopf oder Zahl. Die Poesie des Geldes*. Frankfurt am Main: Suhrkamp, 1996.
Kellermann, Bernhard. *Der Tunnel. Roman*. Berlin: Aufbau-Verlag, 1956 [1913].
Kittstein, Ulrich. „Der Erfinder als Messias und das eiserne Gesetz der Arbeit. Zukunftsvisionen in den Science-Fiction-Romanen von Hans Dominik und Bernhard Kellermann". *Sprachkunst* 36 (2005). 127–145.
Kohn, Salomon. *Ein Spiegel der Gegenwart. Ein Roman*. 3 Bände. Jena: Costenoble, 1875.
Krajewski, Markus. *Restlosigkeit. Weltprojekte um 1900*. Frankfurt am Main: Fischer, 2006.

Laak, Dirk van. *Weiße Elefanten. Anspruch und Scheitern technischer Großprojekte im 20. Jahrhundert*. Stuttgart: Deutsche Verlags-Anstalt, 1999.
Lamberty, Christiane. *Reklame in Deutschland 1890–1914. Wahrnehmung, Professionalisierung und Kritik der Wirtschaftswerbung*. Berlin: Duncker & Humblot, 2000.
Mahl, Bernd. *Goethes ökonomisches Wissen. Grundlagen zum Verständnis der ökonomischen Passagen im dichterischen Gesamtwerk und in den „Amtlichen Schriften"*. Frankfurt am Main und Bern: Peter Lang, 1982.
Marx, Karl. *Das Kapital. Kritik der Politischen Ökonomie*. In Zusammenhang ausgewählt und eingeleitet von Benedikt Kautsky. Stuttgart: Kröner, 1957 [1867–1894].
Mataja, Victor. *Die Reklame. Eine Untersuchung über Ankündigungswesen und Werbetätigkeit im Geschäftsleben*. Leipzig: Duncker & Humblot, 1910.
Miloradovic-Weber, Christa. *Der Erfinderroman 1850–1950. Zur literarischen Verarbeitung der technischen Zivilisation – Konstituierung eines literarischen Genres*. Bern i.a.: Peter Lang, 1989.
Müller, Götz. *Gegenwelten. Die Utopie in der deutschen Literatur*. Stuttgart: Metzler, 1989.
Nicolas Berg. „Bilder von ‚Luftmenschen' – Über Metapher und Kollektivkonstruktion". *Synchrone Welten. Zeitenräume jüdischer Geschichte*. Hrsg. von Dan Diner. Göttingen: Vandenhoeck & Ruprecht, 2005. 199–224.
Schößler, Franziska. *Goethes „Lehr"- und „Wanderjahre". Eine Kulturgeschichte der Moderne*. Tübingen: Francke, 2002.
Segeberg, Harro. *Literarische Technik-Bilder. Studien zum Verhältnis von Technik und Literaturgeschichte im 19. und frühen 20. Jahrhundert*. Tübingen: Niemeyer, 1987.
Simmel, Georg. *Philosophie des Geldes*. Leipzig: Duncker & Humblot, 1900.
Sombart, Werner. *Der moderne Kapitalismus*. Bd. 2.1: Das europäische Wirtschaftsleben im Zeitalter des Frühkapitalismus. Berlin: dtv, 1969 [1902].
Sombart, Werner. *Die deutsche Volkswirtschaft im neunzehnten Jahrhundert*. Darmstadt: Wissenschaftliche Buchgesellschaft, 1954 [1903].
Sombart, Werner. *Die Juden und das Wirtschaftsleben*. Leipzig: Duncker & Humblot, 1911.
Stäheli, Urs. *Spektakuläre Spekulation. Das Populäre der Ökonomie*. Frankfurt am Main: Suhrkamp, 2007.
Weber, Max. „Die Börse" [1894]. *Börsenwesen. Schriften und Reden 1893–1898*. 1. Halbband. Hrsg. von Knut Borchardt, in Zusammenarbeit mit Cornelia Meyer-Stoll. Tübingen: Mohr, 1999. 127–174.

IV.7 Nationaldiskurse und Transnationalität in deutsch-jüdischer Ghettoliteratur

Gabriele von Glasenapp

1. Einleitende Bemerkungen und Definitionen

Jüdische Literaturen in ihrer Gesamtheit zeichnen sich von Beginn an durch einen transnationalen respektive transkulturellen Charakter aus. Anders als die Mehrheit der nichtjüdischen Literaturen waren und sind sie von nationalen, mehrheitskulturellen und sprachlichen Grenzen weitgehend entkoppelt, eine Tatsache, die auch in den zahlreichen Definitionsversuchen von jüdischen Literaturen ihren Ausdruck findet (vgl. III.2 KILCHER). So bestanden jüdische Literaturen in Mitteleuropa zunächst aus einem Korpus an Texten, denen von nichtjüdischen Gelehrten bestimmte Eigenschaften zugesprochen wurden, d. h. sie konstituierten sich vornehmlich aus Attributen von Fremdzuschreibungen. Erst seit dem Beginn des 19. Jahrhunderts, im Zuge verstärkter Akkulturationsbestrebungen seitens der jüdischen Minderheit, wurden diese zunehmend durch eigene Definitionen abgelöst.

Bei jüdischen Literaturen handelt es sich daher grundsätzlich um zwei mit- und ineinander verwobene Kommunikationen: jene mit den jüdischen, als auch mit den Lesern der nichtjüdischen Mehrheitsgesellschaften. Das gilt in besonderem Maße für die jüdischen Literaturen in deutscher Sprache, die bereits durch die Verwendung (auch) der deutschen Sprache den Mehrheitsgesellschaften eine grundsätzliche Akkulturationsbereitschaft der jüdischen Minderheit signalisierten. Diese auf das literarische Handlungssystem bezogene Akkulturationsbereitschaft manifestierte sich zugleich im Aufgreifen bzw. in der Übernahme (und gleichzeitigen Modifikation) von zuvor genuin nichtjüdischen Gattungen, sowohl der pragmatischen wie der erzählenden Literatur, die im Zuge dieses ‚Übernahmeprozesses' mit jüdischen Stoffen, Themen und Inhalten versehen wurden. Zu den wichtigsten dieser Textsorten zählten alle Formen volksliterarischen Erzählens, der historische Roman sowie das Genre der Ghettoliteratur.

Ghettoliteratur stellt einen im Verlauf des 19. Jahrhunderts geschaffenen Sammelbegriff für einen Textkorpus dar, der zur überwiegenden Mehrheit aus im 19. und frühen 20. Jahrhundert entstandenen kürzeren, realistischen Erzählungen besteht. Deren Selbstbezeichnung lautet entweder Ghettogeschichte, Ghettoerzählung, Ghettosage, Ghettodichtung oder in Ausnahmefällen auch Ghettoroman (Ober 2001, 12–13; Glasenapp und Horch 2005, 1105–1106). Analog zur Etymologie des Wortes ‚Ghetto', mit dem ein gesondertes Wohnviertel bzw. ein der jüdischen Minderheit zugewiesenes Areal von einer oder mehreren Gassen bezeichnet wird, umfasst auch der Stoff der Ghettoerzählungen im expliziten oder übertragenen Sinn das komplexe Verhältnis zwischen jüdischer Minderheit und christlicher Mehrheitsgesellschaft, wobei der erzählte Raum zumeist als eine eindeutig begrenzte Einheit erscheint, dessen Zugehörigkeit zu einer bestimmten Region, einer Kulturlandschaft oftmals bereits im Titel explizit herausgestellt wird. Zu den Realitätsstrategien von Ghettoerzählungen zählt zudem, dass diese überschaubare Einheit – bezeichnet als Ghetto, Judenviertel, Judengasse, Gemeinde oder *Kehilla* – nicht nur geografisch, sondern auch zeitlich (meist in der Vergangenheit) genau lokalisiert wird, sowie eine Sprache, die mitunter durchsetzt ist von Elementen jüdischer Soziolekte, d.h. mit jiddischen wie hebräischen Ausdrücken.

Als spezifisch jüdisch-literarische Gattung zunächst im deutschsprachigen, später auch im europäischen Raum muss Ghettoliteratur aus mehreren Gründen bezeichnet werden: Die Mehrheit ihrer Verfasser/innen ist jüdischer Herkunft, d.h. sie sind oftmals in mehrfacher Hinsicht als Akteure des jüdisch-literarischen Handlungssystems in Erscheinung getreten – als Publizisten in jüdischen Periodika, als aktiv Beteiligte in jüdisch-literarischen bzw. -pädagogischen Diskursen, als Verfasser/innen weiterer Werke mit jüdischer Thematik. Diese bildet in den Ghettogeschichten einen prägenden Akzent, allerdings immer in Verbindung mit einer dezidiert jüdischen Perspektive auf das Geschehen: Die deutlich markierten auktorialen, mitunter auch stark kommentierenden und bewertenden Erzählerfiguren ergreifen stets Partei: für die jüdischen Figuren, deren Interaktionen sie erzählen.

Ghettoliteratur kann als populärste Gattung der deutsch-jüdischen Literatur des 19. und frühen 20. Jahrhunderts bezeichnet werden. Die Ursachen für diesen Erfolg sind vielfältig. Eine zentrale Rolle spielte zunächst die politisch-kulturelle Situation der jüdischen Minderheit im deutschsprachigen Raum. Vorherrschend war das Bewusstsein, dass das mitteleuropäische Judentum seit dem letzten Drittel des 18. Jahrhunderts mit grundlegenden Veränderungen konfrontiert worden war. Diese Zäsur in der jüdischen Geschichte manifestierte sich vor allem in einem durch die *Haskala*, die jüdische Aufklärung, maßgeblich initiierten Säkularisierungsschub, der wiederum einherging mit einer deutlichen Annäherung an die nichtjüdische Mehrheitsgesellschaft – vor allem auf kultureller Ebene. Neben Hebräisch und Jiddisch wurde Deutsch zur maßgeblichen jüdischen Literatursprache. Gleichzeitig waren auch die traditionellen Erzählstoffe und Gattungen einem grundlegenden Wandel unterzogen; zu den religiös gründierten Textsorten traten Genres, die nicht mehr ausschließlich der religiösen Belehrung und Erbauung dienten. Eine zumindest partielle Orientierung an den populären Gattungen der Mehrheitsgesellschaft ist unübersehbar.

Ghettoerzählungen boten daher Autoren wie Lesern die Möglichkeit einer literarischen Auseinandersetzung mit dem unmittelbar vergangenen sowie dem aktuellen, zeitgenössischen Geschehen. Denn von Beginn an verhandelten die Erzählungen keine Präsentation von außerliterarischer Gegenwart, sondern von Diskursen, Prototypen und Paradigmen, die Autoren wie Lesern als gemeinsame, kollektive Sozialisationserfahrung verfügbar waren. Auf diese Weise waren die Leser sowohl mit den verwendeten Codes als auch mit den zahlreichen Referenzen auf die zeitgenössischen Debatten, die den Texten unterlegt waren, bestens vertraut (Glasenapp 2012, 186).

Die große Verbreitung von Ghettoliteratur kann jedoch ebenso auf ihre Nähe zu den populären, realistischen Gattungsformaten der nichtjüdischen Literatur zurückgeführt werden. Damit wird zugleich ein weiteres für die Gattung konstitutives Merkmal benannt – jenes der Gattungstransgression. Ghettoerzählungen zeichneten sich von Beginn an dadurch aus, dass sie in unterschiedlichem Ausmaß Elemente anderer Gattungen in sich vereinen. Dazu zählen u. a. der historische Roman, die Novelle, das Genre- oder Kulturbild, die Idylle, die Kalendergeschichte, die Sage und Legende, die Utopie und vor allem die Dorfgeschichte.

Daraus wiederum resultiert, dass ein Teil der Ghettoerzählungen durchaus auch innerhalb des nichtjüdischen literarischen Handlungssystems Beachtung fand: Sie wurden in nichtjüdischen Verlagen veröffentlicht sowie in nichtjüdischen Periodika abgedruckt und rezensiert, einige auch sprachlich explizit für ein nichtjüdisches Publikum bearbeitet.

Dem aus dieser Doppeladressierung resultierenden transkulturellen bzw. transnationalen Charakter, der der Gattung seit ihrer Entstehung inhärent ist, (Glasenapp und Horch 2005, 1117–1123) soll im engeren wie auch im weiteren Sinne auf unterschiedlichen Ebenen nachgegangen werden: auf textinterner, d. h. auf kommunikativer und damit verbunden auf sprachlicher Ebene sowie auf der Ebene des Handlungssystems, bei der die Akteure, das Distributionssystem sowie die Rezeption der Gattung über die deutschsprachigen Grenzen hinaus einer genaueren Betrachtung unterzogen werden.

2. Transnationalismus auf textexterner und -interner Ebene

Die den Texten fast durchgängig eingeschriebene doppelte Kommunikation mit jüdischen und nichtjüdischen Lesern verleiht den Erzählungen auf inhaltlicher Ebene einen ambigen Charakter: Wird für die jüdischen Leser Vergangenes und zugleich Vertrautes beschworen, so wird der nichtjüdische Leser explizit darauf verwiesen, dass er nun mit einer ihm fremden Welt konfrontiert wird, deren Akteure aber nichts Geringeres anstreben als die Inklusion in eine Gesellschaft, die ihnen bislang das *Entrée* verwehrt hatte. Dieser Doppelcharakter scheint besonders manifest im paratextuellen Feld auf, nicht selten auch in Form der expliziten Leseransprache.

Auf inhaltlicher Ebene manifestiert sich der transnationale Charakter der Ghettoerzählungen vorrangig in der literarischen Repräsentation neuer und im engeren Sinne des Wortes transnationaler Kulturlandschaften, deren geografisches Spektrum sich vom Elsass im Westen über die deutschen Länder, Teile Norditaliens, Böhmen (samt der Hauptstadt Prag; vgl. IV.8 WEINBERG), Mähren, Ungarn sowie Teile von Galizien und Russland erstreckt. Es gilt in besonderer Weise für die Erzählungen galizischer Autoren wie Karl Emil Franzos, Leo Herzberg-Fränkel, Isaak Mieses und Nathan Samuely.

In den literarischen Repräsentationen Galiziens, das im Zuge der polnischen Teilungen Ende des 18. Jahrhunderts an Österreich gelangt war, dominierte auch in den Ghettoerzählungen, eine explizit deutsch ausgerichtete Perspektive, die die Region und ihre Bewohner nicht nur als fremd, sondern im Sinne einer unüberbrückbaren Dichotomie auch als komplementären Gegensatz zu den anderen Teilen der Habsburgermonarchie erscheinen ließ. Leo Herzberg-Fränkel und Karl Emil Franzos, in deren Ghettoerzählungen die Multi-Ethnizität und die Mehrsprachigkeit der galizischen Bevölkerung, darunter Polen, Ukrainer, Russen, Juden und Österreicher, einen prominenten Platz einnahmen, betonten wie die Mehrheit der jüdisch-galizischen Autoren eine genuine Unvereinbarkeit der dort lebenden Nationen, Kulturen und Religionen. Anstelle einer Akzentuierung politischer und kultureller Hybridität, wie sie der Wirklichkeit in Teilen durchaus entsprach, proklamierten sie in ihren Erzählungen die Dominanz der deutschen Kultur (Glasenapp 2012, 190–195).

Der Erfolg dieser Erzählungen wurde in entscheidender Weise durch die Tatsache begünstigt, dass sie nicht in Galizien publiziert wurden und sie sich darüber hinaus an Leser/innen wandten, die ebenfalls nicht galizischer Herkunft waren. Damit jedoch stehen die Ghettoerzählungen gerade galizischer Autoren von Beginn an in einem Spannungsfeld, dessen zentrale Parameter von Eigen- und Fremdwahrnehmung geprägt sind: In Galizien sozialisierte und dort in den Metropolen mehrheitlich auch lebende Autoren erzählen vom Leben galizischer Juden. Diese Autoren verleihen jedoch Erzählern die Stimme, die Handlung und Akteure aus eindeutiger Distanz, mithin also aus nicht-galizischer Perspektive betrachten.

Dieses Spannungsfeld manifestiert sich auf textueller Ebene durch die Darstellung vornehmlich bipolarer Welten, durch deren Aufeinandertreffen sich die handlungskonstituierenden Konflikte entzünden. Zu den immer wieder aufgerufenen, unüberbrückbaren Antagonismen zählt u. a. der traditionelle, ausschließlich dem Talmudstudium und dem Aberglauben anhängende galizische Jude, der dem aufgeklärten, deutsch akkulturierten Juden gegenüber gestellt wird. Bei diesen Gegensatzpaaren handelt es sich allerdings um eindeutig hierarchische Oppositionen, denn stets erweist sich der Vertreter der jüdischen Moderne, der mit den Traditionen gebrochen und die Welt des Ghettos verlassen hat, den Traditionalisten als überlegen. Diesen wird konsequenterweise lediglich ein Objektstatus zuerkannt, sie scheitern an Verhältnissen, die sie weder durchschauen noch durchbrechen können. In jenen Erzählungen, in denen die Irrationalität des traditionellen, unaufgeklärten, mitunter auch explizit deutschfeindlichen Judentums *nicht* durch das Auftreten eines der Moderne und ihren Wertmaßstäben verpflichteten Akteurs konterkariert wird, tritt der Erzähler an dessen Stelle und vergrößert (u. a. durch entsprechende Erzählerkommentare) die Distanz zu dieser in allen Bereichen fernen und fremden Welt und ihren Bewohnern.

Neben die innerjüdischen Konflikte treten die Auseinandersetzungen zwischen jüdischer Minderheit und nichtjüdischer Mehrheitsgesellschaft. Diese Antagonisten eröffnen zugleich den Blick auf die unterschiedlichen Ethnien und Volksgruppen in Galizien, eine Hybridität, die sich auf der Handlungsebene jedoch ausschließlich in einem veritablen *clash of cultures* manifestiert, d. h. einer gänzlichen Unvereinbarkeit mit den jeweils eigenen (deutschen) Werten, Normen und Verhaltensweisen. Der transnationale Charakter galizischer Ghettoerzählungen erscheint demnach im Verlauf des 19. Jahrhunderts, von wenigen Ausnahmen abgesehen, darunter die Ghettoerzählungen des nichtjüdischen Autors Leopold von Sacher-Masoch, in Form von vornehmlich ‚national' unterlegten Fremdheitsinszenierungen.

3. Transnationalität auf sprachlicher Ebene

Während auf der Handlungsebene Transnationalität vielfach in ostentativer Abkehr bzw. in einem ebenso demonstrativen Bekenntnis zu einer deutschen Kulturdominanz aufscheint, verweist die sprachliche Ebene vieler Erzählungen auf ganz anders geartete, ja kontrafaktische Konzepte jüdischer Ethnizität.

In diesem Zusammenhang ist zunächst ein kurzer Rekurs auf die Autoren unabdingbar. Obwohl von wenigen Ausnahmen abgesehen kaum autobiografische Zeugnisse und biografische Studien vorliegen, können doch auf Grund bekannter Fakten Rückschlüsse auf den Verlauf typischer Sozialisationen gezogen werden. Die Mehrheit der Autoren wurde zwischen 1820 und 1870 in West- bzw. in Mittel- und Ostmitteleuropa geboren, d. h. in einem Gebiet, das sich geografisch vom Elsass bis weit nach Russland hinein erstreckte, wuchs vorwiegend in ländlichen Gebieten, in Kleinstädten, auf und erlebte die sprachliche Sozialisation in einer regionalen Form des Jiddischen. Es folgten Schulbesuche, zunächst in einer traditionell jüdischen Schule, in denen eine zweite Sprache in Wort und Schrift erlernt wurde, das Hebräische. Parallel oder im Anschluss daran gestattete man den Heranwachsenden den Besuch einer säkularen Schule, in der der Erwerb einer nichtjüdischen Sprache folgte, d. h. entweder das Deutsche oder, ab der zweiten Hälfte des 19. Jahrhunderts, zunehmend die jeweilige Landessprache, das Französische, Tschechische, Ungarische, Polnische, Rumänische oder Russische. Da Ghettoerzählungen im 19. Jahrhundert zunächst ausnahmslos in deutscher Sprache publiziert wurden, ist davon auszugehen, dass ihre Verfasser zumindest drei Sprachen beherrschten: das Jiddische, das Hebräische und das Deutsche. Eine Vielzahl der Autoren partizipierte jedoch als Autor, Übersetzer, Redakteur, Journalist, Pädagoge oder Rabbiner an den publizistischen, pädagogischen oder religiösen Literaturen und damit an den literarischen Handlungssystemen anderer Länder, wofür die Beherrschung einer vierten oder sogar fünften Sprache die Voraussetzung bildete. Mehr- oder sogar Vielsprachigkeit zählt damit zu den zentralen Merkmalen deutsch schreibender jüdischer Autoren jener Zeit. Dieses transnationale Profil ermöglichte die Partizipation an und Rezeption von anderen (jüdischen) Literaturen, eine Tatsache, die jedoch im Zeitalter vornehmlich national geprägter literarischer Diskurse öffentlich nicht explizit verhandelt wurde, sondern sich lediglich an den entsprechenden Rezeptionsakten, vor allem an Rezensionen oder Übersetzungen, ablesen lässt. Die wechselseitigen Einflüsse auf textueller Ebene zeigen sich im Verlauf des 19. Jahrhunderts zunächst fast ausschließlich in jenen Ghettoerzählungen, in denen volksliterarische Elemente aufgegriffen und modifiziert werden und hier vor allem in den Erzählungen aus Böhmen bzw. Ungarn, als deren Prätexte die entsprechenden Märchen, Sagen oder Legenden firmieren.

Einen sehr viel manifesteren Ausdruck findet die Mehrsprachigkeit der Autoren in den Ghettoerzählungen jedoch auf sprachlicher Ebene. Zwar wurden Ghettoerzählungen im deutschsprachigen Raum in deutscher Sprache verfasst, sie sind jedoch (wenngleich graduell unterschiedlich) durchsetzt von lexikalischen wie syntaktischen Elementen anderer Sprachen und hier vor allem des Jiddischen und des Hebräischen. Diese nicht-deutschsprachigen Anteile erscheinen mitunter bereits in den Titeln zahlreicher Erzählungen, wo ihre Signalwirkung auch für die nichtjüdischen Leser/innen unübersehbar war. Häufiger noch finden sich die jiddischen und hebräischen Elemente aber auf textueller Ebene, hier sind sie nahezu ausschließlich in die Figurenrede verlagert. Dabei ist zu unterscheiden zwischen jenen Äußerungen, die auch syntaktisch dem Jiddischen folgen und jenen, die sich wie die Erzählerstimme durchgängig der Syntax des

Hochdeutschen bedienen, aber durchsetzt sind mit lexikalischen Elementen des Jiddischen bzw. Hebräischen (Glasenapp 1999, 54–65). Noch einen Schritt weiter geht Aron Bernstein in seinen Ghettoerzählungen *Vögele der Maggid* (1858) und *Mendel Gibbor* (1859); sie sind durchgängig geprägt von der Durchdringung der drei Sprachen Deutsch, Hebräisch und Jiddisch, und zwar nicht nur lexikalisch und syntaktisch, sondern auch typografisch, denn ein Teil der hebräischen wie jiddischen Worte wird (in der Originalausgabe) in hebräischen Lettern wiedergegeben. Das transnationale Element manifestiert sich in seinen Erzählungen demnach auch auf bildlicher Ebene in unübersehbarer Weise. In den folgenden Auflagen seiner Erzählungen hat Bernstein gerade dieses transnationale Element seiner Erzählungen schrittweise abgemildert: Der Tilgung sämtlicher hebräischer Lettern folgte eine schrittweise Rücknahme der hebräischen und jiddischen Sprachelemente. Die jüdische Erzählung, der auf sprachlicher Ebene zunächst ein unübersehbarer transnationaler Charakter eingeschrieben war, wurde auf diese Weise zu einem deutschsprachigen Text mit jüdischer Thematik transformiert (Glasenapp 1999, 63–65; Richter 1995, 215–236).

Die Manifestation eines transnationalen Charakters auf sprachlicher Ebene markiert zum einen ein Alleinstellungsmerkmal von Ghettoerzählungen, denn es wird in diesem Ausmaß in keiner anderen Textsorte der deutsch-jüdischen Literatur praktiziert. Dieser Inszenierungsform jüdischer Ethnizität kommt deshalb eine besondere Bedeutung zu, da die jüdischen Sprachen sowohl von jüdischer wie von nichtjüdischer Seite einer besonderen Wertigkeit unterlagen (Richter 1995, 55–91). Die Sprachverhältnisse waren im 19. Jahrhundert gleichsam ideologisch aufgeladen, d. h. die Verwendung einer bestimmten Sprache diente immer zugleich als Indikator für den Platz der jüdischen Minderheit innerhalb der Mehrheitsgesellschaft (Gotzmann 2002, 39–40). Denn der romantisch geprägte Nationalismus, der sich in den mitteleuropäischen Ländern im ersten Drittel des 19. Jahrhunderts zu entwickeln begann, brandmarkte jede Form der Viel- bzw. Mehrsprachigkeit, die zunehmend als unvereinbar galt mit dem Ziel der bürgerlichen Besserstellung (Römer 2002, 17; vgl. II.3 KILCHMANN). Dieses Selbstverständnis führte in letzter Konsequenz zu einer Dichotomie zwischen den jüdischen und nichtjüdischen nationalen Sprachen, „wobei Sprachverwendung und Identität miteinander identifiziert werden. Folglich erscheint der Gebrauch einer ‚nichtjüdischen' Sprache als Teil eines kulturellen Integrationsprozesses, während die Verwendung ‚jüdischer Sprachen' gleichbedeutend mit einer eigenständigen Kultur und Identität ist" (Römer 2002, 11).

Von jüdischer Seite wurde die Bedeutung der neuen Nationalsprachen im Hinblick auf die eigenen Emanzipationsbestrebungen durchaus erkannt (vgl. Kilcher 2012, IX–X); die Haltung dazu blieb jedoch im Verlauf des gesamten 19. Jahrhunderts ambivalent: Einerseits gab es durchaus Stimmen, und sie wurden vor allem gegen Ende des Jahrhunderts zunehmend lauter, die zumindest implizit Einspruch gegen die Nationalisierung und damit Monopolisierung der deutschen Sprache erhoben und das Hebräische sowie auch das noch stärker gebrandmarkte Jiddisch als kulturschaffenden Faktor und zugleich als wichtigen Bestandteil der deutschen Sprachgeschichte postulierten (Römer 2002, 17). Diese sehr zwiespältige Haltung innerhalb des Sprachdiskurses lässt sich an den Ghettoerzählungen deutlich ablesen, in deren paratextuellem Umfeld der Gebrauch jiddischer wie hebräischer Elemente äußerst kontrovers beurteilt wurde, während auf textueller Ebene die lexikalischen Elemente nicht selten mit deutschen Übersetzungen versehen wurden. Die Übersetzungen konnten einerseits als Rücksichtnahme auf nichtjüdische Leser gedeutet werden, andererseits erlaubten sie eine zumindest indirekte Distanzierung hinsichtlich des eigenen Sprachgebrauchs: Auch jüdische Leser, so die implizite Botschaft, seien bereits ein untrennbarer Teil der deutschen Gesellschaft, weshalb auch sie nicht mehr über ausreichende jiddische bzw. hebräische Sprachkenntnisse verfügten. Die sprachlichen Elemente des Jiddischen wie Hebräischen dienten in dieser Lesart dann nicht mehr der Repräsentation jüdischer Ethnizität, sondern sie konnten auf diese Weise als rein ästhetische Besonderheit dieser spezifischen Gattung markiert werden.

4. Transnationale Rezeption der Gattung

Noch eindeutiger als auf sprachlicher Ebene manifestierte sich der transnationale Charakter von Ghettoerzählungen im Kontext ihrer Rezeption. Diese Rezeption manifestiert sich in zwei grundlegenden Varianten, zum einen in Form der traditionellen Übersetzung, zum anderen in einer Ausprägung, die hier in Anlehnung an die Theorien Homi K. Bhabhas unter dem Begriff der ‚kulturellen Übersetzung' gefasst werden soll (vgl. II.2 BACHMANN-MEDICK), d. h. dass Ghettoerzählungen bereits im 19. Jahrhundert in zunehmendem Maße als Prätexte für jüdische Literaturen in anderen Sprachen und Ländern fungierten.

Beide Formen der Übersetzung müssen als eng auf einander bezogen bezeichnet werden, vor allem, wenn zusätzlich die Mehrsprachigkeit jüdischer Autoren in Rechnung gestellt wird. Von dem ca. 600 Werke umfassenden Textkorpus an Ghettoerzählungen liegen für zwei Drittel der Texte Übersetzungen vor (Glasenapp 2009, 64); damit ist der Anteil an Übersetzungen so hoch wie bei keiner anderen Gattung der deutsch-jüdischen Literatur. Das Spektrum der Sprachen umfasst u. a. Dänisch, Englisch, Französisch, Hebräisch, Italienisch, Jiddisch, Judenspanisch, Niederländisch, Polnisch, Rumänisch, Russisch, Schwedisch, Tschechisch und Ungarisch. Die meisten Übersetzungen liegen in den skandinavischen Sprachen Dänisch und Schwedisch vor (Ober 2001, 32), unmittelbar gefolgt von Niederländisch, Hebräisch und Polnisch. Die Werke von in Deutschland populären Autoren wie Aron Bernstein, Karl Emil Franzos, Leo Herzberg-Fränkel, Salomon Kohn, Leopold Kompert oder Salomon Hermann Mosenthal werden im Gegensatz zu anderen Erzählungen auch sehr viel häufiger übersetzt, worauf die Autoren im paratextuellen Umfeld ihrer Erzählungen durchaus selbstbewusst hinweisen (vgl. Kohn 1875, VI; Franzos 1894, 240).

Das geografische Spektrum der Übersetzungen reicht vom Ural über die Metropolen und großen jüdischen Gemeinden Ost- und Mitteleuropas sowie Südosteuropa bis hin nach Konstantinopel, es umfasst die skandinavischen Länder, erstreckt sich nach England und bis zum westlichen Mittelmeer. Außerhalb von Europa lassen sich Übersetzungen bis in die amerikanisch-jüdischen Reformgemeinden nachweisen sowie vor allem in Palästina (Sheffi 2011).

Auch im Kontext dieser Übersetzungen spielen jüdische Periodika eine entscheidende Rolle. So erscheinen die hebräischen Übersetzungen deutschsprachiger Texte in Zeitschriften, deren Redaktionen u. a. in Odessa, Warschau, London, Wien und Jerusalem ansässig waren. Eine ebenfalls zentrale Rolle spielen auch die zahlreichen jüdischen Kalender, Jahrbücher und literarischen Almanache, die vor allem in den letzten Jahrzehnten des 19. Jahrhunderts nicht nur in Deutschland, sondern zunehmend auch in den europäischen Nachbarländern verlegt wurden (Freimann 1905, 416–428; Popper 1905, 616–639).

Wann immer diese Periodika vor allem in den ersten Jahren ihres Erscheinens literarische Beiträge enthielten, bestanden sie zu einem großen Teil aus Übersetzungen deutschsprachiger Ghettoerzählungen. Auf diese Weise wirkten die Erzählungen auf die sich in den 1880er und 1890er Jahren ausprägenden jüdischen Literaturen vor allem Mittel- und Ostmitteleuropas ein, d. h. es beginnt eine Phase sich wechselseitig durchdringender Rezeptionsprozesse. Die Übersetzungen der deutschen Erzählungen prägen die Ghettoliteraturen der anderen Länder, die ihrerseits fast zeitgleich bzw. oftmals mit nur geringer zeitlicher Verzögerung ins Deutsche übertragen werden, darunter die dänischen Ghettoerzählungen von Meir Aron Goldschmidt (1818–1887) (Ober 2001, 229–236), die englischen von Israel Zangwill (1864–1926), die französischen von Alexandre Weill (1811–1889) sowie die polnischen von Wilhelm Feldmann (1868–1919). Ein Teil der Autoren sowohl in Deutschland wie auch in anderen Ländern betätigt sich dabei zugleich als Übersetzer (Horch 1985, 181–200).

Analoge Prozesse lassen sich bei den Ghettoerzählungen aus Ostmitteleuropa sowie Russland nachweisen, die ebenfalls seit den späten 1880er Jahren verstärkt ins Deutsche übersetzt wurden. Ihre im Laufe der folgenden Jahrzehnte kontinuierlich zunehmende Popularität auch im deutschsprachigen Raum verdanken sie nicht zuletzt der Tatsache, dass die Texte, durchaus in modifizierter

Form, eine Vielzahl von Topoi wie Handlungskonstellationen aufwiesen (Miron 2000, 1–48), die den Lesern bereits aus den Übersetzungen deutschsprachiger Erzählungen vertraut waren. Ohne Zweifel manifestiert sich der transnationale Charakter der Gattung in diesen Ausprägungen der traditionellen wie kulturellen Übersetzungen am deutlichsten (vgl. III.7 ROSENDAHL THOMSEN).

Dabei ist der Einfluss der jüdischen Literaturen aus Osteuropa, die von den deutschen Zeitgenossen am Anfang noch unter die Gattungsbezeichnung Ghettoliteratur gefasst wird – mittlerweile ist jedoch der Begriff ‚Shtetlliteratur' weitaus gebräuchlicher – vor allem seit dem Ersten Weltkrieg am stärksten zu gewichten. Nicht nur erscheint ihre Prägung der deutschsprachigen Ghettoliteratur durch die Übersetzungen der Erzählungen u. a. von Sholem Aleichem (1859–1916), Mendele Moicher Sforim (1836–1917), Mordechai Spektor (1858–1912), Yizchak Leib Peretz (1852–1915) unübersehbar, die Erzählungen aus Osteuropa tragen auch zu einer Verlängerung der Gattungsgeschichte bis weit ins 20. Jahrhundert bei. Während nach dem Ersten Weltkrieg kaum noch deutschsprachige Ghettoerzählungen erscheinen, beginnt in den osteuropäischen Ländern, vor allem in Polen und Russland, durch Autoren wie Perez Markisch (1895–1952), Samuel Agnon (1888–1970), David Bergelson (1884–1952) eine neue, partiell bis ins 21. Jahrhundert andauernde Blüte des Erzählens über das jüdische Ghetto, zunächst in jiddischer, später in russischer Sprache (Terpitz 2008). Ein Teil dieser Erzählungen fand – wiederum durch Übersetzungen, aber auch im hebräischen bzw. jiddischen Original – bereits während der Weimarer Republik den Weg nach Deutschland (Schäfer 2002, 68–75; Elyada 2012, 612–614). Dieser Rezeptionsfluss bricht 1933 abrupt ab und setzt erst Ende des 20. Jahrhunderts im Zuge der beginnenden wissenschaftlichen Beschäftigung mit der Gattungsgeschichte der Ghettoliteratur sowie der europäisch-jüdischen Kulturlandschaften aus transnationaler bzw. transkultureller Perspektive unter gänzlich veränderten Vorzeichen wieder ein.

Literaturverzeichnis

Elyada, Aya. „Deutsche Übersetzungen jiddischer Literatur. Fünf Jahrhunderte interkultureller Austausch und Kontakt". *Le.ke.t. Yidishe Sh.tudies hayn.t. Jiddistik heute. Yiddish studies today*. Hrsg. von Marion Aptroot [u. a.]. Düsseldorf: düsseldorf university press, 2012. 603–616.

Franzos, Karl Emil. „Mein Erstlingswerk: *Die Juden von Barnow*". *Die Geschichte des Erstlingswerks*. Hrsg. von Karl Emil Franzos. Leipzig: Adolf Tietze, 1894. 213–240.

Freimann, Aron. „Almanac". *The Jewish Encyclopaedia*. Bd. 1. New York: Funk & Wagnalls 1905. 416–428.

Glasenapp, Gabriele von. „German versus Jargon: Language and Jewish Identity in German Ghetto Writing". *Ghetto Writing. Traditional and Eastern Jewry in German-Jewish Literature from Heine to Hilsenrath*. Hrsg. von Anne Fuchs und Florian Krobb. Columbia, SC: Camden House, 1999. 54–65.

Glasenapp, Gabriele von. „Literarischer Identitätsdiskurs in Europa. Zur Funktion der Übersetzungen deutschsprachiger Ghettoliteratur". *Jüdische Literatur als europäische Literatur. Europäizität und jüdische Identität 1860–1930*. Hrsg. von Caspar Battegay und Barbara Breysach. München: edition text + kritik, 2009. 58–78.

Glasenapp, Gabriele von. „Das Andere, das Fremde und das Eigene. Die Inszenierung galizisch-jüdischer Identitäten in den Werken von Leo Herzberg-Fränkel und Nathan Samuely". *Galizien im Diskurs. Inklusion, Exklusion, Repräsentation*. Hrsg. von Paula Girsch, Florian Krobb und Franziska Schößler. Frankfurt am Main: Peter Lang, 2012. 183–201.

Glasenapp, Gabriele von. „Zu den hebräischen Übersetzungen nichtjüdischer Literatur vor 1933". *Am Rand. Grenzen und Peripherien in der europäisch-jüdischen Literatur*. Hrsg. von Sylvia Jaworski und Vivian Liska. München: edition text + kritik, 2012. 111–133.

Glasenapp, Gabriele von, und Hans Otto Horch. *Ghettoliteratur. Eine Dokumentation zur deutsch-jüdischen Literaturgeschichte des 19. und 20. Jahrhunderts. Drei Teile*. Tübingen: Niemeyer, 2005.

Gotzmann, Andreas. „Vatersprache und Mutterland. Sprache als nationaler Einheitsdiskurs im 19. Jahrhundert". *Jüdische Sprachen in deutscher Umwelt. Hebräisch und Jiddisch von der Aufklärung bis ins 20. Jahrhundert*. Hrsg. von Michael Brenner. Göttingen: Vandenhoeck & Ruprecht, 2002. 28–42.

Horch, Hans Otto. *Auf der Suche nach der jüdischen Erzählliteratur. Die Literaturkritik der ‚Allgemeinen Zeitung des Judenthums'(1837–1922)*. Frankfurt am Main: Peter Lang, 1985.

Kilcher, Andreas. „Einleitung". *Metzler-Lexikon der deutsch-jüdischen Literatur. Jüdische Autorinnen und Autoren deutscher Sprache von der Aufklärung bis zur Gegenwart*. 2., aktualisierte und erweiterte Auflage. Hrsg. von Andreas Kilcher. Stuttgart, Weimar: Metzler, 2012. VI–XXVII.

Kohn, Salomon. *Gabriel*. 2., umbearbeitete [!] Auflage. Jena: Costenoble, 1875.

Miron, Dan. *The Image of the Shtetl and Other Studies of Modern Jewish Literary Imagination*. Syracuse und New York: Syracuse University Press, 2000.

Ober, Kenneth H. *Die Ghettogeschichte. Entstehung und Entwicklung einer Gattung*. Göttingen: Wallstein, 2001.

Popper, William. „Periodicals". *The Jewish Encyclopaedia*. Bd. 9. New York: Funk & Wagnalls, 1905. 616–639.

Richter, Matthias. *Die Sprache jüdischer Figuren in der deutschen Literatur (1750–1933). Studien zu Form und Funktion*. Göttingen: Wallstein, 1995.

Römer, Nils. „Sprachverhältnisse und Identität der Juden in Deutschland im 18. Jahrhundert". *Jüdische Sprachen in deutscher Umwelt. Hebräisch und Jiddisch von der Aufklärung bis ins 20. Jahrhundert*. Hrsg. von Michael Brenner. Göttingen: Vandenhoeck & Ruprecht, 2002. 11–18.

Schäfer, Barbara. „Hebräisch im zionistischen Berlin". *Jüdische Sprachen in deutscher Umwelt. Hebräisch und Jiddisch von der Aufklärung bis ins 20. Jahrhundert*. Hrsg. von Michael Brenner. Göttingen: Vandenhoeck & Ruprecht, 2002. 68–75.

Sheffi, Na'ama. *Vom Deutschen ins Hebräische. Übersetzungen aus dem Deutschen im jüdischen Palästina 1882–1948*. Göttingen: Vandenhoeck & Ruprecht, 2011.

Terpitz, Olaf. *Die Rückkehr des Štetl. Russisch-jüdische Literatur der späten Sowjetzeit*. Göttingen: Vandenhoeck & Ruprecht, 2008.

IV.8 Transnationalität in den Böhmischen Ländern

Manfred Weinberg

Die spezifische Interkulturalität der Böhmischen Länder bis zur Vertreibung der Deutschen aus ihnen nach dem Zweiten Weltkrieg ist immer wieder auf die Formel eines Zusammenlebens von ‚Tschechen, Deutschen, Juden' gebracht worden (essayistisch-bekenntnishaft: Brod 1918; literarisch: Moníková 1988, 58; wissenschaftlich: Čapková 2005). Diese Formel scheint zunächst einem Kategorienfehler geschuldet: Zwei nationalkulturellen Attribuierungen steht eine religiöse Attribuierung zur Seite. Doch ist diese Diagnose in mehrfacher Hinsicht falsch, denn erstens waren ‚die' Deutschen ja keine Staatsangehörigen des Deutschen Reiches, sondern – wie ‚die' Tschechen – solche der k. u. k.-Monarchie Österreich-Ungarn, so dass beide ‚Gruppen' bis 1918 national gesehen Österreicher waren und nur bezogen auf ihre Muttersprachen Deutsche und Tschechen. Zweitens war ‚jüdisch' ab einem bestimmten Zeitpunkt doch auch eine nationale Kategorie, weil in den Volkszählungen der Ersten Tschechoslowakischen Republik ab 1920 die Möglichkeit bestand, sich eine jüdische Nationalität zuzuschreiben. Dass dies nur wenige Juden taten, hat damit zu tun, dass sich die meisten längst assimiliert hatten und es z. B. die jüdischen Händler für taktisch unklug hielten, ihr Judentum ‚auszustellen'. Assimilation war dabei in Prag ein komplexeres Phänomen als etwa in Berlin oder Paris, weil die Prager wie die böhmischen und mährischen Juden sich zu entscheiden hatten, ob sie sich an ein ‚deutsches' oder ‚tschechisches' Christentum assimilierten.

Doch schon die ‚Nebeneinanderstellung' von drei in sich vermeintlich homogenen Gruppen geht an den tatsächlichen Verhältnissen vorbei, was sich besonders deutlich an der Vielfalt jüdischer Identitätsoptionen zeigt (im Folgenden fokussiert auf das frühe 20. Jahrhundert). Eher selten war dabei der Rückbezug auf das traditionelle ‚Ostjudentum', für den Jiří Langer steht. Er verließ 1913 mit 19 Jahren seine Familie und ging nach Galizien; nach dem Ersten Weltkrieg – und einigen Jahren in Wien – kehrte er nach Prag zurück, lebte dort auch von seiner äußeren Erscheinung her als Ostjude und wurde für Franz Kafka zur wichtigsten Auskunftsperson in Sachen jüdischer Traditionen. Sein Bruder František Langer verstand sich dagegen ungebrochen als Tscheche und gehörte als Dramatiker, Essayist, Literaturkritiker und Publizist zur geistigen Elite der Ersten Tschechoslowakischen Republik. Da er zwar jüdischstämmig, aber kein praktizierender Jude war, steht er für das schon benannte zweite (und am weitesten verbreitete) Identitätsmodell der Assimilation. Das dritte Modell des Zionismus findet sich im Prag dieser Zeit vornehmlich als Kulturzionismus, also unter Hintanstellung der Forderung eines eigenen Staates in Palästina und einer weit stärkeren Betonung der Eigenständigkeit jüdischer Kultur und Geschichte. Es wurde von einigen Prager Juden (unter ihnen Max Brod; vgl. III.2 KILCHER) als Möglichkeit aufgefasst, sich in ein modernes Verhältnis zum eigenen Judentum zu bringen. Eine solche ‚Vervielfältigung' ist auch, wenngleich in anderer Weise, hinsichtlich der ebenfalls nicht homogenen Gruppen der Tschechen und Deutschen vorzunehmen.

Wohin ein Absehen von solcher Vielfalt führt, lässt sich an der Studie *Kafka. Für eine kleine Literatur* von Gilles Deleuze und Félix Guattari beobachten, in der diese die Prager Juden bruchlos mit ‚dem/den' Deutschen identifizieren und so alle Juden, die sich ans Tschechische assimiliert hatten, also die sogenannten ‚Tschechojuden', kurzerhand aus den Voraussetzungen ihrer Darstellung eskamotieren. Wie groß diese ‚Verfehlung' ist, zeigt Hans Dieter Zimmermanns Aussage zur Zeit um 1900: „In Prag [...] lebten etwa so viele Juden, die sich als Tschechen betrachteten, wie deutsche Juden. Dem nationalen Druck der Tschechen nachgebend, wandten sich zwischen 1890 und 1900 etwa viertausend Juden von der deutschen zur tschechischen Kultur [...]; danach zählten nur noch 45 % der Prager Juden sich zur deutschen Kultur" (Zimmermann 2008, 168). Damit ist allerdings der Diagnose der ‚kleinen Literatur' durch Deleuze und Guattari – „Eine kleine oder mindere Literatur ist nicht die Literatur einer kleinen Sprache, sondern die einer Minderheit, die sich einer großen Sprache bedient." (Deleuze und Guattari 2012, 24; vgl. III.6 MAYER) – der Boden entzogen, denn diese bezieht sich ja nur auf die ans Deutsche assimilierten Juden und geht somit an der spezifischen Transnationalität Prags zu Kafkas Zeit vorbei.

Abgesehen davon gründet die Herleitung des Konzepts der ‚kleinen Literaturen' von Kafkas Ausführungen bei Deleuze und Guattari auf einem Missverständnis, denn in dessen Tagebucheintrag vom 25. Dezember 1911 ist deutlich genug „von der gegenwärtigen jüdischen Literatur in Warschau" und der „gegenwärtigen tschechischen Literatur" (Kafka 1990, 312) die Rede. Kafkas ‚kleine Literaturen' meinen also nicht „die jüdische in Warschau oder in Prag" (Deleuze und Guattari 2012, 24), sondern die jiddische in Warschau und die tschechische Literatur. Von da an reiht sich in dieser Studie ein sachlicher Fehler an den anderen (eine Bestandsaufnahme und Begründung der falschen Zuschreibungen findet sich bei Thirouin 2012).

Unangemessen erscheint auch die Aussage zu „Kafkas eigene[r] Situation: Er gehörte zu den wenigen jüdischen Schriftstellern in Prag, die das Tschechische verstanden und sprachen" (Deleuze und Guattari 2012, 36). Max Brod schreibt in seinem Buch *Der Prager Kreis*: „Mit den Tschechen hielten wir gute Nachbarschaft und die tschechischen Dichter liebten wir [...]. Wir alle beherrschten die tschechische Sprache vollständig, die uns nicht weniger als die deutsche sagte."

(Brod 1966, 180) – und meint damit nicht nur den von ihm nominierten „engeren Prager Kreis" (vgl. Brod 1966, 84–145) von Oskar Baum, Franz Kafka, Felix Weltsch und sich selbst, sondern auch den von ihm sogenannten „weitere[n] Kreis" (vgl. Brod 1966, 146–208) und d. h. fast alle auf Deutsch schreibenden Prager Autoren dieser Zeit.

Wie oft – und selbst noch in Rainer Stachs Kafka-Biografie (vor allem im ersten Band: Stach 2014) – werden die ‚Welten' der Deutschen und Tschechen apodiktisch als vollständig gegeneinander abgetrennt dargestellt, was zu einer Fehleinschätzung der spezifischen ‚Lage' der Juden in dieser Stadt führt. In Rechnung zu stellen ist jedoch, dass man einer Darstellung der Prager Verhältnisse als einem Nebeneinander homogener Gruppen schon zeitgenössisch durchaus immer wieder begegnet. So beschrieb etwa Egon Erwin Kisch strikt einsprachige (und damit monokulturelle) Instrumentalkonzerte, Schwimmanstalten, Parks, Spielplätze sowie Restaurants, Kaffeehäuser und Geschäfte im Prag des frühen 20. Jahrhunderts (vgl. Kisch 1990, 78–79). Allerdings dient ihm solche Separierung nur dazu, sich am Ende seines Textes *Deutsche und Tschechen* als ‚Vermittler' zu stilisieren, indem er sein Missfallen an den „nationalen Streitereien" bekundet und angibt, dass seine deutsche „Fußballvereinigung ‚Sturm'" weiter mit tschechischen Mannschaften spielte und er mit „Telefonistinnen des Postamts" sowie mit „tschechischen Beamten in ihrer Sprache" kommunizierte, was den Zorn seiner Kollegen heraufbeschwor, die ihre öffentliche Forderung, „daß man auf den Ämtern deutsch sprechen soll", unterlaufen sahen. Man habe ihm das aber aufgrund seiner Jugend durchgehen lassen: „Die Redaktion war überaltert, und die alten Herren ließen den gewähren, der ihnen Arbeit abnahm." (Kisch 1990, 83) So stellt Kisch die Überwindung der Abgetrenntheit der Nationalkulturen durch die nächste Generation in Aussicht.

Auch Pavel/Paul Eisners Aussage, dass die deutschsprachigen Autoren in Prag in einem ‚dreifachen Ghetto' (Eisner 1933) – als Deutsche unter Tschechen, Juden unter Christen und sozial Höhergestellte unter sozial niedriger Gestellten – gelebt hätten, untersteht einer solchen Logik des Mosaiks streng getrennter, nationalkulturell homogener Räume. Diese Diagnose hat Eduard Goldstücker dann auf der traditionsbildenden Liblicer Konferenz unter dem Titel *Weltfreunde. Konferenz über die Prager deutsche Literatur* von 1965 zur Grundlage der einen ‚Prager deutschen Literatur' ‚geadelt', wodurch sie zur (unangemessenen) Voraussetzung aller weiteren Beschäftigung mit diesem Phänomen wurde (vgl. Goldstücker 1967, 26–27 sowie Weinberg 2017a; zur ‚Neuformatierung' dieses Phänomens vgl. Becher et al. 2017). Dagegen lässt sich Vilém Flussers in *Bodenlos*, seiner *Philosophische[n] Autobiographie*, formulierte Frage in Stellung bringen, ob man denn „als Prager Tscheche, Deutscher oder Jude" gewesen sei und ob man sich „zwischen diesen Alternativen" überhaupt habe entscheiden müssen

(Flusser 1992, 15–16), womit eine gemeinsame Prager Identität in den Vordergrund gerückt wird. Allerdings stellt sich die Frage, wie sehr Flussers späterer Rückblick auf Prag durch seine zwischenzeitlichen Erfahrungen mit der Interkulturalität Brasiliens, in das er 1940 ausgewandert war, geprägt ist.

Eine entsprechende Darstellung findet sich aber auch bei Johannes Urzidil. In dessen oft zitierter, aber selten theoretisch ernst genommener Beschreibung seines Lebens als Junge in Prag liest man: „‚Ich bin hinternational', pflegte er zu sagen. *Hinter* den Nationen – nicht über- oder unterhalb – ließ sich leben und durch die Gassen und Durchhäuser streichen" (Urzidil 1960, 11; Hervorh. i. Orig.). Urzidil bringt durch die Absage ans „[Ü]ber- oder [U]nterhalb" nicht nur die kulturelle Vielfalt Prags in ein Nebeneinander, sondern etabliert durch das Anfügen nur eines Buchstabens an das gebräuchliche ‚international' eine Doppelheit von vordergründiger nationalkultureller Trennung und hintergründiger, so aber grundlegender Gemeinsamkeit. Auf diese Weise werden die „Durchhäuser" zum Insignium Prags und der Prager Stadtraum zu einem (fast) flächendeckenden ‚Zwischenraum', den alle Prager ‚als Prager' teilten.

Schon 1907 hatte Max Brod in seiner Besprechung der Ausstellung der *Osma*, einer Gruppe von deutsch- und tschechischsprachigen bildenden Künstlern, geschrieben, „daß in Prag kaum mehr von einer rein deutschen und einer rein tschechischen Nation die Rede ist, sondern nur noch von Pragern" (Brod 1966, 53), leitete den Wiederabdruck dieser Besprechung in seiner Studie zum *Prager Kreis* allerdings mit der Bemerkung ein, dass er „die Dinge damals wesentlich optimistischer gesehen ha[be], als sie lagen, und vor allem: als sie sich nachher entwickelt haben" (Brod 1966, 52).

Diese so unterschiedlichen Beschreibungen verdeutlichen, dass man der Interkulturalität Prags und der Böhmischen Länder weder mit einer strikt abgrenzenden Rede von drei Gruppen, noch mit der Diagnose einer unterschiedslosen „Hybridisierung" (Welsch 2012, 28) beikommt. Ersteres ignoriert das offenbar vorhandene und den Alltag prägende Gemeinsame, zweiteres die dann doch vorausgesetzten (und gelebten) Abgrenzungen. Jan Křens Formel von der ‚Konfliktgemeinschaft' (vgl. Křen 1990) der Deutschen und Tschechen versucht zwar, das Getrennte und Gemeinsame in einem Begriff zu fassen, bleibt dabei aber letztlich auch unpräzise. Weiterführend ist nur eine Beschreibung, die Konzepte der Einheit und Vielfalt berücksichtigt. Das entspricht auch neueren historischen Forschungen, die die Diagnose der strikten Trennung der ‚Volksgruppen' in Prag in Frage gestellt haben (vgl. Čapková 2005). In ihrer Studie *Geteilte Kulturen* weist Ines Koeltzsch darauf hin, dass „trotz der starken Tendenz nationaler Homogenisierung in der städtischen Gesellschaft nach dem Ersten Weltkrieg bei bi- und multilingualen Akteuren eine hohe Flexibilität im alltäglichen Umgang mit der gesprochenen und geschriebenen Sprache vorhanden war" (Koeltzsch 2012, 27;

vgl. II.3 KILCHMANN). Diese sprachliche Flexibilität ist aber auch als ‚allgemein' kulturelle zu verstehen, was zu einer konzeptuellen ‚Umstellung' in Bezug auf den Umgang mit ‚Identität(en)' führt.

Das Konstanzer Exzellenzcluster *Kulturelle Grundlagen von Integration* beschreibt als eine der Voraussetzungen seines Forschungsfelds ‚Identifikation und Identitätspolitik', dass Identität nicht (mehr) „als ein quasi natürlicher Dauerzustand des Selbstbewusstseins sozialer Akteure" zu verstehen sei, sondern als „Effekt einer Dramatisierung von Differenz". Identitätsfragen stellten sich nur in kritischen Übergangsphasen und könnten in ruhigeren Zeiten latent bleiben. So aber wird Identität zur „situationsabhängige[n] Kategorie" (Exzellenzcluster Konstanz). Das gilt auch für Prag und die Böhmischen Länder: In den kämpferischen Auseinandersetzungen der Tschechen und Deutschen spielte die Berufung auf ihre jeweilige Identität eine entscheidende Rolle, in anderen Situationen aber – etwa beim gemeinsamen Kino-Besuch (vgl. Koeltzsch 2012, 288–330) – ließ sich diese durchaus ignorieren.

Es muss hinzugefügt werden, dass sich ein Gegeneinander von Tschechen und Deutschen ohnehin erst mit der sogenannten tschechischen ‚Nationalen Wiedergeburt' (Národní obrození) ab dem Ende des 18. Jahrhunderts etabliert hat. Deswegen ein kurzer Blick zurück. Von einer Interkulturalität der Böhmischen Länder (zu deren [Kultur-]Geschichte ausführlich: Höhne 2017) kann seit dem 12. Jahrhundert die Rede sein, als Bayern, Franken, Obersachsen, Schlesier und Österreicher unter der Herrscherdynastie der Přemysliden als Handwerker, Bauern und Bergleute angeworben wurden. Danach spielen die unterschiedlichen Volksgruppen lange Jahrhunderte erst einmal keine berichtenswerte Rolle mehr, da sie nicht zum Anlass historischer Großereignisse wurde. Erst mit der Schlacht am Weißen Berg 1620, in der die böhmischen Stände den Truppen der Katholischen Liga unterlagen, wodurch die Böhmischen Länder zum Erbkönigreich der Habsburger wurden, werden sie wieder bedeutsam. Mit der Politik der Habsburger endete die Glanzzeit böhmischer Kultur, weshalb die sich anschließende Phase aus tschechischer Sicht als ‚temno' [Dunkelheit] bezeichnet wird. Die tschechische Kultur und Sprache wurde in dieser Zeit durch eine deutsch geprägte Kultur sozusagen ‚überschichtet'. Als späte Gegenreaktion häuften sich ab den 1770er Jahren Apologien des Tschechischen, was über eine Aufwertung der tschechischen Sprache, die man wieder zu einer ‚literaturfähigen' Sprache machen wollte, schließlich zur Ausbildung von zwei eigenständigen Kultursystemen führte, wobei sich die tschechische Kultur nur unter Leugnung aller Beziehungen zum Deutschen reetablieren konnte.

Im frühen 19. Jahrhundert war in den Böhmischen Ländern noch der sogenannte Bohemismus wirksam – ein „Integrationsmodell für die Böhmischen Länder", das „die nationalen Interessen und Divergenzen zwischen Tschechen und Deutschen zugunsten eines übernationalen Landespatriotismus aufzulösen [ge]sucht [hat] und dabei von einer prinzipiellen Gleichheit im Sinne einer allgemeinen, auch sprachlichen Gleichberechtigung der Böhmen ‚slawischen wie deutschen Stammes' aus[ging]." (Höhne 2001, 625)

In der zweiten Hälfte des 19. Jahrhunderts verlor dieser jedoch an Bedeutung. Die Deutschen reagierten auf die Erfolge der tschechischen ‚Wiedergeburt' ihrerseits mit einem verstärkten Nationalismus. Auch wenn die Revolution von 1848 zunächst noch unter dem Motto ‚Čech a Němec – jedno tělo' [Tscheche und Deutscher – ein Körper] stand, führte sie zuletzt zu einer weiteren Verstärkung der Trennung der beiden Gruppen. Bei den Landtagswahlen 1891 siegten die sogenannten Jungtschechen, die einen eigenen Staat mit Tschechisch als Staatssprache forderten. Ende 1891 wurde vom damals schon rein tschechischen Prager Stadtparlament die Entfernung deutscher Straßenbezeichnungen und Firmeninschriften angeordnet. Zu einer weiteren Eskalation führten die Badenischen Sprachverordnungen, die die tschechisch-deutsche Zweisprachigkeit in allen nationalen Verwaltungen durchsetzen sollten. Nach ihrer Rücknahme im Dezember 1897 wurden drei Tage lang deutsche Institutionen und Geschäfte in Prag geplündert und zerstört. Auf beiden Seiten fanden sich danach Stimmen, die eine Vertreibung des jeweils anderen Bevölkerungsteils forderten. Während des Ersten Weltkriegs wuchs die Entfremdung weiter. In der am 28. Oktober 1918 ausgerufenen Ersten Tschechoslowakischen Republik verweigerte sich ein Großteil der deutschsprachigen Bevölkerung dem neuen Staat zunächst und verstand sich nun – statt als Deutschböhmen – als Sudetendeutsche, was als Bezeichnung der deutschen Minderheit noch am wenigsten auf nationalpolitische Ansprüche hindeutete. Die Konstituierung einer geschlossenen sudetendeutschen Gruppe machte es jedoch einfacher, Fördermaßnahmen im Sinne des Selbstbestimmungsrechts gegenüber den tschechoslowakischen Behörden durchzusetzen. Eine vorübergehende Entspannung trat Mitte der 1920er Jahre ein. Mit der Wirtschaftskrise 1929 spitzte sich das nationale Gegeneinander allerdings wieder zu, was auch zur Gründung der Sudetendeutschen Heimatfront im Herbst 1933 führte. Diese wurde bei den Wahlen von 1935 als Sudetendeutsche Partei zur stärksten deutschen Partei und propagierte ab 1937 den Anschluss Sudetendeutschlands an das Dritte Reich. Mit der Besetzung der Sudetengebiete nach dem Münchner Abkommen im Herbst 1938 und der sogenannten ‚Rest-Tschechei' im März 1939 wurde dieser vollzogen. Die sowohl ‚wilde' als auch (durch die Beneš-Dekrete) ‚geregelte' Vertreibung von über drei Millionen Sudetendeutschen nach dem Zweiten Weltkrieg beendete schließlich das Zusammenleben von Tschechen und Deutschen.

Die Vertreibung wird im Tschechischen mit dem Begriff ‚odsun' bezeichnet, was wörtlich ‚Abschiebung' heißt, womit die unterschiedliche Bewertung von tschechischer und deutscher Seite schon im jeweils verwendeten Begriff deutlich wird. Auch heute noch ist eine deutliche Mehrheit der Tschechen der Meinung, dass die Abschiebung richtig war: Mit den allesamt nazistischen damaligen Deutschen wäre kein neuer Staat zu machen gewesen. Für ein Vergessen von deren Anteil an der Kultur der Böhmischen Länder aber war in der tschechischen Wiedergeburt vorgearbeitet worden: Es stand ein Bild des nur Eigenen bereit, das sich nach der Vertreibung dann auch nicht mehr durch anwesende Deutsche irritieren lassen musste. Von daher gab es im Grunde keinen Bruch in der Erzählung von der eigenen Vergangenheit – nur die konkurrierende Erzählung von der früheren Interkulturalität/Transnationalität der Böhmischen Länder musste getilgt werden, was sich in einem kommunistischen Staat – ohne Freiheit der Menschen und Medien – allemal leicht bewerkstelligen ließ.

In einer an den historischen und politischen Ereignissen orientierten Geschichtsschreibung erscheint das Verhältnis von Tschechen und Deutschen seit der ‚Nationalen Wiedergeburt' als stete Zunahme der Konfrontation zwischen ihnen, was aber all das Gemeinsame, das es in ihrer Geschichte auch – und selbst in den Phasen kämpferischer und gewaltsamer Auseinandersetzungen – gegeben hat, ignoriert.

In Franz Kafkas kurzer Erzählung *Das Stadtwappen* (der Titel stammt allerdings von Max Brod) wird das Mit- und Gegeneinander zweier Volksgruppen anders erläutert. Die Erzählung beschreibt den Turmbau zu Babel mit den für Kafka typischen Invertierungen der eigentlichen Geschichte. Man liest:

„[M]ehr als um den Turmbau kümmerte man sich um den Bau der Arbeiterstadt. Jede Landsmannschaft wollte das schönste Quartier haben, dadurch ergaben sich Streitigkeiten, die sich bis zu blutigen Kämpfen steigerten. [...] Doch verbrachte man die Zeit nicht nur mit Kämpfen, in den Pausen verschönerte man die Stadt, wodurch man allerdings neuen Neid und neue Kämpfe hervorrief" (Kafka 1992, 319).

Später heißt es zur Erkenntnis der „Sinnlosigkeit des Himmelsturmbaus" durch die „zweite und dritte Generation": man war „schon viel zu sehr miteinander verbunden, um die Stadt zu verlassen." (Kafka 1992, 321) Das Zusammenleben der ‚Landsmannschaften' wird hier also als ein unauflösliches Miteinander-Verbundensein beschrieben, dem aber das Gegeneinander des Kampfes als seine Bedingung eingeschrieben ist. Jenseits der Frage, ob mit dem am Ende der Erzählung erwähnten Stadtwappen das Prager Stadtwappen gemeint ist (vgl. Demetz 1994 und Buck 1996), wird so deutlich, dass dieser Text Kafkas die spezifische Transnationalität Prags reflektiert und dies um so genauer tut, als er eben kein Text über Prag ist. Die Diagnose eines unauflöslichen Miteinanders auf der Grundlage eines hasserfüllten, kämpferischen Gegeneinanders gilt übrigens auch für die Erzählung *Schakale und Araber*, die mit folgender Aussage eines Arabers über die Schakale endet: „Wunderbare Tiere, nicht wahr? Und wie sie uns hassen!" (Kafka 1994, 275; vgl. Weinberg 2017b, 209–210).

Der Begriff der Transnationalität lässt sich in den beschriebenen Konstellationen insofern in Anschlag bringen, als er nicht einfach eine Überwindung des Nationalen beschreibt, sondern die Kategorie des Nationalen noch zu seiner Voraussetzung hat. Es scheint dabei naheliegend, ihn durch den Begriff der ‚Regionalität' zu ergänzen, wie dies in neuesten Studien zur deutschsprachigen Literatur Prags und der Böhmischen Länder geschieht, die eine „transkulturelle und -regionale Neuverortung der deutschsprachigen Literatur der Böhmischen Länder im komplexen Wirkungs- und Spannungsfeld von deutscher, jüdischer, tschechischer und habsburgischer Literatur und Kultur" (Ankündigung Handbuch) unternehmen (vgl. II.4 KRAFT). Dabei geht es darum, „Region nicht mehr als sozusagen ‚einfältig', sondern vielmehr als Vielfalt zu denken, in der sich einzelne Phänomene anziehen, abstoßen, immer aber in einem nachweisbaren Zusammenhang stehen." (Weinberg 2017a, 4). Grenzen einer Region werden dabei nicht als einfach gegeben, sondern als je konstruierte betrachtet, hervorgebracht von kulturellen Artefakten, zu denen nicht zuletzt die Literatur gehört.

Die Relevanz des Konzepts der Region lässt sich mit einem kurzen Beispiel aus dem Bereich der Literatur bekräftigen. In der detailfreudigen Studie *Kafkas Wien* von Hartmut Binder findet sich der Hinweis auf das ‚Studienbuch' Kafkas an der „*k.k. Carl-Ferdinands-Universität* in Prag", in dem es neben Angaben zu „*Geburtsort, Geburtsdaten, Religion*" auch die Rubrik „*Vaterland*" gab, die, so Binder, „von Kafka recht nachlässig ausgefüllt wurde. Denn als Vaterland erscheint hier nicht etwa Österreich oder Österreich-Ungarn, sondern, und zwar in ganz und gar willkürlicher Abfolge, *Böhmen, Prag* (2., 3. und 7. Semester), *Österreich, Prag* (4., 5. und 6. Semester) oder *Prag, Böhmen* (8. Semester), einmal auch nur *Böhmen* (1. Semester). Ähnlich verhielt sich Max Brod, der *Prag, Böhmen* oder einfach *Prag* eintrug" (Binder 2013, 36–37).

Tatsächlich handelte es sich wohl weniger um Nachlässigkeit als um eine damals ganz andere, regionale Ordnung Europas im frühen 20. Jahrhundert, in der sich Kafka eben weniger als Österreicher, sondern vielmehr als Prager oder Böhme verstand. Diese regionale (und von daher im gesamteuropäischen Kontext immer auch transregionale) Ordnung gilt es bei der Beschreibung der besonderen Interkulturalität/Transnationalität Prags und der Böhmischen Länder zu berücksichtigen, womit die wirkmächtige Vorstellung von der ‚groben' Teilung Europas in West- und Osteuropa unterlaufen wird, die zumal den Zeiten bis zum Ersten Weltkrieg gegenüber vollständig inadäquat ist.

Literaturverzeichnis

Ankündigung *Handbuch der deutschen Literatur Prags und der Böhmischen Länder*: http://www.springer.com/de/book/9783476025791 (20. 11. 2017).
Becher, Peter, Steffen Höhne, Jörg Krappmann und Manfred Weinberg (Hrsg.). *Handbuch der deutschen Literatur Prags und der Böhmischen Länder*. Stuttgart: Metzler, 2017.
Binder, Hartmut. *Kafkas Wien. Portrait einer schwierigen Beziehung*. Prag: Vitalis, 2013.
Brod, Max. „Ein menschlich-politisches Bekenntnis. Juden, Deutsche, Tschechen". *Die neue Rundschau* 29/Bd. 2 (1918): 1580–1593.
Brod, Max. *Der Prager Kreis*. Stuttgart i.a.: Kohlhammer, 1966.
Buck, Theo. „Das Weltbild der Moderne im Spiegel der Parabel ‚Das Stadtwappen' von Franz Kafka. *Verstehen wir uns. Zur gegenseitigen Einschätzung von Literatur und Wissenschaft. Anselm Maler zum 60. Geburtstag*. Frankfurt am Main i. a.: Peter Lang, 1996, 19–34.
Čapková, Kateřina. *Češi, Němci, Židé? Národní identita Židů v Čechách 1918–1938*. Prag: Paseka Nakladatelstvi Publishing House, 2005.
Deleuze, Gilles, und Félix Guattari. *Kafka: Für eine kleine Literatur*. Übs. v. Burkhard Kroeber. 8. Aufl. Frankfurt am Main: Suhrkamp, 2012 [1976].
Demetz, Peter. „Prag und Babylon. Zu Kafkas ‚Das Stadtwappen'". *Kafka und Prag*. Hrsg. von Kurt Krolop und Hans Dieter Zimmermann. Berlin und New York: de Gruyter, 1994. 133–140.
Eisner, Pavel/Paul. „Německá literatura na půdě ČSR od roku 1848 do našich dnů". *Československá vlastivěda. Bd. VII: Písemnictví*. Praha: „Sfinx" Bohumil Janda. 325–377. (Deutsche Übersetzung: „Die deutsche Literatur auf dem Boden der ČSR von 1848 bis 1933". *Jahrbuch des Adalbert Stifter Institutes des Landes Oberösterreich* 9/10 [2002/2003]: 124–199).
Exzellenzcluster Konstanz: https://exzellenzcluster.uni-konstanz.de/157.html?&L=wqdszfehuckaj (20. 11. 2017).
Goldstücker, Eduard. „Die Prager deutsche Literatur als historisches Phänomen". *Weltfreunde. Konferenz über die Prager deutsche Literatur*. Hrsg. von Eduard Goldstücker. Berlin und Neuwied: Luchterhand, 1967. 21–45.
Höhne, Steffen. „Böhmische Utopien. Der Bohemismus-Diskurs in der Zeit der Restauration". *Deutsche und Tschechen. Geschichte – Kultur – Politik*. Hrsg. von Walter Koschmal, Marek Nekula und Joachim Rogall. München: Beck, 2001. 624–637.
Höhne, Steffen. „Zur Geschichte der Böhmischen Länder: Kulturelle Entwicklungslinien". *Handbuch der deutschen Literatur Prags und der Böhmischen Länder*. Stuttgart: Metzler 2017, 52–66.
Kafka, Franz. *Tagebücher*. Hrsg. von Hans-Gerd Koch, Michael Müller und Malcolm Pasley. Frankfurt am Main: Fischer 1990.
Kafka, Franz. *Nachgelassene Schriften und Fragmente II*. Hrsg. von Jost Schillemeit. Frankfurt am Main: Fischer 1992.
Kafka, Franz. *Drucke zu Lebzeiten*. Hrsg. von Wolf Kittler, Hans Gerd Koch und Gerhard Neumann. Frankfurt am Main: Fischer, 1994.
Kisch, Egon Erwin. „Deutsche und Tschechen". *Marktplatz der Sensationen*. 2. Aufl. Berlin und Weimar: Aufbau, 1990. 75–83.
Křen, Jan. *Konfliktní společenství. Češi a Němci 1780–1918*. Praha: Academia, 1990. (Deutsche Übersetzung : *Die Konfliktgemeinschaft. Tschechen und Deutsche 1780–1918*. 2. Aufl. München: Oldenbourg, 2000).

Moníková, Libuše. *Pavane für eine verstorbene Infantin. Roman*. München: Deutscher Taschenbuch-Verlag 1988 [1983].
Stach, Rainer. *Kafka. Die frühen Jahre*. Frankfurt am Main: Fischer, 2014.
Thirouin, Marie-Odile. „Franz Kafka als Schutzpatron der minoritären Literaturen – eine französische Erfindung aus den 1970er Jahren". *Franz Kafka. Wirkung und Wirkungsverhinderung*. Hrsg. von Steffen Höhne und Ludger Udolph. Köln, Weimar und Wien: Böhlau, 2014. 333–354.
Urzidil, Johannes. „Predella. Relief der Stadt." *Prager Triptychon. Erzählungen*. München: Langen-Müller, 1960. 7–27.
Weinberg, Manfred. „Franz Kafkas ‚Das Stadtwappen' mit Libuše Moníková gelesen". *Kafka und Prag. Literatur-, kultur-, sozial – und sprachhistorische Kontexte*. Hrsg. von Peter Becher, Steffen Höhne und Marek Nekula. Köln, i.a.: Böhlau, 2012. 299–322.
Weinberg, Manfred: „Einleitung". *Handbuch der deutschen Literatur Prags und der Böhmischen Länder*. Hrsg. von Peter Becher, Steffen Höhne, Jörg Krappmann und Manfred Weinberg. Stuttgart: Metzler, 2017. 2–4 (=2017a).
Weinberg, Manfred: „Prager Kreise". *Handbuch der deutschen Literatur Prags und der Böhmischen Länder*. Hrsg. von Peter Becher, Steffen Höhne, Jörg Krappmann und Manfred Weinberg. Stuttgart: Metzler, 2017. 195–223 (=2017b)
Weinberg, Manfred. „Die Geburt der ‚Prager deutschen Literatur' aus der Dichotomie Zentrum – Peripherie. Zur *Weltfreunde*-Konferenz in Liblice (1965)". *Prager Moderne(n). Interkulturelle Perspektiven auf Raum, Identität und Literatur*. Hrsg. von Manfred Weinberg, Irina Wutsdorff und Štěpán Zbytovský. Bielefeld: Transcript 2018. 211–226.
Welsch, Wolfgang. „Was ist eigentlich Transkulturalität ?" *Kulturen in Bewegung. Beiträge zur Theorie und Praxis der Transkulturalität*. Hrsg. von Dorothee Kimmich und Schamma Schahadat. Bielefeld: Transcript, 2012. 25–40.
Zimmermann, Hans Dieter. „Kafkas Prag und die Kleinen Literaturen". *Kafka-Handbuch. Leben – Werk – Wirkung*. Hrsg. von Bettina von Jagow und Oliver Jahraus, Göttingen: Vandenhoeck & Ruprecht, 2008. 164–180.

IV.9 Kolonialismus und Moderne: Konzepte des Transnationalen aus postkolonialer Perspektive

Susan Arndt und Shirin Assa

1. Einführende Überlegungen

Bis heute wird die Moderne weithin als europäisches Projekt gedacht (vgl. Reinhard 1994). Diese Perspektive ist jedoch spätestens seit den 1990er Jahren grundsätzlich in die Kritik geraten. Diese kritischen Ansätze stehen im Zentrum dieses Artikels. Unter Bezugnahme auf Begriffe wie ‚multiple Modernen' oder ‚verwobene Modernen' im Kontext von Édouard Glissants *Poétique de La Relation* (1990), Chakrabartys *Provincialising Europe* (2000) und Gilroys *The Black Atlantic* (1993) wird Moderne als globales Projekt konturiert.

Ihrem ursprünglichen Verständnis nach ist ‚Moderne' als ‚Ende der Antike' zunächst einmal ein seit dem ausgehenden 5. Jahrhundert verwendeter zeitlicher und religiöser Begriff für ein jetzt offiziell konturiertes Christentum, das sich in einem linearen Verständnis von Zeit von der ‚heidnischen' römischen Vergangenheit abgrenzte (Habermas 1997, 39). Moderne ist diesem Verständnis nach das Bewusstsein einer neuen Ära, das in Europa durch eine erneuerte Beziehung zur klassischen Antike entwickelt wurde, die wirkmächtig die Antike-Rezeption von Renaissance, Aufklärung, Klassik bis Moderne verschränkt. Im Kern ist Moderne dabei an Säkularisierung, Industrialisierung und Aufklärung und deren Verständnisse von Vernunft als Antipode zur Natur (die es zu zähmen und beherrschen gelte) gebunden. Hier setzt im ausgehenden 18. Jahrhundert die Romantik an, die der Industrialisierung idealisierte Konzepte von Natur und Spiritualität entgegenstellt. Ähnlich üben Strömungen des Modernismus seit der Wende zum 20. Jahrhundert Kritik, die zugleich auch der romantischen Idealisierung von Vergangenheit und Natur widersprechen. Die Gedichte und Essays der politischen Kulturbewegung der *Negritude* aus den 1930er bis 1950er Jahren, die Kolonialismus kritisiert und die Schönheit von Afrika und Schwarzsein besingt, kehrt hingegen zur Idealisierung (der Spiritualität) von Natur zurück. In Abwendung von der Moderne postuliert insbesondere Leopold Sédar Senghor Natur als der Kultur gleichberechtigte Lebensform.

In den 1980er Jahren beschreibt Jürgen Habermas die Moderne als ein „unvollendetes Projekt" (Habermas 1980): als Vermächtnis der europäischen Aufklärung und Utopie von Demokratie und Vernunft. Poststrukturalistische Kritiken (an

Habermas) von etwa Michel Foucault und Jacques Derrida setzen sich hingegen kritisch mit der Philosophie und Phänomenologie der Vernunft auseinander. Vernunft sei eine historische und soziokulturelle Form, die als universell gültige Maßeinheit von Moralität gebraucht und dabei überbewertet werde.

Der postkoloniale Theoretiker und Schriftsteller Édouard Glissant aus Martinique wiederum denkt Moderne als wissensgeschichtliche Zäsur und Bewusstsein und fragt, ob nicht jede Ära mit Blick auf die vorangegangene „modern" sei (Glissant 1989, 151) und jeder Neubeginn ein fließendes Wechselspiel von Kontinuität und Neubeginn sei. Bei „alt" und „neu" gehe es also nicht um Antagonismen, die sich gegenseitig ausschließen, sondern sich wechselseitig bedingende Prozesse.

Glissant kritisiert zudem, wie auch andere postkoloniale Theoretiker wie Dipesh Chakrabarty oder Paul Gilroy, dass Afrika, Asien und die Amerikas an der Etablierung der Moderne (Gilroy 1993) maßgeblich teilhatten, dies jedoch in eurozentristischen Lesarten der Moderne ausgesparte bleibe. In dieser postkolonialen Perspektive wird ‚die Moderne' zum einen zu einem selbstreflexiven Projekt gewendet, das Moderne in gegebenen Diversitäten denkt. Zum anderen geht es darum, zu thematisieren, dass die Moderne und ihre Säulen Industrielle Revolution und Aufklärung historisch untrennbar an Globalisierung gebunden sind, wobei letztere seit 1492 durch Kolonialismus, *Maafa* und Imperialismus samt Rassismus getragen wird.

2. Industrielle Revolution im Kontext von *Maafa* und Kolonialismus

Die Industrielle Revolution wurde maßgeblich durch die koloniale Ausbeutung fremder Territorien und deren Ressourcen sowie Arbeitskräften, konkret der Deportation und Versklavung von Millionen von Afrikaner/innen, also der *Maafa* (aus dem Kiswahili für „große Tragödie"), ermöglicht.

Seit dem ausgehenden 15. Jahrhundert verdienten *weiße* (die Kursivsetzung markiert die Position von Weißsein als Akteur von Rassismus) Europäer/innen an der Deportation von Afrikaner/innen, einschließlich der dazu gehörigen Gewerbe wie dem Verkauf von Ketten, Zwieback, Holzfässern oder Schiffen sowie von Produkten wie Baumwolle, Zucker, Tee oder Tabak, die unbezahlte versklavte afrikanische Arbeitskräfte geschaffen hatten. Plantagensklaverei war mehr als ein kapitalistisches Ausbeutungssystem; sie war ein rassistisches Regime, das z. T. völlig neue Industriezweige wie die Zucker- und Textilindustrie hervorbrachten und zugleich industrielle Massenfertigungen und technische Neuerungen erheblich beförderten. Die gewaltigen Profite flossen wiederum sowohl in die Industrialisierung wie in den europäischen Handel mit Schwarzen Menschen selbst – die Großschreibung von Schwarz markiert die soziale Position im Rassismus einschließlich des Schwarzen bürgerrechtlichen Widerstandes dagegen. Während die ökonomischen und sozialen Strukturen kolonisierter Räume nachhaltig geschwächt wurden, bauten die Profite der *Maafa* die europäisch-nordamerikanische landwirtschaftliche und industrielle Infrastruktur auf. Die Literaturwissenschaftlerin Ania Loomba bezeichnet den Kolonialismus als „the midwife that assisted at the birth of European capitalism" (Loomba 2005, 4), während der Historiker Ali Mazrui diese Dynamik in der Formel „From Slave Ship to Space Ship" zusammenfasst (Mazrui 1999). So wie die Industrielle Revolution durch Kolonialismus getragen wurde, verdankt sich auch die an die Industrielle Revolution gebundene Moderne der komplexen Interaktion von Kapitalismus, Kolonialismus und Rassismus (vgl. IV.6 SCHÖSSLER). Letzterer wiederum wurde im Zuge der Aufklärung theoretisch fundiert.

3. Aufklärung im Kontext von *Maafa* und Rassismus

Als große Erzählung des politischen Westens steht Aufklärung für Werte wie Freiheit, Gleichheit, Brüderlichkeit, Demokratie, Gerechtigkeit, Mündigkeit und Verstand. Diese Ideale rieben sich an einer komplizierteren gesellschaftlichen Wirklichkeit, deren eklatante Defizite die Aufklärung überhaupt erst notwendig machten. Zugleich aber blieb Aufklärung selbst hinter ihren Ansprüchen zurück – ‚Brüderlichkeit' zeigt, dass die Hälfte der Menschen – die Frauen – nicht nur begrifflich von der Partizipation an hehren Idealen ausgeschlossen blieb. *Weißen* Frauen blieb zunächst das Wahlrecht ebenso verwehrt wie der Zugang zu öffentlichen Ämtern oder Eigentumsrechten. Auch Schwarzen Frauen und Männern wurden keine Bürger/innenrechte gewährt, mehr noch, weil die *Maafa* für die Industrielle Revolution und deren Modernisierung Europas unabdingbar waren, fand sie in der Aufklärung (letztlich ihren eigenen Prinzipien zum Trotz) in breitem Rahmen eine ideologische Rückendeckung, bei der Rassismus mehr als ein Wörtchen mitredete.

Die Revolution in Haiti (1788–1804) ist eines der ersten Beispiele, wie die europäische Moderne gegen sich selbst gewendet wurde (Rinke 2010; Arndt 2012, 97, 117–118, 120–122). Auch bringt die (Früh)Aufklärung Abolitionismus hervor und tragen Schwarze wie Olaudah Equiano als Abolitionist/innen und Philosoph/innen, Schriftsteller/innen und Aktivist/innen in Europa und Nordamerika zur intellektuellen Konturierung aufklärerischer Debatten bei. So hat beispielsweise Anton Wilhelm Amo in der deutschen Frühaufklärung Überlegungen zu Freiheit und Gleichheit geäußert – und diese konkret auch (etwa in seiner Dissertation von 1729 *De iure Maurorum in Europa*) an die Situation von Afrikaner/innen (er benennt sie im Tenor seiner Zeit mit dem M-Wort) in Europa rückgebunden (Mabe 2007; Ette 2014). Andererseits waren Aufklärer wie etwa John Locke als Geschäftsleute auch privat Profiteure der *Maafa*. Unterm Strich ist aber letztlich entscheidend, dass die Aufklärung als philosophische Bewegung, also diskursiv und strukturell gesehen, die *Maafa* nicht geschwächt oder hinterfragt, sondern ihr Rückhalt gegeben hat – und zwar mit einer aporetischen Begründung, welche Freiheit, Gleichheit und Brüderlichkeit hochhält, dabei jedoch allein Weißsein, Christentum und *weiße* Männlichkeit meint und die Anerkennung des Menschseins an eine vermeintlich überlegene Kultur bindet, die als *weiß* und christlich positioniert wird.

Auf diesem simplen Manichäismus baute dann das aporetische Stratagem auf, Kolonialismus und *Maafa* als vermeintlich notwendige ‚Zivilisierung' der kolonisierten *People of Colour* zu deklarieren, und diese gleichsam als zum Scheitern verurteilt, weil kolonisierte People of Colour (als „Ware" oder bestenfalls ‚Kinder') für Werte der Aufklärung wie etwa Fortschritt, Vernunft und Mündigkeit angeblich nicht zugänglich seien. Hier kommen die Verse aus Rudyard Kiplings „The White Man's Burden" (1899) in den Sinn: „Take up the White man's burden/ Send forth the best ye breed –[...] Your new-caught, sullen peoples, /Half devil and half child [...] And when your goal is nearest /The end for others sought, / Watch Sloth and heathen Folly./Bring all your hope to nought." (Kipling 334) *People of Colour* sind diesem Diskurs zufolge unweigerlich dazu verdammt, die Kehrseite der Zivilisation von Fortschritt, Mündigkeit und Vernunft zu verkörpern. Im „imaginary waiting-room of history" (8), wie der indische Historiker Dipesh Chakrabarty es nennt, bleiben sie die ewige Vergangenheit der westlichen Zukünfte, weil ihnen Industrielle Revolution, Säkularisierung und Aufklärung, kurzum Moderne, fehlten.

Zur Fundierung dieser Legitimationsstrategie, die den europäischen Kolonialismus in seinen Manifestationen von *Maafa* bis Imperialismus und seinen Auswirkungen auf Afrika und Asien sowie Europa und die Amerikas als „vernünftiges" Prinzip im Namen des Fortschritts präsentierte, wurde die Erfindung von ‚Rassen' wissenschaftlich initiiert und begleitet.

Dabei baut der Rassismus (vgl. Memmi 1987, Arndt 2012) auf Theoreme auf, die bis in die Antike zurückzuverfolgen sind, darunter etwa ‚Hautfarbe', Klimatheorien, Platons eugenische Reproduktionsphilosophie und Aristoteles' Theorie der Sklaverei (Isaac 2006). Durch das Christentum verstetigt sich eine Farbsymbolik, die ‚weiß' als rein und überlegen und ‚schwarz' als böse, hässlich und unterlegen positioniert. Auch die Bezeichnung Aufklärung und noch mehr die englische beziehungsweise französische Entsprechung, *enlightenment* und *lumière* künden von einer ideengeschichtlichen Nähe zur christlichen Farb- und Lichtsymbolik und ihrer Aneignung durch rassialisierende Interpretationen von ‚Hautfarbe'.

Als im ausgehenden 18. Jahrhundert Zweifel an der Klimatheorie aufkommen (u. a. weil Weiße nun auch in tropischen Gebieten leben), werden rassistische Positionen revidiert; jedoch nicht, indem die Unmöglichkeit, ‚Menschenrassen' zu definieren, anerkannt werden würde. Vielmehr drangen Theorien von ‚Rasse' immer tiefer in den menschlichen Körper ein. Zunächst wurden, wie etwa von Petrus Camper, Schädel und Skelette kartiert (vgl. Becker 2005, 39), später dann, wie von Eugen Fischer, Blut/Gene. Nachdem etwa durch Studien der Cavalli-Sforzas sich seit den 1990er Jahren auch Gene als untauglich zur Definition von ‚Rassen' erwiesen (Cavalli-Sforza und Cavalli-Sforza 1994; vgl. auch: Olsen 2003), wird erneut ‚Hautfarbe' (und Kleidung) als Hauptmarker des Rassismus revitalisiert.

In Ergänzung zu neuen wissenschaftlichen Ansätzen wie der Phränologie führt Immanuel Kant, in teilweise wortgetreuer Nähe zum Schotten David Hume, das Konzept ‚Rasse' in Deutschland ein (Kant 1775). Teil seiner Argumentation ist es, dass intellektuelle Leistungen nur von Weißen, nicht aber von Schwarzen demonstriert worden wären (Kant 1764, 253–255). Dass in Kants Philosophie Fortschritt nur bei Weißen zu finden ist, gipfelt in den 1770er Jahren in dem Gedanken: „Alle racen werden ausgerottet werden [... können sich nicht selbst regiren. Dienen also nur zu Sclaven] nur nicht die der Weißen." (ibid., 878)

In seinen *Vorlesungen zur Philosophie der Geschichte* (1830/1831) entwickelte Georg Friedrich Wilhelm Hegel wie kaum ein anderer systematisch diesen Fortschrittsgedanken weiter: Die Zukunft liege in der Macht jener, die die bedeutsamsten Zivilisationen der Vergangenheit repräsentierten; Afrika aber sei geschichtslos (Hegel 1961, 162–163). Zwar stellt Hegel fest, dass die Sklaverei „an und für sich Unrecht" sei, weil „das Wesen des Menschen [...] die Freiheit" (163) sei. Jedoch sagt er einschränkend, dass die Menschen auch reif sein müssen für Freiheit und Afrikaner dies eben nicht seien. Sie hätten weder sittliche Empfindungen noch ein Bewusstsein für Freiheit, sie hielten sie vielmehr für wertlos (vgl. 163). Das führt Hegel sogar dazu, den Kampf der Haitianischen Revolution (1791–1804) „dialektisch" statt als Freiheitsansinnen als „Nichtachtung des Lebens" umzudeuten (159). So kommt er selbst nach dem britischen Verbot des Handels mit versklavten Menschen (1807) noch zu dem Schluss, dass „die allmähliche Abschaffung der Sklaverei" angemessener sei „als ihre plötzliche Aufhebung" (163).

4. *Provincialising Europe* heißt auch, „die" Moderne zu provinzialisieren

Seit der Jahrtausendwende ist die Aufklärung in ihrer Verantwortung für Kolonialismus, Sklaverei und Rassismus zunehmend neu bewertet worden (vgl. Chakrabarty 2000; Piesche 2005). Chakrabarty etwa macht darauf aufmerksam, wie die beschriebene „waiting-room version of history" (Chakrabarty 2000, 9) Hierarchien und Dominanzen legitimiert – so auch das koloniale Projekt im Dienste der „Zivilisierung" der *„not yet"*-Kulturen. Auf diese Weise seien politische und kulturelle Prozesse in der ganzen Welt stets ausgehend von der europäischen Meta-Erzählung betrachtet worden (Chakrabarty 2002, 302). Diese Einsicht eröffne Perspektiven der Kritik. Dabei gehe es nicht um eine eventuelle Zurückweisung oder Negation von „europäischem Denken" (Chakrabarty 2000, 16), sondern darum, Europa und die „europäische Moderne" in ihren Ambivalenzen sowie in ihren globalen Dimensionen zu denken und Europa als Formation zu verstehen, in der Kolonialismus und Aufklärung (in ihrer Ambivalenz von emanzipatorischen Gesellschaftsentwürfen und Ausschlüssen von ‚Anderen') als zentrale Konstituenten firmieren (vgl. IV.3 STAUF). Vor diesem Hintergrund kommt er zu dem Schluss, dass das Projekt einer „Provinzialisierung Europas" anstehe. Im Kern gehe es darum, dieses europäische Denken „which is now everybody's heritage and affect[s] us all" zu erneuern und zu resituieren – und zwar „from and for the margins" (Chakrabarty 2000, 16). Nicht nur Europa, auch die Moderne muss ihm zufolge provinzialisiert (gedacht) werden (vgl. II.5 REICHARDT).

Zur „Provinzialisierung Europas" gehört es, Globalisierung als durch koloniale Aneignungsprozesse beschleunigt (Ette 2012) und durch Gewalt- und Machtprozesse geprägt zu verstehen. „[T]he reflexive cultures and consciousness of the European settlers and those of the Africans they enslaved, the ‚Indians' they slaughtered, and the Asians they indentured were not, even in the situations of the most extreme brutality, sealed off hermetically from each other [by the colonisers]" (Gilroy 1993, 2). Durch den Gebrauch von Verben wie „enslave", „slaughter" und „indenture" situiert Gilroy die koloniale Verwobenheit als Akt der Gewalt. Zudem betont er, dass diese kontinentalen Verschränkungen im Zuge europäischer Ambitionen, Europa global auszudehnen, letztlich nicht zu einer monolinearen globalen Implantierung des Europäischen und seiner Moderne führten, sondern zu deren Pluralisierung. Europa und ihre Moderne trafen (trotz aller *terra nullius*-Narrationen eines *Robinson Crusoe* (1719, wonach koloniale Räume brach lagen und darauf warteten, kolonisiert zu werden) nicht auf unbewohnte Räume, sondern auf komplexe und dynamische gesellschaftliche Organisation, auf die sich die Kolonialmächte einlassen mussten, um ihre Herrschaft zu etablieren (vgl. Schulze-Engler 2001). So kam es in und aus den Kolonien heraus zu Aneignungsprozessen europäischer Strukturen und Diskurse, die sich dem eindimensionalen Muster der „Europäisierung der Erde" widersetzten. Auch viele Unabhängigkeitsbewegungen beriefen sich auf sie. Die Gründung von Haiti im Jahr 1804 als erster postkolonialer Nation war nur ein Anfang. Vor diesem Hintergrund schreibt Gilroy: „[T]he stereophonic, bilingual, or bifocal cultural forms originated by, but no longer the exclusive property of, blacks dispersed within the structures of feeling, producing, communicating, and remembering" (Gilroy 1993, 3).

Die globalen Verschränkungen und Dynamiken in den Kolonien im Allgemeinen und die regional jeweils verschiedenen Kreolisierungsprozesse im Besonderen wirkten über komplexe und plurale Modifizierungsprozesse des Europäischen auf Europa und seine Moderne zurück. Keiner Kolonialmacht gelang es, sich den Einflüssen von Kunst, Musik, Wissen, Politik und Moralverständnissen aus den Kolonien zu entziehen. Die massiven Widerstände gegen die Erzählungen, dass Europa im Namen seiner Moderne einen ‚Zivilisierungsauftrag' hätte, führten vielmehr sogar zu einer Krise so konturierter europäischer Selbstverständnisse und der mit ihnen verbundenen Moderne-Konzepte.

So bildeten sich sowohl in Europa als auch in den Kolonien verschiedene Versionen von Modernen heraus. Eisenstadt spricht diesbezüglich von „multiple modernities" (Eisenstadt 2000; vgl. II.5 REICHARDT). Die konzeptuelle Schwäche dieses Entwurfes besteht allerdings darin, Moderne zwar plural zu denken, dies aber im Sinne sich addierender Versionen zu konturieren. Tatsächlich aber formieren sich Modernen nicht nur im Plural, sondern auch in wechselseitiger Verschränkung (vgl. Schulze-Engler 2001). Dies bringt Shalina Randeria in ihrem Konzept der „entangled modernities" zum Ausdruck (vgl. Randeria 2006). In Randerias Verständnis wird das Verwobensein der Modernen weniger mit Bezug auf ein eindimensionales lineares Band gedacht. Vielmehr beschreibt Randeria die Verschränkung als rhizomatisch, wobei sie ganz im Sinne von Glissants „unity in diversity" (Glissant 1996, 14, 71) globale Machtverhältnisse nicht ausblendet, sondern als konstituierend für das komplexe Beziehungsgefüge benennt, das Europa als profitierendes Zentrum dieser Globalisierung positioniert und nach einer diesbezüglichen Provinzialisierung verlangt. Gilroy (1993) prägt das Konzept des „Black Atlantic" als „counter culture" zur Moderne, das westliche Aufklärungs- und Aneignungsnarrative hinterfragt und Moderne subversiv und plural denkt. Dabei macht es das Konzept der Diaspora in seiner Unterwanderung von Nation/alismus stark.

5. Nation, Diaspora und *Double Consciousness*

Viele Historiker, wie etwa Ernest Renan in „What is a Nation?", erachten den Fall des Römischen Reiches und das Ende des Reiches von Alexander dem Großen als Beginn der Formierung von Nationen (Renan [lecture first was delivered in 1882], 8–9). Demnach hätte die Bevölkerung in Westeuropa erstmals um das 5.–10. Jahrhundert u. Zt. sich einer Staatsform zugewandt, die der der Nation ähnlich sei. Konzeptuell umfasst Nation eine Vielzahl von Bedeutungen um Herkunft, Geburt, Nachfahren oder Heimat, wobei es im Kern um eine gemeinsame Abstammung geht (vgl. II.1 GRABBE). Definitionen von ‚Nation' bleiben eher vage und funktionieren vor allem als potentes Klassifikationssymbol innerhalb eines „international system of nation-states" (Katherine Verdery 1993, 38) sowie als mächtige politische Struktur. Diese ist untrennbar an die Moderne und deren Fundamente wie Aufklärung, Industrialisierung und Kolonialismus gebunden und schreibt sie fort. Soziokulturelle Normen und geopolitische Gebilde der Moderne und ihrer Aufklärung prägen Prozesse des *Nation-Building*s, die mit Strategien und Praktiken kultureller Zuschreibungen (Bhabha 1995, 1) einhergehen, die kulturelle Diversität gegen die Idee einer ‚Leitkultur' eintauschen.

Renan zufolge baut die Idee der Nation auf der Überwindung sprachlicher und religiöser Pluralität und einer Hinwendung zum Christentum auf (Renan 1882, 10). Dabei werden die Multiplizität von Religionen und rassialisierten Positionen ebenso wie die von anderen Parametern wie Geschlecht, Generation, Sexualität, Lebensweisen dem *ideoscape* (Appadurai 1990) einer vermeintlich einheitlichen kulturellen Identität von ‚Nation' unterworfen. Statt um historische Dynamiken und Diversitäten geht es um sich vermeintlich linear fortschreibende Leitkulturen. Analog dazu argumentiert Homi Bhabha, und zwar in Anlehnung an Benedict Andersons *Imagined Communites* (1983): „[D]espite the certainty with which historians speak of the ‚origins' of nations as a sign of the ‚modernity' of society, the cultural temporality of the nation inscribes a much more transitional social reality" (Bhabha 1995, 1).

Nationalismus setzt genau hier an, und zwar im Streben, bestehende Komplexitäten in Erzählungen einer Leitkultur zu pressen. Als soziopolitischer und sozioökonomischer *ideoscape*, der für sich in Anspruch nimmt, die Interessen und Bedürfnisse der Nation zu artikulieren, geht es dem Nationalismus genau genommen darum, bestimmte kulturelle, religiöse, rassialisierte und geschlechtliche Positionen und Identitäten anderen überzuordnen. Nationalismus erzählt nach innen hin Einheit und nach außen hin Unterschiede, um letztere homogenisierend zu bewerten und über Dazuzugehören (oder Ausschließen) zu entscheiden. Anderson betont: „Nationalism has to be understood, by aligning it not with self-consciously held political ideologies, but with large cultural systems that preceded it, out of which – as well as against which – it came into being." (Anderson 1983: 19). Analog zu Renan weist Anderson darauf hin, dass die kulturelle Basis einer Nation an Erzählungen und deren Amnesien gebunden ist. Ähnlich meint auch Verdery: „Nationalism, in this perspective, is the political utilization of the symbol nation through discourse and political activity, as well as the sentiment that draws people into responding to this symbol's use." (Verdery 1993, 38).

Allem Nationalismus zum Trotz: Nationen funktionieren nicht mehr (wenn sie es jemals taten), um Ottmar Ette frei zu zitieren, „nach dem Prinzip der Nativität, also des Hereingeborenwerdens in eine Nation [...]" und den damit implizierten kulturellen, nationalen oder rassialisierenden ‚Wurzeln', „sondern nach einer neuen, mobilen und migratorischen Logik." (Ette 2004, 234; vgl. II.4 KRAFT). Das gilt für Nationen, die in der ‚Festung Europa' zu Hause sind, ebenso wie für Nationen, die entlang kolonialer Logiken und unter Missachtung jahrhundertealter historischer, kultureller und linguistischer Diversitäten entstanden sind.

Innerhalb von Nationen gibt es Räume, die ihrer konzeptuellen Idee widersprechen und Homi Bhabha nennt diese *third space* (Bhabha 2004). Mit Blick auf die US-amerikanische Gesellschaft spricht W.E.B. du Bois in *The Souls of Black Folk* vom *double consciousness* der African Americans, zur US-Amerikanischen Nation zu gehören und von *weißen* Mainstream-Strukturen als Schwarze rassistisch ausgegrenzt zu werden. Strukturell gesehen kennt eine *weiße* Person einen solchen Bewusstseins-Zwist nicht; weil die „unsichtbar herrschende Normalität" (Wachendorfer 2001) Weißsein als Norm/alität privilegiert. *Double consciousness* ist ein Prozess der Identitätsformation, die sich der Separation nach ‚Rassen' widersetzt und dabei Rassismus thematisiert. Dies setzt gleichsam aporetisch voraus, das eigene Schwarzsein zu bejahen, um *weiße* Erzählungen über Schwarzsein zu fragmentieren und dabei Weißsein aus dem „myth of sameness" (Hooks 1992) heraus zu zwingen. Dieser Widerstand besteht auf Handlungsmacht im Wissen darüber, dass die Strukturen nur langwierig überwunden werden können. Davon erzählt Martin Luther King Jr. in seiner „I have a dream"-Rede vom 28. August 1963. Für ihn wäre dieser Traum von Schwarzer Gleichberechtigung erfüllt, wenn Polizeigewalt gegenüber Schwarzen sich nicht von der gegenüber Weißen unterscheidet, was angesichts der kriminellen Polizeigewalt in zahlreichen US-amerikanischen Städten bis heute nicht der Fall ist (vgl. Arndt 2017).

Analog dazu argumentiert der afrobritische Soziologe Stuart Hall, dass „kulturelle Identität" im Angesicht komplexer Prozesse von Globalisierung und Migration nichts anderes sein kann als ein „fortwährender Prozess" (Hall 1996), also als dynamisch und im Fluss befindlich, was die Idee der Nation verkompliziert, wenn nicht verunmöglicht. Gilroys *Black Atlantic* (1993) konzeptualisiert diese Dynamik wie folgt: Sein *atlantic* markiert die *roots* und *routes* (Gilroy 1995), also die (familiäre) Verwurzelung der Schwarzen Diasporas im afrikanischen Kontinent und die Verschleppung in die Amerikas und nach Europa im Zuge der Kolonialgeschichte und seiner Erblast bis in die Zukunft hinein. Das *black/* Schwarz wiederum markiert Herkünfte aus Afrika, die kollektive Erfahrung von *Maafa* über die Abschaffung der Sklaverei hinaus und Rassismuserfahrungen im Allgemeinen sowie den Widerstand dagegen. Diesem Schwarzen Widerstand ist es zu verdanken, dass jene, who were *never meant to survive*, um Audre Lordes poetische Formel in „Litany for Survival" zu benutzen, überlebten (Lorde 1978; Arndt 2017). Millionen starben, aber als Kollektiv wurden die verschleppten und verstreuten Schwarzen Menschen zu Begründer/innen von Schwarzen Diasporas in den Amerikas und Europa, sowie anderswo – womit sie einer Zukunft den Weg bereiteten, die weder Kolonialismus noch Aufklärung noch ‚die' Moderne für sie vorgesehen hatte. Sowohl die räumlichen als auch die zeitlichen Binarismen und Grenzen, welche die Aufklärungs- und Kolonialrhetorik stabilisiert hatte, wurden und werden von den Diasporas nachhaltig unterwandert.

‚Diaspora' (Clifford 1994, Cohen 2008, Zeleza 2005, 2010) offeriert ein Konzept, das ein Angekommensein im Residenzland ebenso benennt wie dort erfahrene Diskriminierungen, die auch dem Herkunftsland gelten und mit dem das diasporische Subjekt über seine *roots* verbunden bleibt – und sei es nur über ein Imaginieren von Herkunft. So aufgestellt ermöglicht es das Konzept ‚Diaspora', Identitäten bzw. ID*scapes (Assa 2016) von Subjekten und Nationen polyfon zu denken und zwar nicht im Sinne gerader, linearer Wurzeln, sondern unvorhersehbarer rhizomatischer Verschränkungen. Aus eben diesem Grund ist Diaspora ein Gegennarrativ zur aufklärerischen Moderne und ihrer Idee, Europa als per se *weiß* und christlich zu konzeptionalisieren. In den 1980er Jahren kam es zu einer Profilierung von ‚Diaspora' als Konzept, das weit über die Kontexte griechischer Antike und jüdischer Geschichte hinausgeht (Arndt 2006). In den 1990er Jahren hat Tölölyan, der Herausgeber der Zeitschrift *Diaspora*, die junge Popularität des Begriffes zelebriert (Tölölyan 1991) und wenig später davor gewarnt, ihn semantisch beliebig und zu einer „promiscuously capacious category" (Tölölyan 1996, 8) werden zu lassen: „The universalization of diaspora, paradoxically, means the disappearance of diaspora" (Brubaker 2005, 3).

Für die im spezifischeren Sinne etablierte Konzeptualisierung von Diaspora sind insbesondere zwei Kriterien von besonderer Bedeutung. Erstens: Das Ankommen in einem Residenzland und zwar Rassimus und Ausgrenzung zum Trotz. Zweitens: Die Fiktion einer Heimatverbundenheit und möglicher Rückkehr trotz der Erfahrung, dass die zeitliche Distanz auch eine räumliche bedingt und eine Rückkehr in die alte Heimat nur mit kulturell neu konturierten Identitäten möglich ist (Clifford 1994, Arndt 2006). So gesehen markiert das Konzept Diaspora beides: das Insistieren auf Zugehörigkeit zu Gesellschaftsstrukturen in Räumen, die eine Idee von Nation und deren Leitkultur erzählen, und die sich daraus ergebende fortwährende rassistische Diskriminierung von diasporischen Communities in eben diesen, woraus sich die Notwendigkeit ergibt, diese Positionen rassistischer Diskriminierung zu benennen. Der Terminus ‚Diaspora' entwerfe, so Clifford, „a shared, ongoing history of displacement, suffering, adaptation, or resistance may be as important as the projection of a specific origin" (Clifford, 306). John Armstrong zufolge ist der Begriff ambivalent, „to any ethnic collectivity which lacks a territorial base within a given polity" (1976, 393) und Nation.

In den 1990er Jahren haben Gilroy (1993) und Clifford (1994) darauf verwiesen, dass die Diasporas auch zu einem wichtigen Teil der einzelnen (europäischen) Residenzland-Nationen und auch von Europa im Allgemeinen geworden sind. Im Ergebnis kolonialer Deportationen sowie von neu ausgerichteten Migrationsprozessen seit den 1960er Jahren sind *Black British* oder deutsch türkische Strukturen – trotz aller Diskussionen um Leitkulturen – ein immanenter Bestandteil der deutschen oder britischen Gesellschaft. Auf diese Weise fordern Diasporas die Residenzgesellschaften diskursiv heraus und provinzialisieren diese auch. Zugleich ergibt sich daraus für viele die Notwendigkeit, Identifikationen zu stärken, die den national angelegten Meistererzählungen etwa von Weißsein und Christentum als „unmarkiertem Marker" (Frankenberg 1993) widersprechen und dominante Identitäts- und Nationenkonzepte, die etwa Jüdischsein ausgrenzen (vgl. III.2 KILCHER), unterwandern (Hall 1998, 225).

So wie jüdische Diasporas in neue Geopolitiken hinein gezwungen wurden, stellen diasporische Konzepte auch in aktuellen Gesellschaftsformationen Selbstverständnisse, wonach supranationale geopolitische Konzepte wie Europa oder deren Nationen per se *weiß* und/oder allein christlich sind, nicht nur in Frage, sie komplettieren sie. Dabei werden Europa und Europas Nationen insofern aus den Diasporas heraus neu geschrieben, als Elemente der *Master-Codes* der dominanten Kultur von der diasporischen abgelehnt (*abrogation*) und angeeignet (*appropriation*) (vgl. Ashcroft et al. 1989) und dabei kreolisiert werden (Mercer 1988, 50–61), wodurch sich die diasporischen Kulturen auch auf die Kulturen der Residenzländer auswirken, sie also provinzialisieren.

Zum anderen lösen Diasporas Konzeptionen Europas als einem aus Nationalstaaten zusammengesetzen Gebilde auf. Die dynamischen Identitäten der Diasporas innerhalb einer und zwischen Nationen (und über deren Grenzen hinweg) entspricht letztlich genau dem Überwinden des Primats des europäischen Staatsbürgerschaftsmodells, nach dem die europäische Idee gegenwärtig strebt (Balibar 2003). National ausgerichtete Identifikationen mit dem Herkunftsland können zu transnationalen Allianzen in Europa führen, wie etwa wenn sich Mitglieder der somalischen oder nigerianischen Diaspora unter Hinwendung zu ihrer „imagined community" (Anderson 1983) über innereuropäische Ländergrenzen hinweg vernetzen oder verbunden fühlen (Farah 2000). Gleichzeitig kann es auch eine Schulterschlussmentalität zwischen verschiedenen *Diasporas of Colour* in nationalen oder transnationalen Netzwerken geben, die sich etwa aus gemeinsamen Kolonial- und Rassismuserfahrungen ergeben – sei es die *Black British* und *Asian British Connection* oder etwa die *Black* Britische und karibische (vgl. IV.10 SCHULZE-ENGLER; IV.12 BANDAU/SINGLER).

Moderne, Aufklärung und Nation sind also offenbar nicht losgelöst von ihrer Verantwortung für koloniale Verbrechen zu denken. Transnationale Perspektiven auf diese Konstellationen zwingen nicht nur zur Erinnerung dieser geschichtlichen Facetten europäischer Leitideen, sie tragen zudem zur Herausbildung von Konzeptionen komplexer Wechselbeziehungen (z. B. *Black Atlantic),* diasporischer Vernetzungen und pluraler Verständnisse von Modernen bei.

Literaturverzeichnis

Ashcroft, Bill, Gareth Griffiths und Helen Tiffin. *The Empire Writes Back: Theory and Practice in Postcolonial Literature*. London: Routledge, 1989.
Anderson, Benedict. *Imagined Communities*. London: Verso 1983.
Appadurai, Arjun. *Disjuncture and Difference in the Global Cultural Economy*. Middlesbrough: Theory, Culture and Society, 1990.
Armstrong, John. „Mobilized and Proletarian Diasporas". *American Political Science Review* 70.2 (1976): 393–408.
Arndt, Susan. „Dream*hoping Memory into FutureS. Reading Resistant Narratives (Digital, Film, Speech and Novel) about Maafa by Employing FutureS as a Category of Analysis". *Future Africa and Beyond. Visions in Transition*. Hrsg. von Nadja Ofuatey-Alazard, und Abioseh Porter. London und New York: Routledge. 3–27.
Arndt, Susan. „Rereading (Post)Colonialism. Whiteness, Wandering and Writing". *Africa, Europe and (Post)Colonialism. Racism, Migration and New Diasporas in African Literatures*. Hrsg. von Susan Arndt und Marek Spitczok von Brisinski. Bayreuth: Bayreuth University Press 2006. 13–79.
Arndt, Susan. *Die 101 wichtigsten Fragen – Rassismus*. München: Beck, 2012.
Assa, Shirin. „ID*scapes: The Representations and Negotiations of Black Diasporic Consciousness in *Americanah*." Masterarbeit. Universität Bayreuth, August 2016.
Balibar, Étienne. *Sind wir Bürger Europas? Politische Integration, soziale Ausgrenzung und die Zukunft des Nationalen*. Hamburg: Hamburger Edition, 2003.
Becker, Thomas. *Mann und Weib. Schwarz und Weiss: Die Wissenschaftliche Konstruktion von Geschlecht und Rasse 1650–1900*. Frankfurt am Main: Campus, 2005.
Bhabha, Homi K. „Introduction: Narrating the Nation." *Nation and Narration*. Hrsg. von Homi K. Bhabha. London und NewYork: Routledge, 1995. 1–7.
Bhabha, Homi K. *The Location of Culture*. London: Routledge, 2004.
Bois, W.E.B. du. *The Souls of Black Folk*. Chicago: A. C. McClurg & Co., 1903.
Brubaker, Rogers. „The ‚Diaspora' Diaspora". *Ethnic and Racial Studies* 28.1 (2005): 1–19.

Chakrabarty, Dipesh. *Provincializing Europe: Postcolonial Thought and Historical Difference.* Princeton: Princeton University Press, 2000.
Chakrabarty, Dipesh. „Europa Provinzialisieren. Postkolonialität und die Kritik der Geschichte". *Jenseits des Eurozentrismus: Postkoloniale Perspektiven in den Geschichts- und Kulturwissenschaften.* Hrsg. von Sebastian Conrad, Shalini Randeria und Beate Sutterlüty. Frankfurt am Main: Campus, 2002. 283–312.
Cavalli-Sforza, Francesco, und Luca Cavalli-Sforza. *Verschieden und doch gleich. Ein Genetiker entzieht dem Rassismus die Grundlage.* München: Knaur, 1994.
Clifford, James. „Diasporas". *Cultural Anthropology, Further Inflections: Toward Ethnographies of the Future* 9.3 (1994): 302–338.
Crenshaw, Kimberly. „Mapping the Margins: Intersectionality, Identity Politics, and Violence against Women of Color". *Stanford Law Review* 43.6 (1991): 1241–1299.
Cohen, Robin. *Global Diasporas: An Introduction.* London: Routledge, 2008.
Eisenstadt, S. N. „Multiple Modernities". *Daedalus* 129.1 (2000): 1–29.
Equiano, Olaudah. *The Interesting Narrative and Other Writings.* Hrsg. von Vincent Carretta. New York i.a.: Penguin Books, 2003.
Ette, Ottmar. *Anton Wilhelm Amo – Philosophieren ohne festen Wohnsitz.* Berlin: Kadmos, 2014.
Ette, Ottmar. *ÜberLebenswissen.* Berlin: Kadmos, 2004.
Ette, Ottmar. *TransArea: Eine literarische Globalisierungsgeschichte.* Berlin und Boston: de Gruyter, 2012.
Farah, Nuruddin. *Yesterday, Tomorrow: Voices from the Somali Diaspora.* London: Cassell, 2000.
Fischer, Eugen. *Racial Origin and Earliest Racial History of the Hebrews.* Übers. von Charles E. Weber. Reedy, WV: Liberty Bell Publications, 1984.
Frankenberg, Ruth. *White Women, Race Matters: The Social Construction of Whiteness.* Minneapolis: Minnesota University Press, 1993.
Gilroy, Paul. *The Black Atlantic: Modernity and Double Consciousness.* Cambridge: Harvard University Press, 1993.
Gilroy, Paul. „Roots and Routes: Black Identity as an Outernational Project". *Racial and Ethnic Identity: Psychological Development and Creative Expression.* Hrsg. von Ezra H. Griffith, Howard C. Blue und Herbert W. Harris. New York und London: Routledge: 1995. 15–30.
Glissant, Édouard. *Caribbean Discourse: Selected Essays.* Übers. von J. Michael Dash. Charlottesville: University Press of Virginia, 1989.
Glissant, Édouard. *Poétique de la Relation.* Paris: Gallimard, 1990.
Glissant, Édouard. *Introduction à une poétique du divers.* Paris: Gallimard, 1996.
Habermas, Jürgen. „Modernity: An Unfinished Project". *Habermas and the Unfinished Project of Modernity: Critical Essays on The Philosophical Discourse of Modernity.* Hrsg. von Maurizio Passerin D'Entrèves und Seyla Benhabib. Cambridge, MA: MIT Press, 1997. 38–55.
Hall, Stuart. „Cultural Identity and Diaspora". *Identity: Community, Culture, Difference.* Hrsg. von Jonathan Rutherford. London: Lawrence & Wishart, 1998. 222–237.
Hall, Stuart. „Who ‚needs' Identity?" *Questions of Cultural Identity.* Hrsg. von Stuart Hall und Paul Du Gay. London: Sage, 1996. 15–30.
Hegel, Georg Friedrich Wilhelm: *Vorlesungen über die Philosophie der Geschichte.* Stuttgart: Reclam, 1961.
Hooks, Bell. *Black Looks: Race and Representation.* Boston, MA: South End, 1992.
Isaac, Benjamin H. *The Invention of Racism in Classical Antiquity.* Princeton: Princeton University Press, 2006.

Kant, Immanuel. „Beobachtungen über das Gefühl des Schönen und Erhabenen" [1764]. *Werke. 4. Abschn. Bd. II.*, Berlin: G. Reimer, 1905. 205–256.
Kant, Immanuel. „Collegentwürfe aus den 70er Jahren". *Kants gesammelte Schriften Bd. 15, 3. Abt., Band 2 (Anthropologie), 1. Hälfte* Hrsg. von der Königlich-Preußischen Akademie der Wissenschaften. Berlin und Leipzig: G. Reimer, 1923.
Kant, Immanuel. „Von den verschiedenen Racen der Menschen" [1775]. *Werke in 12 Bänden, Bd. 11.* Hrsg. von Wilhelm Weischedel. Frankfurt am Main: Suhrkamp, 1960. 11–32.
Kipling, Rudyard. *The Works of Rudyard Kipling*. Hrsg. von R. T. Jones. Ware: Wordsworth Editions, 1995.
Loomba, Ania. *Colonialism/Postcolonialism*. London: Routledge, 2005.
Lorde, Audre. „A Litany of Survival". *The Black Unicorn: Poems*. New York: Norton, 1978. 31–32.
Mabe, Jacob. *Wilhelm Anton Amo: interkulturell gelesen*. Nordhausen: Verlag Traugott Bautz, 2007.
Mazrui, Ali. „From Slave Ship to Space Ship: Africa between Marginalization and Globalization". *African Studies Quarterly* 2.4 (1999): 5–11.
Memmi, Albert. *Rassismus*. Hamburg: Europäische Verlagsanstalt, 1987.
Mercer, Kobena: „Diaspora Culture and the Dialogic Imagination". *Blackframes. Critical Perspectives on Black Independent Cinema*. Hrsg. von Mbye B. Cham und Claire Andrade-Watkins. Cambridge, MA: Wayne State University Press, 1988. 50–61.
Olson, Steve. *Herkunft und Geschichte des Menschen. Was die Gene über unsere Vergangenheit verraten*. Berlin: Berlin Verlag, 2002.
Piesche, Peggy: „Der ‚Fortschritt' der Aufklärung – Kants ‚Race' und die Zentrierung des weißen Subjekts". *Mythen, Masken und Subjekte. Kritische Weißseinsforschung in Deutschland*. Hrsg. von Maisha M. Eggers, Grada Kilomba, Grada, Peggy Piesche und Susan Arndt. Münster: Unrast, 2005. 30–39.
Raman, Shankar. „The Racial Turn: ‚Race', Postkolonialität, Literaturwissenschaft". *Einführung in die Literaturwissenschaft*. Hrsg. von Miltos Pechlivanos, Stefan Rieger, Wolfgang Struck und Michael Weitz. Stuttgart: Metzler, 1995. 241–255.
Randeria, Shalini. „Civil Society and Legal Pluralism in the Shadow of Caste. Entangled Modernities in Post-colonial India". *Hybridising East and West Tales Beyond Westernisation. Empirical Contributions to the Debates on Hybridity*. Hrsg. von Dominique Schirmer, Gernot Saalmann und Christl Kessler. Berlin i.a.: LIT-Verlag, 2006. 97–124.
Renan, Ernest, und Martin Thom. „What is a Nation?" *Nation and Narration*. Hrsg. von Homi K. Bhabha. London und New York: Routledge, 1995. 8–22.
Reinhard, Wolfgang. „Die Europäisierung der Erde und ihre Folgen". *Europa, Aber was ist es? Aspekte seiner Identität in interdisziplinärer Sicht*. Hrsg. von Jörg Schlumberger und Peter Segl, Wien i.a.: Böhlau, 1994. 77–93.
Rinke, Stefan. *Revolutionen in Südamerika. Wege in die Unabhängigkeit 1760–1830*. München: Beck, 2010.
Schulze-Engler, Frank. „New Literatures, New Modernities: Notes Towards the Reflexivity of Culture." *Colonies – Missions – Cultures in the English-Speaking World: General and Comparative Studies*. Hrsg. von Gerhard Stilz. Tübingen: Stauffenburg, 2001. 421–432.
Tölöyan, Khachig. „The Nation-State and Its Others: In Lieu of a Preface." *Diaspora* 1.1 (1991): 3–7.
Tölöyan, Khachig. „Rethinking Diaspora(s): Stateless Power in the Transnational Moment". *Diaspora* 5.1 (1996): 7–36.
Verdery, Katherine. „Whither ‚Nation' and ‚Nationalism'?" *Daedalus* 122.3 (1993): 37–46.

Wachendorfer, Ursula. „Weiß-Sein in Deutschland. Zur Unsichtbarkeit einer herrschenden Normalität". *AfrikaBilder. Studien zu Rassismus in Deutschland*. Hrsg. von Susan Arndt. Münster: Unrast, 2001. 87–101.

Wright, Michelle. *Becoming Black. Creating Identity in the African Diaspora*. Durham, NC: Duke University Press, 2004.

Zeleza, Paul Tiyambe. „African Diasporas: Toward a Global History." *African Studies Review* 53.1 (2010): 1–19.

Zeleza, Paul Tiyambe. „Rewriting the African Diaspora: Beyond the Black Atlantic." *African Affairs* 104.414 (2005): 35–68.

IV.10 Erkundungen einer dezentrierten Moderne: Transnationalität und Transkulturalität in anglofonen Literaturen

Frank Schulze-Engler

1. Eine neue literarische Welt(un)ordnung

In einem Aufsatz mit dem programmatischen Titel „A New World Order" konstatiert Caryl Phillips den Tod der „alten statischen Ordnung, in der ein Volk auf ein anderes, geringeres Volk herabspricht" und den Zusammenbruch des „kolonialen oder postkolonialen Modells". Stattdessen sieht der bekannte karibisch-britische Autor eine neue Weltordnung heraufziehen, „in der es bald eine globale Konversation geben wird, an der sich alle in eingeschränkter Form beteiligen können, [...] die niemand volle Beteiligung erlaubt" und in der „niemand sich völlig zu Hause fühlen können wird" (Phillips 2001, 5).

Mit dieser kühnen Prognose eröffnet Phillips einen neuen Blick auf globale Literaturbeziehungen im 21. Jahrhundert – und stellt gleichzeitig Grundannahmen eines Literaturbetriebs in Frage, der bis heute routiniert das „koloniale oder postkoloniale Modell" weltweit vermarktet. So gehört die Vermutung, sogenannte ‚postkoloniale Literaturen' aus Afrika, Asien und Lateinamerika seien vor allem von der Auseinandersetzung mit Kolonialismus und Imperialismus geprägt, bis heute zum Standardrepertoire der *postcolonial studies* (Young 2011), während die jüngst in Mode gekommene „dekoloniale Theorie" unverbrüchlich daran festhält, die globalisierte Welt der Gegenwart sei von der Vorherrschaft der „europäischen Moderne" geprägt und Gesellschaften, Kulturen und Literaturen des „globalen Südens" müssten sich von dieser Vorherrschaft „epistemisch abkoppeln" (Mignolo 2007 und 2008). Auch in der neu entflammten Weltliteratur-Debatte geht das Interesse an literarischen Entwicklungen jenseits des althergebrachten europäischen Kanons oft mit der Überzeugung einher, globale Literaturverhältnisse seien immer noch von hierarchischen Beziehungen zwischen Zentren und Peripherien geprägt (Moretti 2013), Europa beherrsche nach wie vor die „Weltrepublik der Literatur" (Casanova 2004), oder die globale Literaturproduktion erschöpfe sich darin, das von den westlichen Ländern dominierte kapitalistische Weltsystem zu „registrieren" (Deckard et al. 2015; vgl. III.1 GOSSENS).

Die transnationalen Dimensionen zeitgenössischer englischsprachiger Literaturen werden vor diesem Hintergrund in der Regel als Teil einer ‚postkolonialen' Beziehungskonstellation zwischen ehemaligen Kolonien und früherem

Mutterland (oder auch einem pauschalisierten ‚Westen') wahrgenommen. Im Mittelpunkt stehen dabei meist Themen wie Migrationsbewegungen zwischen dem ehemaligen *British Empire* und Großbritannien (Dawson 2007), kulturelle Beziehungen zwischen „Europe and Its Others" (Barker et al. 1984; Gifford und Hauswedell 2010), die Rolle ‚lokaler' anglofoner Literaturen als Medien eines literarischen ‚Widerstands' (Harlow) oder ‚Zurückschreibens' gegen ‚imperiale Zentren' (Ashcroft et al. 2003); darüber hinaus auch die Vermarktung ‚exotischer' Literatur im Kontext eines westlich dominierten globalen Buchmarktes (Huggan 2001; Brouillette 2007; vgl. III. 6 MAYER).

Ein anderer Blick auf die transnationalen Dimensionen zeitgenössischer anglofoner Literaturen ergibt sich im Anschluss an Caryl Phillips' Bild einer neuen globalen Ordnung, in der sich niemand völlig zu Hause fühlen kann, und Edward Saids Diagnose einer „dezentrierten oder multipel zentrierten Welt", die nicht länger „in wasserdichten Containern von Kunst, Kultur oder Geschichte abgeschottet ist" (Said 2002, 417). Diesbezüglich gilt es, Repräsentationen einer globalisierten Moderne nachzuspüren, die überall auf der Welt Gesellschaften, Kulturen und Literaturen herausfordert und transformiert. In vielen Werken anglofoner Autorinnen und Autoren aus Afrika, Asien, der Karibik, Kanada, Australien oder Neuseeland erscheinen transnationale Beziehungen und Bezüge nicht als langer Schatten eines globalisierten Kapitalismus, der sich über vermeintlich authentische lokale Kulturen legt, sondern als Teil einer komplexen, widersprüchlichen und oft konfliktreichen Alltagsrealität. Transnationalität ist in diesen dezentrierten Ensembles multipler Modernität häufig mit Transkulturalität verwoben. Während Beziehungen, Mobilitäten und Lebenspraktiken, die nationalstaatliche Grenzen überschreiten oder unterlaufen, ein zentrales Thema transnationaler Literatur darstellen (Walkowitz 2006; vgl. II.4 KRAFT), zeichnen sich transkulturelle Dynamiken oft durch Aushandlungsprozesse und Konflikte rund um komplexe kulturelle Identitäten aus, die auch innerhalb nationaler Ensembles entstehen und Produktions- wie Rezeptionsbedingungen moderner Literaturen prägen (Ashcroft 2011). Dieses Zusammenspiel der Bewegung von Menschen und Ideen über nationale Grenzen hinweg und der Ausprägung komplexer Identitäten über kulturelle Grenzen hinweg gilt in besonderem Maße für das weltweite Netzwerk der anglofonen Literaturen und Kulturen, die im Zuge der Ausbreitung der englischen Sprache im Rahmen des britischen Empire in den verschiedensten Teilen der Welt entstanden sind.

2. Transnationalität im Spannungsfeld von Diaspora und Bürgerrechten: asiatisch-britische Literatur

Die Literatur, die heute meist als *Black and Asian British literature* bezeichnet wird, hat bereits eine lange Transformationsgeschichte hinter sich. Wie Caryl Phillips treffend bemerkt hat, war die britische Gesellschaft selbst schon immer heterogen und ein Schmelztiegel diverser kultureller Einflüsse, und die britische Literaturgeschichte ist seit Jahrhunderten von kulturellem Austausch sowie ethnischer und linguistischer Pluralität geprägt (Phillips 1996). Transnationalität und Transkulturalität sind also kein Spezifikum der ‚schwarzen' Literatur, die ihren Ursprung in der „umgekehrten Kolonisierung" (Bennett 1982) nach dem Ende des Zweiten Weltkriegs hatte, als hunderttausende Menschen aus den britischen Kolonien nach Großbritannien kamen, um dort zunächst Arbeit und später oft genug eine neue Heimat zu finden, aber sie haben sie auf ganz besondere Weise geprägt. Was vielfach als klassische „Gastarbeiterliteratur" begann und zunächst oft als Stimme einer „verlorenen Generation" vor allem der „westindischen" Literatur gesehen wurde (Phillips 2016, 7), entwickelte sich rasch zu einer neuen Form britischer Literatur, die ab den 1970er Jahren meist mit dem Etikett „Black British Literature" versehen wurde. Galten zunächst alle Autor/innen als ‚schwarz', die ihre Ursprünge in den britischen Kolonien hatten oder einer sichtbaren (nicht-weißen) Minderheit angehörten, begann sich diese *political Blackness* spätestens in den 1990er Jahren aufzulösen, weil sich viele asiatischstämmige Autor/innen nicht länger mit einem Begriff identifizieren wollten, der zwar eine gemeinsame, ethnisch neutrale politische Identität postulierte, unter der Hand aber vielfach doch ethnokulturell im Sinne afrikanischer oder afrokaribischer Definitionen von *Blackness* aufgeladen war. In der Folge begannen sich vor allem Autorinnen und Autoren mit Beziehungen zum indischen Subkontinent als Teil einer „asiatisch-britischen" Literatur zu sehen; heute wird in den Medien ebenso wie in der literaturwissenschaftlichen Diskussion oft der Kompromissbegriff *Black and Asian British literature* verwendet, der zum einen auf die Bezüge dieser Literatur zu Gesellschaften und Kulturen außerhalb Großbritanniens abhebt, zum anderen deutliche Affinitäten zur Begriffswelt der ‚multikulturellen' Literatur aufweist. Diese Literatur hat sich somit von einer „ethnischen Minderheitenliteratur" zu einem Medium der „transkulturellen Transformation" Europas entwickelt (Phillips 2009) und bewegt sich heute in einem komplizierten Spannungsfeld zwischen Diaspora und bürgerrechtlicher Anerkennung: Wie die im Folgenden vorgestellten drei Romane eindrucksvoll belegen, sind transnationale Bezüge zu tatsächlichen oder imaginierten ‚Heimatländern' außerhalb Europas untrennbar mit einer transkulturellen Dynamik verbunden, die Vorstellungen von britischer Gesellschaft, Kultur und Literatur nicht mehr nur von den Rändern her, sondern zunehmend auch aus der Mitte der britischen Gesellschaft heraus verändert.

Meera Syals *Life Isn't All Ha-Ha-Hee-Hee* (1999) bietet vielfältige Einblicke in dieses Spannungsfeld. Im Mittelpunkt des Romans stehen drei junge Frauen, die höchst unterschiedliche Facetten indisch-britischer Identität leben: die vermeintlich eher ‚traditionelle' Chila, deren Lebensgeschichte allerdings in besonderer Weise transnational geprägt ist, da ihre Eltern zu den ‚Asiaten' gehörten, die 1972 kollektiv vom damaligen Diktator Idi Amin aus Uganda vertrieben wurden; die gut ausgebildete Sunita, deren feministische Lebensentwürfe nach ihrer Heirat mit Akash, einem transkulturellen Familientherapeuten, zunehmend mit der Lebenswirklichkeit von Ehe und Familie kollidieren; und die selbstbewusste und karriereorientierte Tania, die radikal mit ihrem Indischsein gebrochen zu haben scheint, aber in ihrem Beruf als Journalistin immer wieder ihre ethnische Herkunft vermarkten muss. Alle drei Hauptfiguren versuchen, ein Leben jenseits ethnokultureller Klischees wie „Opfer des Kulturkonflikts" oder „unterdrückte Dritte-Welt-Frau" zu führen (56), erleben aber immer wieder, wie ihre neuen Lebensentwürfe mit den Rollenerwartungen von Eltern, Ehepartnern, Verwandten und Kindern in Konflikt geraten: „See how I combine this bindi with that leather jacket and make a bold statement about my duality? Look! I can go to a rave one night, and the next morning be cooking in the communal temple kitchen! Watch how I glide effortlessly from old paths to new pastures, creating a new culture as I walk on virgin snow! And then it was time to cut the crap and own up to who we really were" (148). Auch wenn neue, hybride Lebensentwürfe für die Protagonistinnen des Romans schwer zu verwirklichen sind und diese immer wieder an Grenzen stoßen, führt kein Weg an der Einsicht vorbei, dass sich die Lebenswelten der britisch-indischen Charaktere verändert haben. Der Kontrast zwischen ‚britischer' und ‚indischer' Kultur beginnt sich aufzulösen, z. B. wenn Tanias britischer Lebenspartner von ihr Einblicke in eine ‚authentische' andere Kultur erwartet, die sie ihm nicht gewähren kann (und will), wenn Chilas vermeintliche Traumehe mit einem von ihren Eltern ausgesuchten indischen Ehemann zerbricht, oder wenn sich Sunitas Ehemann Akash in einem Therapiegespräch mit einem indischen Ehepaar konfrontiert sieht, die auf seine Erläuterungen zu Problemen „unserer indischen Kultur" mit der Bemerkung reagiert „wenn Sie noch einmal Kultur erwähnen, muss ich mich wahrscheinlich erbrechen" (104).

Auch wenn stereotypisierte Vorstellungen kultureller Alterität in Syals Roman immer wieder ironisch gebrochen und als von ‚britischer' wie ‚indischer' Seite gleichermaßen generierte Projektionen sichtbar gemacht werden, ist ‚Indien' mehr als nur eine leere Chiffre im Text; es bezieht seine symbolischen Konnotationen im Verlauf des Romans aber nicht mehr aus transnationalen Verbindungen zu einem für die Charaktere lebensweltlich erfahrbaren Land, sondern vor allem aus transkulturellen Bezügen zu einer als ‚indisch' wahrgenommenen Kultur, die hauptsächlich von Transformationsprozessen innerhalb einer ‚superdiversen' (Vertovec 2007) britischen Gesellschaft geprägt ist. Alle drei Freundinnen haben ihren Lebensmittelpunkt in Großbritannien. Wenn Chila am Ende des Romans eine Indienreise plant, um ihrem Sohn das Land zu zeigen, das ihr und ihrer Familie so viel bedeutet, impliziert der Text keinesfalls, Chila werde Großbritannien den Rücken kehren: Wie so viele Texte aus der schwarzen und asiatischen britischen Literatur der Gegenwart spielt auch Syals Roman mit dem Topos der ‚Rückkehr', um ihn dann im Sinne einer neu zu konstituierenden Identität in Europa zu verwerfen. Die neuen asiatischen Siedler in Großbritannien transformieren aber nicht nur normative Vorstellungen ‚indischer' Kultur, sondern auch das Selbstverständnis und die Gesellschaftswirklichkeit Großbritanniens: Äußert ein alter Londoner zu Beginn des Romans beim Anblick einer indischen Hochzeit die Befürchtung, die vielen Ausländer würden das Land „überschwemmen" (11), empfindet ein anderer britischer Pensionär am Ende des Romans die vielen weiß gekleideten Trauergäste auf einer indischen Beerdigung als Sinnbild eines Familienzusammenhangs, den er sich auch für seine Familie wünschen würde (332).

Auch die beiden anderen asiatisch-britischen Romane, die im Folgenden kurz vorgestellt werden sollen, stehen ganz im Zeichen der Neuverhandlung von diasporischer und transformierter britischer Identität. Timothy Mos Roman *Sour Sweet* (1982) beschäftigt sich mit britisch-chinesischen Lebenswelten und repräsentiert so eine eher ungewöhnliche Facette britisch-asiatischer Literatur, die in der medialen und literaturkritischen Praxis meist als britisch-indische Literatur wahrgenommen wird, während Gautam Malkanis *Londonstani* (2006) ein signifikantes Beispiel eines neueren britisch-asiatischen Romans darstellt, in dem sich das Spannungsfeld zwischen Transnationalität und Transkulturalität ganz in Richtung Transkulturalität hin aufgelöst hat.

Mos Roman konzentriert sich auf die zahlreichen Missverständnisse, die aus dem emphatischen Bezug chinesischer Charaktere zu ihrer ‚Heimat', aber auch aus der wechselseitigen Stereotypisierung ‚britischer' und ‚chinesischer' Kultur entstehen, und spürt den vielfältigen Aushandlungsprozessen, die mit der Transformation „ethnischer" Identität einhergehen, vor allem im Modus der Ironie nach. *Sour Sweet* ist von zwei Handlungssträngen geprägt, die zunächst nebeneinander herzulaufen scheinen, am Ende des Romans aber auf tragikomische Weise miteinander verflochten werden. Der eine dieser Stränge schildert die Geschichte der Familie Chen, die von Hongkong nach Großbritannien kommt, um dort in der Gastronomie ihr Glück zu machen, der andere ist den Machenschaften der chinesischen Triaden gewidmet, die Großbritannien als neues lukratives Geschäftsfeld für ihre Form der organisierten Kriminalität für sich entdeckt haben. In beiden Strängen versuchen die Protagonistinnen und Protagonisten, sich an ‚traditionell chinesischen' konfuzianischen Begriffen sozialer Ordnung zu orientieren, sehen sich aber mit der Notwendigkeit konfrontiert, ihre Idealbilder zu modifizieren und neue Identitäten und Handlungsmuster zu erproben. Dabei wandeln sich auch in Mos Text transnationale zunehmend in transkulturelle Bezüge. Zwar spielt Transnationalität gerade für die Triaden, die als eine Art transnationaler Konzern mit Stammsitz in Hongkong operieren, eine wichtige Rolle, aber auch die streng entlang hierarchischer konfuzianischer Prinzipien organisierte Triadenfamilie in London muss nicht nur ihre archaischen Rituale, sondern auch ihr Geschäftsgebaren an britische Gegebenheiten anpassen und zunehmend Kompromisse eingehen: Am Ende des Romans wird der im Stil eines heroischen Kung-Fu-Kriegers agierende Chef der Triadenfamilie durch einen Nachfolger ersetzt, dessen kühle Geschäftsraison besser an das gesellschaftliche Klima Großbritanniens angepasst ist. Im sozialen Mikrokosmos der Familie Chen geht die transnationale Verbindung in die alte ‚Heimat' ganz verloren, als Herrn Chens alter Vater, den er jahrelang finanziell unterstützt hatte, selbst nach Großbritannien übersiedelt. Die Idee der ‚Heimkehr', die von den Chens gegenüber ihrem Sohn emphatisch vertreten wird (162), wird zunehmend zu einer Illusion, die allmählich der Einsicht in die Notwendigkeit weicht, neue Kultur- und Lebensformen für ein dauerhaftes Leben in Großbritannien zu entwickeln: Alle Charaktere des Romans partizipieren auf jeweils eigene Weise an einem transkulturellen Transformationsprozess, der chinesische Identität in Europa (ebenso wie Europa selbst) nachhaltig verändert.

In Malkanis *Londonstani* sind die transnationalen Bezüge der jugendlichen Protagonisten, die sich selbst wahlweise als „rudeboys", „Indian niggas", „rajamuffins", „raggastanis", „Britasians", „Indobrits", „desis" oder „Pakis" bezeichnen (5), vor allem virtuell. Die ‚pakistanischen Wurzeln' der allesamt männlichen Hauptfiguren gründen nicht in einem lebensweltlichen Erfahrungshorizont, sondern sind das Produkt einer auf symbolische Ethnizität ausgerichteten Jugendkultur, die sich – wie alle Jugendkulturen – vor allem von der Welt der Erwachsenen abzugrenzen sucht.

Im Kern geht es dieser Jugendkultur um ‚authentische' Ethnizität: sie verachtet assimilierte „Kokusnüsse", die außen braun, aber innen weiß sind (23) und konstruiert eine von vermeintlich antibritischen kulturellen Normen getragene Parallelwelt. Ein wesentliches Element dieser Konstruktion ist eine spezifische ‚asiatisch-britische' Jugendsprache, die sich ostentativ vom Standardenglischen absetzt. Tatsächlich ist die Sprache der „Pakis" aber keineswegs von einem subversiven, spielerischen Sprachgebrauch geprägt, sondern von einem höchst komplizierten, sich ständig ändernden Regelwerk beherrscht, das in einer sozialen Welt, in der kulturelle Zuschreibungen fluide geworden sind, für Sicherheit und Orientierung sorgen soll. Viele Dialoge in *Londonstani* kreisen deshalb immer wieder um die Frage, was von wem wie gesagt werden kann: „ – It ain't necessary for u 2 b a Pakistani to call a Pakistani a Paki, Hardjit explains, – or for u 2 call any Paki a Paki for that matter. But u gots 2 b call'd a Paki yourself. U gots 2 b, like, an honorary Paki or someshit. An dat's da rule."

Anders als die Charaktere der ersten Generation transnationaler Migration in Romanen wie Sam Selvons *Lonely Londoners* (1956), die kaum über sprachliche und habituelle Optionen verfügen, können die allesamt der zweiten oder sogar dritten Migrations-Generation angehörenden Protagonisten von *Londonstani* auf ein komplexes Repertoire „performierter Identität" (Mitchell 2006; vgl. IV.16 Breger) zurückgreifen. Dass diese sich inzwischen weitgehend von lebensweltlichen transnationalen Bezügen losgelöst hat, wird ganz am Ende des Romans deutlich, als sich – für den Leser völlig überraschend – herausstellt, dass der Ich-Erzähler Jas der Sohn einer ‚weißen' Mittelklassefamilie ist. Die Tatsache, dass die im Roman performierten „neuen Ethnizitäten" (Hall 1988) nicht mehr als Ausdruck territorialisierter oder ethnisch homogener Kulturen begriffen werden können, bedeutet nicht, dass sie weniger ‚authentisch' als andere kulturelle Identitäten sind: *Londonstani* legt (wie bereits die von Salman Rushdie in *The Satanic Verses* beschworene Tropifizierung Londons) ein beredtes Zeugnis einer nachhaltigen Transformation der zeitgenössischen britischen Gesellschaft ab – die allerdings ‚alte' und ‚neue' Briten gleichermaßen betrifft und nicht mehr im Sinne eines Aufeinanderprallens in sich geschlossener Kulturen begriffen werden kann.

3. Transnationalität jenseits der Viktimologie: ‚Third Generation Writing' in Westafrika

Wie in kaum einer anderen Weltregion scheint gerade in Afrika das hartnäckige Erbe des Kolonialismus die gesellschaftliche, kulturelle und literarische Realität bis heute zu prägen. Für viele Beobachter innerhalb wie außerhalb Afrikas ist es eine ausgemachte Sache, dass der Entkolonisierungsschub der 1950er und 1960er Jahre vor allem den Ländern des subsaharischen Afrika keine wirkliche Unabhängigkeit gebracht hat und dass die afrikanische ‚Postkolonie' (Mbembe 2001) im Kern als ‚neokoloniale' Fortsetzung kolonialer Abhängigkeiten im neuen Gewand anzusehen ist (vgl. IV.9 ARNDT/ASSA). Diese Metaphorik der immerwährenden Kolonisierung Afrikas hat sich inzwischen so weit verfestigt, dass selbst neue Interaktionen Afrikas (beispielsweise mit Asien) in diese Optik eingepasst werden und so ganz selbstverständlich von „Chinas neuer Kolonisierung Afrikas" (Tiffen 2014) die Rede ist.

Diese überbordende Kolonialismus-Metaphorik und die mit ihr einhergehende viktimologische (Selbst-)Inszenierung Afrikas, die Transnationalität lediglich unter der Optik fortgesetzter Abhängigkeit wahrzunehmen vermag (Burke 2003), wird seit geraumer Zeit in der Afrika-Literaturwissenschaft, vor allem aber auch in der afrikanischen Literatur selbst gründlich in Frage gestellt. So hebt z. B. der nigerianische Literaturtheoretiker und Romanschriftsteller Chielozona Eze hervor, dass Begriffe wie Kolonialismus, Neokolonialismus, Neoimperialismus und Kapitalismus, Europa, der Westen oder der ‚Weiße Mann' einen wirkmächtigen symbolischen Status erlangt haben: Diese Begriffe beschuldigten und verurteilten den historischen Unterdrücker, während sie gleichzeitig das unterdrückte Afrika rechtfertigten und von jeglicher Schuld freisprächen (Eze 2012, 7). Der kenianische Literaturwissenschaftler Evan Mwangi bezeichnet die Vorstellung, afrikanische Literatur sei vor allem als Antwort auf ein europäisches Anderes und als Widerstand gegen eine fremde Ästhetik zu sehen, als ein „reaktives Projekt", das afrikanische Selbstartikulationen zum Schweigen bringe und nicht wahrhaben wolle, dass ‚lokale Texte' sich längst mit neuen Themen jenseits des ‚Westens' als primären Referenzrahmen ‚nichtwestlicher' Kulturen beschäftigten (Mwangi 2009, ix).

Die Werke der afrikanischen Autorinnen und Autoren der sogenannten „Dritten Generation", die seit Beginn der 2000er Jahre vor allem im westafrikanischen Kontext als neue literarische Gruppe wahrgenommen werden (Adesanmi und Dunton 2005; Krishnan 2013), legen beredtes Zeugnis davon ab, dass Transnationalität nicht länger als literarische Einbahnstraße betrachtet werden kann. Auch in diesen Werken finden sich Bezüge zu Großbritannien, anderen europäischen Ländern oder Nordamerika, aber diese können nicht länger als Ausdruck eines ‚Zurückschreibens' an die ehemaligen Zentren kolonialer Macht verstanden werden, sondern bilden Teil einer multidirektionalen literarischen Vermessung Afrikas, die ebenso durch panafrikanische transnationale Bezüge, neue Formen virtueller Transnationalität sowie Transmigrationserfahrungen geprägt ist.

Helon Habila, der die jüngste Welle afrikanischer Literatur als „post-nationalist" beschrieben hat (2011, viii), legte mit *Measuring Time* (2007) einen Roman vor, der vor allem auf die transnationalen Bezüge Nigerias zu anderen Ländern des afrikanischen Kontinents abhebt. *Measuring Time* ist die Geschichte der beiden ungleichen Zwillinge Mamo und LaMamo, die in Keti, einem kleinen Städtchen in Nordnigeria, von einem abenteuerlichen Leben in der großen weiten Welt träumen. LaMamo schafft es tatsächlich: Er verlässt Keti, erhält als ‚Freiheitskämpfer' eine militärische Ausbildung in Gaddafis Libyen und schließt sich in der Folge verschiedenen ‚Befreiungsbewegungen' an, bis er schließlich mitten im liberianischen Bürgerkrieg erkennen muss, dass er zu einem panafrikanischen Söldner geworden ist, der nicht für die Freiheit, sondern für die Machtinteressen zynischer *Warlords* kämpft, in deren Händen die einstige Befreiungsidee längst zur neuen Herrschaftsideologie geworden ist. Mamo muss wegen seiner angegriffenen Gesundheit zu Hause bleiben, aber auch er knüpft im Laufe des Romans zahlreiche transnationale Verbindungen und wird schließlich zum Historiker seiner Heimatstadt, deren Geschichte er für deren traditionellen Herrscher niederschreiben soll. Zunächst plant Mamo eine Art antikoloniale ‚Gegengeschichte' zur „Brief History of Keti", die ein Missionar namens Drinkwater noch während der Kolonialzeit verfasst hatte; aber nicht zuletzt unter dem Eindruck der Briefe seines Bruders löst er sich aus der Fixierung auf den Kolonialismus und beginnt, sich für die zahlreichen Zusammenhänge zu interessieren, die Keti mit der Geschichte Nigerias, Afrikas und der Welt verbinden: „He wanted to encompass all of history in one lesson, one hour, one sentence; he wanted to talk about the Berlin Wall, about Vladimir Lenin, about the slave trade and the American Civil War; about how their country, Nigeria, came to be named; of Martin Luther King; of Mandela on Robben Island; of the pyramids and the pharaos in Egypt; about Plato and Aristotle and the Roman emperors; [...] of Chaka the Zulu king; of Mansa Mūsā; and of how all these things affected them directly; how a victory over tyranny and injustice anywhere and at any time was also a victory right here, right now" (105).

Im letzten Teil von *Measuring Time* schreibt Mamo an einer Geschichte Ketis, die nicht länger versucht, der Monopolisierung europäischer Perspektiven eine einzige afrikanische Wahrheit entgegenzusetzen, sondern die sich für die komplexen Beziehungen zwischen Individuen wie dem korrupten, einst von den Kolonialherren eingesetzten traditionellen Herrscher der Stadt, Mamos autoritären Vater, seinem Bruder, aber auch dem britischen Distriktoffizier oder Reverend Drinkwater interessiert und so auch die Kolonialgeschichte in eine im besten Sinne afrikazentrierte Perspektive einbettet. Zum Sinnbild dieser Perspektive wird ein Stück über die Ankunft der ersten weißen Missionare, das Mamo als Schüler einst selbst schrieb und das seither jährlich von Laienschauspielern aufgeführt wird. Am Ende des Romans begreift Mamo, dass die örtliche Bevölkerung mit diesem Stück keineswegs ihre vermeintliche ‚Erleuchtung' durch die Europäer, sondern ihre eigene Kreativität feiert: „They were celebrating because they had had the good sense to take whatever was good from another culture and add it to whatever was good in theirs [...] This was their wisdom, the secret of their survival" (380).

Die Geschichte, die in Habilas Roman vermessen wird, beginnt somit weder mit der Ankunft der Europäer noch endet sie mit dem Niedergang des Kolonialismus: Sie entfaltet sich als Geschichte transnationaler Verknüpfungen ebenso wie als Geschichte transkultureller Transformationen.

Weitere Facetten von Transnationalität werden in Adaobi Tricia Nwaubanis *I Do Not Come to You by Chance* (2009) und Chimamanda Ngozi Adichies *Americanah* (2013) sichtbar. Der Erzähler von Nwaubanis Roman, Kingsley Ibe, ist ein junger Mann aus der nigerianischen Mittelschicht, der trotz bester Ausbildung keinen Job bekommt, in die zwielichtigen Geschäfte seines Onkels „Cash Daddy" einsteigt und schließlich zum Internetkriminellen wird. Transnationale Beziehungen spielen eine zentrale Rolle im Text: Kingsley verdient seinen Lebensunterhalt damit, dass er in seinen betrügerischen Scam-E-Mails global zirkulierende Stereotype über Afrika gekonnt bedient und auf diese Weise Geschichten erzählt, die seinen geldgierigen „Kunden" in Europa und Nordamerika plausibel erscheinen und diese zu illegalen (und für sie stets verlustreichen) Geschäften animieren.

Eine der Rechtfertigungsstrategien der Scammer besteht in der Mobilisierung viktimologischer Ressentiments. Der nach dem einschlägigen Paragrafen des nigerianischen Strafgesetzbuches „419" genannte Internetbetrug wird von Kingsley und seinen Kollegen als eine Art späte Rache Afrikas am Kolonialismus dargestellt: Die E-Mail-Scammer bezeichnen das von ihnen ergatterte Geld als „Payback" und stellen sich selbst als virtuelle Robin Hoods dar, die dem reichen Westen das Geld entreißen, das dieser einst Afrika gestohlen hat. Tatsächlich zeigt Nwaubanis Roman aber auf eindringliche Weise, dass der Internetbetrug vor allem mit der nachkolonialen Gegenwart Nigerias zu tun hat. Kingsley gehört zur gut gebildeten Mittelschicht Nigerias, deren aktuelle Situation und Zukunftsperspektiven alles andere als rosig sind. Ohne Zugang zur korrupten Machtelite, die nicht nur den nigerianischen Staat im Würgegriff hält, sondern auch weite Bereiche der Privatwirtschaft dominiert, ist Kingsley chancenlos; ein gutes Mittelklasse-Leben, wie es seine Eltern einst führten, bleibt für Kingsley unerreichbar. Nach dem Tod seines Vaters sieht er sich als ältester Sohn in der Pflicht, für die Familie zu sorgen – und entscheidet sich schließlich für die kriminellen Geschäfte seines Onkels, die seiner Mutter (die seine Art der Geldbeschaffung strikt ablehnt) und seinen Geschwistern dann doch eine Existenz gemäß global zirkulierender Bilder eines ‚guten' Mittelklasselebens ermöglichen. Nwaubanis Roman wirft ein Schlaglicht auf eine virtuelle Welt, die keinesfalls ortlos ist. Das nigerianische Internetscamming entsteht in ganz spezifischen Kontexten; als dunkle Seite der Transnationalität verbindet es Nigeria mit dem Rest der Welt und ist gleichzeitig längst zu einem ganz normalen Teil der nigerianischen Alltagswirklichkeit geworden.

Wie bereits in *Purple Hibiscus* (2003) stellt Chimamanda Ngozi Adichie auch in *Americanah* mit dem verhinderten Liebespaar Ifemelu und Obinze Angehörige einer prekären Mittelklasse in den Mittelpunkt der Handlung, die Nigeria zunächst verlassen müssen, um ihre Bildungs- und Berufschancen zu wahren. Gleichwohl werden weder Ifemelu, die ein Stipendium für die USA erhält, dort unter schwierigsten Bedingungen ihren Lebensunterhalt verdienen muss und schließlich zu einer erfolgreichen Bloggerin wird, noch Obinze, der ihr nicht in die USA folgen darf, mit einem Touristenvisum nach Großbritannien einreist und nach einem jahrelangen Leben in der Illegalität schließlich nach Nigeria abgeschoben wird, aus einer viktimologischen Perspektive geschildert. Der Roman fokussiert vielmehr ihre Fähigkeiten, sich unter widrigen Umständen zu behaupten, ihren kosmopolitischen Blick, mit dem sie ebenso kritisch auf ihr jeweiliges ‚Gastland' wie auf ihre Heimat sehen, und ihre Rückkehr nach Nigeria, wo sie jenseits einer kulturnationalistischen Ablehnung ‚des Westens' ein spezifisch nigerianisches Ethos der Verantwortlichkeit zu leben versuchen.

Der transnationale Blick Ifemelus ist die Voraussetzung für ihren selbstbewussten Umgang mit den USA – einem Land, das sich gerne für den Mittelpunkt der Welt hält, tatsächlich aber von „Tribalismen" (136) beherrscht wird und (wie sie in ihren Blogs mit scharfem Blick und viel Ironie herausarbeitet) nach wie vor obsessiv mit der ‚Rassenfrage' beschäftigt ist. Dies gilt zum einen für das ‚weiße' Amerika, das sich und anderen einzureden versucht, dass das diskriminierende Erbe des Rassismus im 21. Jahrhundert endlich überwunden sei, während es gleichzeitig mit größter Selbstverständlichkeit in rassistische Stereotypen zurückfällt, z. B. wenn es Ifemelu (wie alle Afrikaner und die meisten Ausländer mit dunkler Hautfarbe) als generische ‚Schwarze' wahrnimmt. Dies gilt aber auch für das ‚schwarze' Amerika der Afroamerikaner, das einerseits ‚amerikanische' Vorurteile gegenüber einem vermeintlich von AIDS, Armut, Kriminalität und Drogenhandel dominierten Afrika teilt, andererseits aber auf der selbstverständlichen Gemeinschaft aller ‚Schwarzen' in den USA beharrt. Ifemelu verweigert sowohl die „Kameraderie der Haut" (wie der kenianische Schriftsteller Ngũgĩ wa Thiong'o einst die Schwarz-Weiß-Weltsicht eines afrozentrischen Kulturnationalismus charakterisierte; Ngugi 1972, 56) als auch die Assimilierung an die amerikanische Gesellschaft (z. B. indem sie es bewusst ablehnt, einen amerikanischen Akzent anzunehmen) und spießt in ihrem Blog die Widersprüche und Absurditäten eines alltäglichen Rassismus und einer naiven *political correctness* aus der transnationalen Perspektive einer „nicht-amerikanischen Schwarzen" auf.

Bereits dieser neue afrikanische Blick auf die USA macht *Americanah* zu einem bemerkenswerten Beispiel einer neuen transnationalen afrikanischen Literatur; eine „Zäsur" (Spiegel 2014) markiert der Roman aber vor allem deshalb, weil er die Geschichte einer afrikanischen Transmigration erzählt und Ifemelu und ihren Jugendfreund Obinze nach Nigeria zurückkehren lässt. Für beide ist die Rückkehr aus den USA bzw. Großbritannien nach Afrika keine kulturnationalistisch inspirierte ‚Heimkehr zu den kulturellen Wurzeln', sondern Ausdruck des neuen Selbstbewusstseins einer nigerianischen Mittelklasse, die bereit ist, in ihrem eigenen Land Verantwortung zu übernehmen, obwohl sie um ihre ungewisse Zukunft weiß: „We are just one step away from this life in a slum, all of us who live air-conditioned middle class lives", schreibt Ifemelu am Ende des Romans in ihrem neuen nigerianischen Blog (475). Obinze wird nach seinem Scheitern in Großbritannien zu einem erfolgreichen Geschäftsmann in Nigeria, während Ifemelu ihren neuen Job bei einer nigerianischen Frauenzeitschrift dazu nutzt, sich intensiv mit der neuen Unübersichtlichkeit einer nigerianischen Gesellschaft auseinanderzusetzen, die aus dem langen Schatten der Militärdiktatur und der endemischen Korruption herauszutreten versucht. Der Titel des Romans erweist sich an seinem Ende als ironisches Paradox: Ifemelu ist die Rückkehrerin aus den USA, aber sie hat sowohl ihr amerikanisches ‚Schwarzsein' (das in Nigeria keinen Sinn macht) als auch den herablassenden amerikanischen Blick auf Afrika hinter sich gelassen. Ihre, mit Obinze geteilte, Imagination einer weltoffenen, funktionierenden Gesellschaft jenseits von endemischer Korruption und neoliberaler Verachtung für die sozial Schwachen ist durch ihre transnationalen Erfahrungen geprägt – und gleichzeitig Ausdruck einer spezifisch afrikanischen Form von Modernität.

4. Indigene Transnationalität: Maori-Literatur aus Neuseeland

Indigene Literatur wird oft auf dem Hintergrund zweier komplementärer Erwartungshaltungen gelesen: Indigene Völker wie die *Native Canadians* in Kanada, die Aborigines in Australien oder die Maori in Neuseeland, die im Zuge langanhaltender Kolonisierungsprozesse zu Minderheiten im eigenen Land geworden sind, gelten entweder als Hüter uralter kultureller Traditionen, Träger naturverbundener Weisheit und Sachwalter der Spiritualität, oder sie werden als Opfer von Kolonialismus und ‚Verwestlichung' wahrgenommen – als tragische Figuren, denen die eigene Kultur abhandengekommen scheint, und deren Existenz als marginalisierte Außenseiter der modernen Gesellschaft von Alkoholismus und Gewalt geprägt ist. Auf diese Weise werden indigene Kulturen und Literaturen kategorisch aus der Moderne herausdefiniert, indem sie entweder als gefährdete oder aussterbende Gegenmodelle zur ‚westlichen Moderne' oder als bereits restlos kontaminierte und inauthentische Lebensformen wahrgenommen werden, die dieser ‚westlichen Moderne' (der sie per Definition niemals angehören können) zum Opfer gefallen sind.

Jenseits solcher zwischen Bewunderung und Mitleid oszillierenden Zerrbilder hat sich die literarische Praxis anglofoner indigener Literaturen längst ganz andere Imaginationsräume erschlossen, in denen sie sich mit einem Kontinuum moderner indigener Lebenswelten auseinandersetzt. Hierzu gehört das Leben in ländlichen Gemeinschaften ebenso wie Erfahrungen indigener Urbanität, die Einbettung in kulturelle Traditionen und Verwandtschaftsbeziehungen ebenso wie eine Vielzahl hybrider Formen von Indigenität, die auch auf Selbstidentifikation und nicht nur auf genetischer Zugehörigkeit beruhen. Aus einer ‚transindigenen' Perspektive geht es zeitgenössischen indigenen Literaturen somit um „the transformative power of lived experience and imagined exploration across multiple categories of the local and global Indigenous" (Allen 2012, xxxi/xxxii). Auch die Maori-Literatur Neuseelands lässt sich nicht als ‚ethnisch reiner' Ausdruck territorialisierter Kultur begreifen, sondern entfaltet sich – wie der neuseeländische Autor Witi Ihimaera formuliert – als „a literature of race relations, a literature of postmodern indigenous writing, involved with pastiche, involved with fractures of time, involved with all of those same fractures that other writers, it doesn't matter whether they're Maori, American, English, Russian, are now part of" (Ihimaera 1999, 175).

Witi Ihimaeras Roman *The Uncle's Story* (2000) liefert ein eindrucksvolles Beispiel dafür, dass die transnationalen Dimensionen indigener Gesellschaften und Kulturen längst zu einem wichtigen Thema indigener Literaturen geworden sind. Im Roman sind gleich mehrere transnationale Handlungsstränge miteinander verwoben. Die Geschichte des „Onkels" ist die Geschichte Sam Mahanas, der sich in den 1970er Jahren auf Druck seines autoritären Vaters Arapeta freiwillig zum Vietnamkrieg meldet, um die ‚Familienehre' aufrecht zu erhalten, und der in Vietnam den amerikanischen Helikopterpiloten Cliff kennenlernt, in den er sich schließlich verliebt. Sams unfreiwilliges *Coming Out* (als Cliff ihn in Neuseeland besucht, werden er und Cliff in flagranti von Arapeta entdeckt) endet in einer sozialen Katastrophe: Sam wird von seinem Vater gedemütigt und verstoßen; als er auf dem Weg zum Flughafen, wo er Cliff wiedersehen will, bei einem Autounfall ums Leben kommt, vergräbt Arapeta seinen Leichnam in der Wildnis und tilgt ihn aus der Familiengeschichte. Die „Geschichte des Onkels" wird im Verlauf des Romans von seinem Neffen Michael aufgedeckt, der sich gegen das weit verbreitete homophobe Selbstverständnis von Maori-Tradition zur Wehr setzt und die Alternative, entweder ein Homosexueller oder ein Maori zu sein, ablehnt. Auch Michaels Lebensgeschichte ist von transnationalen Erfahrungen geprägt: In einer Schlüsselszene des Romans hält Michael auf einer Konferenz indigener Aktivisten in Kanada zwei Reden, die ihm entscheidend dabei helfen, sein eigenes Selbstverständnis als schwuler Maori zu definieren. In der ersten Rede wendet er sich gegen die Vereinnahmung indigener Kulturen durch paternalistische ‚weiße' Institutionen, in der zweiten gegen die homophobe Ausgrenzung von homosexueller Indigenität, die viele indigene Gesellschaften bis heute prägt: „I am a gay man. Of all the children of the gods, my kind – gay, lesbian, transvestite and transsexual – inhabited the lowest and darkest cracks between the Primal Parents. We, now, also wish to walk upright upon this bright strand." (Ihimaera 2000, 343).

Michaels Lebenswelt und sein sich im Verlauf des Romans weiterentwickelndes Selbstverständnis sind aber nicht nur transnational geprägt. Angesichts des gespannten Verhältnisses vieler indigener Aktivisten zu den von weißen Siedlern geschaffenen Nationalstaaten, in denen indigene Bevölkerungen zu (meist sehr kleinen) Minderheiten im (einst) eigenen Land geworden sind, lässt sich Michaels grenzüberschreitender politischer Aktivismus im Sinne Allens auch als ‚transindigen' verstehen. Die transkulturellen Dimensionen der vom Roman sowohl repräsentierten als auch gezielt betriebenen Transformation von Maori-Kultur werden vor allem am Ende des Romans sichtbar, wo Ihimaera die Vorstellung eines *gay tribe* entwirft und den Entstehungsmoment dieser neuen sozialen Kategorie literarisch inszeniert. Michael wird auf den letzten Seiten des Romans zum Sprecher einer bunt zusammengewürfelten Gruppe (der bezeichnenderweise auch Nicht-Maori angehören), die einen in Auckland an AIDS gestorbenen jungen Maori in sein Heimatdorf zurückbringt, um ihn dort nach traditionellem Maori-Ritus zu beerdigen: „We are a people. We are a tribe. We bring our dead. If tradition has to be broken, then I will break it. Nobody will stop us from burying our own among the people where they belong. The time for hiding ourselves and our dead is past. The time for burying them in some anonymous cemetery is over" (Ihimaera 2000, 364–365).

Eine andere Facette von Transnationalität in der Maoriliteratur findet sich in Patricia Graces *Tu* (2004). Die Protagonisten des Romans sind drei Maori-Brüder, die in den späten 1930er Jahren nach dem Tod ihres Vaters mit dem Rest ihrer Familie nach Auckland ziehen und schließlich als Freiwillige in das berühmte Maori-Bataillon eintreten, um in Nordafrika und Europa für ihr Land und ihre Bürgerrechte zu kämpfen. Grace, eine der bekanntesten zeitgenössischen Maori-Autorinnen Neuseelands, wollte mit ihrem Roman nach eigenem Bekunden ein literarisches Denkmal für die Maori-Veteranen des Zweiten Weltkriegs setzen (Grace 2004, 283), aber ihr Roman setzt sich auch kritisch mit dem Krieger-Mythos als einem Grundpfeiler moderner Maori-Identität auseinander und entwirft eine transnationale Familiengeschichte, die Vorstellungen einer territorial verankerten Indigenität radikal revidiert.

Der in Graces Roman vollzogene „Bruch mit dem Kriegerkult" (Wilson 2008, 91) ist die Voraussetzung dafür, dass die Erinnerungen des Protagonisten Tu (des nach dem Maori-Kriegsgott benannten jüngsten der drei Brüder) an den Krieg in Europa, in dem seine beiden Brüder den Tod fanden, in einen produktiven transkulturellen Gedächtnisdiskurs münden, der eine Neuerzählung indigener Genealogie und Identität möglich macht. Indigene und nicht-indigene Familiengeschichten sind ebenso miteinander verwoben wie indigene und nicht-indigene Erinnerungen an den Zweiten Weltkrieg: Tus Neffen Benedict und Rimini (die nach dem Benediktinerkloster in Monte Cassino bzw. nach dem beliebten Ferienort an der Adria benannt sind) tragen die Kriegserfahrungen ihrer Väter in Italien in ihren Namen weiter, und als Tu die beiden am Ende des Romans einlädt, mit ihm eine Italienreise zu unternehmen und die Gräber ihrer Väter zu besuchen, geht es ihm auch darum, ihnen die transnationalen Dimensionen ihrer Familiengeschichte zu verdeutlichen: „part of you lies there" (Grace 2004, 281). Graces Weltkriegsroman erkundet so neue Möglichkeiten, den Zusammenhang zwischen globalem Krieg und indigener Identität mit den Mitteln der literarischen Imagination sichtbar zu machen und zeigt auf eindringliche Weise, dass Kriegserinnerungen in einer globalisierten Moderne zwangsläufig ethnische oder territoriale Grenzen überschreiten und neue Formen eines transnationalen oder transkulturellen Gedächtnisses (Erll 2011, Crownshaw 2014) hervorbringen.

Dass ein Begriff wie ‚indigene Literatur' in einer globalisierten Welt an konzeptionelle Grenzen stößt, wird schließlich in *Queen of Beauty* (2002) deutlich. Paula Morris erzählt in ihrem Roman die Geschichte von Virginia Seton, einer maoristämmigen Migrantin, die in New Orleans ihren Lebensunterhalt als Geschichtenlieferantin für die amerikanische Erfolgsautorin Margaret Dean O'Clare verdient, zur Hochzeit ihrer Schwester nach Auckland reist, um sich dort mit ihrer eigenen Vergangenheit zu konfrontieren, und sich am Ende bewusst für eine transnationale Lebensweise entscheidet und in die USA zurückkehrt. Morris selbst, die seit vielen Jahren in den USA lebt, sieht sich als neuseeländische Autorin, hat aber Zweifel daran geäußert, ob sie jemals ein vollwertiges Mitglied des „Maori writers' club" sein könne oder wolle (Pistacchi 2007, 101). Tatsächlich ist ihr Roman von hybriden, transkulturellen und transnationalen Charakteren geprägt, die die Grenzen zwischen ‚indigener' und ‚nicht-indigener' Kultur immer wieder in Frage stellen. Als Virginia bei ihrem Besuch in Auckland von einem Verwandten darauf hingewiesen wird, dass man sich in Neuseeland bewusst dafür entscheiden müsse, entweder Maori oder *Pakeha* (ein auch unter nicht-indigenen Neuseeländern weit verbreiteter Maori-Begriff für die ‚weiße' Bevölkerung des Landes) zu sein, antwortet sie: „When I'm at home – I mean, in America... I'm just a foreigner with a strange accent. Nobody knows what a New Zealander is, let alone a Maori or a Pakeha. So I can be whatever I want to be, I guess. I can be both" (229).

Das Ausloten transnationaler und transkultureller Identitätsoptionen jenseits einer binären ethnischen Kodierung (‚Maori' vs. ‚Pakeha') spielt im Roman eine zentrale Rolle. Virginia Seton ist kein ‚entwurzeltes Opfer', sondern eine selbstbewusste junge Frau, die von ihrer Indigenität mitgeprägt, aber keinesfalls beherrscht wird: sie entscheidet sich am Ende des Romans bewusst für eine transnationale Lebenswelt, löst sich aus der finanziellen und literarischen Abhängigkeit von Margaret Dean O'Clare und wird zukünftig ihre eigene(n) Geschichte(n) schreiben.

5. Schlussbetrachtung

Die neuen Unübersichtlichkeiten einer zunehmend globalisierten, dezentrierten und multipolaren Moderne scheinen unweigerlich neue Phantasmagorien der gesellschaftlichen Abschottung und der kulturellen Schließung zu erzeugen. Während auf der einen Seite immer mehr Menschen (freiwillig oder unfreiwillig) nationale Grenzen überschreiten und Gesellschaften überall auf der Welt immer stärker von kultureller Komplexität geprägt sind, gewinnen auf der anderen Seite Bewegungen an Einfluss, die an die Identität kultureller Kollektive appellieren und das vermeintlich Eigene gegen das vermeintlich Fremde verteidigen wollen.

Für eine Literaturwissenschaft, die diesen Schließungsfantasien gegenübertreten möchte, ist das weltweite Netzwerk anglofoner Literaturen und Kulturen von zentraler Bedeutung. Die aus der Geschichte der europäischen Expansion und des Widerstands gegen Kolonialismus und Imperialismus hervorgegangenen anglofonen Literaturen haben den kolonialen und antikolonialen Nexus, der sie einst hervorgebracht hat, längst hinter sich gelassen und zeigen auf eindrucksvolle Weise, dass Transnationalität und Transkulturalität zu einem festen Bestandteil von Gesellschaften und Kulturen überall auf der Welt geworden sind. Während das tief in der Gedankenwelt des 19. und 20. Jahrhunderts verwurzelte „koloniale oder postkoloniale Modell" suggeriert, der Konflikt zwischen „Europe and Its Others" stelle immer noch den Schlüssel zum Verständnis der Welt des 21. Jahrhunderts dar, sind anglofone Literaturen in den unterschiedlichsten Regionen der Welt längst zu einem selbstreflexiven Medium der Auseinandersetzung mit lokalen Modernitäten und deren transnationalen und transkulturellen Dimensionen geworden. Dieses Medium erzeugt mit seinen ureigenen Mitteln neues Wissen über die kulturelle Komplexität der Welt – und stellt gleichzeitig eine wichtige Ressource der Hoffnung dar, dass Diskurse der Ausgrenzung, der Reinheit und der Schließung nicht das letzte Wort behalten werden.

Literaturverzeichnis:

Adesanmi, Pius, und Chris Dunton. „Nigeria's Third Generation Writing: Historiography and Preliminary Theoretical Considerations". *English in Africa* 32.1 (2005): 7–19.
Adichie, Chimamanda Ngozi. *Purple Hibiscus*. Chapel Hill, NC: Algonquin Books, 2003.
Adichie, Chimamanda Ngozi. *Americanah*. London: Fourth Estate, 2013.
Allen, Chadwick. *Transindigenous: Methodologies for Global Native Literary Studies*. Minneapolis: University of Minnesota Press, 2012.
Ashcroft, Bill. „Reading the Other: Constitutive Transculturality in a Hong Kong Classroom". *Beyond ‚Other Cultures': Transcultural Perspectives on Teaching the New Literatures in English*. Hrsg. von Sabine Doff und Frank Schulze-Engler. Trier: WVT, 2011: 17–30.

Ashcroft, Bill, Gareth Griffiths und Helen Tiffin. *The Empire Writes Back: Theory and Practice in Post-Colonial Literatures*. 2. Aufl. London: Routledge, 2003.

Barker, Francis, Peter Hulme, Margaret Iversen und Diana Loxley (Hrsg). *Europe and Its Others*, 2 Bde. Colchester: University of Essex, 1984.

Bennett, Louise. „Colonization in Reverse" [1966]. *Louise Bennett. Selected Poems*. Hrsg. von Mervyn Morris. Kingston: Sangsters, 1982.

Brouillette, Sarah. *Postcolonial Writers in the Global Literary Marketplace*. London: Palgrave Macmillan, 2007.

Burke, Timothy. „Eyes Wide Shut: Africanists and the Moral Problematics of Postcolonial Societies". *African Studies Quarterly* 7.2–3 (2003). http://works.swarthmore.edu/fac-history/27 (4. 1. 2016).

Casanova, Pascale. *The World Republic of Letters*. Cambridge: Harvard University Press, 2004.

Crownshaw, Rick (Hrsg.). *Transcultural Memory*. Abingdon und New York: Routledge, 2014.

Dawson, Ashley. *Mongrel Nation: Diasporic Culture and the Making of Postcolonial Britain*. Ann Arbor: University of Michigan Press, 2007.

Deckard, Sharae, Nicholas Lawrence, Neil Lazarus, Graeme Macdonald, Upamanyu Pablo Mukherjee, Benita Parry und Stephen Shapiro. *Combined and Uneven Development: Towards a New Theory of World-Literature*. Liverpool: Liverpool University Press, 2015.

Erll, Astrid. „Travelling Memory". *Parallax* 17.4 (2011): 4–18.

Eze, Chielozona. *Postcolonial Imaginations and Moral Representations in African Literature and Culture*. Lanham, MD: Lexington Books, 2012.

Gammage, Bill. „Anzac". *Intruders in the Bush: The Australian Quest for Identity*. Hrsg. von John Carroll. Melbourne: Oxford University Press, 1982. 54–66.

Gifford, Paul, und Tessa Hauswedell (Hrsg.). *Europe and Its Others: Essays on Interperception and Identity*. Oxford: Lang, 2010.

Grace, Patricia. *Tu: a novel*. Rosedale: Penguin, 2004.

Habila, Helon. *Measuring Time*. New York: Norton, 2007.

Habila, Helon. „Introduction". *The Granta Book of the African Short Story*. Hrsg. von Helon Habila. London: Granta, 2011. vii–xv.

Hall, Stuart. „New Ethnicities" [1988]. *Black British Cultural Studies: A Reader*. Hrsg. von Houston Baker, Manthia Diawara und Ruth Lindeborg. Chicago: Chicago University Press 1996. 163–172.

Harlow, Barbara. *Resistance Literature*. New York: Methuen, 1987.

Huggan, Graham. *The Postcolonial Exotic: Marketing the Margins*. London: Routledge, 2001.

Ihimaera, Witi. „,The Singing Word': Witi Ihimaera Interviewed by Juniper Ellis". *Journal of Commonwealth Literature* 34.1 (1999): 169–182.

Ihimaera, Witi. *The Uncle's Story*. Honolulu: University of Hawai'i Press, 2000.

Krishnan, Madhu. „Affiliation, Disavowal, and National Commitment in Third Generation African Literature". *Ariel: A Review of International English Literature* 44.1 (2013): 73–97.

Malkani, Gautam. *Londonstani*. London: Fourth Estate, 2006.

Mbembe, Achille. *On the Postcolony*. Berkeley: University of California Press, 2001.

Mignolo, Walter D. „Delinking: The Rhetoric of Modernity, the Logic of Coloniality and the Grammar of De-Coloniality". *Cultural Studies* 21.2–3 (2007): 449–514.

Mignolo, Walter D. „Preamble: The Historical Foundation of Modernity/Coloniality and the Emergence of Decolonial Thinking". *A Companion to Latin American Literature and Culture*. Hrsg. von Sara Castro-Klaren. Malden, MA: Blackwell, 2008. 12–32.

Mitchell, Michael. „Escaping the Matrix: Illusions and Disillusions of Identity in Gautam Malkani's *Londonstani* (2006)". *Multi-Ethnic Britain 2000+: New Perspectives in Literature, Film and the Arts*. Hrsg. von Lars Eckstein, Barbara Korte, Eva Ulrike Pirker und Christoph Reinfandt. Amsterdam und New York: Rodopi, 2008. 329–340.
Mo, Timothy. *Sour Sweet*. London: Paddleless, 1999 [1982].
Moretti, Franco. „Conjectures on World Literature". *Distant Reading*. London und New York: Verso, 2013. 43–62.
Morris, Paula. *Queen of Beauty*. Rosedale, North Shore: Penguin New Zealand, 2002.
Mwangi, Evan Maina. *Africa Writes Back to Self: Metafiction, Gender, Sexuality*. Albany: State University of New York Press, 2009.
Ngugi wa Thiong'o. „Wole Soyinka, T.M. Aluko and the Satiric Voice". *Homecoming: Essays on African and Caribbean Literature, Culture and Politics*. Hrsg. von Ngugi wa Thiong'o. London: Heinemann, 1972. 55–66.
Nwaubani, Adaobi Tricia. *I Do Not Come to You By Chance*. New York: Hyperion, 2009.
Phillips, Caryl. „Preface". *Extravagant Strangers: A Literature of Belonging*. Hrsg. von Caryl Phillips. London: Faber and Faber, 1996. xiii–xvi.
Phillips, Caryl. „Introduction: A New World Order". *A New World Order: Selected Essays*. London: Secker and Warburg, 2001. 1–6.
Phillips, Mike. „Broken Borders: Migration, Modernity and English Writing – Transcultural Transformation in the Heart of Europe". *Transcultural English Studies: Theories, Fictions, Realities*. Hrsg. von Frank Schulze-Engler und Sissy Helff. Amsterdam und New York: Rodopi, 2009. 133–149.
Phillips, Mike. „Postcolonial Endgame". *Journal of Postcolonial Writing* 52.1 (2016): 6–12.
Pistacchi, Ann. „Reading Paula Morris in the Heart of Nepantla". *Journal of New Zealand Literature* 24.2 (2007): 98–116.
Rushdie, Salman. *The Satanic Verses*. London: Viking, 1988.
Said, Edward. „History, Literature, and Geography". *Reflections on Exile and Other Essays*. Cambridge: Harvard University Press, 2002. 470–471.
Selvon, Sam. *The Lonely Londoners*. London: Longman, 1956.
Spiegel, Hubert. „Exilanten-Epos ‚Americanah': Dieser Roman markiert eine Zäsur". *Frankfurter Allgemeine* 9. 5. 2014. http://www.faz.net/aktuell/feuilleton/buecher/exilanten-epos-americanah-dieser-roman-markiert-eine-zaesur-12932011.html (1. 6. 2016).
Syal, Meera. *Life Isn't All Ha-Ha-Hee-Hee*. London: Black Swan, 2000 [1999].
Tiffen, Adam. „The New Neo-Colonialism in Africa". *Global Policy* 19. August 2014. http://www.globalpolicyjournal.com/blog/19/08/2014/new-neo-colonialism-africa (17. 3. 2016).
Vertovec, Steven. „Super-diversity and Its Implications". *Ethnic and Racial Studies* 30.6 (2007): 1024–1054.
Walkowitz, Rebecca. „The Location of Literature: The Transnational Book and the Migrant Writer". *Contemporary Literature* 47.4 (2006): 527–545.
Werbner, Richard. „Introduction: Multiple Identities, Plural Arenas". *Postcolonial Identities in Africa*. Hrsg. von Richard Werbner und Terence Ranger. London: Zed, 1996. 1–25.
Wilson, Janet. „The Maori at War and Strategic Survival: *Tu* by Patricia Grace". *Hecate* 34.1 (2008): 89–103.
Young, Robert J.C. „World Literature and Postcolonialism". *The Routledge Companion to World Literature*. Hrsg. von Theo D'haen, David Damrosch und Djelal Kadir. New York: Routledge, 2011. 213–222.

IV.11 Transnationale frankofone Literaturen
Elisabeth Arend

1. Vorbemerkungen

Es gehört wohl zu den großen Paradoxien der Geschichte, dass der Kolonialismus, dieses von Europa ausgehende Unrechtssystem, als eine *one-way*-Unternehmung gedacht, nicht nur die kolonialisierten Länder, ihre Gesellschaften und Kulturen nachhaltig veränderte, sondern mit einiger Verzögerung auch die der Kolonialmächte. Durch die spezifische Form der Siedlungskolonie und den Export des französischen Bildungssystems nach Nord- und West-Afrika, auf Inseln der Karibik und des Indischen Ozeans wurde das Französische im Zeichen des Kolonialismus zu einer Weltsprache. „Entangled histories" (Conrad und Randeria 2002; vgl. auch III.3 TIPPNER), d. h. transnational verflochtene Geschichten, sind durch den Kolonialismus entstanden. Europa bekommt späte Auswirkungen seiner kolonialen Politik in den eigenen Gesellschaften zu spüren, die sich unter dem Einfluss der Globalisierung weiter verändern. Dominic Thomas etwa spricht gar von einer „reversed colonization" (2007, 2). Dieser Prozess kann auch als Transnationalisierung europäischer Metropolen und Gesellschaften, so auch Frankreichs, seit Mitte des 20. Jahrhunderts, beschrieben werden.

Phänomene der Transnationalität hat es in der Literatur schon immer gegeben, und zwar auf drei Ebenen:

(1.) Produktion (transnationale Biografien, sowohl in der Literatur Frankreichs als auch bei außereuropäischen frankofonen Autoren),

(2.) Darstellung und Thematik (Themen Reise, Exotismus z. B.),

(3.) Rezeption.

Im letzten Bereich ist die transnationale Perspektivierung der Literaturwissenschaft zu verorten. Damit ist die Bestimmung des zugrunde gelegten Verständnisses von Transnationalität erforderlich. Im Sinne Benedict Andersons (1995) wird ‚Nation' als ein Konstrukt mit homogenisierender Grundtendenz und harten Grenzziehungen betrachtet (vgl. II.1 GRABBE). Transnationalität entsteht, wenn vorhandene Grenzen überschritten oder unterlaufen werden bzw. durchlässig geworden sind. Globalisierung ist, wie Paul Jay es postuliert, ein wichtiger Faktor (Jay 2010; vgl. II.5 REICHARDT), jedoch nicht der einzige. Transnationalität ist das Ergebnis eines Prozesses der Transnationalisierung, der sich zuerst auf der Makroebene im Kontakt zwischen Nationen ereignet. Dieser Kontakt im Zeichen der Transnationalität wirkt auch nachhaltig nach innen. Er ergreift politische, wirtschaftliche und kulturelle Systeme, löst Veränderungsprozesse aus und Homogenität auf. Transnationalität produziert Kreolisierungen (Müller und Ueckmann 2013; Ueckmann 2014; vgl. IV.12 BANDAU/SINGLER) oder Transkulturalität (Welsch 2012). Während ein engeres Transnationalitätsverständnis sich an der Faktizität von Prozessen oder Erscheinungen zwischen Nationen bzw. über vorhandene Grenzen hinausgehend orientiert, kann Transnationalität auch weiter gefasst (eine Diskussion dieser Varianten findet sich bei Hühn et al. 2010), d. h. als gegen Homogenisierung und Grenzziehungen gerichtete Denkfigur und im Sinne Walter Mignolos als eine Form des *border thinking* bezeichnet werden (Mignolo 2011; Broeck 2012). Als eine alternative Kategorie der Rahmung für (literarische) Phänomene, für osmotische und nicht über Geschlossenheit oder Ortsgebundenheit zu charakterisierende Prozesse wird sie an die Stelle der ‚Nation' mit ihrem Homogenitätsanspruch gesetzt. Wird ein engeres Transnationalitätsverständnis zugrunde gelegt, müssen in literarischen Texten selbst explizite Referenzen auf Nation oder das Überschreiten von Grenzen vorhanden sein; sie werden zentrale Gegenstände der Analyse. Auf der Basis des weiteren – auch als inflationär kritisierten (Weichhart 2010) – Transnationalitätskonzepts können literarische Texte bzw. Literaturen auch ohne diese Referenzen auf ‚Nation' untersucht werden, wenn durch das Überschreiten von konkreten wie symbolischen Grenzen homogenisierende Diskurse bzw. deren Infragestellung fokussiert werden. Durch diese Ausweitung des Begriffs erhält Transnationalität nahezu den Status eines epistemologischen Konzepts. Dies ist dann gerechtfertigt, wenn solchermaßen Komplexität neu oder besser beschreibbar wird (Hühn et al. 2010, 30). Die Betrachtung der frankofonen Literaturen aus transnationaler Sicht ist ein solcher Fall.

2. Zur Geschichte der Erforschung frankofoner Literaturen

Von den 1970er Jahren an gewinnen die frankofonen Literaturen institutionell im Wissenschaftsbetrieb langsam Sichtbarkeit. Die Gründe hierfür sind vielschichtig. In Europa setzt nach der Reform der Universitäten im Gefolge der 1968er-Bewegung in den Philologien eine Diskussion um Erweiterung der Kanones ein. Zuvor hatten sich bereits die frankofonen Literaturen der ehemaligen Kolonien im Zuge der Dekolonisation mit neuem Selbstbewusstsein präsentiert. Zu einer Institutionalisierung der frankofonen Literaturen als Gegenstände akademischer Lehre und Forschung kam es mit zeitlicher Verzögerung erst in den 1980er Jahren, von US-amerikanischen Universitäten ausgehend. In Frankreich wie Deutschland fand die Erforschung der frankofonen Literaturen bis in die 1980er Jahre weitgehend in spezialisierten Forschungseinrichtungen wie dem Afrika-Schwerpunkt der Universität Bayreuth oder der Reform-Universität von Paris XIII statt – oder war dem Interesse einzelner Forscherpersönlichkeiten zu verdanken. Der Umschwung kam, als Lehrende und Forschende aus Afrika, der Karibik oder Québec die Literaturen ihrer Länder in den wissenschaftlichen Diskurs der bisher rein nationalphilologisch ausgelegten Fächer einbringen konnten (Bensmaïa 2003). Als ein „emergent field" (Murdoch und Donadey 2005, 3) etablieren sich die *francophone studies / études francophones* von da an weltweit und verändern die Lehr- und Forschungsprofile der *French Departments / Départements du français* (Rosello 2003, 128; Lionnet 2002) nachhaltig, was einer „revitalization" (Lionnet 2003b, 783) der älteren, hexagonal (also auf das Kernland Frankreich bezogenen) und nationalphilologisch ausgerichteten Gallo-Romanistik gleichkommt und explizit als Veränderung in Richtung eines „becoming-transnational" (Lionnet 2003b, 784) begriffen wird.

Fast zeitgleich mit dieser Implementierung der Frankofonen Studien in den Wissenschaftsbetrieb begann von den USA aus eine nachhaltige Veränderung der Theorielandschaft durch den Postkolonialismus (Bachmann-Medick 2006; vgl. IV.9 ARNDT/ASSA). Im Zuge der dominant postkolonialen Ausrichtung der Frankofonieforschung in den USA (Britton und Syrotinski 2001; Murdoch und Donadey 2005; Watts 2005) etablierte sich zugleich eine transnationale Sicht; in Europa kam sie erst mit einiger Verzögerung an, in Deutschland in den 1990er Jahren (Castro Varela und Dhawan 2005; Struve 2012; Febel 2012; Ueckmann 2014), in Frankreich noch später und am wenigsten nachhaltig (*Frontières* 2002, 103–135; Moura 2007). Eine im weiteren Verständnis disziplinenübergreifende transnationale Ausrichtung der Frankofonen Studien (Weber-Fève 2010), die die internationale Aufmerksamkeit auf frankofone Autoren gelenkt hat, ist insgesamt unübersehbar. Dazu trägt auch die große Nähe zu den transdisziplinären *gender studies* (Schor 2003; Maillé 2012) bei, aber auch die Tatsache, dass die *Francophone Studies* transmedial arbeiten und neben Literatur auch Kino und Film erforschen.

3. ‚Frankofon' – Ein ideologisch besetztes Konzept

Seit 1880 gibt es das Wort ‚frankofon' für die Gesamtheit der Französischsprechenden weltweit (Tétu 1988, 29–47; Forsdick 2005). Es dient auch der Abgrenzung zu ‚französisch', der Bezeichnung für Sprache und Kultur des Hexagon und damit der Nation Frankreich (Benalil 2010, 52). Die Zuschreibungen zu den beiden Feldern sind nicht nur ideologisch motiviert, sondern auch inkonsequent. Auf der einen Seite werden aus der Schweiz, Irland oder Belgien stammende französisch schreibende Autoren wie Jean-Jacques Rousseau, Samuel Beckett oder Marguerite Yourcenar als ‚französisch' bezeichnet und in Literaturgeschichten Frankreichs behandelt. Frantz Fanon, Aimé Césaire oder Édouard Glissant auf der anderen Seite gelten trotz der Tatsache, dass die Antillen nach wie vor als Übersee-Départements zu Frankreich gehören, als ‚frankofon' – ihre Texte werden als zur Literatur der Karibik gehörend betrachtet (Coursil und Perret 2005, 200; Le Bris 2007, 24; vgl. IV.12 BANDAU/SINGLER). In mancher Buchhandlung stehen sie noch in den Regalen der „Littératures étrangères" (Mabanckou 2007, 60). Diese Beispiele – auf die sog. *Beur*-Literatur wird später eingegangen – legen eurozentrische, wenn nicht latent rassistische Implikationen sowie koloniale Asymmetrien hinter der Klassifizierung offen, auch wenn neokoloniale Positionen in der französischen Kultur- und Außenpolitik noch offensichtlicher sind als in der literarisch-kulturellen Klassifikationseinheit ‚frankofon'. Selbst nach dem Ende der Dekolonisation hat also das Feld der frankofonen Literaturen eine ideologische Matrix, die bis in die Auseinandersetzungen um das alternativ vorgeschlagene (und an späterer Stelle diskutierte) Konzept der *littérature-monde en français* (Le Bris und Rouaud 2007; vgl. III.1 GOSSENS) spürbar ist.

Das durch den Kolonialismus zu einer Weltsprache avancierte Französisch ist im sub-saharischen Afrika, im Maghreb und den *Départements d'Outre-Mer* (DOM) der Antillen (Guadeloupe, Martinique), in Haïti, in Regionen des Indischen Ozeans (Réunion, Mauritius), Asiens und in Kanada (Québec, Acadie), in Belgien, der Schweiz oder Luxemburg – und nicht zuletzt auch in Frankreich ein transnationales Kommunikationsinstrument geworden. In der Alltagssprache steht es in engem und Hybridformen produzierenden Kontakt mit den autochthonen Sprachen oder den Kontaktsprachen. Als Bildungssprache insbesondere der Eliten bleibt es – wenngleich mit beträchtlichen regionalen Unterschieden – auch nach dem Ende der Dekolonisationsphase ein Ausdrucksmittel mit hohem symbolischen Kapital.

4. Transnationalität der frankofonen Literaturen

Besonders nachhaltig artikuliert sich Transnationalität in der Literatur – auf den drei Ebenen von Produktion, Rezeption sowie Darstellung; letztere etwa in Bezug auf Themen wie Migration, Reise, Exil oder Grenzen (vgl. auch IV. 15 KLIEMS). Diese Themen finden sich nicht allein in den außereuropäischen frankofonen Literaturen, sondern auch in der Literatur Frankreichs. Als transnational kann der französische Autor Gustave Le Clézio rezipiert werden, dessen Romane seit *Le désert* (1980) von fremden Zivilisationen erzählen; das gilt auch für Marguerite Duras' *L'amant* (1984), dann für Reiseliteratur. Pierre Loti, Gérard de Nerval, Théophile Gautier oder René de Chateaubriand können ebenso transnational rezipiert werden wie Giacomo Casanovas *Histoire de ma vie* (1822) – der frankofone Text des Venezianers gilt als Schlüsseltext europäischen Kosmopolitismus – oder Michel Tourniers Roman *La goutte d'or* (1985) über das gleichnamige, vor allem von Migranten bewohnte Pariser Viertel. Dieser transnationale Blick auf französische Literatur bedeutet eine Absage an die Vorstellung der Exklusivität einer homogenen französischen Nationalliteratur: Hexagonale, europäische, überseeische und aus den ehemaligen Kolonien kommende Texte werden zusammen als das komplexe Gebilde der frankofonen Literaturen verstanden. Dieser Bestimmung liegt ein inklusives Verständnis von ‚frankofon' generell, insbesondere aber der frankofonen Literaturen zugrunde (Conley 2003; Forsdick 2005; Le Bris 2007, 23). Es geht ausschließlich vom sprachlichen Kriterium und damit französischsprachigen Texten aus und sieht territoriale Herkunft, Hautfarbe, ethnische oder nationale Zugehörigkeiten als sekundär oder nicht relevant an. In der Forschung wird diese Position kontrovers diskutiert – als demokratisierend auf der einen Seite, weil die zentrale Stellung der ehemaligen Kolonialmacht Frankreich und seiner Kultur nicht mehr behauptet wird und die frankofonen Literaturen nicht mehr als ‚andere' davon abgesetzt werden; auf der anderen Seite aber auch als problematisch, da sie die Spezifik der unter diesem begrifflichen Dach vereinten Literaturen verwische (Moudileno 2010). Angesichts der Machtverhältnisse zwischen dem Norden und dem *Global South* sind einer egalitären Frankofonie nach wie vor politische, wirtschaftliche und ideologische Grenzen gesteckt – die Hierarchisierung der Felder ‚französisch' und ‚frankofon' besteht weiter (Hargreaves et al. 2010, 3), die inklusive Variante und mit ihr die Postulierung einer grenzüberwindenden Transnationalität bleiben vielfach ein (nicht nur) „political project" (Forsdick 2005, 526).

Mit dem weiten, inklusiven Verständnis frankofoner Literaturen werden nicht nur die hexagonal-nationale Literatur einerseits und außerhalb Frankreichs entstehende Literaturen andererseits neu zueinander in Beziehung gesetzt. Damit ändert sich auch die Vorstellung von der im Hexagon entstehenden Literatur Frankreichs. Einbezogen werden neben den als gallo-französisch rezipierten Texten auch solche, die auf dem Territorium Frankreichs entstehen, jedoch sprachlich wie thematisch deutliche fremd- bzw. transkulturelle Einschreibungen durch Migration oder Diaspora aufweisen (Laronde 2003). In einer traditionell national ausgerichteten Literaturgeschichtsschreibung werden solche Texte aufgrund der nicht-französischen Herkunft ihrer Autoren als marginal betrachtet oder ganz ausgegrenzt. So taucht der aus dem Libanon stammende Amin Maalouf (van den Abbelle 2009; Yédes 2009), dessen Werk in seiner Thematik exemplarisch transnational ist, in französischen Literaturgeschichten nicht auf, obwohl er seit 40 Jahren in Frankreich lebt und sein Schreiben ihm sogar einen Sitz in der konservativen *Académie française* eingebracht hat.

Maalouf gehört nicht zur libanesischen Literatur; eine franko-libanesische Literatur, der er zugeordnet werden könnte, hat kaum sichtbare Konturen. Gleiches gilt etwa für frankofone Texte jüdischer Autoren (Gafaïti et al. 2009, 217–287) oder Texte aus solchen Ländern, die, wie Vietnam etwa, eine französisch geprägte Vergangenheit haben, wo aber nur mehr vereinzelt frankofone Texte entstehen, die durch alle Raster fallen (Johae 2009; Mezali 2010). Das ist auch für französisch schreibende Autoren Südafrikas (Vigoroux 2008) gezeigt worden. Hier kommen Deterritorialisierungs- bzw. Translokalitäts-Erscheinungen in den Blick (Appadurai 1991; Hogarth 2006), die man mit Ottmar Ette auch als ‚transareal' (Ette 2005; vgl. II.4 KRAFT) rubrizieren könnte. Zwei weitere Beispiele veranschaulichen die Leistungsfähigkeit der transnationalen Perspektivierung. Sie beziehen sich auf die *pieds noirs*-Autoren, d. h. französisch schreibende europäische Siedler, die bis 1962 in Algerien lebten. Bekannt ist allenfalls die sog. *Ecole d'Alger* um Albert Camus (Talbayev 2007; Arend 2008), deren Autoren von keinem nationalliterarischen Raster erfasst werden. Auch an der Literatur der sog. *Beur*, Autoren und Autorinnen, deren Familien aus dem Maghreb stammen (Struve 2009), wird die Langlebigkeit einer national-exklusiven, zugleich aber auch die Produktivität der transnationalen Perspektive deutlich: Autoren aus der zweiten Generation von bereits in Frankreich geborenen maghrebinischen Migranten wurden lange nicht als ‚französisch', sondern aufgrund der Herkunft ihrer Familien als ‚frankofon' rubriziert. Aber auch aus maghrebinischer Sicht sind die Zuschreibungen nicht immer transparent: Den meisten, aber nicht allen dieser *Beur*-Autoren, wird, da sie in Frankreich leben und da ihre Texte dort entstehen, die Zugehörigkeit zu den frankofonen Maghrebliteraturen abgesprochen. Diese Literatur wird als die der Autochthonen und insofern national (Laroussi 2003) definiert. Angesichts dessen ist es bezeichnend, dass ein *Beur*-Text mit „Nationalité immigré(e)" (Struve 2009, 89–90) untertitelt ist. Bis in die neueste Auflage der größten deutschsprachigen Französischen Literaturgeschichte (Grimm und Hartwig 2014) hinein ist die Zuordnungsproblematik deutlich (Asholt 2014; Arend 2014). Transnationalität ist, die Beispiele zeigen es, zwar eine viel diskutierte theoretische Größe, aber noch keine alternative klassifikatorische Einheit.

So evident Transnationalitätserscheinungen der frankofonen Literaturen insgesamt sind, so wenig kann übersehen werden, dass einzelne der im Zuge der Dekolonisation entstandenen Literaturen (z. B. Algeriens oder des Senegal) sich durchaus zuerst als national oder regional entwerfen und sich durch Mobilität und Migration erst in der Generation der *postcolonie* transnationalisieren (Waberi 1998; Lüsebrink 2014, 489–491 zu der subsaharischen frankofonen Literatur Afrikas). Sie greifen, indem sie sich erst im zweiten Schritt als eine der Maghreb-

bzw. westafrikanischen Literaturen beschreiben, auf geopolitische Ordnungskriterien zurück, kaum aber auf theoretisch begründete, tendenziell abstrakte Kategorien wie die der Transnationalität. Ein spezifisches Selbstverständnis artikulieren auch die antillanischen Literaturen, die sich, vergleichbar mit der frankofonen Literatur Haïtis, eher im größeren geopolitischen Rahmen der Karibik als in kleineren Einheiten wie Guadeloupe oder Martinique bzw. als transnationale Literaturen situieren. Noch einmal anders ist der Fall bei der Literatur Québecs gelagert, die ein wichtiges Organ im Kampf um Unabhängigkeit vom anglofonen Kanada ist (Kühn 2014, 435–438). Hier stehen die Artikulation nationaler Identität und die Tatsache, dass Kanada weltweit eines der größten Einwanderungsländer und somit in hohem Maße transnational ist, in großer Spannung. Zu der frankofonen Québec-Literatur gehören neben Autoren kanadischer Herkunft viele Migranten wie etwa der aus Haïti stammende Dany Laferrière, der jegliche nationalliterarische Zuordnung ablehnt – einer seiner Romane macht dies im ironischen Titel *Je suis un écrivain japonais* (2008) deutlich – oder die im Kreis der *Boat People* aus Vietnam nach Kanada geflohene Kim Thuy.

Gemeinsam ist der Gesamtheit der frankofonen transnationalen Literaturen, dass sie in spannungsvollem Verhältnis zu den jeweiligen Kontaktliteraturen (Moura 1999, 31) stehen: zu denen in den autochthonen Sprachen, die zugleich auch die Sprachen der Diaspora in Frankreich sind (Arabisch, Amazigh, westafrikanische Sprachen sowie die Kreol-Varietäten Haïtis, der Antillen und der Inseln des Indischen Ozeans) sowie den europäischen und kanadischen Literaturen in anderen Landessprachen (Englisch, Flämisch, Italienisch, Deutsch).

Von der Sprache aus setzt ein Transnationalisierungsprozess ein, der aus den frankofonen Literaturen zwei- bzw. mehrsprachige Literaturen macht (vgl. II.3 KILCHMANN). Dies zeigt sich bei Rachid Boudjedra und anderen maghrebinischen Autoren, die französisch- und arabischsprachige Texte verfasst haben, oder bei Tahar Ben Jelloun, der Erzählungen zuerst auf Italienisch (*Dove lo stato non c'è*, 1991), dann erst in französischer Sprache publiziert hat (*L'ange aveugle*, 1992). Die Maghrebliteraturen (Arend 2014) sind jedoch noch in anderer Hinsicht als deutlich transnational zu beschreiben: Im Maghreb und insbesondere in Algerien stehen frankofone neben Texten in arabischer und berberischer Sprache. Insofern ist das Gesamtgebilde der algerischen Literatur, die im Land selbst entsteht, translingual und damit vielfach auch transnational und alle auf diesem Terrain entstehenden Literaturen werden dies auch in ihrer Tiefenschicht: Spuren der autochthonen Literaturen finden sich in Form von Gattungsmischungen, Bildern, Mythologemen oder Schreibweisen, die aus der arabischen Dichtung stammen, in der französischsprachigen Literatur. Diese wiederum wirkt verändernd auf die arabischsprachige Literatur, was am Beispiel der Autobiografie oder des Romans deutlich wird, die die traditionelle arabische Literatur nicht als eigene Formen herausgebildet hat und die erst mit den autochthonen frankofonen Autoren über das Französische in die algerische Literatur eingeschrieben werden. Während Literatur in berberischen Sprachen in der Vergangenheit meist ausschließlich oral tradiert wurde, hat sich unter dem Einfluss der frankofonen Literatur mit der Verschriftlichung (Mammeri 2009) zugleich eine Übernahme von neuen Formen und z. T. auch Themen vollzogen. Osmotische Prozesse in alle Richtungen bilden also den Nährboden, auf dem sich eine literatureninterne Transnationalität herausbilden kann. Dass diese das Ergebnis eines Prozesses ist, wird auch an der Entwicklung von Themen in den frankofonen Literaturen sichtbar, die sich im Zuge von Dekolonisationsbewegungen ausgeprägt haben: Meist wenden sie sich zuerst den eigenen Gesellschaften zu, der Kritik am Kolonialismus, den nationalen Geschichten, Mythologien und – von der Karibik abgesehen – dem *nation building*. Erst nach und nach öffnen sie sich auch anderen Themen oder Schauplätzen.

Durch Migration und Exil, Mobilität generell (Doucournau 2011), ist ein weiterer Typus frankofoner Maghrebliteratur entstanden, der sie zu einer transnationalen Literatur macht: Mit ihrem spezifischen literarischen Ausdrucksinventar im Gepäck siedeln maghrebinische Autoren nach Europa, in die USA oder Kanada über. Der aus Marokko stammende Fouad Laroui beispielsweise lebt in den Niederlanden und hat zwischenzeitlich begonnen, nicht nur französischsprachige, sondern auch niederländische Texte zu publizieren. Der Blick dieser Autoren auf ihre Herkunftsländer, deren Kultur und ihre eigene Identität, verändert sich dabei; die Vorstellung kultureller Homogenität wird abgebaut. Oft ist auch ein gänzlicher Wechsel der Sprache damit verbunden, wie man z. B. an den italienisch schreibenden Autoren maghrebinischer Herkunft sehen kann (Arend 2009), die sowohl die maghrebinische als auch die italienische Literatur transnationalisieren.

5. Frankofone transnationale Denkfiguren

Eine explizite und auf das engere Transnationalitätsverständnis bezogene Reflexion oder Theoriebildung kann innerhalb der frankofonen Literaturen kaum ausgemacht werden, allerdings finden sich zentrale transnationale Denkfiguren in den Schriften frankofoner Kulturtheoretiker. Deren transnationale Relektüre kann in vielem auf Erkenntnisse zurückgreifen, die bei postkolonialen Lektüren der frankofonen Literaturen gewonnen wurden (Murdock und Donadey 2005; Hargreaves et al. 2010).

Seit der Zwischenkriegszeit sind von Paris aus die wichtigsten Positionen der *négritude*-Bewegung sowie der Kolonialismus- und Rassismuskritik formuliert worden. Als transnational sind die Akteure, deren Thematiken sowie deren Rezeption zu verstehen, was folgende Beispiele zeigen: 1931 gründeten der aus Haïti stammende Léo Sajous und Paulette Nardal aus Martinique die *Revue du Monde noir* (1931–1932). Die Herausgeber dieser zweisprachigen (englisch-französischen) Zeitschrift verstanden sich als Mittler zwischen den Kulturen, wollten weltweit die afrikanische Diaspora ansprechen, den *éveil de la conscience de race* (Nardal 1932, 29; Edwards 2003, 119–186) erreichen und enge sprachliche oder nationale Grenzen überwinden. Dieser „black cultural internationalism" (Edwards 2003, 122) kann aus transnationaler Sicht neu als zentrales Moment in der Geschichte der frankofonen Literaturen gewürdigt werden. Ebenfalls in den 1930er Jahren tauchte in *L'Etudiant noir* (1934–1940), einer in Paris von antillanischen Studenten herausgegebenen Zeitschrift, der von Aimé Césaire geprägte und von Léopold Sédar Senghor weiter differenzierte Begriff der *négritude* auf. Explizit bezieht der senegalesische Dichter und Politiker sich auf Ideen und Aktionen der in Harlem gegründeten Bewegung der „Négro Renaissance" (auch Harlem Renaissance), die, so Senghor, ihn und seine Mitstreiter nachhaltig geprägt hätten (Senghor 1971). Mit ihrem Rekurs auf Afrika als Ausgangs- und Bezugspunkt schwarzer Identität referiert *négritude* auf einen Kontinent. Diese eindeutige Verortung wurde als essentialisierend und erneut homogenisierend kritisiert, so etwa von Édouard Glissant, der sein Konzept der *antillanité* intellektuell wie formal auch als Replik auf die *négritude* entwickelte. Die Anklage des weißen okzidentalen Rassismus wurde in der Folge in den Schriften des aus Martinique stammenden Psychiaters Frantz Fanon (Cherki 2002; Kastner 2012) nochmals politisch zugespitzt. Auf der Basis von Homi K. Bhabhas Interpretation (Bhabha 2000; Struve 2012) wurde Fanon postkolonial rezipiert – seine Schriften zeugen jedoch von Ambivalenz: Für ‚Homogenität' und ‚Nation' argumentiert er im Zusammenhang mit seinem Engagement für die Dekolonisation und den Unabhängigkeitskrieg in Algerien. Transnational ist sein Denken aber in der Anklage der identitären Verwerfungen, die rassistische und koloniale Gesellschaften produzieren. Deutet man den Kolonialismus insgesamt als ein paradoxerweise national und transnational agierendes Unrechtssystem, können die Beiträge zur Theorie und Kritik des Kolonialismus von Aimé Césaire in *Discours sur le colonialisme* (1950) sowie Albert Memmi mit *Portrait du colonisé précédé du Portrait du colonisateur* (1957) als frankofone Gründungstexte einer kritischen Reflexion von Transnationalität *avant la lettre* gelesen werden.

Ein weiterer Beitrag zu einer frankofonen Transnationalitätsreflexion findet sich in den Schriften des marokkanischen Soziologen Abdelkebir Khatibi (Arend 1998). Seine Essays aus *Maghreb pluriel* (Khatibi 1983) wurden bislang postkolonial rezipiert; eine transnationale Lektüre, insbesondere von *Figures de l'étranger dans la littérature française* (Khatibi 1987), steht noch aus. Der Band enthält

Analysen zu Autoren wie Aragon, Barthes, Duras, Genet, Ollier und Segalen, die Khatibi – wie sich selbst auch – als „étrangers professionnels" (Khatibi 1987, 211) bezeichnet. Ihre Werke liest er als literarische Artikulation eines „dépaysement" und des Überschreitens von Grenzen (14). Diese Fremdheit, durch Reiseerfahrungen und „migration littéraire" (14) entstanden, macht er in den Texten der untersuchten frankofonen Autoren als konstitutives und dynamisches Element aus. So beschreibt er die Poesie Louis Aragons als hybrid, zwischen arabischer und französischer Dichtung operierend, und mit Blick auf Claude Ollier stellt er fest, dass dessen Texte sich von einem Exotismus produzierenden und viele Themen und Formen ausschließenden „nationalisme littéraire" distanzierten. Ein homogenisierendes Nationalliteraturkonzept stellt er provozierend in Frage: „Qui parle encore [...] de LA littérature française [...]?" (15). Noch ohne Rückgriff auf den Transnationalitätsbegriff, aber durchaus in dessen Sinne, rubriziert Khatibi diese Elemente als Ausdrucks eines „internationalisme littéraire" (14) der französischen Literatur. Der 1987 publizierte Beitrag „Nationalisme et internationalisme littéraires" (201–214) kann als ein Gründungstext frankofoner Transnationalitätsreflexion gewertet werden.

Jede Literatur, so Khatibi, bewege sich im Spannungsfeld nationaler wie internationaler Bezüge. Dabei ist bereits seine Vorstellung von ‚Nation' transnational, wenn er diese als „une pluralité", als Mosaik von Kulturen, Sprachen und Gründungsdiskursen (209) bestimmt. Dies ist bislang als postkoloniale Position gelesen worden, kann jedoch aufgrund der expliziten Referenz auf die ‚Nation' ebenso als transnational bezeichnet werden. Gleiches gilt auch für die Kritik an nationalen Homogenitätsdiskursen, denen Khatibi seine Vorstellung eines „exercice d'altérité cosmopolite" (211) sowie einer von Exklusionsmechanismen (210) freien „nation littéraire" gegenüberstellt, die von dem Respekt vor Pluralität und Differenz (209) getragen ist. Dies sieht er als Voraussetzung dafür, dass auch innerhalb Frankreichs eine literarische „Internation" (209) entstehen kann – sein Band stellt exemplarisch einige Autoren dieser Frankofonie auf französischem Boden, einem „territoire hétérogène, assez métissé, assez pidginé et interculturel" (213) vor. Damit vertritt er das inklusive Modell einer in ihren Strukturen transnationalen Frankofonie. Auch seine Bestimmung der Sprache als Heimat des Schriftstellers (206) weist aus dem engen Rahmen des Nationalen und der Nationalliteratur hinaus. Es stellt ihn in eine Reihe mit postkolonialen Autoren wie z. B. der algerischen Autorin Assia Djebar, die das Französische als ihr „maison d'accueil [...] lieu de permanence [als Haus, das sie aufnimmt [...] und dauerhaft Wohnung gibt]" (Djebar 1999), bezeichnet. Ähnlich verhält es sich bei Lyrikern, für die die Auffassung von der Sprache als Heimat vielfach topisch ist. Im Rückblick auf Jahrzehnte des Schreibens in französischer Sprache skizziert Djebar nicht nur ihre wechselnden Einstellungen dazu, von der Distanzierung von einem als entfremdend und zunehmend in seiner Ambiguität wahrgenommenen Instrument hin zu einer ‚Aneignung'. Als „mon français" (Djebar 1999, 29) beschreibt sie ihr Konstrukt eines hybridisierten Französisch, in dem sie berberische und arabische Stimmen der Sprachen ihres Landes aufgenommen habe, was auch ihr Verhältnis zur Frankofonie verändert habe: Ihren Prozess der Auseinandersetzung mit den neokolonialen und marginalisierenden Tendenzen dieses Konzepts beendet sie mit der Hinwendung zu „ma francophonie" (Djebar 1999, 40), die sie weder areal noch politisch-ideologisch, sondern als Raum vielstimmiger Verortung literarischer Artikulation begreift und in dieser letzten Bestimmung auf eine transnationale Denkfigur rekurriert.

Als 2007 anstelle von ‚frankofon' die Bezeichnung „littérature-monde" in dem gleichnamigen Manifest in die Diskussion gebracht und über den ‚Welt'-Zusatz die Transnationalität dieser Literaturen deutlicher als zuvor markiert wurde, schien eine Befreiung von der Last neokolonialer, marginalisierender und exotisierender Zuschreibungen gelungen (Le Bris und Rouaud 2007). Jedoch schafft ein neuer Terminus diese nicht aus der Welt (Benalil 2010, 52; Ghebalou 2010, 5), wohingegen Glissants Konzept des *tout-monde* (Glissant 1999) radikal um die Diversität kreist und keinen Hinweis auf Nation mehr im Begriff hat. *Littérature-monde* ist ein Neologismus, während *littérature mondiale* als Übersetzung des auf Goethe zurückgehenden Konzepts ‚Weltliteratur' verwendet worden ist. Indem in der Forschung auf diese von den Autoren vorgenommene terminologische Unterscheidung zu wenig eingegangen wird (Leservot 2010, 38–45), ist deren Versuch, sich von dem eurozentrischen Humanismus des Goethe'schen Konzepts zu lösen, nicht adäquat gewürdigt (Hargreaves et al. 2010, 288). Vielmehr wird dieses Projekt, an dem sich namhafte Autoren beteiligt haben, kontrovers diskutiert (Hargreaves et al. 2010; Benalil 2010). Vor allem mit Blick auf sein theoretisches Fundament kritisiert man ein vermeintlich unreflektiertes Verständnis von ‚Welt' (Hargreaves 2010, 289–295), ein angeblich rückschrittliches Plädoyer für ein Revival des Realismus, eine unkritische Haltung gegenüber universalistischen Tendenzen und schließlich eine latent neokoloniale Haltung. Tatsächlich wird die transnationale Öffnung des Frankofonie-Begriffs durch das Manifest wenig gewürdigt: Die hexagonale Nationalliteratur wird als Gefängnis angesehen („emprisonnement", Le Bris 2007, 42) und die exklusive Frankofonie in ihrem Pakt mit der „langue-nation" als überholt (Le Bris 2007, 46) – damit werden transnationale Positionen par excellence formuliert. Im der Buchpublikation vorausgeschickten Zeitungsartikel (*Le Monde des livres* 15. 03. 2007) wird die Argumentation mit einem vergleichenden Blick auf die anglofonen Literaturen gestützt. Der neuen Literatur in englischer Sprache, so heißt es, werde in Großbritannien volle „légitimité" zugesprochen (vgl. IV.10 SCHULZE-ENGLER), anders als bei den frankofonen Autoren in Frankreich, die immer noch marginalisiert oder exotisiert würden. In Hinwendung zu einem inklusiven Frankofonieverständnis wird die *littérature-monde* in französischer Sprache als der Welt zugewandt, als „diverse, colorée, multipolaire et non pas uniforme" (Le Bris 2007, 41) verstanden. Sie wird explizit auch als „transnational" (*Le Monde des livres* 15. 03. 2007) bezeichnet, was zugleich als „Zeitpunkt des Todes" der Frankofonie gilt: Niemand, so heißt es, spreche oder schreibe ‚frankofon' („Personne ne parle francophone, ni n'écrit en francophone", ibid.). Insgesamt zeugt der Band von der Wirkmacht transnationaler Denkfiguren, auch wenn der Begriff kaum verwandt wird. Zwar denkt der kongolesische Autor Alain Mabanckou transnational und beschreibt sich als frankofoner Autor, dessen Schreiben die Grenzen überschreite, Rassentrennungen verwische, die Distanzen zwischen den Kontinenten verringere (Mabanckou 2007, 56, übers. E.A.). Boualem Sansal, der aus Algerien stammende Preisträger des Friedenspreises des Deutschen Buchhandels, bringt eine provokante Metapher in die Debatte um die *littérature-monde* ein, wenn er das Französische und damit die frankofonen Literaturen als schwanger nach einer Reise quer durch die Welt heimkehren lässt (Sansal 2007, 173). Wichtiger als ein Streit um Vaterschaft sei es, die zwischenzeitlich schulreif gewordene lärmende Nachkommenschaft, die „bruyante progéniture" der frankofonen Literaturen mit offenen Armen zu empfangen und sie zur Schule zu führen. Ein inklusives Verständnis von Frankofonie ist hier zu erkennen, auch wenn (um in der Metapher zu bleiben) nicht wirklich sicher ist, wer diese Kinder dann nach welchem Lehrplan unterrichten wird.

Angesichts des nachdrücklichen Plädoyers für eine weite und egalitäre, gelassene, ideologisch nicht fixierte und insofern transnationale Frankofonie, die die Beiträge dieses Bandes enthalten, ist die Kritik nicht so recht nachzuvollziehen, der Band falle in neokoloniale Verabsolutierung des Französischen zurück, die französische Rezipienten dazu veranlasse, sich wieder als Zentrum zu imaginieren und damit die Ideologie der Frankofonie letztlich als Sieger vom Platz gehen zu lassen (Hargraves et al., 3, 5 und passim). Problematisch ist allerdings der Singular, der in der Tat Homogenisierungsdiskurse über die Hintertür wieder einlässt. Eine pluralische Version, die sich auch in der postkolonialen Diskussion um die Literatu*ren* der Welt artikuliert (Bachmann-Medick 2006; Sturm-Trigonakis 2007 spricht von „Neue Weltliteratur"), hätte geringere universalisierende Implikationen und entspräche somit mehr dem Denken der Transnationalität.

In der karibischen Literatur, in der franko-, hispano- und anglofone neben kreolischsprachigen Texten stehen, gibt es eine Vielzahl von Konzepten, die auch als Denkfiguren der Transnationalität rezipiert werden können. In erster Linie sind die von Édouard Glissant entwickelten Konzepte von *créolisation, tout-monde, relation*, Spur, Fragment und Rhizom zu benennen, deren programmatisch unsystematische Reflexion das Gesamtwerk des aus Martinique stammenden Autors durchzieht. Ihnen ist gemeinsam, dass sie Kontakte zwischen Kulturen, Prozesse des Aufbrechens von Homogenität reflektieren, welche, wie hier postuliert, sich meist im Gefolge von Transnationalisierungsprozessen auf der Ebene von Staaten oder Nationen bzw. von Regionen oder Inseln ereignen, – letzteres im Fall von Archipelen wie der Karibik oder dem Indischen Ozean (z. B. der Insel Mauritius; Poddar 2010). Allerdings ‚überspringt' nicht nur Chamoiseau, sondern auch Glissant die Kategorie ‚Nation' im theoretischen Denken. Letzterer wählt ‚Welt' als Rahmen für seine kulturtheoretischen Reflexionen in *tout-monde* (Glissant 2005). Während die bisherige Rezeption dieser Konzepte in erster Linie kulturtheoretisch und postkolonial fundiert war, steht eine transnationale Relektüre noch aus.

Literaturverzeichnis

Adesanmi, Pius. „Redefining Paris: Trans-Modernity and Francophone African Migritude Fiction". *MFS Modern Fiction Studies* 51.4 (2005): 958–975.
Anderson, Benedict. *Imagined Communities. Reflections on the Origins and Spread of Nationalism*. London: Verso, 1995 [1983].
Appadurai, Arjun. „Global ethnoscapes. Notes and Queries for a Transnational Athropology". *Recapturing Anthropology: Working in the Present*. Hrsg. von Richard Fox. Santa Fe, NM: School of American Research Press, 1991. 191–210.
Arend, Elisabeth. „Eine neue italienische Literatur? Die italophone Literatur". *Romanistische Zeitschrift für Literaturgeschichte* 33.1–2 (2009): 195–212.
Arend, Elisabeth. „Epistémologie méditerranéenne de Gabriel Audisio". *La Méditerranée de Audisio à Roy*. Hrsg. von Guy Dugas. Houilles: Manucius, 2008. 147–162.
Arend, Elisabeth. „Maghreb". *Französische Literaturgeschichte*. Hrsg. von Jürgen Grimm und Susanne Hartwig. Stuttgart und Weimar: Metzler, 2014. 459–471.
Arend, Elisabeth. „Translated men – récits de traduction'. Abdelkebir Khatibi und die Literaturgeschichtsschreibung der Maghrebliteratur im Zeichen des Postkolonialismus". *Der erwiderte Blick. Literarische Begegnungen und Konfrontationen zwischen den Ländern des Maghreb, Frankreich und Okzitanien*. Hrsg. von Elisabeth Arend und Fritz-Peter Kirsch. Würzburg: Königshausen & Neumann, 1998. 137–160.
Asholt, Wolfgang. „Von der Ära Mitterrand bis zur Gegenwart". *Französische Literaturgeschichte*. Hrsg. von Jürgen Grimm und Susanne Hartwig. Stuttgart und Weimar: Metzler, 2014. 386–417.
Bachmann-Medick, Doris. *Cultural turns*. Reinbek bei Hamburg: Rowohlt, 2006.
Benalil, Mounia. „Littérature-monde in the Marketplace of Ideas: A Theoretical Discussion". *Postcolonialism and Littérature-monde. Transnational French Studies*. Hrsg. von Alec G. Hargreaves, Charles Forsdick und David Murphy. Liverpool: Liverpool University Press, 2010. 49–66.
Bensmaïa, Reda. „Francophonie". *Yale French Studies* 103 (2003): 17–23.
Bhabha, Homi K. *Die Verortung der Kultur*. Tübingen: Stauffenburg, 2000.
Broeck, Sabine. „Dekoloniale Entbindung. Walter Mignolos Kritik an der Matrix der Kolonialität". *Schlüsselwerke der Postcolonial Studies*. Hrsg. von Julia Reuter und Alexandra Karentzos. Wiesbaden: Springer, 2012. 165–175.

Canadé Sautmann, Francesca. „The Race for Globalization: Modernity, Resistance, and the Unspeakable in Three African Francophone Texts". *Yale French Studies* 103 (2003): 106–122.
Castro Varela, Maria do Mar, und Nikita Dhawan. *Postkoloniale Theorie. Eine Einführung*. Bielefeld: Transcript, 2005.
Césaire, Aimé. *Discours sur le colonialisme*. Paris: La République des Lettres, 1950.
Cherki, Alice. *Frantz Fanon. Ein Porträt*. Hamburg: Edition Nautilus, 2002 [Orig. frz. 2000].
Conley, Tom. „From Detail to Periphery: All French Literature is Francophone". *Yale French Studies* 103 (2003): 166–176.
Conrad, Sebastian, und Shalini Randeria (Hrsg.). *Jenseits des Eurozentrismus. Postkoloniale Perspektiven in den Geschichts- und Kulturwissenschaften*. Frankfurt am Main: Campus, 2002.
Coursil, Jacques, und Delphine Perret. „The Francophone Postcolonial Field". *Postcolonial Theory and Francophone Literary Studies*. Hrsg. von H. Adlai Murdoch und Anne Donadey. Gainesville: University Press of Florida, 2005. 193–210.
Djebar, Assia. *Ces voix qui m'assiègent. ... en marge de ma francophonie*. Paris: Albin Michel, 1999.
Doucournau, Claire. „From One Place to Another: The Transnational Mobility of Contemporary Francophone Sub-Saharan African Writers". *Yale French Studies* 120 (2011): 49–61.
Edward, Brent Hayes. *The practice of diaspora: literature, translation, and the rise of Black internationalism*. Cambridge, MA und London: Harvard University Press, 2003.
Ette, Ottmar. *ZwischenWeltenSchreiben*. Berlin: Kadmos, 2005.
Febel, Gisela. „Postkoloniale Literaturwissenschaft". *Schlüsselwerke der Postcolonial Studies*. Hrsg. von Julia Reuter und Alexandra Karentzos. Wiesbaden: Springer, 2012. 229–247.
Forsdick, Charles. „*Etat present*. Between ‚French' and ‚Francophone': French Studies and Postcolonial Turn". *French Studies* 54.4 (2005): 523–530.
Bonnet Véronique. *Frontières de la francophonie; francophonie sans frontières*. Paris: L'Harmattan, 2002.
Gafaïti, Hafid, Patricia M.E. Lorcin und David G. Troyansky (Hrsg.). *Transnational Spaces and Identities in the Francophone World*. Lincoln: University of Nebraska Press, 2009.
Ghebalou Haraoui, Yamilé (Hrsg.). *Littérature-monde. Enjeux et perspectives*. Alger: Hibr Edition, 2010.
Glissant, Édouard. *Traktat über die Welt*. Übers. von Beate Thill. Heidelberg: Wunderhorn, 1999 [1997]
Grimm, Jürgen, und Susanne Hartwig (Hrsg.): *Französische Literaturgeschichte*. Stuttgart und Weimar: Metzler, 2014.
Hargreaves, Alec G., Charles Forsdick und David Murphy (Hrsg.). *Transnational French Studies. Postcolonialism and Littérature-monde*. Liverpool: Liverpool University Press, 2010.
Hogarth, Christopher. „Nomadic Francophonie, Francophone Nomads: The Case of the Senegalese Novel". *Contemporary French and Francophone Studies* 10.1 (2006): 53–62.
Hühn, Melanie, Dörte Lerp, Knut Petzold und Miriam Stock (Hrsg.). *Transkulturalität, Transnationalität, Translokalität. Theoretische und empirische Begriffsbestimmungen*. Berlin: LIT Verlag, 2010.
Jay, Paul. *Global Matters. The Transnational Turn in Literary Studies*. Ithaca, NY i.a.: Cornell University Press, 2010.

Johae, Antony. „Transnational Identities in the Novels of Amin Maalouf". *Transnational Spaces and Identities in the Francophone World*. Hrsg. von Hafid Gafaïti, Patricia M.E. Lorcin und David G. Troyansky. Lincoln: University of Nebraska Press, 2009. 289–302.

Kastner, Jens. „Klassifizierende Blicke, manichäische Welt. Frantz Fanon: „Schwarze Haut, weiße Masken" und „Die Verdammten dieser Erde". *Schlüsselwerke der Postcolonial Studies*. Hrsg. von Julia Reuter und Alexandra Karentzos. Wiesbaden: Springer, 2012. 85–95.

Khatibi, Abdelkebir. *Figures de l'étranger dans la littérature française*. Paris: Denoel, 1987.

Khatibi, Abdelkebir. *Maghreb pluriel*. Paris: Denoel, 1983.

Kindo, Aïssata Soumana: Senghor: „De la négritude à la francophonie". *Ethiopiques 69, Hommage à L.S. Senghor* (2002): 191–205.

Kühn, Marion. „Kanada". *Französische Literaturgeschichte*. Hrsg. von Jürgen Grimm und Susanne Hartwig. Stuttgart und Weimar: Metzler, 2014. 434–446.

Laronde, Michel. „Displaced Discourses: Post(-)coloniality, Francophone Space(s), and the Literature(s) of Immigration in France". *Postcolonial Theory and Francophone Literary Studies*. Hrsg. von Adlai Murdoch und Anne Donadey. Gainesville: University Press of Florida, 2005. 175–193.

Laroussi, Farid. „When Francophone Means National: The Case of the Maghreb." *Yale French Studies* 103 (2003): 81–90.

Le Bris, Michel, und Jean Rouaud (Hrsg.). *Pour une littérature-monde*. Paris: Gallimard, 2007.

Lionnet, Françoise. „Transnationalism, Postcolonialism or Transcolonialism? Reflections on Los Angeles, Geography, and Uses of Theory". *Emergences* 10.1 (2000): 25–35.

Lionnet, Françoise. „National Language Departments in the Era of Transnational Studies". *PMLA* 117.5 (2002): 252–254.

Lionnet, Françoise. „Francophonie, Postcolonial Studies, and Transnational Feminisms." *Postcolonial Theory and Francophone Literary Studies*. Hrsg. von Adlai Murdoch und Anne Donadey. Gainesville: University Press of Florida, 2005. 258–269.

Lionnet, Françoise. „Introduction". *Special Issue on „Francophone Studies": New Landscapes*. *MLN* 118.4 (2003): 783–786.

Lüsebrink, Hans-Jürgen. „Schwarzafrika". *Französische Literaturgeschichte*. Hrsg. von Jürgen Grimm und Susanne Hartwig. Stuttgart und Weimar: Metzler, 2014. 472–491.

Mabanckou, Alain. „Le chant de l'oiseau migrateur". *Pour une littérature-monde*. Hrsg. von Michel Le Bris und Jean Rouaud. Paris: Gallimard, 2007. 55–66.

Maillé, Chantal. „Transnational Feminisms in Francophone Space". *Women. A Cultural Review* 23.1 (2012): 62–78.

Mammeri, Mouloud. *Poèmes kabyles anciens. Textes berbères et français*. Tizi Ouzou: Editions Mehdi, 2009. [1980]

Memmi, Albert. *Portrait du colonisé précédé du Portrait du Colonisateur*. Paris: Gallimard, 1957.

Mezali, Safia Latifa. „Entre orient et occident: Hybridité et nomadisme dans Origines d'Amin Maaouf". *Littérature-monde. Enjeux et perspectives*. Hrsg. von Yamilé Ghebalou Haraoui. Alger: Hibr Edition, 2010. 239–249.

Mignolo, Walter. *Epistemischer Ungehorsam. Rhetorik der Moderne, Logik der Kolonialität und Grammatik der Dekolonialität*. Aus dem Spanischen übersetzt und mit einer Einleitung von Jens Kastner und Tom Waibel. Wien: Turia & Kant, 2011.

Moudileno, Lydie. „Francophonie: Trash or Recycle?". *Transnational French Studies. Post-colonialism and Littérature-monde*. Hrsg. von Alec G. Hargraves, Charles Forsdick und David Murphy. Liverpool: Liverpool University Press, 2010. 109–124.

Moura, Jean-Marc. *Littératures francophones et théorie postcoloniale*. Paris: Presses universitaires de France, 2007.
Müller, Gesine, und Natascha Ueckmann (Hrsg). *Kreolisierung revisited. Debatten um ein weltweites Kulturkonzept*. Bielefeld: Transcript, 2013.
Murdoch, H. Adlai, und Anne Donadey (Hrsg). *Postcolonial Theory and Francophone Literary Studies*. Gainesville: University Press of Florida, 2005.
Nardal, Paulette. „L'Éveil de la conscience de race". *Revue du Monde noir* 6 (1932): 25–31.
Poddar, Namrata. *Paradoxes of insularity: Re-navigating the island through the contemporary Mauritian francophone novel*. 2010: http://repository.upenn.edu/dissertattions/ AAI3429174 (05. 01. 2015).
Rosello, Mireille. „Unhoming Francophone Studies: A House in the Middle of the Current". *Yale French Studies* 103 (2003): 123–132.
Sansal, Boualem. „Où est passé ma frontière?". *Pour une littérature-monde*. Hrsg. von Michel Le Bris und Jean Rouaud. Paris: Gallimard, 2007. 161–174.
Schor, Naomi. „Feminism and Francophone Literature: From One Revolution to Another." *Yale French Studies* 103 (2003): 163–165.
Senghor, Léopold Sedar. „Problématique de la Négritude". *Présence Africaine* (1971): 3–26; zit nach Kindo, Aïssata Soumana: Senghor: „De la négritude à la francophonie". *Ethiopiques 69, Hommage à L.S. Senghor* (2002): 191–205.
Struve, Karen. ,*Ecriture transculturelle beur*'. *Die Beur-Literatur als Laboratorium transkultureller Identitätsfiktionen*. Tübingen: Narr, 2009.
Struve, Karen. „Postcolonial Studies". *Kulturforschungen der Gegenwart*. Hrsg. von Stefan Moebius. Frankfurt am Main: Suhrkamp, 2012: 88–107.
Sturm-Trigonakis, Elke. *Global playing in der Literatur. Ein Versuch über die neue Weltliteratur*. Würzburg: Königshausen & Neumann, 2007.
Talbayev, Edwige Tamalet. „Between nostalgia and desire: l'Ecole d'Alger's transnational identification and the case for a Mediterranean relation". *International Journal of Francophone Studies* 10.3 (2007): 359–376.
Tétu, Michel. *La Francophonie. Histoire, problématiques, perspectives*. Paris: Hachette, 1988.
Thomas, Dominic. *Black France. Colonialism, Immigration and Transnationalism*. Bloomington: Indiana University Press, 2007.
Ueckmann, Natascha. *Ästhetik des Chaos in der Karibik. Créolisation und Neobaroco in franco- und hispanophonen Literaturen*. Bielefeld: Transcript, 2014.
Van den Abbelle, Georges. „Gender, Exile, and Return in Viet-Kieu Literature". *Transnational Spaces and Identities in the Francophone World*. Hrsg. von Hafid Gafaïti, Patricia M. E. Lorcin und David G. Troyansky. Lincoln: University of Nebraska Press, 2009. 321–343.
Vigouroux, Cécile B. „The smuggling of La Francophonie: Francophone Africans in Anglophone Cape Town (South Africa)". *Language in Society* 37 (2008): 415–434.
Waberi, Abdourahman A. „Les enfants de la postcolonie: esquisse d'une nouvelle génération d'écrivains francophones d'Afrique noir". *Notre Librairie* 135 (1998): 8–15.
Watts, Richard. *Packaging Post Coloniality: The Manufacture of Literary Identity in the Francophone World*. Lanham, MD: Lexington Books, 2005.
Weber-Fève, Stacy. *Re-hybridizing Transnational Domesticity and Femininity: Women's Contemporary Filmmaking and Lifewriting in France, Algeria and Tunesia*. Lanham, MD: Lexington Books, 2010.
Weichhart, Peter. „Das ‚Trans-Syndrom'. Wenn die Welt durch das Netz unserer Begriffe fällt". *Transkulturalität, Transnationalität, Translokalität. Theoretische und empirische Begriffs-*

bestimmungen. Hrsg. von Melanie Hühn, Dörte Lerp, Knut Petzold und Miriam Stock Berlin: LIT Verlag, 2010. 47–70.

Welsch, Wolfgang. „Was ist eigentlich Transkulturalität?". *Kulturen in Bewegung. Beiträge zu einer Theorie und Praxis der Transkulturalität.* Hrsg. von Dorothee Kimmich, Schamma Schahadat. Bielefeld: Transcript, 2012. 25–40.

Yédes, Ali. „Vietnamese Relationships: Confucian or Francophone Model". *Transnational Spaces and Identities in the Francophone World.* Hrsg. von Hafid Gafaïti, Patricia M. E. Lorcin und David G. Troyansky. Lincoln: University of Nebraska Press, 2009. 344–367.

Internet-Seiten
http://www.lemonde.fr/livres/article/2007/03/15/des-ecrivains-plaident-pour-un-roman-en-francais-ouvert-sur-le-monde_883572_3260.html (05. 01. 2015, 22:53; zit. als *Le Monde des livres* 15. 3. 2007)

IV.12 Transinsular, transkulturell, transnational, transatlantisch: Karibische Literatur(en)

Anja Bandau und Christoph Singler

„Gerade die Heterogenität, eigentlich Hindernis zur Erfassung der Region als Einheit, ist methodologische Grundlage für neuere theoretische Modelle der Karibik geworden", so eine der gewichtigsten Stimmen der karibischen Literaturkritik in den USA, Michael Dash (1998). Aisha Khan (2001) hingegen vertritt die Auffassung, Karibik sei eine „Fiktion". Fraglich wäre ihr zufolge dann auch, ob die Karibik eine gemeinsame Literatur hervorgebracht hat. Dashs Paradox fasst das Spannungsfeld zwischen Archipel und Einheit, Verflechtung (Relation) und Insularität, Dissonanz und Konvivialität, das sowohl die karibischen Gesellschaften als auch ihre Kulturen prägt. Denn die geschichtlichen, sprachlichen und kulturellen Unterschiede innerhalb des Gebiets sind gewichtig. Das Alter der Staaten variiert deutlich: Haiti ist 200 Jahre, Belize oder St. Thomas sind kaum 30 Jahre alt. Unterschiede sind auch hinsichtlich politischer Strukturen festzuhalten, denn nicht alle Inseln sind selbstständig; Martinique und Guadeloupe sind französische Départements d'Outre-Mer, während Puerto Rico ein Staat der USA ist, allerdings mit einem Sonderstatus. In vielerlei Hinsicht gehören die meisten Inseln größeren politischen bzw. kulturellen, zum Teil transatlantischen Einheiten an (Frankofonie und EU bzw. Commonwealth; oder aber Lateinamerika). Sprachliche Vielfalt dominiert: Neben den Sprachen der jeweiligen europäischen Kolonialmächte existieren die verschiedensten Kreol-Sprachen und Varianten sowie einige afrikanische Sprachen, deren Praxis sich auf den religiösen Bereich beschränkt. Hoetink (1985) weist zudem auf die Spezifik der hispanofonen Karibik hin. Hier ist es zu einem massiveren *mestizaje* gekommen (im Spanischen die biologische und kulturelle Vermischung ethnischer Gruppen, die als ‚Rassen' bezeichnet wurden), weil die industriell betriebene Plantagenwirtschaft, die ausnahmslos mit Sklavenarbeit einherging, erst Ende des 18. Jahrhunderts einsetzte, also relativ spät. Anders in der frankofonen und anglofonen Karibik, wo bereits seit dem 16. Jahrhundert Sklaverei massiv betrieben wurde, weshalb der Anteil der Bevölkerung afrikanischen Ursprungs heute weit höher ist.

Alle Inseln und die angrenzenden Festlandgebiete des amerikanischen Kontinents mit Plantagenwirtschaft (Zirkumkaribik genannt) teilen jedoch die historische Erfahrung der Verschleppung (*middle passage*) und Sklaverei (vgl. IV.9 ARNDT/ASSA). Die transnationalen Verbindungen zwischen den einzelnen Inseln und ihren Kulturen, den Inseln und den einzelnen Kontinenten sowie ihren respektiven Kulturen machen geografisches Containerdenken obsolet. Eine ganze Bandbreite von Begriffen versucht diese Verbindungen zu beschreiben: Das Konzept des (innerkaribischen) Transinsularen verweist auf Beziehungen zwischen den einzelnen Inseln auf nationaler und auf transnationaler Ebene; eine weitere Dimension führt der Begriff des Transatlantischen ein, der sich auf Prozesse der Kolonialisierung, die Verbindung zwischen Kolonien und Metropole sowie die historische Diaspora (16.–19. Jahrhundert) bezieht; das Diaspora-Paradigma schließlich meint zunächst die Zwangsmigration aus Afrika und Süd- und Ostasien (hier transpazifisch), bezeichnet aber auch Einwanderungen wie z. B. die jüdische und arabische. Die zeitgenössische karibische Diaspora, eine der prozentual größten Diasporagemeinschaften weltweit (vgl. Evans Braziel), sprengt jedoch vollends den nationalen und regionalen Rahmen. Diese Gruppen sind nicht nur in Kontakt mit den jeweiligen karibischen Herkunftsländern, sondern auch untereinander zunehmend vernetzt.

Der bis hierher geschilderte Kontext konditioniert die karibischen Literaturen in entscheidender Weise und in diesem Bereich ergibt sich ein analoges Bild, das zum einen herkömmliche Kanonisierungsraster problematisiert und zum anderen dazu führt, dass verschiedene parallele Ordnungsmodelle gleichzeitig zur Anwendung kommen. Vergleichsweise starke Nationalliteraturen sind in Haiti, Kuba und der Dominikanischen Republik entstanden. Der Begriff der Nationalliteratur meint hier sowohl die institutionelle Verankerung innerhalb heutiger Staatsgrenzen als auch eine zeitlich weit zurückreichende literarische Tradition, die oft vor die politische Unabhängigkeit zurückdatiert wird. Gleichwohl wird auch hier das nationale Paradigma schon während ihres Gründungsmoments fraglich, weil zentrale Figuren der kubanischen Literaturgeschichte seit Mitte des 19. Jahrhunderts wichtige Texte im Exil in den USA geschrieben haben. Das gilt etwa für José María Heredia, Cirilo Villaverde oder José Martí. Diese Tendenz der Transnationalisierung verschärft sich mit der Potenzierung der Diasporisierungsprozesse Mitte des 20. Jahrhunderts auch für andere karibische Literaturen etwa in Haiti oder den ehemaligen britischen und niederländischen Kolonien. Unabhängig davon führt die in Bezug auf Territorium, Bevölkerungszahlen und literarische Produktion vergleichsweise geringe Größe zu einer Zuordnung der Literaturen zu größeren sprachlichen, geografischen bzw. kulturellen Einheiten. So werden die spanischsprachigen zur ‚lateinamerikanischen Literatur' gezählt, während die anglofonen und frankofonen Literaturen oft im Raster der postkolonialen Literaturen aufgehen, letztere auch in der Frankofonie (vgl. IV.11 AREND). Die Diasporaliteraten werden unter Latino-Literatur in den USA oder auch *Black British Literature* in Großbritannien eingeordnet (vgl. IV.10 SCHULZE-ENGLER). Eine dynamische Literaturszene gibt es in den frankofonen DOM und in Puerto Rico; in den anglofonen Literaturen lässt die Inselgröße kaum eine dichte Lokalszene entstehen – Trinidad und Jamaica sind freilich mit Guadeloupe und Martinique vergleichbar –, wenn auch die Nobelpreisträger gerade von den kleinen Inseln stammen (Derek Walcott 1992, V.S. Naipaul 2001 und 1960 bereits Saint-John Perse; als Ausnahme wäre der Kolumbianer García Márquez zu nennen, der 1981 geehrt wurde). Es kann unter anderem deshalb von einer karibischen, transnationalen und multilingualen Literatur gesprochen werden, weil zahlreiche Intellektuelle und Künstler diese Fiktion mit Leben gefüllt haben. Antonio Benítez Rojo (2004) führt die Gemeinsamkeiten, Analogien und/oder Parallelismen auf die Plantagenkultur und die damit einhergehende massive Einfuhr afrikanischer Sklaven und asiatischer Kulis seit etwa Mitte des 19. Jahrhunderts zurück, ebenso Edouard Glissant.

Die wesentlichen Aspekte der Theorie karibischer Kultur sind bereits in den ersten zwei Dritteln des 20. Jahrhunderts formuliert und von nachfolgenden Autoren aufgenommen und differenziert worden. Prominent wurden karibische Kulturtheorien jedoch erst später in der Verbindung mit poststrukturalistischen Ansätzen (Edouard Glissants Umgang mit Derridas Konzeption des Verhältnisses von Schrift und Sprache, mit dem Rhizom-Motiv von Deleuze/Guattari und die Auseinandersetzung mit Wiederholung und Differenz) und ihrer Rezeption in wichtigen Zentren der Wissensproduktion in den USA. Seit Edouard Glissant und Antonio Benítez Rojo ist die Theorie der karibischen Kultur in der Globalisierungsdebatte aufgegangen oder auf dem Weg dahin. Die nachfolgende Darstellung bezieht sich deshalb auf Beiträge, die zur Konstruktion einer karibischen Literatur sowie Kulturtheorie wesentlich beigetragen haben, noch ehe zentrale Metaphern der karibischen Theorie wie Archipel, Polyrhythmus, Spur, Opazität, Mangrove zu Begriffen geronnen sind. Wenn im Folgenden der Akzent auf Kulturtheorie gelegt wird, so ist dabei zu berücksichtigen, dass die Schriftsteller, die häufig zugleich Universitätslehrer und Forscher (gewesen) sind, großen Anteil an ihr haben.

1. Insularität, ihre Bedeutungsebenen und Metaphern

Raum in seiner Relationalität ist eine der Kategorien, mit der nahezu alle Thematiken verknüpft sind, die in der zeitgenössischen karibischen Literatur verhandelt werden (vgl. II.4 KRAFT). Zunächst bestimmt Insularität nicht nur die Landschaftsschilderungen, sondern wirkt auch weit in die sozialen Strukturen hinein. Die Größe der jeweiligen Insel spielt dabei nur eine untergeordnete Rolle. Die Inseln bzw. Inselstaaten sind Mikrokosmen. Der Öffnung auf die Meeresweiten widerspricht die Isolation. So beklagt 1942 der Kubaner Virgilio Piñera das „verfluchte

Wasser ringsherum" (*La isla en peso*, [1943] 2000, Die Last des Inseldaseins)[1] – die kubanischen *balseros* (Bootsflüchtlinge, siehe de la Nuez in diesem Artikel), die seit der Auswanderungswelle von 1994 in prekären, selbstgebastelten Booten versuchen, das Ufer von Miami/Florida zu erreichen, wissen um die Ambiguität des Meeres als Einladung zur Reise und als Mauer. Die ästhetischen Reaktionen variieren stark: Michael Dash (2003) spricht von „(Isolations)Angst", in Antigua äußert Jamaica Kincaid ihren Zorn über die provinzielle Gesellschaft (1988), der sie entfliehen will, während Derek Walcott in seiner Nobelpreisrede von 1992 im Gegenteil die Elementarität der Bauern von St. Lucia preist (1998). Der Martinikaner Glissant weist insbesondere darauf hin, dass es auf seiner Heimatinsel kein Hinterland gebe, d. h. keine Provinz, auf der die Stadtkultur aufbauen könnte. Die Kleinheit der Inseln verhindert die Vorstellung von den sprichwörtlichen Wurzeln, auf die äußere Einflüsse inokuliert werden könnten, ohne selbst affiziert zu werden. Der kubanische Dichter José Lezama Lima sagt in seinen Essays zur kubanischen Kunst (1993) von den Wurzeln kubanischer Kultur, dass sie „bis in den Fluß reichen". Noch im vegetativen, innersten Kern des Familienmythos, der hier das Herzstück des Nationalen meint, spürt er Bewegung. Dieser fließende Übergang zwischen Land und Wasser, von der Wurzelmetapher zum Rhizomatischen wird von Maryse Condé in *La traversée de la mangrove* (1989; Unter den Mangroven) durch die Figur der Mangrove verstärkt, die auch noch die Grenze zwischen Land und Meer verwischt, weil sie sowohl im Salz- als auch im Süßwasser zuhause ist. Das Labyrinth der Mangroven-Wurzeln kommt der postkolonialen Rhizom-Metapher für Dezentrierung und Dehierarchisierung am nächsten.

Zwei weitere Phänomene verbinden die Karibikinseln mit dem umliegenden Festland: vulkanische Tätigkeit und die alljährlichen Hurrikane, die ihrerseits zu Metaphern der Karibik entfaltet worden sind. Im kubanischen Volksmund ist immer wieder davon die Rede, dass die Insel wie ein Korken dahintreibe. Dash („Hemispheric Horizons", 2011) führt dies zur tragischen Figur des *bateau-prison*, des ‚Gefängnis-Schiffes' weiter; gemeint ist das Sklavenschiff, das nicht aufgehört habe, den Atlantik zu überqueren, zumindest nicht im Unterbewusstsein. Isolation, Hurrikane und Vulkanausbrüche bedrohen die Entwicklung menschlicher Gesellschaft, häufig genug wird auch von einer Landschaft „ohne Ruinen" gesprochen (Orlando Pattersons Roman *An absence of ruins*, zitiert von Walcott, 1974). Das Bild beschwört weniger Assoziationen der Neuen Welt – die einschlägig bekannten Paradiesvorstellungen seit Kolumbus, die in der karibischen Kolonialzeit schnell verflogen sind – als vielmehr die Angst vor der Abwesenheit von

---

[1] Die Jahreszahlen in Klammern beziehen sich hier und im folgenden auf die Publikation des Originals, nicht auf die deutschen Übersetzungen.

Geschichte, weil es keine Zeugnisse der geschichtlichen Gewalt gebe, oder weil die Regionalgeschichte schlechthin irrelevant sei. Empörung löste V.S. Naipaul mit seinem Satz aus, dass in den *West Indies* nie etwas geschaffen wurde, andeutend, Kreativität sei hier unmöglich (*The middle passage*, 1969). Naipauls frühe Romane, *The Mimic Men* und *A House for Mr Biswas*, thematisieren die (post-)koloniale Mimikry, die erst viel später von Homi K. Bhabha theoretisch aufgearbeitet und bis zur Konzeption der Hybridität weitergedacht wurde: Seine Helden sind tragikomische Existenzen, die ihre kolonialen Vorbilder imitieren und nie zu sich selbst finden, weil sie sich ihrer eigenen Wahrheiten auf diese Art nicht bewusst werden können bzw. wollen. Zwar gab es Versuche, die Inseln als utopische Orte zu lesen, genauso aber auch das Gegenteil dieses Sendungsbewusstseins. Einerseits also José Lezama Lima, der Kuba zum Träger einer „insularen Teleologie" machte, indem er auf der Insel Denktraditionen wieder erkannte, die von Ägypten über China bis zu den Etruskern reichten: sein Verfahren war analogisch und fußte auf der Annahme, dass kulturelle Modelle, die an bestimmten Orten auslaufen, woanders wieder aufleben und fortgesetzt werden können (*Las eras imaginarias* 1971, Die imaginären Zeitalter). Andererseits sein Landsmann Lorenzo García Vega, der in seiner Autobiografie *El oficio de perder* (2004, Der Beruf des Verlierers) mit großer Eindringlichkeit die Angst zum Ausdruck gebracht hat, an einem Fleckchen Erde geboren zu sein, wo künstlerische Kreativität von vornherein zum Scheitern verurteilt ist. García Vega ist vielleicht der radikalste, aber sicherlich nicht der einzige, der die exzentrische Position des karibischen Künstlers zum Gegenstand seiner Überlegungen macht. Patrick Chamoiseau beschreibt in *Chemin d'école* (1994, Der Schulweg) die koloniale Erziehung in Martinique, die als einzige Kultur nur die französische zuließ.

2. Imagination, Geschichte, Zirkulation

Trotz dieser Diskontinuitäten gibt es Verbindungen, teilweise historisch abgeleitet, teilweise konstruiert bzw. imaginiert. Insbesondere Derek Walcott hat das Unbedeutende, Abseitige der karibischen Geschichte gewürdigt, er setzt historische Insignifikanz gegen neokoloniale Abhängigkeit, d.h. wider die Macht als solche. Und in genauer Umkehr karibischer Frustrationen weist Walcott auf die unbegrenzten Möglichkeiten hin, die ein unbeschriebenes Blatt, also die Leerstelle in der schriftlich überlieferten Geschichte bietet: „In the Caribbean, history is irrelevant, not because it is not being created, or because it was sordid; but because it has never mattered. What has mattered is the loss of history, the amnesia of the races, what has become necessary is imagination, imagination as necessity, as invention" (Walcott 1974, 6). „Creative imagination", zentraler Begriff des Guyaners Wilson Harris, wird zur Aufgabe des karibischen Schriftstellers. Der Imagination obliegt es aber zunächst auszusprechen, was im kollektiven Unbewussten verharrt und unartikuliert geblieben ist. Wenn Archive fehlen, bzw. Leerstellen vorhanden sind oder Schweigen herrscht (vgl. Trouillot 1995), wird Kreativität – Literatur, Kunst, bzw. Imagination in jeder Form – zum Brückenschlag. Harris hat seine Vorstellung in die Metapher der „Limbo imagination" gebracht, der zufolge dieser berühmte karibische Tanz die Fragmentierung der afrikanischen Weltsicht der Sklaven versinnbildlicht und gleichzeitig eine Neuordnung, d. h. die Entstehung einer neuen Kultur und eines neuen Subjekts suggeriert (1967). Kamau Brathwaite, Dichter und Soziologe aus Barbados, sprach 1967 in seiner epischen Trilogie *The Arrivants* vom „Kieselstein", (*Pebbles*), der zwar selbst unfruchtbar bleibt, aber dem Mächtigen Widerstand bietet. Als Gegengewicht steht im selben Band das Gedicht *Calypso*, das die Inseln des Archipels als Spuren eines Kiesels darstellt, der übers Wasser geschleudert wird. Brathwaite und Harris imaginieren eine Kontinuität, die Leerstellen und Unterbrechungen miteinschließt. Bei Walcott heißt es, „die See ist Geschichte" (Walcott 1979). Im Epigraf zu seiner *Poetik der Relation* (1990) zitiert ihn Glissant im selben Atemzug mit Brathwaites Diktum, die „Einheit ist unter Wasser". Hier darf wohl auch der Ansatzpunkt des postmodernen „archipelischen" Denkens Glissants gesehen werden. Geschichte mag unsichtbar sein, ist aber in dieser diskontinuierlichen und dennoch dichten Verkettung visueller und räumlicher Metaphern immer mitzudenken.

Die Zirkulation karibischer Motive, Obsessionen, Metaphern und Bilder soll keineswegs nahelegen, dass identische geografische und historische Umstände genügen, um zu analogen, zumindest vergleichbaren kulturellen Mustern zu führen. Der vielfältige Austausch der Akteure und Werke selbst über nationale, sprachliche und subregionale Grenzen hinweg ist nicht weniger entscheidend. Diese Verflechtungsgeschichte bleibt noch zu schreiben, auch wenn einige der wichtigen Etappen mittlerweile gut untersucht sind (vgl. auch III.3 TIPPNER). Ethnografen wie Lydia Cabrera, Fernando Ortiz (beide Kuba) und Jean-Price Mars (Haiti) trugen zwischen 1920 und 1950 wesentlich zu diesem Austausch bei. Nachdem ihre *Cuentos Negros* (Afrikanische Erzählungen) zunächst in französischer Sprache in Paris erschienen waren (*Contes nègres*, 1938) übersetzte Cabrera 1943 einen Schlüsseltext des Postkolonialismus, Aimé Césaires *Cahier d'un retour au pays natal* (1939), ins Spanische. Es ist eine Phase, in der unter Einfluss des Surrealismus die disziplinären Grenzen zwischen Ethnologie und Kunst von beiden Seiten überschritten werden. Der Austausch zwischen Kuba und den frankofonen Inseln, insbesondere Haiti, ist in den 1940er bis 1960er Jahren besonders intensiv. Jacques Roumains Roman *Gouverneurs de la rosée* (Herr über den Tau), posthum 1944 erschienen, wird 1961 im revolutionären Kuba ins Spanische übersetzt. Der Kubaner Alejo Carpentier interessiert sich bereits in den 1940er Jahren für die haitianische Revolution, die Gegenstand seines Romans *El reino de este mundo* (1949, Das Reich von dieser Welt) sein wird. 1962 erzählt er in *El siglo de las luces* (das Jahrhundert der Aufklärung) von den Auswirkungen der französischen Revolution in der Karibik. Der Haiti-Roman, zumindest das Vorwort, hat eine folgenreiche Rezeption angestoßen, weil letzteres als literarische Unabhängigkeitserklärung Lateinamerikas verstanden wird. Carpentier entwickelt dort seine Konzeption des *real maravilloso*, der „wunderbaren Wirklichkeit" Lateinamerikas, die das Besondere vor allem in den afrokaribischen und indigenen Mythen und Religionen sowie einer Natur findet, denen man in Haiti „auf Schritt und Tritt" begegne. Der Haitianer Jacques Stephen Alexis entwickelt Carpentiers Auffassung zum *realisme merveilleux* weiter und verfasst in dieser Ästhetik seinen Roman *Compère Général Soleil* (1955).

Dies sind nur einige der früheren Beispiele für die zahlreichen Begegnungen, die allerdings meist in den Metropolen der Kolonialmächte, heute weiterhin Orte der postkolonialen Diaspora, stattgefunden haben bzw. immer noch stattfinden, weil die Autorinnen und Autoren dort leben bzw. dort publiziert und rezipiert werden. Die zeitgenössische karibische Diaspora in Europa und in den USA hat zusätzliche Infrastruktur und Räume für diesen Austausch geschaffen, angefangen von RFI und speziellen BBC-Programmen bis hin zu zahlreichen Websites und blogs (social media). Aber die innerkaribische Zirkulation von Akteuren und kultureller Produktion hat sich ebenfalls intensiviert bzw. gerät zunehmend in den Blick der Forschung (Puri 2003). Walcott – aus St. Lucia – arbeitete lange in Trinidad, bevor er in die USA ging; Brathwaite – aus Barbados – arbeitete in Mona, einem der über Jamaica, Trinidad und Barbados verteilten Standorte der *University of West Indies*. Kulturkongresse, in Havanna die Kunst-Biennale und das Filmfestival, auch etwa die Plattform zur Kreolisierung, die im Vorfeld der Dokumenta 11 zu „Créolité und Kreolisierung" im Januar 2002 auf St. Lucia stattfand, bieten Möglichkeiten des Austausches.

Themen dieser Debatten waren Kultur und Gegenstände anthropologischer Forschungen wie Tänze und Musik (von Limbo bis Reggaeton); Religionen wie Santería und Vodou; Mythen, Legenden (*Anansi*, der Trickster in Form einer Spinne), Karneval, Gastronomie, Habitat u. a. Es handelt sich meist um Motive afrikanischer Herkunft, obwohl mittlerweile auch die indo-karibische Kultur und Bevölkerung deutlich mehr Beachtung finden.

3. Haiti, Caliban, Afrika

Haiti, wo 1791 die erste jemals erfolgreiche Sklavenrevolution stattfand und 1804 die erste von Schwarzen geleitete Republik entstand und damit der erste unabhängige lateinamerikanische Staat, ist überall in der Karibik Inspirationsquelle zahlreicher Fiktionen geworden. Beginnend – im 20. Jahrhundert – mit *The Black Jacobins* des Trinidaders C.L.R. James (1938) sind ihre Protagonisten Toussaint Louverture, Jean-Jacques Dessalines und Henri Christophe von Césaire, Lamming, Glissant, Walcott, Jean Metellus u. a. bearbeitet worden; nach der 200-Jahrfeier der Revolution 2004 ist ein Boom neuer Texte zu verzeichnen. Gegenstand ist meist das Scheitern und die Suche nach seinen Ursachen im neokolonialistischen Imperialismus des 19. Jahrhunderts, dann aber auch im Rassismus und im unvollendeten, weil eurozentrischen, Projekt der Aufklärung. Darauf richten sich zahllose Anspielungen in Romanen, die nicht unbedingt die Revolution oder Haiti fokussieren, sondern eventuell Nebenschauplätze der Französischen Revolution wie Guadeloupe (s. o. Carpentier; Condé 1989). Haitianische Autoren sprechen vor allem von der Möglichkeit der literarischen Imagination einer nicht bzw. lückenhaft überlieferten Geschichte. Evelyn Trouillots Roman *Rosalie, L'infame* (2003) ist ein in diesem Sinne literarisch erschaffenes Zeugnis, in dem die Autorin auf der Grundlage wissenschaftlicher Studien das Leben und die Stimme einer Sklavin fiktional erstehen lässt. Postkoloniale Theoretiker und Literatur- und Kulturwissenschaftler verknüpfen Haiti mit der Utopie einer Aufhebung des Nord-Süd-Gefälles und des Rassismus, zumindest mit dem Potential zu einer Kritik der Aufklärung und der Moderne (Fischer 2004; Buck-Morss 2009).

Haiti, Caliban und Afrika bilden drei wichtige *lieux de mémoire* karibischer Literaturen und Erinnerungskulturen: Haiti, der traumatische und zugleich utopische Ort des erfolgreichen Sklavenaufstands, der die Universalität der französischen Revolutionsideale der Gleichheit global auf den Prüfstand stellt; Caliban, Figur des Sklaven, der zur Identifikationsfigur des Rebellen gegen die koloniale Unterdrückung wird; sowie Afrika, der zugleich mythische und historisch konkrete Bezugsort des Rebellen. Die Calibanfigur geht auf Shakespeares *The Tempest* zurück. Der Name ist Verballhornung des Kannibalen, der von Prospero – Vertreter des europäischen Imperialismus – gezähmt und unterworfen wird. Zwar erwirbt er überhaupt erst dank Prospero die Sprache, verspürt aber keinerlei Drang zum Guten, jedenfalls nicht bei Shakespeare. Im Kuba der 1970er Jahre wurde Caliban von Roberto Fernandez Retamar im gleichnamigen Essayband zum Vertreter der karibischen Kultur umgedeutet; in der Peripherie angesiedelt, ist er Opfer imperialistischer Ausbeutung und damit für Retamar per se revolutionär. Subtiler verfährt etwa George Lamming (1960), der das Motiv aufgreift, um darin den Konflikt zwischen Gesetz und Religion abzuhandeln, sprich die soziale Stellung des haitianischen *Vodou* als Vertreter aller anderen afrokaribischen Religionen; Walcott betont seinerseits Calibans Sprachvermögen, das ihn auf die Höhe seines ehemaligen Meisters hebt. Eine neue Version bot der kubanische Essayist Iván de la Nuez (1998), dessen Caliban in die Diaspora reist; der *balsero* als Deserteur ist bei ihm Gegenbild zur nationalen Heldenfigur der 1970er Jahre geworden.

1993 hat Paul Gilroys *The Black Atlantic* eine neue, transatlantische Dimension in die afrikanische Diaspora eingeführt, in der potentiell alle Bereiche Amerikas erfassbar werden, die vom Plantagensystem betroffen waren. Das Buch regte u. a. zu einer Welle von Untersuchungen der zahlreichen Vernetzungen zwischen den schwarzen Bevölkerungen Nord- und Südamerikas sowie der Karibik an. Die Beziehungen vieler karibischer Schriftsteller und Intellektueller zu den USA gehen auf das 19. Jahrhundert zurück (neben den bereits erwähnten Kubanern sei auch der haitianische Essayist Joseph-Anténor Firmin genannt, u.v. a.). Im 20. Jahrhunderts sind der gemeinsame Nenner der Panafrikanismus und das *Civil Rights Movement*. Der Jamaikaner Marcus Garvey gründet dort seine UNIA-Bewegung, sein Landsmann Claude McKay beteiligt sich an der Harlem Renaissance. Die Zeitschrift *Présence africaine*, 1947 in Paris gegründet, ist emblematisch für Gilroys Idee, weil sie Brücken sowohl nach Afrika als auch in die USA schlägt. Im Vorfeld der Zeitschrift rufen Aimé Césaire (Martinique), Léon-Gontran Damas (Guyana) und Léopold Sédar Senghor (Senegal) die *Négritude* ins Leben, die das afrikanische Erbe aufwertete. Nach ihrer Unabhängigkeit wurden die neuen afrikanischen Staaten in den 1960er und 1970er Jahren bedeutendes Reiseziel, sowohl im frankofonen als auch im anglofonen Bereich. George Lamming, Maryse Condé (2012) u. a. haben in diesen Jahren in Afrika gelebt; die sieben Panafrikanischen Kongresse (von 1919 bis 1974), die beiden *Congrès Internationaux des Écrivains et Artistes Noirs* (1956 und 1959, die Akten erschienen in *Présence africaine*, einer 1947 in Paris gegründeten Zeitschrift), das *Festival mondial des Arts Nègres* (1966, 1977, 2010) können hier nur als Beispiele für die Institutionalisierung dieser Begegnungen und als Bausteine einer Verflechtungsgeschichte genannt werden.

Die Sklaverei schien alle Verbindungen zu Afrika unterbrochen, bzw. wesentliche Züge der afrikanischen Kultur(en) unkenntlich gemacht zu haben. Die anthropologischen Untersuchungen zu Beginn des 20. Jahrhunderts versuchen sich an einer Kultur-Archäologie, um die jeweilige afrikanische Herkunft bestimmter Begriffe und Wendungen, bestimmter Rhythmen und afrokaribischer Religionen usw. zu rekonstruieren. Die *Poesía mulata* des Kubaners Nicolás Guilléns (*Sóngoro Cosongo*, 1931) wäre hier ebenso zu nennen wie die bereits erwähnte frankofone *Négritude*. Schon früh setzte sich die Überzeugung durch, dass keiner dieser Züge in ursprünglichem Zustand überlebt habe, sondern in diversen kreolisierten Formen aufgegangen sei. Gerade die ‚Mischung' machte die Suche nach

‚Afrikanismen' umso dringlicher. Dennoch regte sich bereits in den 1970er Jahren Unzufriedenheit mit dieser Orientierung. Nicht nur sei Afrika ein Mythos, der die Verankerung der Nachfahren der Sklaven in den neuen Staaten verhindere; auf dem Spiel stehe die Kreativität der afrokaribischen Bevölkerung. Walcott schrieb 1974 in „The muse of History" (in Walcott 1998), es stehe nicht in seiner Macht, seinen afrikanischen Vorfahren, die ebenfalls am Sklavenhandel beteiligt waren, zu verzeihen. Walcotts Einwand hat der Suche keinen Abbruch getan, auch wenn sie heute weniger intensiv fortgesetzt wird. In dieser Hinsicht sei die Erkundung der afrokaribischen Philosophie durch Paget Henry erwähnt, die allerdings kaum auf Texte, die dem westlichen Kanon entsprechen, zurückgreifen kann. Zudem ist ihr Exklusivitätsanspruch in Zweifel gezogen worden, vor allem von Akademiker/innen und Schriftsteller/innen mit asiatischem Hintergrund. Dafür steht etwa das Konzept der Kala pani, („die schwarzen Wasser"), das dem *Black Atlantic* die Erfahrung der asiatischen Vertragsarbeiter (indentured labour) an die Seite stellt und in einer ganzen Reihe von literarischen Texten indokaribischer Autorinnen bearbeitet wird (Mehta 2004).

4. Kreolisierung

‚Kreolisierung' geht auf das spanische Wort *criollo* bzw. das portugiesische *criolo* zurück; es bedeutet so viel wie ‚in Amerika geboren, aber von Einwanderern abstammend'. Die Ursprünge des Begriffs sind mit einiger Wahrscheinlichkeit in der Linguistik zu finden, wo Kreolisierung die Bildung einer neuen Sprache bezeichnet, die aus dem Kontakt zwischen Kolonialherren und unterworfenen Bevölkerungen entsteht. Der Weg führt von Pidginsprachen, die strikt funktional einer rudimentären Kommunikation dienten, zu Kreolsprachen, die meist europäische Semantik mit sogenannten Substraten vereinen. In der Karibik sind Kreolsprachen in allen großen Sprachräumen entstanden. Von der Linguistik wanderte der Begriff in die Anthropologie, wo sie zunächst in der Karibik die Entstehung von etwas Neuem aus Kulturkontakt in kolonialen Gewaltverhältnissen bezeichnet (Hall 2003).

In seinem konzisen Überblick zur Kreolisierung (2006) äußert Stephan Palmié Bedenken zur unkritischen Ausbreitung des Begriffs, zumal er die linguistische Basis in Frage stellt, weil sie ihrerseits auf (ungesicherten) historischen Erkenntnissen aufbaue. Das hat Schriftsteller wie Wilson Harris und insbesondere die martinikanischen Schriftsteller von Glissant bis zu Patrick Chamoiseau, Jean Bernabé und Raphael Confiant (*Éloge de la créolité*, 1989; Lob der Kreolität) nicht davon abgehalten, sie zum Kernstück ihrer Karibiktheorie zu machen.

Glissant hat die Kreolisierung zu einem ‚karibischen' Kulturkonzept mit Paradigma-Status gemacht, das global für die Beschreibung von Kulturkontaktphänomenen genutzt wird. Sie umfasst sowohl Synkretismus als auch Hybridität und geht über *mestizaje* bzw. *métissage* hinaus, insofern sie auf den Transkulturationsbegriff des kubanischen Anthropologen Fernando Ortiz zurückgreift, der kulturellen Austausch 1940 als reziproken und nicht hierarchischen Prozess eingeführt hat (Glissant 1981). So schreibt James Clifford in *The Predicament of Culture*: „we are all Caribbeans in our urban archipelagos"(1988, 173). Glissants Konzept der Kreolisierung verzweigt sich aber in viele Richtungen. Es ist antiorganisch gedacht und essentialisiert nicht. Es betont Unvorhersehbarkeit und Ungewissheit, verwirft sämtliche Systematiken und lehnt Synthesen ab. An ihre Stelle tritt eine *Poetik der Relation* (1990). Glissant geht es um eine Bezogenheit, die Identität nicht verabsolutiert und deshalb auch Opazität für die eigene Subjektivität und für das Gegenüber zulassen kann, ja geradezu einfordert. Die Relation sucht die/den Anderen nicht zu erfassen, weil Erfassen Differenz aufhebt und ‚Besitz ergreifen' will (1997, 26, Traktat über die Welt). An Stelle des Begreifens benötigt die Relation daher Imagination, die ihrerseits die Kreolisierung zu einem unabschließbaren Prozess macht. Mit der Metapher der Spur schließlich vermag Glissant die Gegenwart des Vergangenen einzuholen, ohne auf die imaginäre Dimension des (kollektiven oder individuellen) Gedächtnisses verzichten zu müssen.

An der zunehmend deterritorialisierten, in verschiedene Kontexte übertragenen Verwendung des Begriffs der Kreolisierung setzen neuere Kritiken ein. So wird immer wieder darauf bestanden, dass sie ein Produkt von spezifischen Gewaltverhältnissen ist und daher kaum übertragbar, anders als Transkulturation, die ohne wichtige postkoloniale Konzepte wie Hybridität und Subalternität auskommen kann. (Sheller 2003) Ihr Charakter als unabgeschlossener Prozess sichert die Kreolisierung immerhin vor den schweren Vorwürfen, die an die eher essentialisierende Kreolitätsideologie gerichtet wurden. (vgl. Hall 2003, Palmié 2006). Ähnlich wie *mestizaje* war nämlich *créolité* (*creoleness, criollidad*) ein Instrument der Eliten, die sie zur Nationalideologie erhoben, um die Marginalisierung der schwarzen Bevölkerung zu verschleiern. Die patriarchalen und gewaltvollen Aspekte der *créolité* hat bspw. Maryse Condé in ihrem Roman *Traversée de la Mangrove* (1989, Unter den Mangroven) artikuliert. Der strenge Verfechter der *creolité* Patrick Chamoiseau (2012) hat es inzwischen selbst relativiert.

5. Oralität, Sprachgrenzen-Überschreitung, Diaspora

Michael Dash, wie schon andere zuvor, argumentierte in *New World Literature* (1998) gegen die Fragmentierung von Literatur in Sprachräume, nicht zuletzt weil innerhalb dieser Räume Kreolsprachen auftreten, die von ein und derselben Person gleichzeitig mit der jeweiligen Schriftsprache praktiziert werden. Frank Martinus Arions (Curação) 1973 veröffentlichter Roman *Dobbelspel* ist in Niederländisch (Erzählerrede) *und* Papiamentu (Figurenrede) geschrieben; der Haitianer Franketienne hat 1975 den ersten haitianischen Roman auf Kreolisch veröffentlicht; er war Mit-Gründer des haitianischen Spiralismus, der die Realität als Chaos versteht und als solches in sprachgewaltigen Collagen widerzugeben versucht. Diese Versuche sind vereinzelt geblieben, keine der Kreolsprachen hat sich bislang als literarische (Schrift-)Sprache durchsetzen können. Dennoch spielen sie eine wichtige Rolle beim Schreiben, weil sie Oralität ins Spiel bringen. Diesseits bzw. jenseits von Semantik, bringen sie Rhythmik (hier ist insbesondere Brathwaite zu nennen) und Lautmalerei (etwa bei Guillén die *jitanjáfora*, ein erfundenes völlig bedeutungsfreies Wort) oder die Performativität des Sprechens als solche ins Spiel. Als Zeichen der Nähe zum (meist nicht lesenden) heimischen Publikum ist Oralität auch Zeichen der Befindlichkeit, der Differenz der ehemaligen Sklaven und Sklavinnen, ihrer Kreativität und damit auch *agency*. Chamoiseaus Roman *Texaco* (1992) erzählt vom Widerstand des gleichnamigen Elendsviertels von Fort-de-France gegen ein Straßenprojekt, dem es zum Opfer fallen soll. Virtuos spielt Chamoiseau mit einer dreifachen Erzählperspektive, abwechselnd zwischen „Wir" und „Ich", letztere von ersterer abhängend: Die Gründerin des Viertels erzählt dem Erzähler, was ihr Vater ihr wiederum erzählte. Diese drei Stimmen fügen sich zu einem polyfonen Ganzen. Bachtins Prinzip findet in diesem Austausch zwischen europäischer Schriftsprache – der Sprache der Eroberer – und Kreolsprache eine spezifisch karibische Ausprägung. Es sei jedoch angemerkt, dass die anglofone Fiktion, mit einigen wenigen Ausnahmen wie Samuel Selvon (Trinidad), weit weniger an Oralität interessiert scheint. Ihrerseits ist die hispanofone Literatur nicht immer in eine Perspektive zu bringen, die Oralität postkolonial interpretieren möchte. Was hingegen frankofone und spanischsprachige Texte verbinden mag, ist die spielerische, barock ausufernde, oft parodistische karnevalistische Triebfeder. Das Pendeln zwischen Sprachen, Sprachniveaus, Soziolekten und Dialekten hat der Kubaner Guillermo Cabrera Infante in seinem Roman *Tres tristes Tigres* (1967, Drei traurige Tiger) virtuos vorgeführt; als Paradebeispiel gilt die Einleitung, die in Collagemanier Englisch und Spanisch verbindet. Intermedialität steht in der Karibik in Verbindung mit Oralität insofern, als sie Bezüge zur Populärmusik herstellt, wie etwa zum *Calypso* im anglofonen Sprachraum, oder zum *Son* in Kuba. Karnevaleske Elemente beschränken sich aber nicht auf Musik, auch visuelle Kultur fließt immer wieder in intermediale Schreibpraktiken. Cabrera Infantes Landsmann Severo Sarduy, Verfechter des Neobarock, praktiziert in *De dónde son los cantantes* (1967, Woher die Sänger sind) ein anspielungsreiches *action writing*, das insbesondere im letzten Kapitel „Cristo entrando en La Habana" (der Einzug Christi in Havanna), auf Bilder von James Ensor und der kubanischen Malerin Antonia Eiriz anspielt. Der Titel des Romans zitiert ein emblematisches Stück der kubanischen Populärmusik der 1930er Jahre.

Eine andere Konstellation ergibt sich, wenn die Diaspora-Schriftsteller hinzugezogen werden, die in der Sprache des Zuwanderungslandes schreiben. Edwidge Danticat (haitianisch-amerikanisch), Oscar Hijuelos (kubanisch-amerikanisch), Julia Álvarez und Junot Díaz (dominikanisch-amerikanisch) u. a. sind entweder Immigranten zweiter Generation oder als Kinder in die USA gekommen. Ihre Zuordnung zur Literatur Haitis, Kubas, der Dominikanischen Republik oder zur US-amerikanischen Latinoliteratur erfolgt je nach kritischer Perspektive. Grundsätzlich äußern sich zahlreiche dieser transnationalen Schriftsteller gegen die Ansicht, die Sprache als solche definiere eine Literatur und ihre Grenzen; ihre Texte artikulieren eine besondere Sensibilität für das Identifiziert-werden durch Sprache, für Sprachverlust und die Verwendung unterschiedlicher sprachlicher Codes je nach Lebensbereich (vgl. II.3 KILCHMANN). Maryse Condé argumentiert zu Recht, dass jeder Schriftsteller zu seiner eigenen Sprache finden müsse, und dass in New York die karibische Herkunft auch der Schriftstellerkollegen, die zu Englisch gewechselt haben, nicht zu verleugnen sei (Condé 2012). Identität im Third Space zwischen afroamerikanischer, karibischer und Latin@-Kultur (lateinamerikanische Bewohner bzw. Einwanderer in den USA) ist sicherlich eine zentrale Thematik dieser Texte. *La guagua aérea* (1994, Der fliegende Bus) von Luis Rafael Sánchez verbindet Puerto Rico und die USA, das Dorf und Manhattan, macht aber in seiner Schlusspointe die City zum Dorf. Es ist eine Innenwelt, die scheinbar unberührt vom Außen „sich doch bewegt", selbst wenn das reale und geistige Gepäck nicht recht zum „Fortschritt" passen will. Sánchez' *guagua* ist humorvolle Metapher des transnationalen Raums, der klassische Nicht-Ort Flugzeug wird zum Raum des Dazwischen, bevölkert von Puerto-Ricanern, die zwischen Job oder Geschäft und Familie hin- und her pendeln. Die *guagua*, der fliegende Bus, verbindet nicht nur Metropole und „postkoloniale Kolonie" (Flores 2000) bzw. urbanen und ländlichen Raum; er lässt sie ineinander fließen. Die „süße Rache des Kolonisierten" besteht darin, dass New York zu einem „Dorf" in Puerto Rico wird (Sánchez 1994, 20). Verschiedenste Grade von Assimilation, von Eigensinn und Transgression kultureller und sprachlicher Codes werden präsentiert. *Spanglish* ist eins dieser Symptome, ein Mix aus Spanisch und Englisch, an dessen Ausgestaltung vor allem die hispanofonen Autoren beteiligt sind.

Trotz der sogenannten ‚Hyphenisierung' der Diasporagemeinden in den USA (Bindestrichidentitäten wie haitianisch-amerikanisch als Variante der Kreolisierung) betont hingegen Edwidge Danticat die Unüberbrückbarkeit des „Abgrunds der Erinnerung" (Danticat 2010), d. h. die Unterschiede zwischen haitianischer und zirkumkaribischer Südstaaten-Kultur.

Diasporaliteratur hat einige neue Thematiken in die karibischen Literaturen eingeführt. Severo Sarduy dürfte einer der ersten Schriftsteller sein, der aus der sicheren Distanz seines Pariser Exils das Travestie-Motiv und alternative Sexualitäten zum Gegenstand machte, im schon erwähnten Roman *De dónde son los cantantes*. Der Blick für die Unterdrückung sexueller Minderheiten, aber gerade auch für Gender und Intersektionalität, ist in der US-amerikanischen Diaspora zumindest geschärft worden. In den letzten zwei Jahrzehnten haben sich die literarische Landschaft und Themen vor allem durch die Interventionen von Autorinnen vervielfältigt (z. B. Mayra Santos-Febres, vgl. Celis 2015); so beginnt die Kritik Autorinnen der hier im Fokus stehenden Gründerjahre (wie z. B. Suzanne Césaire) aus der Vergessenheit zu holen. Im Kontext von autobiografischem Schreiben sind vor allem autofiktionale Texte zu nennen, eine Modalität, die auch wesentlich von Schriftstellerinnen gepflegt und entwickelt (vgl. Kincaid, Danticat 1994) und nur allzu gern in die Genderecke verbannt wird, trotz so gewichtiger männlicher Stimmen wie Laferrière oder García Vega. Und nicht zuletzt hat die Diaspora die Kritik der Nationalismen gefördert. In Kuba erschien zwischen 1997 und 2002 die Untergrund-Zeitschrift *Diaspora(s)*. Ihre Mitglieder beanspruchten, Literatur jeder nationalen Instanz zu entziehen. Auch Dany Laferrière, erster Haitianer in der *Académie Française*, schreibt 2008 *Je suis un écrivain japonais* (Ich bin ein japanischer Autor) und führt damit das nationale Identitätsparadigma im literarischen Zusammenhang ad absurdum.

Zu Beginn des 21. Jahrhunderts stehen folgende transversale – transnationale – Aspekte der karibischen Literaturen im Zentrum der Forschung:

(1.) Aus dem Trauma der *middle passage* und der Sklaverei ergibt sich die Frage nach *agency* und Stimme afrokaribischer Tradition. Die historische *marronnage*, die Flucht und Widerstand der Sklaven während der Kolonialzeit bezeichnet, findet Eingang in die Literatur und begründet deren subversive Tendenz, insofern sie zur Metapher intellektuellen Widerstands wird.

(2.) Performanz und Intermedialität beziehen sich auf die starken oralen Traditionen, die Beziehungen zu Musik, Tanz und kulturellen Praktiken wie Karneval.

(3.) Polyfonie steht für Multiethnizität, die in den vergangenen Jahren neben dem afrokaribischen auch das asiatisch-karibische sowie das jüdisch-karibische Erbe zunehmend in den Blick nimmt; aber auch für multimediale Dimensionen des karibischen Schreibens.

(4.) Glissants ‚Spur' verweist zum einen auf die teilweise verschüttete Kolonial-Geschichte und das zerrüttete Kollektivgedächtnis, zum anderen aber auch auf das Archipelische, das nicht-totalitäre Moment in der karibischen Kultur, als Ablehnung von Universalität zu verstehen. Daher auch

(5.), der Schritt von der Universalität zu (kultureller) Diversität, von der Reinheit zur Hybridität.

Verallgemeinernd lässt sich sagen, dass Transnationalität auf verschiedenen Ebenen greift: Nationale Partikularismen stehen neben Motivsträngen und Schreibweisen, die in sämtlichen karibischen Sprachzonen wiederzufinden sind. Auch Identitätsdebatten werden kaum noch in nationalem Rahmen ausgefochten. José Martis berühmtes Diktum, Kubanität bedeute „mehr als weiß, mehr als Schwarz, mehr als braun" zu sein, steht heute verschärften Konflikten zwischen (re-)ethnisierten Gruppen gegenüber. Die in der Diaspora geschriebene Literatur macht diese Verschränkung und Überlagerung nur allzu deutlich, denn keine der heutigen karibischen Literaturen könnte je ohne sie gedacht werden.

Literaturverzeichnis

Alexis, Jacques-Stephen. *Compère général Soleil*. Paris: Gallimard, 1955.

Arion, Frank Martinus. *Double play: The story of an amazing world record*. Amsterdam: De Bezige Bij, 1973.

Arnold, James (Hrsg.). *A History of Literature in the Caribbean*. 3 Bände. Amsterdam und Philadelphia: Benjamins, 1994–2001.

Benitez Rojo, Antonio. *La isla que se repite*. Barcelona: Colibri, 2004.

Bernabé, Jean, Patrick Chamoiseau und Raphaël Confiant. *Éloge de la créolité*. Paris: Gallimard, 1989.

Brathwaite, Kamau. *The arrivants. A new world trilogy*. London und New York: Oxford University Press, 1973.

Brathwaite, Kamau. „Caribbean man in space and time". *Savacou* 11/12 (1975): 1–11.

Buck-Morss, Susan. *Hegel, Haiti and Universal history*. Pittsburgh, PA: University of Pittsburgh Press, 2009.

Cabezas Miranda, Jorge (Hrsg.). *Revista Diáspora(s). Edición facsímil (1997–2002)*. Barcelona: Linkgua, 2013.

Cabrera Infante, Guillermo. *Tres Tristes Tigres*. Barcelona: Seix Barral, 1967.

Cabrera, Lydia. *Cuentos negros*. Miami: Universal, 1938.

Carpentier, Alejo. *El reino de este mundo, relato*. Mexico: Iberoamericana de Publicaciones, 1949.

Carpentier, Alejo. *El siglo de las luces*. México: Compañía General de Ediciones, 1962.

Celis Salgado, Nadia. *La rebelión de las niñas. El Caribe y la „conciencia corporal"*. Madrid: Vervuert, 2015.

Césaire, Aimé. *Cahier d'un retour au pays natal*. Paris: Présence africaine, 1983 [1939].

Chamoiseau, Patrick. *Texaco*. Paris: Gallimard, 1992.

Chamoiseau, Patrick. *Chemin-d'école, Haute enfance*. Paris: Gallimard, 1994.

Chamoiseau, Patrick. *L'Empreinte à Crusoé*. Paris: Gallimard, 2012.
Clifford, James. *The predicament of culture : twentieth-century ethnography, literature, and art*. Cambridge: Harvard University Press, 1988.
Condé, Maryse. *La vie sans fards*. Paris: Robert Laffont, 2012.
Condé, Maryse. *Traversée de la mangrove*. Paris: Mercure de France, 1989.
Danticat, Edwidge. *Breath, Eyes, memory*. New York: Soho Press, 1994.
Danticat, Edwidge. *Create dangerously. The immigrant artist at work*. Princeton und Oxford: Princeton University Press, 2010.
Dash, J. Michael. *The Other America: Caribbean Literature in a New World Context*. Charlottesville: University Press of Virginia, 1998.
Dash, Michael. „Anxious Insularity: Identity Politics and Creolazion in the Caribbean." *A Pepper-Pot of Cultures. Aspects of Creolization in the Caribbean*. Hrsg. v. Gordon Collier und Ulrich Fleischmann. Amsterdam und New York: Rodopi 2003. 287–299.
Dash, Michael. „Hemispheric Horizons: Confinement, Mobility, and the „bateaux-prisons" of the French Caribbean Imaginary". *Contemporary French and Francophone Studies Sonderausgabe* 15.1: *The Francophone Caribbean and North America* (2011): 19–25.
Diaz, Junot. *The brief wondrous life of Oscar Wao*. London: Faber and Faber, 2008.
Evans Braziel, Jana. *Diaspora: An Introduction*. Oxford und Malden: Blackwell, 2008.
Fischer, Sybille. *Modernity Disavowed: Haiti and the Cultures of Slavery in the Age of Revolution*. Durham, NC und London: Duke University Press, 2004.
Flores, Juan. *From Bomba to Hip-Hop. Puerto Rican Culture and Latino Identity*, New York: Columbia University Press, 2000.
Frankétienne. *Dezafi*. Port-au-Prince: Fardin, 1975.
García Vega, Lorenzo. *El oficio de perder*. Puebla: Benemérita Universidad Autónoma de Puebla, 2004.
Glissant, Edouard. *Le discours antillais*. Paris: Gallimard, 1981.
Glissant, Edouard. *Poétique de la Relation. Poétique III*. Paris: Gallimard, 1990.
Glissant, Edouard. *Traité du Tout-Monde*. Paris: Gallimard, 1997.
Hall, Stuart. „Creolization, Diaspora, and Hybridity in the Context of Globalization". *Créolité and Creolization*. Hrsg. v. Okwui Enwezor et al. . Ostfildern-Ruit: Hatje Cantz, 2003. 185–198.
Harris, Wilson. *Tradition, the Writer and Society*. London: New Beacon, 1967.
Harris, Wilson. *History, fable & myth in the Caribbean and Guianas*. Wellesley, MA: Calaloux Publications, 1995.
Hoetink, H. „Race and color in the Caribbean". *Caribbean contours*. Hrsg.v. Sidney Wilfred Mintz und Sally Price. Baltimore: Johns Hopkins University Press, 1985. 55–84.
James, Cyril Lionel Robert. *The black Jacobins*. New York: The Dial Press, 1938.
Khan, Aisha. „Journey to the center of the Earth: the Caribbean as master symbol". *Cultural Anthropology* 16 (2001): 271–302.
Lezama Lima, José. *La materia artizada*. Madrid: Tecnos, 1996.
Lezama Lima, José. *Las eras imaginarias*. Madrid: Fundamentos, 1971.
Kincaid, Jamaica. *A small place*. London: Virago, 1988.
Kincaid, Jamaica. *The Autobiography of My Mother*. New York: Farrar, Straus Giroux, 1996.
Laferrière, Dany. *Je suis un écrivain japonais*. Paris: Grasset, 2008.
Lamming, George. *The pleasures of exile*. London: M. Joseph, 1960.
Mehta, Brinda. *Diasporic (Dis)locations: Indo-Caribbean Women Writers Negotiate the ‚Kala Pani'*, Kingston, Jamaica: University Press of the West Indies, 2004.

Naipaul, V. S. *A house for Mr. Biswas*. New York: McGraw-Hill, 1961.
Naipaul, V. S. *The mimic men*. London: Deutsch, 1967.
Naipaul, V. S. *The middle passage: impressions of five societies – British, French and Dutch – in the West Indies and South America*. Harmondsworth: Penguin, 1969.
Nesbitt, Nick. *Caribbean critique. Antillean critical theory from Toussaint to Glissant*. Liverpool: Liverpool University Press, 2013.
Nuez, Ivan de la. *La balsa perpetua. Soledad y conexiones de la cultura cubana*. Barcelona: Casiopea, 1998.
Ortiz, Fernando. „Del fenómeno social de la ‚transculturación' y de su importancia en Cuba". *Contrapunteo cubano del tabaco y el azúcar*. Hrsg. v. Enrico Mario Santí. Madrid: Cátedra, 2002 [1940]. 254–260.
Ortiz, Fernando. „The social phenomenon of ‚Transculturation' and its Importance".*Cuban Counterpoint. Tobacco and Sugar*. Durham, NC und London: Duke University Press, 1995 [1947]. 97–103.
Palmié, Stephan. „Creolization and its discontents". *Annual Review of Anthropology* 35 (2006): 433–56.
Piñera, Virgilio. *La isla en peso*. Barcelona: Tusquets, 2000 [1943].
Puri, Shalini. *Marginal Migrations: The Circulation of Cultures within the Caribbean*. Oxford: Macmillan Caribbean, 2003.
Roumain, Jacques. *Gouverneurs de la rosée*. Port-au-Prince: Imprimerie de l'état, 1944.
Sánchez, Luis Rafael. *La guagua aérea*. San Juan, PR: Editorial Cultural, 1994.
Sarduy, Severo. *De dónde son los cantantes*. México: Joaquín Mortiz, 1967.
Sheller, Mimi. *Consuming the Caribbean. From Arawaks to Zombies*. London und New York: Routledge, 2003.
Trouillot, Michel-Rolph. *Silencing the past*. Boston: Beacon Press, 1995.
Walcott, Derek. „The Caribbean: Culture or Mimicry?". *Journal of Interamerican Studies and World Affairs* 16.1 (1974): 3–13.
Walcott, Derek. „The sea is history". *Collected Poems 1948–1984*. London und Boston: Faber & Faber 1992 [1979], 47–54.
Walcott, Derek. „The muse of history." [1974]. *What the Twilight says*. New York: Faber & Faber, 1998, 36–64.
Walcott, Derek. *What the Twilight says*. New York: Faber & Faber, 1998.

IV.13 Rückkehr aus dem Exil: ein Paradigma transnationaler Literatur

Doerte Bischoff und Jasmin Centner

Als spezifische Form der Migration, die in der Regel nicht frei gewählt, sondern durch Verfolgung und Vertreibung erzwungen wurde, bleibt das Exil im traditionellen Verständnis des Begriffs an die Vision der Rückkehr gebunden. Typischerweise ist es als vorübergehender Zustand des Lebens in der Fremde konzipiert worden, der beendet werden kann, wenn der unmittelbare Fluchtgrund nicht mehr existiert (vgl. Frühwald 1995, 56). In der Literatur wird die Orientierung auf Rückkehr aber vielfach auch als Anlass für die Mobilisierung imaginärer Potentiale reflektiert, die im Beklagen von Verlust und Unerreichbarkeit zugleich die (Neu-)Erschaffung von Heimat inszeniert (vgl. Rushdie 1992). Die nostalgische Rückkehrsehnsucht kann dabei als Topos einer Zeiten und Räume übergreifenden Exilliteratur verstanden werden: Schon bei Ovid erscheint der Wunsch, nach Rom zurückzukehren, als Leitmotiv und zugleich Anlass von Kreativität, die gerade aus dem Abgeschnittensein und der Unverfügbarkeit der Heimat Kraft schöpft. „Inability to return home is both a personal tragedy and an enabling force", formuliert Svetlana Boym (2001, 252). Im 20. Jahrhundert, in dem Flucht und Vertreibung zu einem tausendfach geteilten Schicksal werden, was Edward Said dazu veranlasst hat, die westliche Literatur dieser Epoche weitgehend als eine „by and about exiles" zu beschreiben (Said 2002 [1984], 174; vgl. IV.15 KLIEMS), wird Heimat vielfach ausdrücklich als nationale beschworen. So wird der Gedanke, für das ‚andere', eigentliche Deutschland zu kämpfen und zu schreiben, für große Teile des deutschsprachigen Exils aus dem nationalsozialistischen Deutschland zu einem Gemeinschaft stiftenden Leitkonzept, das auch die Rezeption der in dieser Zeit entstandenen Exilliteratur nachhaltig geprägt hat (vgl. Koebner 1992; Winckler 1995). Said hat in seinen Reflexionen über das Exil entsprechend auf eine „essential association" zwischen Exil und Nationalismus aufmerksam gemacht (2002 [1984], 176). Wenn dabei die enge Kopplung von politischen Kategorien (Nation als Staatsform) und kultureller Zugehörigkeit (Nation als in Bezug auf Kultur und Sprache homogener Raum), die sich seit dem 19. Jahrhundert entwickelt hat, ausdrücklich affirmiert und gegen die vermeintlich unrechtmäßige Instrumentalisierung des Nationalen durch den Faschismus beschworen wird, zeichnen sich gerade in den literarischen Zeugnissen des Exils vielfach auch gegenläufige Tendenzen ab (vgl. Bischoff und Komfort-Hein 2012; Pichler 2012). In der Verhandlung von Rückkehr wird häufig die Vorstellung einer Restituierbarkeit ehemals intakter Heimaten und homogener nationaler Kulturtraditionen grundsätzlich problematisiert. Transnationale Perspektiven werden in diesem Kontext gerade dort erkennbar, wo Konzepte heimatlicher Verortung und insbesondere nationaler Zugehörigkeit als solche zur Disposition gestellt erscheinen. Für das deutschsprachige Exil seit 1933 spielen hier vor allem jüdische Stimmen eine wichtige Rolle, die auf unterschiedliche Weise artikulieren, dass sich Rückkehrphantasien angesichts des Ausmaßes und der Brutalität rassistischer Ausgrenzung, Vertreibung und Vernichtung jüdischer Menschen verbieten. In seinem Essay *Wieviel Heimat braucht der Mensch?* bezeichnet Jean Améry als eine zentrale Einsicht des Exils „die triviale Erkenntnis, daß es keine Rückkehr gibt" (2002 [1966], 87). Alle Versuche, eine Kontinuität deutscher bzw. europäischer Geistesgeschichte zu beschwören, erscheinen ihm naiv angesichts der Erfahrung, auf radikale Weise heimatlos geworden zu sein – „entborgen ganz und gar" (2002 [1966], 92). Ähnlich formuliert auch Carl Zuckmayer: „Die Fahrt ins Exil ist ‚the journey of no return'" (1966, 461), wobei die Mehrsprachigkeit des Zitats den erlebten Riss auch sprachlich markiert (vgl. II.3 KILCHMANN).

Viele Essays und autobiografische Zeugnisse Exilierter stellen also die Möglichkeit einer Rückkehr aus dem Exil in Frage, was von der Exilforschung entsprechend reflektiert worden ist (vgl. Köpke 2002). Neuere Studien, die sich auch auf das Faktum beziehen, dass von den seit 1933 Exilierten nur etwa fünf Prozent tatsächlich in ihr Herkunftsland zurückkehrten, haben sich stärker Fragen der (Austausch-)Beziehungen mit den jeweiligen Exilländern sowie Akkulturationsprozessen zugewandt (vgl. Becker und Krause 2010). Es bleibt jedoch bemerkenswert, dass zahlreiche literarische Exiltexte intensiv das Rückkehr-Thema umkreisen. Ob die Figuren aus dem Exil heraus eine Heimkehr imaginieren oder ob tatsächlich, teilweise in Anlehnung an biografische Erfahrungen, eine Rückkehr beschrieben wird, die Frage nach den Bedingungen und Möglichkeiten einer Rückkehr wird zum zentralen Einsatzpunkt für Reflexionen über Heimat, Identität und Zugehörigkeit jenseits ursprünglicher (nationaler) Verortungen. Dabei mobilisiert gerade der gewaltsame Verlust von Heimat offensichtlich literarische Energien, die darauf gerichtet sind, Verlorenes zu erinnern, nachzuschaffen und zu ersetzen (vgl. Boym 2001, 252; Bronfen 2013; Bischoff 2018). Indem es dabei vielfältig jedoch als imaginiertes und imaginäres zutage tritt (vgl. Rushdie 1992), wird das ‚Heimat-Schreiben' als ein eher performativ schaffendes denn als repräsentierendes erkennbar, das sich zugleich von Ansprüchen ablöst repräsentativ im Namen eines nationalen Kollektivs zu agieren. Wird die Heimat im Exil zur Projektionsfläche, führt gerade die Rückwendung auf sie zur Konfrontation von imaginärer Konstruktion und tatsächlicher Erfahrung (vgl. Juterczenka und Sicks, 18). Indem eine ungebrochene Heimat so nicht mehr verfügbar erscheint, geraten auch die eng an das Heimatkonzept geknüpften Kategorien von „*Raum, Zeit und Identität*" (Gebhard et al. 2007, 10) in Bewegung. Statt von einer bruchlosen

Heimkehr an einen vertrauten Ort zu erzählen und in eine regressive, restaurative Ursprungserzählung zu münden, entwerfen solche Rückkehrnarrative vielfältige Schreibweisen, die selbst auf unterschiedliche Weise von Bewegungen geprägt sind. Mal inszenieren sie ein Springen zwischen Orten, Zeiten und Kulturen, mal deren nicht synthetisierbare Verschränkung und Überlagerung (vgl. II.4 KRAFT). Für solche transnationalen Schreibweisen sind Momente des Kulturtransfers in Form von Übersetzungen, Mehrsprachigkeit und Bewegungsfiguren zentral (vgl. auch III.5 HAUSBACHER). Sie führen zu einem „transitorische[n] Erzählen" (Komfort-Hein 2003, 347), das von gleichzeitiger und „unvollkommene[r] Präsenz in zwei Welten" (Bronfen 1993, 170) zeugt. Dies lässt sich beispielhaft an Texten von Anna Seghers, Peter Weiss und Hilde Domin demonstrieren, die im weiteren Sinne der deutschsprachigen Exilliteratur zugerechnet werden können und Fragen der Rückkehr jeweils prominent verhandeln. Transnationale Dimensionen ergeben sich sowohl in der literarisch inszenierten Heimkehr, die aus der Exilwirklichkeit heraus imaginiert wird, wie auch aus Reflexionen über das Verhältnis von Heimat und Exil angesichts einer (biografisch) vollzogenen Rückkehr.

1. Heimsuchungen im Exil: Anna Seghers' *Der Ausflug der toten Mädchen*

Seghers' im mexikanischen Exil fertig gestellter Roman *Transit* und ihre Erzählung *Der Ausflug der toten Mädchen* haben jeweils eine Publikationsgeschichte, deren transnationale Konstellationen unmittelbar mit ihren exilischen Entstehungsbedingungen in Zusammenhang stehen. Beide wurden zunächst in spanischer Sprache – *Transit* außerdem auf Englisch – publiziert, bevor schließlich auch eine deutschsprachige Publikation realisiert werden konnte. Der den ersten fremdsprachigen Veröffentlichungen zugrunde liegende ursprüngliche Text ist jeweils verloren, für seine Rekonstruktion spielt die Berücksichtigung der Übersetzungen eine wichtige Rolle (vgl. Schlenstedt 2001, 338–346). Während Mexiko im Roman lediglich als Vision eines fremden, fernliegenden Zufluchtslandes und in Gestalt der es in Frankreich vertretenden Konsularbeamten in Erscheinung tritt, ist es in der Erzählung als rahmender Schauplatz der Rückkehrimagination, die in der Binnenerzählung entfaltet wird, gestaltet. So löst der Name „Netty", mit dem sich die durch eine als kahl und abweisend beschriebene mexikanische Landschaft (Seghers 2011 [1946], 121) wandernde Erzählerin plötzlich angerufen glaubt, eine imaginäre Rückkehr in ihre Kindheit aus. Die Protagonistin verdoppelt sich dergestalt in die kindliche Version, die an die zurückgelassene Heimat gebunden ist, und die gealterte Exilantin. Mit dem Namen Netty ist eine frühere Identität verknüpft, die auf eine Zeit vor der Verfolgung und Vertreibung verweist und nur noch in idealisierenden Traumsequenzen in Erinnerung gebracht werden kann, in die das Wissen um die unwiderrufliche Zerstörung dieser heimatlichen Bezugswelt immer wieder einbricht. Die Heimat, die explizit Thema und Fluchtpunkt der Erzählung ist, kann offenbar nicht (mehr) als Gegenbegriff zum Exil, sondern nur mehr als von ihm durchdrungen dargestellt werden, womit die Möglichkeiten und Grenzen des (Er-)Schreibens von Identität und Heimat reflektiert erscheinen.

Die von der Protagonistin ersehnte ‚Heimfahrt' inszeniert die Erzählung nicht nur als imaginierte Rückkehr an die Orte der zurückgelassenen deutschen Heimat, sondern auch als Zeitreise, indem ein Tag in der Schulzeit der Erzählerin als vermeintlich gegenwärtiges Geschehen dargestellt wird – das Zeitadverb „jetzt" strukturiert im Folgenden den Text. Während die disparaten Zeiten und Räume einerseits unmerklich ineinander gleiten, wird andererseits ein unvermitteltes, hartes Aufeinanderprallen von Schilderungen der Kindheitsidylle mit Beschreibungen späterer Ereignisse inszeniert, die dieselben Mädchen während der Nazi-Zeit betreffen, in der sie als Opfer und Täterinnen einander gegenüber treten. Indem die Erzählerin keine Erklärung findet, wie der heimatliche Zustand mit dem Wissen um spätere Ereignisse seit dem Ersten Weltkrieg, vor allem aber während der NS-Zeit, vermittelt werden kann, bleibt der Text von Brüchen gezeichnet. Die Beschreibung des Aufenthaltsortes der Mädchen in einem grünen Garten nähert die Szenerie dem Topos des *locus amoenus* bzw. des Paradiesischen an. Im für Exiltexte durchaus typischen Anschluss an eine kulturelle Mythopoetik des heimatlichen Ortes als paradiesischem ist hier die Funktion des Textes als „Schutzdichtung" (Bronfen 2013, 383) gegen die andrängende Gefahr der Zerstörung und des Verstummens angesichts einer übermächtigen Wirklichkeit deutlich zu erkennen. Zugleich prägt der Text, gerade weil es keine Übergänge gibt, eine Art traumatische Erzählstruktur aus, die durch die zur Schau gestellten Brüche Zeugnis von den biografischen und historischen Erschütterungen ablegt. Die letzten Seiten der Erzählung, in denen beschrieben wird, wie die Schülerin Netty durch die Straßen ihrer Heimatstadt nach Hause geht, verdichten noch einmal die Rede von der Heimkehr. Dabei bleibt das letzte Ziel der Heimkehrerin, die Wiederbegegnung mit der Mutter, unerreicht. Zwar sieht die Erzählerin sie vom Balkon winken, doch im Versuch, die Treppe des Hauses zu ihr emporzusteigen, verwandelt sich die Szenerie wieder in die mexikanische Landschaft. Der „Abgrund" (Seghers 2011 [1946], 150), zu dem das Treppenhaus plötzlich wird, bleibt im Text ohne konkreten historischen Bezug; dieser liegt außerhalb des Erzählbaren. Ebenso wie Imaginationen der Rückkehr ins Paradies gehören auch Visionen von der Rückkehr zur Mutter bzw. zu einem Zustand der Geborgenheit vor jeder Trennung und Gefährdung zu den archetypischen literarischen Imaginationen. Gerade die Brüche und Abgründe, die durch die Rückwendung auf derartige Traditionen in der Exil-Erzählung hervortreten, markieren jedoch auch den Traditionsbruch durch die nationalsozialistischen Verbrechen, von denen die Exilautorin als (im Blick auf die erzählte Gemeinschaft einzige) Überlebende hier Zeugnis ablegt. Heimat erscheint als überlebenswichtige Konstruktion und Deckerinnerung, die, wie auch von Améry beschrieben, als etwas ausgestellt wird, das „niemals unser Besitz gewesen war" (2002 [1966], 88), das aber gleichwohl im Erzählen gegen die Akte der Zerstörung, die es registriert und verzeichnet, hindurch behauptet wird. Dabei werden wirkmächtige Bilder und Mythologeme, die Geborgenheit und Zugehörigkeit erzählbar machen, in einer Weise aufgeboten, die zugleich die narrative Konstruktivität der Heimat vor Augen stellen. Vor diesem Hintergrund aber erscheinen auch die offensichtlich stereotypisierenden Beschreibungen der mexikanischen Umgebung nicht als kategorial verschieden gegenüber den Reaktualisierungen der deutschen Heimat, vielmehr gibt die distanzierende Darstellung ihrer Unverfügbarkeit zu einer grundsätzlichen Reflexion über Narrative von Heimat und Fremde Anlass. Seghers ist 1947 tatsächlich über Schweden und Frankreich nach Deutschland zurückgekehrt, wo sie sich schon bald gezwungen sah, sich für eine der beiden Seiten des geteilten Landes zu entscheiden. Rückblickend beschreibt sie, wie die im Exil entstandenen Imaginationen der Heimkehr hart auf die Wirklichkeit eines in Trümmern liegenden Landes treffen, dessen Menschen keine Bereitschaft zeigen, für das Geschehene Verantwortung zu übernehmen. Das Heimweh nach Deutschland schlägt um in „Nahweh" und verbindet sich mit einer mehrfach artikulierten Sehnsucht nach Mexiko, das Seghers dankbar als „Adoptivmutter" beschreibt (Zehl Romero 2003, 11–13; Díaz Pérez 2016, 20). Bezeichnenderweise entstehen Seghers' ‚mexikanische' Novellen, in denen Bezüge zu mexikanischer Kunst und Literatur einfließen, erst 1950–1980 nach ihrer Rückkehr und im Horizont einer Situation, in der eine restriktive Kulturpolitik in der DDR Anlässe bot, an andernorts gemachte Erfahrungen und Möglichkeiten anzuknüpfen. Ihr transnationales Potential ist aber bereits in den früheren Exiltexten angelegt.

2. Rückkehr jenseits nationaler Verortungen in Peter Weiss' *Die Besiegten*

Auch bei Weiss lassen sich bereits an der Textgeschichte von *Die Besiegten* transnationale Konstellationen ablesen. Weiss lebt seit 1940 in Stockholm, wo *De Besegrade* acht Jahre später als seine zweite Veröffentlichung erscheint. Der Prosatext basiert auf überarbeiteten Reportagen, die er als Korrespondent der schwedischen Tageszeitung *Stockholms-Tidningen* 1947 schreibt. Die deutsche Erstausgabe erscheint erst nach Weiss' Tod 1985, obwohl er bereits in den 1950er Jahren versucht, den Text über Peter Suhrkamp veröffentlichen zu lassen. Die feindliche Rezeptionsstimmung ist dabei durchaus von nationalistischen Untertönen geprägt (Groscurth 2011, 67). Die öffentliche Rezeption arbeitet sich vor allem an Weiss' schwedischer Staatbürgerschaft ab und spricht ihm, der nun ‚freiwillig' im Exil lebe, ein Urteil von ‚außen' ab. Die transnationale Hin- und Herbewegung zwischen Schweden und Deutschland, die beim Korrespondenten Weiss zu einer Verquickung von Innen- und Außensicht führt, fordert die deutsche Rezeption soweit heraus, dass er zunächst in Deutschland nicht veröffentlichen kann. Das Exil trägt sich folglich in die Publikationsgeschichte ein und wird im Nachhinein erst recht manifest.

Nach Deutschland kehrt Weiss nie mehr dauerhaft zurück, obwohl er ab den 1960er Jahren nur noch auf Deutsch schreibt. Zuvor benutzt er hauptsächlich Schwedisch als Schriftsprache und arbeitet als Übersetzer (vgl. dazu Bourguignon 1997, v. a. Kap. II). Die erneute Hinwendung zum Deutschen reflektiert Weiss in der Rede *Laokoon oder über die Grenzen der Sprache* (1968 [1965]) und beschreibt, wie die Wiederbegegnung mit dem Deutschen „die Erinnerung an ein Fliehen" wachruft. Als er es sich schließlich doch wiederaneignet, bewahrt es eine existentielle Fremdheit; das Deutsche ist zu einer Sprache geworden, „die nirgendwo mehr einen festen Wohnsitz hat" (Weiss 1968 [1965], 182, 187).

In *Die Besiegten* findet in 41 fragmentarischen Bildern aus unterschiedlichen Perspektiven eine Auseinandersetzung mit der Rückkehr nach Deutschland statt. Die erste und die letzte Sequenz haben das Bild des Fallschirmsprungs gemein. Der Ich-Erzähler kehrt im „freie[n] Flug durch den Raum des Vergessens" in „die zerstörte Stadt der Vergangenheit" (Weiss 1985 [1948], 11) zurück und verlässt die Szenerie schließlich mit ähnlichen Worten: „Mit dem Fallschirm des freien Fluges sinke ich durch den weitoffenen Trichter der Wirklichkeit" (Weiss 1985 [1948], 121). Das Gefühl nach der Landung ist eines der äußersten Entfremdung: „Ich kehre zurück in die Stadt, die mich vor langer Zeit verlor. Am Horizont liegt meine zerbröckelte Kindheit. Ich bin fremd hier. Ich kehre nicht heim, ich werde nur gegenübergestellt" (Weiss 1985 [1948], 12–13). Die Rückkehr ist also keine glückliche Heimkehr. Das Bild des Fallschirmsprungs wird erneut in der als „Zwischenspiel" gekennzeichneten Episode aufgegriffen (Weiss 1985 [1948], 83–86). Geschildert wird ein vom Krieg verschontes Land, bei dem es sich um Schweden handeln könnte. Die dort Lebenden bewegen „sich fest auf einem Boden ohne Risse. Sie wissen: [...] sie sind ohne Schuld" (Weiss 1985 [1948], 83). Schweden erscheint so als Land der Sicherheit und des Wohlstandes. Dieser Realität wird die des kriegsversehrten Deutschlands hart gegenübergestellt, in dem „Geruch von Brand und Fäulnis" (Weiss 1985 [1948], 84) herrscht. Der Erzähler, der sich als Fallschirmspringer bzw. Zurückkehrender zwischen den zwei Räumen bewegt, bewahrt sich einen fremden Blick auf beide Realitäten. Der Unbekümmertheit der Verschonten steht er ebenso skeptisch gegenüber wie dem Opferdiskurs der nun Besiegten. Kein eindeutiges nationales Narrativ ist mehr das seinige – er ist „[z]uhause in der Luft" (Weiss 1985 [1948], 83).

Dass die Rückkehr in keines der beiden Länder einen vorgängigen Zustand der Ganzheit zurückzuholen vermag, ist auch in der Struktur der Erzählung reflektiert: Die unterschiedlichen Perspektiven, aus denen heraus erzählt wird (z. B. der Displaced Persons, der deutschen Soldaten), entwerfen eine Stimmpluralität, die jedes kausale Erzählgefüge auflöst. Wie durch ein Kaleidoskop hindurch wird aus fragmentarischen Erfahrungsbruchstücken ein Krisengemälde von einem mehrfach gebrochenen Raum gezeichnet, der nur noch aus einer Montage von Dissonanzen besteht. Auch das Erzähler-Ich konstruiert sich nicht als Ganzes. Es versetzt sich aus sich heraus, wenn es etwa die Szene des Ankommens zunächst aus der Ich-Perspektive und direkt im Anschluss noch einmal in Du-Form erzählt: „Um Mitternacht erreichst du die Stadt, die du von früher kennst" (Weiss 1985 [1948], 14). Dem Erzähler ist, wie schon im *Ausflug der toten Mädchen*, sein Doppelgänger zur Seite gestellt. Auch hier wird die unüberbrückbare Diskrepanz zwischen dem nostalgischen Phantasma der Heimat und der zerstörten, aktuellen Version derselben besonders deutlich am nun entfremdeten Haus der Kindheit. Die Rückkehr dorthin wird gleichfalls als paradiesische Szenerie beschrieben: „So groß sind die Bäume geworden [...] [im] Garten meiner Kindheit" (Weiss 1985 [1948], 31). Doch die Hoffnung auf eine Rückkehr in den paradiesischen Garten des Elternhauses hält der Realität nicht stand, der Ort eines ursprünglichen Behütetseins wird in die surreale Traumwelt verbannt (vgl. Weiss 1985 [1948], 31). Dabei akzentuieren Pflanzenmetaphern die Zerstörung der Heimat und die Unbehaustheit des Protagonisten: „Die Wurzeln nicht eines einzigen Baumes sind geblieben" (Weiss 1985 [1948], 22–23; vgl. Centner 2016). Die Gewissheit des Verlusts einer verbindlichen Weltorientierung produziert schließlich die unverwurzelte Existenz als Un-Heimliches: „Wenn ich abends allein in meinem Zimmer liege, bekomme ich zuweilen Angst vor dem verkommenen Garten. Ich denke an [...] den zerstörten Baum" (Weiss 1985 [1948], 81).

Wie bei Seghers wird die paradoxe Situation der Rückkehr in ein Andersgewordenes über die temporale Struktur vermittelt. Diese bleibt, selbst wenn Erinnerungen an die Vergangenheit eingewoben werden, stets präsentisch. So denkt der Erzähler beispielsweise in einem Auffanglager an seine Mutter und stellt sich vor, wie sie den Raum betritt: „Ich bin zu Hause. So nahe ist, was fern ist. So weit weg ist das Gegenwärtige. Ich erhebe mich von der schmalen Pritsche" (Weiss 1985 [1948], 74). Die anachronische Überblendung von Visionen der behüteten Kindheit mit der Realität im Lager als „permanente[s] Damals und Heute in einer Person" (Rupp 2018, 114) lassen das Krisenhafte der Situation hervortreten.

Die existentielle Heimatlosigkeit des Erzählers wird allerdings auch positiv konnotiert. Der Weg in die Zukunft führt nur über eine Distanzierung gegenüber Gesellschaft, Staat, Heimat und Fahne und über die Emanzipation vom Kollektiv. Bei Weiss kann nur der, der „losgerissen [...] [ist] aus allen Zusammenhängen, [...] aller Gefühle für Sicherheit beraubt" (Weiss 1985 [1948], 43), zu Erkenntnis gelangen. Entsprechend endet der Text mit der Akzeptanz des wurzellosen Zustands: „Unter den Trümmern suche ich nach mir selbst. [...] Ich besitze die Freiheit des Heimatlosen. [...] Mein Leben ist das ungebundene Leben des Fallschirmfliegers, dessen Zuhause nirgends und überall ist" (Weiss 1985 [1948], 120–121). Das Überschreiten der Grenzen von Ländern und Kulturen wird folglich dezidiert nicht mehr an ein Leben und Wirken in einer bestimmten Nation zurückgebunden. Schon im Laokoon-Essay heißt es: „Von Nationen gestellte Ansprüche hatten für ihn jegliche Bedeutung verloren." (Weiss 1968 [1965], 186)

3. Aktualisierung von Gewaltgeschichten: Rückkehr und Transnationalität bei Hilde Domin

Hilde Domin hat die Geburt ihrer Autorschaft ausdrücklich mit dem Tod ihrer Mutter (vgl. Domin 1992, 21–31) und der Erfahrung von Vertreibung und Exil in Verbindung gebracht. Ähnlich wie bei Seghers besiegelt der Tod der Mutter durch die Engführung mit dem historischen Geschehen das Ausgesetztsein, das ‚Entborgensein' im Sinne Amérys, das mit dem Gang ins Exil begann, aber erst nach dem Wegbrechen des letzten, an eine frühere Welt erinnernden Halts, in aller Konsequenz wahrgenommen werden kann: „Der Tod der Mutter, schlimmer als damals die Abfahrt des Schiffs, die Verstoßung, die Flucht aus Europa. Endgültiger Exodus ins Ungeschützte, letzte Geburt", heißt es in Domins Roman *Das zweite Paradies* (1993 [1968], 122). Die Rückkehr, von der dieser Roman vor allem handelt – Domin selbst hat ihn einmal als „Rückkehrerbuch" (1992, 156) bezeichnet – ist folglich auch keine Heimkehr ins Mutterland („Mutterland? Die Mütter waren tot" (Domin 1993 [1968], 123)), sondern dezidiert eine Bewegung, die die von vielen Exilanten nach 1945 artikulierte Unmöglichkeit einer Rückkehr aus dem Exil auf spezifische Weise einbezieht. „Wenn einer, der sein Leben draußen verbracht hat, wieder nach Hause kommt, ist es durchaus nicht, als werde ein Eimer Wasser wieder in den Teich gegossen", formuliert Domin in ihren essayistischen *Randbemerkungen zur Rückkehr* (1992, 338). Überleben und Weiterleben ist dagegen gerade für die „deutschen Dichter jüdischen Schicksals" mit der enormen Herausforderung verbunden, das Paradox zu leben, das nicht zuletzt darin besteht, in der Sprache zu schreiben, „[i]n der ihm doch sein Leben beschädigt wurde" (Domin 1992, 173). Bereits der Autorname Domin, in Anlehnung an das Exilland Dominikanische Republik gebildet, ist Signatur einer Selbstgeburt – Domin spricht selbst von einem Akt der „Parthenogenese" (1992, 28). Er verweist auf das Moment der Diskontinuität, das der erneuten, verschobenen Hinwendung zur deutschen Sprache, Kultur und schließlich zu Deutschland als Aufenthaltsort unwiderruflich eignet. „Ich nannte mich / ich selber rief mich / mit dem Namen einer Insel. // Es ist der Name eines Sonntags / einer geträumten Insel" (Domin 2009, 238; zu Insularität vgl. IV.12 BANDAU/SINGLER), heißt es im Gedicht *Landen dürfen*. Dabei wird der Traum vom ‚Landen', von Zuflucht und Geborgensein, im Gedicht in der Erwähnung von Kolumbus auch mit der kolonialen Geste der Landnahme in Bezug gesetzt, von der auch der rettende Akt der Selbst-Ermächtigung nie ganz getrennt werden kann. Der Neugeburt aus der Erfahrung von Ausgestoßensein und Fremdheit ist damit ebenfalls ein Begehren nach Rückkehr und nach Anschlussmöglichkeiten an kulturelle Traditionen eigen, was wiederum mit vorausgehenden Landnahmen, Benennungen und Identitätssetzungen konfrontiert. „Vielleicht ist das so", überlegt die namenlose weibliche Ich-Figur in *Das zweite Paradies*, „vielleicht will man das Fremde nachhause bringen, eingemeinden" (1993 [1968], 58). Dass dabei immer etwas verloren geht, dass womöglich sogar die zentrale Erfahrung des dem Anderen, Fremden Ausgesetztseins im Begehren nach Rückkehr vergessen und verleugnet wird, schildert ein Gedicht mit dem Titel *Rückwanderung*. Hier beschreibt ein lyrisches Ich, dass es gerade „bei euch" den Wert einer leeren Konservendose verlerne, mit der an einem anderen Ort, „am Rande der Welt", die Freundin Ramona ihr Wasser geschöpft habe (Domin 2009, 260). Das Gedicht kontrastiert die Wirklichkeit und Selbstverständlichkeiten derjenigen Welt, in die das Ich offenbar zurückkehrt, mit einer anderen Wirklichkeit, in der Zeichen und Dinge andere Bedeutungen tragen. Die leere Blechdose ist im Wirtschaftswunderland der deutschen Nachkriegsgesellschaft nichts weiter als Abfall, mit ihr wird aber auch die Erinnerung an die Erfahrung des Verworfenseins, die zurückkehrende Exilanten mitbringen, abgewehrt bzw. verleugnet. Das alle drei Strophen einleitende Zeitadverb ‚gerade' verweist auf den Prozess der Assimilation, dem das Ich aktuell ausgesetzt ist und der, als Lernprozess apostrophiert, doch zugleich als ein Prozess des Vergessens gekennzeichnet ist. Was (Wieder-)Aufnahme in eine Gemeinschaft sein soll, erscheint damit auch als Selbstverleugnung, als Verwerfen des Selbst: Erlernt wird, das Gefäß, welches das das Überleben sichernde Wasser enthält, fortzuwerfen. Dabei kennt die Zeitstruktur des Gedichts kein Vergangenes, das Wasserschöpfen der Freundin Ramona ist eine noch immer präsente Erfahrung. Rückkehr erscheint hier also nicht als eine von nostalgischen Vorstellungen geprägte Vision, sondern als eine emphatisch gegenwärtige Bewegung, die eine Ambivalenz von Selbstsetzung und -verwerfung vorführt, welche es unmöglich macht, das Ich klar zu verorten. Obgleich es sich bei denen aufzuhalten scheint, bei denen die Blechdose keine Funktion mehr hat, und der Zustand äußerster Bedürftigkeit und Armut überwindbar ist, bleibt es gleichzeitig Teil des Settings, in dem eine Frau mit spanischem Namen sie als Gast empfängt und ihr in der Not zu trinken gibt. Der Name Ramona ist vom deutschen Namen Raimund abgeleitet und bedeutet ‚Rat' sowie ‚Schutz'. Als Übersetzerin war Domin sich der komplexen Übertragungsbeziehungen zwischen den Sprachen bewusst. In ihrem Essay *Mein Leben als Sprachodyssee* (1992, 32–40) wird das Übersetzen, das Jonglieren von Texten „aus vielen Sprachen in viele Sprachen" (1992, 25) als eine Frage des Überlebens im Exil dargestellt. Die Auseinandersetzung mit der Verwandtschaft und Verschiedenheit der Sprachen begleitet auch das „Heimgehen in das Wort" (vgl. 1992, 21), die neuerliche Hinwendung zum Deutschen als Schreibsprache. Dies erscheint nicht als Wiederfinden eines zurückgelassenen, ursprünglichen Zustandes, als Wiederaufgehen in einer deutschen Sprach-Gemeinschaft, sondern, wie das Gedicht vorführt, als eine Bewegung, die an der Schwelle der Zugehörigkeiten – noch gibt es kein ‚wir', sondern lediglich ein ‚ich' und ein ‚ihr' – und Bedeutungen, ein paradoxes Zugleich von Geborgen- und Verworfensein ausstellt.

Bei Domin ist das Schreiben an der Stelle eines Einschnitts angesiedelt, eines existentiellen Verlusts, der in der poetischen Imagination nicht kompensiert, wohl aber in einer Weise nacherzeugt werden kann, die Identitäts- und Heimatkonstrukte grundsätzlich affiziert. Sie werden als kontingente Setzungen vorgeführt, die andere Manifestationen von Sinn und Bedeutung vergessen bzw. verwerfen. Dabei erscheint der Einsatz des poetischen Sprechens als genau der Moment, in dem das Verworfene, Vergessene – hier etwa die Geschichte des Kolonialismus (vgl. IV.9 ARNDT/ASSA) wie auch Totalitarismus und Exile im 20. Jahrhundert betreffend – zurückkehrt in den Text. Das zweite Paradies, das mit der Figur der Rückkehr verknüpft ist, ist ein Paradox, insofern hier die Wiederholung die Vertreibung und den Bruch in die Paradies-Vorstellung selbst einschreibt. In dem Text manifestiert sich die Rückkehr in einer spezifischen, beweglichen Schreibweise, die eine klare Verortung der Figuren in Hinblick auf Zeit- und Raumkontinuen unmöglich macht.

4. Resümee

Wie die Beispielanalysen demonstrieren, führen Rückkehrerzählungen im Horizont von Vertreibung und Exil Leitbilder von Heimat und ursprünglicher Ungeschiedenheit als Konstruktionen vor, deren Preis die Auslöschung und das Vergessen von Brüchen und Differenzen ist. Entsprechend werden in diesen Texten Erfahrungen von Exil und Rückkehr nicht an ein (national-)literarisches Kontinuum zurückgebunden, sondern auf multiperspektivische Geschichten und Geschichtserkundungen geöffnet. Dabei treten transnationale Verschränkungen im Sinne einer *histoire croisée* (Werner und Zimmermann 2002, 636; vgl. III.3 TIPPNER) zutage, es werden aber auch Modi sprachlicher und kultureller Übersetzung in den Blick gerückt, die ohne die Vorstellung einer Ursprungssprache auskommen und stattdessen eine Pluralität von Kontextualisierungen und Deutungsmustern sichtbar machen.

Charakteristisch für viele Rückkehrerzählungen ist, dass zeitlich und räumlich Getrenntes als Gleichzeitiges vergegenwärtigt wird. Dadurch zerfallen die Narrative in fragmentierte Geschichten, Risse durchziehen häufig auch die Figuren und die Erzählinstanz selbst. So entstehen komplexe zeitliche, örtliche und kausale Verschränkungen, die in ihrem Springen zwischen nationalen Schauplätzen und Kulturen auch die gewaltvollen Grenzen und Begrenzungen des Konzepts der Nation sichtbar machen (vgl. II.1 GRABBE). Gerade weil die Entortungen des Exils vielfach durch übersteigerte Nationalismen bedingt sind, bleiben die hier entstehenden transnationalen Konstellationen und Poetiken transformativ auf die Verfasstheit des Nationalen bezogen. In ihrer Rückwendung auf die Nation affirmieren sie diese jedoch nicht einfach, vielmehr findet eine Entgrenzung und Dynamisierung von Zugehörigkeitsmodellen statt, die Mehrfachloyalitäten, aber auch Heterogenitäten, Brüchigkeiten und Figuren der Wurzellosigkeit Raum geben. Die auf das Exil aus NS-Deutschland bezogenen Textbeispiele demonstrieren, dass transnationale Tendenzen in der deutschsprachigen Literatur kein erst für die Gegenwart typisches Phänomen darstellen (Herrmann 2015, 19; Seyhan 2001), sondern dass diese neueren Entwicklungen Vorgeschichten im 20. Jahrhundert haben, die geeignet sind, die aktuelle Diskussion zu ergänzen und ihren weiteren theoretischen und literarhistorischen Horizont auszuleuchten.

Literaturverzeichnis

Améry, Jean. „Wieviel Heimat braucht der Mensch? [1966]". Ders. *Werke*. Hrsg. von Irene Heidelberger-Leonard. Bd. 2: *Jenseits von Schuld und Sühne. Unmeisterliche Wanderjahre. Örtlichkeiten*. Hrsg. von Gerhard Scheit. Stuttgart: Klett-Cotta, 2002. 87–117.

Becker, Sabina, und Robert Krause. *Exil ohne Rückkehr. Literatur als Medium der Akkulturation nach 1933*. München: edition text & kritik, 2010.

Bischoff, Doerte, und Susanne Komfort-Hein. „Vom anderen Deutschland zur Transnationalität. Diskurse des Nationalen in Exilliteratur und Exilforschung". *Exilforschung. Ein internationals Jahrbuch* 30 (2012): 242–273.

Bischoff, Doerte. „,Sprachwurzellos': Reflections on Exile and Rootedness". *Language as Bridge and Border. Linguistic, Cultural and Political Constellations in 18th to 20th Century*. Hrsg. von Sabine Sander. Berlin: Hentrich & Hentrich, 2015. 195–214.

Bischoff, Doerte. „Prothesenpoesie. Über eine Ästhetik des Exils mit Bezug auf Barbara Honigmann, Anna Seghers, Konrad Merz und Herta Müller". *Metaphora. Journal for Literary Theory and Media* 3 (2018): 1–24.

Bourguignon, Annie. *Der Schriftsteller Peter Weiss und Schweden*. St. Ingbert: Röhrig, 1997.

Boym, Svetlana. *The future of nostalgia*. New York: Basic books, 2001.

Bronfen, Elisabeth. „Die Kunst des Exils". *Literatur und Exil. Neue Perspektiven*. Hrsg. von Doerte Bischoff und Susanne Komfort-Hein. Berlin und Boston: De Gruyter, 2013. 381–395.

Bronfen, Elisabeth. „Exil in der Literatur: Zwischen Metapher und Realität". *Arcadia* 28.2 (1993): 167–183.

Centner, Jasmin. „,Ewig wird der Baum nach seinen Wurzeln suchen. Die Freiheit der Heimatlosigkeit in Peter Weiss' ,Die Besiegten'". *exilograph* 25 (2016): 13–14.

Díaz Pérez, Olivia C. *Mexiko als antitotalitärer Mythos. Das Werk von Anna Seghers zwischen Nationalsozialismus, mexikanischem Exil und Wirklichkeit der DDR*. Tübingen: Stauffenburg, 2016.

Domin, Hilde. *Das zweite Paradies. Roman in Segmenten* [1968]. Frankfurt am Main: Fischer, 1993.

Domin, Hilde. *Gesammelte autobiographische Schriften. Fast ein Lebenslauf*. München und Zürich: Piper, 1992.

Domin, Hilde. *Sämtliche Gedichte*. Hrsg. von Nikola Herweg und Melanie Reinhold. Frankfurt am Main: Fischer, 2009.

Frühwald, Wolfgang. „Die ,gekannt sein wollen'. Prolegomena zu einer Theorie des Exils". *Innen-Leben. Ansichten aus dem Exil. Ein Berliner Symposium*. Hrsg. von Hermann Haarmann. Berlin: Fannei & Walz, 1995. 56–69.

Gebhard, Gunther, Oliver Geisler und Steffen Schröter. „Heimatdenken: Konjunkturen und Konturen. Statt einer Einleitung". *Heimat. Konturen und Konjunkturen eines umstrittenen Konzepts*. Hrsg. von Gunther Gebhard, Oliver Geisler und Steffen Schröter. Bielefeld: trancript, 2007. 9–56.

Groscurth, Steffen. „,Vielleicht dies alles nur Versuche, die Emigration zu überwinden' – Der ,Partisan' Peter Weiss". *Verfolgt und umstritten! Remigrierte Künstler im Nachkriegsdeutschland*. Hrsg. von Michael Grisko und Henrike Walter. Frankfurt am Main: Peter Lang, 2011. 63–78.

Herrmann, Elisabeth. „How Does Transnationalism Redefine Contemporary Literature? *Transnationalism in Contemporary German-Language Literature*. Hrsg. von Elisabeth Herrmann, Carrie Smith-Prei und Stuart Taberner. Rochester, NY: Camden House, 2015. 19–42.

Juterczenka, Sünne, und Kai Marcel Sicks. „Die Schwelle der Heimkehr. Einleitung". *Figurationen der Heimkehr. Die Passage vom Fremden zum Eigenen in Geschichte und Literatur der Neuzeit*. Hrsg. von Sünne Juterczenka und Kai Marcel Sicks. Göttingen: Wallstein, 2011. 9–29.

Koebner, Thomas. „Das ,andere Deutschland'. Zur Nationalcharakteristik im Exil". Ders. *Unbehauste. Zur deutschen Literatur in der Weimarer Republik, im Exil und in der Nachkriegszeit*. München: edition text + kritik, 1992. 197–219.

Komfort-Hein, Susanne. „,Inzwischenzeit' – Erzählen im Exil. Anna Seghers' ,Der Ausflug der toten Mädchen' und Peter Weiss' ,Der Schatten des Körpers des Kutschers'".

Aufklärungen: Zur Literaturgeschichte der Moderne. Hrsg. von Werner Frick, Susanne Komfort-Hein, Marion Schmaus und Michael Voges. Tübingen: Niemeyer, 2003. 343–356.

Köpke, Wulf. „Gibt es eine Rückkehr aus dem Exil?". *Deutschsprachige Exilliteratur seit 1933*. Bd. 3: *USA*. Hrsg. von John M. Spalek, Konrad Feilchenfeldt und Sandra H. Hawrylchak. Berlin und New York: K. G. Saur, 2002. 334–363.

Pichler, Georg. „Exil als transnationale Lebensform." *Vielheit und Einheit der Germanistik weltweit*. Hrsg. von Franciszek Grucza. Bd. 6: *Nationale und transnationale Identitäten in der Literatur*. Betreut und bearbeitet von Aleya Khattab, Laura Auteri und Hans-Christoph Graf v. Nayhauss. Frankfurt am Main: Peter Lang, 2012. 15–20.

Rupp, Michael. „‚Leben unter den Deutschen' – Hans Mayer als Ethnograph der Bundesrepublik". *Rückkehrerzählungen. Über die (Un-)Möglichkeit nach 1945 als Jude in Deutschland zu leben*. Hrsg. von Bettina Bannasch und Michael Rupp. Göttingen: V&R unipress, 2018. 101–121.

Rushdie, Salman. „Heimatländer der Phantasie". *Heimatländer der Phantasie. Essays und Kritiken 1981–1991*. München: Kindler, 1992. 21–35.

Said, Edward W. „Reflections on exile [1984]". Ders. *Reflections on exile and other essays*. Cambridge: Harvard University Press, 2002. 173–186.

Schlenstedt, Silvia. „Kommentar". Anna Seghers. *Werkausgabe*. Bd. 1.5: *Transit*. Hrsg. von Helen Fehervary. Berlin: Aufbau, 2001. 311–364.

Seghers, Anna. „Der Ausflug der toten Mädchen [1946]". Dies. *Werkausgabe*. Bd. 2.2: *Erzählungen 1933–1947*. Hrsg. von Helen Fehervary und Bernhard Spies. Berlin: Aufbau, 2011. 121–151.

Seyhan, Azade. *Writing Outside the Nation*. Princeton, NJ: Princeton University Press, 2001.

Weiss, Peter. „Laokoon oder über die Grenzen der Sprache [1965]". Ders. *Rapporte*. Frankfurt am Main: Suhrkamp, 1968. 170–187.

Weiss, Peter. *Die Besiegten [De Besegrade, 1948]*. Übers. von Beate Mazenauer. Frankfurt am Main: Suhrkamp, 1985.

Werner, Michael, und Bénédicte Zimmermann. „Vergleich, Transfer, Verflechtung. Der Ansatz der *Histoire croisée* und die Herausforderung des Transnationalen". *Geschichte und Gesellschaft* 28.4 (2002): 607–636.

Winckler, Lutz. „Mythen der Exilforschung". *Exilforschung. Ein internationales Jahrbuch* 13 (1995): 68–81.

Zehl Romero, Christine. *Anna Seghers. Eine Biographie*. Bd. 2: *1947–1983*. Berlin: Aufbau, 2003.

Zuckmayer, Carl. *Als wär's ein Stück von mir. Horen der Freundschaft*. Frankfurt am Main: Fischer, 1966.

IV.14 Gemeinschaftskonzepte in der deutsch-jüdischen Literatur nach 1945

Vivian Liska

Juden sind aufgrund ihrer komplexen Bestimmung als Volk, Glaubensgenossenschaft, ethnische Gruppe oder kulturelle Traditionsträger und ihrer jahrtausendealten Geschichte als Minderheit inmitten anderer Völker und Nationen schon seit jeher mit Fragen der Gemeinschaftsbildung, der Ab- und Ausgrenzung ihrer Kollektivität und der Beziehung zu ihrer jeweiligen religiösen, kulturellen oder nationalen Umgebung konfrontiert. Vor allem seit der Aufklärung wurde dabei zunehmend die Spannung zwischen zentrifugalen und zentripetalen Tendenzen in jüdischen Auffassungen von Gemeinschaft sichtbar. Diese Dynamik bildet seit dem 18. Jahrhundert auch ein Kernthema in den Schriften jüdischer Denker und Dichter. Von Moses Mendelssohn über Rahel Varnhagen bis Heinrich Heine, von Franz Kafka über Paul Celan bis Robert Schindel – um hier nur einige herausragende Figuren der deutsch-jüdischen Tradition anzuführen – steht die Thematik der Gemeinschaft im Zentrum jüdischen Schreibens, und dies bis hin zur Frage, in welchem Sinne von einer spezifisch jüdischen Literatur überhaupt gesprochen werden kann (vgl. III.2 Kilcher; vgl. IV.3 Stauf; vgl. IV.7 Glasenapp). Abgesehen von der allgemeinen Problematik, Literatur an eine partikulare, kollektive Identität zu koppeln, sind die Kontexte, Denk- und Lebenswelten und die daraus hervorgehenden Erfahrungen jüdischer Autoren aller Zeiten und Orte so vielfältig und divers, dass die Bestimmung eines gemeinsamen Nenners Gefahr läuft, zu problematischen Verallgemeinerungen zu führen.

Vor allem die Werke jüdischer Autoren der literarischen Moderne sind von einem intensiven Bewusstsein für die Gleichzeitigkeit der Anziehungskräfte und Gefahren von Gemeinschaftlichkeit geprägt: Bedeutet Zugehörigkeit zu einer Gemeinschaft Schutz, Sinngebung und Solidarität, so geht deren Wirkungskraft immer auch mit innerer Homogenisierung und Exklusion anderer einher. Obwohl moderne jüdische Autoren sehr unterschiedliche Beziehungen zum Judentum unterhielten, setzten sie sich in den meisten Fällen auf die eine oder andere Weise mit ihrer Zugehörigkeit zur jüdischen Gemeinschaft auseinander und situierten sich dabei innerhalb des Spektrums zwischen Assimilation bzw. Konversion einerseits und gänzlicher Identifikation mit dem jüdischen Kollektiv andererseits. Die Ambivalenzen, Schwankungen und Konflikte, die sich zwischen diesen beiden Extremen situieren, schlugen sich in ihrem Schreiben auf vielfache, oft literarisch innovative Weise nieder. Dies gilt auch für die jüdische Literatur nach 1945, wenngleich unter anderen Vorzeichen als in den ersten Jahrzehnten des 20. Jahrhunderts. Die Schwierigkeit, generell von einer ‚jüdischen Literatur nach 1945' zu sprechen, ist angesichts der Unterschiedlichkeit der kulturellen, religiösen, literarischen und geografischen Kontexte ihrer Entstehung – etwa in den Vereinigten Staaten, Israel oder den verschiedenen europäischen Ländern – besonders groß, wodurch eine Einschränkung auf eine spezifische Lokalität bzw. Sprachgemeinschaft notwendig ist. Aufgrund ihrer besonderen Relevanz für die hier anvisierte Zeitspanne beschränken sich die herangezogenen Beispiele auf die deutsch-jüdische Literatur.

Fand die Auseinandersetzung mit dem Begriff und der Realität der Gemeinschaft vor dem Zweiten Weltkrieg in erster Linie im Rahmen innerjüdischer Kontroversen statt, die sich mit der Bestimmung des Judentums als Religion, Kultur oder Nation und mit Fragen der Assimilation, der kulturellen Erneuerung oder dem politischen bzw. kulturellen Zionismus befassten, so hinterließ das Trauma der Judenvernichtung in Europa, das die illusorische Natur der Emanzipation und Integration der Juden evident gemacht hatte, eine gemeinsame Wunde, aus der sich neue Fragestellungen ergaben. Vor dem Krieg betrafen die Debatten etwa die Diskrepanzen und schwierigen Beziehungen zwischen den Ostjuden, die in den *Schtetls* Polens, Russlands und Ungarns lebten, und die als Repräsentanten des traditionalen Gemeinschaftsmodells angesehen wurden, und den assimilierten Westjuden, die in europäischen Städten wohnten und als paradigmatische Vertreter einer modernen, kosmopolitischen Gesellschaft galten. Während und nach dem Krieg sahen sich die Opfer bzw. die Überlebenden gegen ihren Willen und jenseits aller Differenzierungen zu einer ‚Schicksalsgemeinschaft' zusammengeschlossen. Auch war ihr Schreiben vom gemeinsamen Thema der Trauer und des Gedenkens beherrscht (vgl. III.4 KRAMER). Aus diesen offenkundigen Gründen sind die Differenzen ihres Verhältnisses zum Judentum und zur jüdischen Gemeinschaft auch zumeist weniger groß als bei ihren modernistischen Vorgängern. Dennoch lassen sich auch bei den Autoren der unmittelbaren Nachkriegszeit wesentliche Unterschiede in ihrer jeweiligen Konzeption von Gemeinschaft ausmachen. Spuren der Spannung zwischen gemeinschaftsorientierten Impulsen und einer universalistischen bzw. individualistischen Haltung blieben auch in der jüdischen Literatur der Nachkriegszeit, insbesondere in Fragen der ‚Dichtung nach Auschwitz' und der Beziehung zum Staat Israel erhalten. Zu den wichtigen Differenzen gehört dabei etwa die Frage, inwiefern die jüdische Gemeinschaft im Sinne von Jean-Paul Sartres *Réflexions sur la question juive* als fremdbestimmtes bzw. als antisemitisches Konstrukt seiner Feinde zu verstehen ist oder als auf einer eigenen Tradition von Ritualen, Lebensweisen und vor allem Schriften beruhendes Kollektiv.

Obwohl jüdische Dichter und Schriftsteller auch nach 1945 in sehr verschiedenen geografischen, historischen und sozialen Zusammenhängen leben und schreiben, stellen sich die meisten auf die eine oder andere Weise die Frage nach ihrem Selbstverständnis als Juden in Zusammenhang mit den jüdischen Erfahrungen des Zweiten Weltkriegs. Die unterschiedlichen Gemeinschaftskonzeptionen in der Literatur nach 1945 sind mit der Gleichzeitigkeit von zwei entgegengesetzten Einsichten korreliert: Die Juden waren im 20. Jahrhundert das Opfer einer mörderischen ‚Gemeinschaft' geworden. Der Nationalsozialismus hatte die Organisationsformen der modernen Gesellschaft verworfen und das ‚Dritte Reich' als homogenen, geschlossenen und rassistischen Gemeinschaftsverbund konzipiert, der von Blutsbanden, gemeinsamen Ritualen und dem Ausschluss des Anderen zusammengehalten werden sollte. Durch diese Erfahrung wurde der völkische Diskurs von Einheit und Gleichschaltung zum Feindbild der europäischen Juden. Die nationalsozialistische Judenvernichtung hatte jedoch nicht nur das Ideal der Gemeinschaft diskreditiert, sondern zugleich auch die Illusion einer problemlosen Integration der Juden *als Juden* in die moderne Gesellschaft offen gelegt und das Bewusstsein der Notwendigkeit eines gemeinschaftlichen Zusammenhalts – sei's im Zionismus oder im Wiederaufbau diasporischer jüdischer Gemeinden – gestärkt. So konnte nach 1945 der Begriff der Gemeinschaft aus jüdischer Sicht ebenso negativ wie positiv besetzt werden. Hinzu kommt, dass historische Entwicklungen in der zweiten Hälfte des 20. Jahrhunderts – nicht zuletzt die Gründung und immer gefestigtere Existenz des Staates Israel – bei jüdischen Autoren zu sehr unterschiedlichen Sichtweisen auf die Idee der Gemeinschaft führten, die auch in ihren Werken zum Ausdruck kommen.

1. Hannah Arendt und Gershom Scholem

Zu den bekanntesten Beispielen des Konflikts zwischen diesen Sichtweisen gehört die Auseinandersetzung zwischen dem Kabbala-Forscher Gershom Scholem und der politischen Philosophin Hannah Arendt. Zwar waren beide zutiefst von den nationalsozialistischen Verbrechen an den Juden geprägt, doch zogen sie daraus unterschiedliche Konsequenzen. Auf je andere Weise zeugen ihre Stellungnahmen zum Judentum als Gemeinschaft für die Komplexität jüdischer Positionen nach 1945. Als Ausdruck der Empörung über Arendts 1963 erschienenes Eichmann-Buch äußerte Scholem den Vorwurf, es mangle ihr an *Ahavat Israel*, an Liebe zur jüdischen Gemeinschaft. Arendt gab die inzwischen berühmt gewordene Antwort: „Sie haben vollkommen recht, daß ich eine solche ‚Liebe' nicht habe ... [I]ch habe nie in meinem Leben irgendein Volk oder Kollektiv ‚geliebt' [...] Ich liebe in der Tat nur meine Freunde und bin zu aller anderen Liebe völlig unfähig" (Scholem 1995, 101). Liebe ist tatsächlich keine politische Kategorie und gehört viel eher dem Vokabular eines in Arendts Augen problematischen Wir-Gefühls an, das Gemeinschaften im von Ferdinand Tönnies schon Ende des 19. Jahrhunderts herausgestellten Gegensatz zu Gesellschaften eigen ist. Ihre Reaktion auf Scholems Vorwurf ist allerdings im Zusammenhang mit einer anderen Passage aus demselben Brief zu lesen, in der sie ihre Zugehörigkeit zum Judentum ausdrücklich eine Selbstverständlichkeit nennt und hinzufügt: „Also, in diesem Sinne ‚liebe' ich die Juden nicht und ‚glaube' nicht an sie, sondern gehöre natürlicher- und faktischerweise zu diesem Volk" (Scholem 1995, 101).

Ebenso komplex ist auch Scholems Empörung. Sein Appell ist nicht mit einer Bejahung von Gemeinschaftsideologien im Allgemeinen gleichzusetzen. Wie die israelische Soziologin Eva Illouz bemerkt, ist zu beachten, dass Scholem seine Kritik an Arendt im Kontext des Eichmann-Prozesses, also im Angesicht einer Gemeinschaft von Trauernden äußert. Mit seinem Vorwurf, es mangle Arendt an „Herzenstakt", klage er lediglich eine Haltung ein, „die bei einem Begräbnis angemessen wäre" (Illouz 2014, 10). Illouz, die sich ansonsten ganz auf Arendts Seite schlägt und vor bedingungsloser, ein kritisches Denken verhindernder Solidarität mit einer Gemeinschaft warnt, sieht im Dialog zwischen Scholem und Arendt die Eröffnung einer notwendigen Auseinandersetzung mit den Voraussetzungen und Gefahren eines jüdischen Selbstverständnisses als Gemeinschaft nach 1945. Dieser Herausforderung stellen sich nach dem Krieg auch jüdische Dichter und Schriftsteller. Das Medium der Literatur ermöglicht ihnen dabei, Konflikte, Ambivalenzen und widersprüchliche Positionen zu bedenken und ein neues Licht auf sie zu werfen, ohne sie unbedingt lösen zu müssen.

2. Nelly Sachs und Paul Celan

„*Wir / wissen ja nicht*, weißt du, / *wir / wissen ja nicht, / was / gilt*" (Celan 2003, 127). Diese Verse stehen am Schluss von Paul Celans Gedicht „Zürich, zum Storchen", das Nelly Sachs gewidmet und im Anschluss an eine Begegnung der beiden Dichter in Zürich entstanden ist. In ihrem Gespräch im Hotel „Zum Storchen" „war die Rede [...] /von Jüdischem" (Celan 2003, 127) über das sie sich nicht einig waren; es ging dabei um „Du" und „ich", um dein und mein, die sich in den Schlussversen nur im Zeichen der Ungelöstheit ihrer Uneinigkeit zu einem „Wir" zusammenschließen. Im Dialog dieser zwei wichtigsten jüdischen Dichter der Nachkriegszeit kommen neben religiösen Fragen auch unterschiedliche Haltungen zur Konzeption von Gemeinschaft zur Sprache. Vor allem in ihrer Korrespondenz, aber auch in ihren Gedichten entfaltet sich ein Zwiegespräch über die Rolle des Dichters und die angemessene Poetik im Angesicht der Katastrophe, die die jüdische Gemeinschaft heimgesucht hat und deren Opfer sie in unterschiedlichem Maße auch selbst waren. Gilt für Celan wie für Sachs ‚Dichtung nach Auschwitz' gleichzeitig als Ausdruck der Trauer eines gedenkenden ‚Wir' der Überlebenden, so ist das Verhältnis der Dichtung zu dieser Gemeinschaft bei den beiden Autoren anders gewichtet.

Nelly Sachs versteht ihre unmittelbar nach dem Krieg entstandene Dichtung im Sinne einer romantischen Poetik, die vom Verständnis des Dichters als Sprachrohr seines Volkes ausgeht. Diese überindividuelle Instanz verheißt in der von Sachs wiederholt gebrauchten Metapher der Stimme, die nicht von der Subjektivität des Dichters ausgeht, sondern durch das Sprachrohr des Dichters hindurch spricht, Einheit, Naturhaftigkeit, Authentizität, Ursprung und Gegenwart. Wo die Stimme einem ‚Wir' verliehen wird, übertragen sich diese Attribute auf das Kollektiv, das dadurch eine quasi natürliche Fundierung und Legitimation erhält. Diese Poetik, die oft in problematischen Kontexten den Zusammenhang von Dichtung und ‚Volksgeist' fundiert hat, wird von Sachs auf ihre Berufung übertragen, den Ermordeten eine Stimme zu verleihen.

In zahlreichen Briefen aus den Nachkriegsjahren beschreibt Sachs ihre Rolle als Sprachrohr der Toten: „Es ist auch ganz gleichgültig ob ich [meine Gedichte] schrieb oder irgend jemandes Stimme erklang. Aber es muss doch eine Stimme erklingen um die blutigen Fussspuren aus dem Sande zu sammeln" (Sachs 1984, 68). Was in dieser Briefstelle aufscheint, durchzieht Sachs' in diesen Jahren entstandenes Nachkriegswerk. In ihren zwischen 1943 und 1946 geschriebenen, sogenannten „jüdischen Gedichten" (Dinesen 1996, 32), in denen das jüdische Element ihrer Dichtung seine Substanz noch weniger als in späteren Werken von ihrer Hinwendung zur jüdischen Mystik und zum Chassidismus bezog als von der Erfahrung der Vertreibung und der Trauer um die jüdischen Toten, kommt der Zusammenprall von deutsch-romantischer Poetik und jüdischem Gedenken ganz besonders zur Geltung.

Der 1946 erschienene Gedichtband *In den Wohnungen des Todes* steht im Zeichen einer Spannung zwischen Restauration und Resignation, Vergebung und Vergeblichkeit, poetischer Verlebendigung und traumatischer, allerdings von messianischen Hoffnungsgesten durchwirkten Trauer um einen unwiederbringlichen Verlust. Dies gilt ganz besonders für den vierten und letzten Zyklus des Bands „Chöre nach der Mitternacht". Dieser aus vierzehn Gedichten bestehende letzte Teil und dramatische Höhepunkt des Gedichtbands wechselt die Gattung und das ‚Medium' des davorliegenden Zyklus „Grabschriften in die Luft geschrieben" und vergegenwärtigt eine schon im Titel genannte Kollektivstimme, die sich im Titel des letzten Gedichts, „Stimme des heiligen Landes", konkretisiert. Sachs' Aussage, dass in ihren Gedichten „die Stimme des jüdischen Volkes spricht und weiter nichts" (Sachs 1984, 54), findet in diesem Zyklus seine genaueste Entsprechung.

Mit wenigen Ausnahmen beginnen alle dreizehn Chöre mit einem ‚Wir': Wir Geretteten, Wir Wandernden, Wir Waisen, aber auch Wir Toten und Wir Schatten, Wir Steine, Wir Sterne. Sachs lässt die Geretteten, die Wandernden, die Waisen gemeinsam mit den Toten, aber auch den Bäumen, den Schatten und den Wolken antreten, um durch ihre Stimmen hindurch das Verlorene zu beklagen und zu einem Neubeginn aufzurufen. Zwar herrscht der Klageton vor, doch das Miteinander von Lebenden, Toten und Naturerscheinungen auf gleicher Ebene lässt eine schon fast tröstliche kosmische Harmonie aufscheinen, die den Menschen in einen Allzusammenhang einbettet. Diese Harmonie wird inhaltlich allerdings immer wieder zurückgenommen, indem das ‚Wir' als eine abgegrenzte Gemeinschaft gekennzeichnet wird und einem ‚Ihr' und ‚Euch' entgegensteht. Dieser Widerspruch bleibt auch im letzten Gedicht, „Stimme des heiligen Landes", gewahrt: „Stimme des heiligen Landes // O meine Kinder / Der Tod ist durch eure Herzen gefahren / Wie durch einen Weinberg – / Malte *Israel* rot an alle Wände der Erde. / Wo soll die kleine Heiligkeit hin / Die noch in meinem Sande wohnt? / Durch die Röhren der Abgeschiedenheit / Sprechen die Stimmen der Toten / [...] / Das Kind im Schlafe gemordet / Steht auf; biegt den Baum der Jahrtausende hinab / Und heftet den weissen, atmenden Stern / Der einmal Israel hieß / An seine Krone. / Schnelle zurück, spricht es / Dorthin, wo Tränen Ewigkeit bedeuten." (Sachs 1965, 107).

Der Titel des Gedichts gibt dem ganzen Zyklus den Anschein, als münde er geradewegs in jene verlebendigende, gemeinschaftsstiftende Volksstimme ein, die die Auferstehung Israels vollzieht und Sachs zum Sprachrohr der jüdischen Schicksalsgemeinschaft nach dem Krieg machen konnte. Wie der gesamte Zyklus beginnt das Gedicht mit einer Erinnerung an die blutige Vernichtung Israels. Trotz des Singulars im Titel sprechen hier verschiedene Stimmen. Das „heilige Land" steht im Dialog mit den Toten, die ihm auf seine Frage antworten. In den letzten Versen des Gedichts – und des ganzen Zyklus – spricht ein einzelnes Kind, das Züge einer Christusfigur trägt und dessen Auferstehung aufruft, um eine Wiederbelebung Israels zu beschwören. Der erste Adressat der „Stimme des heiligen Landes", „meine Kinder", vereint die Überlebenden, die Toten und die Ungeborenen der vorangehenden Gedichte in einer Reminiszenz an das Verbrechen, das an den Juden begangen wurde. Nicht zufällig wird die durch den vielfachen Mord bewirkte Zerstreuung mit dem in Schrägschrift erscheinenden Wort „Israel" nicht als Stimme, sondern als Schriftzeichen markiert, als blutiges Menetekel, das nunmehr als bleibende Spur und drohende Warnung auf allen Wänden der Erde zu lesen ist. So konzipiert Sachs über den Umweg einer romantischen Poetik „Israel" gleichzeitig als partikulare Leidens- und Trauergemeinschaft und als universelles Zeichen für alle Bedrohten der Erde.

Zwar sind auch in der Dichtung Celans – etwa in seinem berühmtesten Gedicht „Todesfuge" (Celan 2003, 40) von 1949 – wiederholt ‚Wir'-Formen zu finden, doch diese werden in seinem späteren Werk immer seltener und komplexer. Diese Entwicklung geht mit einer sich wandelnden Poetik einher. Im Gegensatz zu Sachs' Aufgreifen traditioneller – romantischer, christlicher und biblischer – Topoi beruht Celans Poetik auf dem Imperativ eines ‚Durchkreuzens' traditioneller – jüdischer wie nicht-jüdischer – Tropen und Metaphern, das er als „Gegenwort" zu einer von den Nationalsozialisten missbrauchten Sprache und ihren Gemeinplätzen versteht. Er verleiht dabei seiner Erfahrung einer radikalen sprachlichen Entwurzelung und des Verlusts aller herkömmlichen Bindungen und Verbindlichkeiten Ausdruck. Ausgenommen hiervon sind für ihn nur die Bande, die ihn mit den Toten vereinen und für die er eine eigene, oft hermetische Sprache „am Rande des Schweigens" entwickelt.

Das Gedicht „Ich hörte sagen" kann paradigmatisch als Selbstreflexion über den Bezug dieser Poetik zur Frage der Gemeinschaft gelesen werden. In einigen Versen dieses Gedichts steht die Pappel (über die Etymologie von *peuplier, peuple*, die auch an anderen Stellen in Celans Werk erscheint) als Chiffre für das jüdische Volk ein: „Ich sah meine Pappel hinabgehen zum Wasser, / ich sah, wie ihr Arm hinuntergriff in die Tiefe, / ich sah ihre Wurzeln gen Himmel um Nacht flehn. / Ich eilt ihr nicht nach, / ich las nur vom Boden auf jene Krume, / die deines Auges Gestalt hat und Adel, / ich nahm dir die Kette der Sprüche vom Hals und säumte mit ihr den Tisch, wo die Krume nun lag. / Und sah meine Pappel nicht mehr" (Celan 2003, 63).

In diesem Gedicht fleht die entwurzelte Pappel „gen Himmel um Nacht": „*meine* Pappel" ist es, mein Volk. Das Volk des Dichters, das entwurzelte, das jüdische Volk betet zum Himmel, mit den Wurzeln nach oben reichend fleht es um Nacht, um Ruhe. „Ich eilt ihr nicht nach": Die Verweigerung des Ich, die Geste seiner Pappel nachzuvollziehen ist eine Verweigerung dieser Beruhigung. Es genügt nicht, die Verwurzelungsmetapher umzudrehen, um Entwurzelung zu vermitteln. Zwar stecken die Wurzeln der Pappel nicht mehr im Boden, sondern strecken sich „gen Himmel", doch der Glaube an ein Bündnis, eine vertikale Verbindung zwischen Gott und Mensch, ist damit noch nicht aufgehoben. Auch gehören „Tiefe" und „Himmel", aber auch „Wurzel" und „Nacht" noch einer deutsch-romantischen Sprachwelt an, die sich auf den göttlichen Ursprung des dichterischen Worts beruft. Die Pappel vollzieht weiterhin die weit ausholende, metaphysische Bewegung: Sie ruft nichts Geringeres an als die Tiefe des Wassers und die Höhe des Himmels. „Ich eilt ihr nicht nach": Demgegenüber vollzieht Celan, wie das Ich des Gedichts, die ‚kleine Geste': Es liest – „nur", betont es – die Krume, den Restbestand erlittener Geschichte, den kleinsten Rest einstiger Nahrung, vom Boden auf und legt sie bewahrend auf den Tisch.

Die Krume ist nicht abgerundet in sich ruhend, unveränderlich, geschichtslos, sondern abgebröckelt von Größerem, in Gefahr, unachtsam zertreten zu werden, bestimmt nur als Bezug auf ein Gewesenes, Rest eines Brotes. Die Krume hat „deines Auges Gestalt": Das hier beschworene Du dieses Eingedenkens und dieses Gesprächs ersteht als Auge, als Sehendes, als Zeuge. Der Gedenkende maßt sich nicht an, die Leidenserfahrung anderer zu vertreten. Ihr Auge, ihre Sicht, ihr Erleben betonend, umgeht er die Instrumentalisierung der Erinnerung und die Ausbeutung der Trauer. Die Krume auf dem Tisch ist der kümmerliche Überrest einer zerstörerischen Geschichte. Angesichts dieser Geschichte erscheint das göttliche Wort als „Kette der Sprüche": Die „Sprüche der Väter", die überlieferten Wahrheiten, einstmals Schmuck und Zierde der Menschheit, haben ihre Glaubwürdigkeit verloren, sind für die Versprachlichung der Erinnerung nur noch Fessel und Last. „Ich nahm dir die Kette der Sprüche vom Halse": Es ist der Befreiungsakt des dichterischen vom überlieferten Wort, das angesichts der Leidenserfahrung der Entwurzelung und der Zerstörung zu Sprüchen, zu vorgefertigten, allgemein- und daher ungültig gewordenen Phrasen erstarrt ist.

Der letzte Vers des Gedichts, „Und sah meine Pappel nicht mehr", bekundet die Trennung des Ich von seiner Gemeinschaft. Sah das Ich zuvor noch die Entwurzelung des eigenen Volkes, sah dessen „Gen Himmel" Flehen mit an, so verliert es seine Zugehörigkeit zu diesem Volk durch seine Absage an die Überlieferung, kann dessen ebenso gemeinschaftlichen wie gottesgläubigen Erfahrungshorizont und dessen sprachliche Vermittlung nicht teilen. Diese Absage besiegelt die dreifache Verweigerung des Gedichts: Sie ist religiös, national und sprachlich zugleich; sie widerruft die Gültigkeit der biblischen, der väterlichen Tradition, die Zugehörigkeit zum eigenen Volk und das Vertrauen in seine Überlieferung, und erteilt der gemeinschafts- und identitätsstiftenden Funktion kollektiver Trauer eine radikale Absage. So heißt es auch in Celans anlässlich der Verleihung des Büchner-Preises gehaltenen Rede „Der Meridian": „Geh in Deine eigenste Enge und setze Dich frei." (Celan 1983, 200) Für Celans Kunst bedeutet diese Enge die „Neigung zum Verstummen", Kondensierung, Konzentration. Für sein Leben war der Preis dieser Absage an Überlieferung und Zugehörigkeit, an Heimat und Gemeinschaft, war diese von Trauer überschattete Entwurzelung vielleicht zu hoch. In einem seiner letzten Gedichte reflektiert Celan über sein Bedürfnis der Zugehörigkeit zu einer Gemeinschaft, die, wie indirekt auch immer, die Pappel-Metapher wieder aufnimmt, als Wunde und letzte Habe: „Kleines Wurzelgeträum, das mich hält, / blutunterwaschen, / keinem mehr sichtbar, / Todesbesitz" (Celan 2003, 58).

3. Robert Schindel

Gegen Ende des 20. Jahrhunderts erzeugten die veränderten politischen und historischen Umstände neue Diskurse über die Zugehörigkeit zu einer Gemeinschaft. Im Zuge einer Kritik der universalistischen Ideale der Aufklärung und dessen, was vielfach als deren Konsequenz erachtet wurde – Kolonisierung und Löschung von Differenz – haben die Theorien des Postkolonialismus, des Multikulturalismus und der *cultural studies* den Begriff gemeinschaftlicher, kollektiver Identität teilweise wieder rehabilitiert und, besonders im Hinblick auf die Mitglieder kultureller Minderheiten, den Akzent erneut auf gemeinsame Wurzeln, Lebensformen und Schreibweisen gelegt. Zugleich aber unterstreichen diese Theorien die Notwendigkeit, multiple Zugehörigkeiten und unterschiedliche Formen der *métissage* anzuerkennen, wodurch klare Grenzen und Demarkationslinien zwischen ethnischen Gruppen, Gemeinschaften und nationalen Verbünden unterlaufen werden (vgl. IV.12 BANDAU/SINGLER).

In diesem Zusammenhang steht das Jüdische in den Augen mancher Theoretiker für „a form of historical and racial in-betweenness" (Bhabha 1995, 14), und jüdische Literatur wurde paradigmatisch für ‚diasporisches Schreiben' im Allgemeinen, das als Gegengewicht zu allen Formen der ‚Territorialisierung' und des Nationalismus seine Fremdheit bejaht. Bis zu einem gewissen Grade kann diese Haltung gegenüber den verschiedenen Formen gemeinschaftlichen Zusammenhalts in den Werken der ‚zweiten Generation' der Überlebenden gefunden werden. Gleichwohl figuriert Jüdisches in ihren Texten nicht im Sinne des oft allzu leichtfertig gehandhabten Begriffs der Hybridität (Gilman und Steinecke 2002). Stattdessen formulieren diese Autoren ihre ambivalente Identifikation mit den Juden in Form des Konflikts zwischen ihrer Kritik an geschlossenen Gemeinschaften und ihrer Loyalität mit den Opfern des Holocaust.

Zweifel am wirklichen Verschwinden des Antisemitismus aus ihrer Umwelt führten sie zu einer Suche nach literarischen Formen, in denen sich ihre vorsichtige Annäherung an ihre nicht-jüdische Umgebung, ihr schwieriges Verhältnis zu jüdischen Gruppen und Institutionen – bis hin zum Staat Israel – und ihre Distanzierung von der Generation deutsch-jüdischer Autoren der unmittelbaren Nachkriegszeit artikulieren lässt. Sie bekräftigen ihre Bindungen an die Gemeinschaft der Juden im Sinne einer Verpflichtung, an das jüdische Leiden zu erinnern, aber im Wissen darum, dass sie bestenfalls ‚sekundäre Zeugen' sind, zögern sie, sich auf den Opferstatus der vorigen Generation zu berufen und damit exkludierende gemeinschaftsbildende Impulse und Ziele in der Gegenwart zu legitimieren. Im Hinblick auf die Vergangenheit wie auf die Gegenwart vermitteln sie gleichzeitig auf vielfache Weise, dass eine wenn auch noch so unscheinbare Distanz zwischen ihnen und ihrer nicht-jüdischen Umwelt bestehen bleibt.

Als Beispiel dieser Haltung sei hier der zeitgenössische österreichische Autor Robert Schindel angeführt, der 1944 in Bad Hall (Oberösterreich) als Kind jüdischer Kommunisten geboren wurde, als linksradikaler Aktivist und experimenteller Dichter begann und sich zunehmend in seiner Dichtung und Prosa mit Jüdischem befasste. Schindels Werk zeugt für die Komplexität der Beziehung jüdischer ‚Nachgeborenen' zur Literatur der vorhergehenden Generation und zu den Kindern der Täter wie auch zum Begriff einer kollektiven Identität überhaupt.

In seinem Essay *Gott schütz uns vor den guten Menschen. Jüdisches Gedächtnis – Auskunftsbüro der Angst* besteht Schindel zwar auf seinem Anliegen eines „Zusammenschluss[es] mit den verschwundenen Vorfahren" (Schindel 1995, 33), doch er fragt auch: „Was verbindet mich mit meinen beleidigten, gequälten, deportierten, vergasten und erschossenen Vorfahren, von denen ich nicht einmal ein Bild habe? Des religiösen und nationalen Schrifttums bin ich unkundig, und wenn ich es mir aneigne, was unterscheidet diese Aneignung von der Aneignung indianischer, buddhistischer oder christlicher Kultur? Fremd, wahrlich fremd sind mir meine eigenen Wurzeln" (Schindel 1995, 29). Die Schwierigkeit aber und (wie zögernd auch immer) die Möglichkeit, Brücken über die Abgründe zwischen unterschiedlich von der Geschichte Gezeichneten zu schlagen und dabei gleichzeitig der Zerstörung und der von ihr hinterlassenen brüchigen Ruine einer gemeinsamen Menschheit Rechnung zu tragen, bestimmt die Ausrichtung von Schindels Texten, vor allem seiner Romane *Gebürtig* (Schindel 1992) und *Der Kalte* (Schindel 2013), die sich mit den traumatischen Folgen des Judenmords für die ehemaligen Kollaborateure, Opfer und die Kinder beider Gruppen auseinandersetzen. In diesen Werken ereignet sich wiederholt ein unerwarteter Einbruch der unterdrückten Erinnerung an die Ereignisse der Vergangenheit. Er erfolgt durch plötzliche emotionale Zusammenstöße, Missverständnisse und Feindseligkeiten zwischen Juden der zweiten Generation und deren nicht-jüdischen Altersgenossen. Schindel spricht von der Vergangenheit als „Glaswand", die zwischen den Kindern der Opfer und jenen der Täter steht. Doch über diese Trennungen hinweg erfolgen die Versuche, gegen-, mit- und aneinander die Last der Vergangenheit zu tragen und auszutragen, in einem beständigen, schrägen, mäandernden, irritierten und gereizten, aber auch begehrenden und reizvollen Gespräch. Die Kinder der Ermordeten und jene der Täter sind auch nach dem Aussprechen der Beschuldigung oder des Bekenntnisses, wie Schindel schreibt, „keineswegs geheilt oder was man unter diesem Wort versteht", sondern sie schaffen lediglich eine neue „Ausgangssituation", einen Anfang, eine noch ungelebte Möglichkeit (Schindel 1992, 335).

In einem Gespräch zwischen Danny Demant und Masha Singer, zwei jüdischen Protagonisten in Schindels Roman, besteht die junge Frau auf dem Unterschied zwischen der gebrochenen, entfremdeten und fragmentarischen Identität der österreichischen Juden und jener der verwurzelten, ganzheitlichen Identität nicht-jüdischer Österreicher. „Sie [die Österreicher] bleiben die Hiesigen. Die Sieger. Und mich zertrennen sie. Und ich existiere in Stücken. Und was ich bin, ist mir fremd" (Schindel 1992, 15). Demant widerspricht dieser Unterscheidung und betont, dass auch Österreicher nicht-jüdischer Herkunft nur mehr „aus Stücken" bestehen. Beinahe hysterisch antwortet darauf Masha: „Die Donau verbindet sie aber" (Schindel 1992, 15). Etwa 300 Seiten später betritt eine andere Romanfigur, der aus dem Exil zurück gekehrte Gebirtig, eine Trafik und möchte dort Zigaretten der Marke *Donau* haben, die er als Kind für seinen Vater zu kaufen pflegte. Der Verkäufer, der ihm diese Zigarettenmarke vor dem Krieg verkauft hatte, antwortet: „Die Donau gibt's nicht mehr [...] Ach, die sind aus dem Verkehr gezogen" (Schindel 1992, 303). Und gedankenverloren wiederholt Gebirtig: „Die Donau gibt's nicht mehr [...]" (Schindel 1992, 303). In diesem Dialog, der direkt auf Mashas Bemerkung am Anfang des Romans zu verweisen scheint, deutet Schindel an, dass selbst die Donau heute, zumindest in Wien, ihre verbindende, und identitätsstiftende, Funktion verloren hat (vgl. IV.13 BISCHOFF/CENTNER). Spätestens seit dem Krieg sind sowohl die jüdischen als auch nicht-jüdischen Identitäten brüchig geworden, auf beiden Seiten gibt es heute keine homogenen Einheiten mehr. Obwohl Schindel weiterhin die Schwierigkeiten betont, die „Glaswand" zwischen Juden und Nicht-Juden zu durchbrechen, setzt er seine Hoffnung für die Zukunft gerade auf die Wahrnehmung, dass der Krieg den Glauben an kohärente und geschlossene soziale, ethnische und nationale Gruppierungen endgültig zerstört hat. In der Abwesenheit solcher Einheiten werden feindliche Gegensätze jeweils neu verhandelt, bis an der Stelle der erwartungsgemäßen Abgrenzungen vervielfältigte Brüche sich abzeichnen, aus denen unverhoffte und noch unerkannte Anfänge neuer Geschichten entstehen.

Literaturverzeichnis

Arendt, Hannah, und Gershom Scholem. *Der Briefwechsel*. Frankfurt am Main: Jüdischer Verlag Suhrkamp, 2010.
Bhabha, Homi K. „Unpacking My Library Again". *Journal of the Midwest Modern Language* 28.1 (1995): 5–18.
Celan, Paul. *Gesammelte Werke in fünf Bänden*. Bd. 3. Frankfurt am Main: Suhrkamp, 1983.
Celan, Paul. *Die Gedichte*. Hrsg. von Barbara Wiedemann. Frankfurt am Main: Suhrkamp, 2003.
Dinesen, Ruth. „The Search for Identity: Nelly Sachs's Jewishness". *Jewish Writers, German Literature. The Uneasy Examples of Nelly Sachs and Walter Benjamin*. Hrsg. von Timothy Bathi und Marilyn Sibley Fries. Ann Arbor: Michigan University Press, 1996. 23–42.
Illouz, Eva. „Is it possible to be a Jewish Intellectual?" *Haaretz*, 14. April 2014: 10.
Judaken, Jonathan. *Jean-Paul Sartre and the Jewish Question*. Lincoln: University of Nebraska Press, 2009.

Gilman, Sander, und Hartmut Steinecke (Hrsg.). *Deutsch-jüdische Literatur der neunziger Jahre. Die Generation nach der Shoah*. Berlin: Erich Schmidt, 2002.
Liska, Vivian. *Fremde Gemeinschaft. Deutsch-jüdische Literatur der Moderne*. Göttingen: Wallstein, 2011.
Sachs, Nelly. *Das Leiden Israels. Eli. In den Wohnungen des Todes. Sternverdunkelung*. Frankfurt am Main: Suhrkamp, 1965.
Sachs, Nelly. *Briefe der Nelly Sachs*. Hrsg. v. Ruth Dinesen und Helmut Müssener. Frankfurt am Main: Suhrkamp, 1984.
Sartre, Jean-Paul. *Réflexions sur la question juive*. Paris: Paul Morihien, 1946.
Schindel, Robert. *Gebürtig*. Frankfurt am Main: Suhrkamp, 1992.
Schindel, Robert. *Gott schütz uns vor den guten Menschen. Jüdisches Gedächtnis – Auskunftsbüro der Angst*. Frankfurt am Main: Suhrkamp, 1995.
Schindel, Robert. *Der Kalte*. Frankfurt am Main: Suhrkamp, 2013.
Scholem, Gershom. *Briefe II. 1948–1970*. Hrsg. von Thomas Sparr. *München*: Beck, 1995.
Tönnies, Ferdinand. *Gemeinschaft und Gesellschaft*. Leipzig: Fues's Verlag, 1887.

IV.15 Exil, Migration und Transnationalität in den Literaturen Ost- und Mitteleuropas
Alfrun Kliems

Der auf Englisch schreibende Russe Vladimir Nabokov, die „Kosmopolen" Witold Gombrowicz und Czesław Miłosz, Milan Kunderas tschechofranzösisches Œuvre, die Habsburger-Nostalgie des Ungarn Sándor Márai und die bissigen Pariser Aphorismen des Rumänen Emil Cioran: Ost- und Mitteleuropas Literaturen sind ohne ihre transnationalen Größen nicht zu denken. Der Hintergrund ist historisch-politisch. In unterschiedlicher Intensität prägen Exil und Migration von Schriftstellern bereits während des imperial-autoritär verfassten 19. Jahrhunderts die kulturelle Realität der Region. Nach 1918 führten Oktoberrevolution und Bürgerkrieg zu einem Massenexodus von Eliten aus Russland. Die nationalsozialistische Diktatur wiederum vertrieb ab 1933 jüdische Intellektuelle erst aus Deutschland, mit Kriegsbeginn dann aus den okkupierten Gebieten bzw. abhängigen Ländern. Anschließend lösten Machtübernahme und Krisen der kommunistischen Regime eine Kette von Exilwellen aus (Putsche 1947–1948; Revolution in Ungarn 1956; antisemitische Kampagne in Polen und Niederschlagung des „Prager Frühlings" 1968; Ceaușescu-Spätphase im Rumänien der 1980er Jahre; Kriegsrecht und Solidarność-Verbot in Polen 1981). Doch auch nach dem Zusammenbruch des Staatssozialismus hält die literarische Ost-West-Migration an: aus dem in Gewalt zerfallenden Jugoslawien, der erneuerten Repressionen in Russland wegen, aus ökonomischen oder privaten Gründen, als Teil einer globalen Mobilität. Transnationalität, öfter erzwungene als freiwillige, war und ist für die mit Ost- und Mitteleuropa befasste Literaturwissenschaft eine unhintergehbare Kategorie.

1. Exil, Migration, „gespaltene Literaturen", (Trans-)Nationalität

Zwischen Exil und Migration gibt es eine Erfahrungsschnittmenge, die sich in ihren Poetiken widerspiegelt. Beide sind begleitet von starken Behauptungen der Zugehörigkeit und Unzugehörigkeit, die wiederum geprägt sind vom Topos des (Heimat-)Verlusts, dem Thema biografisch wirksam gewordener Brüche im kulturellen Referenzsystem, Problemen des Sprachwechsels bzw. der Mehrsprachigkeit, des Übersetzens und Selbst-Übersetzens (vgl. II.2 BACHMANN-MEDICK; vgl. II.3 KILCHMANN; vgl. IV.13 BISCHOFF/CENTNER). Sie werden in ungewöhnlich emphatischer Weise angetrieben von der Verunsicherung und Selbstversicherung über Identitätskonstruktionen. Das bildet sich nicht zuletzt in den Schwierigkeiten ab, mit denen sie eine klassifikatorisch operierende Literaturwissenschaft konfrontieren, Werke bestimmten Nationalliteraturen zuzuschlagen, in deren Sprache oder unter deren Bedingungen sie vielfach eben *nicht* geschrieben wurden (Kliems 2013, 169–171). Mit Blick auf Ost- und Mitteleuropa sind zum Verständnis zwei historische Kontextualisierungen zu ergänzen.

Erstens zeigt sich vielerorts auch die literarische Inlandsproduktion über erhebliche Strecken des 20. Jahrhunderts geprägt von einer Zerklüftung des kulturellen Gefüges, namentlich von einer durch die autoritären Staatssozialismen induzierten Spaltung in ‚offizielle Literatur' und *Samizdat*. Grob gesprochen lassen sich unter ‚offizieller Literatur' Werke rubrizieren, die in Staatsverlagen im Inland erscheinen durften, während *Samizdat* (russ. „Selbstverlag") das vordergründig paradoxe Phänomen einer Institution der Gegenkultur oder klandestinen Publizität bezeichnet. *Samizdat*-Literatur erschien und zirkulierte im Untergrund, oftmals von Hand vervielfältigt, was Anna Achmatova veranlasste von einer Rückkehr in die „Prä-Gutenberg-Ära" zu sprechen (Komaromi 2010, 43). Für deren Akteure – Produzenten wie Rezipienten – brachte diese Gegenkultur denn auch mannigfaltige Individualausnahmezustände mit sich, darunter Bespitzelung, Verhöre, Haft – und eben nicht selten Landesverweis oder Flucht. Infolgedessen erlebten die meisten Literaturen Ost- und Mitteleuropas den Systemkonflikt als mehrfache Spaltung, sowohl intern als auch in der Form eines einzigartigen Exodus von Schriftstellern (und Lesern). Diese vielgestaltige Exilsituation wiederum dauerte Jahrzehnte. Etliche Protagonisten gaben ihre suspendierte Rückkehr auf, nahmen den Zwang oder Anreiz zur auch poetischen Akkulturation an. Andere definierten die im Ausland erzeugte Literatur offensiv als die ‚wahre' Nationalliteratur (Behring et al. 2004, 17–26). Aus der gleichzeitigen Existenz von ‚offizieller', *Samizdat*- und Exilliteratur ergab sich ein Redekontext konfligierender Mehrstimmigkeit, gegenseitiger Bezugnahme und Zurückweisung. Wie es eine kohärente ‚offizielle' Ästhetik allenfalls auf der Proklamationsfläche gab, so bildete sich weder eine autonome Ästhetik des *Samizdat* noch des Exils aus. Spezifische poetologische Physiognomien lassen sich allerdings durchaus erkennen, freilich erst im Bezug aufeinander.

Zweitens ist aus einer erweiterten historischen Perspektive vormoderne Transnationalität als Strukturmerkmal der „Geschichtsregionen" Ost- und Mitteleuropa auszumachen (Zernack 1977). Mehr denn andernorts erweist sie sich als konstitutiv für den Raum und seine Literatur. Diese Verflechtungshistorie entsprang polyethnischen Siedlungsprozessen, mehrschichtiger Konfessionalisierung und Herrschaftskompromissen zwischen lokalen und zentralen Eliten, summarisch verkürzend einem frühen *natio*-Bewusstsein, kombiniert mit imperialen Integrationsprozessen. Vor allem die urbanen Zentren entfalteten ihre jeweilige

Moderne als mehrsprachige, plurikonfessionelle Entitäten: ein jüdisch, lutherisch, reformiert, römisch-katholisch, orthodox und uniert gestimmter Chor in den ost-, west- und südslawischen Sprachen sowie auf Deutsch, Jiddisch, Rumänisch, Ungarisch. Zugleich zeigten die Landkarten die dynastisch verklammerten Großreiche der Habsburger, Hohenzollern, Romanovs und Osmanen. In deren Rahmen wiederum wurden mit den Nationalbewegungen des 19. Jahrhunderts Sprache und Konfession zu ideologischen und kulturellen Markern von *imagined communities* (vgl. II.1 GRABBE). Ein Ringen um kollektive Identitäten setzte ein, zu dem nicht zuletzt die entstehenden Nationalliteraturen bewusst beitrugen.

Auch diese Bemühungen um Abgrenzung und Stammesbewusstsein sind nur vor dem Hintergrund gemeineuropäischer Verflechtungsprozesse, von Übersetzungen und Kulturtransfers zu verstehen. Die Prozesse verliefen weder eindeutig noch linear. So fragte z. B. der Deutschböhme Hubert Gordon Schauer 1886 in *Unsere zwei Fragen* (Naše dvě otázky), ob die „kleine" tschechische Literatur der nationalen Sache langfristig nicht besser dienen könnte, indem sie sich in das geistige Leben des „großen" deutschen Nachbarvolks einfügte, statt nach kurzer Blüte wie eine „einsame Pfingstrose" zu verwelken (Schauer 1886, 2). Darüber hinaus tauchten bald genuin transnationale Identitätsangebote auf, wie der auf eine umfassende *natio slavica* abstellende Panslawismus, der zumal von Tschechen getragene Austroslawismus mit Wien als Zentrum oder der kroatisch dominierte Illyrismus. Letzterem wiederum stand ein Balkanismus entgegen, der einen südosteuropäischen Geist ausrief und auch die romanischsprachigen Rumänen einband, womit er das vorherrschende ethnolinguistische Paradigma kulturgeografisch konterte. Ähnlich wie der nationale Diskurs erwiesen sich solche Konstrukte weit über das 19. Jahrhundert hinaus als produktive Mythenträger und führten etwa über die eurasischen Konzeptionen eines Nikolaj Trubeckoj und Petr Savickij in den 1920er Jahren zum aktuellen Neo-Eurasismus eines Aleksandr Dugin.

2. Transnationalität und Imperialität im 20. Jahrhundert: Der russische Fall

Seit dem 19. Jahrhundert, endgültig dann nach dem Ersten Weltkrieg trat ein Dutzend Nationalstaaten an die Stelle der Großreiche der Osmanen, Habsburger und Hohenzollern, deren faktisches Profil indes eher Vielvölkerreichen *en miniature* glich. Als ‚großes' Imperium blieb allein das russländische Reich, nun in Form der Sowjetunion. Da die Bolschewiki auch die autoritäre Herrschaftspraxis des Zarenreichs fortsetzten bzw. verschärften, blieben Exil und Verbannung eine

Leben und Schreiben zahlreicher Schriftsteller prägende Realität. Dabei stellte die interne Verbannung, also die Exilierung an die Peripherie des Reichs, eine Verschlingung kolonialer und exilischer Erfahrungen dar. Frühe Zeugnisse bieten Aleksandr Puškins Poem *Der Gefangene im Kaukasus* (1822; Kavkazskij plennik) und Michail Lermontovs *Ein Held unserer Zeit* (1840; Geroj našego vremeni). Indes blieb die Verbannungs- und zumal die Lagerliteratur von Lermontov über Fedor Dostoevskijs *Aufzeichnungen aus einem Totenhaus* (1862; Zapiski iz mertvogo doma) bis hin zu Aleksandr Solženicyns Werk primär systemkritisch und ohne emphatisch transnationalen Einschlag.

Die Kolonialsituation schlechthin zu negieren, war dann eine Ratio des sowjetischen Literaturbetriebs. So folgten Maksim Gorkijs Kanonprojekt einer „Weltliteratur" (*vsemirnaja literatura*) und namentlich sein 1934 vorgestelltes Konzept einer „Multinationalen Sowjetliteratur" (*sovetskaja literatura narodov SSSR*) einem ostentativ antiimperialen, nachkolonialen Programm. Gleichzeitig wurden in der UdSSR für mehr als vierzig Ethnien Schriftsprachen kodifiziert (Kappeler 2001, 304). Die Kulturpolitik propagierte damit den Mythos eines vielstimmigen Ganzen, einer sowjetisch-sozialistischen literarischen Völkerfamilie. Freilich blieb auch die von Armeniern, Georgiern, Litauern, Ukrainern oder Usbeken geschriebene (National-)Literatur unter dem Rubrum des ‚Multinationalen' den wechselnden ideologischen wie ästhetischen Dogmatismen unterworfen, namentlich dem narrativen Primat der sozialen Kategorie ‚Klasse'. Zudem fungierte letztlich das Russische als *lingua franca*, sicherte den Zugang zu Literaturbetrieb und Rezeption sowie die Chance auf Wahrnehmung im Ausland. Nicht zuletzt deshalb blieb die transnationale faktisch eine (neo-)imperiale Konstellation, die nach dem Teilzerfall der Sowjetunion in der Russischen Föderation überdauert hat. Namentlich bestehen etliche ihrer Institutionen, Zeitschriften und Lexika fort (Smola und Uffelmann 2016).

Einen zweiten Aspekt transnationalen Schreibens stellt die Regime übergreifende externe Exilerfahrung sowie ihre literarische Verarbeitung dar. Dirk Uffelmann und Wolfgang Kissel nennen sie eine „kulturelle Anomalie", die über die Figur des Exilanten so etwas wie eine internationale Anschlussfähigkeit russischer Diskurse an „westliche" hergestellt habe, zumindest eine spezifische Form von Dialog, Übersetzung und abgrenzend-annäherndem Austausch. So konnte sich schon die Emigration des frühen 20. Jahrhunderts auf eine vorangegangene „geistige Avantgarde" berufen (1999, 29–30), bildeten die Revolutions- und Bürgerkriegsflüchtlinge (u. a. Andrej Belyj, Marina Cvetaeva, Vladimir Nabokov) in Berlin, Paris und andernorts russische Mikrokosmen (Schlögel 1994). Ihre Literatur wiederum wurde späteren Auswanderern zum wirkmächtigen Vorbild. Das aber bedeutet, Exil, Mehrsprachigkeit, plurikulturelle Versiertheit und ethnosoziale Multiplizität sind kein Proprium der (Post-)Moderne. Einer der entschiedensten

Transgressoren identitären Verlangens war Vladimir Nabokov. Während etliche seiner Konexilanten nach Russland zurückkehrten, blieb Nabokov nicht nur in der Emigration, sondern wechselte um 1940 die Schreibsprache: Der „Nervenkitzel des sprachlichen Abenteuers im russischen Medium" sei für ihn „abgeklungen". Indes habe auch das englische „Instrument" seine Tücken: „Ein alter Rolls-Royce ist einem schlichten Jeep nicht immer vorzuziehen" (Nabokov 1993, 74). So spricht kein klassischer Exilant, sondern ein postmoderner Spieler, ein hochmoderner Dandy oder Adelsspross, der sich des Privilegs einer englischen Nanny und kosmopolitischer Salons ironisch gewiss ist, ein unzuverlässiger Erzähler, der sich einer bestimmten Zeit so wenig zuschlagen lassen will wie einer einzigen Sprache, Kultur oder anderen Zwangsidentität. Insofern weist Nabokov, der in der Forschung längst als transnationaler Autor par excellence gilt, mit seinem Werk über den unmittelbaren Gehalt auf die weit umfassenderen Implikationen des Begriffs Transnationalität.

Vorderhand führen diese zur Frage nach der Kategorisierung und Funktionsweise von Literatur, die außerhalb Russlands von Russen, aber oft nicht in russischer Sprache geschrieben wurde. Weitere Beispiele sind etwa Gary Shteyngarts *Absurdistan* (2006), Andreï Makines *Le Testament français* (1995) oder Wladimir Kaminers Berlin-Stories, die sich indes nachhaltig von Nabokovs ästhetischer Radikalität unterscheiden. Vielmehr beobachtet Adrian Wanner bei ihnen einen „territorial and linguistic move out of Russia into a constructed ‚Russianness' for foreign consumption" bzw. Selbstinszenierungen in der „role of a Russian multiculturalist" (Wanner 2011, 3 u. 17), die jeweils auf ein deutsches (Kaminer), französisches (Makine) bzw. US-amerikanisches (Shteyngart) Publikum zugeschnitten seien.

3. Sisyphos' Kataloge: Nation, Trans-Nation, Translingualität

Wanner bringt damit einen Aspekt in die Betrachtung transnationaler Literatur ein, der empirisch noch wenig erforscht ist: das Rezeptionskalkül. Zunächst jedoch soll näher auf die literarische Tradition des ost- und mitteleuropäischen Exils eingegangen werden, namentlich auf das Problem von Katalogisierung, (Selbst-)Zuordnung und das diffizile Verhältnis zu den Herkunftsgesellschaften. Das Exil figuriert prominent im nationalen Mythenhaushalt etlicher ost- und mitteleuropäischer Gesellschaften. Ablesbar ist dies bereits an den präsenten Eigennamen jeweiliger Fluchtwellen. So bezeichnen Tschechen und Slowaken die Emigration nach der kommunistischen Machtübernahme 1948 als „Februarexil" (*poúnorový exil*), die nach der Niederschlagung des „Prager Frühlings" als

„Augustexil" (*posrpnový exil*). In Polen wiederum steht die „Große Emigration" (*Wielka Emigracja*) nach dem gescheiterten „Novemberaufstand" von 1830–1831 zugleich für die polnische Romantik, die vorwiegend in Paris stattfand. Der Terminus transportiert ein seither wirkmächtiges, hypertrophes literarisches Paradigma: den Willen, das eigene Schaffen schicksalhaft mit der Nation zu verbinden, den duplizierten Opfergang von Volk und Individuum. Entsprechend setzte sich vielfach das stärkere „Vertreibung" (*wygnanie*) gegenüber dem passivneutralen „Exil" (*exil*) durch. Und Jan Kott formulierte noch 1986: „Die Polen sind ein Volk in der Diaspora. Wie die Juden. Und sie werden ein Volk in der Diaspora bleiben für Dutzende von Jahren. Oder aber für Jahrhunderte" (Kott 1986, 173).

Diese Einwebung des Exils in die nationale Selbstverständigung führt zu gesteigerten Komplikationen auf einem ohnehin problematischen Feld, der letztlich nur philologiegeschichtlich zu begründenden Katalogisierung von Texten nach Nationalliteraturen. So fordert Józef Olejniczak, allein solche Emigranten der polnischen Literatur zuzurechnen, die sich weiterhin der polnischen (Mutter-) Sprache bedienen (Olejniczak 1996, 11). Dagegen wandten Olejniczaks Kritiker ein, dass dergestalt große Namen ausgeklammert blieben wie die Englisch schreibenden Jerzy Kosiński und Joseph Conrad (eigentl. Józef Konrad Korzeniowski) und Herkunft und/oder ethnische Abstammung als Kriterium vorzuziehen seien. Spielt das eine auf problematische Weise mit dem Topos des ‚Verrats', verabsolutiert das andere ein Volkszugehörigkeitsphantasma. Peter Ihring zufolge hat die – nach wie vor verbreitete – Praxis, das „Kriterium des Herkunftslandes zur entscheidenden Systemkategorie" zu machen, ihren Reiz darin, Werke von Weltrang für die gleichsam auktoriale Nation zu reklamieren (Ihring 2000, 378). Die Reaktionen der Autoren auf diese Kategorisierungsversuche waren mannigfaltig.

Etwas pointiert stellte z. B. Eva Menasse fest, dass die Tschechen ihre Exilanten (mit Ausnahme von Josef Škvorecký) nicht besonders mögen würden, „im Zweifel halten sie Libuše Moníková für eine deutsche Autorin und [Milan] Kundera für einen Franzosen" (Menasse 1999, 3). In der Tat schrieb Moníková nach ihrer Auswanderung in die Bundesrepublik 1971 auf Deutsch, bezeichnete sich explizit als deutsche Autorin – wiewohl die schleppende Wahrnehmung durch die Tschechen sie durchaus schmerzte (Kliems 2002, 11–13). Květoslav Chvatík, selbst Exilant, bevorzugte mit Blick auf Moníkovás böhmische Themenwelt Geburtsort vor Sprachwahl (Chvatík 1992, 233–240). Milan Kundera setzte demgegenüber früh auf eine globale Übersetzbarkeit seines Schreibens, zog dann im *setting* wie sprachlich die Konsequenz aus seiner Emigration nach Paris. Das brachte ihm nicht nur die – Kundera selbst wenig tangierende – Ausgliederung aus der Rubrik „Tschechischer Schriftsteller" ein, sondern gleich die grundsätzliche Relegation, nur noch über ein „kunstvoll halbiertes Leben" zu verfügen (Demetz 1998, 19). In den 1990er Jahren dann scheiterte eine Remigration seiner Romane an unzulänglichen Übersetzungen und der Verlagspolitik. Kritisch fiel daraufhin das Wort von einer „kommunikativen Pathologie", das die in Italien lebende Sylvie Richterová ursprünglich auf den „kulturellen Ego-Zentrismus" kommunistischer Regime angewandt hatte (Richterová 1995, 38).

Kundera nicht unähnlich, wies der 1904 geborene Witold Gombrowicz den seit der Romantik tradierten kollektiv-individuellen Schicksalsnexus zurück und nannte sich im argentinischen Exil einen „Kosmopolen". Auch etliche Solidarność-Emigranten der 1980er Jahre, darunter Stanisław Barańczak und Adam Zagajewski, wandten sich gegen die Selbsterhöhungstendenz der Diasporarhetorik, ohne mit dem nationalen Diskurs vergleichbar konsequent zu brechen wie Gombrowicz schon 1953 in seinem Tagebuch. Zu Emil Cioran, der aus Paris das Elend des schriftstellerischen Exils beklagt hatte, notierte er: „Der Verlust des Vaterlands bringt nur diejenigen nicht aus der inneren Fassung, denen die Welt Vaterland ist" (Gombrowicz 2004, 71).

Am anderen Ende des Spektrums steht etwa der 1974 aus der UdSSR ausgewiesene Aleksandr Solženicyn, der sich auch im amerikanischen Exil als Sprecher seiner russischen Heimat verstand, die US-Staatsbürgerschaft ablehnte und 1994 als Kronzeuge eines nationalpatriotischen, vom orthodoxen Glauben getragenen Überdauerns zurückkehrte. Ähnlich enttäuscht vom Westen ging Solženicyns vom *Underground* geprägter Landsmann Eduard Savenko alias Limonov in den 1990er Jahren zurück nach Russland. Seit 1974 im New Yorker und Pariser Exil, galt er mit seiner New York-Trilogie als modellgebend für die „Dritte Emigrationswelle" der 1970–1980er Jahre, zu der unter anderem Vasilij Aksënov, Joseph Brodsky, Sergej Dovlatov und Aleksandr (Saša) Sokolov zählten (Kasack 1996; Matich und Helm 1984). Sein Werk orientiert sich am amerikanischen Roadmovie, greift Traditionen der Beat-Generation auf, stellt Homosexualität und Pornografie aus – und machte Limonov zu einem *shooting star* des Westens, von dessen vermeintlicher Oberflächlichkeit er sich gleichwohl abgestoßen fühlte und sich in Russland für eine zweite Karriere als ‚nationalbolschewistischer' Skandalpolitiker entschied.

Eine konventionellere Variante des Rückspiels nationalisierender Diskurse liefert der aus der ungarischen Minderheit im rumänischen Siebenbürgen stammende Albert Wass. Als Anhänger des völkischen Horthy-Regimes floh Wass 1944 nach Deutschland, von dort 1954 in die USA, wo er 1998 schwer krank Selbstmord beging. Derweil wurde sein nationalpatriotisches, teils rabiat antisemitisches Werk bereits seit den 1990er Jahren in Ungarn stark rezipiert. Seither ist ein Erinnerungskult um Wass entstanden, den John Neubauer und Zsuzsanna Török für einflussreich in der nationalistisch-antisemitischen Wendung des Landes halten (2009, 538–575). Einen abermals anders gelagerten Fall von literarischer Remigration stellt Edward Redliński 1985 im amerikanischen Exil erschienener Roman *Rattenpolen* (Szczuropolacy) dar. Redliński Collage des New Yorker Immigrantenghettos Greenpoint ist dezidiert dem nationalromantischen polnischen Mythos entgegengeschrieben, erzählt von der banal-schäbigen Migrantennot, nutzt Makkaronismen, d. h. zweisprachige Mischformen, sowie offensiv anstößige Neologismen wie den Titel. Nachdem das Buch in den 1990er Jahren auch in Polen herausgekommen war, bestand der Verlag für die dritte Auflage zwar auf einer Titeländerung in *Rattenyorker* (Szczurojorczycy), da *Rattenpolen* allzu großes Ärgernis erregt hatte (Schlott 2004, 145). Zugleich jedoch weisen Aufsehen und Erfolg des Buchs aus, dass es zu einer zunehmend geöffneten Identitätsdebatte beigetragen hat. Dabei bekommt das essenzialistische Paradigma von der diasporischen Opfergemeinde verstärkt Konkurrenz durch eine Auffassung Polens als transnationaler Nation, also einer Gemeinschaft, für deren Imagination die globalen Bezüge konstitutiv sind. Der Exildiskurs verliert darüber zunehmend seine Funktion als Metonymie des Kollektivs. Fragen der Sprache, des Sprachwechsels, von Sprachnot und Sprachenglück werden konkret verhandel- und erzählbar. *Lost in Translation: Life in a New Language* (1989) nannte die 1959 mit den Eltern von Krakau nach Vancouver übergesiedelte Eva Hoffman ihren Bericht von einer solchen Rückverlagerung der Geschichte in das Erleben des Einzelnen: „Ich werde zu einer wandelnden Verkörperung strukturalistischen Denkens", sei doch „das Bezeichnende von dem Bezeichneten abgetrennt worden" (Hoffman 1993, 117–118). Statt in abstrakt moralisierende Etiketten bettet der Text solche Reflexionen in sinnliche Bilder von Schmerz, Freude, Verlust und Bereicherung. So konnte Hoffmans „cross-cultural autobiography" (Besemeres 1998) zu einem „Katechismus der gegenwärtigen Migrationsliteratur in den USA" (Blazan 2006, 59) aufsteigen. Hoffmans Text steht auch im Fokus der Kategorie Gender für eine expressiv weibliche Perspektive polnischer Exilliteratur, die zur Auflösung des ostentativ maskulinen, strukturell larmoyanten Diasporaheroismus maßgeblich beigetragen hat. Weitere Vertreterinnen sind etwa die Mitte der 1980er Jahre emigrierten Izabela Filipiak, Manuela Gretkowska und Iwona Mickiewicz. Ähnlich flicht die in der Schweiz lebende Slowakin Irena Brežná in ihrem Essay *Sprachbilder* jugendliches Erwachen, Ausdruckszweifel, National- und Geschlechtsidentität zu einem subtilen ‚Trans-Knoten'. Das „ehrgeizige Adoptivkind der deutschen Sprache" zieht sich Deutsch als einen „solide genähten Arbeitsanzug fürs Überlebenstraining" über – wohingegen das Slowakische „klebrig" und „verführerisch" sei, eine „weinende, gutherzige Verwandte" (Brežná 1992, 54–62).

Stehen nun Hoffmans wie Brežnás Sprach- als Selbsterkundungen exemplarisch für einen reflexiven Umgang mit Sprachmigration im Exil, so ziehen andere die ästhetisch radikale Konsequenz daraus und dichten direkt translingual – ohne Konzession an den Leser, ohne Seitenblick auf kulturelles Vorwissen oder einen möglichen Übersetzer. Vielmehr setzen sie, mit Adrian Wanner, einen „bilingual and bicultural individual" als Rezipienten voraus (Wanner 2011, 14). In diesem

Sinn lässt der nach Paris emigrierte Rumäne Dumitru Țepeneag den Roman *Le Mot sablier* (1984) auf Rumänisch beginnen, versetzt ihn stückweise mit französischen Wörtern und Bezügen, um ihn schließlich in der Sprache seines Exils enden zu lassen. Țepeneag schildert so nicht nur das liminale Stadium des Sprachwechsels als Übergangsritual, sondern stellt es sprachlich aus (Behring 2002, 168–170). Ähnliche Poetiken eines (binnen-)grammatikalischen oder (trans-)lingualen Reflexes auf die wanderungsinduzierte Identitätszertrümmerung zeigen Dragica Rajčić in *Halbgedichte einer Gastfrau* (1986), Eugene Ostashevsky in *The Life and Opinions of DJ Spinoza* (2008) oder Ivan Blatný in *Hilfsschule Bixley* (Samizdat 1982; Pomocná škola Bixley). Miriam Finkelstein und Diana Hitzke zufolge ermöglichen es dergestalt mehrsprachig verfasste bzw. mit Heterografien operierende Werke auch einsprachigen Lesern bis zu einem gewissen Grade, durch „die fremden Wörter jene migrantische Erfahrung der sprachlichen Hilflosigkeit und Desorientierung [...] nachzuempfinden". Sie diagnostizieren diese aus Sprachverlagerung und Ortsüberblendung, aus Translingualität und Translokalität generierte Ästhetik als „räumliche Doppelpräsenz" (2014, 55–58).

4. Exotenmärkte: Der Migrant als Marke, Osteuropa als Label

Eva Hausbacher unterscheidet für die zeitgenössische exilrussische Literatur eine Orientierung an der „Herkunftsliteratur" von einer an der „Aufnahmegesellschaft". Einzig letztgenannter sei eine Poetik der Migration zuzugestehen (Hausbacher 2009, 32–33; vgl. III.5 HAUSBACHER). Zwar lässt sich diese Differenzierung angesichts fluider Schreibpraxen und der containerhaften Vorstellung von Herkunfts- versus Aufnahmeliteraturen kaum aufrechterhalten. Gleichwohl hat sie ihre instruktive Pointe: Sie lenkt den Blick auf exilantisches Schreiben als einen bewussten Interaktionsprozess mit einem Rezeptionsmilieu. Das bedeutet nicht zuletzt, dem Verständnis von ‚Migrationsliteratur' als stark intrinsisch motivierter Verarbeitung einer objektiven Erfahrung eine Betrachtung an die Seite zu stellen, die zum einen den sozialen Charakter künstlerischer Äußerungen mitbedenkt, zum anderen das ‚Schicksal' der Migration – wie jedes Geschick – als eine wesentlich narrative Hervorbringung begreift.

Der soziale Kontext literarischer Produktion in modernen westlichen Gesellschaften ist zunächst einmal ein Markt, der unter anderem mit *claims* arbeitet (vgl. III.6 MAYER). Dass es sich mit Blick auf die Migrationsliteratur zumindest partiell um reflektierte und adaptierte Askriptionsvorgänge handelt, illustriert Gary Shteyngarts Wort vom „new immigrant chic" (Wanner 2011, 95). Bereits eine Generation zuvor kokettierte der ebenfalls in den USA lebende, aus Polen stammende Stanisław Barańczak in Anspielung auf Steven Spielbergs „E.T." (*Extra Terrestrial*) mit dem Alienstatus eines „E.E.", für *East European* (Barańczak 1990).

Polemisch, aber nicht unzutreffend, hat Hans-Peter Kunisch den Positionierungsmechanismus von Migrationsautoren in der Bundesrepublik auf den Punkt einer „romantisch-exotischen Schlagseite" ihrer literarisch verarbeiteten Lebensläufe gebracht, die stimulierend von den Leiden der lesenden deutschen Mittelschicht an der „eigenen schäbigen Biografie" absteche (Kunisch 2000, 1). Auf Ost- und Mitteleuropa bezogen sind u. a. angesprochen Zsuzsa Bánk und Terézia Mora, die ungarischer Herkunft sind, außerdem lassen sich der in Bosnien herangewachsene Saša Stanišić oder der aus Bulgarien nach Deutschland gekommene Ilija Trojanow nennen, der aus den Masuren stammende Artur Becker, die in Prag geborenen Libuše Moníková und Jan Faktor sowie im erweiterten Horizont des europäischen Markts die 1946 als Kind ukrainischer Flüchtlinge in Kiel geborene, dann nach Großbritannien übergesiedelte Marina Lewycka, die mit *A Short History of Tractors in Ukrainian* (2005) bekannt wurde. Brigid Haines beschreibt das Phänomen mit Blick auf die deutschsprachige Gegenwartsliteratur und in Anlehnung an Leslie Adelsons Überlegungen zum „Turkish turn" mit dem Begriff des „Eastern European turn" (Haines 2015).

Dabei sind zwei Blickrichtungen zu unterscheiden. Einerseits verheißen die Texte eine exotische Länderkunde – nebenbei bemerkt über eine Region, die im deutschen Mythenhaushalt noch als vormaliger Expansions- oder imperialer Ergänzungsraum präsent ist. Zum anderen versprechen sie vielfach, Deutschland mit ‚fremdem' Blick unter die Lupe zu nehmen. Unter den Lupen sitzen dann diejenigen ohne ‚exotischen' Lebenslauf und goutieren den Bericht über ihre vertraut-befremdlichen Gepflogenheiten. In der Tat scheint in diesem mehrfach gebrochenen und duplizierten *colonial gaze* ein Schlüsselelement des Reizes der Marker „Ost- und Mitteleuropa" sowie „Migrant" zu liegen.

Entsprechend bemerken Birgit Menzel und Ulrich Schmid, Kaminer hole „seine deutschen Klienten genau dort ab, wo sie mit ihren eigenen Klischees über den Osten stehen" (2007, 20). Ähnlich attestiert Dirk Uffelmann Teilen der polnischen Migrationsliteratur der 1980er Jahre eine den Diskurs der Majorität parodierend aufnehmende „Selbst-Orientalisierung" oder „Selbst-Barbarisierung" und macht „bestimmte Konjunkturen für paradoxe Selbstnegativierungen" aus (Uffelmann 2009, 177). Stärker auf die soziopsychologische Grundierung des im Grunde selben ästhetischen Mechanismus bezieht sich Brigitta Helbig-Mischewski in ihrer Analyse von Arbeiten männlicher Migranten aus Polen (Dariusz Muszer, Janusz Rudnicki u. a.) und findet für deren groteske Schreibweisen das Bild vom „Penis in der Klemme". Die Texte würden Gefühle der Erniedrigung und Degradierung hyperbolisieren. So verlaufe die „Transformation der Erniedrigung" über eine „imaginäre Radikalisierung eigener Andersheit" hin zu einer ins Kosmische, Metaphysische getriebenen Alterität (Helbig-Mischewski 2009, 172). Dass analoge Verfahren auch in Dominanzphantasien umschlagen können, zeigt Miriam Finkelstein anhand russischer Migranten wie Kaminer, Olga Martynova oder Aleksej Šipenko, die einen „russischen Berlin-Raum" konstruieren, in dem wohl Türken und Araber zu finden seien, indes keine anderen Ost- bzw. Mitteleuropäer. Finkelstein macht darin eine im Verhältnis zu Mitteleuropa „neokoloniale" Okkupation der Berlin-Repräsentation aus, noch verstärkt durch ein ostentatives Anknüpfen an die russische Gemeinde der 1920er Jahre (Finkelstein 2015). Der Befund fügt sich in die postimperiale Rede von einer „deutsch-russischen Nachbarschaft", die nonchalant über das Ostmitteleuropa der ‚kleinen' Nationen und Literaturen hinweggeht.

Schließlich lässt sich ein Trend beobachten, der diese ethnokulturellen Vermarktungsbehauptungen nur bedingt stützt: Mit Blick auf die jüngeren Autorinnen aus dem postsowjetischen Raum zeichnet sich ein zweites „Fräuleinwunder" ab, zwar nicht explizit ausgerufen, indes unübersehbar in Analogie zum ersten kalkuliert. So machten in Deutschland u. a. die in Baku geborene Olga Grjasnowa, die Ukrainerinnen Katja Petrowskaja und Marjana Gaponenko, die aus Georgien stammende Nino Haratischwili, in Amerika die aus Moskau übergesiedelten Ellen Litman, Irina Reyn und Anya Ulinich von sich reden. Auch die Mehrheit der zuletzt erfolgreichen polnischstämmigen Autoren in Deutschland ist weiblich (u. a. Magdalena Felixa, Sabrina Janesch, Paulina Schulz). Sie alle nehmen vor allem Lebensläufe in den Blick, die kulturelle, sprachliche, geschlechtliche und nationale Kategorisierbarkeiten unterlaufen. In Felixas *Die Fremde* (2005) agiert z. B. ein aus allen Zuordnungen gelöster weiblicher Ahasver. Das heißt, es gibt in diesem Kontext einen, wenn auch uneindeutigen, Zug zur Emanzipation aus der Identitätsdebatte (Chowaniec 2015).

5. Geschichte als Obsession: Transnationale Trauer vor versunkener Landschaft

Seit den 1990er Jahren hat das historische Ost- und Mitteleuropa eine publizistische Renaissance erlebt, sind auch unter dem Vorzeichen des *postcolonial turn* und eines explosionsartig gewachsenen Interesses an transnationalen Perspektiven die vordem multikulturellen Landschaften und Städte wie Prag, Czernowitz, Lemberg, Danzig, Schlesien und Galizien, die Sudeten, die Vojvodina auf die wissenschaftlichen und literarischen Landkarten des Westens zurückgekehrt. Im Vordergrund stehen dabei Verlusterzählungen von gewaltsam entflochtener Pluralität und verlorener Authentizität, die ein lange dominantes Rückständigkeitsnarrativ („polnische Wirtschaft", „russische Barbarei", „jiddisches Schtetl") melancholisch rekonnotieren. Transnational ist diese Aktualisierung eines Existenzmodus, den Erster und Zweiter Weltkrieg, Holodomor, Holocaust, Porajmos und immer neue Vertreibungen ausgelöscht haben, nicht nur im Sinne migrantischer Autorenviten. Es geht vielmehr auch um die Repräsentation kollektiver Beziehungsgeschichten aus Nähe und Gewalt qua internationaler Rezeption und Dialogizität (vgl. III.3 TIPPNER).

So imaginieren Gaponenko, Makine und Vladimir Vertlib den „eigentlichen ‚Normalzustand' im vorrevolutionären Russland" (Finkelstein und Hitzke 2014, 62), entwerfen über mehrsprachige Protagonisten und intertextuelle Verweise einen (besseren) polyethnisch kodierten Raum, für dessen Untergang namentlich der des osteuropäischen Judentums steht (vgl. IV.7 GLASENAPP). Ähnlich geht auch in der *kresy*-Literatur, also der Verhandlung der verlorenen Ostgebiete Polens, ein postimperialer Phantomschmerz in transnationaler Verklärung auf (Trybuś und Kałążny 2007; Korek 2007). Vergleichbares ließe sich auch über Ungarn hinsichtlich Siebenbürgens oder der Slowakei sagen. Die Projektionsflächen überlappen einander, verwickeln sich mit divergenten sozialen und publizistischen *claims*, mit nationalen Phantasmen und deren Zurückweisung. Vergleichbar dem deutschen „Ost"-Begriff beherbergt das polnische *kresy*, ursprünglich „Grenzmarken", z. B. eine mythopoetische Erinnerungslandschaft, die Polyethnizität, Plurikonfessionalität und Mehrsprachigkeit transportiert – aber auch eine polnische Herrschaftserinnerung. Jüngere Auseinandersetzungen verwenden deshalb alternative Syntagmen, darunter „Europäisches Intermarium", „Literatur der kleinen Vaterländer", „Grenzland-Literatur", „Postmoderne Regionalliteratur". Dennoch bleibt der polnische Vormundschaftsanspruch vielfach präsent; er ist zu eingeschliffen und für viele Identitätskonstrukte zu attraktiv.

Bereits mit den großen Namen des romantischen Exils verband sich im liberal-revolutionären Europa der „Polenbegeisterung" ein gewisser Exotismus. Dichter wie Adam Mickiewicz brachten die regionale Verflechtung vor ein internationales Publikum. Nachfolgende *kresy*-Schriftsteller des 20. Jahrhunderts waren dann u. a. die Polen Czesław Miłosz, Bruno Schulz, Józef Wittlin oder der Litauer Tomas Venclova. Seit den 1990er Jahren gerieten auch die mit der Westverschiebung Polens nach dem Zweiten Weltkrieg „wiedergewonnenen Gebiete" (*ziemie odzyskane*) verstärkt als ehedem plurikulturelle Räume in den Blick, namentlich Schlesien und die vordem deutschen Ostseestädte. Dabei stellen insbesondere die Danzig- bzw. Stettin-Erzählungen einer Sabrina Janesch in Deutschland oder Inga Iwasiów in Polen mehr als eine postromantisch oder transnational inspirierte Regionalprosa dar. Ihre Narrative zeigen sich instruiert von der Idee einer gesteigerten Kreativität in Rand- und Verflechtungszonen. Eine Hypothese, die die Literaturwissenschaft in Mitteleuropa schon seit Längerem instruiert, darunter Moritz Csáky mit seinem Theorem der Pluralität in Zentraleuropa, die Idee eines „europäischen Zwischenfelds" von Zoran Konstantinović sowie die „Pulsationstheorie" von Peter Zajac, der von einem „nichtlinearen Pulsieren", einem „System der wechselseitigen Vernetzung" von Zentrum und Peripherie ausgeht (Simonek 2011, 181–185).

Lässt sich eine umkämpfte Dialektik von historischem Erinnern und Vergessen geradezu als Charakteristikum der jüngeren ost- und mitteleuropäischen Literatur beschreiben, so wirkt sie für die postjugoslawische Migrationsliteratur schlechthin prägend. Vielfach selbst Zeugen der ethnischen ‚Säuberungen' des ausgehenden 20. und beginnenden 21. Jahrhunderts, verarbeiten David Albahari, Bora Ćosić, Alma Hadžibeganović, Aleksandar Hemon, Dubravka Ugrešić oder der bereits erwähnte Saša Stanišić sowohl die Kriege auf dem Balkan als auch Erinnerungen an Jugoslawien. Sie thematisieren Exil und Migration, Phänomene der „Jugostalgie", Kriegstraumata, das Wechselverhältnis von marginalisierter Existenz und urbaner Haltung, den Kampf gegen machtvolle historische Narrative und für eine Gegenerinnerung, aber auch immer wieder Fragen der Fragilität und Bedrohung, Zersplitterung und Persistenz, Re-Kodierung, Möglichkeit und Unmöglichkeit kohärenter Identifikationen. Bezeichnenderweise finden sich bei ihnen verschiedentlich ästhetische Operationen, wie sie ähnlich Autoren verwenden, die das jüdische Erbe Ost- und Mitteleuropas aktualisieren. Dabei handelt es sich um eine bis an den Rand der Fetischisierung getriebene Katalogisierung und Inventarisierung vergangener Dingwelten, ein obsessives Sammeln und Benennen von Einzelobjekten, kulturgeografische Rekonstruktionen mit Hilfe fiktiver Listen, Archive, Museen und Bibliotheken, die zugleich den Verlust poetisch negieren. Derweil werden von wissenschaftlicher Seite die überkommenen Klassifikationsversuche entlang philologischer Scheidelinien relativiert. Wie vielerorts gestaltet sich der methodische Neuansatz terminologisch tastend, werden für das Feld von Exil und Migration teils tauglichere, teils eher hilflose Analysebegriffe erprobt wie „Nomadismus", „Transmigration", „Transkulturelle Literatur", „Post-Emigration", „E-Migration", „Literatur in Bewegung" oder „Quasi-Migration" (Blazan 2006; Hausbacher 2009; Rostek und Uffelmann 2011; Teodorowicz-Hellman und Gesche 2012; Henseler und Makarska 2013; Hitzke 2014). Gleiches gilt für die Kategorisierungsversuche von transnationaler versus interkultureller Literatur (Zink 2015). Bei den untersuchten Autoren führt das zu bisweilen heftigen Abwehrreaktionen gegen die neuerlichen Bestimmungsbemühungen einer identifizierenden Askription, auch wenn diese nun auf abstrakterer Ebene verläuft. Die 1956 aus Budapest nach Wien emigrierte Zsuzsanna Gahse beschied der entsprechenden Forschung bündig: „Das gehört in diese Witzreihe von Migration, Migräne, Mikro- und Transmigration. Ich könnte noch zu Transpiration gelangen" (Amodeo et al. 2009, 114).

Literaturverzeichnis

Amodeo, Immacolata, Heidrun Hörner und Christiane Klemle (Hrsg.). *Literatur ohne Grenzen. Interkulturelle Gegenwartsliteratur in Deutschland.* Sulzbach: Ulrike Helmer, 2009.
Barańczak, Stanisław. *Tablica z Macondo.* Londyn: Aneks, 1990.
Behring, Eva. *Rumänische Schriftsteller im Exil 1945–1989.* Stuttgart: Franz Steiner, 2002.
Behring, Eva, Alfrun Kliems und Hans-Christian Trepte (Hrsg.). *Grundbegriffe und Autoren ostmitteleuropäischer Exilliteraturen 1945–1989.* Stuttgart: Franz Steiner, 2004.
Besemeres, Mary. „Language and Self in Cross-Cultural Autobiography. Eva Hoffman's Lost in Translation". *Canadian Slavonic Papers* 40.3–4 (1998): 327–344.
Blazan, Sladja. *American Fictionary. Postsozialistische Migration in der amerikanischen Literatur.* Heidelberg: Winter, 2006.
Brežná, Irena. *Falsche Mythen.* Wettingen: eFeF, 1996.
Chowaniec, Urszula: *Melancholic Migrating Bodies in Contemporary Polish Women's Writing.* Newcastle upon Tyne: Cambridge Scholars, 2015.
Chvatík, Květoslav. *Melancholie a vzdor. Eseje o moderní české literatuře.* Prag: Československý spisovatel, 1992.
Demetz, Peter. „Kunstvoll halbiertes Leben. Milan Kunderas Suche nach *Identität*". *F.A.Z.* (6. 10. 1998): L 19.
Finkelstein, Miriam, und Diana Hitzke. „Mehrsprachigkeit in der postjugoslawischen und translingualen russischen Gegenwartsliteratur". *Variations* 22 (2014): 53–65.
Finkelstein, Miriam. „A Common Place, a Contested Space. Reciprocal Representations of Russian and Eastern European Migrants in their Berlin Narratives". *Zeitschrift für Slawische Philologie* 70 (2015): 365–400.
Gombrowicz, Witold. *Tagebuch 1953–1969.* Frankfurt am Main: Fischer, 2004.
Haines, Brigid. „Introduction: The Eastern European Turn in Contemporary German-Language Literature". *German Life and Letters* 68.2 (2015): 145–153.
Hausbacher, Eva. *Poetik der Migration. Transnationale Schreibweisen in der zeitgenössischen russischen Literatur.* Tübingen: Stauffenburg, 2009.
Helbig-Mischewski, Brigyda. „Penis v opałach. Doświadczenia kastracji i strategie odzyskiwania mocy w literaturze kilku migrantów w Niemczech". *Teksty Drugie* 6 (2009): 160–173.
Henseler, Daniel, und Renata Makarska (Hrsg.). *Polnische Literatur in Bewegung. Die Exilwelle der 1980er Jahre.* Bielefeld: Transcript, 2012.
Hitzke, Diana. *Nomadisches Schreiben nach dem Zerfall Jugoslawiens. David Albahari, Bora Ćosić und Dubravka Ugrešić.* Frankfurt am Main i.a.: Peter Lang, 2014.
Hoffman, Eva. *Lost in Translation. Ankommen in der Fremde.* Frankfurt am Main: Neue Kritik, 1993.
Ihring, Peter. „National/Nation". *Ästhetische Grundbegriffe Bd. 4.* Hrsg. von Karlheinz Barck et al. Stuttgart und Weimar: Metzler, 2000. 377–404.
Kappeler, Andreas. *Russland als Vielvölkerreich. Entstehung – Geschichte – Zerfall.* München: Beck, 2001 [1992].
Kasack, Wolfgang. *Die russische Schriftsteller-Emigration im 20. Jahrhundert.* München: Otto Sagner, 1996.
Kissel, Wolfgang S., und Dirk Uffelmann. „Vorwort: Kultur als Übersetzung. Historische Skizze der russischen Interkulturalität". *Kultur als Übersetzung.* Hrsg. von Wolfgang S. Kissel, Franziska Thun und Dirk Uffelmann. Würzburg: Königshausen & Neumann, 1999. 13–40.

Kliems, Alfrun. *Im „Stummland". Zum Exilwerk von Libuše Moníková, Jiří Gruša und Ota Filip.* Frankfurt am Main i.a.: Peter Lang, 2002.
Kliems, Alfrun. „Transterritorial – Translingual – Translokal. Das ostmitteleuropäische Literaturexil zwischen nationaler Behauptung und transkultureller Poetik". *Literatur und Exil. Neue Perspektiven.* Hrsg. von Doerte Bischoff und Susanne Komfort-Hein. Berlin und Boston: de Gruyter, 2013. 169–182.
Komaromi, Ann. „Jenseits von Gutenberg. Die Dynamik der dissidentischen Öffentlichkeit". *Osteuropa* 60.11 (2010): 43–57.
Korek, Janusz (Hrsg.). *From Sovietology to Postcoloniality. Poland and Ukraine from a Postcolonial Perspective.* Huddinge: Södertörns högskola, 2007.
Kott, Jan. *Kamienny potok. Eseje.* Londyn: Aneks, 1986.
Kunisch, Hans-Peter. „Eine Ankunftsliteratur anderer Art". *Süddeutsche Zeitung* (22. 03. 2000): LIT 1.
Matich, Olga, und Michael Helm (Hrsg.). *Russian Literature in Emigration. The Third Wave.* Ann Arbor, MI: Ardis, 1984.
Menasse, Eva. „Jugendjahre eines böhmischen Sex-Maniacs. Josef Škvorecký. *F.A.Z.* (1. 10. 1999): BS 3.
Menzel, Birgit, und Ulrich Schmid. „Der Osten im Westen. Importe der Populärkultur". *Osteuropa* 5 (2007): 3–21.
Nabokov, Vladimir. *Deutliche Worte. Interviews, Leserbriefe, Aufsätze.* Reinbek bei Hamburg: Rowohlt, 1993.
Neubauer, John, und Borbála Zsuzsanna Török (Hrsg). *The Exile and Return of Writers from East-Central Europe. A Compendium.* Berlin und New York: de Gruyter, 2009.
Olejniczak, Józef. „Kilka uwag wstępnych". *Literatura emigracyjna 1939–1989 Bd. 2.* Hrsg. von Marek Pytasz. Katowice: lask, 1996. 10–16.
Richterová, Sylvie. „Nezávislá literatura a závislá kritika". *Česká nezávislá literatura po pěti letech v referátech.* Prag: Primus, 1995. 37–40.
Rostek, Joanna, und Dirk Uffelmann (Hrsg.). *Contemporary Polish Migrant Culture and Literature in Germany, Ireland, and the UK.* Frankfurt am Main i.a.: Peter Lang, 2011.
Schauer, Hubert Gordon: „Naše dvě otázky". *Čas* 1/1 (1886): 1–4.
Schlögel, Karl (Hrsg.). *Der große Exodus. Die russische Emigration und ihre Zentren 1917 bis 1941.* München: Beck, 1994.
Schlott, Wolfgang. *Polnische Prosa nach 1990. Nostalgische Rückblicke und Suche nach neuen Identifikationen.* Münster: LIT, 2004.
Simonek, Stefan. „Zwischen ‚Drittem Raum' und ‚pulsierender Region'. Mitteleuropa als Schnittstelle ‚autochthoner' und ‚übersetzter' Theorieangebote". *Überbringen – Überformen – Überblenden. Theorietransfer im 20. Jahrhundert.* Hrsg. von Dietlind Hüchtker und Alfrun Kliems. Köln, Weimar und Wien: Böhlau, 2011. 163–186.
Smola, Klavdia, und Dirk Uffelmann (Hrsg.): *Postcolonial Slavic Literatures after Communism.* Frankfurt am Mann i.a.: PL Academic Research, 2016.
Teodorowicz-Hellman, Ewa, und Janina Gesche (Hrsg.). *Między językami, kulturami, literaturami. Polska literatura (e)migracyjna w Berlinie i Stockholmie po roku 1981.* Stockholm: Stockholms universitet, 2012.
Trybuś, Krzysztof, und Jerzy Kałążny (Hrsg.). *Kresy – dekonstrukcja.* Poznań: Poznańskie Towarzystwo Przyjaciół Nauk, 2007.
Uffelmann, Dirk: „Selbstorientalisierung in Narrativen polnischer Migranten". *Zeitschrift für Slavische Philologie* 66 (2009): 153–180.

Wanner, Adrian. *Out of Russia. Fictions of a New Translingual Diaspora*. Evanston, IL: Northwestern University Press, 2011.
Zernack, Klaus. *Osteuropa. Eine Einführung in seine Geschichte*. München: Beck, 1977.
Zink, Dominik. *Interkulturelles Gedächtnis. Ost-westliche Transfers bei Saša Stanišić, Nino Haratischwili, Julya Rabinowich, Richard Wagner, Aglaja Veteranyi und Herta Müller*. Würzburg: Königshausen & Neumann 2017.

IV.16 Die Ästhetik narrativer Performanz: Transnationale Erzählformen in der Gegenwartsliteratur
Claudia Breger

1. Vorbemerkungen: Literaturgeschichte transnational

Der diesem Beitrag zugrundeliegende Begriff von Transnationalität hat seinen Ausgangspunkt in der Unterscheidung der Vorsilben ‚trans-‘ und ‚inter-‘: Während letztere Beziehungen zwischen Nationen markiert, konnotiert erstere Entwicklungen, die Nationen überschreiten (vgl. Jarausch 2006). Mit anderen Worten: Das Transnationale markiert eine Perspektive, die Nationen nicht als gegeben voraussetzt, sondern ihre historische Kontingenz und Einbettung in andauernde Prozesse grenzüberschreitenden Verkehrs betont: vom Kolonialismus und neokolonialen Beziehungen über Migration und Diaspora bis zu ökonomischen und kulturellen Globalisierungsbewegungen, einschließlich intellektueller und literarischer Praktiken der Übersetzung, der Adaptation und des Synkretismus. In diesem Sinne lässt sich die Herausforderung transnationaler Literaturgeschichtsschreibung darin sehen, dass sie „den Nationalstaat als eine der fundamentalen Kategorien, durch die die westliche Moderne erzählt worden ist," dekonstruiert und seine fundierenden Mythologien (z. B. von Ethnizität und ‚Rasse‘) kritisch untersucht (Hong 2006). Um Missverständnissen vorzubeugen ist dabei zu unterstreichen, dass eine solche dekonstruktive Perspektive keine Annahmen der Bedeutungslosigkeit impliziert: Nicht nur die europäische Moderne, sondern auch die Welt der Gegenwart wurde und bleibt in vieler Hinsicht von der realen institutionellen und diskursiven Macht des Nationalen geprägt (vgl. II.1 GRABBE). Eine transnationale Perspektive im beschriebenen Sinne unterstreicht lediglich, dass diese nationalen Realitäten von exogenen Kräften konstituiert worden sind: „the formation of notions as discrete [...] is the product of accelerated interconnectivity" (Geyer 2006). Im Unterschied zu Begriffen der Globalisierung schließlich nimmt der Begriff des Transnationalen spezifische Austauschbewegungen zwischen und in lokalen Kontexten in den Blick; er operiert also in einem kleineren Maßstab als das Globale (vgl. II.5 REICHARDT).

Eine transnationale Perspektive auf Literaturgeschichte in diesem Sinne heißt, den Begriff nicht nur für Literatur zu verwenden, die thematisch auf transnationale Prozesse fokussiert ist oder von Autorinnen und Autoren mit Migrationsbiografien oder anderweitig bi- oder multikulturellem Hintergrund geschrieben wurde. Allerdings impliziert das Konzept den emphatischen Einschluss dieser Literaturen der Migration und Diaspora in geografisch markierte, von den Diskursen und Institutionen des Nationalen geprägte Vermessungen, z. B. ‚deutscher' Literatur der Gegenwart oder der klassischen Moderne. Thematische oder biografische Akzentuierungen der transnationalen Dimension von Literatur bilden zudem wichtige Ausgangs- oder Konzentrationspunkte, an denen sich transnationale Fragestellungen markieren und zuspitzen lassen. Fluchtpunkt solcher Fragestellungen aber ist nicht zuletzt die Untersuchung literarischer Poetiken oder (in intermedialer Perspektive) Ästhetiken, an denen sich transnationale Prägungen eines literarischen Felds insgesamt (in seinem historischen Kontext) festmachen lassen.

2. Die transnationale Ästhetik narrativer Performanz

Literarische Formen der europäischen Moderne, Postmoderne und Gegenwart lassen sich in diesem Sinne insgesamt als Produkt transnationaler Bewegungen beschreiben (vgl. Breger 2012; vgl. II.5 HAUSBACHER). Die Ästhetik narrativer Performanz beschreibt vielfältige Konfigurationen dezidiert performativer Narrationstechniken, die als prägend für die Literatur der Moderne und Postmoderne gelten (vgl. Breger 2012). Im Rückgang auf zwei divergierende Definitionen von Performanz lassen sich insbesondere zwei Cluster solcher Techniken unterscheiden: einerseits Techniken narrativer Präsenz, die Effekte von Unmittelbarkeit, Nähe und *liveness* erzeugen (z. B. durch die Verwendung von direkter Rede oder innerem Monolog und des Präsens), andererseits Techniken narrativer Theatralität, die den Prozess der Narration als solchen akzentuieren (z. B. durch direkte oder indirekte Erzählerkommentare, auffällige Tropik etc.) und so zur Reflexion auf die Artifizialität des erzählten Geschehens einladen.

Während die Techniken narrativer Präsenz prominent mit weiten Teilen der klassischen Moderne (Henry James, James Joyce, Arthur Schnitzler und viele andere), und in radikalisierter Form zum Beispiel mit der sogenannten Popliteratur der Wende zum 21. Jahrhundert assoziiert sind, prägen die Techniken der Theatralität alternative Stränge der (späten) Moderne (z. B. Thomas Mann) und vor allem der Postmoderne, die paradigmatisch für das radikale Hinterfragen erzählter Kohärenz steht. Beide Cluster von Techniken sind als solche keine Neuerfindungen des 20. Jahrhunderts, sondern greifen auf vielfältige Weise auch auf traditionelle Formen der Narration zurück. In ihren Zuspitzungen und Neuverwendungen im 20. Jahrhundert lassen sie sich dennoch als Antworten auf das spezifisch moderne Problem der Erzählautorität verstehen: Die Fähigkeit eines

Erzählers, autoritativ über die (oder eine signifikante) Welt zu berichten, konnte nicht mehr ohne weiteres vorausgesetzt werden. Während Techniken der Präsenz in Reaktion auf dieses Dilemma tendenziell den Anspruch auf Übersichtlichkeit und Deutung aufgeben (und durch die Annäherung an ‚unverarbeitete' Erfahrungen als solche ersetzen), wählen Techniken der Theatralität den Weg der Reflexion und Metaverständigung über das, was zu erzählen wäre.

Während diese performativen Techniken so einerseits im kanonisierten Zentrum der europäischen und nordamerikanischen Literatur des 20. und 21. Jahrhunderts verankert sind (vgl. III.7 ROSENDAHL THOMSEN), haben andererseits Generationen von Kritikern und Erzählforschern sie hartnäckig aus der Domäne des (‚eigentlich') Narrativen ausgegrenzt: In den verschiedensten Spielarten funktioniert das (rituelle, spielerische oder dekonstruktive, raumorientierte, mit Mündlichkeit assoziierte) Performative nachgerade als Antithese der (Zusammenhang in der Zeit herstellenden, identitätsbildenden, literarischen) Erzählung. Wichtig für den Zusammenhang des vorliegenden Handbuchs ist nun einerseits, dass diese Ausgrenzungen nicht zuletzt durch rassifizierte Assoziationen mit vermeintlich vormodernen und ‚anderen' Kulturen operieren, denen in Hegelianischer Tradition Geschichtlichkeit abgesprochen wird (vgl. IV.9 ARNDT/ ASSA). Andererseits macht der Gegensatz zwischen Narration und Performanz aus der Perspektive nicht-hegemonialer Ästhetiken, insbesondere denen der *African Diaspora*, aber auch anderer, von (sekundärer) Oralität geprägter Erzählformen (Kacandes 2001) ausgesprochen wenig Sinn.

Positiv formuliert haben die Theoretikerinnen dieser Ästhetiken schon seit Jahrzehnten zur Konzeptualisierung der Ästhetik narrativer Performanz beigetragen. Dabei haben sie nicht zuletzt gezeigt, dass Autoren der *African Diaspora* entscheidende Beiträge zu den skizzierten Formentwicklungen der klassischen, europäisch-nordamerikanischen Moderne geleistet haben (vgl. III.6 MAYER; vgl. IV.10 SCHULZE-ENGLER), so beispielsweise Zora Neale Hurston mit ihrer innovativen Verwendung der performativen Erzähltechnik der freien indirekten Rede für die Gestaltung doppelten Bewusstseins (Gates 1988). In aktuellerer Perspektive ist beispielsweise der Einfluss der performativen Formen des HipHop und des Poetry Slam auf die Popliteratur der Wende zum 21. Jahrhundert festzuhalten (siehe den folgenden Abschnitt). In diesem Sinne lässt sich anhand der Ästhetik der narrativen Performanz eine entpolemisierte, aber zugleich intermedial erweiterte Fassung der These entwickeln, die Kobena Mercer in zugespitzter Form für die Kunstgeschichte formuliert hat: dass sich nämlich die Geschichte der europäischen Moderne als die ‚Geschichte schwarzer Innovation und weißer Imitation' umschreiben ließe (Mercer 2005, 146). Mit dem Befund, dass auch literarische nordamerikanische und europäische Modernismen und Postmodernismen auf signifikante Weise von kulturellen Bewegungen über den ‚Schwarzen' Atlantik (ebenso wie das Mittelmeer) mitgeprägt worden sind, ermöglicht die Konzeptualisierung der Ästhetik narrativer Performanz, die kontingenten Genealogien auch vermeintlich monokultureller Mainstreamliteratur des 20. und 21. Jahrhunderts in den transnationalen Austauschprozessen des Kolonialismus und der Migration, der Übersetzung, Aneignung und Adaption zu akzentuieren.

3. Pop, Rap und Co, oder: (Christian Kracht und) Feridun Zaimoğlu

Die Popliteratur, die um 2000 im Zentrum der Wahrnehmung deutscher Gegenwartsliteratur stand, ist von der Kritik damals nicht zuletzt für ihre ‚amerikanisierten' Schreibweisen gescholten worden (vgl. Taberner 2005, 16). Während sich ihre stärker Avantgarde-orientierten Vertreter (z. B. Rainald Goetz) prominent auf die literarischen Formen der *beat generation* bezogen, wurden die populäreren Formen des *mainstream pop* (z. B. von Christian Kracht, Benjamin Stuckrad-Barre etc.) auf die Texte von Bret Easton Ellis oder Nick Hornby bezogen, aber auch auf ihre Inspirationen z. B. im *poetry slam* befragt, der in Deutschland damals erst allmählich ankam (vgl. Neumeister und Hartges 1996). Vielleicht sind diese transnationalen Genealogien dadurch zu sehr in den Hintergrund gedrängt worden, dass der Mainstream der deutschen Popliteratur im Hinblick auf Themen und Rezeption teilweise zugleich als sehr nationales Phänomen erscheint: man denke an Krachts *Faserland*, 1995, das das ‚Vaterland' (wennschon im Modus angedeuteten Zerfalls) bereits im Titel trägt, aber ebenso z. B. Goetz' *Abfall für alle*, 1999, das die nationale Thematik in der Evokation postfaschistischer Realitäten kritisch variiert. Erinnern lassen sich diese transnationalen Genealogien jedoch, wenn man die kanonisierte Geschichte der Popliteratur um 2000 provokativ reakzentuiert: Was, wenn dieses Literaturphänomen nicht nur mit Krachts *Faserland*, sondern auch Feridun Zaimoğlus im selben Jahr erschienenem *Kanak Sprak* begonnen hätte?

Die Legitimation dieser literaturgeschichtlichen Reakzentuierung ergibt sich daraus, dass Zaimoğlu in den Jahren nach 1995 mit der Popliteratur assoziiert – und als ihr *enfant terrible* kategorisiert – wurde (vgl. Cheesman 2004, 83–85). Während *Kanak Sprak* beim Hamburger Rotbuch-Verlag erschienen war, wurden Zaimoğlus spätere Romane (z. B. *German Amok*, 2004) im zeitweilig nachgerade mit der Popliteratur von Kracht, Stuckrad-Barre und anderen identifizierten Kiepenheuer-Verlag publiziert. Auch *Kanak Sprak* aber bezieht sich, wenngleich kritisch, schon auf Pop als Musikrichtung und kulturelles Modell: Das erste der (hoch stilisierten) sogenannten Ghetto-Protokolle, die Zaimoğlu hier zusammenstellt, präsentiert die Stimme eines Rappers, der die billigen Gleichheitsfantasien des Pop als „illusion" kritisiert (Zaimoğlu 2004, 20). Demgegenüber, ergänzt die Stimme Alis, eines weiteren Rappers, in einem späteren Protokoll, „glomm" mit *Public Enemy* „die wahre kulturepoche auf, kultur deshalb, weil die information an das volk über die direkte mundaussage ging, der direkte draht zum schwarzen mann, und wenn du dir überlegst, daß im yankeeland lesen und schreiben schon'n luxus ist für die meisten in den ghettos, wirst du wissen, was für'n wert das hatte mit der gerapten message" (27–28).

Im expliziten diasporischen Bezug auf die „Black-consciousness-Bewegung in den USA" (Zaimoğlu 2004, 17) positioniert Zaimoğlu sein Modell der ‚Kanak Sprak' so als eine „dem Free-Style-Sermon" des Rap verwandte Form: eine Praxis performativer Rede, die aus einer theatralen „Pose" heraus „Präsenz" zeigt und erzeugt (13–14). Selbstverständlich begegnet die Leserin diesen Rapper-‚Stimmen' in schriftlicher Form: Mündlichkeit ist hier nicht mediale Grundlage, sondern ein Element der poetologischen Konfiguration. Mit anderen Worten: Durch die mit Mündlichkeit assoziierten Attribute der Präsenz, Körperlichkeit, Spontaneität, der Adressierung und Gebundenheit an einen Artikulationskontext wird eine spezifische literarische Form konstituiert. Dezidierter als die Texte des Mainstream-Pop, die mit ihren oft tagebuchartigen Aufzeichnungen radikal desorientierter (meist männlicher) Erzähler primär auf Techniken der Präsenz rekurrieren, verschränkt Zaimoğlus Modell dabei Präsenz und Theatralität auf provokativ-innovative Weise. Nicht (vermeintliche) Unmittelbarkeit, sondern gerade die Geste der Präsentation selbst, die der Autor in der „‚Nachdichtung'" der Protokolle auf höherer Textebene wiederholt, begründet die Authentizität oder (in der Sprache des HipHop) *realness* des Präsentierten (18). Es sei ihm darum zu tun gewesen, führt Zaimoğlu im Vorwort aus, „Kanaken in ihrer eigenen Zunge zu Wort" kommen zu lassen, indem er „ein in sich geschlossenes, sichtbares, mithin ‚authentisches' Sprachbild" schaffe (18). Der Verzicht auf Großschreibungen (außer am Satzanfang), die lockeren, oft mäandernden Satzkonstruktionen, die Verwendung von Umgangssprache und auffälligen Metaphern erzeugen eine Kunstsprache, die signifikanterweise nicht wesentlich von Übersetzungen türkischer Idiome geprägt ist, sondern vor allem vom Ineinander regionaler deutscher Dialekte mit dem Hochdeutschen und der transnationalen Sprache des Rap. Darauf bedacht, der „Folklore-Falle" zu „entgehen" (14), entwickelt Zaimoğlu die im Rekurs auf die Afrikanische Diaspora konzipierte Kollektivität des ‚Kanakischen' so als bewusste Praxis transnationaler Artikulation (vgl. Edwards 2003, 11–15).

Die dieser neuen Kollektivität zugrundeliegende Umdeutung, durch die das „verunglimpfende Hetzwort [Kanake] zum identitätsstiftenden Kennwort wird" (Zaimoğlu 1995, 17), lässt sich mit Judith Butler als katachrestische Einsetzung einer (vom hegemonialen Diskurs unsichtbar gemachten) handlungsfähigen

Position beschreiben (Butler 1997, 144, im Rekurs auf Gayatri Spivak). Die narrative Performanz der Protokolle erzeugt die Autorität des Sprechenden dezidiert aus den Bedingungen ihrer sozialen Verhinderung heraus. Wie sich in der Debatte um die in den Protokollen zitierte, von vielen Kritikern als verletzend empfundene Hasssprache gezeigt hat (vgl. Cheesman 2004, 94), sind solche Resignifikationen hochgradig instabil; ihr (immer unvollständiger) Erfolg hängt vom Rezeptionskontext ebenso ab wie von der spezifischen textuellen Konfiguration narrativ-performativer Akte. Indem *Kanak Sprak* theatralisierend-reflexive Hervorhebungen des literarischen Konstruktionsprozesses mit einer klaren narrativen Akzentuierung des Marginalisierungskontextes verknüpft, aus dem heraus die Stimmen von Zaimoğlus ‚Kanaken' operieren, gelingt hier aber eine insgesamt überzeugende Intervention in die deutsche Gegenwartsliteratur – überzeugender nicht zuletzt als einige von Zaimoğlus späteren Werken, die sich formal den primär präsenzorientierten Techniken des Mainstream-Pop annähern. So dominiert in *German Amok* die Stimme eines hochgradig desorientierten Ich-Erzählers, dessen Hasssprache ein ausgesprochen unbehagliches Leseerlebnis bereitet: Der Text bereitet keine hinreichenden Orientierungen für die (vom Autor zweifellos intendierte) kritische Rezeption.

4. Zwischen literarischer Popkunst und Theateravantgarde: Emine S. Özdamars *Seltsame Sterne starren zur Erde*

Die transnationalen Poetologien von Pop, Rap und Co. bieten auch deshalb einen guten Einstiegspunkt in die deutsche Literatur um 2000, weil andere, nicht direkt mit Pop assoziierte Autorinnen und Texte im literarischen Feld der Jahrtausendwende von ähnlichen Schreibweisen geprägt wurden, die mit den Poetologien des Pop überlappen. Mit Blick auf diese Verbindungen lässt sich zum Beispiel auch Emine Sevgi Özdamars Berlinroman *Seltsame Sterne starren zur Erde* (2003) aus der Falle der binären Interkulturalitätsmodelle befreien, die die Rezeption der türkisch-deutschen Autorin weit über ihre frühen, dezidiert mit ‚orientalisierenden' Elementen spielenden Texte hinaus geprägt haben. Der Titel des Romans ist ein Zitat aus der Lyrik Else Lasker-Schülers, die Özdamars Protagonistin in der Eingangsszene des Romans in einer weihnachtlich verlassenen Fabriketage des Westberliner Studentenmilieus in den 1970er Jahren liest. Während der Buchrücken der von der Protagonistin genutzten Ausgabe die ‚orientalische' Fantasie Lasker-Schülers preist (15), funktioniert der intertextuelle Verweis im Roman zugleich als indirekter Kommentar zu Özdamars eigener Rezeptionsgeschichte. In der Reflexion auf Lasker-Schülers Ethnisierung erinnert diese Eingangsszene an die transnationale Tradition deutscher Literatur, die von der Neigung der Kritik, Özdamars eigene ‚orientalische' Einbildungskraft zu betonen, zugedeckt worden war.

Insgesamt liest sich *Seltsame Sterne* als ein Roman, der sich gerade durch seine transnationale Poetik dezidiert in deutsche Diskurse einschreibt. Im Vordergrund stehen dabei nicht die binären türkisch-deutschen Linien, durch die interkulturelle Ansätze Özdamars performative Schreibweisen – z. B. an der Schnittstelle oraler türkischer Tradition mit Brechts epischem Theater (Viehöver 2002) – charakterisiert haben, sondern die multidirektionalen transnationalen Austauschprozesse von Avantgarde-Theater und -kunst, zu denen Brechts und Artauds Rezeption des südostasiatischen Theaters ebenso gehört wie die Objektkunst der (mehr oder minder amerikanischen) Postmoderne. So konfiguriert der Roman den nächtlichen Rundgang der Protagonistin durch die ungeheizte Fabriketage in der zitierten Eingangsszene des Romans, auf dem sie die Lebensspuren ihrer unordentlichen WG einschließlich einer „wie Popkunst" aussehenden „angebissene[n] Bockwurst mit gefrorenem Ketchup" (Özdamar 2003, 12) beobachtet, selbst als ein (literarisches) Objektarrangement in Pop-Manier. Der „Methode Pop'"(Schumacher 2003, 10, im Verweis auf Thomas Meinecke), auch der deutschen Gegenwartsliteratur um 2000 verwandt, entwickelt der Roman eine präsenzorientierte Poetik des Archivierens von Dingen und körperlichen Wahrnehmungen, die materielle Dimensionen der erzählten Geschichten von der Westberliner Studentenkultur im Zeitalter des Terrorismusverdachts und der Ostberliner Theater- und Dissidentenszene hervorhebt.

In Analogie zu Debatten z. B. um Jana Hensels *Zonenkinder* (2002) und Florian Illies' westlichem Pendant *Generation Golf* (2000) hat auch Özdamars Roman mit dieser ‚Präsentifizierung' der Dinge der Vergangenheit den Verdacht der Nostalgie (und unkritischen Verklärung) provoziert. Doch der Diagnose, ihre Erzählinstanz operiere nie aus der Perspektive von heute (z. B. Geisel 2005), stehen Verweise gerade auch auf die distanzierte Haltung dieser Erzählinstanz entgegen (z. B. Farsaie 2003). Auflösen lässt sich dieser Konflikt, indem man die narrative Performanz der Erzählinstanz an der Schnittstelle post-Brechtscher Verfremdung mit den Präsenztechniken des Pop als komplexes Distanz- und Nähemanagement beschreibt, durch das Erzählautorität nicht völlig aufgegeben, aber dialogisch rekonfiguriert wird. Durch die indirekte Technik erzählender Montage eher denn durch direkte Erzählkommentare entwirft der Roman eine überdeterminierte Konfiguration historischer Details, die der Leserin – in Analogie zu der von der Protagonistin rezipierten Theaterästhetik – aktives Selbstdenken abverlangt (Özdamar 2003, 44). So werden einerseits kritische Nationalallegorien zitiert: Die Winterkälte in der Eingangsszene des Romans findet symbolische Resonanz in Verweisen auf die Traditionslinie, die von Heinrich Heines *Deutschland. Ein*

Wintermärchen zu Heiner Müllers entsprechend aufgeladenen Bemerkungen zur Kälte in Deutschland reicht (202). Andererseits wird nationales Denken auch dekonstruiert (z. B. durch eine satirische Szene mit einem kurdischen Nationalisten, 41) und die geschichtspessimistischen Implikationen der antinationalen Kälte- und Erstarrungsmetaphorik werden mit spielerisch-theatralen Metaphern und Modellen revolutionärer Bewegung und Erwärmung balanciert. Unterlaufen wird damit die polarisierende Struktur deutscher Erinnerungsdiskurse der frühen 2000er Jahre: Anstelle von Nostalgie einerseits (wie in Hensels *Zonenkindern* oder Illies' *Generation Golf*) und der in Nachwende-Feuilletondebatten um DDR-Literatur, Studentenbewegung oder RAF grassierenden Verwerfung progressiver Geschichte andererseits tritt ein kritisch-imaginatives Engagement mit den egalitären Idealen ebenso wie mit autoritären Strukturen deutscher Nachkriegsgeschichte auf beiden Seiten der Mauer.

5. Zwischen Kolonialfantasie und Kosmopolitismus: Ausblicke ins 21. Jahrhundert

Auch wenn Trenddiagnosen vielleicht immer zu einfach sind, bleibt zu fragen, was inzwischen aus diesen Ästhetiken narrativer Vergegenwärtigung und reflexiver Theatralität geworden ist: Zu beobachten ist seit der Jahrtausendwende nicht zuletzt eine Rückkehr zu autoritativeren, wenn nicht sogar (vermeintlich) allwissenden Erzählformen (Dawson 2013). Einhergegangen sind diese Versuche ‚nach-postmoderner' Etablierung großer, sinnstiftender Deutungsbögen nicht zuletzt mit Gesten des Rückbezugs auf emphatisch nationale Archive (vgl. z. B. Uwe Tellkamps *Der Turm*, 2008) oder auf transnationale Bewegungen, denen wenig kritisches Potential abzugewinnen ist: Christian Krachts *Imperium* (2012) bezieht sich zwar thematisch auf transnationales Geschehen, entwickelt aber keine transnationale Perspektive im eingangs skizzierten Sinne eines kritischen Engagements mit den Genealogien und Mythologien des Nationalen. Da die Erzählinstanz (anders als die Stimme z. B. von Thomas Manns Serenus Zeitbloom, die mit ihr in Verbindung gebracht worden ist) nicht systematisch theatralisiert wird, entfaltet die dem Roman attestierte Ironie keine kritischen Konturen (vgl. auch zum Folgenden Breger 2015). Im Rekurs auf ein intertextuelles Archiv kolonialer Fantasien von „Comics bis Conrad" (Kämmerlings 2012) führt Krachts historischen Überblick beanspruchende, tatsächlich aber in nationalen und imperialen Rhetoriken und Perspektiven des frühen 20. Jahrhunderts verhaftete Erzählstimme die Leser und Leserinnen des Romans zurück in eine koloniale Welt. In dieser Welt können zwar konkurrierende positive und negative Perspektiven auf ethnische Differenzen, jedoch keine Hinterfragungen der Kategorie ‚Rasse' in ihrer konstitutiven Funktion für das koloniale Deutschland artikuliert werden.

Eine Abkehr von dekonstruktiven Perspektiven lässt sich auch in aktuellen theoretischen Trends beobachten, z. B. in einflussreichen Konzeptualisierungen der in den 2000er Jahren wieder verstärkt rezipierten Begriffe der ‚Weltliteratur' und des ‚Kosmopolitismus' (vgl. III.1 GOSSENS). So entwickelt z. B. Kwame Anthony Appiah sein Konzept des *Cosmopolitanism* an der Schnittstelle von „universal concern" mit dem, was er als „respect for legitimate difference" bezeichnet (2006, xv), das heißt einer prinzipiell positiven Wertung kultureller Differenz, die aber zugleich als relativ stabil gesetzt und nicht hinterfragt wird. Insbesondere gegenüber der postkolonialen Literaturwissenschaft der 1990er Jahre mit ihrem primären Interesse an der kolonialen Produktion kultureller Differenzen als Macht- und Gewaltprozess impliziert diese Verknüpfung eines neuen Universalismus mit gemäßigt kulturalistischer Argumentation eine dezidierte Verschiebung akademischer Aufmerksamkeit.

Eine produktive literarische Alternative sowohl zu Krachts Kolonialfantasien als auch zu diesen theoretischen Entwicklungen bietet Teju Coles Debütroman *Open City* (2012), der sich explizit auf Appiah bezieht, seine Philosophie aber auch kritisch perspektiviert, indem er sie zu den komplexen Vermächtnissen heterogener transnationaler Gewaltgeschichte(n) – von Sklaverei und Kolonialismus, zweitem Weltkrieg und Holocaust – in Bezug setzt. Schon der Titel des Romans verknüpft das Ideal kosmopolitischen Miteinanders mit der Erinnerung an Kriegsgeschichte, speziell die Übergabe Brüssels, wo die zentralen Kapitel des Romans spielen, an die Nazis (Cole 2012, 97). Erzähltechnisch lässt sich der Roman auf halber Strecke zwischen den präsenzorientierten Fiktionen der Jahrtausendwende und der Wiederkehr vermeintlich allwissender Erzählerfiguren verorten (vgl. zum Folgenden auch Breger 2017). Coles Protagonist und Figurenerzähler, ein junger New Yorker Arzt mit deutsch-nigerianischem Hintergrund, kommentiert und evaluiert das Geschehen wesentlich dezidierter als z. B. Özdamars Erzählinstanz, ergibt sich aber dabei nicht der Illusion, eine umfassende oder durchweg autoritative Deutung der beschriebenen Ereignisse und Assoziationen präsentieren zu können.

Die Rezensenten und Rezensentinnen des Romans haben insbesondere im Hinblick auf seinen Schluss, der das Selbstbild des Erzählers durch einen Vergewaltigungsvorwurf erschüttert, wiederholt auf die ‚Unzuverlässigkeit' dieses Figurenerzählers verwiesen. Eine alternative Lesart eröffnet sich, wenn man die transnationalen Genealogien des Romans nicht nur in Bezug auf seine Themen und Figuren, sondern auch seine Ästhetik akzentuiert. Während die Kritik den Roman insbesondere in der Nachfolge W.G. Sebalds, also der europäischen (Post-)moderne, positioniert habt, gewinnt Coles gleichfalls dialogische, aber im Vergleich zu Sebald weniger artifizielle und distanzierte Erzählweise ihre Konturen auch im Kontext von *African Diaspora*-Ästhetiken. Die narrative Performanz des Figurenerzählers, dessen Stimme sich mit denen eines breiten Spektrums von Gesprächspartnern abwechselt (vom haitianischen Schuhputzer zur belgischen Ärztin aus der Generation seiner deutschen Großmutter), lässt sich so im Modell eines (dezidiert literarischen) *Call-und-response*-Gesprächs beschreiben. Im Gegensatz zu den Fiktionen individueller Erzählautorität (und -souveränität), die selbst aktuelle narratologische Modelle der Unzuverlässigkeit prägen, akzentuiert ein solches Gesprächsmodell Prozesse des andauernden, notwendig unabgeschlossenen Austauschs, in dem nicht-souveräne, aber deshalb noch nicht gleich kategorisch ‚unzuverlässige' Perspektiven einander ergänzen, befragen und herausfordern.

Coles Roman indiziert auf diese Weise aktuelle Perspektiven der transnationalen Ästhetik narrativer Performanz: Auch wenn die mehr oder minder postmoderne Konjunktur radikaler Präsenz- und Theatralitätsexperimente ihren Höhepunkt überschritten hat und die Literatur des 21. Jahrhunderts ihren Lesern und Leserinnen durchschnittlich wieder mehr Orientierungsangebote macht, muss solche Orientierung nicht von megalomanen Individualerzählern im Rekurs auf nationale Archive geleistet werden. In einem kulturellen Moment weltweit verstärkter ethnischer, regionaler, nationaler und religiöser Reaktionen auf die Herausforderungen der Globalisierung bietet die transnationale Ästhetik der narrativen Performanz mit ihren dialogischen Formen und heterogenen Bezugspunkten eine demokratische, im besten Sinne weltoffene Alternative.

Literaturverzeichnis

Appiah, Kwame Anthony. *Cosmopolitanism. Ethics in a World of Strangers*. New York: Norton, 2006.

Breger, Claudia. *An Aesthetics of Narrative Performance. Transnational Theater, Literature and Film in Contemporary Germany*. Columbus: Ohio State University Press, 2012.

Breger, Claudia. „Transnationalism, Colonial Loops, and the Vicissitudes of Cosmopolitan Affect: Christian Kracht's *Imperium* and Teju Cole's *Open City*." *Transnationalism in Contemporary German-Language Literature*. Hrsg. von Elisabeth Herrmann, Carrie Smith-Prei und Stuart Taberner, London: Camden House, 2015. 106–124.

Breger, Claudia. „Race, Cosmopolitanism, and the Intricacies of Belonging in the *Open City*: Teju Cole's Transnational Aesthetics". *Narrative, Race and Ethnicity in the Americas*. Hrsg. von James J. Donahue, Jennifer Ho und Shaun Morgan.Columbus: Ohio State University Press, 2017. 162–176.

Cheesman, Tom. „Talking ‚Kanak': Zaimoğlu contra Leitkultur." *New German Critique* 92 (2004): 82–99.

Cole, Teju. *Open City. A Novel*. New York: Random House, 2012.

Dawson, Paul. *The Return of the Omniscient Narrator. Authorship and Authority in Twenty-First Century Fiction*. Columbus: Ohio State University Press, 2013.
Edwards, Brent H. *The Practice of Diaspora. Literature, Translation and the Rise of Black Internationalism*. Cambridge: Harvard University Press, 2003.
Farsaie, Fahimeh. „Glück gehabt! Spuren der Migration. Emine Sevgi Özdamars Roman Seltsame Sterne starren zur Erde." Freitag 26. Dezember 2003. http://www.freitag.de/ 2004/02/04021602.php (06/07/07).
Gates, Henry Louis Jr. *The Signifying Monkey. A Theory of Afro-American Literary Criticism*. New York, NY: Oxford University Press, 1988.
Geisel, Sieglinde: „Die Liebesquellen der Sprache". *Neue Zürcher Zeitung* (11. März 2005). https://www.nzz.ch/articleCM2YX-1.105196 (29. 9. 2017).
Geyer, Michael. „Where Germans Dwell: Transnationalism in Theory and Practice." Luncheon Talk, GSA 2006, Pittsburgh. *H-Net Discussion Networks, Forum: Transnationalism* (http://h-net.msu.edu/cgi-bin/logbrowse.pl?trx=vx&list=h-german&month=0610&week=b&msg=6Ipa/qqNnOPa4EWRx1UksA&user=&pw=).
Goetz, Rainald. *Abfall für alle. Roman eines Jahres*. Frankfurt am Main: Suhrkamp, 1999.
Hensel, Jana. *Zonenkinder*. Reinbek bei Hamburg: Rowohlt, 2002.
Hong, Young-sun. „The Challenge of Transnational History". *H-Net Discussion Networks, Forum: Transnationalism* 2006. http://h-net.msu.edu/cgi-bin/logbrowse.pl?trx=vx&list=h-german&month=0601&week=c&msg=Ug5gaQJIb0mI99 %2b4nOj7Ww&user=&pw= (12. 9. 2014).
Illies, Florian. *Generation Golf. Eine Inspektion*. Frankfurt am Main: Fischer, 2000.
Jarausch, Konrad H. „Reflections on Transnational History". *H-Net Discussion Networks, Forum: Transnationalism* 2006. http://h-net.msu.edu/cgi-bin/logbrowse.pl?trx=vx&list=h-german&month=0601&week=c&msg=LPkNHirCm1xgSZQKHOGRXQ&user=&pw= (12. 9. 2014).
Kacandes, Irene. *Talk Fiction. Literature and the Talk Explosion*. Lincoln: University of Nebraska Press, 2001.
Kämmerlings, Richard. „Die deutschen Romane gehen auf große Fahrt". *Die Welt* (15. März 2013). http://www.welt.de/kultur/literarischewelt/article13922169/Die-deutschen-Romane-gehen-auf-grosse-Fahrt.html (13. 5. 2014).
Kracht, Christian. *Faserland. Roman*. Köln: Kiepenheuer & Witsch, 1995.
Kracht, Christian. *Imperium. Roman*. Köln: Kiepenheuer & Witsch, 2012.
Mercer, Kobena. „Diaspora Aesthetics and Visual Culture". *Black Cultural Traffic: Crossroads in Global Performance and Popular Culture*. Hrsg. von Harry J. Elam, Jr. und Kennell Jackson. Ann Arbor, MI: University of Michigan, 2005. 141–161.
Neumeister, Andreas, und Marcel Hartges (Hrsg.). *Poetry! Slam! Texte der Pop-Fraktion*. Reinbek bei Hamburg: Rowohlt, 1996.
Schumacher, Eckhard. *Gerade Eben Jetzt. Schreibweisen der Gegenwart*. Frankfurt am Main: Suhrkamp, 2003.
Taberner, Stuart. *German Literature of the 1990s and Beyond. Normalization and the Berlin Republic*. Rochester: Camden House, 2005.
Tellkamp, Uwe. *Der Turm*. Frankfurt am Main: Suhrkamp, 2008.
Viehöver, Vera. „Materialität und Hermeneutik der Schrift in Emine S. Özdamars Romanen ‚Das Leben ist eine Karawanserei' und ‚Die Brücke vom Goldenen Horn'". *Schriftgedächtnis – Schriftkulturen*. Hrsg. von Vittoria Borsò et al. Stuttgart: Metzler, 2002. 343–367.
Zaimoğlu, Feridun. *Kanak Sprak. 24 Mißtöne vom Rande der Gesellschaft*. 6. Aufl. Hamburg: Rotbuch, 2004 (1995).
Zaimoğlu, Feridun. *German Amok. Roman*. Frankfurt am Main: Fischer, 2004.

V. Glossar

Diaspora – Der griechische Begriff für „Zerstreuung" ist seit der Septuaginta, der griechischen Übertragung der hebräischen Bibel, eng mit der jüdischen Geschichte verknüpft und bezeichnet das Vorhandensein jüdischer Gemeinden bzw. jüdischen Lebens außerhalb des Landes Israel. Aus theologischer (jüdischer wie christlicher) Sicht ist Diaspora im Sinne einer unfreiwilligen Verbannung aus dem Gelobten Land vordergründig negativ konnotiert und wird teilweise als unmittelbare Strafe Gottes verstanden. Innerhalb des zionistischen (→ ZIONISMUS) Diaspora-Diskurses seit dem 19. Jahrhundert wird der Begriff überaus kontrovers diskutiert. Die bis in die Gegenwart wirkenden Haltungen reichen von der sogenannten „Verneinung der Diaspora" bis zur Befürwortung eines fruchtbaren kulturellen Wechselverhältnisses zwischen jüdischem Leben in- und außerhalb des jüdischen Staates. In den letzten Jahrzehnten hat sich das Konzept darüber hinaus in den Kulturwissenschaften zu einer produktiven und durchaus positiv verstandenen Denkfigur entwickelt und wird gleichberechtigt mit Begriffen wie → EXIL und ‚Migration' zur Beschreibung von ganz unterschiedlichen historischen und aktuellen Konstellationen verwendet (vgl. armenische Diaspora, iranische Diaspora, *black diaspora*). Gemeinsam ist den vielfältigen als diasporisch bezeichneten Gemeinschaften die Bezogenheit auf ein tatsächliches (geografisches) oder imaginäres (kulturelles, spirituelles) Zentrum, das sie im Sinne von Benedict Anderson zu *imagined communities* macht. Über diese deskriptiv-partikulare Verwendung hinaus gibt es auch Versuche, Diaspora als universales Denk- und Gemeinschaftsmodell zu entwerfen. So beschreiben etwa Daniel und Jonathan Boyarin in *Powers of Diaspora* (2002) unter Verweis auf die jüdische Geschichte diasporische Existenzen als einen validen Gegenentwurf zu den existierenden nationalstaatlichen Ordnungen.

Sebastian Schirrmeister

Dritter Raum – Der von Homi K. Bhabha geprägte Begriff des Dritten Raums zählt zu den wichtigsten und zugleich schwierigsten Begriffen der postkolonialen Theorie. Er ist zentral für Bhabhas Konzept kultureller Kontakte, die nicht essentialistisch und nicht mit der dichotomischen Unterscheidung von Eigen und Fremd gefasst werden. Der Dritte Raum ist als räumliche Metapher eng mit dem Konzept der → HYBRIDITÄT verknüpft. Er bezeichnet einen Äußerungs- bzw. Artikulationsraum zwischen den Kulturen, wo Bedeutungen und Identitäten durch die diskursiven Prozesse der Verfremdung und Durchdringung kontinuierlich neu verhandelt werden. Er besitzt daher das Potenzial, Machtstrukturen zwischen Unterdrückenden und Unterdrückten, Kolonisierenden und Kolonisierten, Leit-

und Randkulturen erfolgreich außer Kraft zu setzen. Obwohl der Dritte Raum zu den einflussreichsten kulturwissenschaftlichen Konzepten der jüngeren Zeit zählt, wurde er vor allem aus zwei Gründen kritisiert: Einerseits sei das fast utopisch anmutende kreative Potenzial des Dritten Raumes bei Bhabha ausschließlich einer elitären Gruppe von postkolonialen Schriftsteller/innen und Künstler/innen vorbehalten. Gegen diese Kritik hob Bhabha die sozialisierende und politische Funktion des Dritten Raumes hervor, den er mehr als einen Gemeinschaftsraum jenseits von Nation oder Volk verstanden wissen möchte. Andererseits wurde von Anfang an die hohe Abstraktionsebene des Konzepts kritisiert. Es gibt bereits zahlreiche Versuche, den Dritten Raum über seinen rein metaphorischen Gebrauch hinaus zu konkretisieren und für Untersuchungen verschiedener Disziplinen, wie die Geografie und Soziologie oder die Translationswissenschaften, fruchtbar zu machen.

Arnhilt Johanna Höfle

Entangled History – Das Konzept der *entangled history* entstand in den 1990er Jahren als Reaktion auf die zunehmend polarisierte Debatte um eine transnationale Erweiterung der Geschichtswissenschaften. Zur Überwindung der nationalgeschichtlichen Begrenztheit hatte sich die Disziplin in den 1970er Jahren zunächst dem historischen Vergleich zugewandt. Um die Verbindungen zwischen Nationen hervorzuheben, forderte die in den 1980er Jahren entwickelte Fachrichtung der Transfer- bzw. Beziehungsgeschichte einen Perspektivenwechsel. Beide Ansätze wurden dafür kritisiert, die Idee von klar abgrenzbaren Nationen fortzusetzen, die als Vergleichskategorien bzw. Anfangs- und Endpunkte von Transferprozessen weiterhin als grundlegende Untersuchungseinheiten dienten. Von den postkolonialen Theorien angeregt, versteht die *entangled history*, wie auch das eng verwandte Konzept der *histoire croisée*, Geschichte als Verflechtung. Erst durch wechselseitige Verflechtung werden Nationen konstituiert. Ziel dieses neuen Ansatzes ist es, dichotomische Betrachtungsweisen der Welt (der „Westen" und der „Rest") und eine damit zusammenhängende eurozentrische Teleologie der Moderne hinter sich zu lassen. Statt Nationen sind konkrete Fragestellungen, Objekte oder Praktiken der Ausgangspunkt der Analyse. Der aus der Quantenphysik entlehnte Begriff des *entanglement* (Verschränkung) betont überdies, dass derartige Interaktionen auch über weite Entfernungen stattfinden können und immer wechselseitig sind. Untersuchungen befassen sich daher sowohl mit der Wirkung als auch Rückwirkung des Kolonialismus, dessen Bedeutung und Definition dadurch überprüft werden soll. Vorgeworfen wurde dem Konzept der *entangled history*, dass der Fokus auf Verbindungen und Austauschbeziehungen wichtige Abgrenzungsmechanismen übersehen könnte.

Arnhilt Johanna Höfle

Exil – Der Begriff, der etymologisch auf das lateinische *exilium* bzw. *exsilium* zurückführt, steht für den Vorgang einer durch Verfolgung und Vertreibung erzwungenen Migration. Das Exil ist einerseits eine universelle überhistorische Erfahrung und andererseits stets in Abhängigkeit von konkreten historisch-politischen Umständen zu sehen. Es ist sowohl individuelles wie auch massenhaftes Schicksal eines Exodus, so etwa in der jüdischen Geschichte das babylonische Exil und die spätere Vertreibung der Juden aus Palästina in die → DIASPORA. Von der historisch-politischen Realität des Exils ist der vielfach metaphorische Einsatz des Begriffs zu unterscheiden, der sich z. B. auf anthropologische Gegebenheiten oder modernes Künstlertum bezieht. Gleichwohl dienen die im kulturellen Wissen aufbewahrten Mythen und Narrative wiederum der Deutung von unterschiedlichen Exilerfahrungen. Als Massenschicksal zeigt sich das Exil seit dem 20. Jahrhundert in der Folge von politischem Totalitarismus und ethnonationalistischer Genozide. Aufgrund dieser epochal signifikanten Erscheinungen ausgrenzender und verfolgender politischer Gewalt wird das Exil als ein zentrales Moment der mit der Genese von Nationalstaaten verbundenen Moderneerfahrung betrachtet (u. a. Edward Said). Die historischen und aktuellen Umstände massenhafter Verfolgung und Vertreibung erzwingen angesichts der ausgrenzenden Macht von Nationalstaatlichkeit eine Revision der Vorstellungen der territorialen Gebundenheit von Identität, Sprache und Gemeinschaft. In der neueren kulturwissenschaftlichen Exilforschung richtet sich die Aufmerksamkeit verstärkt auf komplexe Beziehungen sowohl zum Herkunfts- wie zum jeweiligen Exilland, auf Akkulturationsprozesse sowie auf transkulturelle Phänomene und Formen transnationaler Gemeinschaften (→ GEMEINSCHAFT), wie sie etwa für die jüdische Geschichte signifikant sind. Erfahrungen eines Exils, die eine heimatliche, nationale Verortung zur Disposition stellen, stehen im Kontrast zu einem Exilverständnis, das an die Vision der Rückkehr geknüpft ist und sich politisch als nationalkulturelle Repräsentanz vorübergehend gewaltsam entzogener Heimat entwirft, wie im Fall jener vom Nationalsozialismus Vertriebenen, die ihr Exil als antifaschistisches ‚anderes Deutschland' reklamierten (vgl. IV.13 BISCHOFF/ CENTNER). Die Behauptung eines exklusiv politisch und national begründeten Exils der Rückkehr ist angesichts der Vielfalt transnationaler Prozesse, die eine Restitution von ‚Heimat' ausschließen, problematisch.

Susanne Komfort-Hein

Exilliteratur – Das Kompositum bezeichnet eine Beziehung zwischen Exil und Literatur, die in unterschiedlichen zeitlichen und räumlichen Kontexten wie auch in der sich wandelnden Exilforschung mit je anderen Akzentsetzungen beschrieben worden ist. Die literarische Darstellung bzw. Reflexion von Exilerfahrung impliziert häufig einen (auto-)biografischen Anlass des Schreibens, setzt diesen aber nicht notwendig voraus. Auch ein Verständnis von Exilliteratur als einer ästhetischen Kategorie greift zu kurz, da sich Texte sehr unterschiedlicher Genres und Schreibweisen mit dem Begriff verbinden. So gilt es, die folgenden Aspekte und deren mögliche Beziehungen zueinander im Blick zu behalten: die biografische Referenz, das thematisch Inhaltliche und deren jeweilige Verschränkungen mit ästhetischen Verfahrensweisen der Texte, ferner die im kulturellen Wissen aufbewahrten sinnstiftenden Mythen und Narrative zur Deutung von Exilerfahrungen (→ EXIL). Das je einzelne Textzeugnis bewegt sich so in einem Spannungsfeld zwischen spezifischen historischen und biografischen Referenzen und einem intertextuellen Resonanzraum der Sprachen und Geschichten des Exils. Indem der einzelne Text bzw. seine Rezeption solche ‚interexilischen' Konfigurationen und Räume sichtbar machen, werden eindeutige historische Bezüge wie auch nationalkulturelle Verortungen dynamisiert bzw. unterlaufen. Figurationen der Migration, des Transits oder der Übersetzung öffnen den Text häufig auch auf verwandte Intertexte anderer Epochen, Räume und Kulturen. Das machen vor allem jene Exiltexte deutlich, die sich ausdrücklich auf literarisch reflektierte Exilerfahrungen beziehen oder sich als „Literaturen ohne festen Wohnsitz" (Ottmar Ette) zwischen unterschiedlichen Heimaten und Zugehörigkeiten entwerfen. Unter diesen Gesichtspunkten ist auch die nationalliterarische Einhegung von Exilliteratur problematisch, welche ihre Erforschung in vielen Ländern, vor allem aber in Deutschland, lange geprägt hat. Hat sich der Begriff Exilliteratur in der Germanistik zunächst mit Bezug auf die historischen Eckdaten 1933–1945 als Epochenbegriff etabliert, werden zunehmend auch deutlich später entstandene Texte exilierter Autor/innen, transnationale und transkulturelle Phänomene sowie interexilische Bezüge berücksichtigt und als Sonderform der Migration reflektierenden Literatur betrachtet (vgl. dazu auch IV.13 BISCHOFF/CENTNER). Zu einer angemessenen Beschreibung von Exilliteratur gehört auch die Berücksichtigung ihrer besonderen, oft extrem schwierigen Produktions- und Publikationsbedingungen. Verschärft sind diese vor allem dort, wo ein Sprachwechsel oder Übersetzungen in die Sprache des Exillandes zur Bedingung von Veröffentlichungen werden. Indem häufig im Zuge der Verfolgung die Muttersprache als Mittel gewaltsamer Ausgrenzung erfahren wird, stellt auch eine entsprechend motivierte Distanzierung gegenüber der ersten (Schreib-)Sprache ein Charakteristikum mancher Exiltexte dar, die durch (reflektierten) Sprachwechsel und mehrsprachige Schreibformen geprägt sind (vgl. II.3 KILCHMANN). Insofern problematisiert Exilliteratur häufig das Verhältnis von Sprache und (nationaler) Identität bzw. von Monolingualität. So kann das Schreiben im und über das Exil als Zeugnis gewaltsamer Ausgrenzung und Krisenerfahrung verstanden werden; ebenso vermag es ein widerständig produktives Potential zu entfalten, indem es (wirk-)mächtige Narrative und nationalkulturelle Grenzsetzungen unterläuft und mit Entwürfen transnationaler Gemeinschaften und Identitäten verknüpft.

Susanne Komfort-Hein

Exofonie – Der Terminus der Exofonie bedeutet Anderssprachigkeit. Er wird verwendet, wenn Schriftsteller/innen nicht oder zumindest nicht ausschließlich in ihrer Mutter- bzw. Erstsprache schreiben. Exofone Literatur ist vom Schreiben zwischen verschiedenen Sprachen und Kulturen geprägt und weist daher das Phänomen der innertextlichen Vielsprachigkeit auf. Häufig entsteht diese Literatur im Kontext von Migration, → Exil und → Diaspora. Ursprünglich in der Ortsnamenforschung für fremdsprachige Bezeichnungen verwendet (z. B. Cologne für Köln) gelangte der Begriff über die kulturwissenschaftliche Auseinandersetzung mit z. B. franko- und anglofonen Texten afrikanischer Autor/innen zu Beginn der 2000er Jahre auch in die Germanistik. Er dient u. a. dazu, die Konstruktion von Nationalliteraturen zu hinterfragen und über postkoloniale Aneignungsprozesse sowie Globalisierungsdynamiken zu reflektieren, in denen Anders- bzw. Mehrsprachigkeit keine Ausnahme mehr darstellt. Problematisiert wird jedoch, dass der Begriff die Möglichkeit einer eindeutigen Trennung von Sprachen suggeriert. Die Übergänge zu Dialekten, anderen Sprachen und Sprachfamilien sind allerdings nicht trennscharf, so dass sich auch in vermeintlich einsprachigen Texten Formen der Sprachmischung finden (zum Problem der Unzählbarkeit von Sprachen siehe u. a. Wilhelm von Humboldt *Ueber die Verschiedenheit des menschlichen Sprachbaues*, Jacques Derrida *Die Einsprachigkeit des Anderen*). Außerdem wird die Gefahr der Herabwertung von Literatur durch die Klassifizierung als exofon diskutiert, u. a. da dies als ein Urteil über die sprachliche Qualität missverstanden werden könnte.

Carla Swiderski

Gemeinschaft – Als Gemeinschaft werden jene kollektiven Lebensformen verstanden, die sich durch Abgrenzung nach außen und den Anspruch auf Homogenität bzw. das Zusammengehörigkeitsgefühl eines ‚Wir' auf der Basis gemeinsamer Interessen, Traditionen und Werte auszeichnen. Als soziologischer Schlüsselbegriff ist ‚Gemeinschaft' wesentlich auf Ferdinand Tönnies (1887) zurückzuführen, der sie als eine ursprüngliche, auf emotionaler Bindung und Nähe beruhende ‚organische' Sozialform von ihrer vermeintlichen Verfallsform, der (modernen) Gesellschaft als einem von Entfremdung, sozialen Konflikten und Gegensätzen gezeichneten, ‚mechanischen' Zusammenhalt vornehmlich politischer und ökonomischer Beziehungen, unterschied. Auf der Basis einer u. a. schon von Tönnies eingesetzten kulturkritischen Dichotomie wurde der Begriff der ‚Volksgemeinschaft' zu einem ideologisch aufgeladenen Kampfbegriff, der sich in einer radikal ethnonationalen Ausprägung etwa im Nationalsozialismus behauptete und der gegenwärtig in rechtspopulistischen Kreisen wieder Konjunktur erfährt. Gegen essentialisierende Zuschreibungen ist einzuwenden, dass Gemeinschaften kulturelle Konstrukte sind, die sich durch Zeichen, Praktiken und Rituale konstituieren und stabilisieren. So kennzeichnet z. B. Benedict Anderson die moderne Nation als *imagined community* (vgl. II.1 GRABBE), deren symbolisch vermittelter Zusammenhalt nicht (mehr) der unmittelbaren räumlichen wie zeitlichen Kopräsenz ihrer Mitglieder bedarf. Als translokale Netzwerke vorgestellter Gemeinschaften konstituieren sich Diasporas (→ DIASPORA). Am Beispiel der jüdischen Diaspora zeigt sich besonders eindrücklich, welchen Status mediale Vermittlungen eines kollektiven Gedächtnisses für die dauerhafte Verbindlichkeit einer deterritorialisierten Gemeinschaft erlangen (vgl. III.2 KILCHER und IV.14 LISKA). Im Zuge von Globalisierungs- und Digitalisierungsprozessen sowie der Pluralisierung von Lebenswelten entwickeln sich neue, weniger stabile, temporäre Formen deterritorialisierter und virtueller Gemeinschaften. Aus soziologischer und ethnografischer Perspektive werden u. a. jugendkulturelle Szenen und (virtuelle) soziale Netzwerke als posttraditionale Vergemeinschaftungen (u. a. Ronald Hitzler) untersucht.

Susanne Komfort-Hein

Global City – Der Globalisierungsprozess und die Einführung neuer Informations- und Kommunikationstechnologien ermöglichen es in den letzten Jahrzehnten einigen wenigen Städten zu Konzentrationspunkten der Weltwirtschaft zu werden. Diese Städte, in denen u. a. multinationale Unternehmen, große Banken und wichtige Finanzmärkte ihren Sitz haben, werden als *global cities* bezeichnet. Zu den wichtigsten zählen aktuell New York, London, Paris, Tokyo, Hongkong, Singapur, Peking, Dubai, Shanghai und Sydney, danach folgen Städte wie Los Angeles, Frankfurt am Main, Mexiko City, Istanbul und Moskau. Gemeinsam bilden sie ein Netz aus transnationalen Finanzzentren, die durch ihre Wirtschaftsaktivitäten die globale Ökonomie dominieren. Die starke Konzentration von Kapital, Waren, Handelsknotenpunkten, Informationen und Dienstleistungen in den *global cities* ist ein wichtiger Motor für transnationale Migrationsbewegungen. Nicht selten ist innerstädtisch ein Auseinanderdriften von Wirtschaft und Gesellschaft zu beobachten, ebenso wie ein Konflikt zwischen globalen und lokalen, regionalen oder auch nationalen Interessen. Dies liegt u. a. daran, dass *global cities* sich stärker aufeinander beziehen als auf ihr direktes räumliches bzw. nationales Umfeld. Geprägt wurde der Begriff *global cities* in den 1990er Jahren von der US-amerikanischen Soziologin Saskia Sassen, die sich sowohl intensiv mit den strukturellen Merkmalen als auch mit den Auswirkungen der beobachteten Entwicklungen auf die Bevölkerung beschäftigte.

Carla Swiderski

Globalisierung – Der Begriff bezeichnet Prozesse der wirtschaftlichen, kulturellen, sozialen, politischen und wissenschaftlichen Vernetzung, die durch beschleunigte Transport- und Kommunikationsmöglichkeiten, wirtschaftliche Internationalisierung und weltumfassende Transferprozesse zu einer kontinuierlichen Bedeutungsabnahme von raumzeitlicher Entfernung führen (vgl. II.5 REICHARDT). Indem nationale Bezugsräume überschritten werden, entstehen vielfältige transnationale Beziehungen, die wechselseitige Interdependenzen hervorheben. Der globale Warenaustausch, weltweite Migrationsbewegungen sowie die ständige und mondiale Verfügbarkeit von Informationen durch das Internet führen zu einem andauernden kulturellen und informationellen Austausch. Es entstehen vermehrt Netzwerke zwischen transkulturell geprägten Gesellschaften sowie außerstaatlichen Akteuren wie supranationalen Organisationen und multilateralen Institutionen, wodurch die räumliche Einheit von Nationalgesellschaft und Nationalstaat durchlässig und relativiert wird. Als charakteristisch wird in der Forschung vielfach die Tendenz beschrieben, dass lokale Gegebenheiten durch Globalisierungsprozesse nicht einfach überformt und nivelliert werden, sondern dass sich letztere vielmehr im Spannungsfeld zwischen lokalen und globalen Entwicklungen entfalten. Hierfür wurde der Begriff der „Glokalisierung" (Roland Robertson) geprägt. Dabei entstehen entgrenzende, einander durchdringende und überlagernde Verbindungen, die vielfältige Interdependenzen von Aneignung und Transfer erkennen lassen. Kritiker verbinden mit der Globalisierung meist neoliberale Tendenzen, die aufgrund der Ausweitung der Macht globaler Konzerne zu neuen ökonomischen Hegemonien und Abhängigkeiten führen. Zugleich werden auch kulturelle Entdifferenzierungen infolge des weltweiten Einflusses bestimmter Medien befürchtet.

Esther Delp

Hybridität – Der ursprünglich aus der Biologie stammende Terminus (Hybride als ein aus Kreuzung hervorgegangenes Lebewesen mit Vorfahren unterschiedlicher genetischer Herkunft) avancierte in den ‚Rasselehren' des 19. Jahrhunderts, in den Diskursen über Sklaverei, Typenlehre, Antisemitismus und Eugenik, zu einem rassistisch fundierten Begriff. Seit den 1980er Jahren hat er in den Kulturwissenschaften eine fundamentale Transformation und Neuinterpretation erfahren. Wesentlich inspiriert durch die postkoloniale Theorie (→ POSTKOLONIALISMUS), vor allem durch Homi K. Bhabha, Stuart Hall, Paul Gilroy und Iain Chambers, ist Hybridität zu einem einflussreichen kulturtheoretischen Schlüsselbegriff für die Wahrnehmung und Analyse kultureller Mischformen (auch ‚Synkretismus') bzw. vielfältiger wie unauflösbarer Verschränkungen kultureller Phänomene und Identitäten, insbesondere im Zuge forcierter Globalisierungs- und Migrationsprozesse geworden. Kulturkontakte werden nicht (mehr) essentialistisch gedeutet, Eigenes und Fremdes, Zentrum und Peripherie nicht in einem sich ausschließenden Nebeneinander oder als dialektische Beziehung, sondern auf einen sogenannten *third space* (Homi K. Bhabha, → DRITTER RAUM) als Schauplatz wechselseitiger Durchdringung und Übersetzung bezogen gedacht. Bhabha betont den performativen (→ PERFORMATIVITÄT) Charakter von Konzepten wie Kultur, Identität und Nation und macht deutlich, wie und dass diese immer neuen Befragungen und Modifizierungen, einer ständigen Neuverhandlung im ‚Dritten Raum' ausgesetzt sind.

Susanne Komfort-Hein

Interkulturalität – Der Begriff impliziert zumeist die Vorstellung von Kulturkontakten zwischen jeweils in sich homogenen, kohärenten Kulturen, die sowohl Distinktion und Konflikt als auch Austausch und Überlappung umfassen können. In einer damit verbundenen Reflexion kultureller Differenzen fungieren aber Eigen und Fremd noch als orientierende Kategorien. In dieser Hinsicht unterscheidet sich das Konzept von dem der → TRANSKULTURALITÄT, das die Prozessualität, die komplexen Binnendifferenzierungen und die vielfältigen wechselseitigen Durchdringungen von Kulturen beschreibt. Hat sich zwar der Begriff der Transkulturalität in der kulturwissenschaftlichen Forschung zunehmend durchgesetzt, so konkurrieren jedoch die Begriffsverwendungen mitunter. So beruft sich auch die Interkulturalitätsforschung – das gilt vor allem für den deutschen Kontext – auf die Kontingenz und Prozessualität kultureller Grenzziehungen sowie auf interne kulturelle Heterogenitäten. Mit dem Begriff werden auch dynamische kulturelle Aushandlungsprozesse beschrieben und die Komplexitätssteigerung durch vielgestaltige Diffusionen und Hybridisierungseffekte (→ HYBRIDITÄT) sowie Phänomene eines kulturellen ‚Dazwischen' in den Blick genommen. Darin wird Interkulturalität wiederum von Konzepten der Multikulturalität unterschieden, die den Fokus auf ein internes Nebeneinander separater kultureller Einflüsse richten. Auch diese Abgrenzung ist aber je nach Verwendung und Konnotation des Begriffs nicht immer eindeutig, wenn Multikulturalismus mit einer dem Paradigma des Transkulturellen nahestehenden Vorstellung der Verschränkung von Kulturen verbunden wird.

Susanne Komfort-Hein

Intertextualität – Als (erzählstrukturelles) Verfahren bezeichnet Intertextualität die Eigenschaft von Texten, auf andere Texte bezogen zu sein. Theorien der Intertextualität versuchen, die unterschiedlichen Bezüge zwischen Texten zu beschreiben, zu erklären und zu systematisieren. Was unter Intertextualität zu verstehen ist, unterliegt allerdings einer extremen begrifflichen Spannweite. Julia Kristeva führt den Begriff der Intertextualität 1967 in die literaturtheoretische Debatte ein. Kristevas dem Poststrukturalismus verpflichteter texttheoretischer Ansatz beschreibt Intertextualität als Eigenschaft aller Texte, nicht als Resultat intentionaler Bezüge und bewusster, durch einen Autor gesetzter Verweise auf andere Texte. Indem statt von einem Dialog zwischen intendierenden Sprechern von einem Dialog zwischen Texten die Rede ist, wird die Kategorie der Subjektautonomie und die des Autors dekonstruiert. Dieser Perspektive zufolge ist jeder Text zugleich auch Intertext, ein Mosaik aus Zitaten, das andere Texte absorbiert und transformiert. Kristevas Ansatz impliziert eine extreme Ausweitung des Textbegriffs, indem außertextuelle Referentialität fast vollständig hinter Text-Intertext-Verweisungszusammenhänge zurücktreten. Gegen eine solche begriffliche Ausweitung argumentieren zahlreiche literaturwissenschaftliche Positionen, die Intertextualität als deskriptiven Begriff einer vergleichenden, Einflüsse, Bezugnahmen und Kontexte rekonstruierenden Philologie konzeptualisieren. Dieser dient dann dazu, intentionale und spezifische Anspielungen eines Textes auf seinen Bezugstext zu beschreiben. So haben etwa Karlheinz Stierle und Gerard Genette versucht, systematische Typologien intertextueller Relationen aufzustellen, die sich von Zitat und Plagiat über Parodie bis hin zu Kommentar und bloßen Gattungsbezügen bewegen können. Somit ist der Begriff der Intertextualität als Bezeichnung für eine Vielzahl möglicher Bezugsformen von Texten in Gebrauch, seien sie intentional oder unbewusst.

Jasmin Centner

Kleine Literatur (*littérature mineure*) – Die Formulierung geht zurück auf einige Tagebucheinträge Franz Kafkas Ende Dezember 1911. Ausgehend von seinen eigenen Kenntnissen der jiddischen und tschechischen Gegenwartsliteratur reflektiert Kafka über die Charakteristika der Literatur kleiner Nationen und entwirft fragmentarisch die Theorie einer Literatur ohne große Talente, die weniger Gegenstand von Literaturgeschichte als vielmehr „Angelegenheit des Volkes" ist und doch alle strukturellen Eigenschaften großer Literaturen aufweist. Gilles Deleuze und Félix Guattari greifen diese Überlegungen 1976 in ihrer Lektüre *Kafka. Für eine kleine Literatur* auf, verwerfen die Kategorie Nation und beschreiben eine kleine Literatur vielmehr als die Literatur „einer Minderheit, die sich einer großen Sprache bedient." Kafkas Literatur selbst und die Bedingungen der Prager deutsch-jüdischen Literatur stehen für dieses Konzept Modell, das von drei charakteristischen Merkmalen kleiner Literaturen ausgeht: „Deterritorialisierung der Sprache, Koppelung des Individuellen ans unmittelbar Politische, kollektive Aussagenverkettung." Obwohl Deleuze und Guattari ihre Überlegungen sehr eng am konkreten Beispiel Kafka entwickeln, hat ihr Begriff der kleinen Literatur ein hohes Transferpotential bewiesen und ist immer wieder Referenzrahmen für literaturwissenschaftliche Fragestellungen in verschiedenen kulturellen Kontexten, etwa bei der Untersuchung deutschsprachiger Texte von Autorinnen und Autoren, deren erste Sprache nicht das Deutsche ist. In der kritischen Auseinandersetzung mit dem Begriff der kleinen Literatur bei Deleuze und Guattari wird u. a. die unreflektierte Verlagerung des Gegenstandes von jiddischer bzw. tschechischer zur Prager deutschen Literatur oder die Reduzierung der Prager jüdischen Bevölkerung auf ihren deutschsprachigen Teil problematisiert. Andererseits wird angeführt, dass der Begriff auch in anderen Bereichen, etwa den postkolonialen Studien (→ POSTKOLONIALISMUS), fruchtbar gemacht werden kann und dass Figurationen des Kleinen postmoderne Konstellationen besonders gut beschreiben (vgl. III.6 MAYER).

Sebastian Schirrmeister

Kosmopolitismus – Der Begriff ist aus einer Verknüpfung von *kosmos* (Weltall, Weltordnung) und *polis* (Stadt, Staat) entstanden und findet sich bereits in der Antike. Im Englischen und Französischen lässt sich der Ausdruck *cosmopolite* erstmals im 16. Jahrhundert und mit steigender Häufigkeit im 17. Jahrhundert nachweisen. Zeitgleich verbreiten sich im deutschen Sprachraum die Lehnübersetzung *Weltbürger* sowie die Ableitungen *Weltbürgertum* und *Weltbürgerschaft*. Im Laufe der Geschichte erfährt der Begriff Kosmopolitismus eine Ausdifferenzierung und bezeichnet ein ethisches Ideal bzw. philosophisches Konzept, eine Gemeinschaftsform mit mehr oder weniger explizit rechtspolitischer Konstruktion oder eine kulturelle bzw. ästhetische Formation, wobei diese Aspekte je unterschiedlich aufeinander bezogen bzw. miteinander verschränkt erscheinen. Über die Idee einer übernationalen Gelehrtenrepublik entwickelt sich seit dem 16. Jahrhundert eine wirkmächtige elitäre Dimension kosmopolitischen (Selbst-)Verständnisses; zu einem Schlagwort der Aufklärung wird der Begriff des Weltbürgertums im 18. Jahrhundert. Insbesondere in den deutschen Staaten besteht dabei eine enge Beziehung zwischen Kosmopolitismus und Literatur. Goethe entwirft mit seinem Begriff einer Weltliteratur (vgl. dazu III.1 GOSSENS) ein Konzept der transnationalen literarischen Kommunikation. Im Kontext der Herausbildung europäischer Nationalstaaten werden seit der Französischen Revolution die Debatten um den Begriff des Weltbürgertums zunehmend von der Frage nach dem Zusammenhang von Patriotismus und Kosmopolitismus bestimmt. Nationale Beschränktheit wird im 19. und zu Beginn des 20. Jahrhunderts gerade auch von jüdischen Autoren mit kosmopolitischen Haltungen und Lebensformen kontrastiert (vgl. III.2 KILCHER und IV.7 VON GLASENAPP), wobei das Judentum angesichts seiner transnationalen Geschichte in der → DIASPORA häufig als Paradigma des Kosmopolitischen reflektiert wird. Antisemitische Vorstellungen diffamieren Juden als ‚wurzellose Kosmopoliten' (Stalin), die nationale Gemeinschaften gefährden. Nach 1945 liegt der Schwerpunkt der Auseinandersetzung verstärkt auf der Entwicklung kosmopolitischer Rechtsnormen. Seit Ende der 1990er Jahre vollzieht sich als Reaktion auf globale Phänomene der Transnationalisierung vor allem in den Sozialwissenschaften eine Neubestimmung des Begriffs, die eine neue Konjunktur seiner wissenschaftlichen Verwendung anstößt. In Abkehr von normativen Konzepten des Kosmopolitismus, wie sie in Philosophie und politischer Theorie zuvor vorherrschten, tritt nun die Auffassung, dass Prozesse der Kosmopolitisierung als prägender Befund gegenwärtiger Entwicklungen beschreibbar seien. Zentrale Impulse für einen „neuen Kosmopolitismus" gehen von einer Problematisierung westlicher Universalismus- und Hegemonialvorstellungen durch den → POSTKOLONIALISMUS aus. In den Literatur- und Kulturwissenschaften wird Kosmopolitismus zunehmend ebenfalls neu entdeckt (vgl. II.5 REICHARDT), indem nach imaginativen Prozessen des „world-making" (Pheng Cheah) oder nach globaler Orientierung, Praxis und Rezeption zeitgenössischer Kunst und einer Ästhetik im Horizont des Kosmopolitismus gefragt wird.

Doerte Bischoff

Muttersprache – Unter „Muttersprache" versteht man landläufig diejenige Sprache, die ein Mensch zuerst erwirbt. Aus sprachwissenschaftlicher Perspektive ist der Begriff seit einiger Zeit überholt und wird i. d. R. durch den neutraleren Begriff der „Erstsprache" (L1) ersetzt. Muttersprache erscheint demgegenüber als ein sprachideologisch aufgeladener Begriff, da der familiär-biologische Anklang des Wortes eine Naturgesetzlichkeit nahelegt und die Bedeutung der umgebenden Gesellschaft verstellt. Zudem suggeriert er Sprachhierarchien und taucht häufig im Zusammenhang von (politischen) Besitzansprüchen einer oder mehrerer Sprachgemeinschaften auf, etwa wenn es um Nationalsprache(n) (→ NATION, → NATIONALKULTUR), Sprachreinheit oder Spracherhalt geht. Während ältere Forschungspositionen zur Muttersprache, die an die Annahme der ausschließlichen Bedeutung einer Ursprungssprache geknüpft ist, häufig mit einer negativen Bewertung von früher Mehrsprachigkeit einhergingen, lässt sich in neuerer Forschung eine Neubewertung potentieller Mehrsprachigkeit und eines bilingualen Erstsprachenerwerbs beobachten. Der Begriff der Muttersprache erscheint in diesen Kontexten obsolet. Die Bezeichnung „Muttersprachler/in" ist zudem irreführend, weil sie eine Sprachkompetenz suggeriert, die nicht der Realität entsprechen muss. Muttersprache (im ursprünglichen Wortsinn) und Erstsprache sind dann z. B. nicht deckungsgleich, wenn im Fall von Migration in der sprachlichen Sozialisation die Erstsprache die des aufnehmenden Gastlandes ist. Transnationale Literaturen operieren häufig mit Formen von Mehrsprachigkeit (→ EXOFONIE), die Vorstellungen von der besonderen Geltung und Wertigkeit einer Muttersprache unterlaufen.

Anne Benteler

Nation – Die Herausbildung von Nationen (*nation building*) ist an einen Prozess gesamtgesellschaftlicher Integration gebunden, der geprägt ist durch Industrialisierung, die Rationalisierung der Ökonomie, die Akkumulation und Konzentration von Kapital und den Ausbau des Verkehrs- und Kommunikationsnetzes. Er zielt auf die Entwicklung eines auf der Gemeinsamkeit von Sprache und kultureller Tradition (→ NATIONALKULTUR) gegründeten ‚Wir'-Bewusstseins und Gruppeninteresses, verbunden mit der Tendenz zur Ausübung politischen Zwanges zur Sicherung der Einheit nach innen und außen. Die Nation ist ein Entwurf für die Bildung einer → GEMEINSCHAFT, die über Mechanismen des Ein- und Ausschlusses operiert. Der Entwurf als Nation ist an das Versprechen der Möglichkeit einer vermeintlich stabilen kollektiven Identität der ‚Dazugehörigen' geknüpft. Die dem Konzept der Nation innewohnenden Homogenisierungstendenzen bleiben jedoch eine unerfüllbare Fiktion, da keine Nation sie vollumfänglich erfüllt. *Nation building* ist kein abruptes, historisch genau zu situierendes Ereignis, sondern ein lange andauernder Prozess, der durch viele Ungleichzeitigkeiten und Ambivalenzen geprägt ist. Auf die Staatsbildung bezogene Prozesse reichen nicht aus, um die Nation zu erklären, sie wird stattdessen als wirkmächtige Größe betrachtet, die in kulturelle und soziale Gesellschaftsformen hineinragt. Schon vor der Nationsbildung im politischen Sinne im 18. und 19. Jahrhundert entwickelte sich im Spätmittelalter und vor allem im Humanismus ein Nationalverständnis, das Charakteristika verschiedener Gesellschaften gegenüber anderen Völkerschaften bzw. auch gegen als unterdrückerisch empfundene Fremde formuliert. Dies sind jedoch meist Entwicklungen westlicher Gesellschaften, womit sie nicht uneingeschränkt auf andere Gebiete übertragbar sind. Wegen der Pluralität der historisch und kontextuell unterschiedlichen Aktualisierungen des Begriffes lässt sich die Nation nur in ihren unterschiedlichen Kontexten und Ausprägungen angemessen beschreiben. Postkoloniale Dynamiken (→ POSTKOLONIALISMUS), Globalisierungsprozesse (→ GLOBALISIERUNG) und weltweite transnationale Migrationen haben vielfach zu einer Destabilisierung der Nation beigetragen. Gleichwohl ist es für transnationale Konstellationen und Bewegungen charakteristisch, dass das Nationale nicht überwunden, sondern transformiert und dekonstruiert wird. Gerade indem die Performativität des Nationalen vorgeführt und erfahrbar wird, treten auch die Ambivalenzen der Nation zutage, die nicht nur als repräsentierbare Größe, als Gegenstand eines an nachfolgende Generationen weiterzugebenden (historischen) Wissens um etwas begriffen werden kann, sondern als etwas, das stetig rhetorisch neu konstituiert wird (vgl. II.1 GRABBE). Als politische Größe ist die Nation weiterhin wichtiger Bezugspunkt auch für das literarische und kulturelle Feld.

Lena Gärtner

Nationalkultur – Im Zuge der Herausbildung von Nationalstaaten im späten 18. und frühen 19. Jahrhundert hat sich das moderne Verständnis von Nationen entwickelt. Intellektuelle, Künstler/innen und auch Dichter/innen haben einen entscheidenden Anteil an der Produktion der Vorstellung einer gemeinsamen Kultur, die eine → NATION bindet und nach außen abgrenzt: der Nationalkultur. Die gemeinsame Kultur einer Nation ist dabei geknüpft an Werte, die mit der Gemeinsamkeit der Nation verbunden werden. Nationalkultur meint dabei auch die Erziehung des/der Einzelnen zur gemeinsamen Kultur und zu national gesinnten Bürger/innen.

Besonders in der deutschen Geschichte ist der nationale Diskurs zunächst vor allem kulturell geprägt. Die Vorstellung einer Nationalliteratur als Teil der Nationalkultur führt im deutschsprachigen Raum im 18. Jahrhundert auch zur Betonung der Bedeutung einer gemeinsamen Sprache und zu einem spezifischen Nationalbewusstsein. Die Vorstellung, dass es eine sogenannte Nationalliteratur und Nationalautoren gibt, wurde wesentlich von der im 19. Jahrhundert entstehenden Germanistik mitgeprägt. Im Zuge von Herders Kulturbegriff wurde Nation als ein auf Kultur basierendes und durch Kultur und Literatur zu realisierendes Projekt verstanden. Nationalkultur bezeichnet in dem Zusammenhang also nicht die Kultur einer Nation, sondern den ästhetischen Bildungsweg, der erst zu einem Nationalbewusstsein führt. Der Begriff der Nation erhielt in Deutschland zunächst als ästhetisch-kulturelle und nicht als politische Kategorie Bedeutung, da er zuerst in der Literatur zum Ausdruck gebracht werden konnte (vgl. II.1 GRABBE). In der Lessing-Zeit wurde das Projekt einer Kultur-Nation vor allem durch die Gründung eines Nationaltheaters vorangetrieben. Ein weiteres entscheidendes Moment in der Herausbildung einer Nationalkultur war die Entwicklung eines nationalen Literaturkanons. So wird der Begriff der Nationalkultur umgangssprachlich zwar häufig als gemeinsame Kultur einer Nation verstanden, historisch gesehen deutet er jedoch auf ein Konzept, das mit der performativen Herausbildung der deutschen Nation verknüpft ist.

Laura Thyen

Nationalphilologie – Der Begriff der Nationalphilologie knüpft die akademische Sprach- und Literaturwissenschaft an die als homogen gedachte Nationalsprache einer Nation. Die jeweiligen Philologien entwickelten sich dabei parallel und in Abhängigkeit von der Entwicklung der modernen Nationalstaaten. Erst langsam lässt sich ein Paradigmenwechsel erkennen, der den Diskurs der Nationalphilologie und damit der Vorstellung von Monolingualität zusehends für Verfahren der Mehrsprachigkeit und polylingualer Phänomene öffnet. Dieser Paradigmenwechsel schärft den Blick dafür, dass Sprachmischungen und Übersetzungen jede Sprache prägen und dass das Projekt der Nationalphilologie weniger auf einen natürlich gegebenen Gegenstand gerichtet ist als vielmehr ebenso wie dieser einer nachträglichen, homogenisierenden Konstruktion entspringt. Die enge Verknüpfung von Nationalphilologie und der ‚Erfindung der Nation' (Benedict Anderson; → NATION; → NATIONALKULTUR) lässt sich am Beispiel der Geschichte der deutschen Nationalphilologie illustrieren. Als Projekt reicht diese noch vor die Reichsgründung 1871 zurück bis ins 18. Jahrhundert. Die fehlende Einheit der deutschen Länder sollte durch eine Nationalbildung erreicht werden. Diese zielte auf die Durchsetzung einer einheitlichen Sprache, Literatur, Kultur und damit einer Bildung im Sinne gesamtnationaler Interessen. Im Gegensatz zu dem vorwiegend auf dem Staatsverband und Bürgerrecht gründenden Nationalbegriff Frankreichs seit der Französischen Revolution waren die Begriffe Nation und Volk in Deutschland vorwiegend durch den Gemeinbesitz einer historisch eigenständigen Sprache bestimmt. Als Medium des ‚deutschen Geistes' wurde vor allem die Sprache als Grundlage eines Kulturnationalismus ins Feld geführt. Bereits 1787 entwirft Johann Gottfried Herder Pläne zur *Teutschen Akademie*, in der im Dienst nationaler Einigung und Bildung die ‚Reinheit' der deutschen Sprache und sämtlicher Schriften deutschen Geistes gepflegt werden sollen. Jacob Grimm kann 1846 bei seiner Rede auf der ersten Germanistenversammlung bereits auf die Verknüpfung von deutscher Sprache und deutschem Geist zurückgreifen und ruft die Germanistik als vaterländische Wissenschaft aus. Diese fußt gemäß der nationalen Vereinigungsrhetorik auf der sprachlichen Homogenität. Der Glaube, dass ein von seinem imaginierten Ursprung her unveränderter deutscher Geist das deutsche Wesen formt, dessen einzig adäquates Organ die naturgegebene deutsche Sprache ist, ist vom 18. Jahrhundert über den Nationalsozialismus bis heute nachzuverfolgen. Allerdings sind die Grenzen zwischen den philologischen Disziplinen deutlich durchlässiger geworden, wozu zunehmend häufig auftretende Phänomene von Mehrsprachigkeit (→ EXOFONIE), aber auch Migrationen und Mehrfachzugehörigkeiten beitragen, die eindeutige Klassifizierungen von Texten und Autoren bzw. Autorinnen problematisch werden lassen.

Jasmin Centner

Netzliteratur – Mit dem Begriff werden Texte bezeichnet, die ausschließlich oder zumindest vorwiegend in digitaler Form hergestellt und rezipiert werden. Die Verbreitung läuft meist über das Internet, wodurch potentiell eine weltweite Zugangsmöglichkeit besteht. Darüber hinaus zeichnet sie sich durch netzspezifische Stilmittel und Strukturen aus. So sind z. B. dynamische Inhalte, Animationen und Sound genauso charakteristisch wie kollaborative oder automatisch generierte Schreibverfahren. Ein hauptsächliches Merkmal ist die Vernetzung, die u. a. durch Hypertextualität, Multi- bzw. Intermedialität und Interaktivität erzeugt wird. Dadurch wird die lineare Erzählweise aufgebrochen und offenere

Formen werden möglich. In diesem Punkt unterscheidet sich Netzliteratur von „Literatur im Netz", womit überwiegend Texte gemeint sind, die zusätzlich zur Printversion auch digital vertrieben werden bzw. deren Lese- und Schreibprozess sich nicht maßgeblich von konventionellen Printtexten unterscheiden. Die Grenzziehung ist allerdings nicht in allen Fällen eindeutig. Um 1960 gab es erste künstlerische Arbeiten, die das Feld der digitalen Poesie begründeten. Mit dem Zugang von Privathaushalten zum Internet entstand Mitte der 1990er Jahre die deutschsprachige Netzliteratur, die eine Unterkategorie der digitalen Poesie darstellt. In ihrem Umfeld entwickelte sich eine lebhafte Debatte über diese neue literarische Richtung, bis etwa zehn Jahre später das öffentliche Interesse wieder deutlich abnahm. Geblieben ist eine kleine Szene ambitionierter Theoretiker/innen, Autor/innen und Leser/innen, wobei letztere aufgrund der häufig offenen und interaktiven literarischen Form nicht immer streng voneinander unterschieden werden können.

Carla Swiderski

Performativität – Mit dem Konzept der Performativität wird Kultur bzw. Identität als Handlung, als Prozess, als ereignishaft verstanden. Die ‚Wirklichkeit', auf die performative Handlungen und Praktiken sich beziehen, bringen sie zugleich erst hervor. Performativität wird seit den 1970er und 1980er Jahren zu einem zentralen Begriff in den Geistes-, Kultur- und Sozialwissenschaften. Mit dem sogenannten *performative turn* etablierte sich eine wirkmächtige Forschungsperspektive, die ihr Interesse auf die performative Konstitution ihrer Gegenstände richtet, d. h. auf die diskursive Prozessualität, institutionelle Einbindung, Materialität und Medialität ihrer kulturellen bzw. sozialen Hervorbringung. In den verschiedenen Disziplinen hat der Performativitäts-Begriff unterschiedliche Ausprägungen entwickelt. Das gilt u. a. für die kulturwissenschaftliche Ausweitung des Konzept im Vergleich zur sprachphilosophischen Sprechakttheorie (u. a. John Austin). Wichtige Impulse sind hier von der ethnologischen Ritualtheorie und der Theaterwissenschaft ausgegangen, aber auch von der postkolonialen Theoriebildung (→ POSTKOLONIALISMUS) und Gender Forschung (*doing gender*). Performativität als kulturwissenschaftliches Konzept beschreibt zum einen eine Wahrnehmungsperspektive und methodische Herangehensweise, die den Vollzugscharakter sozialer Ordnungen und kultureller Deutungsmuster im weiten Sinne akzentuieren. Zum anderen beschreibt der Begriff – von dem Adjektiv performativ (von engl. *to perform*: ausführen, aufführen) abgeleitet – einen Bezug zu Performances im engeren Sinne, insofern die theatrale Dimension kultureller Inszenierungen in den Blick gerückt wird. Da das Paradigma des Performativen nicht nur das Gemachtsein kultureller Ordnungen hervorkehrt, sondern auch Einsatzmomente für deren Subversion durch verschiebende Zitationen und Inszenierungen erkennbar werden lässt, ist es häufig gerade in Kontexten rezipiert worden, in denen sich kritische Gesellschaftsanalysen mit transformatorischen (Sprach-)Handlungen verbinden. Neben alternativen Gender-Inszenierungen betrifft dies etwa auch performative Zurschaustellungen kollektiver Zugehörigkeit, die etwa nationale Identifizierungen als diskursiv konstituierte ausstellen und unterlaufen.

Finja Zemke

Postkolonialismus – Der Begriff umschreibt einerseits die Epoche der Unabhängigkeit und Emanzipation ehemaliger Kolonien nach dem (europäischen) Kolonialismus und dessen bis heute zu spürende politische, ökonomische, kulturelle und soziale (Nach-)Wirkungen. Impliziert wird auch der Befund, dass sich Phänomene des Neokolonialismus, die immer neue Formen ökonomischer Ausbeutung und politischer wie kultureller Marginalisierung umfassen, vielfach als Fortsetzung bzw. Transformation älterer kolonialer Strukturen begreifen lassen. Andererseits bezeichnet der Begriff einen interdisziplinären Forschungsdiskurs in den Kultur- und Sozialwissenschaften, der sich in den 1980er Jahren formiert und als einflussreiche Forschungsrichtung institutionalisiert (*postcolonial studies*) hat, die sich kritisch mit dem Nachleben des Kolonialismus und dem Machtverhältnis zwischen Kolonisierten und Kolonisatoren auseinandersetzt. *Postcolonial studies* zielen darauf ab, Machtstrukturen nachzuzeichnen, die (westliche) Episteme, Diskurse und Narrative durchziehen und die dazu beigetragen haben, den Kolonialismus ins Werk zu setzen, zu legitimieren oder auch zu leugnen (vgl. IV.9 ARNDT/ASSA). Dabei haben Mikroanalysen, die je nach Akzentsetzung von marxistischer Theorie, Psychoanalyse, Lektüreverfahren des Poststrukturalismus und der Diskursanalyse Foucaults beeinflusst sind, dazu beigetragen, die Komplexität politischer, ökonomischer, sozialer und kultureller Verhältnisse im Kolonialismus aufzudecken, in denen (Handlungs-)Macht und Ohnmacht keineswegs immer eindeutig und vorhersagbar verteilt sind. Vielmehr erscheint die Überwindung der Logik binärer Gegensätze als wichtige Operation postkolonialer Kritik, die unauflösbare Wechselbeziehungen zwischen Kolonisierten und Kolonisatoren in den Blick rückt und damit Vorstellungen homogener (Kolonial-)Kultur wie auch eindeutiger Verteilung von Gestaltungs- und Handlungsfähigkeit (*agency*) unterläuft (→ TRANSKULTURALITÄT, → TRAVELING CULTURES). So beschreibt der von Homi K. Bhabha in die Diskussion eingebrachte Begriff der Mimikry eine Übernahme westlicher Praktiken und Wissensbestände in kolonialen Kontexten, die diese in der verschobenen Performanz („almost the same, but not quite") angreifen und verändern. Als Wegbereiter postkolonialer Theorie gelten die antikolonialistischen Schriften Frantz Fanons sowie Edward Saids *Orientalism*, als diskursprägend neben Bhabha die Arbeiten Gayatri Chakravorty Spivaks, die postkoloniale mit genderkritischen Perspektiven verknüpfen. Stark rezipiert und gelegentlich auch kritisch diskutiert wurde Bhabhas Theorie des ‚Dritten Raumes' sowie das postkoloniale Verständnis von ‚hybriden Identitäten' (→ DRITTER RAUM, → HYBRIDITÄT), die durch Überlagerungen und kulturelle Mischungen gekennzeichnet sind.

Laura Thyen

Reichsidee – Für die Herausbildung neuzeitlicher Herrschaftsformen spielt die Bezugnahme auf das Römische Reich, das wegen seiner Ausdehnung und Stabilität als vorbildlich galt, eine wichtige Rolle. Der universale Gedanke, der sich mit der Reichsidee verknüpft, wird im Zeitalter der Nationalstaaten von der Vorstellung nebeneinander, möglichst im Gleichgewicht existierender Nationen abgelöst (→ NATION, vgl. II.1 GRABBE). Dennoch bleibt das Verhältnis von legitimierender Reichsidee und Nationalstaat im 19. und 20. Jahrhundert vielfach ambivalent. So verbindet sich mit Napoleon nicht nur die Auflösung des seit dem Mittelalter bestehenden „Heiligen Römischen Reiches" im Jahr 1806. In Napoleons Kaiserkrönung und dem seine Expansionspolitik grundieren Anspruch, aufklärerische Ideen und moderne Verwaltungsstrukturen im Namen einer Nation in ganz Europa zu verbreiten, bleiben zugleich Elemente der Reichsidee wirksam. Ihr universalistischer Anspruch verknüpft sich dabei vielfach auch mit kolonialen Unternehmungen und dient zu deren Legitimierung (vgl. IV.9 ARNDT/ASSA). Die Reichsidee des Altertums erlangte ihre klassische Form im Römischen Reich seit Augustus. In der damaligen Vorstellung wurde eine römische Herrschaft über die Welt als Grundlage für eine Befriedung des Erdkreises (*Pax Romana*) angesehen. Im Europa des Mittelalters entstand eine religiös geprägte Reichsidee, die in ausdrücklicher Anlehnung an das Römische Reich und als deren Übersetzung in neue Kontexte (*translatio imperii*, vgl. IV.1 SEIDEL) konzeptualisiert wurde. Sie sah eine überstaatliche Einheit aller christlichen Völker (*Imperium Christianum*) vor, wobei der Kaiser als Statthalter Gottes galt. Während das Habsburgerreich bis 1918 ein monarchisch organisierter Vielvölkerstaat mit föderalen Strukturen blieb, entwickelte sich mit dem Deutschen Reich im Laufe des 19. Jahrhunderts ein Nationalstaat auf der angenommenen Grundlage politischer, ethnischer und kultureller Homogenität. Die für die Geschichte des deutschen Staates charakteristische nationalistische Prägung der Reichsidee ist für das Kaiserreich (1871–1918), für Reichsentwürfe im Umfeld der sogenannten Konservativen Revolution während der Zwischenkriegszeit wie auch für den Nationalsozialismus, der in der Selbstbezeichnung als ‚Drittes Reich' die eigene totalitäre Herrschaft und Expansionspolitik durch Rückbezug auf historische Vorläufermodelle zu legitimieren suchte, bedeutsam. Gleichwohl gibt es im deutschsprachigen Raum in dieser Zeit und bis heute auch intellektuelle Diskussionen und Literarisierungen der Reichsidee, die deren Potentiale, Nationalismen durch über- bzw. transnationale Entwürfe einzudämmen oder zu überwinden, betonen. Diese greifen häufig, prominent etwa bei den jüdischen Autoren Joseph Roth oder Franz Werfel (vgl. III.2 KILCHER), auf das Modell des Habsburgerreiches und frühere Formen des Reiches zurück, die ausschließender Homogenisierung Konzepte der ‚Einheit in der Vielfalt' bzw. dynamischer und grenzüberschreitender Kommunikation entgegenstellen.

Lenard Manthey Rojas

Spatial Turn – Der Begriff *spatial turn* (auch *topographical turn*), etymologisch herzuleiten aus dem lateinischen *spatium* ((Zwischen)Raum, Zeitraum, Weite, Entfernung), bezeichnet einen seit Ende der 1980er Jahre diskutierten Perspektivwechsel und eine Neubewertung des Raumbegriffs in den Sozial- und Kulturwissenschaften. Raum wird nun als entscheidende Bezugsgröße kultureller Ordnungen und Praktiken gesehen und löst insofern die am Entwicklungs- und Fortschrittsparadigma der Moderne ausgerichtete Leitkategorie der Zeit ab. Wesentliche Impulse zu diesem Paradigmenwechsel sind auf den Soziologen Henri Lefebvre, den Humangeographen Edward Soja und den Philosophen Michel Foucault zurückzuführen. Mit den weltweiten ökonomischen, politischen und sozialen wie kommunikativen Vernetzungen im Zuge forcierter Globalisierung wächst die Aufmerksamkeit auf ein synchrones Nebeneinander sowie auf Ungleichzeitigkeiten eines Gleichzeitigen. Damit kommt der ‚Raum' nicht mehr vor allem als begrenzte, sondern in seiner Dynamik ebenso als grenzziehende, aber auch als entgrenzte, deterritorialisierte und relationale Größe (→ TRANSLOKALITÄT; → DRITTER RAUM; → TRANSITRAUM) in den Blick, die durch vielfältige Interdependenzen, u. a. zwischen Lokalem und Globalem, geprägt wird. Der ‚Raum' wird so nicht mehr primär als abgeschlossener, territorialer bzw. ortsgebundener und identitätsstiftender Container betrachtet, sondern auch als Produkt komplexer wie auch widersprüchlicher sozialer Prozesse und kultureller Praktiken. Im deutschen Forschungskontext konnte sich die kulturwissenschaftliche Aufwertung der Raumkategorie aufgrund der nationalsozialistischen Ideologisierung des Raumbegriffs und dessen aggressiver Vereinnahmung für eine rassistische und imperialistische Politik im Zweiten Weltkrieg nur mit einigen Vorbehalten durchsetzen. Zur Herausforderung einer gegenwärtigen kulturwissenschaftlichen Raumforschung wird in jüngerer Zeit das neuerliche Erstarken der Kategorie des Raums als Bezugsgröße politischer und kultureller Grenzziehungen, etwa im Kontext separatistischer Nationalisierungsbestrebungen und identitärer Abgrenzungen.

Susanne Komfort-Hein

Staatsbürgerschaft – Der Begriff bezeichnet ein Ensemble von Rechten und Pflichten, durch die ein Individuum an einen Staat gebunden ist. In seiner modernen Form entsteht das Konzept mit der französischen Revolution bzw. dem Aufkommen der europäischen Nationalstaaten (→ NATION), die im Laufe des 19., vor allem aber zu Beginn des 20. Jahrhunderts zunehmend rechtliche, politische und bürokratische Instrumente zur Erfassung und Kontrolle ihrer Bevölkerungen entwickeln. Einen Höhepunkt erlebt diese Tendenz im Ersten Weltkrieg, in dem eine allgemeine Passpflicht durchgesetzt, Grenzkontrollen intensiviert und Freizügigkeit eingeschränkt werden. Beim Zugang zur Staatsbürgerschaft unterscheidet man grundsätzlich das Abstammungsprinzip (*ius sanguinis*) und das Territorialprinzip (*ius soli*); im ersten Fall entscheidet die Staatsangehörigkeit der Eltern über die der Kinder, im zweiten die Frage, auf welchem staatlichen Territorium jemand zur Welt kommt. Zwar lassen sich Staaten danach unterscheiden, ob sie (auch in historischer Perspektive) ihre Staatsbürger eher nach dem einen oder dem anderen Prinzip aufnehmen, in der Praxis haben sich bis heute aber meist verschiedene Kombinationen und Mischformen durchgesetzt. In Deutschland wird das traditionell verbindliche Abstammungsmodell, das während des Nationalsozialismus durch auch auf Kategorien der Staatsbürgerschaft bezogene rasseideologische Vorstellungen von ‚Volkszugehörigkeit' umgedeutet und radikalisiert wurde, inzwischen zunehmend durch andere Elemente ergänzt und relativiert. Die enge Bindung von Staatsangehörigkeit an Vorstellungen (ethno-)nationaler Zugehörigkeit, die von einer Verschränkung politischer, ethnischer und kultureller Einheiten ausgeht, wird damit tendenziell gelockert. Durch Migration oder auch die Veränderung staatlicher Territorien und Grenzen entstehende doppelte oder mehrfache Zugehörigkeiten werden nicht nur als politisch und juristisch zu behandelndes Thema wahrgenommen, sondern auch in den Kulturwissenschaften zunehmend diskutiert. In den 1990er Jahren erscheint etwa eine politologische Studie zur transnationalen Staatsbürgerschaft (Heinz Kleger) sowie die Untersuchung der Anthropologin Aihwa Ong zu Flexiblen Staatsbürgerschaften, die den Untertitel „The Cultural Logics of Transnationality" trägt. Generell wird mit der Rekapitulation diskursiver Prozesse, die zur Konstitution der Nation (als kulturelle Einheit und politisches Gebilde) beigetragen haben und beitragen, in den Literatur- und Kulturwissenschaften auch die Frage nach alternativen Formen der Identifizierung und der Aushandlung von Zugehörigkeit(en) virulent. Grenzregime und Strategien der Grenzüberschreitung, die individuelle Bedeutung von Pässen und Visa, das Schicksal von Papierlosen sowie Möglichkeiten der Vervielfältigung oder Eliminierung von Staatsbürgerschaft sind nicht nur zentrale Gegenstände von Kunst und Literatur im 20. Jahrhundert und in der Gegenwart, sie werden aktuell auch als Forschungsgegenstände vielfach entdeckt.

Doerte Bischoff

Transitraum – Von lat. „trans" (durch) und „ire" (gehen) abgeleitet bezeichnet der Begriff „Transit" eine Bewegung, einen Durchgang oder eine Passage. Transit ist geprägt vom Status einer Durchreise; es ist der Aufenthalt an einem Ort, der sogleich wieder verlassen wird. Durch die Kombination mit dem Begriff ‚Raum' verschiebt sich die Konstitution zugunsten der Vorstellung eines Zwischenraumes bzw. einer Übergangszone. Damit liegen zum einen Verbindungen zum Begriff ‚Transitort' nahe, womit Orte des Übergangs wie beispielsweise Flughäfen, Bahnhöfe oder Grenzübergänge zwischen Staaten assoziiert werden können. Zum anderen kann man den Begriff Transitraum mit dem postkolonialen Konzept des → DRITTEN RAUMES in Verbindung bringen, indem jeweils Übersetzungs- und Austauschprozesse in den Blick kommen, die hier stattfinden. Transiträume sind prädestiniert für Konstellationen von → TRANSKULTURALITÄT, → TRANSLINGUALITÄT und Transnationalität.

Anne Benteler

Transkulturalität – Der Begriff der Transkulturalität beschreibt in Abgrenzung zur Inter- und Multikulturalität, dass Kulturen keine homogenen, klar voneinander abgrenzbaren Einheiten sind, sondern sich vernetzen, durchdringen und vermischen. Diese Vernetzungen sind eine Folge von Migrationsprozessen, weltweiten Verkehrs- und Kommunikationssystemen und ökonomischen Verflechtungen. Das Kulturkonzept der Transkulturalität bildet einen starken Gegensatz zu dem klassischen Konzept der Einzelkultur. Dieses fußt seit dem 18. Jahrhundert in paralleler Entwicklung zu dem der Nationalstaaten auf sozialer Homogenisierung, Konzentration auf das Eigene und Abgrenzung nach außen. Dagegen beschreibt das Konzept der Multikulturalität die Vielheit unterschiedlicher Lebensformen innerhalb ein und derselben Gesellschaft. Dabei fasst es aber die jeweiligen Kulturen weiterhin als eigenständige, in sich homogene Gebilde auf, die nicht auf Austausch beruhen. Bereits 1916 kritisiert Randolph Bourne in Bezug auf Amerika die starre Dichotomie von Multikulturalität einerseits und der *melting-pot*-Programmatik andererseits, die letztlich die Differenzen der Einwanderer nivellieren möchte. Dieser Terminologie stellt er als einer der ersten den Begriff der Transnationalität entgegen. Das Kulturkonzept der → INTERKULTURALITÄT legt den Akzent zwar auf Austausch und Begegnung zwischen Angehörigen unterschiedlicher Kulturen, das Fremde und das Eigene dienen aber weiterhin als Leitkategorien, die trotz dieses Austauschs unverändert bestehen. Im Gegensatz dazu fragt die Transkulturalität nach den Durchdringungsphänomenen disparater Kulturen. Die dabei vollzogene Bewegung ist eine der Überschreitung und Verknüpfung. Dabei enden die Lebensformen nicht mehr an den Grenzen der Nationalkulturen (→ NATIONALKULTUR), sondern beeinflussen sich gegenseitig und stehen damit quer zur gängigen Vorstellung von einer in sich abgeschlossenen Nationalkultur. Damit zielt das Konzept auf ein vielmaschiges und inklusives, nicht separatistisches und exklusives Verständnis von Kultur. Es impliziert eine Kultur und Gesellschaft, die sich nicht primär durch Strategien der Grenzsetzung auszeichnen, sondern durch Anschluss- und Übergangsfähigkeit. Der Begriff der Transkulturalität stammt ursprünglich aus der Ethnologie und wurde insbesondere infolge seiner programmatischen Adaption durch den Philosophen Wolfgang Welsch seit den 1990er Jahren in den Kulturwissenschaften breit rezipiert. In der Literaturwissenschaft wurde er als besonders geeignet aufgefasst, um zu beschreiben, dass und auf welche Weise Literatur dazu beiträgt, nationale Grenzen zu unterlaufen. Damit vermag Literatur, die transkulturelle Bewegungen reflektiert, in besonderem Maße das traditionelle Konzept von abgrenzbaren Einzelkulturen zu entkoppeln und neu zu verhandeln.

Jasmin Centner

Translational Turn – Der Begriff beschreibt eine Entwicklung in den Übersetzungs- und Kulturwissenschaften: Übersetzung und Übersetzen werden nicht mehr lediglich auf ein linguistisch-textliches Paradigma begrenzt, sondern darüber hinaus auch für umfassendere kulturelle Phänomene und kulturwissenschaftliche Fragestellungen geöffnet. Im Zuge einer kulturwissenschaftlichen Wende vollzog sich etwa seit den 1980er Jahren eine Neuorientierung der philologisch-linguistischen Übersetzungswissenschaft, deren Gegenstand in erster Linie Sprachen und Texte sind, zu einer sich zunehmend etablierenden kulturwissenschaftlichen Übersetzungsforschung, die sich auch auf Aspekte kultureller Übersetzung richtet. Ein erweitertes und teils metaphorisiertes Übersetzungsverständnis zeigt sich im Bereich der Kulturtheorie als grundsätzliche Vorstellung von Kultur als Übersetzung. Eine solche Übersetzungskonzeption des Kulturbegriffs basiert auf einem dynamisierten Kulturverständnis, welches sich von starren und vereinheitlichenden kulturwissenschaftlichen Modellen löst und stattdessen den Akzent auf kulturelle Übergänge und Transferprozesse legt. Im deutschsprachigen Raum wurde der Begriff insbesondere durch Doris Bachmann-Medick etabliert. Die translatorische Wende führt weiterhin dazu, dass Kultur auch in einem räumlichen Paradigma als Prozess der Über-Setzung verstanden wird. Diesbezüglich geht es unter anderem um die Erforschung von Migrationsprozessen und transitorischen Zwischenräumen (→ TRANSITRAUM), die als Übersetzungsräume betrachtet werden. Hier lassen sich Verbindungen zum → SPATIAL TURN sowie zur postkolonialen Hybriditätstheorie (→ POSTKOLONIALISMUS; → HYBRIDITÄT) mit ihrem Konzept des → DRITTEN RAUMES herstellen, der wesentlich als durch kulturelle Übersetzungsprozesse konstituiert gedacht wird.

Anne Benteler

Translingualität – Der Begriff beruht, analog zum Konzept von → TRANSKULTURALITÄT, auf der Annahme, dass Sprachen wie Kulturen keine einheitlichen, klar voneinander trennbaren Entitäten bilden. Multikulturaliät und Multilingualität basieren noch auf einem kulturellen bzw. sprachlichen ‚Insel'- oder ‚Kugel'-Modell (→ INTERKULTURALITÄT), weil sie zwar die Möglichkeit territorialer Ko-Präsenz annehmen, aber grundsätzlich von interner Homogenität und der Abgrenzung einzelner Kulturen bzw. Sprachen nach außen ausgehen. Im Gegensatz dazu beschreibt und akzentuiert das Konzept der Translingualität die Kreuzung, Verflechtung und wechselseitige Durchdringung von Sprachen. Für die Linguisten Ofelia Garcia und Li Wei sind translinguale Praktiken dadurch bestimmt, dass sie sich von feststehenden nationalsprachlich geprägten Sprachidentitäten lösen und stattdessen die Komplexität von Sprachaustauschprozessen sichtbar machen. Diese Eigenschaft translingualer Praktiken, vermeintliche Grenzen von Sprachsystemen und Sprachstrukturen zu kreuzen und zu überschreiten, erzeugt ein sprachreflexives, kreatives und transformatives Potential.

Anne Benteler

Translokalität – Das aus der angelsächsischen Ethnologie stammende und sich ab den 2000er Jahren (auf Basis des *spatial turn*) in den Kulturwissenschaften etablierende Konzept der Translokalität denkt Raum als dynamisches, relationales Konzept. Migration und ökonomische Vernetzungsprozesse wie globale Warenzirkulation oder Kommunikation bedingen Alltagspraktiken, die verschiedenste Orte miteinander vernetzen. Daher geht Translokalität von der Idee eines zugleich entgrenzten und synchronisierten Raums aus: Akteure und Akteurinnen – man denke beispielsweise an Transmigranten/innen (→ TRANSMIGRATION) – können an mehreren Orten zur gleichen Zeit präsent sein (über persönliche Beziehungen, Informationsaustausch, *social media*, Geschenke, Reisen etc.) und setzen so diese Lokalitäten zueinander in Beziehung (*local-local relations*). Die zunehmend vielschichtige Vernetzung der Welt beeinflusst also auch lokale Strukturen, so dass die translokale Perspektive vielfältige Verflechtungen und Interdependenzen zwischen Lokalem und Globalem, zwischen Faktoren der Mobilität wie des Immobilen in den Blick rückt. Das Konzept der Translokalität verschränkt sich in vielen Phänomenen und Prozessen mit der Transnationalität, fokussiert aber spezifisch die Beziehungen zwischen Orten oder Räumen begrenzter Ausdehnung weltweit. Zugleich unterstützt es diese, indem aus einer vor allem akteursorientierten Perspektive Lokalisierungen jenseits eines essentialistisch oder hierarchisch gegliederten Raums beschreibbar werden.

Cornelia Arbeithuber

Transmigration – Der Begriff wird seit den 1990er Jahren in der wissenschaftlichen Debatte verwendet. Während die Forschung zu Migration diese bis dahin vor allem als eine unidirektionale und einmalige Bewegung verstand, kommen nun Wanderbewegungen in den Blick, die als räumlich und zeitlich klar begrenzte Prozesse begriffen werden können. Stattdessen wird Migration als ein prinzipiell dauerhafter Prozess beschrieben, der neue soziale Lebenswirklichkeiten schafft. Transmigrant/innen zeichnen sich durch eine Zugehörigkeit zu mehreren kulturellen Räumen aus, die in der Regel über Grenzen von Nationalstaaten hinweg reichen. Auch im Kontext postkolonialer Konstellationen sind Phänomene der Transmigration, die vielfältige Bezüge und Verflechtungen zwischen ehemaligen Kolonien und ‚Mutterländern' entstehen lassen, Ausdruck einer veränderten Dynamik und Perspektive (vgl. IV.10 SCHULZE-ENGLER; IV.11 AREND). Die gleichzeitige Integration in die Gesellschaft des ursprünglichen Ankunftslandes wie auch weiterhin enge Verbindungen zum Herkunftsland in Form von sozialer, politischer, ökonomischer und kultureller Partizipation sind Merkmale der Transmigration. Zur Möglichkeit von Transmigration tragen u. a. verbesserte und günstige Verkehrswege sowie die Digitalisierung bei, die Reisemöglichkeiten und soziale Kontakte über weite Distanzen ohne Zeitverzug erheblich erleichtert haben. Voraussetzung für eine prinzipiell mehrdirektionale Beweglichkeit ist auch, dass die politischen Verhältnisse des Herkunftslandes Rückkehr und regelmäßige Besuche nicht prinzipiell verbieten, dass es sich also nicht um ein Exil handelt (→ EXIL). Wechselseitige Beziehungen können dabei nicht nur durch die Bewegung von Menschen, sondern auch die von Dingen und Geldströmen (z. B. als Zuwendungen an zurückgebliebene Familienmitglieder) bestärkt werden. Anders als in diesem Fall oder häufig auch in anderen Fällen unidirektionaler Migration kommt es zu keinem Einbruch der sozialen Beziehungen und keiner Entwurzelung. Die Identität der Transmigrant/innen wird auch nach dem Wohnortwechsel von beiden kulturellen Räumen geprägt. Der soziale Raum wird auf diese Weise tendenziell von dem geografischen Raum entkoppelt, Transmigrant/innen agieren somit in einem transnationalen sozialen Raum.

Frida Teichert

Traveling Cultures – Anfang der 1990er Jahre publizierte der US-amerikanische Anthropologe James Clifford in einem Band, der wichtige Positionen der sich neu konstituierenden *cultural studies* versammelte, einen einflussreichen Aufsatz über „Traveling Cultures". Als erstes Kapitel seines 1997 erschienenen Buchs *Routes. Travel and Translation in the Late Twentieth Century* ist der Beitrag zugleich eine programmatische Hinführung zu einem gewandelten Verständnis von Kultur, das diese nicht mehr in Bezug auf ein abgrenzbares Territorium, eine Ethnie oder Nation als sich über die Zeit entfaltendes Set spezifischer Praktiken und Symbole begreift, sondern als im Spannungsfeld von Bewegung und Verortung sich dynamisch konstituierendes Gebilde. Für die Anthropologie, die klassischerweise auf Feldforschung, also der Idee basiert, dass eine bestimmte Kultur an einem gegebenen Ort aufgesucht und beobachtet werden könne, bedeutet die Fokussierung auf Akteure, Objekte, Zeichen und Ideen, die die Grenzen eines solchen Ortes oder Raumes überschreiten, bzw. auf Transitorte (wie das Hotel), an denen sich Austausch und Begegnung ereignen, einen fundamentalen Perspektivwechsel. Neu in den Blick gerät „the wider global world of intercultural import-export in which the ethnographic encounter is always already enmeshed." Vorstellungen kultureller Verwurzelung (*roots*) werden die vielfältigen Wege, Grenzgänge, Austauschbeziehungen und Vermischungen gegenübergestellt, durch die kulturelle Äußerungsformen geprägt sind (*routes*). Der phonetische Gleichklang der beiden Wörter deutet dabei darauf hin, dass es nicht um kategoriale Differenzen geht oder um die Behauptung, es gäbe überhaupt keine kulturellen Orte und Spezifika. Vielmehr werden traditionelle Konzepte kultureller Verortung und Zugehörigkeit auf ihr Zustandekommen, die dabei wirksamen rhetorischen und narrativen Verfahren und ihre sozialen Funktionen hin beobachtbar, indem ihnen eine *différance* (im Sinne Derridas) eingeschrieben wird. Während Clifford den Begriff der Reise (*travel*) weit fasst, um etwa auch Migranten, Kaufleute oder Übersetzer als Reisende oder Agenten ‚reisender' Dinge, Vorstellungen und Deutungen beschreiben zu können, verweist er zugleich auch auf die Grenzen des Begriffs und seines metaphorischen Gebrauchs. Diese sieht er in seiner westlich-bürgerlichen Prägung und den damit einhergehenden Assoziationen von Freiwilligkeit, wirtschaftlicher Unabhängigkeit und Souveränität sowie den verdeckten Gender-Implikationen. Gleichwohl hält er ihn grundsätzlich für vergleichende Kulturforschungen für produktiv, die etwa die vielfältig verknüpften Geschichten von Reisen und Entortungen (nicht nur) im 20. Jahrhundert rekonstruieren. Aufgenommen und transformiert wurde das Konzept vor allem in der Erinnerungs- und Gedächtnisforschung, etwa in der von Bénédicte Zimmermann und Michael Werner entwickelten ‚Verflechtungsgeschichte' (*histoire croisée*), vor allem aber in dem von Astrid Erll 2011 vorgeschlagenen Konzept der „Travelling Memory", die ausdrücklich an Clifford anschließt und seine Thesen radikalisiert (vgl. III.3 TIPPNER). Die von Erll vertretene Perspektive wendet sich explizit von einer auf Erinnerungsorte und auf nationale Gedenkkulturen fokussierten Gedächtnisforschung (Pierre Nora) ab zugunsten einer Aufmerksamkeit auf transkulturell bewegliche Akteure, Medien und Praktiken der Erinnerung.

Doerte Bischoff

Urbanität – Etymologisch ist der Begriff von lat. *urbs* = „Stadt" bzw. *urbanitas* = „städtisches Wesen" abgeleitet. Urbanität ist als Ergebnis langfristig anhaltender sozialer Prozesse und Kulturpraktiken in einem städtebaulichen Raum- und Nutzungsgefüge aufzufassen, das (halb-)öffentliche Treffpunkte und Gemeinschaftsräume beinhaltet. In der Stadtsoziologie versteht man unter Urbanität ferner einen gewissen Habitus der Stadtbewohner (z. B. Individualismus, Weltoffenheit, Bildungsorientierung, Toleranz, → KOSMOPOLITISMUS) sowie die Beweglichkeit sozialer Rollenmuster. Urbanität entsteht nicht zwingend in jedem großstädtischen Gebiet, wird aber in deutlicher Differenz zu ländlichen Regionen und Kleinstädten beschrieben. Im Unterschied zu den sachlicher verwendeten Termini ‚Urbanisierung' (für Prozesse der Verstädterung) und ‚Urbanismus' (für einen stadtplanerischen Zugriff im Städtebau) eint die durchaus unterschiedlichen Definitionen und Gebrauchsweisen des Begriffs Urbanität seine positive Konnotation. Besonders große Bedeutung hat der Urbanitätsdiskurs seit dem 20. Jahrhundert erfahren, einhergehend mit der zunehmenden Industrialisierung und Verstädterung in der Moderne. Im Zeitalter der → GLOBALISIERUNG verstärken sich Urbanisierungstendenzen, die insbesondere durch transnationale Bezüge und Verknüpfungen geprägt sind. Zugleich bilden sich mit der Entstehung von → GLOBAL CITIES neue soziale, wirtschaftliche und kulturelle Fragmentierungen heraus, die klassische Vorstellungen von Urbanität eher zurückweisen.

Anne Benteler

Zionismus – Der Berg Zion in der Altstadt von Jerusalem steht in jüdischer Tradition metonymisch für die Stadt Jerusalem, das Gelobte Land und das Volk Israel sowie die damit verbundene Sehnsucht nach der Rückkehr aus der → DIASPORA. Unter Zionismus werden diejenigen jüdischen Bewegungen und Gruppierungen subsumiert, die seit Mitte des 19. Jahrhunderts zunächst in Osteuropa auf unterschiedliche Weise eine Rückkehr der Juden nach Palästina anstreben. Nach dem Vorbild europäischer Nationalbewegungen formiert sich unter Theodor Herzl (1860–1904) der politische Zionismus. In seiner Publikation *Der Judenstaat* propagiert Herzl 1896 eine „moderne Lösung der Judenfrage", d. h. eine Antwort auf den europäischen Antisemitismus, und organisiert 1897 in Basel den ersten Zionistenkongress, auf dem die „Schaffung einer öffentlich-rechtlich gesicherten Heimstätte in Palästina" zum Ziel der World Zionist Organisation erklärt wird. Im Gegensatz zum politischen strebt der im selben Kontext entstehende Kulturzionismus, dessen prominentester Vertreter der Schriftsteller Achad Ha'am (d. i. Asher Ginzburg, 1856–1927) ist, anstelle von massenhafter jüdischer Einwanderung zunächst die Errichtung eines kulturellen Zentrums in Palästina an, das mit der jüdischen Diaspora in einem fruchtbaren Wechselverhältnis stehen soll. Seit der Gründung des Staates Israel 1948 ist die Deutungshoheit über das

Attribut „zionistisch" über das gesamte politische Spektrum hinweg Gegenstand fortgesetzter Debatten, nicht zuletzt, weil darin u. a. die nicht-jüdischen Teile der israelischen Gesellschaft nicht repräsentiert sind. Seit den 1980er Jahren werden kritische jüdische Stimmen zum Zionismus und zur israelischen Politik sowohl innerhalb als auch außerhalb Israels (v. a. in den USA) häufig als „Post-Zionismus" bezeichnet.

Sebastian Schirrmeister

Zweite Moderne – Der Soziologe Ulrich Beck unterscheidet in seiner Theorie der „reflexiven Modernisierung" zwischen der im 18. Jahrhundert im Zuge der Industrialisierung und Nationalstaatenbildung einsetzenden ‚Ersten Moderne' und einer sie am Ende des 20. Jahrhunderts transformierenden Form der ‚Zweiten Moderne'. Während erstere auf lineare Modernisierungsprozesse ausgerichtet gewesen sei, seien für die zweite Phänomene der Gleichzeitigkeit heterogener Entwicklungen sowie eine selbstreflexive Dimension charakteristisch. In der ‚Ersten Moderne' ist das Gesellschaftsverständnis durch einen ‚methodologischen Nationalismus' (A. D. Smith) gekennzeichnet, d. h., dass eine Konvergenz in der Organisation und Lebensform von Gesellschaft und Staat besteht. Identitätsprozesse, Denken und Handeln unterliegen der Herrschaft des Staates und des Nationalen und werden durch diese begründet. Die Kultur ist im Wesentlichen territorial gebunden und ihr Ort wird als in sich geschlossen begriffen. Im Zuge der beschleunigten Globalisierung wird diese Konvergenz aufgebrochen und damit werden auch die Grenzen des Nationalstaates brüchig. Für die Lebensbedingungen des Einzelnen in einer weltweit vernetzten Gesellschaft birgt das gleichermaßen wachsende Chancen wie auch Risiken. Ungeahnte Nebenfolgen im industriellen Bereich bewirken neue gesellschaftliche Ungleichheiten, deutlicher hervortretende Risiken fundamentale Unsicherheiten. Es kommt zu einer Transformation der nationalstaatlich strukturierten Industriegesellschaft in allen Lebensbereichen. Mit der ‚Zweiten Moderne' kann ein Kulturverständnis in Verbindung gebracht werden, das Kultur im Plural denkt und vom Translokalen (→ TRANSLOKALITÄT) ausgeht. Dies impliziert keine Ortlosigkeit der Kultur(en), der Ort aber wird nach außen hin offen verstanden; in ihm verbinden sich das Lokale und das Transnationale. In Abgrenzung von Konzepten der ‚Postmoderne' beschreibt Beck mit der ‚Zweiten Moderne' einen restrukturierenden Bruch (in) der Moderne – nicht aber deren Ende.

Finja Zemke

VI. Auswahlbibliografie

Adams, David. *Enlightenment Cosmopolitanism*. London: Routledge, 2011.
Adelson, Leslie A. „Against Between – Ein Manifest gegen das Dazwischen". *Text und Kritik. Sonderband „Literatur und Migration"*. Hrsg. von Heinz Ludwig Arnold. München: edition text + kritik, 2006. 36–46.
Adesanmi, Pius. „Redefining Paris: Trans-Modernity and Francophone African Migritude Fiction". *MFS Modern Fiction Studies* 51.4. (2005): 958–975.
Adler, Hans. „Nation. Johann Gottfried Herders Umgang mit Konzept und Begriff". *Unerledigte Geschichten. Der literarische Umgang mit Nationalität und Internationalität*. Hrsg. von Gesa von Hessen und Horst Turk. Göttingen: Wallstein, 2000. 39–56.
Ahlzweig, Claus. *Muttersprache – Vaterland. Die deutsche Nation und ihre Sprache*. Opladen: VS Verlag für Sozialwissenschaften, 1994.
Albrecht, Andrea. „Kosmopolitismus in der Wende". *Engagierte Literatur in Wendezeiten*. Hrsg. von Thomas Schmidt, Willi Huntemann und Fabian Lampart. Würzburg: Königshausen & Neumann, 2003. 301–318.
Albrecht, Andrea. *Kosmopolitismus. Weltbürgerdiskurse in Literatur, Philosophie und Publizistik um 1800*. Berlin und New York: de Gruyter, 2005.
Albrecht, Monika. „Multikulturalismus". *Handbuch Postkolonialismus und Literatur*. Hrsg. von Dirk Göttsche, Axel Dunker und Gabriele Dürbeck. Stuttgart und Weimar: Metzler, 2017. 188–191.
Aldama, Frederick Luis (Hrsg.). *Multicultural Comics: From Zap to Blue Beetle* (=Cognitive Approaches to Literature and Culture). Austin: University of Texas Press, 2010.
Alvarez, Sonia E., Claudia de Lima Costa, Veronica Feliu, Rebecca Hester, Norma Klahn und Millie Thayer (Hrsg.). *Translocalities/Translocalidades: Feminist Politics of Translation in the Latin/a Américas*. Durham, NC: Duke University Press, 2014.
Alvstad, Cecilia, Stefan Helgesson und David Watson (Hrsg.). *Literature, Geography, Translation: Studies in World Writing*. Newcastle: Cambridge Scholars Publishing, 2011.
Amodeo, Immacolata. *„Die Heimat heißt Babylon". Zur Literatur ausländischer Autoren in der Bundesrepublik Deutschland*. Opladen: VS Verlag für Sozialwissenschaften, 1996.
Amodeo, Immacolata, Heidrun Hörner, und Christiane Klemle (Hrsg.). *Literatur ohne Grenzen. Interkulturelle Gegenwartsliteratur in Deutschland*. Sulzbach: Ulrike Helmer, 2009.
Anderson, Amanda. „Cosmopolitanism, Universalism and The Divided Legacies of Modernity". *Cosmopolitics. Thinking and feeling beyond the nation*. Hrsg. von Peng Cheah und Bruce Robbins. Minneapolis i.a.: University of Minnesota Press, 1998. 265–289.
Anderson, Benedict. *Imagined Communities. Reflections on the Origins and Spread of Nationalism*. London: Verso, 1993 (dt.: *Die Erfindung der Nation. Zur Karriere eines folgenreichen Konzepts*. Berlin: Ullstein, 1998).
Antonic, Thomas. „Von Österreichern, Europäern, und Menschen. Für eine postnationale Literaturwissenschaft und gegen Nationalphilologien; unter Heranziehung einiger Essays Robert Menasses und dem Werk Thomas Brunnsteiners". *Journal of Austrian studies* 47 (2014): 15–38.
Antor, Heinz (Hrsg.). *Inter- und transkulturelle Studien. Theoretische Grundlagen und interdisziplinäre Praxis*. Heidelberg: Winter, 2006.
Appadurai, Arjun. „Disjuncture and Difference in the Global Cultural Economy." *Theory, Culture and Society* 7 (1990): 295–310.

Appadurai, Arjun. „Global Ethnoscapes. Notes and Queries for a Transnational Anthropology". *Recapturing Anthropology: Working in the Present.* Hrsg. von Richard Fox. Santa Fe, NM: School of American Research Press, 1991. 191–210.
Appadurai, Arjun. *Modernity at Large: Cultural Dimensions of Globalization.* Minneapolis i.a.: University of Minnesota Press, 1996.
Appiah, Kwame Anthony. *In My Father's House: Africa in the Philosophy of Culture.* London: Methuen, 1992.
Appiah, Kwame Anthony. „Cosmopolitan Patriots". *Cosmopolitics. Thinking and feeling beyond the nation.* Hrsg. von Peng Cheah und Bruce Robbins. Minneapolis i.a.: University of Minnesota Press, 1998. 91–114.
Appiah, Kwame Anthony. *Cosmopolitanism. Ethics in a World of Strangers.* New York: Norton, 2006 (dt.: *Der Kosmopolit: Philosophie des Weltbürgertums.* Übers. von Michael Bischoff. München: Beck, 2007).
Apter, Emily. „Untranslatables: A World System." *New Literary History* 39.3 (2008): 581–598.
Apter, Emily. *The Translation Zone. A new Comparative Literature.* Princeton, NJ und Oxford: Princeton University Press, 2006.
Apter, Emily. *Against World Literature. On the Politics of Untranslatability.* London und New York: Verso, 2013.
Arend, Elisabeth. „Translated men – récits de traduction. Abdelkebir Khatibi und die Literaturgeschichtsschreibung der Maghrebliteratur im Zeichen des Postkolonialismus". *Der erwiderte Blick. Literarische Begegnungen und Konfrontationen zwischen den Ländern des Maghreb, Frankreich und Okzitanien.* Hrsg. von Elisabeth Arend und Fritz-Peter Kirsch. Würzburg: Königshausen & Neumann, 1998. 137–160.
Arend, Elisabeth. „Eine neue italienische Literatur? Die italophone Literatur". *Romanistische Zeitschrift für Literaturgeschichte* 33.1–2 (2009): 195–212.
Arend, Elisabeth. „Maghreb". *Französische Literaturgeschichte.* Hrsg. von Jürgen Grimm und Susanne Hartwig. Stuttgart und Weimar: Metzler, 2014. 459–471.
Armstrong, John. „Mobilized and Proletarian Diasporas". *American Political Science Review* 70.2 (1976): 393–408.
Arndt, Susan. „Rereading (Post)Colonialism. Whiteness, Wandering and Writing". *Africa, Europe and (Post)Colonialism. Racism, Migration and New Diasporas in African Literatures.* Hrsg. von Susan Arndt und Marek Spitczok von Brisinski. Bayreuth: Bayreuth University Press 2006. 13–79.
Arndt, Susan, Dirk Naguschewski und Robert Stockhammer (Hrsg.). *Exophonie: Anderssprachigkeit (in) der Literatur.* Berlin: Kadmos, 2007.
Arnold, James (Hrsg.). *A History of Literature in the Caribbean. Volume 3.* Amsterdam und Philadelphia: John Benjamins, 1994–2001.
Ashcroft, Bill, Gareth Griffiths und Helen Tiffin. *The Empire Writes Back: Theory and Practice in Postcolonial Literature.* London: Routledge, 1989.
Assmann, Aleida. „Die (De-)Konstruktion nationaler Mythen und die Rolle der Literatur". *Nationale Literaturen heute – ein Fantom? Die Imagination und Tradition des Schweizerischen als Problem.* Hrsg. von Corinna Caduff und Reto Sorg. München: Fink 2004. 75–83.
Assmann, Aleida. *Das neue Unbehagen an der Erinnerungskultur. Eine Intervention.* München: Beck, 2016.
Auerbach, Erich. „Philologie der Weltliteratur". *Gesammelte Aufsätze zur romanischen Philologie.* Bern und München: Francke, 1967 [1952]. 301–310.

Auerbach, Erich. *Mimesis. Dargestellte Wirklichkeit in der abendländischen Literatur.* 8. Aufl. Bern: Francke. 1988 [1946].
Bachmann-Medick, Doris. „Multikultur oder kulturelle Differenzen? Neue Konzepte von Weltliteratur und Übersetzung in postkolonialer Perspektive". *Kultur als Text. Die anthropologische Wende in der Literaturwissenschaft.* Hrsg. von Doris Bachmann-Medick. Frankfurt am Main: Fischer, 1996, 262–298.
Bachmann-Medick, Doris. „Is There a Literary History of World Literature?" *Literary History/ Cultural History: Force-Fields and Tensions* (= REAL: Yearbook of Research in English and American Literature, vol. 17). Hrsg. von Herbert Grabes. Tübingen: Narr, 2001. 359–372.
Bachmann-Medick, Doris. „Transnationale Kulturwissenschaften. Ein Übersetzungskonzept." *Lost in Translation. Interkulturelle/Internationale Perspektiven der Geistes- und Kulturwissenschaften.* Hrsg. von René Dietrich, Daniel Smilovski und Ansgar Nünning. Trier: WVT, 2011. 53–72.
Bachmann-Medick, Doris, (Hrsg.). *The Trans/National Study of Culture: A Translational Perspective.* Berlin und Boston: de Gruyter, 2014.
Bachmann-Medick, Doris. *Transnational und translational. Zur Übersetzungsfunktion der Area Studies. Working Paper 1.* Berlin: CAS Center for Area Studies, 2015.
Bachmann-Medick, Doris. *Cultural Turns. Neuorientierungen in den Kulturwissenschaften.* 6. Aufl. Reinbek bei Hamburg: Rowohlt, 2018 [2006].
Bachmann-Medick, Doris. „Migration as Translation." *Migration: Changing Concepts, Critical Approaches.* Hrsg. von Doris Bachmann-Medick und Jens Kugele. Berlin und Boston: de Gruyter, 2018.
Badura, Jens (Hrsg.). *Mondialisierungen: ‚Globalisierung' im Lichte transdisziplinärer Reflexion.* Bielefeld: Transcript, 2006.
Baldzuhn, Michael, und Christine Putzo (Hrsg.). *Mehrsprachigkeit im Mittelalter. Kulturelle, literarische, sprachliche und didaktische Konstellationen in europäischer Perspektive.* Berlin und New York: de Gruyter, 2011.
Balibar, Étienne. *Sind wir Bürger Europas? Politische Integration, soziale Ausgrenzung und die Zukunft des Nationalen.* Hamburg: Hamburger Edition, 2003.
Balogh, András F., und Christoph Leitgeb (Hrsg.). *Mehrsprachigkeit in Zentraleuropa. Zur Geschichte einer literarischen und kulturellen Chance.* Wien: Praesens, 2012.
Bannasch, Bettina, und Gerhild Rochus (Hrsg.). *Handbuch der deutschsprachigen Exilliteratur. Von Heinrich Heine bis Herta Müller.* Berlin und Boston: de Gruyter, 2013.
Bär, Jochen A. „*Nation* und *Sprache* in der Sicht romantischer Schriftsteller und Sprachtheoretiker". *Nation und Sprache. Die Diskussion ihres Verhältnisses in Geschichte und Gegenwart.* Hrsg. von Andreas Gardt. Berlin und New York: de Gruyter, 2002. 199–228.
Baron, Ilan Zvi. *Obligation in Exile: The Jewish Diaspora, Israel and Critique.* Edinburgh: Edinburgh University Press, 2015.
Basch, Linda, Nina Glick Schiller und Cristina Szanton Blanc. *Nations Unbound. Transnational Projects, Postcolonial Predicaments, and Deterritorialized Nation-States.* Basel: Gordon Breach, 1994.
Bassnett, Susan. „From Cultural Turn to Translational Turn: A Transnational Journey". *Literature, Geography, Translation: Studies in World Writing.* Hrsg. von Cecilia Alvstad, Stefan Helgesson und David Watson. Newcastle: Cambridge Scholars Publishing, 2011. 67–80.
Battegay, Caspar, und Barbara Breysach (Hrsg.). *Jüdische Literatur als europäische Literatur. Europäizität und jüdische Identität 1860–1930.* München: edition text + kritik, 2008.

Bauböck, Rainer. „Towards a Political Theory of Migrant Transnationalism". *International Migration Review* 37.3. (2003): 700–723.
Bauböck, Rainer. „Diaspora und transnationale Demokratie". *Lebensmodell Diaspora. Über moderne Nomaden*. Hrsg. von Isolde Charim und Gertraud Auer Borea. Bielefeld: Transcript, 2012. 19–33.
Bauer, Gerhard. *Kosmopolitismus in der Literatur*. Hamburg: Argument-Verlag, 2012.
Baumberger, Christa, Sonja Kolberg und Arno Renken (Hrsg.). *Literarische Polyphonien in der Schweiz / Polyphonie littéraires en Suisse*. Bern: Peter Lang, 2004.
Becher, Peter, Steffen Höhne, Jörg Krappmann und Manfred Weinberg (Hrsg.). *Handbuch der deutschen Literatur Prags und der Böhmischen Länder*. Stuttgart: Metzler, 2017.
Beck, Ulrich, und Edgar Grande: *Das kosmopolitische Europa. Gesellschaft und Politik in der Zweiten Moderne*. Frankfurt am Main: Suhrkamp, 2004.
Beck, Ulrich. *Der kosmopolitische Blick oder: Krieg ist Frieden*. Frankfurt am Main: Suhrkamp, 2004.
Beck, Ulrich. Was ist Globalisierung? Irrtümer des Globalismus – Antworten auf Globalisierung. Frankfurt am Main: Suhrkamp, 2007.
Beck, Ulrich. The metamorphosis of the World. Cambridge: Polity, 2016.
Beebee, Thomas O. (Hrsg.). *German Literature as World Literature*. New York: Bloomsbury, 2014.
Behring, Eva, Alfrun Kliems und Hans-Christian Trepte (Hrsg.). *Grundbegriffe und Autoren ostmitteleuropäischer Exilliteraturen 1945–1989*. Stuttgart: Franz Steiner, 2004.
Behring, Eva. *Rumänische Schriftsteller im Exil 1945–1989*. Stuttgart: Franz Steiner, 2002.
Bemong, Nele, Mirjam Truwant und Pieter Vermeulen (Hrsg.). *Re-Thinking Europe. Literature and (Trans)National Identity*. Amsterdam und New York: Rodopi, 2008.
Benalil, Mounia. „Littérature-monde in the Marketplace of Ideas: A Theoretical Discussion". *Postcolonialism and Littérature-monde. Transnational French Studies*. Hrsg. von Alec G. Hargreaves, Charles Forsdick und David Murphy. Liverpool: Liverpool University Press, 2010. 49–66.
Benhabib, Seyla, und Robert Post (Hrsg.). *Kosmopolitismus und Demokratie. Eine Debatte*. Frankfurt am Main: Suhrkamp, 2008.
Benitez Rojo, Antonio. *La isla que se repite*. Barcelona: Colibri, 2004.
Bensmaïa, Reda. „Francophonie". *Yale French Studies* 103 (2003): 17–23.
Berger, Shlomo. *Speaking Jewish – Jewish Speak. Multilingualism in Western Ashkenazic Culture*. Leuven und Paris: Peeters Publishers, 2003.
Berman, Nina. „Transnational Modernisms". *The Cambridge Companion to Transnational American Literature*. Hrsg. von Yogita Goyal. Cambridge: Cambridge University Press, 2017. 107–121.
Bernabé, Jean, Patrick Chamoiseau und Raphaël Confiant. *Éloge de la créolité*. Paris: Gallimard, 1989.
Bernaschina, Vicente. „Estudios transandinos: Propuestas para viejos y nuevos diálogos poético-críticos". *Diálogos culturales en la literatura iberoamericana: Actas del XXXIX Congreso del IILI (2012)*. Hrsg. von Concepción Reverte Bernal. Madrid: Editorial Verbum, 2013. 1630–1641.
Bhabha, Homi K. „Introduction: Narrating the Nation." *Nation and Narration*. Hrsg. von Homi K. Bhabha. London und New York: Routledge, 1995. 1–7.
Bhabha, Homi K. *The Location of Culture*. London und New York: Routledge, 1994 (dt. Übers. *Die Verortung der Kultur*. Tübingen: Stauffenburg, 2000).

Bielsa, Esperança. *Cosmopolitanism and Translation: Investigations into the Experience of the Foreign*. London und New York: Routledge, 2016.
Birk, Hanne, und Birgit Neumann. „Go-between: Postkoloniale Erzähltheorie". *Neue Ansätze der Erzähltheorie*. Hrsg. von Ansgar Nünning und Vera Nünning. Trier: WVT, 2002. 115–152.
Bischoff, Doerte, und Susanne Komfort-Hein. „Vom anderen Deutschland zur Transnationalität. Diskurse des Nationalen in Exilliteratur und Exilforschung". *Exilforschungen im historischen Prozess* (= Exilforschung 30). Hrsg. von Claus-Dieter Krohn, Erwin Rotermund und Lutz Winckler. München: edition text + kritik, 2012. 242–273.
Bischoff, Doerte, und Susanne Komfort-Hein (Hrsg.). *Literatur und Exil. Neue Perspektiven*. Berlin und Boston: de Gruyter, 2013.
Bischoff, Doerte, Christoph Gabriel und Esther Kilchmann (Hrsg.). *Sprache(n) im Exil* (= Exilforschung 32). München: edition text + kritik, 2014.
Bischoff, Doerte. „,Sprachwurzellos': Reflections on Exile and Rootedness". *Language as Bridge and Border. Linguistic, Cultural and Political Constellations in 18th to 20th Century*. Hrsg. von Sabine Sander. Berlin: Hentrich & Hentrich, 2015. 195–214.
Bischoff, Doerte. „Transnationalität als Paradigma der germanistischen Literaturwissenschaft". *Traditionen, Herausforderungen und Perspektiven in der germanistischen Lehre und Forschung. 90 Jahre Germanistik an der St.-Kliment-Ochridski-Universität Sofia*. Hrsg. von Emilia Dentscheva, Maja Razbojnikova-Frateva und Emilia Baschewa. Sofia: Universitätsverlag „St. Kliment Ohridski", 2015. 39–57.
Blazan, Sladja. *American Fictionary. Postsozialistische Migration in der amerikanischen Literatur*. Heidelberg: Winter, 2006.
Blumentrath, Hendrik, Julia Bodenburg, Roger Hillman und Martina Wagner-Egelhaaf (Hrsg.). *Transkulturalität. Türkisch-deutsche Konstellationen in Literatur und Film*. Münster: Aschendorff, 2007.
Bogner, Ralf, und Manfred Leber (Hrsg.). *Die Literaturen der Großregion Saar-Lor-Lux-Elsass in Geschichte und Gegenwart*. Saarbrücken: Universaar, 2012.
Bolz, Norbert, Friedrich Kittler und Raimar Zons. *Weltbürgertum und Globalisierung*. München: Fink, 2000.
Bommes, Michael. „Der Mythos des transnationalen Raumes. Oder: Worin besteht die Herausforderung des Transnationalismus für die Migrationsforschung?" *Migration im Spannungsfeld von Globalisierung und Nationalstaat*. Hrsg. von Dietrich Thränhardt und Uwe Hunger. Wiesbaden: Westdeutscher Verlag, 2003. 90–116.
Bonfiglio, Thomas Paul. *Mother Tongues and Nations. The Invention of the Native Speaker*. New York: de Gruyter, 2010.
Bongie, Chris. *Friends and Enemies: The Scribal Politics of Post/Colonial Literature*. Liverpool: Liverpool University Press, 2008.
Bonnet Véronique. *Frontières de la francophonie; francophonie sans frontières*. Paris: L'Harmattan, 2002.
Bosshard, Marco T. „Estudios transandinos: Algunos planteamientos preliminares". *Diálogos culturales en la literatura iberoamericana: Actas del XXXIX Congreso del IILI (2012)*. Hrsg. von Concepción Reverte Bernal. Madrid: Editorial Verbum, 2013. 1642–1652.
Bourne, Randolph. „Trans-National America". *Atlantic Monthly* 118 (July 1916): 86–97. https://www.theatlantic.com/magazine/archive/1916/07/trans-national-america/304838/ (10. 07. 2018).
Boyarin, Daniel, und Jonathan Boyarin. „Diaspora: Generation and the Ground of Jewish Identity". *Critical Inquiry* 19.4 (1993): 693–725.

Boym, Svetlana. *The future of nostalgia*. New York: Basic books, 2001.
Braese, Stephan. „Exil und Postkolonialismus". *Exil, Entwurzelung, Hybridität* (= *Exilforschung 27*). Hrsg. von Claus-Dieter Krohn und Lutz Winckler. München: edition text + kritik. 2009.1–19.
Braese, Stephan. *Eine europäische Sprache. Deutsche Sprachkultur von Juden 1760–1930*. Göttingen: Wallstein, 2010.
Brague, Rémi. *Europa. Eine exzentrische Identität*. Frankfurt am Main und New York: Campus, 1993.
Breger, Claudia. *An Aesthetics of Narrative Performance. Transnational Theater, Literature and Film in Contemporary Germany*. Columbus: Ohio State University Press, 2012.
Brennan, Timothy. *At Home in the World: Cosmopolitanism Now*. Cambridge: Harvard University Press, 1997.
Brickhouse, Anna. *Transamerican Literary Relations and the Nineteenth-Century Public Sphere*. Cambridge: Cambridge University Press, 2004.
Briggs, Laura, Gladys McCormick und J. T. Way. „Transnationalism: A Category of Analysis." *American Quarterly* 60.3 (September 2008): 625–648.
Brinkmann, Tobias. *Migration und Transnationalität*. Paderborn: Schöningh, 2012.
Bronfen, Elisabeth, und Benjamin Marius. „Hybride Kulturen: Einleitung zur anglo-amerikanischen Multikulturalismusdebatte". *Hybride Kulturen: Beiträge zur anglo-amerikanischen Multikulturalismusdebatte*. Hrsg. von Elisabeth Bronfen, Benjamin Marius und Therese Steffen. Tübingen: Stauffenburg, 1997. 1–29.
Bronfen, Elisabeth. „Die Kunst des Exils". *Literatur und Exil. Neue Perspektiven*. Hrsg. von Doerte Bischoff und Susanne Komfort-Hein. Berlin und Boston: de Gruyter, 2013. 381–395.
Broser, Patricia (Hrsg.). Der Dichter als Kosmopolit. Zum Kosmopolitismus in der neuesten österreichischen Literatur; Beiträge der tschechisch-österreichischen Konferenz, České Budějovice, März 2002. Wien: Edition Praesens, 2003.
Brouillette, Sarah. *Postcolonial Writers in the Global Literary Marketplace*. New York: Palgrave Macmillan, 2007.
Brown, Garrett Wallace, und David Held (Hrsg.): *The Cosmopolitanism Reader*. Cambridge: Polity Press, 2010.
Brubaker, Rogers. „The ‚Diaspora' Diaspora". *Ethnic and Racial Studies* 28.1 (2005): 1–19.
Bruera, Franca, und Barbara Meazzi (Hrsg.). Plurilinguisme *et* Avant-gardes. Bruxelles: Peter Lang, 2011.
Budde, Gunilla, Sebastian Conrad und Oliver Janz (Hrsg.). *Transnationale Geschichte. Themen, Tendenzen und Theorien*. Göttingen: Vandenhoeck & Ruprecht, 2. Aufl. 2010 [2006].
Buden, Boris et al. (Hrsg.). *Borders, Nations, Translations. Übersetzung in einer globalisierten Welt*. Wien: Turia + Kant, 2008.
Butler, Judith, und Gayatri Chakravorty Spivak. *Sprache, Politik, Zugehörigkeit*. Übers. von Michael Heitz und Sabine Schulz. Zürich und Berlin: diaphanes, 2007.
Cabezas Miranda, Jorge (Hrsg.). *Revista Diáspora(s). Edición facsímil (1997–2002)*. Barcelona: Linkgua, 2013.
Caduff, Corinna, und Reto Sorg (Hrsg.). *Nationale Literaturen heute – ein Fantom? Die Imagination und Tradition des Schweizerischen als Problem*. München: Fink, 2004. 75–83.
Camurri, Renato. „The Exile Experience Reconsidered: a Comparative Perspective in European Cultural Migration during the Interwar Period". *Transatlantica* 1 (2014): 2–14.
Casanova, Pascale. *La République mondiale des Lettres*. Paris: Éditions du Seuil, 1999 (Engl. Übers.: *The World Republic of Letters*. Cambridge: Harvard University Press, 2004).

Castells, Manuel. *Der Aufstieg der Netzwerkgesellschaft* (=Teil 1 der Trilogie *Das Informationszeitalter*). Übers. von Reinhart Kößler. Opladen: Leske + Budrich, 2001 [2000].

Castro Varela, Maria do Mar, und Nikita Dhawan. *Postkoloniale Theorie. Eine Einführung*. Bielefeld: Transcript, 2005.

Castro, Olga, und Emek Ergun (Hrsg.). *Feminist Translation Studies: Local and Transnational Perspectives*. New York und Abingdon: Routledge, 2017.

Chakrabarty, Dipesh. *Provincializing Europe: Postcolonial Thought and Historical Difference*. Princeton, NJ: Princeton University Press, 2000.

Chakrabarty, Dipesh. „Europa Provinzialisieren. Postkolonialität und die Kritik der Geschichte". *Jenseits des Eurozentrismus: Postkoloniale Perspektiven in den Geschichts- und Kulturwissenschaften*. Hrsg. von Sebastian Conrad, Shalini Randeria und Beate Sutterlüty. Frankfurt am Main: Campus, 2002. 283–312.

Chakrabarty, Dipesh. „Place and Displaced Categories, or How We Translate Ourselves into Global Histories of the Modern." *The Trans/National Study of Culture: A Translational Perspective*. Hrsg. von Doris Bachmann-Medick. Berlin und Boston: de Gruyter, 2014. 53–68.

Cheah, Pheng. „Given Culture: Rethinking Cosmopolitical Freedom in Transnationalism". *Cosmopolitics. Thinking and Feeling beyond the Nation*. Hrsg. von Pheng Cheah und Bruce Robbins. Minneapolis und London: University of Minnesota Press, 1998. 290–328.

Cheah, Pheng. „What is a world?: On world literature as world-making activity". *Routledge Handbook of Cosmopolitanism Studies*. Hrsg. von Gerard Delanty. New York: Routledge, 2012. 138–149.

Cheesman, Tom. *Novels of Turkish German Settlement. Cosmopolite Fictions*. Rochester, NY: Camden House, 2007.

Cheneval, Francis. *Philosophie in weltbürgerlicher Bedeutung. Über die Entstehung und die philosophischen Grundlagen des supranationalen und kosmopolitischen Denkens der Moderne*. Basel: Schwabe, 2002.

Chiellino, Carmine (Hrsg.). *Interkulturelle Literatur in Deutschland. Ein Handbuch*. Stuttgart und Weimar: Metzler, 2000.

Clarke, John, Dave Bainton, Noémi Lendvai und Paul Stubbs. *Making Policy Move: Towards a Politics of Translation and Assemblage*. Bristol und Chicago: Policy Press, 2015.

Classen, Albrecht. „The Transnational and the Transcultural in Medieval German Literature. Spatial Identity and Pre Modern Concepts of Nationhood in the Works of Wolfram von Eschenbach, Gottfried von Straßburg, Rudolf von Ems, and Konrad von Würzburg". *Mediavistik* 29.1 (2016): 175–194.

Clifford, James. *The Predicament of Culture: Twentieth-Century Ethnography, Literature, and Art*. Cambridge: Harvard University Press, 1988.

Clifford, James. „Diasporas". *Cultural Anthropology, Further Inflections: Toward Ethnographies of the Future* 9.3 (1994): 302–338.

Clifford, James. „Traveling Cultures". *Routes: Travel and Translation in the Late Twentieth Century*. Cambridge, MA und London: Harvard University Press, 1997. 17–46.

Cohen, Robin. *Global Diasporas: An Introduction*. London: Routledge, 2008.

Conley, Tom. „From Detail to Periphery: All French Literature is Francophone". *Yale French Studies* 103 (2003): 166–176.

Conrad, Sebastian, und Shalini Randeria (Hrsg.). *Jenseits des Eurozentrismus. Postkoloniale Perspektiven in den Geschichts- und Kulturwissenschaften*. Frankfurt am Main: Campus, 2002.

Conrad, Sebastian, Andreas Eckert und Ulrike Freitag (Hrsg.). *Globalgeschichte. Theorien, Ansätze, Themen*. Frankfurt am Main und New York: Campus, 2007.
Conter, Claude. *Jenseits der Nation – Das vergessene Europa des 19. Jahrhunderts. Die Geschichte der Inszenierungen und Visionen Europas in Literatur, Geschichte und Politik*. Bielefeld: Aisthesis, 2004.
Cooppan, Vilashini. „World Literature and Global Theory: Comparative Literature for the New Millenium". *Symploké* 9.1–2 (2001): 15–43.
Coursil, Jacques, und Delphine Perret. „The Francophone Postcolonial Field". *Postcolonial Theory and Francophone Literary Studies*. Hrsg. von H. Adlai Murdoch und Anne Donadey. Gainesville: University Press of Florida, 2005. 193–210.
Cronin, Michael. *Translation and Globalization*. London und New York: Routledge, 2003.
Cronin, Michael. *Translation in the Digital Age*. London und New York: Routledge, 2013.
Dabag, Mihran. *Diaspora und Kulturwissenschaften*. Leipzig: Verlag des Gustav-Adolf-Werks, 2010.
Damrosch, David. *What is World Literature?*. Princeton, NJ und Oxford: Princeton University Press, 2003.
Dash, J. Michael. *The Other America: Caribbean Literature in a New World Context*. Charlottesville: University Press of Virginia, 1998.
Dash, Michael. „Anxious Insularity: Identity Politics and Creolization in the Caribbean." *A Pepper-Pot of Cultures. Aspects of Creolization in the Caribbean*. Hrsg. v. Gordon Collier und Ulrich Fleischmann. Amsterdam und New York: Rodopi 2003. 287–299.
DeKoven Ezrahi, Sidra. *Booking Passage: On Exile and Homecoming in the Modern Jewish Imagination*. Berkeley: University of California Press, 2000.
Delanty, Gerard. *The Cosmopolitan Imagination: The Renewal of Critical Social Theory*. Cambridge: Cambridge University Press, 2009.
Deleuze, Gilles, und Félix Guattari. *Kafka: Für eine kleine Literatur*. Aus dem Franz. von Burkhart Kroeber. Frankfurt am Main: Suhrkamp, 1976.
Dembeck, Till. „Für eine Philologie der Mehrsprachigkeit. Zur Einführung". *Philologie und Mehrsprachigkeit*. Hrsg. von Till Dembeck und Georg Mein. Heidelberg: Winter, 2014. 9–38.
Denson, Shane, Christina Meyer and Daniel Stein (Hrsg.). *Transnational Perspectives on Graphic Narratives. Comics at the Crossroads*. London i.a.: Bloomsbury, 2013.
D'haen, Theo. *The Routledge Concise History of World Literature*. New York: Routledge, 2012.
Dietz, Barbara. „Ost-West-Migration nach Deutschland – gesellschaftliche Pluralisierung und transnationale Beziehungen". *Migration im Spannungsfeld von Globalisierung und Nationalstaat*. Hrsg. von Dietrich Thränhardt und Uwe Hunger. Wiesbaden: Westdeutscher Verlag, 2003. 160–177.
Diner, Dan (Hrsg.). *Synchrone Welten. Zeitenräume jüdischer Geschichte*. Göttingen: Vandenhoeck & Ruprecht, 2005.
Dizdar, Dilek, Andreas Gipper und Michael Schreiber (Hrsg.). *Nationenbildung und Übersetzung*. Berlin: Frank & Timme, 2015.
Doucournau, Claire. „From One Place to Another: The Transnational Mobility of Contemporary Francophone Sub-Saharan African Writers". *Yale French Studies* 120 (2011): 49–61.
Edwards, Brent H. *The Practice of Diaspora. Literature, Translation and the Rise of Black Internationalism*. Cambridge: Harvard University Press, 2003.
Eisenstadt, Shmuel N. „Multiple Modernities". *Daedalus* 129.1 (2000): 1–29.

Eisenstadt, Shmuel N. (Hrsg.). *Multiple Modernities*. New Brunswick und London: Transaction Publishers, 2002.
Eisenstadt, Shmuel N. *Comparative Civilizations and Multiple Modernities*. Boston: Brill, 2003.
Elbert, Monika M. *Anglo-American Travelers and the Hotel Experience in Nineteenth-Century Literature: Nation, Hospitality, Travel Writing*. New York: Routledge, Taylor & Francis Group, 2018.
Epple, Angelika, Olaf Kaltmeier und Ulrike Lindner (Hrsg.). „Entangled Histories: Reflecting on Concepts of Coloniality and Postcoloniality". *comparativ. Zeitschrift für Globalgeschichte und vergleichende Gesellschaftsforschung* 21.1. (2011).
Erll, Astrid, und Ann Rigney (Hrsg.). *Cultural Memory after the Transnational Turn*. Special Issue of *Memory Studies* 11.3 (2018).
Ette, Ottmar. *Literatur in Bewegung. Raum und Dynamik grenzüberschreitenden Schreibens in Europa und Amerika*. Weilerswist: Velbrück Wissenschaft, 2001.
Ette, Ottmar. *ÜberLebenswissen*. Berlin: Kadmos, 2004.
Ette, Ottmar. *ZwischenWeltenSchreiben. Literaturen ohne festen Wohnsitz (ÜberLebenswissen II)*. Berlin: Kadmos, 2005.
Ette, Ottmar, und Friederike Pannewick (Hrsg.). *ArabAmericas: Literary Entanglements of the American Hemisphere and the Arab World*. Frankfurt am Main und Madrid: Vervuert – Iberoamericana, 2006.
Ette, Ottmar, Werner Mackenbach, Gesine Müller und Alexandra Ortiz Wallner (Hrsg.). *Trans(it) Areas: Convivencias en Centroamérica y el Caribe*. Berlin: edition tranvía – Verlag Walter Frey, 2011.
Ette, Ottmar. *TransArea. Eine literarische Globalisierungsgeschichte*. Berlin und Boston: de Gruyter, 2012.
Ette, Ottmar, Anne Kraume, Werner Mackenbach und Gesine Müller (Hrsg.). *El Caribe como paradigma: Convivencias y coincidencias históricas, culturales y estéticas. Un simposio transareal*. Berlin: edition tranvía – Verlag Walter Frey, 2012.
Ette, Ottmar, Werner Mackenbach und Horst Nitschack (Hrsg.). *TransPacífico: Conexiones y convivencias en AsiAméricas. Un simposio transareal*. Berlin: edition tranvía–Verlag Walter Frey, 2013.
Ette, Ottmar. *WeltFraktale. Wege durch die Literaturen der Welt*. Stuttgart: Metzler, 2017.
Evans Braziel, Jana. *Diaspora: An Introduction*. Oxford und Malden: Blackwell, 2008.
Ewert, Michael. „Von Chamisso zur ‚Chamisso-Literatur'": Zum Verhältnis von Raumbewusstsein, Transiterfahrungen und Transnationalität in der interkulturellen deutschsprachigen Literatur". *Transit oder Transformation? Sprachliche und literarische Grenzüberschreitungen*. (= *Germanistik in Ireland. Yearbook of the German Studies Association of Ireland* 11). Hrsg. von Gillian Pye und Christiane Schönfeld. Konstanz: Hartung-Gorre Verlag, 2016. 49–62.
Faist, Thomas, Margit Fauser und Eveline Reisenauer. *Das Transnationale in der Migration. Eine Einführung*. Weinheim [u. a.]: Beltz Juventa, 2014.
Febel, Gisela. „Postkoloniale Literaturwissenschaft". *Schlüsselwerke der Postcolonial Studies*. Hrsg. von Julia Reuter und Alexandra Karentzos. Wiesbaden: Springer, 2012. 229–247.
Felbeck, Christine, und Philipp Burdy (Hrsg.). *America Romana: Perspektiven transarealer Vernetzungen*. Frankfurt am Main: Peter Lang, 2013.
Feldt, Jakob Egholm. *Transnationalism and the Jews. Culture, History and Prophecy*. Washington DC: Rowman & Littlefield, 2016.

Fiedler, Juliane. *Konstruktion und Fiktion der Nation. Literatur aus Deutschland, Österreich und der Schweiz in der zweiten Hälfte des 19. Jahrhunderts*. Wiesbaden: Springer Fachmedien Wiesbaden, 2018.
Finkelstein, Miriam, und Diana Hitzke. „Mehrsprachigkeit in der postjugoslawischen und translingualen russischen Gegenwartsliteratur". *Variations* 22 (2014): 53–65.
Fishkin, Shelley Fisher. „Crossroads of Cultures: The Transnational Turn in American Studies". *American Quarterly* 57.1 (2005): 17–57.
Fluck, Winfried. „Amerikanisierung und Modernisierung". *Transit* 17 (Sommer 1999): 321–335.
Fluck, Winfried et al. (Hrsg.). *The Challenges of Transnational American Studies*. Tübingen: Narr, 2007.
Fludernik, Monika, und Hans-Joachim Gehrke (Hrsg.). *Grenzgänger zwischen Kulturen*. Würzburg: Ergon, 1999.
Fohrmann, Jürgen. „Grenzpolitik. Über den Ort des Nationalen in der Literatur, den Ort der Literatur im Nationalen". *Nationale Literaturen heute – ein Fantom? Die Imagination und Tradition des Schweizerischen als Problem*. Hrsg. von Corinna Caduff und Reto Sorg. München: Fink, 2004. 23–33.
Footitt, Hilary. „War and Culture Studies in 2016. Putting ‚Translation' into the Transnational?" *Journal of War & Culture Studies* 9.3 (2016): 209–221 (open access).
Forster, Leonard. *The Poet's Tongues. Multilingualism in Literature*. Cambridge: Cambridge University Press, 1970.
Freimüller, Tobias. „Portatives Vaterland. Jüdische Transnationalität im Nachkriegsdeutschland". *Kommunikationsräume des Europäischen – jüdische Wissenskulturen jenseits des Nationalen*. Hrsg. von Hans-Joachim Hahn et al. Leipzig: Leipziger Universitätsverlag, 2014. 183–199.
Freitag, Ulrike, und Achim von Oppen. *Translokalität als ein Zugang zur Geschichte globaler Verflechtungen*. 2005 https://www.zmo.de/publikationen/ProgramaticTexts/pt_translocality_2005.pdf (02. 07. 2018)
Gafaïti, Hafid, Patricia M.E. Lorcin und David G. Troyansky (Hrsg.). *Transnational Spaces and Identities in the Francophone World*. Lincoln: University of Nebraska Press, 2009.
Gardt, Andreas. „Sprachnationalismus zwischen 1850 und 1945". *Nation und Sprache. Die Diskussion ihres Verhältnisses in Geschichte und Gegenwart*. Hrsg. von Andreas Gardt. Berlin und New York: de Gruyter, 2002. 247–271.
Gasior, Agnieszka. *Gebrochene Kontinuitäten. Transnationalität in den Erinnerungskulturen Ostmitteleuropas im 20. Jahrhundert*. Köln [u. a.]: Böhlau, 2014.
Gassert, Philipp. *Transnationale Geschichte*. http://docupedia.de/zg/gassert_transnationale_geschichte_v2_de_2012 (22. 06. 2018).
Gellner, Ernest. *Nations and Nationalism*. Oxford: Blackwell, 1983.
Gellner, Ernest. *Nationalismus und Moderne*. Aus dem Englischen von Meino Büning. Berlin: Rotbuch Verlag, 1991 [1983].
Gellner, Ernest. *Nationalism*. London: Weidenfeld & Nicolson, 1997.
George, Olakunle. *African Literature and Social change: Tribe, Nation, Race*. Bloomington: Indiana University Press, 2017.
Gezen, Ela, und Berna Gueneli. „Introduction: Transnational Hi/Stories – Turkish-German Texts and Contexts." *Colloquia Germanica* 44.4 (2011): 377–381.
Ghebalou Haraoui, Yamilé (Hrsg.). *Littérature-monde. Enjeux et perspectives*. Alger: Hibr Edition, 2010.

Ghosh, Ranjan, und J. Hillis Miller. *Thinking Literature across Continents*. Durham, NC und London: Duke University Press, 2016.
Giles, Paul. „The Postcolonial Mainstream". *American Literary History* 23.1 (Spring 2011): 205–216.
Gilroy, Paul. *The Black Atlantic: Modernity and Double Consciousness*. Cambridge: Harvard University Press, 1993.
Gilroy, Paul. „Roots and Routes: Black Identity as an Outernational Project". *Racial and Ethnic Identity: Psychological Development and Creative Expression*. Hrsg. von Ezra H. Griffith, Howard C. Blue und Herbert W. Harris. New York und London: Routledge: 1995. 15–30.
Glick Schiller, Nina, Linda Basch und Christina Blanc Szanton. „Transnationalismus: Ein neuer analytischer Rahmen zum Verständnis von Migration". *Transnationale Staatsbürgerschaft*. Hrsg. von Heinz Kleger. Frankfurt am Main und New York: Campus, 1997. 81–105.
Glissant, Édouard. *Le discours antillais*. Paris: Gallimard, 1981.
Glissant, Édouard. *Traité du Tout-Monde*. Paris: Gallimard, 1997 (Dt. Übers: *Traktat über die Welt*. Übers. von Beate Thill. Heidelberg: Wunderhorn, 1999).
Goez, Werner. *Translatio Imperii. Ein Beitrag zur Geschichte des Geschichtsdenkens und der politischen Theorien im Mittelalter und in der frühen Neuzeit*. Tübingen: Mohr, 1958.
Goßens, Peter. *Weltliteratur. Modelle transnationaler Literaturwahrnehmung im 19. Jahrhundert*. Stuttgart: Metzler, 2011.
Goyal, Yogita (Hrsg.). *The Cambridge Companion to Transnational American Literature*. Cambridge: Cambridge University Press, 2017.
Grabbe, Katharina, Sigrid G. Köhler und Martina Wagner-Egelhaaf (Hrsg.). *Das Imaginäre der Nation. Zur Persistenz einer politischen Kategorie in Literatur und Film*. Bielefeld: Transcript, 2012
Grande, Edgar, Markus König, Patrick Pfister und Paul Sterzel. „Politische Transnationalisierung. Die Zukunft des Nationalstaats – Transnationale Politikregime im Vergleich". *Globalisierung. Forschungsstand und Perspektiven*. Hrsg. von Stefan A. Schirn. Baden-Baden: Nomos, 2006. 119–145.
Greenblatt, Stephen (2009). „Cultural Mobility: An Introduction." *Cultural Mobility: A Manifesto*. Hrsg. von Stephan Greenblatt. Cambridge: Cambridge University Press, 2009.
Groß, Florian. „Lost in Translation: Narratives of Transcultural Displacement in the Wordless Graphic Novel". *Transnational Perspectives on Graphic Novels. Comics at the Crossroads*. Hrsg. von Shane Denson, Christina Meyer und Daniel Stein. London i.a.: Bloomsbury, 2013. 197–210.
Gupta, Suman. *Globalization and Literature*. Cambridge und Malden: Polity Press, 2009.
Gutjahr, Ortrud. „Interkulturalität (Neuere deutsche Literatur)". *Germanistik als Kulturwissenschaft. Eine Einführung in neue Theoriekonzepte*. Hrsg. von Claudia Benthien und Hans Rudolf Velten. Reinbek bei Hamburg: Rowohlt, 2002. 345–369.
Hall, Stuart. „Cultural Identity and Diaspora". *Identity: Community, Culture, Difference*. Hrsg. von Jonathan Rutherford. London: Lawrence & Wishart, 1990. 222–237.
Hall, Stuart. „Political Belonging in a World of Multiple Identities". *Conceiving Cosmopolitanism. Theory, Context, and Practice*. Hrsg. von Steven Vertovec und Robin Cohen. Oxford: Oxford University Press, 2002. 25–31.
Hall, Stuart. „Creolization, Diaspora, and Hybridity in the Context of Globalization". *Créolité and Creolization*. Hrsg. von Okwui Enwezor et al. Ostfildern-Ruit: Hatje Cantz, 2003. 185–198.
Hamann, Christof, und Cornelia Sieber (Hrsg.). *Räume der Hybridität. Postkoloniale Konzepte in Theorie und Literatur*. Hildesheim i. a.: Olms, 2002.

Hammacher, Klaus (Hrsg.). *Kosmopolitismus und Nationalidee*. Amsterdam: Rodopi, 1990.
Han, Byung-Chul. *Hyperkulturalität. Kultur und Globalisierung*. Berlin: Merve, 2005.
Hannerz, Ulf. *Transnational Connections. Culture, People, Places*. London: Routledge, 1996.
Häntzschel, Günter. „Kosmopolitismus und Nationalismus in der deutschen Literatur". *Fremde. Migration und Asyl*. Hrsg. von Rainer Münz und Venanz Schubert. St. Ottilien: Eos Verlag, 1999. 147–170.
Hargreaves, Alec G., Charles Forsdick und David Murphy (Hrsg.) *Transnational French Studies. Postcolonialism and Littérature-monde*. Liverpool: Liverpool University Press, 2010.
Hausbacher, Eva. *Poetik der Migration. Transnationale Schreibweisen in der zeitgenössischen russischen Literatur*. Tübingen: Stauffenburg, 2009.
Hebel, Udo J. „Preface". *Transnational American Studies*. Hrsg. von Udo J. Hebel. Heidelberg: Winter, 2012.
Hein-Khatib, Simone. *Sprachmigration und literarische Kreativität. Erfahrungen mehrsprachiger Schriftstellerinnen und Schriftsteller bei ihren sprachlichen Grenzüberschreitungen*. Frankfurt am Main: Peter Lang, 1998.
Helgesson, Stefan, und Pieter Vermeulen (Hrsg.). *Institutions of World Literature: Writing, Translation, Markets*. New York und London: Routledge, 2016.
Henseler, Daniel, und Renata Makarska (Hrsg.). *Polnische Literatur in Bewegung. Die Exilwelle der 1980er Jahre*. Bielefeld: Transcript, 2012.
Herren, Madeleine. „Sozialpolitik und die Historisierung des Transnationalen". *Geschichte und Gesellschaft* 32 (2006): 542–559.
Herrmann, Elisabeth, Carrie Smith-Prei und Stuart Taberner (Hrsg.). *Transnationalism in contemporary german-language literature*. Rochester, NY: Camden House, 2015.
Herzog, Andreas. „Die Mission des Übernationalen. Zur Judentumskonzeption einiger deutschsprachiger jüdischer Schriftsteller. (A. Wolfenstein, A. Ehrenstein, R. Kayer, L. Feuchtwanger, J. Roth)". *Das Jüdische Echo. Zeitschrift für Kultur & Politik* 45 (1996): 155–161.
Hirsch, Marianne. *The Generation of Postmemory. Writing and Visual Culture After the Holocaust*. New York: Columbia University Press, 2012.
Hirschi, Caspar. *Wettkampf der Nationen. Konstruktionen einer deutschen Ehrgemeinschaft an der Wende vom Mittelalter zur Neuzeit*. Göttingen: Wallstein, 2005.
Hitzler, Ronald, Anne Honer und Michaela Pfadenhauer (Hrsg.). *Posttraditionale Gemeinschaften. Theoretische und ethnografische Erkundungen*. Wiesbaden: VS Verlag für Sozialwissenschaften, 2008.
Hobsbawm, Eric J. *Nationen und Nationalismus. Mythos und Realität seit 1780*. Frankfurt am Main: Campus, 2005.
Hoff, Karin (Hrsg.). *Literatur der Migration – Migration der Literatur*. Frankfurt am Main: Peter Lang, 2008.
Hofmann, Michael. *Interkulturelle Literaturwissenschaft. Eine Einführung*. Paderborn: Fink, 2006.
Höhne, Steffen. „Böhmische Utopien. Der Bohemismus-Diskurs in der Zeit der Restauration". *Deutsche und Tschechen. Geschichte – Kultur – Politik*. Hrsg. von Walter Koschmal, Marek Nekula und Joachim Rogall. München: Beck, 2001. 624–637.
Hong, Young-sun. „The Challenge of Transnational History", *H-Net Discussion Networks, Forum: Transnationalism* 2006. (19. 4. 2018). http://h-net.msu.edu/cgi-bin/logbrowse.pl?trx=vx&list=h-german&month=0601&week=c&msg=Ug5gaQJlb0ml99%2b4nOj7Ww&user=&pw.

Hook, David, und Graciela Iglesias-Rogers (Hrsg.). *Translations in Times of Disruption: An Interdisciplinary Study in Transnational Contexts*. Basingstoke: Palgrave Macmillan, 2017.
Huggan, Graham. *The Postcolonial Exotic: Marketing the Margins*. London: Routledge, 2001.
Hühn, Melanie, Dörte Lerp, Knut Petzold und Miriam Stock (Hrsg.). *Transkulturalität, Transnationalität, Translokalität. Theoretische und empirische Begriffsbestimmungen*. Berlin: LIT, 2010.
Huyssen, Andreas. „Diaspora and Nation. Migration Into Other Pasts". *New German Critique* 88 (2003): 147–164.
Ihring, Peter. „National/Nation". *Ästhetische Grundbegriffe Bd. 4*. Hrsg. von Karlheinz Barck et al. Stuttgart und Weimar: Metzler, 2000. 377–404.
Isin, Engin F. *Citizens without frontiers*. New York: Bloomsbury, 2012.
James, David. „Transnational Postmodern and Contemporary Literature". *The Cambridge Companion to Transnational American Literature*. Hrsg. von Yogita Goyal. Cambridge: Cambridge University Press, 2017. 122–140.
Jansen, Christian, und Henning Borggräfe. *Nation – Nationalität – Nationalismus*. Frankfurt am Main: Campus, 2007.
Jarausch, Konrad H. „Reflections on Transnational History". http://h-net.msu.edu/cgi-bin/logbrowse.pl?trx=vx&list=h-german&month=0601&week=c&msg=LPkNHirCm1xgSZQKHOGRXQ&user=&pw= . *H-Net Discussion Networks, Forum: Transnationalism* 2006 (19. 4. 2018).
Jaworski, Sylvia, und Vivian Liska (Hrsg.). *Am Rand. Grenzen und Peripherien in der europäisch-jüdischen Literatur*. München: edition text + kritik, 2012.
Jay, Paul. *Global Matters. The Transnational Turn in Literary Studies*. Ithaca, NY und London: Cornell University Press, 2010.
Jullien, François. *Der Umweg über China. Ein Ortswechsel des Denkens*. Berlin: Merve, 2002.
Jullien, François. *De l'universel, de l'uniforme, du commun et du dialogue entre les cultures*. Paris: Fayard, 2008.
Juterczenka Sünne, und Kai Marcel Sicks. „Die Schwelle der Heimkehr. Einleitung". *Figurationen der Heimkehr. Die Passage vom Fremden zum Eigenen in Geschichte und Literatur der Neuzeit*. Hrsg. von Sünne Juterczenka und Kai Marcel Sicks. Göttingen: Wallstein, 2011. 9–29.
Kaelble, Hartmut, Martin Kirsch und Alexander Schmidt-Gernig. „Zur Entwicklung transnationaler Öffentlichkeiten und Identitäten im 20. Jahrhundert. Eine Einleitung". *Transnationale Öffentlichkeiten und Identitäten im 20. Jahrhundert*. Hrsg. von Hartmut Kaelble, Martin Kirsch und Alexander Schmidt-Gernig. Frankfurt am Main und New York: Campus, 2002. 7–33.
Kamm, Martina (Hrsg.). *Diskurse in die Weite. Kosmopolitische Räume in den Literaturen der Schweiz*. Zürich: Seismo, 2010.
Kaplan, Caren. *Questions of Travel: Postmodern Discourses of Displacement*. Durham, NC: Duke University Press, 1996.
Khatibi, Abdelkebir. *Maghreb pluriel*. Paris: Denoel, 1983.
Khatibi, Abdelkebir. *Figures de l'étranger dans la littérature française*. Paris: Denoel, 1987.
Kilcher, Andreas. „Exterritorialitäten. Zur kulturellen Selbstreflexion der aktuellen deutsch-jüdischen Literatur". *Deutsch-jüdische Literatur der neunziger Jahre*. Hrsg. von Sander L. Gilman und Hartmut Steinecke. Berlin: Erich Schmidt, 2002. 131–146.

Kilcher, Andreas B. „‚Jüdische Literatur' und ‚Weltliteratur'. Zum Literaturbegriff der Wissenschaft des Judentums." *Aschkenas. Zeitschrift für Geschichte und Kultur der Juden* 18/19.2 (2008/2009): 465–483.

Kilcher, Andreas: „Volk des Buches". *Exil – Literatur – Judentum*. Hrsg. von Doerte Bischoff. München: edition text + kritik, 2016. 44–63.

Kilchmann, Esther. „Mehrsprachigkeit und deutsche Literatur. Zur Einführung". *Zeitschrift für Interkulturelle Germanistik* 3 (2012): 11–19.

Kimmich, Dorothee, und Schamma Schahadat (Hrsg.). *Kulturen in Bewegung. Beiträge zur Theorie und Praxis der Transkulturalität*. Bielefeld: Transcript, 2012.

Kissel, Wolfgang S., und Dirk Uffelmann (Hrsg.). *Kultur als Übersetzung*. Würzburg: Königshausen & Neumann, 1999.

Kleger, Heinz (Hrsg.). *Transnationale Staatsbürgerschaft*. Frankfurt am Main und New York: Campus, 1997.

Kliems, Alfrun. „Transkulturalität des Exils und Translation im Exil. Versuch einer Zusammenbindung". *Übersetzung als transkultureller Prozess* (= Exilforschung 25) Hrsg. von Claus-Dieter Krohn. München: edition text + kritik, 2007. 30–49.

Kliems, Alfrun. „Transterritorial – Translingual – Translokal. Das ostmitteleuropäische Literaturexil zwischen nationaler Behauptung und transkultureller Poetik". *Literatur und Exil. Neue Perspektiven*. Hrsg. von Doerte Bischoff und Susanne Komfort-Hein. Berlin und Boston: de Gruyter, 2013. 169–182.

Konstantinović, Zoran, und Fridrun Rinner. *Eine Literaturgeschichte Mitteleuropas*. Innsbruck: Studien Verlag, 2003.

Konuk, Kader. *Identitäten im Prozeß. Literatur von Autorinnen aus und in der Türkei in deutscher, englischer und türkischer Sprache*. Essen: Die Blaue Eule, 2001.

Konuk, Kader. *East West Mimesis. Auerbach in Turkey*. Stanford, CA: Stanford University Press, 2010.

Köpke, Wulf. „Gibt es eine Rückkehr aus dem Exil?". *Deutschsprachige Exilliteratur seit 1933*. Band 3: *USA*. Hrsg. von John M. Spalek, Konrad Feilchenfeldt und Sandra H. Hawrylchak. Berlin und New York: K. G. Saur, 2002. 334–363.

Korek, Janusz (Hrsg.). *From Sovietology to Postcoloniality. Poland and Ukraine from a Postcolonial Perspective*. Huddinge: Södertörns högskola, 2007.

Kramer, Sven. „Zur transnationalen Dimension fremdsprachiger Holocaust-Literatur im bundesrepublikanischen Diskurs". *Shoah in der deutschsprachigen Literatur*. Hrsg. von Norbert Otto Eke und Hartmut Steinecke. Berlin: Erich Schmidt, 2006. 154–168.

Křen, Jan. *Konfliktní společenství. Češi a Němci 1780–1918*. Praha: Academia, 1990. (Deutsche Übersetzung: *Die Konfliktgemeinschaft. Tschechen und Deutsche 1780–1918*. 2. Aufl. München: Oldenbourg, 2000).

Kroh, Jens: *Transnationale Erinnerung. Der Holocaust im Fokus geschichtspolitischer Initiativen*. Frankfurt am Main und New York: Campus, 2008.

Krohn, Claus-Dieter (Hrsg.). *Übersetzen als transkultureller Prozess* (= Exilforschung 25). München: edition text + kritik, 2007.

Krohn, Claus-Dieter (Hrsg.). *Exil, Entwurzelung, Hybridität* (= Exilforschung 27). München: edition text + kritik, 2009.

Kühn, Natalia. *Die Wiederentdeckung der Diaspora. Gelebte Transnationalität russischsprachiger MigrantInnen in Deutschland und Kanada*. Wiesbaden: Springer VS, 2012.

Lachenicht, Susanne, und Kirsten Heinsohn (Hrsg.). *Diaspora Identities. Exile, Nationalism and Cosmopolitanism in Past and Present*. Frankfurt am Main: Campus, 2009.

Lamping, Dieter. *Die Idee der Weltliteratur.* Stuttgart: Kröner, 2010.
Langbehn, Volker. „Transkulturalität". *Handbuch Postkolonialismus und Literatur.* Hrsg. von Dirk Göttsche, Axel Dunker und Gabriele Dürbeck. Stuttgart und Weimar: Metzler, 2017. 121–125.
Laronde, Michel. „Displaced Discourses: Post(-)coloniality, Francophone Space(s), and the Literature(s) of Immigration in France". *Postcolonial Theory and Francophone Literary Studies.* Hrsg. von H. Adlai Murdoch und Anne Donadey. Gainesville: University Press of Florida, 2005. 175–193.
Lawall, Sarah (Hrsg.): *Reading World Literature. Theory, History, Practice.* Austin: University of Texas Press, 1994.
Le Bris, Michel, und Jean Rouaud (Hrsg.). *Pour une littérature-monde.* Paris: Gallimard, 2007.
Leservot, Typhaine. „From Weltliteratur to World Literature to Littérature-monde: The History of a Controversial Concept." *Transnational French Studies. Postcolonialism and Littérature-monde.* Hrsg. von Alec G. Hargreaves, Charles Forsdick und David Murphy. Liverpool: Liverpool University Press, 2010. 38–48.
Levitt, Peggy, und Nina Glick Schiller. „Conceptualizing Simultaneity. A Transnational Social Field Perspective on Society". *International Migration Review* 38.3 (2004): 1002–1039.
Levy, Daniel, und Natan Sznaider. *Erinnerung im globalen Zeitalter: Der Holocaust.* Aktualisierte Neuausgabe. Frankfurt am Main: Suhrkamp, 2007 [2001].
Lindberg-Wada, Gunilla (Hrsg.). *Studying Transnational Literary History.* Berlin und New York: de Gruyter, 2006.
Lionnet, Françoise. „Transnationalism, Postcolonialism or Transcolonialism? Reflections on Los Angeles, Geography, and Uses of Theory". *Emergences* 10.1 (2000): 25–35.
Lionnet, Françoise. „National Language Departments in the Era of Transnational Studies". *PMLA* 117.5 (2002): 252–254.
Lionnet, Françoise. „Francophonie, Postcolonial Studies, and Transnational Feminisms." *Postcolonial Theory and Francophone Literary Studies.* Hrsg. von H. Adlai Murdoch und Anne Donadey. Gainesville: University Press of Florida, 2005. 258–269.
Liska, Vivian. *Fremde Gemeinschaft. Deutsch-jüdische Literatur der Moderne.* Göttingen: Wallstein, 2011.
Liu, Lydia H. *Translingual Practice. Literature, National Culture, and Translated Modernity. China 1900–1937.* Stanford, CA: Stanford University Press, 1995.
Loomba, Ania. *Colonialism/Postcolonialism.* London: Routledge, 2005.
Lübcke, Alexandra. „Enträumlichung und Erinnerungstopographien: Transnationale deutschsprachige Literaturen als historiographisches Erzählen". *Von der nationalen zur internationalen Literatur. Transkulturelle deutschsprachige Literatur und Kultur im Zeitalter globaler Migration.* Hrsg. von Helmut Schmitz. Amsterdam und New York: Rodopi, 2009. 77–97.
Lüthi, Barbara et al. (Hrsg.). Transnationalismus und Migration. Zürich: Chronos-Verlag, 2005.
Lutz, Thomas. *Cosmopolitan Vistas: American Regionalism and Literary Value: The Local, the Global, and American Literary Value.* Ithaca, NY: Cornell University Press, 2004.
Lützeler, Paul Michael. *Die Schriftsteller und Europa. Von der Romantik bis zur Gegenwart.* München: Piper, 1992.
Lützeler, Paul Michael. *Europäische Identität und Multikultur.* Tübingen: Stauffenburg, 1997.
Lützeler, Paul Michael. *Kontinentalisierung. Das Europa der Schriftsteller.* Bielefeld: Aisthesis, 2007.

Maillé, Chantal. „Transnational Feminisms in Francophone Space". *Women. A Cultural Review* 23.1 (2012): 62–78.
Mani, B. Venkat. *Cosmopolitical claims. Turkish-German literatures from Nadolny to Pamuk.* Iowa City: University of Iowa Press, 2007.
Mani, B. Venkat. *Recoding World Literature: Libraries, Print Culture, and Germany's Pact with Books.* New York: Fordham University Press, 2017.
Marx, John. „The Marketing of Postcolonial Authors". *Contemporary Literature* 50.4 (Winter 2009): 811–816.
Matich, Olga, und Michael Helm (Hrsg.). *Russian Literature in Emigration. The Third Wave.* Ann Arbor, MI: Ardis, 1984.
Mau, Steffen. *Transnationale Vergesellschaftung. Die Entgrenzung sozialer Lebenswelten.* Frankfurt am Main und New York: Campus, 2007.
May-Chu, Karolina. „Von Grenzlandliteratur zur Poetik der Grenze: deutsch-polnische Transiträume und die kosmopolitische Imagination.". *Zeitschrift für interkulturelle Germanistik* 7.2 (2016): 87–101.
Mayer, Ruth. *Diaspora. Eine kritische Begriffsbestimmung.* Bielefeld: Transcript, 2005.
Mayer, Ruth. „Postcolonial/Transcultural/Transnational: American Studies, American Literature, and the World". *American Studies Today: New Research Agendas.* Hrsg. von Winfried Fluck, Sabine Sielke, Erik Redling und Hubert Zapf. Heidelberg: Winter, 2014. 139–155.
Mazrui, Ali. „From Slave Ship to Space Ship: Africa between Marginalization and Globalization". *African Studies Quarterly* 2.4 (1999): 5–11.
Mehta, Brinda. *Diasporic (Dis)locations: Indo-Caribbean Women Writers Negotiate the ‚Kala Pani',* Kingston, Jamaica: University Press of the West Indies, 2004.
Melnic, Diana, und Vlad Melnic. „Playing With(out) Borders: Video Games as the Digital Expression of Transnational Literature". *Metacritic Journal for Comparative Studies and Theory* 3.1 (2017): 75–92.
Menzel, Birgit, und Ulrich Schmid. „Der Osten im Westen. Importe der Populärkultur". *Osteuropa* 5 (2007): 3–21.
Mercer, Kobena: „Diaspora Culture and the Dialogic Imagination". *Blackframes. Critical Perspectives on Black Independent Cinema.* Hrsg. von Mbye B. Cham und Claire Andrade-Watkins. Cambridge, MA: Wayne State University Press, 1988. 50–61.
Mercer, Kobena. „Diaspora Aesthetics and Visual Culture". *Black Cultural Traffic: Crossroads in Global Performance and Popular Culture.* Hrsg. von Harry J. Elam, Jr. und Kennell Jackson. Ann Arbor: University of Michigan, 2005. 141–161.
Mignolo, Walter D., und Freya Schiwy. „Transculturation and the Colonial Difference: Double Translation." *Translation and Ethnography: The Anthropological Challenge of Intercultural Understanding.* Hrsg. von Tullio Maranhão und Bernhard Streck. Tucson: The University of Arizona Press, 2003. 3–29.
Mignolo, Walter. *Epistemischer Ungehorsam. Rhetorik der Moderne, Logik der Kolonialität und Grammatik der Dekolonialität.* Aus dem Spanischen übersetzt und mit einer Einleitung von Jens Kastner und Tom Waibel. Wien: Turia & Kant, 2011.
Moura, Jean-Marc. *Littératures francophones et théorie postcoloniale.* Paris: Presses universitaires de France, 2007.
Müller, Gesine. *Die koloniale Karibik: Transferprozesse in hispanophonen und frankophonen Literaturen.* Berlin und Boston: de Gruyter, 2012.
Müller, Gesine, und Natascha Ueckmann (Hrsg.). *Kreolisierung revisited. Debatten um ein weltweites Kulturkonzept.* Bielefeld: Transcript, 2013.

Müller, Gesine. „Die Debatte ‚Weltliteratur – Literaturen der Welt'". *Verlag Macht Weltliteratur: Lateinamerikanisch-deutsche Kulturtransfers zwischen internationalem Literaturbetrieb und Übersetzungspolitik*. Hrsg. von Gesine Müller. Berlin: edition tranvía – Verlag Walter Frey, 2014. 7–17.
Murdoch, H. Adlai, und Anne Donadey (Hrsg). *Postcolonial Theory and Francophone Literary Studies*. Gainesville: University Press of Florida, 2005.
Naipaul, V. S. *The middle passage: impressions of five societies – British, French and Dutch – in the West Indies and South America*. Harmondsworth: Penguin, 1969.
Nancy, Jean-Luc. *Die Erschaffung der Welt oder die Globalisierung*. Zürich und Berlin: diaphanes, 2003.
Nassehi, Armin. *Gesellschaft der Gegenwarten. Studien zur Theorie der modernen Gesellschaft II*. Berlin: Suhrkamp, 2011.
Neubauer, John, und Borbála Zsuzsanna Török (Hrsg). *The Exile and Return of Writers from East-Central Europe. A Compendium*. Berlin und New York: de Gruyter, 2009.
Ong, Aihwa. *Flexible Staatsbürgerschaften. Die kulturelle Logik von Transnationalität*. Hrsg. von Ulrich Beck. Frankfurt am Main: Suhrkamp, 2005.
Osborne, Deidre (Hrsg.). *The Cambridge companion to British Black and Asian literature (1954–2010)*. Cambridge: Cambridge University Press, 2016.
Osterhammel, Jürgen. *Geschichtswissenschaft jenseits des Nationalstaats. Studien zu Beziehungsgeschichte und Zivilisationsvergleich*. Göttingen: Vandenhoeck & Ruprecht, 2001.
Osterhammel, Jürgen, und Niels P. Petersson. *Geschichte der Globalisierung: Dimensionen, Prozesse, Epochen*. 4., durchgesehene Auflage. München: Beck, 2003.
Papastergiadis, Nikos. *Cosmopolitanism and Culture*. Cambridge: Polity Press, 2012.
Pasewalck, Silke, Dieter Neidlinger und Terje Loogus (Hrsg.). *Interkulturalität und (literarisches) Übersetzen*. Tübingen: Stauffenburg, 2014.
Patel, Klaus Kiran. „Transatlantische Perspektiven transnationaler Geschichte". *Geschichte und Gesellschaft* 29.4 (2003): 625–647.
Pease, Donald E. „Introduction: Re-Mapping the Transnational Turn". *Re-Framing the Transnational Turn in American Studies*. Hrsg. von Winfried Fluck, Donald E. Pease und John Carlos Rowe. Hanover, NH: Dartmouth College Press, 2011. 1–49.
Pernau, Margrit. *Transnationale Geschichte*. Göttingen: Vandenhoek & Ruprecht, 2011.
Pernau, Margrit. „Whither Conceptual History? From National to Entangled Histories". *Contributions to the History of Concepts* 7.1 (2012): 1–11.
Pichler, Georg. „Exil als transnationale Lebensform." *Vielheit und Einheit der Germanistik weltweit*. Hrsg. von Franciszek Grucza. Band. 6. *Nationale und transnationale Identitäten in der Literatur*. Betreut und bearbeitet von Aleya Khattab, Laura Auteri und Hans-Christoph Graf v. Nayhauss. Frankfurt am Main: Peter Lang, 2012. 15–20.
Ponzanesi, Sandra. „Boutique Postcolonialism: Literary Awards, Cultural Value and the Canon". *Fiction and Literary Prizes in Great Britain*. Hrsg. von Holger Klein und Wolfgang Görtschacher. Vienna: Praesens Verlag, 2006. 107–134.
Pratt, Mary Louise. „The Traffic in Meaning: Translation, Contagion, Infiltration." *Profession* (2002): 25–36.
Pratt, Mary Louise. *Imperial Eyes. Travel Writing and Transculturation*. London und New York: Routledge, 1992.
Prendergast, Christopher. *Debating World Literature*. London und New York: Verso, 2004.

Prentice, Chris, Vijay Devadas und Henry Johnson (Hrsg.). *Cultural Transformations: Perspectives on Translocation in a Global Age*. Amsterdam: Rodopi, 2010.
Pries, Ludger. *Die Transnationalisierung der sozialen Welt. Soziale Räume jenseits von Nationalgesellschaften*. Frankfurt am Main: Suhrkamp, 2008.
Pries, Ludger. *Transnationalisierung. Theorie und Empirie grenzüberschreitender Vergesellschaftung*. Wiesbaden: VS Verlag für Sozialwissenschaften, 2010.
Puri, Shalini. *Marginal Migrations: The Circulation of Cultures within the Caribbean*. Oxford: Macmillan Caribbean, 2003.
Ramazani, Jahan. *A Transnational Poetics*. Chicago und London: The University of Chicago Press, 2009.
Randeria, Shalini. „Transnationalisierung des Rechts". *WZB-Mitteilungen* 101 (September 2003): 19–22.
Randeria, Shalini. „Civil Society and Legal Pluralism in the Shadow of Caste. Entangled Modernities in Post-colonial India". *Hybridising East and West Tales Beyond Westernisation. Empirical Contributions to the Debates on Hybridity*. Hrsg. von Dominique Schirmer, Gernot Saalmann und Christl Kessler. Berlin i.a.: LIT, 2006. 97–124.
Razbojnikova-Frateva, Maja, und Hans-Gerd Winter (Hrsg.). *Interkulturalität und Nationalkultur in der deutschsprachigen Literatur*. Dresden: Thelem, 2006.
Reichardt, Ulfried (Hrsg.). *Die Vermessung der Globalisierung: Kulturwissenschaftliche Perspektiven*. Heidelberg: Winter, 2008.
Reichardt, Ulfried. *Globalisierung: Literaturen und Kulturen des Globalen*. Berlin: Akademie Verlag, 2010.
Reichardt, Ulfried. „American Studies and Globalization". *American Studies Today: New Research Agendas*. Hrsg. von Winfried Fluck, Erik Redling, Sabine Sielke und Hubert Zapf. Heidelberg: Winter, 2014. 441–458.
Richter, Ingo (Hrsg.). *Transnationale Menschenrechte*. Opladen & Farmington Hills: Verlag Barbara Budrich, 2008.
Richter, Sandra: *Eine Weltgeschichte der deutschsprachigen Literatur*. München: Bertelsmann, 2017.
Rieger, Stefan, Schamma Schahadat und Manfed Weinberg (Hrsg.). *Interkulturalität. Zwischen Inszenierung und Archiv*. Tübingen: Narr, 1999.
Rizzardi, Biancamaria. „Opening Up to Complexity in the Global Era: Translating Postcolonial Literatures." *Language and Translation in Postcolonial Literatures: Multilingual Contexts, Translational Texts*. Hrsg. von Simona Bertacco. New York und London: Routledge, 2014.
Roberts, Kathleen Glenister. *The limits of cosmopolis: ethics and provinciality in the dialogue of cultures*. New York, NY i.a.: Peter Lang, 2014.
Römhild, Regina. „Global Heimat Germany. Migration and the Transnationalization of the Nation State". *Transit* 1.1 (2005). http://repositories.cdlib.org/ucbgerman/transit/vol1/iss1/art50903 (26. 08. 2018)
Rösch, Heidi. „Migrationsliteratur als neue Weltliteratur?" *Sprachkunst* XXXV.1 (2004): 89–109.
Rostek, Joanna, und Dirk Uffelmann (Hrsg.). *Contemporary Polish Migrant Culture and Literature in Germany, Ireland, and the UK*. Frankfurt am Main i.a.: Peter Lang, 2011.
Rothberg, Michael. *Multidirectional Memory: Remembering the Holocaust in the Age of Decolonization*. Stanford, CA: Stanford University Press, 2009.
Rushdie, Salman. *Imaginary Homelands: Essays and Criticism, 1981–1991*. New York: Granta, 1991.

Ryan-Sautor, Michelle. „Short fiction in a transnational digital age". *Short fiction in Theory & Practice* 5. 1–2 (2015): 105–121.
Safran, William. „Diasporas in Modern Societies. Myth of Homeland and Return". *Diaspora* 1 (1991): 83–99.
Said, Edward W. *Orientalism. [with a new preface]*. London 2003 [1978] (Dt. Übers.: *Orientalismus*. Übers. von Liliane Weissberg. Frankfurt am Main i.a.: Ullstein, 1981.)
Said, Edward. „Traveling Theory". *The World, the Text, and the Critic*. Cambridge: Harvard University Press, 1983. 226–247.
Said, Edward. *Culture and Imperialism*. New York: Knopf, 1993 *(dt.: Kultur und Imperialismus: Einbildungskraft und Politik im Zeitalter der Macht*. Frankfurt am Main: Fischer, 1994.)
Said, Edward W. *Reflections on Exile and Other Essays*. Cambridge: Harvard University Press, 2000 [1984].
Sakai, Naoki. „Transnationality in Translation." *Translation: A Transdisciplinary Journal* (Spring 2013): 15–31.
Sapiro, Gisèle. „French Literature in the World System of Translation." *French Global: A New Approach to Literary History*. Hrsg. von Christie McDonald und Susan Rubin Suleiman. New York: Columbia University Press, 2010. 298–319.
Saravia, José Morales: „Transkulturation". *Metzler Lexikon Literatur- und Kulturtheorie. Ansätze – Personen – Grundbegriffe*. Hrsg. von Ansgar Nünning. Stuttgart und Weimar: Metzler, 2004. 668.
Sassen, Saskia. *Das Paradox des Nationalen. Territorium, Autorität und Rechte im globalen Zeitalter*. Frankfurt am Main: Suhrkamp, 2008.
Saunier, Pierre-Yves. „Transnational". *The Palgrave Dictionary of Transnational History from the mid-19th century to the present day*. Hrsg. von Iriye, Akira und Pierre-Yves Saunier. Basingstoke: Palgrave Macmillan, 2009. 1047–1055.
Schäbler, Birgit (Hrsg.). *Area Studies und die Welt. Weltreligionen und neue Globalgeschichte*. Wien: Mandelbaum Verlag, 2007.
Schmeling, Manfred, und Monika Schmitz-Emans (Hrsg.). *Multilinguale Literatur im 20. Jahrhundert*. Würzburg: Königshausen & Neumann, 2002.
Schmitz, Helmut (Hrsg.). *Von der nationalen zur internationalen Literatur. Transkulturelle deutschsprachige Literatur und Kultur im Zeitalter globaler Migration*. Amsterdam und New York: Rodopi, 2009.
Schoeller, Wilfried. „Was ist heute Weltliteratur? Einige Mutmaßungen". *Wieviel Transnationalismus verträgt die Kultur?* Hrsg. von Jasper Willi. Berlin: Verlag Dr. Köster, 2009. 291–302.
Schor, Naomi. „Feminism and Francophone Literature: From One Revolution to Another." *Yale French Studies* 103 (2003): 163–165.
Schulze-Engler, Frank. „Transnationale Kultur als Herausforderung für die Literaturwissenschaft". *Zeitschrift für Anglistik und Amerikanistik*. I.1 (2002): 65–79.
Schulze-Engler, Frank. „Von ,Inter' zu ,Trans': Gesellschaftliche, kulturelle und literarische Übergänge." *Inter- und Transkulturelle Studien. Theoretische Grundlagen und interdisziplinäre Praxis*. Hrsg. von Heinz Antor. Heidelberg: Winter, 2006. 41–53.
Schweiger, Hannes. „Transnationale Lebensgeschichten. Der biographische Diskurs über die Literatur eingewanderter AutorInnen". *Aussiger Beiträge* 6 (2012): 13–31.
Seyhan, Azade. *Writing Outside the Nation*. Princeton, NJ: Princeton University Press, 2000.
Seyhan, Azade. „Unfinished Modernism: European Destinations of Transnational Writing". *Migration and Literature in Contemporary Europe*. Hrsg. von Mirjam Gebauer und Pia Schwarz Lausten. München: Martin Meidenbauer, 2010, 11–21.

Shachar, Ayelet, Rainer Bauböck, Irene Bloemraad und Maarten Vink (Hrsg.). *The Oxford Handbook of Citizenship*. Oxford: Oxford University Press, 2017.

Shohat, Ella, und Robert Stam. *Race in Translation: Culture Wars around the Postcolonial Atlantic*. New York und London: New York University Press, 2012.

Shu, Yuan, und Donald E. Pease. *American Studies as Transnational Practice: Turning Toward the Transpacific*. Lebanon, NH: Dartmouth College Press, 2015.

Simon, Sherry. *Cities in Translation: Intersections of Language and Memory*. London und New York: Routledge, 2012.

Smola, Klavdia, und Dirk Uffelmann (Hrsg.): *Postcolonial Slavic Literatures after Communism*. Frankfurt am Main i.a.: PL Academic Research, 2016.

Sommer, Roy. *Fictions of migration: Ein Beitrag zur Theorie und Gattungstypologie des zeitgenössischen interkulturellen Romans in Großbritannien*. Trier: WVT, 2001.

Spivak, Gayatri Chakravorty. *Death of a Discipline*. New York: Columbia University Press, 2003.

Stauf, Renate. „Zeitgeist und Nationalgeist. Literatur- und Kulturkritik zwischen nationaler Selbstbestimmung und europäischer Orientierung bei Heine, Börne und dem Jungen Deutschland". *Poetische Zeitgenossenschaft*. Hrsg. von Cord-Friedrich Berghahn. Heidelberg: Winter, 2015. 9–33.

Steinmetz, Horst. „Globalisierung und Literatur(geschichte)". *Literatur im Zeitalter der Globalisierung*. Hrsg. von Manfred Schmeling, Monika Schmitz-Emans und Kerst Walstra. Würzburg: Königshausen & Neumann, 2000. 189–201.

Steinmetz, Horst. „Weltliteratur. Umriß eines literaturgeschichtlichen Konzepts." *Arcadia* 20. 1–3 (1985): 2–19.

Stiglitz, Joseph. *Globalization and Its Discontents*. New York: Norton, 2002.

Struve, Karen. ‚Ecriture transculturelle beur'. *Die Beur-Literatur als Laboratorium transkultureller Identitätsfiktionen*. Tübingen: Narr, 2009.

Struve, Karen. „Postcolonial Studies". *Kulturforschungen der Gegenwart*. Hrsg. von Stefan Moebius. Frankfurt am Main: Suhrkamp, 2012. 88–107.

Sturm-Trigonakis, Elke. *Global Playing in der Literatur. Ein Versuch über die neue Weltliteratur*. Würzburg: Königshausen & Neumann, 2007.

Sznaider, Natan. *Gedächtnisraum Europa. Die Visionen des europäischen Kosmopolitismus. Eine jüdische Perspektive*. Bielefeld: Transcript, 2008.

Tabbi, Joseph. „Electronic Literature as World Literature; or, The Universality of Writing under Constraint". *Poetics Today* 31.1 (2010): 17–50.

Taberner, Stuart. *Transnationalism and German Language-Literature in the twenty-first century*. Cham: Springer International Publishing, 2017.

Talbayev, Edwige Tamalet. *The Transcontinental Maghreb: Francophone Literature across the Mediterranean*. New York: Fordham University Press, 2017.

Tétu, Michel. *La Francophonie. Histoire, problématiques, perspectives*. Paris: Hachette, 1988.

Thelen, David. „The Nation and Beyond. Transnational Perspectives on United States History". *Journal of American History* 86 (1999): 965–975.

Thielking, Sigrid. *Weltbürgertum. Kosmopolitische Ideen in Literatur und politischer Publizistik seit dem achtzehnten Jahrhundert*. München: Fink, 2000.

Thomas, Dominic. *Black France. Colonialism, Immigration and Transnationalism*. Bloomington: Indiana University Press, 2007.

Tissot, Damien. „Transnational Feminist Solidarities and the Ethics of Translation." *Feminist Translation Studies: Local and Transnational Perspectives*. Hrsg. von Olga Castro und Emek Ergun. New York und Abingdon: Routledge, 2017. 29–41.
Tölöyan, Khachig. „The Nation-State and its Others: In Lieu of a Preface". *Diaspora* 1.1 (1991): 3–7.
Tölöyan, Khachig. „Rethinking Diaspora(s): Stateless Power in the Transnational Moment". *Diaspora* 5.1 (1996): 7–36.
Tsing, Anna Lowenhaupt. *Friction: An Ethnography of Global Connection*. Princeton, NJ: Princeton University Press, 2005.
Ueckmann, Natascha. *Ästhetik des Chaos in der Karibik. Créolisation und Neobaroco in franco- und hispanophonen Literaturen*. Bielefeld: Transcript, 2014.
Uerlings, Herbert. „Interkulturalität". *Handbuch Postkolonialismus und Literatur*. Hrsg. von Dirk Göttsche, Axel Dunker und Gabriele Dürbeck. Stuttgart und Weimar: Metzler, 2017. 101–108.
Ulbrich, Claudia, Hans Medick und Angelika Schaser. „Selbstzeugnis und Person. Transkulturelle Perspektiven." *Selbstzeugnis und Person. Transkulturelle Perspektiven*. Hrsg. von Claudia Ulbrich, Hans Medick und Angelika Schaser. Köln i.a.: Böhlau, 2012.
Urry, John. *Mobilities*. Oxford: Wiley, 2007.
Valdívia Orozco, Pablo. „The Chronotopos in the (Postmodern) Novel of the Américas: Towards a Transareal Topology of the Local." *Landscapes of postmodernity: Concepts and paradigms of critical theory*. Hrsg. von Petra Eckhard. Wien: LIT, 2010. 235–250.
Van Elteren, Mel. „Conceptualizing the Impact of US Popular Culture Globally". *Journal of Popular Culture* 30.1 (1996): 47–89.
Verdery, Katherine. „Whither ‚Nation' and ‚Nationalism'?" *Daedalus* 122.3 (1993): 37–46.
Vertovec, Steven. „Conceiving and researching transnationalism". *Ethnic and Racial Studies* 22.2 (1999): 447–462.
Vertovec, Steven. *Transnationalism*. London i.a.: Routledge, 2009.
Vorderegger, Roger. „Zu einigen Problemstellen regionaler Literaturgeschichtsschreibung und zum Verhältnis von regionaler, nationaler und transnationaler Perspektive". *Theorien, Modelle und Probleme regionaler Literaturgeschichtsschreibung*. Hrsg. von Britta Caspers et al. Essen: Klartext, 2016. 43–55.
Walkowitz, Rebecca L. *Born Translated: The Contemporary Novel in an Age of World Literature*. New York und Chichester: Columbia University Press, 2015.
Wanner, Adrian. *Out of Russia. Fictions of a New Translingual Diaspora*. Evanston, IL: Northwestern University Press, 2011.
Watts, Richard. *Packaging Post Coloniality: The Manufacture of Literary Identity in the Francophone World*. Lanham, MD: Lexington Books, 2005.
Weber-Fève, Stacy. *Re-hybridizing Transnational Domesticity and Femininity: Women's Contemporary Filmmaking and Lifewriting in France, Algeria and Tunesia*. Lanham, MD: Lexington Books, 2010.
Weichhart, Peter. „Das ‚Trans-Syndrom'. Wenn die Welt durch das Netz unserer Begriffe fällt". *Transkulturalität, Transnationalität, Translokalität. Theoretische und empirische Begriffsbestimmungen*. Hrsg. von Melanie Hühn, Dörte Lerp, Knut Petzold und Miriam Stock Berlin: LIT, 2010. 47–70.
Welsch, Wolfgang. „Transkulturalität". *Zeitschrift für Kulturaustausch* 45.1 (1995): 39–44.

Welsch, Wolfgang. „Transkulturelle Gesellschaften". *Kultur in Zeiten der Globalisierung. Neue Aspekte einer soziologischen Kategorie*. Hrsg. von Peter-Ulrich Merz-Benz und Gerhard Wagner. Frankfurt am Main: Humanities Online, 2005. 39–67.

Welsch, Wolfgang. „Was ist eigentlich Transkulturalität?" *Kulturen in Bewegung. Beiträge zur Theorie und Praxis der Transkulturalität*. Hrsg. von Dorothee Kimmich und Schamma Schahadat. Bielefeld: Transcript, 2012. 25–40.

Welz, Gisela. „Multiple Modernities. The Transnationalization of Cultures". *Transcultural English Studies. Theories, Fictions, Realities*. Hrsg. von Frank Schulze-Engler und Sissy Helff. Amsterdam und New York: Rodopi, 2008. 37–57.

Werner, Michael, und Bénédicte Zimmermann. „Vergleich, Transfer, Verflechtung: Der Ansatz der histoire croisée und die Herausforderung des Transnationalen". *Geschichte und Gesellschaft* 28.4 (2002): 607–636.

Westwood, Sallie, und Annie Phizacklea. *Trans-Nationalism And The Politics Of Belonging*. London i.a.: Routledge, 2000.

Wimmer, Andreas, und Nina Glick Schiller. „Methodological Nationalism and Beyond: Nation-state Building, Migration and the Social Sciences." *Global Networks* 2.4 (2002): 301–334.

Wimmer, Andreas, und Nina Glick Schiller. „Methodological Nationalism. The Social Sciences and the Study of Migration. An Essay in Historical Epistemology". *International Migration Review* 37.3 (2003): 576–610.

Wirtz, Michaela. *Patriotismus und Weltbürgertum. Eine begriffsgeschichtliche Studie zur deutsch-jüdischen Literatur 1750–1850*. Tübingen: Niemeyer, 2006.

Wolf, Michaela. *Die vielsprachige Seele Kakaniens. Übersetzen und Dolmetschen in der Habsburgermonarchie 1848 bis 1918*. Wien: Böhlau, 2012.

Yildiz, Yasemin: *Beyond the Mother Tongue. The Postmonolingual Condition*. New York: Fordham University Press, 2012.

Zeleza, Paul Tiyambe. „Rewriting the African Diaspora: Beyond the Black Atlantic." *African Affairs* 104.414 (2005): 35–68.

Zeleza, Paul Tiyambe. „African Diasporas: Toward a Global History". *African Studies Review* 53.01 (2010): 1–19.

VII. Register

VII.1 Personenregister

A
Abdolrezaei, A. 238
Achebe, C. 220 f.
Achmatova, A. 444
Aciman, A. 205
Adelson, L. A. 195
Adichie, C. N. 205, 209 f., 212, 374 f.
Adler, H. G. 172–174
Adorno, Th. W. 109
Agnon, S. 339
Ajens, A. 99
Aksjonov, V. 449
Albahari, D. 455
Aleichem, S. 339
Alexander der Große 248, 250, 307, 358
Alexis, J. S. 407
Allen, C. 379
Allende, I. 220
Álvarez, J. 413
Amery, C. 314
Amin, I. 369
Amo, A. W. 99, 354
Andersen, H. C. 217
Anderson, B. 4, 49–54, 159, 189, 358 f., 384
Appadurai, A. 4 f., 12, 189
Appiah, K. A. 109, 206, 467
Apter, E. 71, 74
Aragon, L. 393
Arenas, R. 99
Arendt, H. 57, 324, 433 f.
Arion, F. M. 412
Ariost, L. 264
Aristoteles 318, 354
Arminius 58, 248–253, 255, 298
– *Annalen* 249
Armstrong, J. 361
Armstrong, N. 110
Arndt, E. M. 130, 259, 279
Arnim, A. v. 265, 292, 295–298
Assmann, A. 158, 160 f.
Assmann, J. 158
Aub, M. 99

Auerbach, E. 92, 114, 133–135
Augustus 311 f.
Avé-Lallemant, F. C. B. 292 f.
Aventinus, J. 290

B
Bachmann-Medick, D. 136, 176
Bachtin, M. 312, 412
Badura, J. 109
Baker, H. 222
Balasooriya, S. 238
Balde, J. 294
Bal, M. 159
Balzac, H. d. 271
Bánk, Z. 452
Barańczak, S. 449, 452
Bartels, A. 148
Barthes, R. 393
Basch, L. 5, 157, 164, 189
Batjuškov, K. 275
Batteux, C. 275
Bauböck, R. 11, 18
Baudelaire, C. 269
Bauer, B. 148
Baum, O. 343
Baum, V. 207
Becker, A. 452
Beckett, S. 225, 387
Beck, U. 12, 108 f., 159
Bécquer, G. A. 273
Belyj, A. 446
Benítez-Rojo, A. 100, 403
Ben Jelloun, T. 390
Bergelson, D. 339
Berlioz, H. 270
Bernabé, J. 410
Bernstein, A. 336, 338
Beyoncé 209
Bhabha, H. K. 17, 56 f., 64, 159, 192, 198, 337, 358 f., 392, 405
Biller, M. 153
Binder, H. 348

Birk, H. 192
Bizet, G. 289
Black, J. 263
Blatný, I. 451
Bloom, H. 222 f.
Boccaccio, G. 264, 281, 299
Boehmer, E. 223
Böhl de Faber, J. N. 263, 274
Böhme, H. 111
Boileau, N. 275
Bois, W. E. B. d. 359
Bolaño, R. 99
Bommes, M. 190
Bongie, C. 207
Bopp, F. 261
Borges, J. L. 119, 218, 223
Borowski, T. 178
Boudjedra, R. 390
Bougainville, L. A. d. 98
Bourne, R. 2, 27
Bouterwek, F. 128
Boyarin, D. 19
Boyarin, J. 19
Boym, S. 418
Braese, S. 173
Brague, R. 311–313
Brandes, G. 220
Brathwaite, K. 406 f., 412
Braun, C. v. 324
Braun, G. 231
Braun, J. 231
Brecht, B. 465
Breckenridge, C. 189
Brennan, T. 206
Brentano, C. 265, 298, 300, 302
Breysach, B. 178
Brežná, I. 450
Brickhouse, A. 100
Broch, H. 310 f., 313
Brod, M. 342, 344, 347 f.
Brodsky, J. 449
Bronfen, E. 116, 191, 194
Brouillette, S. 206
Buber, M. 149
– *Der Jude* 149
Buchenhorst, R. 180
Buck, P. 208

Budai-Deleanu, I. 289
Buero Vallejo, A. 231
Bunina, A. 275
Bürger, G. A. 275 f.
Burke, E. 268
Büsch, J. G. 320
Butler, J. 57, 463
Byron, G. G. L. 268 f., 275 f.

C
Cabrera Infante, G. 231, 412 f.
Cabrera, L. 406
Caesar, J. 247, 251–253, 307
Calderón, P. 263 f., 273 f., 281
Camillus, M. F. 255
Camus, A. 389
Carlyle, T. 268 f.
Carpentier, A. 407
Casanova, G. 388
Casanova, P. 114, 136 f.
Cassel, D. 146
Castells, M. 6
Cavalli-Sforza, F. 355
Cavalli-Sforza, L. 355
Ceaușescu, N. 443
Celan, P. 431, 434 f., 437 f.
Celtis, C. 256 f.
Cendrars, B. 99
Cervantes, M. d. 219, 223, 264, 273, 281
Césaire, A. 100, 387, 392, 406, 408 f.
Césaire, S. 414
Chakrabarty, D. 70, 351 f., 354, 356
Chamisso, A. v. 276
Chamoiseau, P. 100, 396, 405, 410–412
Chateaubriand, F. R. d. 260, 267, 270, 306, 388
Chomsky, M. 179
Christophe, H. 408
Chvatík, K. 448
Chwin, S. 167
Cicero, M. T. 251 f.
Cioran, E. 443, 449
Cisneros, S. 99, 208
Clifford, J. 19, 64, 159, 361, 411
Coelho, P. 220
Cohen, A. 99
Coleridge, S. T. 262 f., 268, 275

Cole, T. 205, 467 f.
Colón, C. 97
Condé, M. 207, 404, 409, 411, 413
Condesa de Merlín 99
Confiant, R. 99 f., 410
Conrad, J. 116, 448
Constant, H. B. 264, 275
Cooppan, V. 116
Ćosić, B. 455
Coudenhove-Kalergi, R. 308 f.
Csáky, M. 455
Curtius, G. 1
Cvetajeva, M. 446

D
Dahrendorf, R. 110
Damas, L.-G. 409
Damrosch, D. 68, 116, 137, 200
Dante Alighieri 119, 223, 263 f., 281, 311
Danticat, E. 413 f.
Darío, R. 98
Dash, M. 401, 404, 412
Dayan, D. 180
DeCesari, C. 159
Defoe, D. 319, 327
Delacroix, E. 270
Deleuze, G. 188, 203–206, 210, 212, 342, 403
DeLillo, D. 120
Delsham, T. 207
Deng, V. A. 211 f.
Derrida, J. 56, 352, 403
Dessalines, J.-J. 408
D'haen, T. 127
Díaz, J. 205, 225, 413
Dillmann, A. 292 f.
Diner, D. 162, 173
Dinesen, I. 208
Djebar, A. 99, 393
Döblin, A. 149, 152
– *Babylonische Wandrung* 152
Domanovic, R. 231
Domin, H. 420, 425–427
Dostoevskij, F. 235 f., 240, 446
Dovlatov, S. 449
Draesner, U. 166–168
Dreiser, T. 327

Dubnow, S. 149
Dugin, A. 445
Dühring, E. 148
Duras, M. 388, 393

E
Eckermann, J. P. 129
Eco, U. 117, 204
Eggers, D. 211 f.
Ehrenstein, A. 149 f.
– *Zion* 150
Eichendorff, J. v. 264, 273
Eiriz, A. 413
Eisenstadt, S. 109, 357
Eisner, P. 343
Elegie 29, 152, 275
El Inca Garcilaso de la Vega 99, 101
Ellis, B. E. 462
Elteren, M. v. 113
Engels, F. 130 f.
English, J. 206
Ensor, J. 413
Enzensberger, H. M. 313
Equiano, O. 353
Erll, A. 158–160, 163, 166
Ersch, J. S. 145
Espronceda, J. d. 274
Etkind, A. 162
Ette, O. 30, 80, 92, 95 f., 102, 119, 188, 359, 389
Eze, C. 373

F
Faist, T. 9
Faktor, J. 452
Falaki, M. 230
Fanon, F. 387, 392
Farrokhzad, F. 237
Feldmann, W. 338
Felixa, M. 453
Ferdinand I. 255
Fernandez Retamar, R. 408
Feuchtwanger, L. 149–152, 310 f.
– *Der jüdische Krieg* 151
– *Nationalismus und Judentum* 151
– *Der historische Prozeß der Juden* 151
Fichte, J. G. 260, 269, 279

Fiedler, L. 222
Filipiak, I. 450
Finkelstein, M. 451, 453
Firmin, J.-A. 409
Fischer, E. 355
Fishkin, S. 27 f.
Fishman, B. 165 f.
Fitzgerald, F. S. 237
Fleming, P. 254
Fluck, W. 113
Flusser, V. 343 f.
Fohrmann, J. 4
Fontane, T. 83, 322
Forster, G. 98, 320, 327
Foscolo, U. 272
Foucault, M. 352
Frank, A. 176 f., 183
Frankétienne 412
Frank, O. 176
Franzos, K. E. 333, 338
Freud, S. 57, 198
Friedrich III. (Kurfürst von Sachsen) 250
Frischlin, N. 251–253, 257
Furet, F. 158

G
Gadamer, H.-G. 116
Gaddafi, M. 373
Gahse, Z. 455
Gaponenko, M. 188, 197 f., 453 f.
García Lorca, F. 237
García Márquez, G. 99, 403
García Vega, L. 405, 414
Garvey, M. 409
Gatterer, J. C. 282
Gauck, J. 161
Gautier, T. 271, 388
Geertz, C. 14
Geiger, L. 148
Gellner, E. 4, 49–51
Genet, J. 393
Gherardini, G. 263
Giles, P. 206
Gilroy, P. 16, 351 f., 356 f., 359, 361, 409
Glagau, O. 322
Glei, R. 248 f.
Glick Schiller, N. 5, 157, 164, 189

Glissant, É. 99 f., 188, 351 f., 357, 387, 392, 394–396, 403 f., 406, 408, 410 f., 415
Goethe, J. W. v. 127–130, 138, 143–145, 147, 152, 218, 260–263, 267–272, 274–276, 282, 295 f., 299, 319–321, 327, 394
Goetz, R. 462
Gogol, N. 235 f., 240, 276
Goldschmidt, M. A. 338
Goldstücker, E. 343
Goll, I. 149
Golschiri, H. 237
Gombrowicz, W. 443, 449
Gómez de Avellaneda, G. 99
Goodrich, F. 176
Gorkij, M. 131, 446
Görres, J. v. 259
Gosh, A. 5
Gottsched, J. C. 81
Grabbe, C. D. 58
Grace, P. 379 f.
Grande, E. 11
Grass, G. 293
Gray, T. 275
Greenblatt, S. 3
Grellmann, H. M. G. 292 f., 301
Gretkowska, M. 450
Grillparzer, F. 260
Grimm, J. 82
Grimm, M. 272
Grimm, W. 82
Grjasnowa, O. 453
Gruber, J. G. 145
Gruzinski, S. 96
Guattari, F. 188, 203–206, 210, 212, 342, 403
Guillén, N. 409, 412
Guler Weineck, J. v. 290
Günther, P. 192
Guo, X. 225

H
Haam, A. 149
Habermas, J. 351 f.
Habila, H. 373 f.
Hackett, A. 176
Haderlap, M. 163 f.
Haecker, T. 311

Hall, S. 359
Han, B.-C. 10
Hanika, I. 180f., 183
Hannerz, U. 12
Hannibal 248, 250, 253
Harris, W. 406, 410
Harsdörffer, G. P. 294
Hauff, W. 265, 276
Hausbacher, E. 31, 451
Havel, V. 161, 313
Hearn, L. 98
Hebel, J. P. 175, 275
Hedayat, S. 236
Hegel, G. W. F. 260, 312, 355
Heine, H. 20, 37, 82, 147, 151, 231f., 238f., 259, 274f., 279–286, 431, 465
Helbig-Mischewski, B. 452
Hemon, A. 455
Hennig, R. 325
Henry, P. 410
Hensel, J. 465f.
Herder, J. G. 53–55, 81, 128, 152, 175, 259, 261, 284, 301
Heredia, J. M. 402
Hermann 58
Hermann, I. 182
Herzberg-Fränkel, L. 333, 338
Herzl, T. 175
Hess, M. 175
Hettner, H. 131
Hijuelos, O. 413
Hilsenrath, E. 177
Hippel, T. G. 265
Hirschi, C. 245
Hirsch, M. 166
Hitler, A. 309
Hitzke, D. 451
Hobsbawm, E. 4, 49f., 189
Hoetink, H. 401
Hoffmann, E. T. A. 265, 271, 273f., 276f.
Homer 264
Honigmann, B. 153
Horaz 256
Horkheimer, M. 109
Hornby, N. 462
Horthy, M. 449
Huelle, P. 167

Huenún, J. L. 99
Huggan, G. 206
Hugo, V. 260, 267, 271, 275, 277, 307f.
Humboldt, A. v. 98, 119
Humboldt, W. v. 81
Hume, D. 355
Hurston, Z. N. 461
Hutten, U. v. 248–250
Huyssen, A. 22, 164, 183

I
Ibsen, H. 217
Ihimaera, W. 378f.
Ihring, P. 448
Illies, F. 465f.
Illouz, E. 434
Innozenz III. 247
Iwasiów, I. 454

J
Jahn, F. L. 292
Jakobson, R. 238
James, C. L. R. 408
James, H. 460
James, W. 110
Janesch, S. 453f.
Jay, P. 6, 30, 62, 67f., 114, 199, 384
Jean Paul 259, 265, 269, 271, 277
Jones, W. 261
Jörger, J. 293, 303
Joyce, J. 219, 223, 225, 235f., 460
Judt, T. 160f.
Jullien, F. 117
Jünger, E. 310
Jureit, U. 182
Justin, E. 293

K
Kafka, F. 84, 203, 341–343, 347f., 431
Kaminer, W. 447, 452f.
Kant, I. 269, 282, 306, 355
Kanzog, K. 232
Karl der Große 246–248, 253
Karl V. 255, 298
Karpeles, G. 146f.
Katz, E. 180
Keats, J. 268

Kellermann, B. 319, 322–326, 328
Kertész, I. 176 f.
Khan, A. 401
Khatibi, A. 392 f.
Khoury, E. 99
Kierkegaard, S. 217
Kilcher, A. 20
Kim Thuy 390
Kincaid, J. 404
King, M. L. 359, 374
Kipling, R. 354
Kisch, E. E. 343
Kissel, W. 446
Kjuchel'beker, V. 276
Klaj, J. 294
Kleist, H. v. 58 f., 273, 296 f.
Klemperer, V. 174
Klopstock, F. G. 58
Klüger, R. 179
Koch, M. 133
Koeltzsch, I. 344
Kohn, S. 326, 338
Kolb, A. 307
Kolumbus, C. 404, 426
Kompert, L. 338
Konstantin 315
Konstantinović, Z. 455
Korzeniowski, J. K. 448
Kosiński, J. 448
Kott, J. 448
Kracht, C. 462, 466 f.
Kraft, W. 153
Krajewski, M. 321
Křen, J. 344
Kroh, J. 180
Kuh, A. 149
Kundera, M. 224, 236, 313, 443, 448 f.
Kunisch, H.-P. 452

L
Laak, D. v. 326
Lacan, J. 55 f.
Lachmann, R. 158
Laferrière, D. 390, 414
Lagarde, P. d. 148
Lahiri, J. 205
Lamartine, A. d. 275
Lamming, G. 408 f.
La Motte-Fouqué, F. d. 275
Landsberg, A. 159, 166
Langer, F. 341
Langer, J. 341
Lanzmann, C. 179
Lasker-Schüler, E. 464
Le Bris, M. 136
Le Clézio, J. M. G. 387
Lenin, W. I. 131, 374
Leopardi, G. 276
Lermontov, M. U. 276, 446
Lessing, G. E. 152, 175, 276
Levi, P. 174, 176 f.
Levy, D. 177, 180 f.
Lewis, M. G. 265
Lewycka, M. 452
Lezama Lima, J. 100, 404 f.
Liebich, R. 293
Liebknecht, K. 150
Limonov 449
List, F. 325
Litman, E. 453
Liu, L. 117
Locke, J. 354
Löffler, S. 217, 226
Löns, H. 296
Loomba, A. 353
Lorde, A. 360
Loti, P. 388
Luhmann, N. 111
Luxemburg, R. 150
Lyotard, J.-F. 203, 205

M
Maalouf, A. 98 f., 388 f.
Mabanckou, A. 395
Mahl, B. 320
Makine, A. 447, 454
Malkani, G. 370 f.
Mandanipur, S. 234–240
Mandela, N. 374
Mann, H. 309, 314, 322
Mann, T. 83, 309 f., 460, 466
Manzoni, A. 263, 272
Mapanje, J. 231
Márai, S. 443

Margulies, H. 149
– *Das Galuthproblem im Zionismus* 149
Marius, B. 116
Markisch, P. 339
Marr, W. 148
Mars, J.-P. 406
Martí, J. 98, 402
Martynova, O. 188, 195–197, 453
Marx, J. 207
Marx, K. 130 f., 323 f., 327
Maturin, C. 276
May, K. 296
Mazrui, A. 353
Mazzini, G. 267, 272 f.
McEwan, I. 204
McGurl, M. 208
McKay, C. 409
Mehr, M. 303
Meinecke, T. 465
Meister, J. H. 272
Meister, L. 128
Melanchthon, P. 254 f.
Melville, H. 119
Memmi, A. 392
Menasse, E. 448
Menasse, R. 153, 160 f., 168, 314
Mendelssohn, M. 431
Menzel, B. 452
Menzel, W. 130
Mercer, K. 461
Mérimée, P. 289
Metellus, J. 408
Mickiewicz, A. 267, 454
Mickiewicz, I. 450
Mieses, I. 333
Mignolo, W. 117, 385
Miłosz, C. 443, 454
Milton, J. 264
Mimikry 31, 193, 323, 405
Mistral, G. 98
Moníková, L. 341, 448
Montaigne, M. d. 219
Montesquieu 259
Mora, T. 452
Moretti, F. 168, 219 f.
Morgenstern, S. 174 f.
Morin, E. 311 f.

Mosenthal, S. H. 338
Möser, J. 320
Mo, T. 370 f.
Müller, A. 260
Müller, G. 94
Müller, Heiner 466
Müller, Herta 85 f.
Münster, S. 290, 295
Murakami, H. 204
Murner, T. 246 f.
Musil, R. 219
Musset, A. d. 277
Muszer, D. 452
Mwangi, E. 373

N
Nabokov, V. 443, 446 f.
Naipaul, V. S. 403, 405
Nancy, J.-L. 111
Napoleon Bonaparte 271, 299, 307
Nardal, P. 392
Nassehi, A. 106, 108, 110
Nerval, G. d. 270 f., 388
Neubauer, J. 449
Neumann, B. 192
Neumann, R. 152
– *An den Wassern von Babylon* 152
Ngũgĩ wa Thiong'o 68, 376
Nietzsche, F. 307
Nizami, G. 237
Nodier, C. 270 f., 277
Noll, C. 153
Nora, P. 158
Norris, F. 327
Novalis 260, 264, 269 f., 284, 296, 306
Nowrousian, S. 238
Nuez, I. d. l. 404, 409
Nwaubani, A. T. 374 f.

O
Odoevskij, V. 276 f.
Oehlenschläger, A. G. 263
Olejniczak, J. 448
Olejni, J. 448
Oliver, J. F. A. 99
Ollier, C. 393
Ong, A. 12

Opitz, M. 80f.
Ortega y Gasset, J. 309
Ortiz, F. 406, 411
Orwell, G. 236
Ostashevsky, E. 451
Osterhammel, J. 97
Otten, K. 150
Ovid 254, 313, 418
Özdamar, E. S. 85, 99, 464f., 467

P
Palmié, S. 410
Pamuk, O. 217
Parks, T. 204, 212
Patel, K. K. 13
Patterson, O. 404
Paulus 307, 313
Pavlova, K. 275
Pease, D. E. 3, 8
Peitsch, H. 179
Peretz, Y. L. 339
Pernau, M. 14
Petersson, N. 97
Petrarca 263, 281
Petrowskaja, K. 164, 168, 453
Pfemfert, F. 150
Phillips, C. 366–368
Piñera, V. 403
Pinsker, L. 148
Platon 354
Plinius d. Ä. 313
Poe, E. A. 263, 269
Pries, L. 8, 12
Proust, M. 219
Pückler-Muskau, H. v. 286
Puškin, A. 275, 446

Q
Quincey, T. d. 269, 277

R
Rabinovici, D. 153, 181f.
Radcliffe, A. 265
Radway, J. 118
Rajčić, D. 451
Ramazani, J. 29f.

Randeria, S. 11, 357, 384
Ranger, T. 4, 49f.
Raynal, G.-T. 98
Redliński, E. 449
Renan, E. 52, 358f.
Reyn, I. 453
Richterová, S. 449
Richter, S. 133
Rigney, A. 159
Ritter, R. 293
Rivas, D. d. 267, 273
Rizal, J. 98
Robinson, H. C. 271
Rodó, J. E. 98
Rolland, R. 307, 310
Rösch, H. 195
Rostamkhani, K. 238
Rothberg, M. 22, 162, 167, 184
Roth, J. 149, 152
Rouaud, J. 136
Roumain, J. 406
Rousseau, J.-J. 268, 270, 306, 308, 387
Roy, A. 205
Rückert, F. J. M. 275
Rudnicki, J. 452
Rushdie, S. 5, 119, 224, 228, 372, 418f.
Rutten, E. 162
Ryleev, K. 275

S
Saavedra, A. d. 273
Sabinus, G. 254–256
Sacher-Masoch, L. v. 334
Sachs, N. 292, 434–437
Safran, W. 19
Said, E. 22, 67, 116, 119, 133–135, 188, 192, 367, 418
Saidi-Sirjani, A. A. 231
Sainte-Beuve, C.-A. 264
Saint-John Perse 403
Saint-Pierre, C. I. C. d. 306, 308
Saint-Simon, C.-H. d. 270, 307f.
Sajou, L. 392
Sakai, N. 66f.
Samuely, N. 333
Sánchez, L. R. 413

Sansal, B. 395
Santos-Febres, M. 414
Sarduy, S. 413 f.
Sartre, J.-P. 432
Sassen, S. 3
Savenko, E. 449
Savickij P. 445
Schauer, H. G. 445
Schelling, F. W. J. 269, 274–276, 281
Scherr, J. 131 f.
Schickele, R. 307
Schiller, F. 62, 157, 164, 268–276, 281 f., 285
Schindel, R. 431, 439–441
Schlegel, A. W. 81, 128, 262–264, 271–275, 281
Schlegel, F. 81, 128, 259–264, 266, 270, 272 f., 284 f.
Schlegel, J. E. 58
Schlözer, A. L. v. 128, 282
Schmid, U. 452
Schneider, C. 182
Schneider, R. 309, 313
Schnitzler, A. 460
Schoeller, W. 195
Scholem, G. 433 f.
Schöll, J. 191
Schulz, B. 454
Schulz, P. 453
Schulze, H. 158
Scipio 248
Scott, W. 265, 268 f., 275
Sebald, W. G. 467 f.
Segalen, V. 393
Seghers, A. 420–422, 424 f.
Selasi, T. 205
Seligmann, R. 149
– Bejahung und Verneinung des Galuth 149
Selvon, S. 372, 412
Semprún, J. 99, 176 f.
Senghor, S. 351, 392, 409
Şenocak, Z. 183 f.
Seyhan, A. 199
Sforim, M. M. 339
Shakespeare, W. 118, 216, 219, 223, 262–264, 275, 281, 408
Shelley, M. 276

Shelley, P. B. 267 f., 276
Shteyngart, G. 120, 447
Sievers, W. 199
Silvestre de Sacy, A. I. 261
Simmel, G. 324
Šipenko, A. 453
Skif, H. 238, 240
Škvorecký, J. 448
Sloterdijk, P. 106, 112
Smith, A. 321, 324
Sokolov, S. 449
Solženicyn, A. 231, 446, 449
Sombart, W. 320, 322–324
Sophokles 219
Spektor, M. 339
Spielberg, S. 452
Spieß, C. H. 275
Spivak, G. 57, 109, 138, 464
Stach, R. 343
Staël, G. d. 259, 263 f., 267, 269, 271 f., 274 f.
Stanišić, S. 452, 455
Steinmetz, H. 134
Steinschneider, M. 145 f.
Stendhal 270, 275
Stern, A. 131 f.
Sterne, L. 265
Stevens, G. 177
Stigelius, J. 254
Stiglitz, J. 106
Stojka, C. 303
Strich, F. 132 f.
Stuckrad-Barre, B. v. 462
Sturm-Trigonakis, E. 136, 395
Sully, M. d. Béthune, duc d. 306, 308
Sulzer, F. J. 300 f.
Suttner, B. v. 307 f.
Syal, M. 369 f.
Szanton Blanc, C. 5, 157, 164, 189
Sznaider, N. 180 f.

T

Tacitus 249 f., 253, 295
Tamen, M. 219
Tawada, Y. 85, 99, 119 f.
Taylor, M. 110, 112

Tellkamp, U. 466
Țepeneag, D. 451
Tetzner, T. 292
Thelen, D. 13
Thierry, A. 270
Thomas, D. 384
Thomasius, J. 290
Tieck, L. 262, 265, 273
Tjutčev, F. 275 f.
Tölölyan, K. 18, 360
Tolstoi, L. 237
Tönnies, F. 434
Topol, J. 162, 168
Törnquist-Plewa, B. 166
Török, Z. 449
Tournier, M. 388
Toussaint Louverture, F.-D. 408
Treitschke, H. v. 148
Trojanow, I. 79, 85, 452
Trouillot, E. 408
Trubeckoj, N. 445
Tschechow, A. 235

U
Uffelmann, D. 446, 452
Ugrešić, D. 455
Ulinich, A. 453
Urry, J. 119
Urzidil, J. 344

V
Valdívia Orozco, P. 101
Varnhagen, K. A. 130
Varnhagen, R. 431
Varus, Q. 58, 248, 250, 255
Veit, Moritz 295
Venclova, T. 454
Vennemann, K. 183
Verdery, K. 359
Verdi, G. 274
Vergil 219, 264, 310 f., 313
Verne, J. 119
Vertlib, V. 165 f., 454
Vertovec, S. 5
Veteranyi, A. 303
Villaverde, C. 402
Volkonskaja, Z. 275

W
Wagner, R. 148, 276
Wajsbrot, C. 99
Walcott, D. 403–410
Walkowitz, R. 69, 217
Wallerstein, I. 96
Walpole, H. 277
Wanner, A. 164, 447, 450 f.
Wass, A. 449
Weber, M. 49, 318
Weil, G. 177
Weill, A. 338
Weisgerber, L. 83
Weiss, P. 178 f., 420, 422–425
Welsch, W. 9, 109, 141, 181, 189, 344, 385
Weltsch, F. 343
Welzer, H. 166
Werner, M. 13 f., 93
Werner, Z. 273
Wieland, C. M. 127 f.
Wiesel, E. 176 f.
Williams, M. 211
Wimpfeling, J. 246 f.
Winckelmann, J. J. 275
Wittlin, J. 454
Wolfenstein, A. 149 f.
– *Jüdisches Wesen und neue Dichtung* 150
Wolf, I. 143 f.
Wolfskehl, K. 149, 152 f.
– *Die Stimme spricht* 152
Woolf, V. 219
Wordsworth, W. 262, 268 f., 276

Y
Yourcenar, M. 387

Z
Zagajewski, A. 449
Zaimoğlu, F. 462–464
Zajac, P. 455
Zangwill, I. 338
Zaresani, S. 238
Zimmermann, B. 13 f., 93
Zimmermann, H. D. 342
Žižek, S. 56

Zuckmayer, C. 150, 152, 419
– *Weltbürgertum* 152
Žukovskij, V. A. 274 f.
Zunz, L. 144–146

Zvereva, V. 162
Zweig, S. 149, 152, 307
– *Die Welt von Gestern* 152

VII.2 Sachregister

A

Abolitionismus 353
aemulatio 257
African-American studies 32
Afrika, afrikanisch 16, 18, 35, 90, 95, 100, 196, 206, 209, 221, 308, 315, 351f., 354f., 360, 366–368, 372–377, 384–387, 389, 392, 401–403, 406–410
Afrikanistik 28
afrokaribisch 368, 407, 409f., 414
Ahasver, Ahasverismus 150, 152, 276f., 453
Akkulturation 11, 22, 189, 253, 330, 419, 444
Algerien, algerisch 216, 389–393, 395
Alterität 64, 109, 193, 209, 369, 453
Amerika, amerikanisch 2, 7, 22, 27–29, 34, 36, 95f., 98–101, 112f., 116, 135–138, 151, 160, 166, 176, 179, 204, 206, 210f., 222, 321–323, 327, 338, 359, 376–378, 380, 385, 401, 410, 413f., 447, 449, 453, 461, 465
Amerikanistik 6, 35
Anekdote 210, 275
Anglistik, anglistisch 24, 35, 222
anglofon 100, 204, 366f., 377, 381, 390, 394, 401f., 409, 412
Antike, antik 216, 218, 246, 248–253, 255–257, 263f., 267, 273, 275, 294, 310, 312, 314f., 351, 354, 360
Antinationale Sozialisten Partei 150
Antisemitismus, antisemitisch 36, 130, 148, 161, 165, 175, 298, 321, 323, 326, 432, 439, 443, 449
arabisch 144–146, 240, 390, 393f., 402
aramäisch 143
Archipel 97, 396, 401, 403
Area Studies 65, 90f., 94
Asien, asiatisch 16, 100, 352, 354, 366–368, 370–372, 414
Assimilation, assimiliert 11, 22, 28, 31, 107, 141, 146–150, 175, 184, 189, 310, 323, 341f., 371, 376, 413, 426, 431f.
Ästhetik, ästhetisch 28f., 31, 53–55, 85, 92, 94, 96, 101, 112, 138, 149–152, 156f., 187f., 194f., 197–199, 205, 207, 231, 234, 259, 261, 267–269, 271, 273f., 294–296, 303, 320, 337, 373, 404, 407, 444, 446f., 450–452, 455, 459–462, 467f.
Aufklärung 109, 131, 142f., 260, 279, 315, 319, 331, 351–354, 356–358, 360, 362, 407f., 431, 439
Auschwitz 160, 173f., 177–179, 432, 435
Ausgrenzung 30, 36, 172, 378, 381, 419, 431
Austausch, Austauschbeziehung 2f., 8, 10, 20f., 24, 28, 62, 68, 73, 80, 94, 99f., 118, 120, 128–130, 133, 144, 160, 197, 267, 282, 368, 406f., 411f., 419, 446, 459, 462, 465, 468
Autobiografie, autobiografisch 115, 152, 164, 166, 211, 334, 390, 405, 414, 419
autochthon 19, 387, 389–391
Avantgarde, avantgardistisch 83f., 98, 194, 446, 462, 464f.

B

Babel, babylonisch 151, 174, 347
Beschleunigung 97f.
Beur 387, 389
Bewegung 11f., 17, 29, 50, 70, 84, 90f., 93–96, 99, 101, 106, 108, 119, 156, 159, 163, 187, 191, 194, 197, 205, 217, 222f., 256f., 259f., 277, 282, 284, 286, 308, 319, 324, 326, 354, 367, 385, 391, 404, 409, 419, 425, 437, 455, 463, 466
Bilingualität, bilingual 221, 357, 450
Biografie, biografisch 12, 25, 32, 80, 157, 165, 168, 187, 191, 194f., 211, 334, 343, 384, 419–421, 443, 452, 460
Black and Asian British literature 368
Black Atlantic 16, 351, 357, 359, 362, 409f.
Black British 361f., 368, 402
blackness 210, 368
Böhmen, böhmisch 35, 255, 333, 335, 341, 344–348
Brasilien, brasilianisch 98, 215, 344
Briefroman 188, 197f., 264
britisch 14, 16, 206, 222, 236, 355, 361, 366–372, 374, 402
British Empire 367

Bürgerkrieg 90, 156, 167, 373, 443
C
Central-Verein deutscher Staatsbürger jüdischen Glaubens 148
China, chinesisch 70, 90, 95, 216, 225, 233, 370–372, 405
Christentum, christlich 15, 144, 148, 178, 255f., 260, 284, 289, 296, 306f., 310–313, 315, 331, 341, 351, 354f., 358, 361, 437, 440
Chronotopos 191
Comic 34, 466
Container 8, 12, 21, 23, 118, 180, 187–189, 367, 402, 451
contradictio 246
cultural studies 5, 439
cultural turn 13, 127

D
Dekolonisation 385, 387, 389, 391f.
Dekonstruktion 56, 65, 193
Demokratie 65, 107, 109, 112, 228, 313, 351, 353
Deportation 171, 173, 177, 352, 361
Deterritorialisierung, deterritorial 6, 12, 24, 203f., 389, 411
Deutschland, deutsch 2, 13f., 24, 26f., 29, 31f., 37, 55, 58, 80–85, 91, 113, 119f., 129–131, 142, 146, 148f., 152f., 156, 158, 163, 165–167, 171–184, 190, 195–197, 204, 215, 218, 228, 239, 245–257, 259–265, 267–276, 279–286, 289–292, 294–298, 302, 306f., 309f., 322, 324f., 330, 333–335, 337–339, 341–348, 354f., 361, 385f., 395, 404, 418f., 421–428, 443, 445, 448–450, 452–454, 460, 462–468
Diachronie, diachron 14, 195, 246, 248, 257, 261, 266
Dialektik, dialektisch 109, 142–145, 284, 312, 355, 455
Dialog, dialogisch 8, 34, 132, 167, 197f., 208, 236, 246, 248, 251, 274, 300, 311–314, 371, 434, 436, 441, 446, 454, 465, 467f.
Diasporaästhetik 149
Diaspora, diasporisch 7, 13, 15, 17–21, 63, 71, 135, 141, 144, 146f., 149–152, 157, 164, 181, 183f., 205, 280, 322, 357f., 360–362, 368, 370, 388, 390, 392, 402, 407, 409, 412–415, 433, 439, 448, 450, 459–461, 463, 468
Diasporamodell, sozialrevolutionäres 150
Diasporanationalismus 149
diaspora studies 18
Diasporatheorien 149
diasporisches Modell 149
Differenz 4, 8, 10, 26f., 30, 57, 64, 66f., 100, 106, 108, 110f., 115f., 128, 133, 149, 172, 188, 191, 194f., 197f., 205, 210, 266, 285f., 345, 393, 403, 411f., 428, 432, 439, 466f.
digital humanities 34
Digitalisierung, digital 33f., 73, 98, 107f., 114, 120, 208–210
Ding, Dinge 29, 56, 133, 324, 344, 426, 465
displacement 19, 64, 69, 71, 135, 190, 200, 361
Diversität, diversité, diversity 26, 67, 72, 135, 188, 194, 209, 223, 262, 294, 299, 352, 357–359, 394, 415
Drama, dramatisch 58f., 165, 253, 265, 273, 275f., 296, 435
Dritte, der 297
Dritter Raum 198

E
Einbildungskraft 52f., 55, 465
Einwanderung 2, 19, 27, 113, 164, 390, 402
Emanzipation, emanzipatorisch 15f., 26, 131, 142, 147f., 238, 260, 279f., 315, 336, 356, 425, 432, 453
England, englisch 24, 26f., 30, 63, 68, 72, 112f., 115, 118, 131, 138, 173, 199, 204–207, 217f., 221–223, 225f., 234–236, 239, 262–265, 268f., 271, 273, 275, 277, 280, 286, 309, 315, 319, 322, 325, 327, 337f., 354, 366f., 390, 392, 394, 412f., 420, 443, 447f.
entangled history 384
entangled history 14, 69, 71
Entortung, entortet 10, 16–18, 21–23, 30f., 33, 36, 157, 164, 428
Entwurzelung, entwurzelt 21, 95, 380, 437f.

Epoche 14, 33, 100, 108, 129, 132, 146, 150, 218 f., 245, 248, 254, 262, 265, 284, 418
Erbe 25, 131, 216, 218, 264, 294, 314, 372, 376, 409, 414, 455
Erinnerung 7, 15, 19, 21 f., 25, 29, 156–160, 162–167, 171, 173 f., 177, 180, 182–184, 212, 291, 303, 315, 362, 379, 414, 421, 423 f., 426, 436, 438, 440, 455, 467
Erinnerungsgemeinschaft 157
Erinnerungskultur 22, 156–158, 160–165, 167, 180, 182, 408
Erinnerungsort 158, 178 f.
Erster Weltkrieg 454
Essay 2, 27, 134, 148, 150 f., 172, 194, 196, 268, 274, 306, 309 f., 315, 351, 392, 404, 419, 425, 427, 440, 450
essentialistisch 9, 56, 192
Ethik 117, 137
ethnisch 10, 17, 21, 24, 56, 72, 109, 135, 167, 190, 208 f., 211 f., 240, 246 f., 290, 292, 299, 302 f., 318, 325, 328, 368–370, 372, 378, 380, 388, 401, 431, 439, 441, 448, 455, 466, 468
Ethnologie, ethnologisch 9, 11 f., 406
ethnoscape 12
Europa, europäisch 2, 15 f., 22, 25, 27 f., 30, 35–38, 62, 68–70, 79 f., 82–84, 91 f., 95–102, 109, 112–114, 117, 119, 129, 131 f., 134 f., 137 f., 142–145, 147–149, 151–153, 156–162, 167, 171 f., 175, 180, 182, 189, 206, 208, 216, 221, 229, 237 f., 245, 248, 251, 253, 256, 259–274, 276 f., 279–286, 289–291, 293, 295, 298, 300, 303, 306–315, 319, 322, 331, 338 f., 348, 351, 353 f., 356 f., 359–362, 366, 368, 370 f., 373–375, 379, 381, 384–386, 388–391, 401, 407 f., 410, 412, 419, 425, 432 f., 452, 454 f., 459–461, 467
Europäische Union 11, 160, 162, 314, 401
Eurozentrismus, eurozentrisch 14, 66, 72, 91, 132 f., 284, 394, 408
Exil, exilisch 7, 15, 18, 20–23, 25, 31 f., 37 f., 63, 82, 84 f., 133–136, 147, 149, 152 f., 171, 181, 184, 189, 194, 224, 229, 232–234, 236, 240, 245, 271, 274, 279, 303, 387, 391, 402, 414, 418–423, 425, 427 f., 441, 443–451, 454 f.

Exilliteratur 25, 31, 37, 84, 152, 191, 233, 418, 420, 444, 450
Exodus 257, 425, 444
Exofonie 85
Exotismus, exotisch 207, 220 f., 367, 384, 393, 452, 454
Expressionismus, Expressionisten 149–151
Exterritorialität, exterritorial 144, 147, 149 f., 153

F

Faschismus 156, 418
Fiktion, fiktional 31, 53, 57, 119, 157, 210, 212, 246, 254, 310, 360, 401, 403, 408, 467 f.
Film 115, 159, 177, 179, 181, 326, 386
Flucht 18, 32, 95, 157, 161, 166, 240, 291, 414, 418, 425, 444
Flüchtling 17, 101, 165 f., 211 f., 404, 446, 452
Fokalisierung 196, 221
Fragment, fragmentarisch 176, 191, 196, 203, 210, 260, 286, 395, 406, 412, 423 f., 440
francophone studies, études francophones 386
frankofon 37, 100, 222–224, 384–395, 401 f., 406, 409, 412
Frankreich, französisch 14, 26, 96–98, 101 f., 120, 131, 136, 152 f., 158, 190, 215, 218, 223–225, 236, 239, 246 f., 251, 253, 264, 270 f., 273–275, 279–286, 289 f., 299 f., 306–308, 310, 326, 338, 355, 384–390, 392–395, 401, 405–408, 420, 422, 447, 451
Fremdheit, Fremde 15, 84, 135, 144, 159, 183, 197 f., 217, 223, 240, 266, 281, 284, 290, 295, 297, 306, 324, 334, 373, 381, 393, 418, 422 f., 426, 439, 453
Fremdsprache 119, 235
Frühe Neuzeit 96, 245 f.

G

Galizien, galizisch 167, 333 f., 341, 453
Galutbejahung 149
Galuth 149
Gattung 31, 101, 118, 142, 191 f., 194, 196 f., 208, 219–221, 245 f., 248, 251, 254, 260, 264, 281, 310, 330–332, 337, 339, 390, 435

Gedächtnis 18, 82, 158–165, 180, 189, 306, 379f., 411, 415, 440
Gedicht 109, 114, 157, 197, 256f., 274–276, 285, 300, 303, 351, 406, 426, 434–438
Gegenwart 5, 25, 30, 35, 37, 50, 96, 109, 127, 150, 153, 163, 179, 193, 196, 206, 228, 233, 236, 238, 240, 249–253, 255, 257, 264, 306, 311, 313, 326, 332, 366, 370, 375, 411, 428, 435, 439, 459f.
Gemeinschaft 5, 9, 11–13, 16–21, 27, 29, 32, 35f., 38, 49–57, 59f., 81, 156, 159–161, 163f., 204, 212, 229f., 233, 237f., 240, 245, 265, 309, 313, 315, 376f., 418, 422, 426, 431–434, 436–439, 450
gender studies 386
Generation 18, 130, 153, 159, 162, 210, 225, 261, 281, 303, 309, 343, 347, 358, 368, 372f., 389, 413, 439f., 449, 451, 461, 465, 468
Genozid 133, 160, 163, 174, 291
Genre 29, 31, 35, 163, 188, 194, 198f., 208, 211, 219f., 231, 330–332
Germanien, germanisch 58f., 148, 248–251, 253–256, 259f., 272, 294, 312
Germanistik, germanistisch 1, 24, 26, 35, 82, 132, 195
Geschichtswissenschaft, geschichtswissenschaftlich 12–14, 93, 292
Geschlecht, Gender 28, 58, 72, 197, 303, 358, 386, 414, 450
Ghetto 17, 150, 162, 165, 175, 331, 334, 339, 343, 462
Ghettoliteratur 37, 330–332, 338f.
gender studies 28
globale Literatur 203–205, 210
global history 14
Globalisierung, global 1, 3, 10f., 25f., 36, 91, 96–98, 101, 105–115, 117–121, 127, 134, 136, 156, 179f., 190, 199, 223, 282, 352, 356f., 359, 384, 459, 468
Global South 388
Glokalisierung 111, 120, 180
Gothic novel 264, 269
grand récit 132, 203
graphic novel 34
Grenze, Grenzziehung 1–3, 6, 8, 10–12, 17, 20, 22, 27, 32, 34–37, 64, 67–69, 73, 106–108, 118, 120, 133, 156, 158f., 163, 167, 171, 190, 197, 199, 209, 212, 215, 220, 223f., 229f., 233, 245f., 259, 266, 269, 276, 282, 284, 297–300, 313, 322, 324f., 330, 332, 348, 360f., 367, 369, 380f., 384f., 387f., 392f., 395, 404, 406, 413, 421, 423, 425, 428, 439
Griechenland, griechisch 144, 146, 216, 218, 256f., 262, 269, 294, 311f., 314, 360
Großbritannien 26, 97, 290, 367f., 370f., 373, 375f., 394, 402, 452
Groteske 193, 276, 323, 325, 452
Gründungsmythos 58

H
hebräisch, neuhebräisch 331, 335–338
Hegemonie, hegemonial 15, 19f., 56f., 65, 72f., 92, 116, 132, 183, 200, 461, 463
Heimat 16f., 22, 114, 134, 136, 147, 171, 181, 189, 198, 229, 234, 236, 238, 240, 295, 323, 358, 360, 368, 370, 376, 393, 418–422, 424f., 427, 438, 443, 449
Heimatlosigkeit 152
Herkunft 12, 16, 31, 173, 178, 181, 199, 237, 239, 248, 290, 292, 331, 333, 358, 360, 369, 388–391, 407, 409, 413, 441, 448, 452
Heterogenität, heterogen 19, 113, 127, 143, 145, 184, 188, 190, 259, 292, 368, 401, 428, 468
Hexagon, hexagonal 26, 386, 388
HipHop 461, 463
hispanofon 100, 118, 401, 412f.
histoire croisée 14, 93f., 428
Historisierung 13, 219
Holocaust 156, 160, 162, 165, 176, 179f., 183, 216, 293, 303, 315, 439, 454, 467
Homogenität, homogen 3f., 9f., 13, 15, 17, 26, 35, 51, 62, 64, 81, 83, 110, 142, 145, 153, 172, 200, 290, 292, 294, 299, 303, 341–344, 372, 385, 388, 391f., 396, 418, 431, 433, 441
hybrid 115, 137, 157, 174, 181, 196, 369, 378, 380, 393
Hybridisierung 9, 23, 181, 192, 194, 198, 294, 344

Hybridität 30, 56, 135 f., 190, 192, 198, 333 f., 405, 411, 415, 439
Hyperkulturalität 10

I

Identität 4, 18 f., 31, 49 f., 56 f., 85, 116 f., 136, 141–143, 147, 157, 159 f., 181 f., 190, 192 f., 196 f., 208, 217, 222, 225, 237, 245 f., 252 f., 255 f., 279, 284, 286, 290 f., 299, 302 f., 306, 310 f., 314, 323, 336, 344 f., 358–361, 367–372, 379, 381, 390–392, 411, 413, 419 f., 427, 431, 439–441, 445
Ideologie, ideologisch 2, 90, 127, 131, 149, 270, 314, 336, 353, 386–388, 394 f., 445 f.
Ikonografie, ikonografisch 22, 295
imaginär 53, 55, 57 f., 182, 212 f., 294, 411, 418–420, 452
Imagination, das Imaginäre 19–21, 23, 30, 52 f., 55 f., 58, 74, 179, 183, 198, 213, 238, 268, 276, 295, 309, 377, 380, 405 f., 408, 411, 421 f., 427, 450
imagined community 4, 49, 53, 57, 358, 361, 445
Imitation, imitatio 16, 257, 405, 461
Immigration 11, 205
Imperium, imperialistisch, Imperialismus 15, 28, 71, 247 f., 252, 307, 313, 352, 354, 366, 381, 408, 445, 466
in-between space 71
Indien, indisch 95, 216, 225, 260 f., 264, 291, 296, 315, 354, 368–370
Indigenität, indigen 35, 72, 101, 377–380, 407
Industrialisierung 64, 129, 351, 353, 358
Institution, institutionell, Institutionalisierung 4, 9, 23, 28, 50, 79, 90, 102, 108, 111–113, 135, 137 f., 147, 158, 172, 206, 215, 221, 223, 226, 230, 233, 292, 306 f., 313 f., 322, 346, 378, 385, 402, 409, 439, 444, 446, 459 f.
Insularität, insular 401, 403, 405, 426
Inszenierung 4, 31, 156, 209, 372
Integration 95, 106, 147, 149, 164, 166, 189, 209, 260, 293, 309, 345, 432 f.

Interaktion 2 f., 12, 14, 63, 240, 331, 353, 372
Interdisziplinarität, interdisziplinär 5, 18, 50, 91, 187, 191
Interkulturalität, interkulturell 7, 9 f., 145–147, 190, 193, 197 f., 284, 341, 344 f., 348, 465
Internationalismus 151
Internationalität, international 8, 11, 14, 63, 82, 107, 129, 152, 161, 171, 183, 187, 204, 206 f., 216 f., 219 f., 309, 321 f., 344, 358, 386, 446, 454
Internet 33, 180
Intersektionalität 31, 414
Intertextualität, intertextuell 32, 34, 81, 115 f., 158, 196, 229, 231, 233–235, 237, 240, 454, 464, 466
Israel, israelisch 19 f., 151, 153, 171, 180–182, 338, 432–434, 436, 439
Italien, italienisch 32, 113, 118, 196, 251, 256 f., 264, 271 f., 274 f., 277, 294, 299 f., 310, 380, 391, 449

J

Jerusalem 150 f.
jiddisch 331, 335–337, 339, 342, 445, 454
Jude, jüdisch, Judentum 18–22, 36–38, 84, 132, 141–153, 160, 162, 165–167, 171–173, 175–178, 181–183, 276, 280, 292, 295–298, 311–313, 315, 322–326, 328, 330–339, 341–343, 348, 360 f., 389, 402, 414, 419, 425, 431–437, 439–441, 443, 445, 448, 454 f.
Jugendkultur 371

K

Kanada, kanadisch 216, 367, 377 f., 387, 390 f.
Kanon, kanonisch 80, 82, 84, 92, 116, 127–134, 136, 138, 151, 187, 215–226, 237, 262, 264, 410
Kapital, Kapitalismus, kapitalistisch 12, 52, 69, 106, 109, 150, 281, 319–324, 352 f., 366 f., 373, 387
Karibik, karibisch 35, 95, 100 f., 207, 362, 366 f., 384, 386 f., 390 f., 395 f., 401–415
Kenia, kenianisch 68, 211, 373, 376

Klassik, klassisch, klassizistisch,
Klassiker 12, 14, 24f., 33, 35, 37, 82,
113, 160, 187, 190, 198, 207, 209f., 218,
250, 263, 268, 274, 281, 286, 351, 368,
413, 447, 460f.
kleine Literatur(en) 203f., 207, 212, 342
Kollektiv, Kollektivkörper 55, 210f., 213, 360,
419, 425, 431–433, 435, 450
Kolonialgeschichte 25, 69, 360, 374
Kolonialismus, kolonialistisch 10, 15, 65, 69,
71, 192, 351–354, 356, 358, 360, 366,
372, 374f., 377, 381, 384, 387, 391, 427,
459, 462, 467
Kolonie 16, 217, 222, 308, 327, 356f., 366,
368, 385, 388, 402
Kolonisierung 65, 119, 315, 368, 372, 439
Komparatistik, komparatistisch 6, 14, 24, 33,
64, 92f., 99, 118, 135, 137, 187, 218
Komplexität 4, 9, 11, 13f., 63, 111, 166, 191,
210, 220, 294, 358, 381, 385, 433, 440
Konstruktivismus, konstruktivistisch 6, 49,
52, 57
Kosmopolitismus, kosmopolitisch 2, 12, 73f.,
82f., 108f., 130, 132, 135–137, 149, 151f.,
161, 180, 207, 223, 240, 279f., 283, 311,
318, 376, 388, 432, 447, 466f.
Kreativität 85, 374, 405f., 410, 412, 418, 454
Kreolisierung 100f., 385, 407, 410f., 414
Kritik, kritisch 1f., 4, 7, 15, 23f., 30, 35–37,
66f., 71, 74, 86, 90, 92, 94, 96, 98,
109, 112f., 130, 135, 138, 147, 151, 161,
189f., 193, 200, 203, 206f., 210–212,
217, 222f., 232, 236, 246, 264, 271, 308,
313–315, 318, 321f., 345, 351f., 356, 376,
379, 391–393, 395, 408, 411, 413f., 434,
439, 459, 462, 464–467
Kulturanthropologie, kulturanthro-
pologisch 5f., 11f., 14, 99
Kulturgeschichte, kulturgeschichtlich 91, 117,
133, 146, 218, 311, 324
Kultur, kulturell 1–6, 8–10, 12, 14f., 17–32,
34, 36, 49, 51f., 54–56, 62–70, 73f.,
79, 81, 83f., 90, 92f., 95–102, 106–110,
112–119, 127–129, 131–138, 141–149,
151–153, 156–160, 162–164, 171, 173,
175–178, 181, 187–198, 200, 203f.,
207–210, 215–223, 225f., 229f.,
234, 237–240, 245f., 248, 251–253,
256f., 259–262, 265, 267, 269–272,
274, 279–282, 284–286, 299, 306f.,
309–315, 331, 333, 336f., 339, 342,
344f., 347f., 351, 354, 356, 358–361,
366–373, 376–381, 384–388, 391–393,
395, 401–409, 411, 413–415, 418, 420f.,
425f., 428, 431f., 439f., 443–447,
449f., 453, 459, 461f., 467f.
Kulturmodell 132, 134
Kulturnation 15, 55, 142, 175, 252, 282
Kultur, neuhebräische 149
Kulturtransfer 257, 279, 281, 420, 445
Kulturwissenschaft, kulturwissenschaftlich 1f., 5–7, 9, 13, 15, 19, 21f., 28,
33f., 38, 50, 62, 64, 79, 90f., 100, 102,
138, 158, 189f.

L
Lateinamerika, lateinamerikanisch 90, 98,
366, 401f., 407f., 413
Lateinamerikanistik, lateinamerika-
nistisch 99
Latein, lateinisch 37, 80, 144f., 174, 245,
250f., 254, 256, 312, 315
Leitkultur 358, 361
Libanon, libanesisch 98, 388f.
Liberalismus 149, 270
lingua franca 63, 68, 446
linguistic turn 13, 114
literarisches Feld 25, 33, 36, 173, 187f., 208,
216, 460, 464
Literarizität 96, 265
Literaturgeschichte, Literaturgeschichtsschreibung 37, 62, 72, 80, 82–84, 92,
97, 100, 114, 128, 131f., 218f., 222–225,
261–264, 267, 368, 387–389, 402, 459
Literaturkritik 24, 218, 220, 401
Literaturpreis 205
Literaturwissenschaft, literaturwissenschaftlich 4f., 7, 10, 12, 22, 24f., 27f.,
30, 32–37, 67, 85, 90–93, 96, 98f., 102,
106f., 114f., 117, 120, 137f., 146, 158,
160, 187, 189–192, 194, 199, 206, 218,
220, 226, 368, 373, 381, 384, 443f.,
454, 467
littérature-monde 224, 387, 394f.

lokal 4, 9, 11f., 27, 35, 37, 65, 67f., 74, 81f., 99, 111, 113f., 120, 130, 171, 173, 180f., 184, 190, 217–221, 223f., 367, 373, 381, 444, 459

M

Maafa 352–354, 360
Macht 15, 64, 69, 107, 113f., 120, 209, 215, 226, 231, 235, 249, 268, 274, 282, 307, 309, 355, 373, 405, 410, 459, 467
Maghreb, maghrebinisch 95, 387, 389–392
Manifest 26, 130, 136, 224, 394
Maori 377–380
Markt 27, 112, 114, 203–205, 207, 213, 221, 314, 451
Marokko, marokkanisch 190, 391f.
Mediatisierung 159
Medium, medial 2, 4, 35, 52, 55, 68, 71, 73, 82, 107f., 110f., 114, 120, 136, 144, 147, 149, 156, 158f., 163, 167, 179f., 184, 207, 209, 212, 245, 251, 254, 265, 279, 320f., 347, 367f., 370, 381, 434f., 447, 463
Mehrsprachigkeit 32, 36f., 62f., 69, 79–85, 101, 136, 141, 164, 189, 193, 333, 335–337, 419f., 443, 446, 454
melting pot 2
messianisch 151
Metaerzählung 203
Metapher, metaphorisch 55, 99, 149, 188, 191, 238, 252, 297, 310, 328, 372, 395, 403f., 406, 411, 413f., 435, 437f., 463, 466
methodologischer Nationalismus 66, 74
Mexiko, mexikanisch 420–422
middle passage 16, 21, 401, 405, 414
Migration, Migrant/in 1–3, 9, 11, 17–19, 21, 23, 25, 31–34, 36, 56, 65, 95, 99, 106f., 114, 119, 136, 141, 144, 157f., 160f., 163, 165, 167, 181, 183f., 187f., 190f., 193–195, 199, 212, 215f., 240, 359, 372, 380, 387–391, 418, 443, 451–453, 455, 459f., 462
Minderheit, Minorität, minoritär 25, 28, 205, 209, 212, 280, 330f., 334, 336, 342, 346, 368, 377, 379, 414, 431, 439, 449
Mittelalter, mittelalterlich 144f., 218, 260, 263, 284f., 315

Mobilität, mobil, mobility 2, 13, 20, 29f., 32, 90, 119, 147, 184, 191, 195, 197f., 300, 321, 325, 359, 367, 389, 391, 443
mobility studies 32
Moderne, modern 4, 16f., 31, 49–52, 79f., 96–98, 108f., 135, 141, 149f., 152, 203, 208, 223, 269, 271, 318, 323, 334, 351–354, 356–358, 360, 362, 366f., 377, 380f., 408, 431, 445f., 459–461
Montage 196, 424, 465
multidirektional 14, 22, 63, 160, 167, 195, 373, 465
Multikulturalität, multikulturell, Multikulturalismus 10, 117, 189, 313, 315, 368, 439, 453, 459
multinational 8, 204
multiple Moderne 4, 351, 357
Muttersprache, muttersprachlich 79, 81–85, 196f., 225, 266, 341
Mythologie, mythologisch 20, 391, 459, 466

N

Narration, Narrativ 4, 13, 21–23, 27, 29, 34, 36, 52, 57f., 118, 156f., 161, 177, 188f., 191, 193, 195f., 207, 284, 298, 356, 422, 424, 428, 446, 454f., 459–462, 464, 466, 468
Narratologie, narratologisch 85, 191, 468
Nationalismus, jüdischer 151
Nationalismus, nationalistisch 4, 10f., 18f., 22, 49–51, 62, 130f., 142, 149–152, 159, 190, 200, 219, 226, 256, 279, 283f., 286, 309f., 314, 336, 346, 358f., 414, 418, 423, 428, 439, 449
Nationalkultur 1, 4, 26, 31, 35, 37, 62, 120, 148f., 190, 230, 271, 279, 284, 341, 343f.
Nationalliteratur 4, 62, 114, 118, 128, 130, 132, 137, 145f., 177, 204, 218f., 224, 226, 230, 232, 237, 260, 271, 388, 393f., 402, 444f., 448
Nationalphilologie, nationalphilologisch 23f., 33, 72, 79, 82, 118, 158, 187, 189, 199, 240, 386
Nationalsozialismus, nationalsozialistisch 22, 58, 151, 172, 178, 291, 293, 309, 311, 422, 433, 443

Nationalsprache, nationalsprachlich 62f., 79f., 82, 149, 175, 259, 336
Nation, national 1–4, 6, 8f., 12–17, 20–23, 25, 27–30, 32–37, 49–60, 62, 64, 66f., 70–72, 79–86, 90, 93–95, 102, 108, 114f., 118, 128–130, 132–137, 141f., 145–149, 153, 156–164, 167f., 172, 175, 177f., 180f., 183f., 188–190, 198–200, 205, 209, 215–220, 222–226, 228–230, 233, 237f., 240, 245–248, 250f., 253f., 256f., 259, 262f., 266f., 270–272, 274, 276f., 279–286, 289f., 292–294, 296–299, 302, 307f., 310, 314, 318f., 321–323, 325, 327f., 330, 333–336, 341–346, 357–362, 367, 381, 384–386, 388–394, 396, 402, 406, 409, 414f., 418f., 422, 424f., 428, 431f., 438–441, 445, 447–450, 453f., 459, 462, 466, 468
Natur, Natürlichkeit 49–51, 55, 156, 235, 262, 268, 292, 300, 318, 351, 407, 432
négritude 391f., 409
Neokolonialismus, neokolonial 98, 372f., 387, 394f., 405, 453, 459
Netz, Netzwerk 10, 73, 102, 107f., 110–112, 118, 203, 209, 216, 259, 261f., 267, 277, 318, 327, 362, 367, 381
Neuseeland, neuseeländisch 153, 367, 377–380
Neuzeit, neuzeitlich 145, 252, 254, 257, 267, 282, 327
Niederlande, niederländisch 176f., 337f., 391, 402, 412
Nigeria, nigerianisch 209, 220, 361, 373–377

O
Ökonomie, ökonomisch 7, 10f., 23, 26–30, 32, 36, 66, 68f., 90, 98, 106–109, 112–114, 117, 119f., 127, 148, 166, 189f., 200, 290, 308f., 313, 315, 318–324, 353, 443, 459
Orient, orientalisch 147, 261, 285, 291, 464f.
Original 64, 68f., 71, 73, 218, 339, 404
Österreich, österreichisch 24, 152f., 160, 164, 172, 176, 182, 215, 299f., 333, 341, 345, 348, 440f.

Osteuropa, osteuropäisch 23, 31, 84, 90, 118, 162, 167, 290, 300, 339, 348, 451, 454

P
Palästina, palästinensisch 171, 338, 342
Paradigma 2, 5f., 19, 24, 30, 32, 100, 149, 189, 195, 198–200, 226, 325, 332, 402, 411, 418, 445, 448, 450
Partikularismus, partikular 74, 143–145, 156, 210, 286, 431, 436
Partizipation 15, 335, 353
Patriotismus, patriotisch 283f., 286
Performanz, Performativität 15, 57, 60, 194, 197, 209, 412, 414, 459–462, 464f., 468
Phantasma 294, 297
Philologie, philologisch 1, 6, 24–26, 34, 36, 85, 90–92, 102, 133f., 142f., 145, 171, 261, 263, 266, 385, 455
Philosophie, philosophisch 95, 142–144, 146f., 219, 260, 268f., 271, 276, 280–283, 324, 352, 354f., 410, 467
Poetik, poetisch 29, 31, 37, 80f., 85, 90, 117, 119, 188, 193–195, 197, 199, 203, 221, 230, 240, 251, 261f., 264, 266, 286, 301, 320, 328, 360, 406, 411, 427f., 434–437, 443f., 451, 455, 460, 465
Poetologie, poetologisch 37, 85, 93, 145, 206, 208, 281, 302, 444, 463f.
Poetry Slam 461
Polen, polnisch 158, 161f., 166f., 174, 178f., 183, 295, 298, 333, 338f., 432, 443, 448, 450–452, 454
Politik, politisch 1f., 4, 9, 11, 13, 15, 17, 20, 22f., 27–29, 31f., 35f., 51, 53, 55, 57, 62–66, 82f., 90f., 93, 98, 100f., 108f., 112, 114, 117f., 120, 131, 142, 147–153, 156, 158–161, 164, 171f., 180, 189, 192, 194, 203, 208, 217, 228–230, 239, 245f., 254, 259f., 267–271, 273f., 279–286, 306–309, 312, 314f., 325, 331, 333, 345, 347, 351, 353, 356–358, 368, 379, 384, 388, 392, 394, 401f., 418, 432f., 439, 443
Polyglossie, polyglott 173, 238, 263, 269
polylingual 80

popkulturell 209
Popliteratur 460–462
postcolonial studies 13, 135, 188, 192, 199, 366
postcolonial turn 137, 453
Postkolonialismus, postkolonial 7, 15 f., 18, 20, 31 f., 56, 69, 71, 91, 93, 116, 118, 134 f., 141, 188, 191–193, 197, 200, 203, 205–207, 211 f., 215–217, 221–223, 351 f., 357, 366, 381, 386, 391–393, 395 f., 402, 404, 406 f., 411 f., 439, 467
postmemory 166, 182
Postmoderne, postmodern 6, 31, 108 f., 133, 141, 194, 203, 208, 211, 406, 447, 454, 460, 465 f., 468
poststrukturalistisch 10, 13, 141, 403
Prätext 246, 253, 335, 337

R

rabbinisch 142
Rap 462–464
Rassismus, rassistisch 172, 352–356, 359, 361, 376, 387, 392, 408, 419, 433
Raum, Raumkonzept 2, 4–6, 8, 14–16, 21 f., 25, 28, 30 f., 35 f., 49, 52, 57, 65, 71 f., 80, 83, 90, 94 f., 100 f., 107, 115, 117, 120, 133, 145, 156, 158, 163, 167, 173, 176, 190–194, 196, 205 f., 223–225, 230, 232 f., 238, 280 f., 286, 289, 292, 296, 327, 331, 335, 338, 343, 353, 356, 359 f., 394, 403, 407, 412 f., 418 f., 421, 423 f., 428, 444, 453 f.
Realismus, realistisch 194 f., 299, 330, 332, 394
Recht, rechtlich 11, 23, 29, 36, 144, 146–148, 153, 156, 161, 228, 238 f., 250, 268, 290 f., 293, 295, 310, 413
Rechtsordnung 11
Region, regional 17, 24, 65, 79, 83, 90 f., 93 f., 100, 108, 118, 134, 151, 205, 207, 212, 274, 285, 292, 310, 314, 331, 333, 335, 348, 357, 381, 387, 389, 396, 401 f., 443, 452, 454, 463, 468
Reich, Reichsidee 52, 247, 252, 254, 290, 298, 313, 315, 407, 445 f.
Reise 16, 114, 119, 136, 163, 215, 257, 267, 271, 279 f., 285, 303, 384, 387, 395, 404

Relektüre 25, 391, 396
Religion, religiös 52, 65, 102, 109, 142 f., 160, 164, 189, 221, 229, 231, 254 f., 260, 269, 283, 286, 290 f., 294 f., 298 f., 302 f., 307, 309, 311 f., 315, 331, 333, 335, 341, 348, 351, 358, 401, 407–409, 431 f., 434, 438, 440, 468
Remediatisierung 159
Renaissance 100, 218, 275, 315, 351, 392, 409, 453
Repräsentation 20 f., 28, 64, 94, 115, 209, 216, 297, 333, 337, 367, 453 f.
Revolution, revolutionär 33, 50, 108, 120, 150, 203, 259 f., 270, 280 f., 283–286, 306, 315, 321, 346, 352–355, 407 f., 443, 454, 466
Rezeption 6, 32–34, 54, 58, 79, 97, 175, 177, 208, 216, 230, 239, 261 f., 264–266, 268, 271, 273, 275, 310, 332, 335, 337, 351, 384, 387, 392, 396, 403, 407, 418, 423, 446, 454, 462, 464 f.
Rezeptionsästhetik, rezeptionsästhetisch 164, 266
Rhetorik, rhetorisch 3 f., 15, 22, 29, 37, 57–59, 191, 207–209, 250, 466
Rhizom, rhizomatisch 31, 360, 395, 403 f.
Rom 151
Roman 52, 114 f., 117, 119 f., 150, 160, 162 f., 165–167, 174, 180 f., 183, 188, 195 f., 198, 210–212, 219–221, 225, 234–237, 240, 260, 264 f., 269, 271, 273, 275, 289, 303, 309–311, 313, 319 f., 322 f., 325–327, 330, 332, 368–380, 387 f., 390, 404–408, 411 f., 414, 420, 425, 440 f., 448 f., 451, 462, 464–468
Romanistik, romanistisch 35, 99, 386
Romantik, romantisch 37, 55, 101, 120, 259–277, 281, 284–286, 294, 301 f., 306 f., 315, 336, 351, 435–437, 448 f., 452, 454
Rückkehr 19 f., 152, 252, 267, 273, 360, 370, 376, 418–425, 427 f., 444, 466
Russland, russisch 31, 37, 90, 148 f., 156, 162, 165 f., 195–197, 233, 235, 274–276, 321, 333, 335, 337–339, 432, 443, 445–447, 449, 453 f.

S

Schauerroman 269
Schreibweise, Schreibverfahren 31, 37, 85, 157, 187f., 191f., 194, 197, 219, 232, 280, 390, 415, 420, 427, 439, 452, 462, 464f.
Schweden, schwedisch 162, 178, 259, 422f.
Senegal, senegalesisch 389, 392, 409
Shoah 21, 27, 35, 37, 167, 171, 173–175, 177–180, 182–184
Sklaverei 21, 210, 354–356, 360, 401, 409, 414, 467
slowenisch 164
Sowjetunion 156, 165f., 235f., 309, 313, 445f.
sozial 5–7, 11f., 32, 34, 50f., 53–56, 62–64, 66, 72f., 90f., 93, 102, 108, 115, 118, 128, 130, 189, 203, 209, 237, 251, 283, 286, 289f., 293, 343, 345, 353, 371, 377–379, 403, 408, 432, 441, 446, 451, 454, 464
Sozialismus, sozialistisch 130f., 149f., 161, 446
Sozialwissenschaft 5, 62f., 66, 91
soziologisch 5, 8, 11f., 33, 96, 108, 133, 272
Spanien, spanisch 32, 96f., 102, 146, 156, 190, 225, 264, 273f., 289f., 326, 410, 420
spatial turn 5, 30, 137
Sprache 148f., 151
Sprachspiel 197
Sprachwandel 174, 224
Sprachwechsel 32, 84, 174, 197, 224, 443, 450f.
Staatsbürgerschaft 9, 31f., 246f., 449
Staat, staatlich 8f., 11f., 14, 16, 20, 24, 51, 91, 98, 102, 109, 112f., 149, 151, 157, 160f., 172f., 180f., 211, 215f., 225, 228f., 231, 234, 236, 260, 265, 270, 282, 292, 294, 298, 307, 309, 315, 346f., 375, 396, 401, 408–410, 425, 432, 439
Stereotyp 31, 191, 194, 209, 280, 285, 375f.
supranational 11, 161, 361
Synchronisierung, synchron 4, 107, 248, 266
Synkretismus, synkretistisch, Synkretisierung 34, 136, 411, 459

T

Territorium, territorial 10, 12f., 15f., 24, 36, 54, 80, 97, 118, 141, 149, 190, 245f., 248, 254, 276, 352, 361, 379f., 388, 402, 447
Theater 113, 217, 314, 465
third space 192, 194, 359, 413
Topografie, topografisch 128, 195, 247
Topos 178, 233, 254, 297, 322, 339, 370, 418, 421, 437, 443, 448
Totalitarismus, totalitär 22, 161, 415, 427
Tradition 4, 16, 19f., 25, 29, 32, 34, 49f., 53f., 91f., 99, 101, 106, 113, 116, 118, 137f., 163, 175, 190, 194, 211, 215f., 218, 220f., 223, 230, 259, 274, 284f., 296, 306, 334, 341, 377f., 402, 414, 422, 426, 431f., 438, 447, 449, 461, 465
transareal 30, 67, 90f., 93–102, 389
TransArea Studies 91, 94, 102
transatlantisch 132, 401, 409
transdisziplinär 63, 386
Transfer 2, 14, 21, 69, 94, 117, 156, 164
Transformation 1, 3, 16, 21, 23f., 27, 32f., 36, 64f., 70f., 143, 183, 194, 324, 368, 370, 372, 374, 379, 452
Transgression 136, 190, 259, 276, 413
Transit, Transitraum 16, 101, 420
Transkulturalität, transkulturell 7–10, 23, 29, 31f., 62, 66f., 83, 99, 102, 109, 115, 141, 143–147, 159f., 164, 179, 181, 183, 188f., 192, 195, 229f., 235, 281, 330, 332, 339, 348, 366–371, 374, 379–381, 385, 388, 401
translatio artium 252, 256
translatio imperii 247, 252, 255f.
translation studies 63, 65, 71
translatorisch, translational turn 36, 62, 64f., 71f., 137
Translingualität, translingual 81, 85, 101, 390, 447, 450f.
Translokalität, translokal 7, 9, 30, 65f., 71, 95, 207, 451
Transmedialität, transmedial 33, 37, 386
Transmigration 63, 65, 195, 376, 455
Transnationalität, transnational, Transnationalisierung 1–3, 5–14, 16–38, 62–74, 79f., 83–85, 93–95, 101, 105–109, 111–115, 117–121, 127–134, 136–138,

141–143, 148 f., 152 f., 156–164, 166–168, 171, 173–184, 187–200, 203–207, 213, 215–226, 228–230, 233, 237 f., 240, 245 f., 250–254, 256 f., 259, 261 f., 264, 266, 268, 271 f., 274, 276 f., 279, 281 f., 284–286, 289 f., 292–298, 300–303, 306, 315, 318 f., 321–328, 330, 332–337, 339, 341 f., 347 f., 361 f., 366–381, 384–396, 401–403, 413–415, 418–420, 422 f., 425, 428, 443–447, 450, 453 f., 459 f., 462–468
transregional 91, 95, 102, 348
transversal 12, 18, 22, 99, 163, 414
traveling culture 29, 159
traveling term, traveling concept 18, 69
Tschechien, tschechisch 162 f., 179, 190, 224, 236, 341–348, 445

U

übernational 82, 245, 285, 308, 346
Übersetzung 22, 26, 32, 36, 62 f., 65–74, 79–81, 101, 117, 129, 131, 133, 135–138, 145 f., 175–177, 217–219, 234–237, 252, 275, 281, 335, 337–339, 394, 404, 420, 428, 445 f., 449, 459, 462 f.
Übertragung 4, 21, 29, 65, 69, 71, 117, 176, 247, 252, 256, 275
Ukraine, ukrainisch 333
Universalismus, universal, Universalisierung 14, 65, 70, 74, 107, 116, 129, 142–145, 176 f., 180, 245, 247, 467
Urbanität, urban 72, 95, 207, 326, 377, 444, 455
Ursprung, ursprünglich 7, 9, 16, 18, 54 f., 101, 109, 112, 132, 144, 192, 221, 231, 235, 254, 291, 294, 296, 312 f., 351, 368, 409 f., 419 f., 424, 427, 435, 437, 449, 454
USA, US-amerikanisch 5, 13, 16, 21–23, 26 f., 29 f., 34, 57, 95–97, 100, 112 f., 127, 134–138, 165, 177, 179 f., 204, 206 f., 210–212, 235, 359, 375–377, 380, 385 f., 391, 401–403, 407, 409, 413 f., 447, 449, 451, 463
Utopie 138, 181 f., 270, 284, 286, 332, 351, 408

V

vektoriell 95, 188
Vektorisierung 95
Verfolgung 163, 165, 171 f., 177, 183, 418, 421
Vernetzung 6, 9 f., 12, 21, 23, 28, 51, 95 f., 98, 119, 189, 200, 233, 266, 273, 284, 318, 327, 362, 409, 455
Verortung 10, 12, 23, 31, 72, 137, 187, 208 f., 248 f., 266, 294, 392, 394, 419, 422, 427
Vertreibung 18, 20, 133, 157, 161, 163, 166 f., 171, 240, 341, 346, 418, 421, 425, 427, 435, 448, 454
Verwurzelung 54, 328, 360
Vietnam, vietnamesisch 378, 389 f.
Volk des Buches 151
Volksgemeinschaft 172, 175
Volk, Völker 20, 54 f., 81, 106, 131–133, 145–152, 174, 255, 259, 261, 265–267, 271, 273, 279–281, 283–286, 290–292, 294, 298, 318, 366, 377, 431, 433–435, 437 f., 448

W

Weimarer Klassik 281
Welt 14–16, 19, 26, 34, 54, 90–93, 95–97, 106–108, 110–112, 114–120, 127, 129, 132–136, 143, 146, 149–153, 166, 171, 176, 181 f., 195 f., 198, 200, 208–210, 215 f., 220, 223, 225 f., 229, 236, 238, 240, 246–249, 252, 255, 261, 268, 274, 279 f., 282–284, 286, 298, 302 f., 320 f., 323, 333 f., 343, 356, 366 f., 369, 371, 373, 375 f., 380 f., 394–396, 404, 407, 411, 420, 425, 449, 459, 461, 466
Weltbürgertum 152, 180, 283
Weltgeschichte 14, 250, 253, 285
Weltliteratur 26, 31, 33, 36, 67–69, 92, 116, 119, 127–138, 143, 145–147, 187, 195, 204 f., 218, 220, 222–224, 226, 230, 237, 240, 263, 266 f., 269, 282, 366, 394 f., 446, 467
westindisch 368
Wiedervereinigung 13, 18, 179, 181, 315
world literature 412
world literature studies 134

Wirkungsästhetik 210
world literature 134, 137
world literature studies 127, 137 f.

Z
Zensur 31, 37, 228–240
Zion 151
Zionismus, zionistisch 19, 141, 149–151, 341, 432 f.
Zirkulation, Warenzirkulation 3, 58, 63, 68 f., 73, 90, 146, 265–267, 269, 279, 318–321, 323 f., 326–328, 405–407

Zivilisationsbruch 134
Zivilisation, zivilisatorisch 223, 281, 286, 312, 354 f., 387
Zugehörigkeit 11, 15 f., 18, 25, 27, 32, 36, 56, 79, 85, 101, 141, 172, 175, 187, 216 f., 220, 223, 233, 237, 246 f., 291, 331, 360, 378, 388 f., 418 f., 422, 427, 431, 434, 438 f., 443
Zweite Moderne 108
Zweiter Weltkrieg 454
Zwischenraum 22, 64, 71, 194, 344

VIII. Autorinnen und Autoren

Elisabeth Arend, Dr. phil., ist Professorin für Romanische Literaturwissenschaft und Vergleichende Literaturwissenschaft am Fachbereich Sprach- und Literaturwissenschaften der Universität Bremen.

Susan Arndt, Dr. phil., ist Professorin für englische Literaturwissenschaft und anglophone Literaturen an der Universität Bayreuth.

Shirin Assa, Ph.D. candidate, ist Junior Fellow an der Bayreuth International Graduate School of African Studies der Universität Bayreuth.

Doris Bachmann-Medick, Dr. phil., ist Senior Research Fellow am International Graduate Centre for the Study of Culture (GCSC) an der Universität Gießen.

Anja Bandau, Dr. phil., ist Professorin für romanistische Literatur- und Kulturwissenschaften am Romanischen Seminar der Leibniz-Universität Hannover.

Doerte Bischoff, Dr. phil, ist Professorin für Neuere Deutsche Literatur am Institut für Germanistik und Leiterin der Walter A. Berendsohn-Forschungsstelle für deutsche Exilliteratur der Universität Hamburg.

Claudia Breger, Dr. phil., ist Villard Professor of German and Comparative Literature an der Columbia University, New York.

Jasmin Centner ist Doktorandin am Institut für Germanistik der Universität Hamburg.

Gabriele von Glasenapp, Dr. phil., ist Professorin für Literaturwissenschaft und Literaturdidaktik sowie Leiterin der Arbeitsstelle für Kinder- und Jugendmedienforschung an der Universität zu Köln.

Peter Goßens, Dr. phil., ist Professor für Allgemeine und Vergleichende Literaturwissenschaft an der Ruhr-Universität Bochum.

Katharina Grabbe, Dr. phil., ist wiss. Mitarbeiterin am Germanistischen Institut der Universität Münster.

Eva Hausbacher, Dr. phil., ist Professorin für Slawistik (Literatur- und Kulturwissenschaft) am Fachbereich Slawistik der Universität Salzburg.

Andreas B. Kilcher, Dr. phil., ist Professor für Literatur- und Kulturwissenschaft an der ETH Zürich.

Esther Kilchmann, Dr. phil., ist Junior-Professorin für Neuere Deutsche Literatur am Institut für Germanistik der Universität Hamburg.

Alfrun Kliems, Dr. phil., ist Professorin für Westslawische Literaturen und Kulturen am Institut für Slawistik und Hungarologie der Humboldt-Universität zu Berlin.

Susanne Komfort-Hein, Dr. phil., ist Professorin für Neuere Deutsche Literaturwissenschaft am Institut für deutsche Literatur und ihre Didaktik der Goethe-Universität Frankfurt am Main.

Tobias Kraft, Dr. phil., ist Arbeitsstellenleiter im Akademienvorhaben „Alexander von Humboldt auf Reisen – Wissenschaft aus der Bewegung" an der Berlin-Brandenburgischen Akademie der Wissenschaften.

Sven Kramer, Dr. phil., ist Professor für Neuere Deutsche Literaturwissenschaft und Literarische Kulturen am Institut für Geschichtswissenschaft und Literarische Kulturen der Leuphana Universität Lüneburg.

Vivian Liska, Ph.D., ist Professorin für deutsche Literatur und Literaturtheorie und Direktorin des Instituts für Jüdische Studien an der Universität Antwerpen.

Paul Michael Lützeler, Ph.D., ist Rosa May Distinguished University Professor in the Humanities am Department für Germanic language and literature und Direktor des Max Kade Center for Contemporary German Literature an der Washington University, St. Louis.

Ruth Mayer, Dr. phil., ist Professorin für American Studies am Englischen Seminar der Leibniz-Universität Hannover.

Iulia-Karin Patrut, Dr. phil., ist Professorin für germanistische Literaturwissenschaft an der Europa-Universität Flensburg.

R. L. Victoria Pöhls, Doktorandin, ist wiss. Mitarbeiterin am Max-Planck-Institut für empirische Ästhetik, Frankfurt am Main.

Ulfried Reichardt, Dr. phil., ist Professor für Amerikanische Literatur- und Kulturwissenschaft an der Universität Mannheim.

Monika Schmitz-Emans, Dr. phil., ist Professorin für Allgemeine und Vergleichende Literaturwissenschaft an der Ruhr-Universität Bochum.

Franziska Schößler, Dr. phil., ist Professorin für Neuere Deutsche Literaturwissenschaft an der Universität Trier.

Frank Schulze-Engler, Dr. phil., ist Professor für Neue Englischsprachige Literaturen und Kulturen am Institut für England- und Amerikastudien der Goethe-Universität Frankfurt am Main.

Robert Seidel, Dr. phil., ist Professor für Neuere Deutsche Literaturwissenschaft am Institut für deutsche Literatur und ihre Didaktik der Goethe-Universität Frankfurt am Main.

Christoph Singler, Dr. phil., ist Professeur de littératures et arts visuels d'Amérique latine an der Université de Franche-Comté, Besançon.

Renate Stauf, Dr. phil., ist Professorin für Neuere deutsche Literatur am Institut für Germanistik der Technischen Universität Braunschweig.

Mads Rosendahl Thomsen, PhD, ist Professor für Allgemeine und Vergleichende Literaturwissenschaft an der Aarhus Universität.

Anja Tippner, Dr. phil., ist Professorin für Slavistische Literaturwissenschaft am Institut für Slavistik der Universität Hamburg.

Manfred Weinberg, Dr. phil., ist Professor für Neuere deutsche Literaturwissenschaft an der Karls-Universität Prag.

www.ingramcontent.com/pod-product-compliance
Lightning Source LLC
Chambersburg PA
CBHW031719230426
43669CB00007B/183